SAGE PUBLICATIONS, INC.

领导力 Leadership 经典书系

领导力教学手册
知识、技能和品格

The Handbook for Teaching Leadership: Knowing, Doing, and Being

斯科特·A.斯努克（Scott A.Snook）
〔美〕尼汀·诺瑞亚（Nitin Nohria） 编
拉克什·库拉纳（Rakesh Khurana）

徐中　刘雪茹　胡金枫　译

北京大学出版社
PEKING UNIVERSITY PRESS

著作权合同登记号　图字:01-2013-2165
图书在版编目(CIP)数据

领导力教学手册:知识、技能和品格/(美)斯努克(Snook,S. A.),(美)诺瑞亚(Nohria,N.),(美)库拉纳(Khurana,P.)编;徐中,刘雪茹,胡金枫译.—北京:北京大学出版社,2015.1
(领导力经典书系)
ISBN 978-7-301-22022-1

Ⅰ.①领… Ⅱ.①斯… ②诺… ③库… ④徐… ⑤刘… ⑥胡… Ⅲ.①领导学—手册 Ⅳ.①C933-62

中国版本图书馆 CIP 数据核字(2014)第 056614 号

Scott Snook, Nitin Nohria, Rakesh Khurana
The Handbook for Teaching Leadership:Knowing,Doing,and Being
English language edition published by SAGE Publications Inc., A SAGE Publications Company of Thousand Oaks, London, New Delhi, Singapore and Washington D. C., ©[2012] by SAGE Publications, Inc.

书　　　　名:	领导力教学手册:知识、技能和品格
著作责任者:	〔美〕斯科特·A.斯努克　尼汀·诺瑞亚　拉克什·库拉纳　编
	徐　中　刘雪茹　胡金枫　译
策 划 编 辑:	孙　晔
责 任 编 辑:	贾米娜
标 准 书 号:	ISBN 978-7-301-22022-1/F·3900
出 版 发 行:	北京大学出版社
地　　　　址:	北京市海淀区成府路 205 号　100871
网　　　　址:	http://www.pup.cn
电 子 信 箱:	em@ pup.cn　　　　QQ:552063295
新 浪 微 博:	@北京大学出版社　　@北京大学出版社经管图书
电　　　　话:	邮购部 62752015　发行部 62750672　编辑部 62752926
	出版部 62754962
印　刷　者:	北京大学印刷厂
经　销　者:	新华书店
	730 毫米×1020 毫米　16 开本　40.5 印张　680 千字
	2015 年 1 月第 1 版　2019 年 3 月第 2 次印刷
定　　　价:	98.00 元

未经许可,不得以任何方式复制或抄袭本书之部分或全部内容。
版权所有,侵权必究
举报电话:010-62752024　电子信箱:fd@ pup.pku.edu.cn

变革加速,人人需要领导力

智学明德国际领导力中心主任徐中博士

人类进入21世纪,创新加速了各领域的变革。在中国,变革的速度、广度、深度和力度前所未有,领导力的重要性日益凸显。一个人人需要领导力的时代已经来临!

2014年6月23日,第66届全球人力资源大会在旅游名城奥兰多举办,《世界是平的》作者、三届普利策奖获得者托马斯·弗里德曼在主题演讲中指出:"技术与全球化"重新定义了我们这个时代的经济和教育,在未来的工作场所,"做个普通人(Average)的时代"已经过去了。全球化分为三个主要阶段——全球化1.0时代、2.0时代和3.0时代,其主要推动力分别是国家、企业和掌握了互联网络技术的个人,个人的作用在21世纪将与日俱增!弗里德曼的观点引起了全场13 000多位企业家和人力资源专家的高度共鸣。

21世纪,人类进入了一个加速变革的新时代,个人、组织与国家都面临全新的机遇和挑战。美国军方在20世纪90年代提出:这是一个"VUCA"的时代(Volatility、Uncertainty、Complexity、Ambiguity,即"易变、不确定、复杂、模糊")。世界格局的重塑、地球村的生活、商业环境的动荡、个人潜能的释放、新技术的广泛应用,等等,使得组织领导者的品格、知识和技能受到前所未有的挑战。

21世纪,经济和社会发展的根本动力是人的心与脑的开发。被誉为"领导力之父"的沃伦·本尼斯指出,新经济是靠智力资本推动的,这是21世纪经济的特征。对领导者以及想要成为领导者的人们来说,新经济的真谛在于**其力量源自创意而非职位**。从某种意义上说,人人都是领导者!

21世纪,领导力的正道是"正心诚意修身齐家治企利天下"。领导者不仅是一个角色,更是一种态度和能力。一般来说,领导力包括三个方面:**领导自我、领导他人和领导业务**。领导自我是领导的起点和基石,领导者必须首先明确自己的使命、愿景和价值观,勇于担当,言行一致,为大家树立榜样,才能激发大家为共同的愿景努力奋斗,克服前进过程中的重重障碍,创造卓越。詹姆斯·库泽斯和巴里·波斯纳两位学者通过30年的持续研究表明,从根本上说,领导力是一组技能,如同"演唱技巧",人人都能唱歌,但只有经过严格而长期的训练,才能成为优秀的歌唱家。

今天,中国已经成为世界第二大经济体,随着"中国梦"的逐步实现,中国的全球影响力与日俱增,各个领域都迫切需要卓越的领导者。

领导学在中国的发展始于20世纪80年代,经过三十多年的发展,形成了初步的理论体系和研究方法。但我们对于现代商业组织的领导力和最新商业动态带来的新变化,以及中国企业高歌猛进的发展现状,还缺乏较为科学、系统、全面和前瞻的研究,还远远不能满足各方面组织对领导力发展的需求。

国家行政学院中国领导科学研究中心主任刘峰教授在为《领导力的本质》一书撰写的推荐序中指出:要真正实现中华民族的伟大复兴,最需要的就是领导力;中国治理体系和治理能力的现代化最需要的也是领导力,需要国家的领导力、组织的领导力和个人的领导力。在领导力研究和培训领域,我们迫切需要一大批有志于领导力研究和培训的同行加入进来,借助于当今中国经济社会发展天时地利人和的大舞台,运用科学的态度、科学的方法,方能总结出具有中国特色的科学的领导力理论。

在中国,作为商业教育旗舰的商学院,领导力教育的历史也仅十多年。以清华大学经济管理学院为例,1999年,杨斌教授第一个开设"道德领导力与组织信誉"课程,2003年开设"再造领导表现"(2004年改为"卓越领导之道")高管培训课程,以及"领导与变革"选修课。2009年,清华大学经济管理学院推出新版MBA,"领导力开发"成为必修课。今天,大多数商学院还缺乏领导力师资,难以满足MBA对领导力发展的需求,更不用说为企业提供急需的领导力培训支持了。

他山之石,可以攻玉。为了借鉴国际前沿的领导思想、理论、方法与最佳实践的精髓,拓宽我国领导力研究的全球视野,促进领导力的研究与实践,北京大学出版社与智学明德国际领导力中心联合策划了本丛书。

本丛书由国际最新领导力研究与实践著作精选而成,具有很好的代表性、学术性、实践性和前瞻性,反映了领导力的国际最新研究成果与未来趋势,对于中国领导力研究与实践具有积极的指导作用。

- 《**领导力的本质**》是二十多位领导力学者的智慧结晶,反映了领导力学术界研究的最新成果,深入探讨了领导力的过去、现在与未来,领导力:科学、本质与培养,领导力的主要学派,以及领导力与特殊领域。

- 《**领导力教学手册:知识、技能和品格**》由哈佛商学院组织全球顶尖领导力学者联合编写,从前沿理论、最佳实践和知识层面对领导力教育及研究领域所面临的问题以及挑战进行了论述与探讨,为领导力教育适应技术、组织与多样性的快速变化提供了一个思考及探讨的基础性平台。

- 《**CCL 领导力开发手册**》多次被《商业周刊》评为领导力教育领域最重要的必读之书。第三版第一次囊括了培养教育行业领导者、在变革的时代培养领导者、领导者培养的民主化、团队领导力开发、全球领导力开发、战略领导力开发、跨团队领导力和互助型领导力开发等内容,并讨论了将领导力作为一种组织能力进行开发、跨文化领导力开发等新议题。

- 《**美国陆军领导力手册:在任何情况下实施领导的技能、策略与方法**》是美国陆军在领导人才培养方面的理论和实践总结,内容涵盖:领导力基础,陆军领导者,品格、风度与才智,以能力为基础的领导力:从直接层面到战略层面,在组织与战略层面上的领导。军队的领导力是企业领导力的重要来源,其特殊性对于领导力实践具有独特的价值。

本丛书的策划,源自 2012 年 5 月,我在美国创新领导力中心(CCL)朱成博士的引荐下前往 CCL 拜访其 CEO 约翰·瑞恩先生,在 CCL,我看到了他们自 1970 年以来在领导力发展领域进行的大量的、杰出的研究与实践。回到北京,我与北京大学出版社的孙晔副社长进行了深入探讨,孙副社长当即表示支持,很快合作遴选了本丛书中的四本经典著作。孙副社长亲自主持编辑工作,并邀请北京大学出版社总编辑助理林君秀老师、编辑贾米娜老师参与相关工作。在两年多的策划和编辑工作中,孙副社长、林老师、贾老师多次提出宝贵的意见和建议,为本丛书的顺利推出做出了重要贡献,在此表示衷心的感谢!

感谢刘峰教授多次关心本丛书,并在百忙之中为《领导力的本质》撰写推荐序。感谢杨斌教授对《领导力教学手册:知识、技能和品格》的翻译给予的悉心指导,使得"Being/Knowing/Doing"(书中译为"品格/知识/技能")等关键词汇的翻译更加准确。感谢朱成博士对《CCL 领导力开发手册》(第三版)的翻译给予的帮助和支持。

《美国陆军领导力手册:在任何情况下实施领导的技能、策略与方法》一书由北京大学国家发展研究院的宫玉振教授翻译,宫教授的军事背景为该书的翻译增色不少。《领导力的本质》由中央财经大学的林嵩教授和徐中博士翻译,《领导力教学手册:知识、技能和品格》由徐中博士、刘雪茹女士、胡金枫女士翻译,《CCL领导力开发手册》(第三版)由徐中博士、胡金枫女士翻译。在此,对宫玉振教授、林嵩教授、刘雪茹女士和胡金枫女士表示衷心的感谢!

此外,我的同事杨懿梅、佛影、邓小淋、王少飞,以及刘兵同学等也在本丛书的翻译过程中给予了多方面的帮助和支持,在此一并表示感谢!

由于译者水平所限,不当之处,敬请指正!

2014年9月于北京清华大学科技园创新大厦

致　谢

本书源起于 2009 年 6 月哈佛商学院召开的一次领导力学术研讨会上。当时，一百多位经验丰富的领导者、教师、学员、学者、咨询顾问和高管齐聚于查尔斯河畔，共同探讨一个问题：**如何教授领导力**？我们感谢哈佛商学院及其时任院长 Jay Light 一直坚定不移地支持这项雄心勃勃的事业。特别感谢我们的研究部主任 Srikant Datar，没有他在智慧和经济上的慷慨支持，我们可能永远不可能尝试这样一个项目。还有一位魔术师般的幕后工作者——Maurizio Travaglini，他的创造性工作，为我们营造了物理和精神上的良好环境，我们所有的优秀成果都从这个环境中产生。最后，我们不能忘记一直在孜孜不倦付出的 Deborah Bell——我们会议的协调人。没有 Deborah 的耐心、坚持和对细节的追求，我们的这次会议不可能完成。

组织一场会议是一件事，把大家的想法编辑成册是另一件事。为了这个目的，Tong Mayo 和他的领导力创新项目团队——一家致力于促进哈佛商学院领导力研究和教学的跨学科研究机构——为我们提供了很大的帮助。我们要特别感谢 Amanda Pepper，她独自一人协调五十多位作者，把他们的见解汇聚到这本手册中。这是真正的领导力！我们还要衷心感谢我们"海豹突击六队"*的编辑：Steven Shafer 和 Caitlin Anderson，他们对每一个章节都进行了编辑，在不改变每位作者观点的前提下，保证了风格的整体统一。

在这个传统出版业被颠覆的时期，编辑一本书籍或手册也会面临这个动荡的行业中的领导者所面临的最艰难的挑战，而我们 SAGE 出版社的编辑 Lisa Shaw，却一直勇敢地支持这个伟大的项目。从一开始，她就看到了我们的志向。她理解这个使命，那就是我们必须通过那些多年教授领导力的人的集思广益，来培养更优秀的领导者。这是一场冒险。我们将永远感激 Lisa 和她在 SAGE 的全体编辑团

＊ 美国海军的一支精英部队。——译者注

队——Mary Ann Vail、Mayan White 与 Eric Garner——为他们无限的灵活性和乐观积极。对我们来说,他们确实起到了任何优秀领导者都发挥的作用:激励、挑战和支持。我们非常幸运,能够和这样一群真正的伙伴一起做这项工作。

像平常一样,我们对家人心怀感激,没有她们慷慨的爱和支持,我们不可能完成这项工作。我们要特地感谢我们的妻子——Kathleen Snook、Monica Chandra 和 Stephanie Khurana,这三位神奇的女性。她们是自己领域的专家,每天都从各个方面提醒我们,我们可以从作为父母、伙伴、教师和领导者的职责中学到什么。这是我们在社会中的四大角色,它们相互之间有很多重合之处,如果我们能找到一种方法,这些角色之间也能相互启发。

领导是一项集体性的工作,教授领导力可能更是如此。因此,在最后,我们还是要像开头一样,向全体成员致敬:与会者、作者和学生们。还有越来越多加入领导力阵营的学者们,谢谢你们加入到我们这个旅程中。没有你们的激情、智慧和培养更优秀领导者的承诺,我们可能永远想象不到,我们一起能实现什么。我们的作者们,我们知道你们是多么繁忙。但是,对我们的要求,你们一一给予了回应。这是你们对这个新兴领域、对分享你们的智慧的奉献。是你们的智慧汇集成了这本宝贵的手册。最后,我们要感谢学生们,没有追随者,就没有领导者;同样,没有学生,就没有老师。随着我们经验的增加,我们越来越认识到这条界限的模糊:追随者有时也是领导者,学生有时也是老师。这本手册献给所有学习领导力的人,我们过去从他们身上学到了很多,今天依然与他们在一起,而且更重要的是,他们将引导我们走向未来。

目 录

导言　推进领导力教学的发展 ………………………………………… 1

第一部分　知　　识

第一章　意义建构
　　　　——在未知中思考和行动 ………………………………… 27
第二章　领导力案例教学
　　　　——对人的认知的影响 …………………………………… 48
第三章　成为领导力文献家
　　　　——一门核心课程 ………………………………………… 65
第四章　未来领导者的"权力"教育 …………………………………… 78
第五章　全球领导力的教学 …………………………………………… 96
第六章　领导者的精神
　　　　——领导力教育的新方向 ………………………………… 118
第七章　在哈佛商学院学习领导力 …………………………………… 140
第八章　领导模板 ……………………………………………………… 156

第二部分　技　　能

第九章　掌握领导的艺术
　　　　——源自表演艺术的体验式教学方法 …………………… 179

第十章 教授高管成为最好的自己
　　——一个关于自我的社会学视角 ………………………… 198
第十一章 高绩效领导力 ……………………………………… 213
第十二章 领导效能与领导力发展
　　——培养自我觉察和洞察技能 ……………………… 233
第十三章 顺其自然地发展领导力
　　——从管理到组织、社会、自我 …………………… 251
第十四章 成为领导者
　　——领导者的心智力量 ……………………………… 270
第十五章 培养有重要影响的领导者 ………………………… 287

第三部分 品 格

第十六章 创造领导者
　　——一种本体论/现象学的模式 …………………… 309
第十七章 变革型领导力发展项目
　　——创造持久的改变 ………………………………… 331
第十八章 我的领导力教学方法（以及我如何找到这种方法） …… 354
第十九章 领导力开发的身份工作区 ………………………… 369
第二十章 真诚领导力开发 …………………………………… 391
第二十一章 培养意识和良知
　　——基于模型的领导力开发方法 …………………… 409
第二十二章 学习如何领导
　　——实践教学法 ……………………………………… 434

第四部分 情 境

第二十三章 脑神经领导力教学
　　——CIMBA 的领导力和神经科学课程 …………… 455

第二十四章　"连队管理"专业论坛
　　　　　　　——美国军队的同侪领导力开发项目……………………… 475

第二十五章　"City Year"
　　　　　　　——通过为国民服务培养优秀的领导者……………………… 500

第二十六章　全球领导力和组织行为教育……………………………………… 531

第二十七章　高盛公司的领导力加速项目……………………………………… 555

第二十八章　相互依存型领导力开发…………………………………………… 569

第二十九章　培养兼具盈利能力和社会价值观的商业创新者………………… 600

第三十章　　再造领导者
　　　　　　　——高等教育中的哈佛高级领导者实验课程……………………… 616

导 言
推进领导力教学的发展

斯科特·A. 斯努克(Scott A. Snook)
拉克什·库拉纳(Rakesh Khurana)
尼汀·诺瑞亚(Nitin Nohria)
哈佛商学院

1985年,西点军校行为科学与领导力系的一群勇敢的同行出版了他们开创性的著作——《组织中的领导力》(Leadership in Organizations)(1985)。这本书被广泛认为是第一本有关"领导力教学"的正式著作。从那时开始,领导力这个领域就被引爆了。在谷歌上只要简单地输入"领导力书籍"这几个字,就会有8 400万条相关信息。毫不意外,随着人们对领导力的整体兴趣的持续增长,人们对领导力课程的需求也不断增加。浏览一下著名大学和职业学院的使命陈述,你会发现"培养领导者"是他们共同的主题。[1] 查看任何一所大学的课程目录,你都会看到十几门带有"领导力"字样的课程。

如果今天你负责教授一门领导力课程,你会从哪里开始?你会从哪方面学习

---

[1] 在许多大学里,特别是商业管理、法学、医学、教育、公共医疗和公共政治等领域的研究生项目中,他们提出的使命就是培养领导者,在其各自的领域促进社会的福祉。例如,一些一流商学院的使命如下:
- 为企业和社会培养领导者(耶鲁大学)
- 培养影响世界的商业领袖(哈佛大学)
- 培养坚持原则、敢于创新的领导者,让世界更美好(麻省理工学院)
- 培养敢于创新、坚持原则、善于洞察的改变世界的领导者(斯坦福大学)
- 培养引领行业和经济发展的商界领军人物(宾夕法尼亚大学)
- 培养实践型领导者,促进社会改善(弗吉尼亚大学)
- 教育和培养企业的领导者及建设者(哥伦比亚大学)
- 提供世界上最好的商业领导力教育(达特茅斯学院)

教授这个虽然重要但界定不够清晰的话题的方法？你将如何利用前人的宝贵经验？在这个还不够发达、缺乏秩序的领域，我们在设计和教授这门课程时，要考虑哪些理论假设和教学方法？我们该如何思考"领导力教学"的挑战？本书致力于为主要在传统教学环境中教学、觉得自己面临越来越重要而又令人却步的挑战[②]的领导力教育者提供一个基本的参考。

任何课题的教授都是多方面的。但是，履行一个大学教育者的职责是特别复杂的。教学仅是人们希望教师从事的活动中的一项，人们也希望他们的教学是立足于研究的。即便是对于那些几乎不从事领导力研究的教师来说，人们依然认为他们传授给学生的内容代表了这个领域的最重要的研究成果。而且，对于领导力教学而言，大学教育者也必须意识到，他们是影响未来的社会领导者的庞大的学术群体中的一员。所以，教授领导力的学者们必须考虑到更广阔的背景，这个背景往往超越了他们原有学科和学术群体的范围。最后，我们这些从事领导力教学的人必须知道，我们对我们所在的群体负有更多的责任。如果我们做老师非常成功，我们的学生——也就是未来的领导者，会在未来社会发展中扮演重要角色。这是我们不能掉以轻心的重要使命。

如果说教授领导力赋予教师独特的使命，那么它对所教授内容的性质和质量同样提出了重要要求。教学如果不扎根于对教学方法的深入理解，并以定性研究为基础，就会失去活力。人们希望大学教育者比外行有更全面、更具广度和深度的知识基础，并且是更为根本性，经过了更严格的批评和检验的知识基础。在大学教书赋予了教师一项特殊的使命。特别是，你所声称的关于领导力的知识必须是真实的。这对于领导力这个主题尤具挑战性。因为当学者在领导力领域做出一个论断，并传播给学生，让学生实际运用这一知识，或者灌输给学生领导力的特点时，教

[②] 很明显，领导力的书籍并不缺乏。那么为什么要增加一本新书呢？关于"领导力"，至少有几千本所谓的"经典著作"（Bass & Stogdill, 1974；Bennis, 1989；Burns, 1978；Gardner, 1993；McCall, 1998）和另外几百本讲述如何成为有效领导者的畅销书（Covey, 1990；George & Sims, 2007；Goldsmith, 2006；Kotter, 2008；Kouzes & Posner, 2007）。因此，一个适用于领导力教育者的常见观点就是选择一本或更多这些经典的或畅销的书，并围绕它设计课程。或者，如果你采用一个关于发展的更广阔的视角（Avolio, 2005；Paulus & Drath, 1995；Quinn, 1996），可以参考CCL最近出版的《CCL领导力开发手册（第3版）》（van Velsor, McCauley, & Ruderman, 2010）。此外还有几十本提供了很多创新的资源、练习、案例和工具的书，可用于支持领导力项目的设计和实施（Giber, Carter & Goldsmith, 2000；Schwartz, Axtman, & Freeman, 1998；Schwarz & Gimbel, 2000）。最后，还有很多受尊敬的领导力教科书（Northhouse, 2010；Yukyl, 2009），它们经受了时间的考验（一般都已出到第5—7版），提供了关于领导力的主要理论和研究的概括。

育的结果需要符合真实、准确的标准,这也是我们对大学其他教育的标准。而且,学者的教学还要符合社会对博学、独立和冷静的判断的期望。没有这样的承诺,学者和他们所教授的学科都可能陷入不被信任的危险。

我们可以非常容易就列举出当下领导力教育的各种缺陷:课程内容很少符合科学方法的标准(Bennis & O'Toole,2005);教师随意使用自身的经验做证据(Ghoshal,2005);教学方法很少扎根于成熟的传统理论(Doh,2003);几乎没有可信赖的实践团体致力于建立和分享最佳实践;缺乏经验性的证据表明这些方法确实有效(Pfeffer&Fong, Mintzberg,2004)。总之,当前的领导力教育缺乏理智上的严谨性,也缺乏推动这个领越超越初期阶段③的制度架构。

我们认为,领导力教育已经进入了一个关键阶段。经过几十年的探索试验,众多名师开发和讲授了很多有关领导力的课程,我们认为现在已经是时候评估和分享我们集体的经验了。只需要花一些时间和一群现在从事领导力教学的教师在一起,你就会得出一些结论④:首先,作为个人,我们学习了很多。在过去的25年里,主要靠我们自己,在全世界各地的教室里,成千上万的教育者积累了客观的个人智慧财富。遗憾的是,在这个领域,我们彼此之间很少交流,几乎没有进行任何分享,这是让人吃惊的。其次,我们大多数人对自己所从事的工作怀有极大的热情。改进领导的实践和品格的要求达到了空前的高度,而对于承担培养未来的领导者职责的教育者而言,紧迫感和承诺度也溢于言表。再次,只要花几分钟时间与这样的群体讨论,你很快就会发现,并不存在一种获得一致认可的领导力教学的最佳方法。当前,教授领导力课程的方法,与领导力的定义一样多(Rost,1991),每个人都对自己最推崇的方法有最大的热情。最后,我们了解到,最有经验的教师,不仅乐于分享他们所学到的,而且同样渴望学习他人所发现的。

遗憾的是,与一些比较成熟的学科不同,领导力这门学科几乎没有制度性资源可以支持这些越来越重要、积极性高涨的教育者。他们的学术基础扎根于广泛分

---

③ 推进这场运动的尝试见 Nohria 和 Khurana(2010):《领导力理论与实践手册:哈佛商学院领导力教育发展百年座谈会》。

④ 为了弥补这种缺失,我们于2009年7月在哈佛商学院举行了一场雄心勃勃的会议,名叫"如何教授领导力?",其目的是分享最佳实践,增进集体对这个领域的理解,加深领导力教学学术团体的联系。为了实现这个目标,我们邀请了一小部分有良好的声誉、在开发和教授领导力课程方面曾获得成功的教育者。会议的反响很好。在会议之后,大家纷纷表示支持出版一本关于这个话题的书,分享、巩固和改善领导力教学的实践。

散的各种传统学科。对我们来说,其影响是很明显的。这样一个充满潜力但缺乏组织的个人经验的集合体,还需要付诸相当的努力来进行评估和巩固。因此,本书制定了这样三个目标:

1. 评估和巩固已有进步

我们的主要目标是分享在过去近三十年的领导力教学中所学到的经验。在做这件事时,我们把范围放得很广。来自各种学科、各种背景的领导力教育者试验了很多令人眼花缭乱的方法。细究下去就会发现,我们中有些人只是在教授关于领导力的知识(告诉我们的学生这些现象的本质);另一些人教授的是如何领导(让学生具备一些技能和能力,使他们能够更高效地领导);还有一些人聚焦于帮助我们的学生成为真正的领导者(协助学生找到获得领导者身份的途径)。这些只是这个新兴领域的一部分基本区别,这种区别不仅导致领导力课程设计和实施的差别,也导致评估方式的不同。因为这种概念上的无序和跨学科的混乱,关于结果评估的可靠数据和理论基础因而显得非常重要。很明显,在这一点上我们需要一本综合性的书,来评估和巩固我们所学到的。

2. 为领导力教学建立一个基本的参考标准

同样明显的是,关于领导力教学的新鲜观点比比皆是,但现在还没有一个坚实的和分享这些潜在观点的核心载体。在相关领域,如脑科学、身份、伦理、成人发展、沟通、积极心理学、人类智力以及教育理论等的研究已经取得了可喜的进步,如果我们希望认识改善领导力教学实践的潜在前景的话,教育理论需要一个供教育者咨询的途径。领导力教育这个爆发性发展但还缺乏规则的领域已经达到了必要的规模,需要有综合性的书籍来分享新鲜理念,同时帮助建立这个领域的概念性边界、塑造这个新兴领域未来的发展。如今,将培养领导者作为核心目标的学校越来越多,也有越来越多来自各种学科背景的教育者进入这个领域,已经是时候巩固我们所学到的,并为这个领域的进一步发展建立一个基础了。我们希望通过为教育者提供一个参考来满足这种需要,其中要分享当前的最佳实践,同时也要在一个较大的理论框架的基础上分享最佳实践,以鼓励学术的严谨性。

3. 建立一个受尊敬的实践社团

如今,对领导力课程的需求成倍增长,建立一个由有贡献的学者和从业者组成的受人尊敬的社团变得前所未有地重要。作为一个新兴领域,当前的领导力教育是一个松散的集体,由广泛多样、意图很好但组织较差的一群学者和从业者组成。

在判断最佳的领导力教学方法是什么时,他们通常是仁者见仁,智者见智。从大学的教室到企业大学,再到"江湖医生",这个领域对于培养更优秀的领导者的需求给出的回应种类繁多而未经证实。尽管领导力是很多学校的核心使命中的核心,但是很少有关于如何更好地教授领导力的严格的学术研究。事实上,对领导力教育的研究处于大部分学校的边缘而非中心,尽管他们声称培养领导者是其首要宗旨。今天最受欢迎的领导力课程中的大部分都是由外部咨询顾问、高级演讲者和客座教师教授的,大部分是学术界的边缘人物,他们要么没有得到大学的聘任,要么为了教授领导力而离开了他们"更具学术性的同事"。还有一些领导力课程是由一些之前的从业者教授的,他们被人们看作成功的领导者,现在想要分享他们的智慧,传承他们的经验或者利用他们的成功赚钱。

如果我们继续让这种临时的方式对领导力教育进行构建、定义、固化,我们会让自身限于一种全面的危险之中:学生们还会相信大学陈述的使命吗?在学生们发现我们的教学存在严重的理想与现实的鸿沟之前,这个问题已经存在多久了?最重要的可能是,如果不培养一个更强大的未来领导者群体,我们的社会应该如何生存?

组织框架:知识、技能和品格

作为主编,我们意识到,本书可能很少被人从头到尾地读完。如果你们与我们一样,你们中的许多人就会先简单浏览目录,然后粗略阅读导言及全书结构,最后找出你最喜欢的作者所写的篇章来读。因此,在概括每章内容之前,我们想先提供一个简单的概念框架,帮助你认识领导力教学。

大多数学习经历都可以分为内容、流程和结构,领导力教育也一样。这里我们提供三个模型,不仅帮助我们架构我们对这一领域的观点,还用以说明全书的结构。⑤

❖ 内容

所有的教学都包括有计划的行为改变,但很少有领导力项目阐释清楚行为改

---

⑤ 关于这些模型的详细描述见 Snook(2008):*Leader(ship) Development*, Boston, MA: Harvard Business Press. Case no. 408-064。

变的内容是什么。在教授领导力时,第一个问题即是:什么是改变?基于美国陆军领导力发展理论的核心框架,我们提出了一个改变的内容模型,即品格(BE)、知识(KNOW)和技能(DO)(见图0.1)。⑥ 领导者要想成功,有些是必须知道的(知识),有些是必须做到的(技能),有些是必须具备的(品格、身份、世界观)。我们运用这个改变的内容模型组织本书的前三大部分。

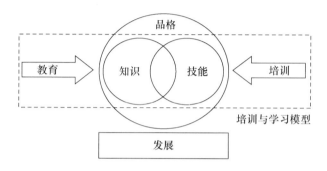

图0.1 领导者改变的内容模型

第一部分:知识(Knowing),包括强调认知的多种领导力教学方法。它的统一假设是,了解领导力的知识,有助于未来的领导者进行有效的领导实践。不管这种知识是来自相关的社会科学概念和理论,还是经典的文学作品,其共同的主题在于从一个基本的分析视角更好地理解领导力。

第二部分:技能(Doing),检验领导的关键行为。关键的技能、领导者的表现和从经验中学习是本部分的核心内容。第一、二部分聚焦于获得相关的知识和技能——培养更精通知识、更具胜任能力的领导者。

第三部分:品格(Being),主要包括论述领导者的身份、特质、价值观,以及他们是谁。此处所使用的方法是诊断性(相对于分析性)和本体论(相对于认识论)式

---

⑥ 这个模型改编自美国陆军领导力原则,最早由美国陆军部制定(1999),FM22-100,《陆军领导力:品质、知识、技能》。要想了解更多关于这一模型如何适用于商业世界的内容,可参见《品质、知识、技能:像军队那样领导》(*BE*, *KNOW*, *DO*: *Leadership the Army Way*),其中的导言是由 Frances Hesslebein 和 Eric Shinseki 将军写的(2004);或者 Khurana 和 Snook(2004)所写的《培养领导者特质:向西点军校学习》。这一模型植根于三个传统的心理学领域:认知(KNOW)、行为(DO)和情感/态度(BE)。关于成长领域的精密方法,见 Mentkowski 和 Associates(2000)的《持久的学习》,在这本书中 Mentkowski 认为发展是以自我深入、持久的结构为特征的,即学习者如何处理个人完整性和目的的问题。它阐述了一种对行动中的自我的认识,以及对生命的伦理或精神维度的关注。很多教育者将它看作更高级教育的最重要的目标(Mentkowski & Associates, 2000, p.187)。在对领导力提升项目的最早的一项研究中,Conger(1992)揭示了四种大致对应我们的内容模型的关键方法:(1) 个人提升(BE);(2) 概念性分析(KNOW);(3) 技能提升(DO);(4) 反馈(三方面都包括)。

的。其目的在于帮助学生实现角色转型。

第四部分：情境（Context），超越传统的大学课堂环境，尝试一些更创新的方法，独特的情境设置在设计和实施领导力教育中扮演着重要角色。

在理论上，根据内容领域的不同，对领导力教育方法进行分类，可以帮助我们更好地架构我们对领导力教学艺术和科学的观点。但是在实践中，不同的内容领域之间通常有巨大的鸿沟。事实上，我们的作者中很少有人愿意把他们对这个复杂问题的不同观点放进同一个部分。但是，基本的观点依然是：作为领导力教育者，我们必须一开始就很清楚我们想要实现的改变的类型。毫不奇怪，学习如何知道、做到和具备某种品格所要求的是完全不同的教育设计及实施方法。

流程

领导力改变是如何发生的？流程关注的是改变的基本原理。比如在"知识"的部分，你会发现基于各种认知流程的方法：一些强调概念性的理解，一些使用认知模型、框架和关键思维方式，还有一些依赖以参与者为中心、基于案例的教学。

在"技能"部分，你会听到教师运用行动、重复、行动学习和行为清单等方式推动他们独特的领导力教学。在第三部分（品格），你会看到很多主要来自临床和现象学传统的本体论的流程，包括生物反馈、结构化反思、游戏、移情和苏格拉底式提问等方法。

最后一部分"情境"中，每位作者都根据他们所在环境的发展需求，采用了一系列不同的流程，包括同伴间学习、跨学科合作、社会企业家和文化浸染等。

虽然每章都会谈到关键的改变机制，但是更关注的是流程的要素，而不是简单地确定核心的教学方法。根据一个传统的关于输入、生产和输出的工程模型（包含反馈循环），我们提出了关于改变的流程模型，以强调我们所称的"发展的书夹"（见图0.2）。我们认为这一点还没有得到人们的充分评价。

在我们的经历中，大多数领导力教育者都把大部分时间花在了中间部分：设计和实施实际学习经历上。不管是一堂课、一门课程、一次模拟活动、一次练习，还是整个项目，在教授领导力时，计划好的"经历"（或事件）往往得到最多的关注。基于多年的研究和评估，我们认为应该对左端的"准备阶段"（学生对这段经历做了怎样的准备？接受度如何？）和右端的"反思阶段"（他们将如何对待这段经历？如何把在课堂上所学的运用到实践中？我们如何提高我们想要实现的改变的"黏

图 0.2 领导力改变的流程模型

资料来源:Snook, *Leader(ship) Development*, case no.9-408-064. Copyright © 2008 by the President and Fellows of Harvard College. Reprinted by permission of Harvard Business School Publishing。

性"?)给予更多的关注。

只需稍加思考,我们就发现了几种向两个方向扩展课堂经历的方式。例如,在学校的选修课公告中介绍一门"真诚领导力开发"(见第二十章)的课程时,我们煞费苦心地撰写了课程描述,以便显著增加适合的学生选修这门课程的比例。我们希望学生为我们的课程所需要的深入反思做好准备。例如,"如果你不愿意在一个小团体中分享个人的生活经历,就不要选这门课"。要求学生在注册之前写一个"自述"——我为什么要选修这门课,也是一个相对简单但很有用的方法,可以筛选出那些可能没有做好准备的学生,也可以增加选修学生的承诺度,在正式上课之前提前开始学习的过程。同样,只需要一点努力和想象,我们就能扩展两端的学习。很多领导力教育者在课程中要求写作反思性文章,以深化和扩展学生们在课堂上的学习。还有些人以课程设计结构的创新来应对发展过程中重视不够的两端。

结构

在什么条件下改变会发生?(**哪里?什么时候?以什么频率?由谁?为谁?和谁一起?以什么顺序?**)清晰地检验顺序、背景、组织、文化、目的、历史、物理环境和人口特征问题,让我们对如何思考领导力教学的介绍更加完整。我们让每位作者在他们的篇章中都通过描述相关的结构维度,来建立"探讨的平台"。下面我们会简要描述,我们所说的领导力教育的结构性要素是指什么,不仅是为了帮你更好地理解下面的篇章,也是为了帮你更深入地思考你自己做出的决定。最后,因为其理论和实践上的重要性,我们选择了结构的一个重要维度——情境,作为本书最后一部分的主题。

典型的情况是,大多数教育者往往认为"内容和流程"的概念是凭直觉的。但是,很多教师发现"结构"的概念更成问题。可能这种困惑一部分是缘于我们大多数人在传统的大学环境中相对不那么结构化的自由度。对一些人来说,大多数结构问题感觉像是课程"独裁者"摊派给我们的"前提",或者学校政策:有一个标准的课时长度。你将在传统的课堂环境中教学。一门课程必须每个学期安排多少次面授,一个学分包括多少次面谈,等等。我们学生的年龄和人口特征也是一个前提,就像整个教育环境的历史和物理及文化环境也是固有前提一样。

这些结构性束缚中的某些可能确实是一种限制,但根据我们的经验,这种束缚是自我强加的。只需要一点想象和创造精神,我们就了解到,结构性要素中的自由和灵活性比我们想象中的要大很多。从这个领域的调查来看,我们很受鼓舞地发现,我们在这方面并不孤独。很多领导力教育者已经找到了创新的变通方法,以及完全颠覆原有框架的方法,以更好地将结构与内容和流程统一起来,提高对未来领导者的影响。我们相信你也可以做到。

为了说明这是如何发生的,我们讲述一个真实的案例。我们为哈佛大学二年级 MBA 开设了选修课——真诚领导力开发。一位叫 Bill George 的同事根据他作为成功的商业领导人的经历,以及对顶级领导者的广泛采访,开发了一种新奇的教学方法,可以概括为这样一句话"当你追随你的内在热情时,你的领导力就是真诚的,人们自然就想与你联系在一起。虽然其他人可能会引导或影响你,但真实的你是源于你的生活经历,只有你能够决定它到底是什么"(George & Sims, 2007, p. xxiii)。

在第二十章你会学到更多有关这方面的内容,这里我们只想突出这个设计的几个最重要的结构要素,其中很多都需要脱离哈佛商学院课程的设计和学校的政策。首先,他的理论要求有高度的人际互动,为了适应这一点,学生规模被削减到最经济的界限——90 人——之下。其次,学生被进一步分为六人领导力提升小组,小组每周聚会一次,分享个人经历(哈佛商学院限制了小团体聚会的场所;教室都是根据支持 90 人的标准设计的)。领导力提升小组是学生自发组织的,没有教师的引导(全部课程有一半在领导力提升小组中度过,没有教师在场。你可以想象这种结构引发的担忧)。每次领导力提升小组会议之后都必须写反思性的文章,并上传到网上,供课程教师阅读(这种创新帮助教师参与学生的发展循环,同时不侵犯领导力提升小组所需要的信任和隐私)。因为课堂讨论是私人性的,所以不允许拜访者,每个学生都会签署保密协议。我们并不是要在这里兜售这门课程,虽然大多数学生表示这是在哈佛商学院学习期间使他们改变最大的课程。我们在这里是想强调设计的结构性元素通常未被开发的潜在力量。

 本书的结构

根据我们研究和教授领导力的集体经验,我们组织了一次关于这个话题的"旅行"。我们希望你觉得它既实用又真诚。与我们对这个未充分开发的、处于早期阶段的领域的评估相一致,我们决定本书不围绕我们熟悉的"研究、理论、实践"的层次来分类,而是围绕我们的改变的内容模型来组织内容。

第一部分包括八章,其中的教学方法强调"知识"(认知)。第二部分七章,都关注"技能"(行为)。第三部分对领导力的教授都关注"品格"(身份)。前面三部分都由主要在大学传统课堂环境下教学的作者撰写,第四部分由在非传统教育背景下教学的教育工作者撰写。

虽然我们试图以改变的主要领域来组织领导力的教学,但很明显,这些概念性的类别是人为的,没有什么教学方式是只关注一个方面的。毫不奇怪,我们的很多作者都不同意我们加诸他们作品的标签。但是,我们希望你会发现这个结构是有用的,就算只是为了锻炼你的思维也好:当我教授领导力时,我致力于实现哪种改变?

就像你将看到的,每章都是独特的,每个作者的观点都是独一无二的。因为领导力教育作为一个领域是很年轻的。我们特别小心,避免过度反应,或者强加过多的结构或者暗示更多的答案。但是,我们让每位作者在写作时考虑以下三个问题:

描述:你的领导力教学方法的精华是什么?每章都包括对经历的详细描述,强调让他们的教学方法独树一帜或影响巨大的特色所在。为了帮助读者理解总体性的框架,作者在描述他们个人的方法(设计和实施)时,也会探讨相关的结构问题,比如:背景、历史和受众。

理论:你的领导力教学方法的概念、理论和学科基础是什么?支撑你的教学方法的领导力、教学和改变的基本假设是什么?我们所有人在所采用的领导力教学方法背后,都至少有一些理论的支撑。这个问题旨在鼓励作者更加明确他们的教学方法的概念支柱。

评估：你的方法的内在优点和缺点是什么？我们让每个作者分享他们的教学评估，证明他们的教学方法的有效性。你的课程或项目的具体目标是什么？我们把结果评估看作这个领域的一个弱项，并请我们的作者分享他们在研究这个困难的问题方面取得的任何进展。

第一部分　领导力教学：强调"知识"的教学方法

第一部分主要强调了关于知识的经典的、认知的内容。每章都定义和划定了知识的主体、结构和概念等有效领导者认知工具包的重要内容。虽然这些章节是跨学科的，而且内容并非面面俱到，但它确实建立起了领导者应该理解的知识基础，形成了领导者的基本行为和社会特征。

第一章，作者 Ancona 认为，卓越领导的核心认知技能是分析工作情境的能力。基于麻省理工学院斯隆商学院的 MBA 和高管领导力培训的"四项领导能力框架"，Ancona 阐述了"意义建构"的社会心理学过程，以及如何在课堂上教授"意义建构"。意义建构通过个人思考关于外在背景的心智地图（或叙事方式）的建设和明确描述进行，虽然这幅地图必须随着世界的变化而变化。基于与斯隆商学院高管项目学员一起工作的经验，Ancona 的研究表明，意义建构对参与者改变自己的领导行为有巨大的影响。

第二章，Mumford、Peterson、Robledo 和 Hester 探讨了商学院教育中最常用的方法——案例教学的影响，以及这种讨论式教学在领导力培训中的影响。作者首先论述了案例教学是有吸引力的，部分是因为基于案例的知识为领导者的认知奠定了基础。接着，作者回顾了基于案例的知识的可靠性证据，并在此基础上阐述了一些关键的想法，这些是在使用案例教授领导力时必须考虑的。最后，作者讨论了这些观点对于领导力开发和完善领导力教育项目的意义。

第三章，Kellerman 描述了领导力教学的一种"古老而新鲜的方法"，以文学艺术传统为基础，内容从伟大的领导力文学中产生。Kellerman 描述了她在哈佛大学肯尼迪政府学院开发的一门课程（后来她也一直为达特茅斯学院的学生教授这门课），课程名称是"领导力文献"，旨在帮助所有学生熟悉关于权力（power）、权威（authority）和影响力（influence）的开创性作品，它们构成了领导力文献的经典。这一章所探讨的属于领导者需要知道什么的内容。这一章认为存在一种领导力的经典传统,并且这些作品增加了领导力研究领域的分量和深度,因此领导力文献能够而且应该构成供所有认真学习领导力的学生学习的一门核心课程。通过这种论述,作者阐述了自己对领导者需要知道什么的见解。

第四章,Alvarez 讨论了并非行动导向的学者们如何教授未来的领导者运用"权力"这个"创造领导力成果的手段"。Alvarez 概括了政治科学家对权力的研究成果,论述了案例方法这种介于纯粹分析方法和纯粹经验式方法之间的方法是建立政治行动者必需的"对行动的想象"的最好方法。在提出教授权力和影响力练习的具体实践的建议后,作者探讨了这个学科的伦理影响——一个因为当前的经济危机(既有金融的原因,也有精英品格的原因)而重新回到公众视野的前沿话题。

第五章,是关于全球领导力教学的。领导者如何影响文化、政治和制度背景不同于自己的个人、群体和组织?这是"全球领导力"面临的挑战所在。这对于今天的领导者而言是一个越来越普遍和重要的背景因素。基于对跨文化和全球领导力的数年的研究,Javidan 论述了,应对全球领导力挑战的关键在于发展他所称的"全球思维"(global mindset)。这种心态有三个重要维度,包括个人层面、心理层面和社会资本层面。Javidan 开创了一门由多层面学习经历构成的课程,课程的目的在于提升一个人的全球思维,从而增加成为成功的全球领导者的可能性。

第六章,Starkey 和 Hall 对主导商学院管理及领导力教育的"经济叙事方式"提出了质疑。他们的文章首先检验了经济性叙事模式,以及它为何会产生如此巨大的影响,尽管它导致了关于个人、企业和社会的错误观点及片面假设,以及关于领导力的狭隘观点。文中代之以关于领导力的更复杂的"社会性叙事方式",基于对自我、企业、社会的更丰富、更包容的理解,推动对身份、人性和社群的本质的理解。把管理看作一个复杂的平衡行为和身份建设的项目,Starkey 和 Hall 在他们的教学中明确提出了学习共同体的建立及自我反思的能力,可以对与权力和财富相伴随的个人主义提出挑战。强调对话、关系和跨文化了解,而不是狭隘地聚焦于市场和利润,他们的模式植根于同情、同理心的价值观,而不是占主导地位的理性论述。

第七章,Delong 和 Hill 详细探讨了哈佛大学领导力与组织行为学课程。这一课程探讨了管理和领导他人的几个关键方面,包括理解和影响群体行为及表现的方式,如何一对一地与他人一起工作和管理他人,以及领导、激励和团结他人到一个共同的愿景和方向之下的策略。此外,这一课程还探讨了学习领导和管理自己职业生涯中的基本选择及策略性问题。最后,这一课程试图帮助学生们实现从个人贡献者到管理者/领导者的转型,建立起能够充分发挥他们自身优势的职业生涯。这门课程的前提假设是组织所在的行业、国家、具体业务、规模都没有学生们如何在任何组织背景下创造卓越的业绩重要。

第八章,Useem 论述了跨越领导力知识与领导力行动之间鸿沟的有效方式,是建立和运用一种"领导力模板"。领导力模板是通过提出一系列广泛适用于多种情境同时具体到可以提供有形指导的关键原则,指导和引导行动的开展。Useem 接着描述了这种领导力模板的关键品格(它应该简单、定制化、明确限制条件、产生于领导者的实践和经验),并提出了建立这种模板的方式,确定了保证这个模板有效指导行动的方法,也探讨了各种运用领导力模板的手段,包括自主学习其他领导者、导师指导和教练、扩展性任务、从挫折和危机中学习,以及从行动后的回顾中获取知识。

总之,我们相信,这些章节作为一个集锦,概括了领导力的一个关键领域的知识——领导者需要知道什么。

第二部分　领导力教学:强调"技能"的教学方法

第二部分的作者强调了领导者的行为层面,主要聚焦于体验式教学方法。

第九章,Halpern 和 Richards 试图回答两个问题:(1)演员培训的哪些方法可以应用于领导力教学?(2)戏剧背景设置如何用于创造一个促进转变性的学习环境,并将其影响扩展到教室之外?Halpern 和 Richards 聚焦于"领导风范"的培养,也就是与他人建立有意义的联系以激励和鼓舞他人实现理想的结果的能力。这一章谈到了领导风范的 PRES 模式——领导风范(presence)、对外联系(reaching out)、善于表现(expressiveness),以及自我认知(self-knowledge)。这是作者在基于戏剧的领导力研讨班中所使用的。他们论述了通过戏剧进行体现式学习可以培养这种风范,帮助个人通过参与到演员为角色做准备时所使用的反省和互动练习中,更好地理解自己,提高与他人建立联结的能力。

第十章,Goffee 和 Jones 运用一种领导力的社会学方法,描述了围绕三个核心概念的组织的一种教学方法:领导力是情境性的、关系型的和非等级的。因为领导力是情境性的,因而,要建立好的领导力普遍标准很困难。领导力是关系型的则提醒我们,领导者是有追随者的人,管理社会距离是领导者的关键技能。领导者是非等级的,这种观点反驳了一种看法,即处于组织中的高级职位的人必然表现得像领导者,而是认为领导者的个人特质比职位对其领导力的影响更大。总之,Goffee 和 Jones 让高管们"有技巧地做自己",提醒我们,领导力关乎对自我的认知和对真实自我的有选择的呈现,以及在特定情境中对个人优势的有技巧的运用。

第十一章,Meikle 描述了 Eikiem 高绩效高级研修班,这个项目致力于将研究成果运用于一些世界上绩效最高的组织——精英学术机构、茱莉亚音乐学院和军事特种部队。与高绩效领导力的活动本质相一致,Meikle 认为参与者将会采取行动、激发和维持势头,并要求高标准的执行。其基础性的假设是,随着情境的改变,人也会改变。因此,情境中的某些改变会激发绩效的提升,领导力的任务之一就是在情境中创造这种改变。这个高级研修班聚焦于教会领导者通过领导创造更高绩效的情境。

第十二章,Anderson 和 Kole 探讨了"领导力的有效性与发展"。这是芝加哥大学布斯商学院 MBA 唯一的必修课。作者描述了这门课程的研究基础,检验了领导力教育中"知道"和"做到"相结合的具体内容,并讲述了部分参与者的代表性体验。这一章展示了这门教育学生自我觉察,从经历中"提取""正确"的经验教训的课程,如何把课堂教学、体验式学习和一对一教练结合起来。这门课程的目标是让学生对自己的优势和需要提升的方面建立清晰的认知,学会如何以一种客观的、可复制的方式从经历中获得有用的见解。

第十三章,Mintzberg 描述了致力于改变管理者发展的一个项目库。这些项目基于一种共同的理解,即认为组织是人的共同体,而不是人力资源的集合体。同时运用了一种管理和敬业度的视角,而不是英雄式的领导力的视角。一个项目通过训练管理者反思他们自己的经历并与他人分享这种反思,将管理教育与管理提升联系起来。另一个项目旨在通过让来自不同公司的管理者团队相互之间进行"友好咨询",提升组织发展。还有一个项目针对的是医疗健康方面的领导者,通过鼓励参与者将所在团体关心的主要问题带到课堂上讨论来促进社会发展。最后一个项目通过让管理者小组聚集到一起,在教师或引导师的带领下,探索他们自身及其组织的发展。Mintzberg 认为,这些项目指向的是管理和组织发展方面的一个全新的方向。

第十四章,Csoka 将我们的注意力转移到绩效上。他从蓬勃发展的运动心理学和新兴的脑科学中汲取启示,创造了一种独特的领导力教育方式,聚焦于培养领导者在遇到最重要的事情时能够做出最佳表现。在今天的世界,这通常意味着领导者能够有效地思考,并在极端压力和不确定的情况下,满怀信心、判断准确地行动。Csoka 指出了培养领导者在极端条件下自我控制十分关键的一系列技能。使用先进的生物与神经反馈技术,领导者可以学会控制关键的头脑和心理反应。这通常属于影响领导者有效性的几个关键领域。这些领域包括目标设定、适应性思维、压力和精力管理、注意力控制和头脑想象。随着长时间的练习,这些技能会变成我们作为领导者的特质的一部分。

第十五章,LeBoeuf、Emery、Siang 和 Sitkin 介绍了杜克大学 Fuqua 商学院建立整体的领导力开发系统的方法。这个项目是围绕三个关键设计原则建立的:一个包含 360 度反馈的领导力模型,一个扎根于个人和领导力发展经验的"首尾相连"的视角,以及对整合所有学生活动的强调。这种结构化的设计帮助 Fuqua 履行商学院帮助 MBA 学生成为胜任的商业领导人同时也是负责任的领导者的责任。其方法就是利用学生的教育经历形成一个具体的领导者身份,以"结果型领导者"为特征。

第三部分 领导力教学:强调"品格"的教学方法

这部分包含七种领导力教学方法,都聚焦于学员的身份(他们是谁,他们的性格、价值观)。在比较基础的层面,领导力教育的内容可以概括为两个词:能力和品格。⑦ 第一、二部分主要聚焦于能力,即如何帮助学生获得领导力相关的知识和技能。这一章的作者针对的是领导力教育中一个更深入、在很多方面更神秘的组成部分:品格和身份。

大多数有经验的领导者都很善于教授关于领导力的知识和技能。毕竟,在大多数大学,专业知识和技能的成功获取是教育的核心目标。甚至更重要的,可能是我们要知道如何做到这些。我们知道如何告知,知道如何"传播知识",知道如何

---

⑦ "能力和品格"的观点取自 Norman Schwarzkopf 将军 1991 年 5 月 15 日为西点军校的美国士官生所做的演讲。在成功地指挥了沙漠风暴行动中的联合军队以后,Schwarzkopf 将军访问了他的母校,分享他关于 21 世纪的领导者需要具备什么品格的观点。基于超过 35 年的个人领导经验,将军将领导力概括为两个词:能力和品格。如果领导者不知道自己在做什么,不具备战略和技术上的能力,就没有人会长久地追随他。但是品格也同样重要。"给我一个具备正确品格的人,我可以教会他做一切事情。"

培训技能。我们中的大多数人花了很多时间学习或教授重要的概念性知识和技术性技能。事实上,这个过程构成了传统课堂教学的核心。但是,在领导力教育的"品格"领域,与教授知识和培训技能相对应的是什么呢?一个人如何创造一种针对学生的身份、塑造他们的价值观、揭示他们的热情的学习经历呢?一个人以何种方式教授领导力才能不仅告诉学生领导力是什么,而且实现学生的转变,使他们成为真正的领导者呢?在这一部分,几位作者分享了针对"我们是谁"这样的本质性问题,或者说领导力教育中的"品格"部分的领导力教学方法,这些方法通常是勇敢的、非传统的。

第十六章,以"创造领导者"为题,为这一部分定下了聚焦于领导者品格的整体基调。Erhard、Jensen 和 Granger 论述了将一种决定性的本体论方法运用于领导力教育中,让学生成为真正的领导者。他们的本体论方法——被描述为"在场"体验到的存在和行动——与比较传统的、"在看台上"观察和评论领导力的视角不同,呈现了一种严格的领导力教育理论,以下对学生的承诺为开始和结束:

- 在结束这门课之时,你将成为你要成为的那位领导者。
- 在结束这门课之时,你将掌握卓越领导者需要的一切。

对这些作者来说,正直、真诚以及致力于某些高于自身的事情构成了领导力的背景基础。一个人一旦掌握了这种背景,就能成为一个真正的领导者。仅仅知道或理解这些基础性要素是不够的,需要遵循一种严格的以现象学为基础的方法。这样学生才有机会为自己创造一个让他们成为真正的领导者的背景,并有效地练习领导力,作为他们自然的自我表达。

第十七章,Kets de Vries 和 Korotov 补充了一种诊断性意见。两位作者立足于他们进行变革型领导力开发的广泛经验,描述了如何创建强大的"变革空间",在其中,学员每天的活动是自学、反思和游戏。与诊断性方法相一致,这一方法使学员受到挑战,思考对理性的错误看法,探索他们的过去,思考情感、移情、反移情潜在的巨大力量,以及激励需求系统在日常工作中的作用。此类领导者培养没有立竿见影的方法。创造持久的改变是一个过程问题,经历这样深入的过程需要时间。这种诊断性方法的核心包括"把自己作为工具的能力、反思和深入探究(必要时)自我、探索我们的内心世界对我们的行为和他人的行为的影响"。

第十八章,O'Toole 邀请我们和他一起加入一个个人旅程:他如何发现(并且依然在教授)集实用性和道德性于一体的"基于价值观的领导力"。强调品格的教学方法不可避免地涉及关于价值观和个性的根本问题。O'Toole通过运用"柏拉图式的助产士的方法"直接回应了这些令人苦恼的问题。运用苏格拉底式方法,他试图引出学生们自己个人的、隐性的领导力理论;通过研究历史上的领导者如甘地、林肯和曼德拉,以及商业世界的很多当代领导者,使他们已经知道的东西外化出来,然后予以严格检验。O'Toole不断鼓励学生评估他们所选择的方式的道德和伦理层面。最后,将基于价值观的领导者与其他领导者区分开来的是他们"通过让人们清晰地看到——并有效实现——他们所珍视的事物而创造追随者"。

第十九章,Petriglieri指出很多所谓的领导力开发项目局限于抽象知识和行为能力的获取。而且,"寻求建立身份所需要的支持"远远不会暴露于组织的表面,或体现于个人对领导力项目的兴趣中。遗憾的是,工作组织和员工之间越来越大的心理距离导致管理者投向商学院或者领导力项目,以履行身份工作区的任务。Petriglieri把今天的商学院领导力课程解释为为身份工作维持环境。所谓身份工作,就是巩固现有身份,建立新的身份:"领导意味着什么?作为领导者,我是谁?"他接着描述了让这些项目成功实现这种功能的独特的学习过程和设计原则。

第二十章,George描述了一种基于身份的创新方法,他称之为"真诚领导力的发展"。其理论根基是"当领导者跟随他们的'真北'——他们的信念、价值观和原则时,他们是最为有效的"。其核心在于帮助学员认识他们的"真北"。为了做到这一点,George设计了一个多层面、高度个人化的经历,包括课堂阅读、个人练习、引导式案例讨论以及亲密的小组活动。整个流程是高度内省的,设计目的在于让学生更清晰地认识自我,认识自己的价值观和能力。作为一名成功的商业领导人,George通过分享他自己的个人发展历程展示了教授这门课需要做什么。

第二十一章,Moldoveanu介绍了一种基于"自我理解"和"自我转变"的领导力开发方法。这种方法运用的模式可帮助受训者理解自己的行为,有目的、持续地进行行为改变。Moldoveanu讲述了几个关于以转变为导向的教学方式的详细案例。这种教学方式以受训者试图修正的行为类型的准确、详细的模式为引导。这一章强调了这种方法对于领导力教育领域的意义。

第二十二章,Ganz和Lin探讨了一种将所教的内容与指导方法相结合的教学方法,通过实践领导力来教授领导力。这一章描述了这种方法的原则,分享了一个课程的框架,提供了一个取自多种背景的案例。领导力的定义强调领导者在让他人能够在不确定的条件下实现共同目的过程中所发挥的作用,由此可见,这种方法要求学生领导一个植根于他们的价值观的项目,旨在实现一个具体的目标,要求他们保证他人的支持和承诺。这种教学方法的另一个好处是,它通过大量的学习培养了一种新的领导能力。就像领导力不仅创造追随者,也创造新的领导者一样,这种方法在学生中创造了新的教学能力。

总体而言,这些章节表明,领导力教育不仅包括知识和技能的教授。教授有关领导力的知识和技能,与教授如何领导都很重要,但并不容易教。为了实现有效的教育,我们也必须深入思考身份和品格的问题。成为一个真正的领导者究竟意味着什么?追随者关注的不仅是领导者的专业能力(他们所知道的和所能做的),而且还包括他们的身份,即他们是谁。因此,这部分所论述的内容应该被看作任何整体的领导者教育方法的一个组成部分。

第四部分　领导力教学:强调"情境"的方法

第四部分的作者以他们对参与者(研究生、初级军官、转型中的高管以及城市青年)独特情境的敏感研究为重点。第一、二、三部分的大部分篇章讨论的是传统课堂教学的内容和流程问题。情境往往是在正式课堂中的 MBA 或高管教育。这里,我们试图放松这种结构限制,把我们的范围扩大到包括一些不同情境下的创新的领导力教学方法。在其中一些方法中,教学情境不同的是参与者的性质(比较年轻或比较有经验;来自企业或者来自其他领域),以及他们如何参与。在其他方法中,不同的不仅是学生,还有情境本身。培训聚焦于组织中的领导力提升。在另一些案例中,讨论的是领导力开发如何因为国家或社会文化的不同而不同。我们从这些独特的企业家领导者的清单中学到了很多,希望你也如此。

第二十三章,Ringleb 和 Rock 让我们思考一个问题,即如果你确实能够测量感情,你将如何设计领导力开发项目。立足于神经科学和社会心理学的交叉研究,Ringleb 和 Rock 描述了 CIMBA 令人兴奋的教学环境。CIMBA 是爱荷华大学主办的,位于意大利的一个 MBA 项目。运用最新的脑神经技术的成果,CIMBA 的学生会收到一个关于关键神经反应的反馈分析,让他们能够对认知与情感之间的关系及其与学习和领导力实践的关系获得强有力的、个人化的了解。神经科学的大步发展影响着学术世界的每一个学科。领导力教学不应该最后才进入这个令人兴奋的领域。

第二十四章，Burgess 打破传统的课堂学习的框架，提出了一个问题：如果你的学生是好几千个地理位置分散的美国军队指挥官，你如何教授领导力？也许他们最好的学习方式是相互为师。他讲述了自己如何与一群初级军官一起，仅靠他们自己，购买 URL，开发出军队所接触过的最具创新性、覆盖面最广的一种教学方法。他们的网站为 CompanyCommand.com，其创新之处在于同伴之间相互的领导力培养。这一章告诉了我们很多。最重要的可能是，领导力可以在传统组织结构之外教授，通过一种草根的学习网络，以同伴之间在有活力的专业论坛分享经验的方式进行。

从大脑到战场，再到城市中心，情境的戏剧性转变需要领导力教学方法的创新。在第二十五章，Klau 呈现了"City Year"（一个社会服务组织，吸收背景各异、年龄在 17—24 岁的年轻人从事为期一年的社会服务工作）所用的一种全面的领导力开发模型。这个项目名叫"理想主义的火焰"，旨在通过将理想主义的年轻人转变为卓越的、敬业的、鼓舞人心的公民领导者，开发他们的全部领导潜能。受到对理想主义的转变力量的信念——一种你可以改变世界的信念——的鼓舞，"City Year"不仅认识到社会变化（外部世界）以及个人转变（内部世界）的相互影响，而且用这种相互影响来培养年轻的领导者。

第二十六章，Dickson、Lelchook 和 Sully de Luque 谈的是跨文化的领导力教学。这一章先大致描述了一个项目——GLOBE 项目——迄今为止最大的跨文化领导力研究项目。然后，几位作者提出了他们认为的这个领域的"重大问题"——在具体的文化价值观和偏好的领导风格之间是否存在联系？从跨文化的角度来看，哪些领导方式是普适性的，哪些只适用于特定文化？这一章最后提出了一些使用 GLOBE 的数据促进跨文化领导力教学的建议。

第二十七章，Chatterjee、Friedman 和 Yardley 通过描述高盛的"领导力加速培养项目"把我们带到了华尔街的中心。他们也提供了对这一项目的优缺点的评估。"领导力加速培养项目"旨在为公司内部培养具有战略重要性的领导者，同时也是根据在不久之后管理一个快速变化的行业的高管的需求量身定制的。这个项目诞生于 1999 年，其灵活的结构让它可以作为领导者相互联系的纽带满足公司的领导力需求，为实现公司目标做出贡献，并发展他们的商业直觉和领导者影响力。

第二十八章，讨论了一个特别棘手的情境变量：相互依存（interdependence）。事实上，这一章作者从对"相互依存宣言"的呼吁开始，认为今天的领导者们所面临的最重要的挑战——气候、水、疾病、贫穷、公平——本质上都是相互联系的:"它们只能通过人们跨界限的合作来解决。"根据 CCL 近几年的研究和教学,这一章的作者提出了教授这个相互联系的世界所需要的互助领导力的四种"实践艺术"。在这四种艺术的背后,是一种领导观念的创新,让我们通过致力于三个核心的领导力成果——共同的方向、协调、承诺得以从独立和依赖达到互赖。

第二十九章,McGaw 呼吁我们更多地关注企业成功和社会进步之间的相互作用。在两者的结合中起引领作用的是一个新兴的企业家群体——高潜力的商业领导人,他们帮助公司既创造良好的财务业绩,又为社会福祉做出贡献。McGaw 描述了 Aspen 研究机构最近创办的一个项目——第一推动者追随力项目(First Movers Fellowship Program)。项目旨在提高领导者在公司和社区进行创新及领导变革的能力。

第三十章,以一个积极的声音为我们的旅程画上了一个圆满的句号。我们的旅程是以从多个内容领域抽取一些领导力教学方法开始的。这些方法大部分以传统大学标准的课堂环境为背景。最后一部分让我们走出校园,广泛探讨大脑、战场、城市青年、全球化、互助与社会企业家的背景和挑战。最后,我们回到我们开始的地方。在这篇《领导者再培养》的激励性文章中,Kanter 提醒我们大学支持"终生学习"的承诺不是一句空话,特别是在领导力方面。我们知道本科学校是什么样的,也知道研究生项目和专业人士项目是怎么做的。但是,随着发达国家的生活期望把我们的生产年限扩大到学校的创始人从来没有想象过的范围,现在可能已经是时候想象一下大学能给一位已经取得很大成就的领导者提供什么了。"第三阶段的学校"应该是什么样的?你将如何为有经验但希望在以后的人生中处理社会和全球问题的领导者设计领导者再培养项目?

这些都是引发哈佛大学的教师们启动一个大学范围的试验的富有启发性的问题。这项试验叫做"高级领导力创新项目"。作者基于领导变革的广泛背景,分享了一个在大学内部或不同大学之间创造适用于不同生命阶段的领导力开发项目的案例。毫不奇怪,这是一个故事中的故事——不仅是关于如何帮助资深的领导者延续其领导能力和继续领导变革的,也是关于如何帮助历史悠久的大学做好这些事情的。

领导力教学的严肃性

尽管领导力是一种被广泛认知的现象,但它既不是一个容易探究的领域,也不是一项教学和开发方法容易被认可及理解的事业。今天的情境的独特之处在于,主流学术机构史上第一次开始认识到领导力的重要性,并将其作为学术探究和教学中的一个合法领域。特别是,那些声称教育和培养领导者的研究生院,正处于一个开始重视领导力教学的转折点。在本书中,我们试图分享一些比较有经验的同行的智慧,并将他们的工作置于一个公认的概念框架中,来定义这一新兴领域的大致轮廓。这一框架将有助于他人更好地理解我们所做的工作。

尽管我们将领导力看作一个学术研究的严肃学科,一个可以有效教授给我们的学生但还有很长的路要走的学科,但我们希望通过这本书总结的数年来之不易的经验,我们现在可以至少想象一个未来,其中很多教育机构所宣称的使命以及它们实际做的之间的差距会被缩小。我们希望这本书能够成为这个旅程中迈出的一小步。

 ## 参考文献

Associates, Department of Behavioral Sciences & Leadership, United States Military Academy (1985). *Leadership in organizations.* Garden City Park, NY: Avery Publishing Group.

Avolio, B. J. (2005). *Leadership development in balance.* Mahwah, NJ: Erlbaum Associates.

Bass, B. M., & Stogdill, R. M. (1974). *Handbook of leadership.* New York: The Free Press.

Bennis, W. (1989). *On becoming a leader.* New York: Perseus Books.

Bennis, W., & O'Toole, J. (2005). How business schools lost their way. *Harvard Business Review*, 83(5), 96—104.

Burns, J. M. (1978). *Leadership.* New York: Harper & Row.

Conger, J. (1992). *Learning to lead.* San Francisco, CA: Jossey-Bass.

Covey, S. R. (1990). *Principle-centered leadership.* New York: Fireside.

Department of the Army. (1999). FM 22—100, *Army leadership: BE, KNOW, DO.* Washington, DC: US Government Printing Office.

Doh, J. P. (2003). Can leadership be taught? Perspectives from management educators. *Academy of Management Learning and Education, 2(1), 54—67.

Gardner, J. (1993). *On leadership.* New York: The Free Press.

George, B., & Sims, P. (2007). *True north.* San Francisco, CA: Jossey-Bass.

Ghoshal, S. (2005). Bad management theories are destroying good management practice. *Academy of Management Learning & Education*, 4(1), 75—91.

Giber, D., Carter, L., & Goldsmith, M. (2000). *Linkage Inc.'s best practices in leadership development handbook.* San Francisco, CA: Jossey-Bass/Pfeiffter & Linkage Inc.

Goldsmith, M. (2006). *Global leadership: The next generation.* Upper Saddle River, NJ: Prentice Hall.

Hesslebein, F., & Shinseki, E. (2004). Introduction. In *BE, KNOW, DO: Leadership the army way.* San Francisco, CA: Jossey-Bass.

Khurana, R., & Snook, S. (2004). Developing leaders of character: Lessons from West Point. In R. Gandossy & J. Sonnenfeld (Eds.), *Leadership and governance from the inside out* (pp. 213—232). Hoboken, NJ: John Wiley & Sons.

Kotter, J. (2008). *A sense of urgency.* Boston, MA: Harvard Business Press.

Kouzes, J. M., & Posner, B. Z. (2007). *The leadership challenge* (4th ed.). San Francisco, CA: Jossey-Bass.

McCall, M. W. (1998). *High fliers.* Boston, MA: Harvard Business School Press.

Mentkowski, M., & Associates. (2000). *Learning that lasts.* San Francisco, CA: Jossey-Bass.

Mintzberg, H. (2004). *Managers not MBAs: A hard look at the soft practice of managing and management development.* San Francisco, CA: Berrett-Koehler.

Nobria, N., & Khurana, R. (Eds.). (2010). *Handbook of leadership theory and practice: An HBS centennial colloquium on advancing leadership.* Boston, MA: Harvard Business School Publishing.

Northouse, P. G. (2010). *Leadership: Theory and practice* (5th ed.). Thousand Oaks, CA: Sage Publications.

Paulus, C. J., & Drath, W. H. (1995). *Evolving leaders.* Greensboro, NC: Center for Creative Leadership.

Pfeffer, J., & Fong, C. T. (2002). The end of business schools? Less success than meets the eye. *Academy of Management Learning & Education*, 1(1), 78—95.

Quinn, R. E. (1996). *Deep change: Discovering the leader within.* San Francisco, CA: Jossey-Bass.

Rost, J. C. (1991). *Leadership for the 21st century.* New York: Praeger.

Schwartz, M. K., Axtman, K. M., & Freeman, F. H. (1998). *Leadership education: A source book of courses and programs* (7th ed.). Greensville, NC: Center for Creative Leadership.

Schwartz, M. K., & Gimbel, K. J. (2000). *Leadership resources: A guide to training and development tools.* Greensboro, NC: Center for Creative Leadership.

Snook, S. A. (2008). *Leader(ship) development (9-408-604).* Boston, MA: Harvard Business School Publishing.

Van Velsor, E., McCauley, C. D., & Ruderman, M. N. (2010). *The Center for Creative Leadership handbook of leadership development* (3nd ed.). San Francisco, CA: Jossey-Bass.

Yukyl, G. (2010). *Leadership in organizations* (7th ed.). Englewood Cliffs, NJ: Prentice Hall.

第一部分

知识

第一章

意义建构
——在未知中思考和行动

Deborah Ancona

麻省理工学院斯隆商学院

本章介绍的是"意义建构"(sensemaking)。对于我们今天所生活的这个如此复杂、变化不定的世界来说,这是一项重要的领导能力。"意义建构"是卡尔·维克(Karl Weick)提出的一个术语,指的是我们如何构造未知的世界,以便能在其中行动。意义建构包括对不断变化的世界形成一个看起来合理的解释——一幅地图;通过数据收集、行动和对话与他人一起检验这幅地图的可靠性;然后决定对这幅地图予以完善或直接放弃。

意义建构使领导者能够更好地理解所处环境中发生的事,从而对其他领导行为起到促进作用,比如:制定愿景、建立联系和发明创造。本章阐述了有效的意义建构的十个步骤,并将这些步骤分为三个类别,即让领导者能够探索更广的系统、建立这个系统的地图和在这个系统中行动,以便从这个系统中学习。文中阐明了僵化、领导者依赖性和反复无常的行为如何阻碍有效的意义建构,以及如何教授意义建构这种核心的领导能力。本章最后,是一份MBA领导力课堂的关于意义建构的学生手册。

在麻省理工学院斯隆商学院,我们教授"4-CAP"领导能力模型。这四项能力包括意义建构(sensemaking)、建立联系(relating)、制定愿景(visioning)和发明创造(inventing)(Ancona, Malone, Orlikowski, & Senge, 2007)。

在我们的领导力工作坊和课堂中,参与者都很容易理解后面三项能力。建立联系是指与他人或在人际网络中建立信任关系;制定愿景是指描绘关于未来的有吸引力的画面;发明创造是指创造必要的结构和流程以实现愿景。最让他们头疼的是"意义建构"这个术语。但我们的360度调查问卷数据显示,意义建构与领导效能高度相关——甚至超过了制定愿景。而且,参加过我们项目的人——有些甚至是过了5年之后——指出,意义建构是他们所学到的最重要的理念和技能之一。在我们的课程结束很久之后,"意义建构"依旧存在于组织的词汇中。

那么,什么是"意义建构",为什么它对有效的领导力如此重要?

什么是意义建构

"意义建构之父"卡尔·维克指出,"意义建构"就是"把意义构建出来"(Weick, 1995, p.4)。它是"构建未知"(structuring the unknown)的过程(Waterman, 1990, p.41),这个过程通过"在某种框架中放入促进因素"使我们"能够领会、理解、解释、定性、推断和预测"(Starbuck & Milliken, 1998, p.51)。意义建构让我们能够把世界永恒的复杂性,变成一种"可以用明确的语言来解释的情境,并以此作为行动的出发点"(Weick, Sutcliffe, & Obstfeld, 2005, p.409)。因此,意义建构包括——而且确实需要——清晰地描述未知世界,因为有时试图解释未知世界,是了解你对它知道多少的唯一办法。

最后,意义建构需要勇气,虽然人类渴望理解和知道不断变化的世界中所发生的事,但是解释变化通常是孤独的和不受欢迎的任务。例如,如果一位领导者要证明组织的战略并不成功,就可能会与那些想要维持表面业绩的领导者发生冲突。

在商业领域,意义建构意味着了解变化的市场、客户的变迁或者新技术。意味着了解新的业务或新的问题中的文化、政策和结构。也意味着理解为什么之前成功的商业模式现在不起作用了。意义建构往往包括从简单到复杂再到简单的过程。从简单到复杂的过程,就是收集新信息和采取新行动的过程。然后随着模式确定下来,新信息做好了分类和整理,复杂再次变得简单,但在这个过程中,人的理解提升了。

当世界的某些方面让我们觉得难以理解时,就是我们最需要意义建构的时候。比如当环境快速变化,给我们带来很多意料之外的挑战,或者适应方面的问题时,就是如此(Heifetz,2009)。适应性的挑战——也就是要求我们做出自身现有系统之外的回应的挑战——通常表现为理想和现有能力之间的差距,而且这个差距无法在现有的运营模式内得到弥补。

在这种时候,现象"必须从无差别的原始经验中拆分出来,从概念上进行定位和分类,以便它们成为沟通交流中通用的货币"(Chia,2000,p.513)。因此,意义建构是让棘手的事情变得可操作。但是行动并非后于意义建构的一个单独的步骤,而是理解新的现实、为我们的意义建构提供新的见解的另一种方式(Weick, et al., 2005)。

因此,意义建构包括形成看似合理的解释和意义;向他人或者通过行动检验这些解释和意义;然后改善我们的理解或者放弃它们,以便形成对变化的现实的更好的解释。

Brian Arthur(1996)用一个赌场类比阐述了我们当前所面对的不确定性,以及由此导致的对意义建构的巨大需求。

想象一下,你在一个大型的赌场中到处乱转。这个赌场有顶级的设备和科技。……在一张赌桌上,一个叫"多媒体"的游戏正在进行。另一张赌桌上玩的是"网络服务"。赌场有很多张这样的桌子。你坐在了其中一张桌子旁。

你问:"要多少钱才能玩?"

赌台管理人说:"30亿美元。"

你问:"谁会来玩?"

赌台管理人说:"他们出现前我们也不知道。"

你问:"规则是什么?"

赌台管理人说:"随着游戏的展开,规则会展现出来。"

你问:"赢的概率有多大?"

赌台管理人说:"这个没法说。你还要继续玩吗?"

在这样的环境中进行意义建构,意味着"被抛入一个持续流动、不可知、不可预测的经历之中,不断寻找一个问题的答案。这个问题就是'这是怎么回事?'"(Weick, Sutcliffe, & Obstfeld, 2005)。它意味着寻找一个统一的秩序,即便我们不确定它是否存在。它要求理解如何最好地描述这种秩序,在一切都不明确的情况下持续玩这个游戏,即便我们永远不知道自己是否找到了这个秩序。根据 Joseph Jaworski 和 Claus Otto Scharmer(2000)的说法,这是 Brian Arthur 的"赌场类比的法则"。**"伟大领导者与一般领导者的区别就是,在玩游戏的时候,能够察觉游戏的本质和规则。"**(p.2)

从这个角度看,意义建构是一项当下的活动——是游移于启发式与运算式、直觉与逻辑、归纳与演绎之间,不断寻找和提供证据,提出和验证假设。而这一切,都是在"玩游戏"的当下进行的。因此,意义建构需要领导者具备情商、自我觉察能力以及处理认知上的复杂性的能力,并能够在意义建构"是什么"与愿景"可能是什么"之间灵活地移动。可能同样重要的是,它也要求领导者能够让他人参与进来,理解如何玩这个游戏。

在今天的世界,意义建构有多重要?我们处在全球巨变的时代,在政治、经济、气候变化、资源消耗和其他很多方面都是如此。在商业领域,思科公司的首席执行官约翰·钱伯斯相信"从商业模式与领导视角来看,管理上正在发生巨大的变化,从命令与控制式转变为合作和团队。这场转变可以说与流水线的产生一样,是一场革命性的变化"(Fryer & Stewart,2008,p.76)。这就产生了很多问题:全球化竞争会如何结束?中国与印度会成为本世纪的主宰吗?经济危机会结束吗?恐怖主义会如何影响国际贸易关系?

但是,意义建构不仅限于这样的一些全球性问题。在公司层面,领导者需要进行意义建构,了解自己的团队为什么不能正常运行,客户为什么会离去,为什么公司的运营缺乏安全性和可靠性。在个人层面,意义建构能帮助你了解,作为一个领导者,你为什么达不到自己所期望的标准;或者你为什么无法与自己的上司和睦相处。我们为本科生、MBA 学员、企业中层和企业高管团队教授意义建构,因为每个层级都需要具备理解变化不定的环境的能力。

意义建构的作用

综上所述,意义建构是一项极其有用的技能,但它究竟是如何进行的呢?维克(2001)提供了一个答案:**把意义建构比作绘制地图**。地图可以提供希望、信心,以及从焦虑走向行动的方法。通过绘制一幅不熟悉的情境的地图,可以减少对未知的恐惧。让团队中的所有成员根据一幅共同的地图来行动,有助于协调团队行动。在人们常常担忧自己处境的时期,地图绘制成为意义建构和领导力的一个重要组成部分。在行动优先的世界里,意义建构有助于更高效的行动。

在我们试图绘制混乱处境的地图,让看起来难以理解的事情变得具有连贯性以后,我们就能够谈论正在发生的事情,对我们的处境提供多种解释,然后采取行动。然后,随着我们不断行动,我们可以根据经历和理解的增加改变地图,使之更适合我们。

有一点需要注意,那就是在这方面,不存在"正确"的地图。意义建构不是找到"正确"的答案,而是创造一个当下的画面,这个画面随着数据收集、行动、经历和对话变得更全面。意义建构的重要性在于,当世界看起来已经发生变化时,它让我们能够继续行动(Weick, Sutcliffe, & Obstfeld, 2005)。它让我们抓住些什么,从而远离恐惧。

意义建构的这种用法可以通过一个故事来说明(来自赫鲁伯的一首诗,1977)。一支小型军队在瑞士阿尔卑斯山进行军事训练。他们都不太了解这个区域。这时,突然开始下雪了。雪下了两天,积雪厚实,彤云密布,雪花翻飞,眼前白茫茫一片。他们迷路了,又饿又冷,想着接下来他们会怎么样,于是恐惧开始在团队中蔓延开来。这时,有人在自己的背包里发现了一幅地图。于是所有人都聚拢过来,想搞清楚自己现在所处的位置,以及如何离开阿尔卑斯山。大家都冷静下来,确定了位置以后,开始策划返回营地的路线。

他们开始搭设帐篷,在暴风雪中行动。当然,他们并非总是能准确到达他们预想的地方,所以返回的路上还需要进行更多的意义建构。他们沿途得到了村民的帮助,当遇到障碍时,就绕道而行。然后,当他们最终到达营地时,才发现一路上使用的地图根本就不是阿尔卑斯山的,而是比利牛斯山的。

这个故事的寓意是什么?当我们面对疲劳、寒冷、饥饿和恐惧的时候,任何地图都是管用的(Weick, 1995)。

当我把这个故事讲给学生听的时候,他们都断言说,用一幅错误的地图可能导致一场灾难——特别是当你在暴风雪中游荡在山上的时候——这当然是对的。如果可以选择,我们都会选择最正确的地图。但是故事中的士兵们用一幅错误的地图幸存下来,是因为他们做出了行动,他们有目标,并且清楚他们在哪儿,以及要到哪里去,尽管他们在很多地方是被误导的。**其关键点在于,在意义建构的过程中,**

地图只是一个起点。然后,人们需要把注意力放在从环境中寻找线索、整合新的信息上,在这样做的时候,是把一幅可能很差的地图变成有用的意义建构工具(Weick,1995)。

一幅差的地图可能已经"足够好了",这其中还有很多理由。首先,一幅差的地图可以让领导者和团队怀着信心向目标前进。可能当他们对世界的看法更准确时,这些目标看起来是根本不可能实现的。在某些情况下,准确性可能让人寸步难行,而部分真实却会产生激励作用。事实上,准确性的观念可能更加关乎情境不变的"目标"世界,而不是不断变化的背景下的组织生活。其次,让人们了解一种处境,冷静下来,并采取行动,可能比找到"那个"永远找不到的正确答案更重要。再次,在一个快速变化的环境中,速度可能比准确性更为重要。最后,要证明我们的观点是否准确是很难的,因为这些观点和由此产生的行动会改变我们的现实,而且不同的观点会导致相同的行为。

简而言之,**在意义建构中更重要的是看似的可信性而不是准确性**。那些能够为人们提供解释、赋予能量,调动人们进行讨论、行动和贡献想法的故事和地图,胜过那些更专一地聚焦于实现最可能的现实画面的故事和地图。它们所聚焦的这个画面是不断变化和难以理解的。

意义建构与其他领导能力的关系

我们一旦通过意义建构,更好地理解了我们的世界所发生的事,就能更清晰地知道,如何发挥我们在建立愿景、发明创造和建立联系上的领导能力。有了对外部环境更清晰的了解,我们的愿景和执行能力就会得到提升,因为它们"适合"当前的处境。有了看似可信的地图而产生的专注和活力,创造联系、建立愿景和发明创造的能力就可以大放异彩。有了对和我们一起工作的人的更好的理解,沟通和合作会进行得更加顺利。在一个重视行动的世界,有效的领导者必须依赖于,并且奖励有助于指导和纠正行动的意义建构。另一方面,对未来的愿景有助于把意义建构聚焦于组织重要的领域;发明创造为意义建构提供了更多数据;建立联系提供了意义建构所在的人际互动网络。

例如,利丰集团(一家全球性的采购、供货和零售企业)董事长冯国经每三年都会启动计划流程,制订公司三年计划。这个流程的特别之处在于,一旦计划制订出来,接下来的三年都不会改变。这让公司可以聚焦于成果,在计划期间有足够长的时间实现重要的目标。

因为当前环境的不确定性,在制订2011—2013年计划之前,公司组建了26支管理团队,进行意义建构,为组织开创新的方向。有些人关注中国经济的趋势,有些人以全世界公司的HR和IT最佳实践为标杆,有些人关注更好的全球合作服务客户的方式,还有一些人重新检验了内部文化文件,以判断它们是否适合变化了的环境。由来自不同地域和组织不同部门的管理者组成团队进行共同的意义建构,新的想法得以产生,试点项目得到考核并纳入计划流程。这样做的结果是:形成了一个更适合变化了的外部环境的三年计划。

你如何进行有效的意义建构

虽然意义建构是一个复杂的概念,但它可以分解为三个部分:探索更广大的系统(步骤1—4),创建当前情境的地图(步骤5—6),采取行动改变系统并更进一步了解系统(步骤7—9)。每个部分可以进一步分解为几项建议行为。

探索更广大的系统

这方面的意义建构,普鲁斯特的描述最合适:"真正的探索之旅不仅在于寻找新的地方,还在于拥有新的眼光。"这里的关键是与他人一起工作,观察所发生的事情,选择不同的信息源,收集不同种类的信息,防止成见阻碍你的判断。下面有一些帮助小贴士:

1. 寻找多种类型和来源的信息。把分析财务数据和亲自到车间走访结合起来,倾听员工和客户的意见,把计算机研究与人际面谈结合起来。

当我们从多个角度看待事件和问题时,我们对它们的了解才最为充分。虽然每种视角可能都有自己的不足,但当不同的分析方法揭示出相同的模式时,我们在解释正在发生的事情时会更有信心(Weick,1995)。

在IDEO——一家产品设计公司——意义建构是创新设计的关键组成部分。一个负责重新设计医院急救室的团队在一个病人的头顶上架设了一台摄像机,拍摄了10个小时,以收集更多信息。其结果是:画面呈现了10个小时的天花板!这种新的角度完全改变了设计者的心智模式,他们在这一点上没有充分考虑病人的体验。有了这种新的想法,他们改变了设计,包括在天花板上和其他病人更容易看到的地方增加文字。如果没有那些极大地丰富了设计者对急救室里所发生的事情的理解的信息,最终的设计在有效性上就会欠缺很多。

2. 在理解任何情境时,让他人参与进来。通过与他人的互动进行验证和修改,你在理解所发生的事情上的心智模式就会变得更好。

意义建构本质上是集体性的,如果仅由最高领导者独自进行意义建构,其有效性会大打折扣。把自己的观点与别人的进行比较会好很多。对不同的观点进行混合、协商和整合,直到达成双方都可接受的观点。征求、重视不同的观点和分析视角,并对各种意见持开放态度,有助于提高获得他人回应的能力,从而促进引发共鸣的行为(Sutcliffe & Vogus, 2003)。

在最近的意义建构练习中,一个团队的成员负责从各个角度判断经济的衰退对他们公司的影响。所有这些评估都受限于缺乏对某个业务领域的了解。通过倾听财务、人力资源、工程部和市场部的意见,讨论各种不同的假设和每个部门的信息来源,这个团队最终形成了整体评估,并得到了各个部门的合作。

3. 超越僵化印象。不过分简单化——"市场人员总是高估需求"——而是试着理解每种情境的具体情况。

"用新的眼睛看事物"要求我们以开放的心态看待每种新的情境,理解它独特的方面。依赖于僵化印象与此正好相反:根据僵化印象把一些属性归于某种情境,而不是身临其境,具体分析。例如,我们的政治制度,看上去因为很多政治家(和公民)不能理解和尊重其他人的观点而止步不前了。人们不是以新的眼光来看,而是依赖于标签("民主""共和""自由主义",等等),就好像这些僵化印象代表了其他团体的所有成员的观点、政策和解决方案。最终的结果是不能对我们的现实问题形成新的、被广泛接受的解决方案。

4. 对运营要非常敏感。向那些最接近前线、客户和新技术的人学习。当前的变化预示了什么趋势?在世界不同地方不断出现的趋势背后的规律是什么?

安迪·格鲁夫,英特尔公司的前任 CEO 和董事长,推崇"偏执狂"精神。他指的是,你必须时刻关注可能破坏或提升你的业务的新趋势,以及市场中可能获胜的新对手。所以,他为英特尔设计了很多监察趋势的流程——进行持续的意义建构。这包括:观察顾客在买什么;那些放弃了英特尔的人选择了什么;著名大学做了哪些新的研究;持续跟踪质量;不断检查这些信息,保证它们是准确的和最新的。为什么?因为在他的行业,及早回应市场和技术的改变是很重要的,不能在其他公司已经建立起竞争优势之后才做出反应。

创建关于情境的地图或故事

就像前面提到的,意义建构可以和地图绘制联系起来。其关键是创建一个足以代表组织所面临的当前处境——至少在一段时间内——的地图/故事/框架。而且,每个人都有自己的地图是没用的,团队或组织需要有共同的地图,以便他们共同行动。

> 5. 不要简单地把现有的框架套用在一个新的情境上。新的情境可能是完全不同的。相反,要让合适的地图或框架从你对情境的理解中产生出来。

尽管我们提出人们必须产生一幅新地图,但旧地图在很多方面还是有用的。如果你带着一些固定的问题去采访,这些问题会框定并在某些方面限制你所获得的信息。与此相反,如果带着开放式的问题,比如:"你如何看待××问题?"这样,你更可能获得预期之外的、可能很有价值的观点和信息。

例如,一家大型全球公司负责中国区运营的领导者,因为总是认为他们的竞争对手是其他大型的全球公司,而不能理解他们为何会失去一部分市场和利润。毕竟,他们的竞争对手也没有获得相应的市场份额,那么到底发生了什么?根据当地运营者的解释,一些中国本地的小公司实现了爆炸性增长,获取了那些市场份额。这些竞争者甚至不在这家公司的雷达系统中,尽管它们已经存在好几年了。已经建立的意义建构的模式限制了大型全球公司领导者的视野。

或者想想好市多公司的管理者,他们把自己的职责范围看作是销售、市场、分销。供应链上的无数的组织都不在考虑范围之内。但是,随着管理者越来越担心供应的可靠性,这种旧的、在很多方面有局限性的框架就不再适用了。随着管理者第一次关注他们与所有供应商的联系,他们突然发现自己公司与地球另一边的大豆种植社区联系了起来。他们的心智模式发生了改变,并为行动做了更好的准备。

6. 把正在凸现的情境放在一个新的框架中,为组织成员提供一种秩序。使用图像、类比和故事,理解新情境的关键因素。

从一个复杂、动态的情境到一张图片或一个比喻并不总是很容易。"把分散的点和碎片整合成一个紧凑、合理的模式,往往要求一个人的眼光超越这些具体的点和碎片,理解它们可能的意义。"(Weick et al., 2005)通常有必要走到一个系统之外,以便看到其背后的模式。花旗集团前董事长约翰·里德在主管后勤办公室时,发现它们的运营更像一个工厂,而不是一家银行。随着他雇用来自汽车公司的管理者,按流水线重新组织工作,这一点成为现实,而且取得了显著的成效。

或者想象甘地在离开南非,来到印度时的经历。当有人请他加入印度独立运动时,他拒绝了,说自己对印度一点儿也不了解。他的导师建议他开始了解印度,于是他花了好几个月的时间坐火车经过一个又一个村庄。回来后,他告诉印度国会,他们不了解"真正的印度"。真正的印度不是由德里的律师和商人组成的,而是由"700 000 个村庄组成的,那里有亿万人每天在炽热的太阳下辛苦地劳作"。然后,甘地勇敢地告诉政党领导者,他们与英国的规则制定者没有太大的不同,他们需要抛弃自己有限的地图,代之以一幅基于印度的新愿景的地图,而且这个新愿景是建立在关于老百姓而不是少数特权阶层的真实信息的基础上的。

当然,描述一个情境的比喻通常有很多个。这意味着任何比喻都可能遭到质疑。例如,在埃及,政府领导者与开罗独立广场上的人群之间的斗争中包含了相互冲突的比喻:那些占领广场的人是应该受到惩罚的叛徒,还是应该歌颂的为自由和民主而战的爱国者?

采取行动改变系统,并从中学习

人们通过在情境中行动并观察其影响和结果来加深对情境的理解(Weick, 1985)。孩子们了解家庭规则的方法通常是,打破界限,然后观察他们会在哪些方面受到谴责。医生有时了解病人的症状是通过实施一个疗法,看病人的反应如何。简而言之,直接的行动是我们理解情境和系统的一个主要工具。

7. 从小的试验中学习。如果你不确定一个系统是如何运转的,可以尝试一些新事物。

行动是意义建构的主要工具,但通常,从小的试验开始会更明智,然后推广这些行动,以实现更大的组织系统的改变。意义建构包括"思考性行动",这意味着人们在以一个看似可信的框架解释他们的知识的同时,"通过检验新的框架和新的解释来表示对这些框架的怀疑……"或者,换句话说,"适当的意义建构既荣耀过去,又拒绝过去"(Weick et al. , 2005, p.412)。

我们在麻省理工学院领导力中心合作过的几家公司已经有自己的商业模式。它们把产品、服务或技术销售给一些组织,这些组织对它们进行贴牌,然后销售给最终的顾客。在某种情况下,这些公司决定它们自己制造最终的产品或服务,以更高的利润来销售。但是,这些新的商业模式会让这些公司与自己的客户产生直接的竞争——这是一种冒险的行动,也是市场中的一种全新的行动方式。其解决方法是:小的试验。在一个产品领域尝试这种新方法,看看会发生什么,哪些起作用,哪些不起作用,然后再扩展到其他的产品领域,带着对这种新的商业模式的更深的理解来进行运营。

8. 人们创造了自己的环境,然后又受到这些环境的约束。了解和认识你创造环境的行为对于你的工作的影响。

意义建构不仅包括尝试新事物,也包括理解在试图改变一个系统的过程中,你对这个系统的影响。比如,在一个组织中,领导者启动了一个新的计划,以鼓励基层的员工提供关于新的工作方法的创意和建议。他们参观工厂,举行会议,在非正式的场合与员工接触。但是,员工对这些行动的解读是完全不同的。比如,有个员工解释说,在会议室按照安排好的座位举行会议,正式的氛围会阻碍人们发言。其他人指出,与领导者之间的表面上的非正式谈话其实被看作是一场"考验",而不是真正的民主讨论。换句话说,领导者试图倾听员工的声音,员工却通过"权力层级的社会框架"来看待他们的行为,因此没有达到理想的效果(Detert & Trevino, 2010)。从领导者的角度来看,他们并没有真正反思他们作为"有权力的领导者"的角色的影响,也并没有进行必要的意义建构来理解员工的真实感受。因此,一个好意的授权的尝试实际上却加剧了集权的感觉。双方都没有意识到,他们受局限的思维如何影响了整个系统并阻碍了改变。

上面描述的理念可以帮助领导者提高意义建构的技能,但是领导者永远不应该忘记意义建构不是一件一劳永逸的事情。在复杂和不确定的世界运营,意味着需要在事情出现问题时迅速做出调整,意味着,你必须觉察、包容错误,并从错误中复原。你需要就问题即兴提供解决方案,不让它们扩大以致失控。因此,在新的情境下进行意义建构可以帮助你理解这种情境,并在这种情境下行动;但是,当你的行动没有达到预期的结果,或者你以为转个弯就会遇到的事情根本没有发生的时候,你也需要进行快速的意义建构。更善于处理这些意外的系统不会因为出现过失或者因为事先想得太好而陷入困顿。相反,它们会努力以创造性的方法修复旧方法,发明创造、即兴创作新方法,并实现复兴(Sutcliffe & Vogus, 2003)。

有效的意义建构的障碍

如果说在一个复杂的、不确定和不断变化的世界,意义建构是一种重要的领导能力,那么为什么我们总是做不好它呢?答案部分在于,**我们需要意义建构的时候,往往是处于威胁或危机之时**。这时用于应对恐惧的机制都对意义建构有阻碍作用。到现在为止,本章强调了意义建构包括通过多种不同来源的数据探索这个不断变化的世界,选择新的框架、新的解释来形成新的地图和心智模式,由此提供对持续的改变的可靠解释,然后以复原力采取行动,根据需要修正和更新我们的地图,以便更好地理解环境,以及实现更多理想的结果。但是,如果意义建构总是在我们对世界的理解显得不准确或者我们对事件感到意外时才需要,那么这些时候也是威胁和恐惧存在的时期,它们会加强现存的地图和心智模式,提高我们对旧的信息的依赖性,并阻碍我们的行动。威胁和恐惧也与僵化、对方向的需要和反复无常的行为相关联——这些都对有效的意义建构不利。

僵化

自 Staw、Sandelands 和 Dutton(1981)的经典文章发表之后,人们就认为威胁和恐惧会导致僵化。因此,在个人、团队和组织中,威胁常常会导致人们更少考虑外部线索,依赖于尝试过的有效的运营模式。结果,威胁与惯性、保护现状甚至迟钝关联在一起。威胁被看作是作茧自缚、远离外界、回到惯例的时期。然而,存在威胁的时候也是最需要高水平的意义建构和改变的时候。因此,组织所有层级的领导者都需要与这种僵化做斗争,以便人们进行积极的意义建构和发明创造。

证据很明显:在经济滑坡时期进行变革,在一些新的情境下提供新产品和服务,并为形势好转做准备的公司不仅能够生存下来,而且还能实现繁荣。例如,现在很多公司推出了一些产品的低价版,希望在中国、印度、巴西等经济增长强劲的国家有更好的销售。但是,要看清正在发生的改变,了解哪些行动最为有效,需要进行意义建构,并拒绝与威胁一同产生的僵化。

对方向的依赖

威胁和恐惧也会导致控制感的丧失以及对方向的需要(Meindl, Ehrlich, & Dukerich, 1985;Staw, Sandelands, & Dutton, 1981)。面对不确定性,人们希望他人为自己指明方向。当人们感到害怕时,他们会寻找方向和保障。在这些情况下,领导者确实需要能够使人安心,与员工沟通他们所知道的和所不知道的,表示关怀和关心。他们也需要指明,在新的时期,他们计划如何前进,如何动员大家。但是,领导者最不应该做的事情,是像对待小孩一样对待员工,让员工依赖于一个领袖人物——即便是形势所迫也不应该如此。

人们需要被当作有能力的成年人来对待。如果意义建构本质上是社会性的,更多的不同类型的信息,特别是在威胁存在的时期来自一线的信息都很重要,那么组织高层的领导者就需要鼓励其他人帮助进行持续的意义建构。例如,在百思买,不是最高管理层,而是一位年轻的市场经理,最早发现缺乏沟通如何影响了管理者与员工之间的关系。她决定使用社会媒体技术让(160 000 名)员工进行民意投票,集思广益贡献新的点子,与管理层一起举行议政会议。这样做的结果是实现了更高水平的对话,产生了更多提高销售额的新想法,离职率降低了32%(Tucker, 2010)。

反复无常的行为

威胁和恐惧也会导致反复无常的行为。因为领导者会一个接一个地尝试新的解决办法,寻找真正起作用的办法。但是,这种行为上的急剧变化让有效的意义建构很难进行。为了评估行为在新的环境中是否起作用,你需要有时间判断行为的结果,在多种因素起作用的过程中,检验关键的反馈。

在医疗危机模拟中,实习生们尝试着根据一些并不明确的疾病的典型症状进行诊断。有些人表现出了僵化的反应,立即做出了最可能的诊断,而忽视了一些表明诊断不准确的信号。另一些人采取了反复无常的行动,尝试多种新的治疗方法,但是从来不坚持足够长的时间,以判断它们是否有效。最成功的医生采用了有效的意义建构,关注导致一种治疗方法无效的线索,然后尝试下一种治疗方法,并坚持足够长的时间判断它是否有效(Rudolph, Morrison, & Carroll, 2009)。因此,领导者需要帮助他们自己和其他人行动,限制僵化性和依赖性的影响,并避免反复无常的行为(从这种行为中学到的是最少的)。

当然,阻碍有效的意义建构的不仅是威胁和恐惧。在全球化的竞争环境中,我们都倾向于奖励快速的行动,因为我们可能认为,意义建构没有多大价值。同样,领导力书籍和领导力培训也往往聚焦于人际技能、谈判、建立愿景、执行、决策制定、魅力和合作,而很少提到意义建构。如果组织想要看到更有效的意义建构,那么它们就必须创造鼓励意义建构的做法、结构、词汇,并予以奖励。

把意义建构作为一种领导能力进行教授

任何包括作为一种领导能力的意义建构的问题或课堂,都应该使用多种教学模式,来把这个复杂的概念运用到生活中,建立这个领域应具备的能力。把理论、角色示范、行动学习、反馈和课堂任务结合起来,可以形成学生喜闻乐见的丰富课堂。在麻省理工学院,我们把意义建构作为四大领导能力之一进行教授,以便学生能够看到它与创造联系、建立愿景和实施变革如何错综复杂地交织在一起。

我们也发现,为学生提供一个安全的环境,学习领导理论,获得关于他们能力的反馈,练习新的技能,反思和制订计划,最好在正式课堂之外的框架内进行。因此,我们认为1—3天的工作坊形式是最有效的。如果这种形式没法实现,我们会按照每周三个模块的方式教授这个系列。

理论

因为学生们很少有基于意义建构的现成知识,所以一些理论性的介绍是必要的。关于这个主题的书很多(见本章最后的参考文献),但我们发现提供关于意义建构的短期演讲,并与其他学习模式结合起来,效果更好。演讲通常遵循本章的格式:从对核心概念的简单讨论开始,描述意义建构在当今世界的作用,然后概述如何进行有效的意义建构,其中的障碍有哪些。

为了让学生更好地理解概念,我们让学生回想他们进行的积极的意义建构的事例,比如,开始一份新工作,搬到一个新城市,或者在不景气的环境中尝试做出经济预测。学生们也进行小组聚会,讨论他们见过的善于或不善于意义建构的领导者的案例,探寻这些领导者在意义建构的过程中实际做了什么。然后他们可以把这些概念应用到他们的切身经历中。

◼ 角色示范

学习意义建构的最有效的方式是听领导者谈论他们正在进行的意义建构活动,或者观看领导者活动的视频,分析他们的意义建构活动。在这两种情况下,应该鼓励学生们分析细节:这个领导者如何知道意义建构是必要的?他收集了哪些类型的信息?还有谁参加了?探索和地图绘制采取了什么形式?进行了哪些试验?

就媒体呈现而非现场呈现而言,商业电影有时会提供优秀的意义建构和其他领导能力案例。例如,在电影《甘地》中,甘地在这些情况下都必须进行意义建构:当他来到南非,必须理解一种新的文化时;当他来到印度,必须为争取独立做好准备时;以及当他为应对实现他的国家目标所面临的障碍制定战略时。不管是坐在火车车顶上穿越印度,还是与各个领域的人们进行交谈,抑或是了解印度的条件以及英国殖民者的野心和劣势,甘地都进行了意义架构,且对他建立联系、制定愿景和发明创造起到了关键的作用。

电影《阿波罗13号》有一个精彩的意义建构过程,那就是当天文学家和任务控制组试图了解是哪里出的问题导致了爆炸时,去除旧的心智模式——这种失败是不应该发生的,一定是设备出了问题;关注出现的信息——警报响了,火箭摇晃了,气体泄漏了。电影显示了在危机中进行意义建构的艰难性。一个更新的电影《社交网络》,通过讲述Facebook崛起过程中不同的人的表现,提供了一个持续的意义建构的优秀案例。

如果没有演讲嘉宾或视频,还可以分析当前的新闻故事。查看奥巴马总统在新的危机出现时所进行的意义建构,或者财政部长在经济危机期间或跨国公司在看待中国、印度和巴西等新兴经济体时所做的意义建构,都能帮助学生们理解这个概念。

◼ 行动学习

分析他人的意义建构很重要,但学习意义建构的最好方法还是实际去做。一种方法是让学生们假装他们要接管某个人的工作。学生们可以每人提供一个关于这份工作的意义建构计划,然后把自己的计划和其他人的进行比较,讨论差别,结合不同的视角来完善自己的意义建构方法。然后他们可以对这个人进行访谈,看看他们的方法是否有效。

学生们也可以进行意义建构,判断某个风险投资公司是否应该投资一家创业公司。然后问这家公司的一位成员,评价他们的意义建构与这家公司的有何不同。

但是,在真实的项目中进行团队层面的意义建构是最好的,这样可以让意义建构的社会性显现出来。在我们的一些项目中,我们让学生制订一个咨询计划或者设计一个新产品。学生们组成 X-团队(Ancona & Bresman,2007)——需要建立内外部联系的外部导向型团队,并要首先探索他们所处的环境。他们分析自己的能力、组织的地形图、组织战略、潜在的同盟和对手、客户和竞争者以及影响他们成功的当前形势。他们对项目的每个利益相关者都进行了访谈,试图理解他们对这个团队及其产品、理想成果的期望,以及他们对当前形势的看法。在探索阶段之后,他们创建了一幅他们发现的地图,然后开始评估这幅地图是否可靠。在这个过程中,团队成员被要求跟踪他们最初的假设是被证实还是被否定了。还有工作手册用于指导这些活动。最后,他们开始实际运行这一项目。这样的项目让学生们有了真实的感受,知道了如何将意义建构整合到他们的领导工具箱中。

反馈

我们的很多学生都参加了 4-CAP 领导力模型的 360 度反馈。意义建构部分要求学生们的前任雇主进行评分,评估学生探索更广大的系统的能力,如使用广泛的信息和分析方法;绘制地图,如能够把碎片和小点整合成一个整体;以及在系统中行动,如进行小的试验,判断他们对组织的理解是否准确。学生们会获得管理者、同级、下属以及其他外部团体如客户、供应商对他们意义建构能力的反馈。对反馈进行分析之后,学生们会接受教练,以了解这些信息意味着什么,并被要求制订一个如何继续提高技能、改善弱项的计划。此外,还会把他们的意义建构能力与其他能力进行比较,以判断这一能力在学生全部的技能和行为中的相对优势。通过这种外部评估和自我评估以及计划制订,学生们对作为领导者的自己以及如何推动自己领导力的发展有了更好的理解。

◼︎ 任务

帮助学生学习意义建构的另一个安排是,让他们把所学的内容整合成一个"领导力提升手册"。其目标是为推动组织改变建立一个实用的工具——这个工具必须包括意义建构。学生提升手册的样本见表1.1。

表1.1 学生改变模型样本

2.0 意义建构:说明书

意义建构可以看作领导者收集组织所面临的问题的信息的流程,就像工程师通过查看工程说明书收集关于某个技术问题的信息一样。

剪下来留存

实施说明:
- 从多个渠道收集信息
- 寻求不同于你自己的意见
- 通过试验验证你的假设
- 寻求多种视角
- 重复,但要记住根据你的信息采取行动

故障排查:
- 在面谈中建立联系和信任
- 不要害怕向公司/行业之外的人士寻求建议

意义建构通常是管理者理解公司及其人员所处环境的第一步。意义建构与建立联系密切相关,它们一起形成了实施轴心。在动态的商业环境中,意义建构工作必须随着变化的过程而不断更新。

实施步骤

要进行有效的意义建构,领导者必须:

1. 探索更广大的系统

倾听所有内部、外部利益相关者的意见并广泛询问他们的意见十分重要。如果问题或变化的本质还不明显,那么使用这些信息帮助界定问题就是必要的,正式和非正式的访谈、报告、社会媒介和其他在线内容都是可以利用的重要信息源。信息收集过程与建立联系的过程十分吻合,提供了一个与员工建立密切关系的早期机会。

2. 寻求不同于自己的观点

领导者在建立意义建构地图时必须保持开放的心态。其中一个重要的部分在于快速识别自己的心智模式和假设,认识到这些会如何影响你收集信息的方法。质疑这些背后的假

(续表)

设对于保证认知偏见不干扰意义建构过程也很重要。领导者应该推迟观点的形成,直到收集到足够的信息,包括来自视角不同于自身的人的信息。永远不要害怕问这个问题:"我漏掉了什么?"

3. 验证你的假设

意义建构是一个反复的过程,因此,领导者需要阶段性地评估自己的进步,看看自己是否处在正确的方向上。这一点在遇到适应性变革时,比遇到技术性变革时更重要。因为解决方案的性质可能需要随着环境的变化而变化。一旦所收集的信息足以形成一个初步的假设,领导者就应该在"干中学",通过低风险的试验验证自己的理解,并把从这些试验中收集的信息加入到自己的意义建构地图中。

4. 运用多种视角

试着从多个视角看待问题。如果一个领导者已经独立形成了自己的结论,而这个结论看起来太过简单,那么领导者的想法可能只是在重复组织的固定模式。领导者应该发挥关键利益相关者团体或委员会(包括那些有权力的、反对变革的以及那些没有权力但会受到影响的人)的作用,保证自己的计划能够整合多种视角。仅仅从一两个角度看问题,不太可能为复杂的变革收集足够的信息。

5. 重复与行动

意义建构是一个持续的过程,超越了最初的信息收集和实施,还包括在结束之后收集关于变革成果的反馈。随着收集到更多的信息,领导者必须更新自己的组织地图或问题地图,并修正自己的愿景或最初的观点。但是,不要被太多的信息弄得眼花缭乱以至于无法做出任何行动和取得任何进步,整个计划都停滞了。因此,一旦收集到足够的信息,就是采取行动的时候了,同时还要保证这些早期的胜利推动整个变革的前进势头。

故障排查小贴士

随着信息变得泛滥,最初不知道的认知差距显现了出来,意义建构过程可能变得令人气馁。领导者应该留心下面的这些小贴士,以促进意义建构的过程。

建立信誉

如果一个领导者加入一个新的团队或部门,他过去建立的信誉很可能不会跟随他来到新的团队。但是,意义建构过程提供了很好的机会来建立密切关系,找出员工的关注点,解释和宣扬变革的目的。倾听员工的意见,表现出同理心和对他们的理解,告诉他们,他们的意见被听取和整合了,这会很有帮助。在访谈中记录要点不仅能帮助领导者在事后回忆细节,也能展示他们对倾听的承诺。通过意义建构和建立联系的流程,领导者常常可以通过展示值得信任、具有能力和活力而建立信誉。

确定谈话对象

领导者应该尝试画出可能的利益相关者的地图,把各种支持、反对变革计划或持不同意见的人都包括进来。在这些最初的谈话中,向这些人寻求关于接下来找谁谈话的建议。但是,领导者应该了解,他们推荐这些人可能只是为了强化其本人的立场。如果可能,领导者还应该与其他有相似处境的人谈话——可以是公司外部的,并向专家询问他们认为哪些信息源最有价值。

（续表）

> 真实世界的案例：麻省理工学院校长 Charles Vest 的领导力
> 当 Charles Vest 被任命为麻省理工学院校长时，他需要进行大量的意义建构来驾驭这个复杂的组织。他实施的一项组织变革聚焦于保证麻省理工学院的性别平等。一个女性教工委员会强烈表达了变革的需要，Vest 先生与他人进行了数百次的谈话，通常是与别人推荐的人进行面谈，以帮助建立关于这个机构的地图。当他听到这些女性受到了其他教工的歧视时，他分析了这些信息，以"即时处理"的方式解决了这个问题。这让他获得了一次早期的、有意义的胜利，为以后的工作奠定了基础。

学生要完成的另一个任务是描述他们的"领导力个性特征"或者他们独特的领导方式。这一任务的一部分是聚焦于学生如何实际运用意义建构——例如，他们是否过度依赖计算机搜索，不太善于面对面沟通？他们是否善于分析，但不善于行动？——同时还包括如何增强优势、改善弱项。

通过把理论、角色示范、行动学习、反馈和课堂任务结合起来，学生们能够而且确实提高了他们进行有效的意义建构的能力。

结论

在一个变得越来越"小"、越来越复杂的世界，不可预测的事件和不断变化的政治、经济、环境以及社会条件在处处挑战着我们，我们都需要更好地理解所发生的一切，探索更广大的系统，创建能有效代表所发生事情的地图，并在这个系统中行动，以提升我们对现实的理解。我们永远不可能理解所有的一切，也永远不知道自己有多接近真正的理解。我们所能做的最好的事情是把意义建构作为个人、团队、组织的核心能力，以打破我们对未知的恐惧，在复杂和不确定中进行领导。

参考文献

Ancona, D., & Bresman, H. (2007). *X-Teams*: *How to build teams that lead, innovate and succeed.* Boston, MA: Harvard Business School Press.

Ancona, D., Malone, T., Orklikowski, W., & Senge, P. (2007). In praise of the incomplete leader. *Harvard Business Review*, 85(2), 92—100.

Arthur, W. B. (1996). Increasing returns and the new world of business. *Harvard Business Review*, 74(4), 100—109.

Chia, R. (2000). Discourse analysis as organizational analysis. *Organization*, 7(3), 513—518.

Detert, J. R., & Treviño, L. K. (2010). Speaking up to higher ups: How supervisors and skip-level leaders influence employee voice. *Organization Science*, 21, 249—270.

Fryer, B., & Stewart, T. A. (2008). Cisco sees the future: An interview with John Chambers. *Harvard Business Review*, 86(11), 72—79.

Heifetz, R., Grashow, A., & Linsky, M. (2009). *The practice of adaptive leadership: Tools and tactics for changing your organization.* Boston: MA: Harvard Business Press.

Holub, M. (1977). Brief thoughts on maps. *Times Literary Supplement*, 4 February, p. 118.

Jaworski, J., & Scharmer, C. O. (2000). Leadership in the new economy: Sensing and actualizing emerging futures (Working paper). Cambridge, MA: Society for Organizational Learning and Generon.

Meindl, J. R., Ehrlich, S. B., & Dukerich, J. M. (1985). The romance of leadership. *Administrative Science Quarterly*, 30, 78—102.

Rudolph, J. W., Morrison, J. B., & Carroll, J. S. (2009). The dynamics of action-oriented problem solving: Linking interpretation and choice. *Academy of Management Review*, 34, 733—56.

Starbuck, W. H., & Milliken, F. J. (1988). Executives' perceptual filters: What they notice and how they make sense. In D. C. Hambrick (Ed.), *The executive effect: Concepts and methods for studying top managers* (35—65). Greenwich, CT: JAI.

Staw, B. M., Sandelands, L. E., & Dutton, J. E. (1981). Threat-rigidity effects in organizational behavior: A multilevel analysis. *Administrative Science Quarterly*, 26, 501—524.

Sutcliffe, K. M., & Vogus, T. (2003). Organizing for resilience, In K. S. Cameron, J. E. Dutton, & R. E. Quinn (Eds.), *Positive organizational scholarship* (94—110). San Francisco, CA: Berrett-Koehler.

Tucker, R. B. (2010, March 11). Listening to employees is a Best Buy. [Web log post]. Retrieved from www.business-strategy-innovation.corn/2010/03/listening-to-employees-is-best-buy.html

Waterman, R. H., Jr. (1990). *Adhocracy: The power to change.* Memphis, TN: Whittle Direct Books.

Weick, K. E. (1985). Cosmos vs. chaos: Sense and nonsense in electronic contexts. *Organizational Dynamics*, 14(2), 51—64.

Weick, K. E. (1993). The collapse of sensemaking in organizations: The Mann Gulch disaster. *Administrative Science Quarterly*, 38, 628—652.

Weick, K. E. (1995). *Sensemaking in organizations*. Thousand Oaks, CA: Sage.

Weick, K. E. (2001). *Making sense of the organization*. Oxford: Blackwell.

Weick, K. E., & Roberts, K. H. (1993). Collective mind in organizations: Heedful interrelating on flight decks. *Administrative Science Quarterly*, 38, 357—381.

Weick, K. E., & Sutcliffe, K. M. (2007). *Managing the unexpected* (2nd ed). San Francisco, CA: Jossey-Bass.

Weick, K. E., Sutcliffe, K. M., & Obstfeld, D. (2005). Organizing and the process of sensemaking and organizing. *Organization Science*, 16(4), 409—421.

第二章

领导力案例教学
——对人的认知的影响

Michael D. Mumford
David Peterson
Issac Robledo
Kimberly Hester
俄克拉荷马大学

案例教学是领导力教育中使用最广泛的一种方法。在本章中,我们认为案例教学是值得重视的,部分原因在于基于案例的知识为领导者的认知奠定了基础。接下来,我们讨论了关于基于案例的知识的可用证据。根据这些分析,在领导力教学中使用案例时,需要考虑几个关键因素:在呈现更多的案例之前,指导教师必须让学生熟悉原型案例。他们应该确保采用现有的或朴素的框架来组织案例。指导教师在组织他们所教授的案例时,所提供的心智模式应该是一致的。要知道,高级领导者比经验相对较少的领导者能更好地处理复杂的案例。在领导力教学中优化案例的开发和应用,还有很多工作要做。

领导力教育中运用了很多技术。例如,一些指导型的项目运用了基于行为的方法(例如,Dvir, Eden, Avolio, & Shamir,1999)。其中会讲述一个领导力理论所包含的几个关键维度以及相关的行为,并为人们提供采取这些行动的实际方法。

另一些指导方法用以帮助领导者为更高层级的职位做好准备（例如，Jacobs & Lewis，1992）。在这种方法中，确定关键的转型点，对领导者进行训练，以帮助他们应对可能在下一个职业发展阶段遇到的问题。还有其他方法试图通过教授自我管理方法提升领导者的潜力（Sims & Lorenzi，1992）。

这些领导力教学的干预方式都有其潜在的价值（Yukl，2010）。但是，很多指导项目中都用到了一种特定的指导技术。具体而言，大多数领导力教育项目都会呈现案例——关于领导者过去的表现的案例，包括书面的、视频的。本章的目的是：第一，探讨如何获得和运用基于案例的知识；第二，探讨当前我们对基于案例的知识的理解对领导力教学的影响。

领导者的认知

背景

首先，应该认识到并非所有的领导力教育项目都需要获得基于案例的知识。例如，有些项目可能致力于教授领导者认识决策方法的关键特征（Vroom & Jago，1988）。还有一些教育项目可能致力于教授领导者认识追随者的情感（Cote, Lopes, Salovey, & Miners, 2010）。这些教育项目并不需要基于案例的指导，虽然案例可能用于说明某些关键的要点。

但是，当指导项目的目标在于发展领导者表现背后的认知技能时（Lord & Hall, 2005；Mumford, Friedrich, Caughron, & Byrne, 2007），提供基于案例的知识就会非常重要。当领导者必须处理危机情境时，发展领导者的认知技能是很重要的。有证据显示，在危机情境下，人们更可能寻求领导者的领导，领导者会对人们的表现有更大的影响（Bligh, Kohles, & Meindl, 2004; Halverson, Holladay, Kazma, & Quinones, 2004; Hunt, Boal, & Dodge, 1999）。危机情境对于认知需求的产生很重要，有以下四个原因：

第一，危机呈现了新的事件或问题，对问题及其影响的认知分析很重要（Connelly, Gilbert, Zaccaro, Threlfall, Marks, & Mumford, 2000）。第二，危机情境可能定义不清或者理解不当。定义不清的问题往往需要对情境及其影响进行认知上的评估（Doerner & Schaub, 1994）。第三，危机会快速产生高风险的结果——那些需要分析的结果,这些结果影响领导者及其追随者的行为(Bluedorn, Johnson, Cartwright, & Barringer, 1994)。第四,在危机情境下实现有效领导,需要领导者进行意义建构和意义赋予(Drazin, Glynn, & Kazanjian, 1999; Weick, 1995)。但是,意义建构和意义赋予都是基于领导者对情境及其要求以及追随者的需求的理解。

在危机情境中人们对意义建构的需要,意味着领导者必须预测不同行动过程的影响。与这一观点相一致,Shipman、Byrne 和 Mumford(2010)让本科生们建立一个领导新的实验学校的愿景。在愿景形成过程中进行的预测活动中,对这些愿景陈述的质量、功能和情感影响进行了评估。特别是对预测的广泛性、资源需求的预测、负面结果的预测,以及时间框架的预测都进行了评估。结果发现,预测活动的广泛性与愿景的质量、用途和情感影响相关。

但是,这里应该认识到的是,预测是基于背景的认知形式(Noice, 1991; Xiao, Milgram, & Doyle, 1997)。具体而言,在预测中,人们会运用之前经历的事件来判断当前情境的属性(Patalano & Siefert, 1997),并预测其他的行动过程可能带来的影响(Langholtz, Gettys, & Foote, 1995)。因此,预测的基础在于领导者基于案例的知识或经验性知识(Hedlund, Forsythe, Horvath, Williams, Snook, & Sternberg, 2003; Mumford et al., 2007)。经过预测,领导者能够进行意义建构和意义赋予,这些对危机情境下的表现非常重要。

事实上,定量和定性的研究都支持这个论题。例如,Isenberg(1986)在一项定性研究中,让有经验的领导者以及一些不那么有经验的商学院的学生,通过畅想制订一个计划以处理一个领导力问题。他们的发现表明,有经验的领导者、高级管理者与商学院的学生不同,他们在解决这个领导力问题时,能够运用之前的案例以及与选择合适的案例相关的条件予以分析。Berger 和 Jordan(1992)以及 O'Connor(1998)所做的其他定性研究也表明,使用基于案例的知识对领导者解决问题很重要。

在定量研究中,Strange 和 Mumford(2005)让本科生制定一个指导一个新的实验学校的愿景。这些愿景陈述,以演讲的形式呈现,在功能和情感影响上得到了学生、家长及老师的评价。在准备这些愿景之前,他们为参与学生提供了一些好的或差的案例样本,并要求他们从原因、目标、两者兼备、两者皆无四种情况来分析这些案例。最后发现,当对好的愿景进行原因方面的分析、对差的愿景进行目标方面的分析时,才会形成最优秀的愿景陈述。在另一项定量的研究中,Hedlund et al.(2003)

评估了个人在可用的基于案例的知识或缄默知识上的差异,发现在军队领导者样本群体中,具备更多基于案例知识的人有更好的表现。

基于案例的知识

总体而言,以上的研究揭示了一个清晰的结论:基于案例的知识对领导者绩效很重要。但是,这种直接观察导致了另外两个问题:第一,基于案例的知识的内容是什么?第二,这种知识如何储存和从记忆中提取,以用于解决问题?

基于案例的知识或者经验性知识看起来相对容易掌握(Kolodner,1997),人们要么通过直接的个人经验获得这种知识,要么通过描述他人解决问题的经历的案例来获得。因此,基于案例的知识可能通过书写的片段、视频、故事或者个人经历获得。相比于其他类型的知识,获取和应用基于案例的知识似乎不难(Hunter, Bedell-Avers, Ligon, Hunsicker, & Mumford, 2010)。

但是,基于案例的知识虽然容易获取,却非同寻常地复杂。因此,Hammond(1990)在一项研究中,检验了基于案例的知识在计划和预测中的使用,发现这些知识结构包含了非常广泛的信息。具体而言,这些知识结构中包含了有关原因、资源、意外事件、限制条件、因素、行动、效果、系统和结果的信息。这里要注意的是,基于案例的知识的复杂内容,在用于解决问题时,有严格的流程要求。因此,人们往往只采用有限的几个案例,从这些案例中抽取出一些信息,以便让流程要求最小化(Scott, Lonergan, & Munford, 2005)。

案例需要储存,并使用信息系统从记忆中唤醒(Bluck, 2003; Habermas & Blunck, 2000)。在这个信息系统中,案例会根据所面临情境中具备的重要的、具有心理上的突出性的特征来进行检索,比如目标、结果、关键绩效要求和情感状态。在这些被编入索引的案例中,可以找出一个能应用于当前情境的小的原型案例子集(Hershey, Walch, Read, & Chuled, 1990)。与这些原型案例相关的是,经常会遇到案例原型的例外情况,它们被标示为例外情况,并与揭示这些常见例外的诊断联系在一起。案例的回想是基于当前情境的案例与原型案例之间的匹配度。除非对诊断的积极监督表明属于例外情况,否则就可以运用这个原型案例。

有了案例的激活,或者一系列相关案例,人们就可以开始获取存储在案例中的信息了。但是,为了把这一信息用于预测、意义建构和问题解决,人们必须在展望潜在的结果以及达成这些成果可以采取的行动时,积极运用案例中的元素,如原因、资源、限制、行动、影响因素(Scott et al. , 2005)。因此,一个人在行动过程中选择的信息,以及对不同信息的先后顺序和分量的不同处理会显著影响他如何运用基于案例的知识,比如用于解决问题或解决领导力问题(Hunt, 2004; Mumford, Friedrich, Caughtron, & Antes, 2009; Vessey, Barrett, & Mumford, 2011)。

领导力教学中的案例

我们前面对于基于案例的知识结构的观点是值得注意的,因为它们对于案例如何运用于领导力教学有多方面的影响。具体而言,基于案例的知识的特性影响到:(1)案例的内容;(2)案例的分析;(3)案例的组织;(4)案例的运用。此外,基于案例的知识的特性以及所运用的教学方法也会影响到这些教育项目的评估。在接下来的部分,我们会依次探讨这些问题。

案例的内容

基于案例的知识的性质和结构最直接的影响可能源于这种知识的组织方式。前面我们指出了,基于案例的知识是基于一个原型和其他基础而组织的(Bluck, 2003)。这种观点表明,最先呈现原型案例时,特别是当学生们对所谈的话题不熟悉时,领导力教育是最有效的。换句话说,例外的、不寻常的案例应该在学生们掌握了原型案例后再呈现。而且,如果说基本的原型案例为基于案例的知识结构提供了一个基础,那么花更多时间呈现和详细阐述原型案例,而不是例外的案例,似乎很合理。

但是,对于原型案例的呈现,有三点需要注意。第一,人们倾向于根据运用于当前处境的关键诊断选择和应用案例。而且,不善于利用的人常常把案例与问题的表面特征联系起来,如目标或者影响因素(Kaizer & Shore, 1995)。这种观点表明,如果能提供案例应用的"深层结构",案例原型的呈现才是最为有效的,如关键原因、资源需求或影响因素(Marcy & Mumford, 2010)。因此,基于案例的教学不仅应该详细阐述原型案例,还应该描述运用这些案例所需要的条件。

第二,领导力作为一种现象,对大多数人不是一个新的概念。因此,他们应该可以掌握关于领导者或者他们曾参与的领导力事件的案例知识。这方面的问题在于,所呈现的新的案例原型,可能被当作个人原型进行组织和理解。确实,

Ligon、Hunter和Mumford(2008)已经提供了证据表明,可以根据大量的个人案例,组织多种领导经验。因此,教授领导力的人必须将所教的材料与个人生活经验区分开来,或者把这种材料嵌入现有的原型中。虽然后面这种教学方法可能经常被证明有效,但是它的成功几率会受限于人们基于个人历史而使用的原型概念。

第三,在演示案例原型时,人们可能描述案例的详细细节或者进行全球化的描述。比较有经验的领导者倾向于使用更具有全球化描述的案例材料,特别是当他们有机会寻找额外的必要信息时(Thomas & McDaniel, 1990)。但是对于新手而言,过于详细的案例信息可能被证明是压迫性的(Ericsson & Charness, 1994)。因此,指导教师在强调案例在运用中的关键方面时,案例材料应该只进行中等深度的呈现。

我们前面的论述表明,基于案例的指导应该聚焦在原型案例上,这些案例有别于关于领导力的僵化观点,以中等复杂程度呈现,并提出诊断意见。虽然这些观点总体上看似合理,但并没有指出例外的或者异常的案例(相比于原型案例)该如何呈现。看起来人们似乎不会遇到大量的案例原型的例外案例——一般不超过七个。因此,领导力教育不应该呈现大量有偏差的或例外的案例。有限的例外案例可以被大多数人存储、回顾,所以所提供的例外案例必须选择那些能够反映最常遇到的例外情况。

当教学聚焦于为领导者提供原型案例的例外情况时,三种补充措施可以采用:第一,有偏差的、例外的案例应该在大家熟悉了案例原型之后才呈现。第二,例外案例的关键特征,即把有偏差的案例与案例原型区分开来的特征应该明确地指出来。第三,需要追溯例外案例的情境的诊断或属性,应该清晰地指出来。明确描述诊断特征的需求源于人们的偏见,即除非有清晰的理由才会运用例外案例,否则就会运用原型案例(Holyoak & Thagard, 1997)。因此,为学生提供例外案例,必须建立在原型案例和相关诊断的基础上。

■ 案例的分析

提供案例原型和这些原型的主要例外案例,只是基于案例的领导者指导活动中的一部分。就像前面提到的,基于案例的知识结构包含了大量、广泛的信息。这意味着领导者一般不会在解决问题中应用大量案例(Scott et al., 2005)。另一方面也意味着领导者会使用嵌入在这些案例中的不同信息——通常是按顺序使用多种信息（Mumford, Schultz, & Osburn, 2002）。因此，领导者可以运用那些根据原因来确定必要的行动或要素，以影响追随者的案例。这种观点的含义很直接：基于案例的指导必须同时给领导者提供使用案例知识的方法。

在一项研究中，Marcy 和 Munford（2010）让本科生完成一项教育领导任务——指导一所大型大学。在开始这项计算机模拟任务之前，学员接受了使用基于案例的知识的培训。结果发现，与 Mumford 和 Van Doorn（2001）的观点一致，当领导者从案例中提取关键依据时，他们的表现会更好，特别是当领导者面临着高度复杂的问题时。因此，让领导者确定主要的原因、原因影响多个结果、原因会产生直接影响、原因在个人的控制之下，这一切对帮助领导者对原因加以运用都很有价值（Marcy & Mumford）。

应该承认，从基于案例的知识中提取的信息的类型以及运用这些知识的合适方法会因问题类型的不同而不同。这一点在 Vessey、Barrett 和 Mumford（待出版）以及 Barrett、Vessey 和 Mumford（2011）所做的一系列研究中被证实了。这些研究中的第一项给担任领导角色的个人提出了一个目标、一个非个人的问题，而第二项则提出了一个更个人化、更情感化的领导力问题。在两项研究中，学员都接受了使用不同类型的基于案例的信息的培训。

例如，培训的案例使用方法包括：(1)原因（处理有直接影响的原因）；(2)资源（确定关键的资源要求）；(3)影响（确定关键因素引起的情感反应）；(4)目标（致力于高回报的协调性目标）。这些研究中的发现表明，当问题和所激活的案例在性质上具有社会性时，在情感和目标导向方法上的培训对于领导者的表现特别有帮助。当问题更具有目标性，或者不那么个人化时，培训原因分析和资源利用方法最有利于领导者绩效。

这些研究的发现值得注意，有三个原因：第一，基于案例的最佳教学需要培训使用基于案例的知识的方法，并提供案例。第二，不同的问题类型和不同的案例需要领导者使用不同的方法来解决问题。第三，在提供多种高价值的处理案例的方法时，领导者绩效是最可能提升的。因此，在基于案例的指导中，仅仅提供案例是不够的，还要提供运用嵌入在这些案例中的知识的多种方法。

在一个层面上，这些结论是直接的。但是，如果思考这些发现在更具体的领导者教育中的作用，结论就产生了。在选择案例或开发案例材料时，所选择的案例应该不仅提供必要的知识，也展示使用这种知识的合适方法。因此，有效的基于案例的指导应该强调内容——案例,以及流程——使用内容的方法(Reeves & Weisberg,1994)。而且,可行的案例应该提供说明什么时候、如何以及为什么应用某个方法或者某些方法的材料。

一个相关的重点在于获得合适的方法。在方法获取中,人们一般倾向于在解决问题时应用更具体的、结果导向的方法(Mumford, Blair, Dailey, Leritz, & Osburn, 2006)。因此,如果使用案例,他们会只使用那些有大量直接效果的案例。但是,经验丰富的领导者往往运用更加微妙的案例——例如,使用不受制于任何条件或者影响多个结果的案例(Mumford & Van Doorn, 2001)。因此,有效的指导,特别是对于比较有经验的领导者而言,应该提供比较复杂和抽象的,运用具体类型的基于案例的知识的方法,并说明这些方法什么时候以及如何用于提升领导者的绩效。

当然,按照我们前面的观点,另一点也需要注意。在将基于案例的知识用作解决问题的基础时,很多方法可能被运用于多种类型的信息。此外,在复杂的运营环境中使用这些方法时,它们之间的相互影响和相互依赖会随之出现,这让问题变得更为复杂化。这些问题值得注意,因为它们表明,在领导力教育中,元认知技能培训应该伴随着方法培训(Mumford, Zaccaro, Harding, Jacobs, & Fleishman, 2000)。

最后,应该认识到,当人们获取基于案例的知识时,如何使用案例知识的方法的获取通常更慢(Mobley, Doares, & Mumford, 2002)。此外,在运用每种信息时有多种方法可用,而且这些方法必须以动态的、相互依赖的方式运用。除非领导力教育时间较长,否则不可能所有的问题都在一门指导课中讲到。因此,在领导力教育中,特别是基于案例方法的领导力教育中,提供自我反思和学会学习的技能很重要(Manz & Sims, 1981; Mumford et al., 2007)。当人们聚焦于方法的运用,而不是案例信息和手边的问题时,自我反思和学习技能最为有益。

◆ 案例的组织

前面我们提到了基于案例的知识结构被组织在一个知识系统中。对案例的合理组织不仅有利于案例知识的检索,也让这种知识能更加有效地运用于处理领导力问题。与这个议题相一致,Connelly et al. (2000)向领导者们提出了一系列任务,让他们对这些任务进行组织和分类。结果发现,根据奖励和关键事项表现的评估,比较有效的领导者能更好地将组织结构运用于领导力知识。

相应地,基于案例的指导项目的一项关键活动是提供一系列原则或者一种心智模式,用于组织基于案例的知识。因此,在呈现案例时,组织这些案例的变量或属性也应该作为指导的一部分予以呈现。但是,这里要认识到,组织基于案例的知识有多个框架可以运用(Hmelosilver & Pfeffer,2004)。例如,案例可以基于理论进行组织,也可以基于案例内容的某些方面进行组织(例如,原因、目标、因素),或者基于情境的属性进行组织(例如,任务、时间压力、风险)。

在领导力教育中,组织基于案例的知识的多种框架的可用性需要注意。有三个原因:第一,在有效的基于案例的项目中,一个一致的组织框架应该贯穿始终。因此,指导者不应该在一些课程中以因果内容组织案例,而在另一些课程中以情境组织案例。第二,所呈现的案例原型应该清晰地阐述与所使用的组织框架相关的关键组织原则。例如,如果把初始结构和初始设想用做组织结构,所呈现的原型案例就应该清晰地展示初始结构或者初始设想。第三,在领导力教育中运用的组织案例的框架应该是有效的、可概括的,并且适合于领导者在真实世界中运用。这种看法值得注意,因为它表明在领导力教育课程中,必须在建立合适的案例组织结构方面做出实质性投入。

在这方面需要注意的是,人们有隐性的理论或者现存的心智模式,可用于组织他们作为领导者或对于领导者的经验(Lord & Hall,2005;Lord & Maher,1990)。这里需要理解的是,这些朴素的或者隐性的理论,以及从这些理论中汲取来用于组织基于案例的知识的变量,可能与领导力教育课程所提供的组织结构不一致。这一点值得注意,因为它意味着,在领导力教育中,应该提供意义创新和意义构建练习(Gioia & Thomas,1996),以便让学生们忽视他们现有的组织结构(例如,心智模式或者隐性理论),运用领导力教育项目中教授的组织结构。

在这方面需要注意用做组织结构的心智模式或者隐性理论的一项关键特征。这些组织结构是基于人们将知识——包括基于案例的知识——用于在真实世界中解决问题的方法的。因此,Hmelo-Silver 和 Pfeffer(2004)发现,业余爱好者、生物学家和新手在理解一个水族馆的运营时,运用了不同的模式或者变量。很明显,业余爱好者和生物学家的模式在与知识运用相关的变量上存在差异。这种发现是值得注意的,因为它表明,有效的领导力教育项目以案例的变量、组织结构为基础,通常用于在真实世界环境中指导实际的知识运用。

但是,这方面需要注意的是,实际的需求以及相关的组织结构会随着领导者职业生涯的变化而变化(Jacobs & Jaques,1991)。因此,Mumford、Marks、Connelly、

Zaccaro 和 Reiter-Palmon(2000)发现,处于中层的领导者重视创意的产生,而高层领导强调对创意的背景评估。Mumford、Campion 和 Morgeson(2007)已经有类似的发现,由此似乎可以推断出,通过理论、案例元素或情境特征所提供的案例组织结构,会随着人们经验的增加和职业生涯的发展而改变。因此,在将案例作为领导者教育的基础时,组织结构不应该看作固定不变的。

案例的应用

前面我们指出了,基于案例的知识的组织方式取决于如何应用它们。而且,在将基于案例的知识积极应用到真实世界的问题解决中时,案例原型和例外情况的获取似乎会得到提升(Kolodner, 1997)。而且,看起来,基于案例的知识的应用方法的获取,也在人们为将内容应用到所遇到的实际问题而选择案例内容和方法的过程中得到促进(Scott et al., 2005)。在这些方面的一项研究中,Marcy 和 Mumford(2010)为大学领导职位的学习者提供了如何应用基于案例的知识的因果内容的培训。不仅为参与者提供了与原因有关的应用基于案例的知识的方法,而且提供了应用这些方法解决一些实际问题的操作方法。与 Marcy 和 Mumford(2007)先前的发现相一致,练习应用这些因果分析方法有助于提高领导者绩效。同样,在呈现原型案例时,将这些原型应用于实际环境中通常是有价值的(Kaufman & Baer, 2006)。

但是,在这方面需要理解的是,基于案例的知识或相关方法的实际应用以及组织原则不一定需要包括真实世界的实际经验。例如,Shipman et al. (2010)对预测——例如,预测改变原因的效果,或者预测改变要素的效果——的研究发现,可以提供一系列应用基于案例的知识的操作方法。另一种可以用在领导力教育中的方法,特别对针对有经验的领导者而言,是让领导者描述和讨论案例原型、原型的主要例外,以及他们将基于案例的知识用于解决问题的方法。事实上,Avolio、Reichard、Hannah、Walumbwa 和 Chan(2009)以及 Yukl(2010)已经提供证据表明,对案例和案例属性的讨论提供了另一种为人们提供应用基于案例知识的操作方法的有效途径。另一种可以运用的课堂教学方法是让学生们参与课堂练习,并让同伴、指导者对他们在使用案例、组织案例和方法方面的表现提供反馈。

当然,也有一些其他的方法,被证明在领导力教育中鼓励学生应用基于案例的知识十分有效。但是,这里应该认识到,领导力教育包含一系列针对案例、策略和组织结构的运用的低逼真度的模拟训练是很重要的(Motowidlo, Dunnette, & Carter, 1990)。这些低逼真度的模拟中重要的是,它们的设计结构中包含了有关案例、案例内容、分析方法和案例组织的应用的反馈(Goldstein & Ford, 2002)。因此,在案例练习中,首要的问题不是总体的绩效,而是基于案例的知识的有效应用。

我们前面的观点值得注意,因为它们得出了一些结论,这些结论也可能从其他用于鼓励基于案例的知识的运用的方法中产生。具体而言,领导者可以被要求应用基于案例的知识处理真实世界中产生的问题。虽然这种真实世界的干预措施可能因为两个原因而被证明有问题。首先,人们在真实世界中行动时不分析案例、案例内容、策略和案例组织(Gollwitzer, 1999),从而对学习构成破坏。其次,在被要求在真实世界背景中运用案例时,人们通常会运用勉强掌握的原型,聚焦于看起来与实现目标相关的原型案例(Nutt, 1984)。两方面的趋势都会破坏在真实世界中基于案例的学习。但是,教练或行动后反思可能抵消这两种趋势,在这个过程中,真实世界所采取的行动被当作案例事件,进行典型性、内容、策略和组织的分析(Mumford et al., 2007)。通常,这种行动后反思在得到领导力教育专家的系统化和完善后会最为有效。

结论

在当前的工作中,我们论述了领导者用于解决问题的知识是基于案例的或经验的知识(Mumford et al., 2007)。基于案例的或者经验的知识让领导者理解复杂的、变化的情境,理解追随者的期望,形成可行的愿景(Strange & Mumford, 2005)。因为领导者信赖基于案例的知识,使得案例在领导力教育中广泛运用。

因为案例的现实性,所以对那些准备就任领导职务的人很有吸引力(Goldstein & Ford, 2002)。但是出于同样的原因,基于案例的知识虽然容易获得,但也很复杂(Hammond, 1990)。基于案例的知识的复杂本质,让案例在领导者教育中的运用,成为一种异常困难的教学方法。仅仅呈现案例或者鼓励学生讨论案例是不够的。而且,原型案例和关键例外必须呈现。必须说明判断这些案例与现实的相关性的诊断性特征。案例必须以建立精心组织的知识结构的方式予以呈现。同时,必须给那些接受领导力教育的人提供让他们可以使用嵌入在案例中的特定信息类型的策略。而且,必须为他们提供将这些方法应用于解决领导力问题的实践和反馈中。

在全球化层面,这些结论似乎很难讨论。但是,我们前面的观点也指出了领导者案例教学中存在的很多误解。例如,强调原因而不是限制条件或者因素,以及因素影响的好处是什么?对领导者提供案例原型的例外情况,需要予以多大程度的重视?如何识别原型案例?对不同层级的领导者而言,哪些应用案例知识的方法最为有效?

这里要理解的是,很难找到强有力的依据,来指导领导力教学中案例的开发和应用。一方面,这种观点表明我们需要一个更加系统化的研究方法来考察领导力教育中案例应该如何呈现。另一方面,这些观点表明,我们需要采用一种更为系统化的方法来开发用于领导力教育的案例。我们希望当前的工作能够成为未来工作的动力,包括实验室工作和课堂教学工作,我们希望提供一个关于如何在领导力教育中运用案例的比较有深度的理解。我们相信,这些工作会被证明很重要,部分原因在于基于案例的知识为领导者对关键的、复杂的问题的思考奠定了基础,为他们带领组织和世界的发展提供了帮助。

致谢

我们要感谢 Jerry Hunt、Tamara Friedrich、Jay Caughron 和 Alison Antes。他们为本章做出了重要贡献。通信地址:俄克拉荷马州诺曼市美国俄克拉荷马大学心理学系,Michael D. Mumford 博士,73109。E-mail:mmumford@ou.edu。

参考文献

Avolio, B. J., Reichard, R. J., Hannah, S. T., Walumbwa, F. O., &Chan, A. (2009). A meta-analytic review of leadership impact research: Experimental and quasi-experimental studies. *The Leadership Quarterly*, 20, 764—784.

Barrett, J. D., Vasey, W. B., & Mumford, M. D. (2011). Getting leaders to think: Effects of training, threat, and pressure of performance. *The Leadership Quarterly*, 22, 729—750.

Berger, C. R., & Jordan, J. M. (1992). Planning sources, planning difficulty, and verbal fluency. *Communication Monographs*, 59, 130—148.

Bligh, M. C., Kohles, J. C., & Meindl, J. R. (2004). Charisma under crisis: Presidential leadership, rhetoric, and media responses before and after the September 11th terror-ist attacks. *The Leadership Quarterly*, 15, 211—239.

Bluck, S. (2003). Autobiographical memory: Exploring its functions in everyday life. *Memory*, 11, 113—123.

Bluedom, A. C., Johnson, R. A., Cartwright, D. K., & Barringer, B. R. (1994). The interface and convergence of the strategic management and organizational environment domains. *Journal of Management*, 20, 201—263.

Connelly, M. S., Gilbert, J. A., Zaccaro, S. J., Threlfall, K. V., Marks, M. A., & Mumford, M. D. (2000). Exploring the relationship of leadership skills and knowl-edge to leader performance. *The Leadership Quarterly*, 11, 65—86.

Côté, S., Lopes, P. N., Salovey, P., & Miners, C. (2010). Emotional intelligence and leadership emergence in small groups. *Leadership Quarterly*, 21, 409—508.

Dailey, L., & Mumford, M. D. (2006). Evaluative aspects of creative thought: Errors in appraising the implications of new ideas. *Creativity Research Journal*, 18, 367—384.

Doerner, D., & Schaub, H. (1994). Errors in planning and decision making and the nature of human information processing. *Applied-Psychology: An International Review*, 43, 433—453.

Drazin, R., Glynn, M. A., & Kazanjian, R. K. (1999). Multi-level theorizing about creativity in organizations: A sensemaking perspective. *Academy of Management Review*, 24, 286—329.

Dvir, T., Eden, D., Avolio, B. J., & Shamir, B. (1999). Impact of transformational leadership on follower development and performance: A field experiment. *Academy of Management Journal*, 45, 735—744.

Ericsson, K. A., & Charness, W. (1994). Expert performance: Its structure and acquisition. *American Psychologist*, 49, 725—747.

Gioia, D. A., & Thomas, J. B. (1996) Institutional identity, image, and issue interpretation: Sensemaking during strategic change in academia. *Administrative Science Quarterly*, 41, 370—403.

Goldstein, I. L., & Ford, J. K. (2002). *raining in organizations.* Belmont, CA: Wadsworth.

Gollwitzer, P. M. (1999). Implementation intentions: Strong effects of simple plans. *American Psychologist*, 54, 493—523.

Habermas, T., & Bluck, S. (2000). Getting a life: The emergence of the life story in adolescence. *Psychological Bulletin*, 126, 748—771.

Halverson, S. E., Holladay, C. C., Kazma, S. M., & Quinones, M. A. (2004). Self-sacrificial behavior in crisis situations: The competing roles of behavioral and situational factors. *The Leadership Quarterly*, 15, 211—240.

Hammond, K. J. (1990). Case-based planning: A framework for planning from experience. *Cognitive Science*, 14, 385—443.

Hedlund, J., Forsythe, G. B., Horvath, J. A., Williams, W. M., Snook, S., & Sternberg, R. J. (2003). Identifying and assessing tacit knowledge: Understanding the practical intelligence of military leaders. *The Leadership Quarterly*, 14, 117—142.

Hershey, D. A., Walsh, D. A., Read, S. J., & Chulef, A. S. (1990). Effects of expertise on financial problem-solving: Evidence for goal-directed, problem-solving scripts. *Organizational Behavior and Human Decision Processes*, 46, 77—101.

Hmelo-Silver, C. E., & Pfeffer, M. G. (2004). Comparing expert and novice understanding of a complex system from the perspective of structures, behaviors, and functions. *Cognitive Science*, 28, 127—138.

Holyoak, K. J., & Thagard, P. (1997). The analogical mind. *American Psychologist*, 52, 35—44.

Hunt, J. G. (2004). Consideration and structure. In J. M. Burns, G. R. Goethals, & L. Sorenson (Eds.), *Encyclopedia of leadership* (pp. 196—204). Great Barrington, Massachusetts: Berkshire/Sage.

Hunt, J. G., Boal, K. B., & Dodge, G. E. (1999). The effects of visionary and crisis-responsive charisma on followers: An experimental examination of two kinds of charismatic leadership. *The Leadership Quarterly*, 10, 423—448.

Hunter, S. T., Bedell-Avers, K. E., Ligon, G. S., Hunsicker, C. M., & Mumford, M. D. (2008). Applying multiple knowledge structures in creative thought: Effects on idea generation and problem-solving. *Creativity Research Journal*, 20, 137—154.

Isenberg, D. J. (1986). Thinking and managing: A verbal protocol analysis of managerial problem solving. *Academy of Management Journal*, 29, 775—788.

Jacobs, T. O., & Jaques, E. (1991). Executive leadership. In R. Gal & D. A. Mangelsdorff (Eds.), *Handbook of military psychology*. Oxford, England: John Wiley & Sons.

Jacobs, T. O., & Lewis, P. (1992). Leadership requirements in stratified systems. In R. L. Phillips & J. G. Hunt (Eds.), *Strategic leadership: A multiorganizational-level perspective* (pp. 15—25). Westport, CT: Quorum Books.

Kaizer, C., & Shore, B. M. (1995). Strategy flexibility in more and less competent students on mathematical word problems. *Creativity Research Journal*, 8, 77—82.

Kaufman, J. C., & Baer, J. (2006). *Creativity and reason in cognitive development*. New York: Cambridge University Press.

Kolodner, J. L. (1997). Educational implications of analogy: A view from case-based reasoning. *American Psychologist*, 52, 57—66.

Langholtz, H., Gettys, C., & Foote, B. (1995). Are resource fluctuation anticipated in resource allocation tasks. *Organizational Behavior and Human Decision Processes*, 64, 274—282.

Ligon, G. M., Hunter, S. T., & Mumford, M. D. (2008). Development of outstanding leadership: A life narrative approach. *The Leadership Quarterly*, 19, 312—334.

Lord, R. G., & Hall, R. J. (2005). Identity, deep structure and the development of leadership skill. *The Leadership Quarterly*, 16, 591—515.

Lord, R. G., & Maher, K. J. (1990). Alternative information-processing models and their implications for theory, research, and prac-tice. *Academy of Management Review*, 15, 9—28.

Manz, C. C., & Sims, H. P., Jr. (1981). Vicarious learning: The influence of modeling on organizational behavior. *Academy of Management Review*, 6, 105—113.

Marcy, R. A., & Mumford, M. D. (2010). Leader cognition: Improving leader performance through causal analysis. *The Leadership Quarterly*, 21, 1—19.

Marcy, R. T., & Mumford, M. D. (2007). Social innovation: Enhancing creative performance through casual analysis. *Creativity Research Journal*, 19, 123—140.

Mobley, M. I., Doares, L., & Mumford, M. D. (1992). Process analytic models of creative capacities: Evidence for the combination and reorganization process. *Creativity Research Journal*, 5, 125—156.

Motowidlo, S. J., Dunnette, M. D., & Carter, G. W. (1990). An alternative selection procedure: The low-fidelity simulation. *Journal of Applied Psychology*, 75, 640—647.

Mumford, M. D., Blair, C., Dailey, L., Lertiz, L. E., & Osburn, H. K. (2006). Errors in creative thought? Cognitive biases in a complex processing activity. *The Journal of Creative Behavior*, 40, 75—109.

Mumford, M. D., Friedrich, T. L., Caughron, J. J., & Antes, A. L. (2009). Leadership development and assessment: Rethinking the state of the art. In K. A. Ericsson (Ed.), *The development of professional expertise: Toward the measurement of expert performance and design of optimal learning environments* (pp. 84—107). Cambridge, UK: Cambridge University Press.

Mumford, M. D., Friedrich, T. L., Caughron, J. J., & Byrne, C. E. (2007a). Leader cognition in real-world settings: How do leaders think about crises? *The Leadership Quarterly*, 18, 515—543.

Mumford, M. D., Marks, M. A., Connelly, M. S., Zaccaro, S. J., & Reiter-Palmon, R. (2000). Development of leadership skills: Experience, timing, and growth. *The Leadership Quarterly*, 11, 87—114.

Mumford, M. D., Schultz, R. A. & Osburn, H. K. (2002). Planning in organizations: Performance as a multi-level phenomenon. In F. J. Yammarino & F. Dansereau (Eds.), *Research in multi-level issues: The many faces of multi-level issues* (pp. 3—63). Oxford, England: Hsevier.

Mumford, M. D., & Van Doorn, J. R. (2001). The leadership of pragmatism: Reconsidering Franklin in the age of charisma. *The Leadership Quarterly*, 12, 279—310.

Mumford, M. D., Zaccaro, S. J., Harding, F. D., Jacobs, T. O., & Fleishman, E. A. (2000). Leadership skills for a changing world: Solving complex social problems. *The Leadership Quarterly*, 11, 11—35.

Mumford, T. V., Campion, M. A., & Morgeson, F. P. (2007). The leadership skills strataplex: Leadership skill requirements across organizational levels. *The Leadership Quarterly*, 18, 154—166.

Noice, H. (1991). The role of explanations and plan recognition in the learning of theatrical scripts. *Cognitive Science*, 15, 425—460.

Nutt, P. (1984). Types of organizational decision processes. *Administrative Science Quarterly*, 29, 414—450.

O'Connor, G. C. (1998). Market learning and radical innovation: A cross case comparison of eight radical innovation projects. *Journal of Product Innovation Management*, 15, 151—166.

Patalano, A. L., & Siefert, C. M. (1997). Opportunistic planning: Being reminded of pending goals. *Cognitive Psychology*, 34, 1—36.

Reeves, L., & Weisberg, R. W. (1994). The role of content and abstract information in analogical transfer. *Psychological Bulletin*, 115, 381—400.

Scott, G. M., Lonergan, D. C., & Mumford, M. D. (2005). Conceptual combination: Alternative knowledge structures, alternative heuristics. *Creativity Research Journal*, 17, 79—98.

Shipman, A. S., Byrne, C. L., & Mumford, M. D. (2010). Leader vision formation and forecasting: The effects of forecasting extent, resources, and timeframe. *The Leadership Quarterly*, 21, 439—456.

Sims, H. P., Jr., & Lorenzi, P. (1992). *The new leadership paradigm: Social learning and cognition in organizations*. Newbury Park, CA: Sage.

Strange, J. M., & Mumford, M. D. (2005). The origins of vision: Effects of reflection, models, and analysis. *The Leadership Ouarterly*, 16, 121—148.

Taggar, S. (2002). Individual creativity and group ability to utilize individual creative resources: A multilevel model. *The Academy of Management Journal*, 45, 315—330.

Thomas, J. B., & McDaniel, R. R. (1990). Interpreting strategic issues: Effects of strategy and the information-processing structure of top management teams. *The Academy of Management Journal*, 33, 286—306.

Vessey, W. B., Barrett, J., & Mumford, M. D. (in press). Leader cognition under conditions of threat:"Just the facts", *The Leadership Ouarterly*.

Vroom, V. H., & Jago, A. G. (1988). *The new leadership: Managing participation in organizations.* Englewood Cliffs, NJ: Prentice-Hall.

Weick, K. E. (1995). *Sensemaking in organizations.* London: Sage.

Xiao, Y., Milgram, P., & Doyle, D. J. (1997). Planning behavior and its functional role in interactions with complex systems. *IEEE Transactions on Systems, Man and Cybernetics, Part A: Systems and Humans,* 27, 313—324.

Yukl, G. (2010). *Leadership in organizations* (7th ed.). Upper Saddle River, NJ: Prentice Hall.

第三章
成为领导力文献家
——一门核心课程

Barbara Kellerman
哈佛大学肯尼迪政府学院

本章讲述了一种基于传统观点的新的领导力教学方法。这种方法以文学艺术为基础,从经典著作中学习领导力。本章还讲述了哈佛大学肯尼迪政府学院开设的一门叫做"领导力文献"的课程(之后也给达特茅斯学院的本科生教授)。这门课程旨在让学生对关于权力、权威和影响力的文本建立基本的了解。这些著作构成了领导力的经典。本章所谈论的实际上是一个更大话题的一部分,那就是哪些是领导者需要知道的。本章的观点是:(1)存在一种伟大的领导力文献;(2)这些著作影响了领导力研究领域的分量和深度;(3)这些文献可以而且应该构成一门核心课程,供严肃的领导力学者学习。

领导力研究并不缺乏教育的指导方针。就像本书其他章节指出的,学习领导力的好处已经在过去的几十年里得到了体现。与此同时,出现了一系列相关的书籍、文章和其他作品。

尽管涌现了大量的作品,但很明显,其中只有很少的部分能够经历时间的考验成为经典之作——那种会被证明十分重要,在应用上具有普适性,在今后的50年里仍将被阅读的经典之作。

这对领导力研究而言意味着什么？是没有领导力经典吗？有没有伟大的领导力著作能够构成一门核心课程,能给任何地方、任何层次的任何人带来领导力的各种益处？

这是过去十年我一直在思考的问题。最终我在哈佛大学肯尼迪政府学院开设了一门课程,叫做"领导力文献",作为对这些问题的一个回应。最近我的一本书也是对这些问题的一个回答:《领导力:有关权力、权威和影响力的作品精选》。这些问题也是我在本章将要谈论的,从四个方面来讲即为背景、概念、内容、结论。

背景

哈佛大学肯尼迪政府学院是一所研究生院。它被公认为,也自认为是一所职业学院。按照现任院长 David Ellwood 的说法,学院的使命是"培养开明的公共领导者,产生解决最具挑战的公共问题的思想"。在领导力的范围内,这所学院被认为是培养公共领导者,让他们为未来的任务做好准备的培训基地。因为强调领导力和管理的实践,肯尼迪政府学院的大多数学生都会选择有助于实现这一目标的课程。事实上,在过去十年,在学院建立了公共领导力中心以后,这些课的受欢迎程度更是成倍增加。

因为明显(也有些不太明显)的原因,大部分学生主要对教授如何领导的知识与技能的课程感兴趣。换句话说,受时代风气的影响,学生们热衷于领导力的品格和领导力的技能,热衷于学习领导力的职业实践,热衷于寻找他们认为重要问题的答案:(1) 在我人生的这个阶段,我是谁? (2) 我究竟为什么应该创造改变? (3) 我如何创造改变——我如何领导? 也就是说,他们的热情不在于领导力的知识,不在于了解领导力的理论,或领导力的研究,或领导力在历史、哲学、社会学方面的研究,更别说领导力文献的训练和如何做好追随者了。

所以,我有一个两难困境。在学术范围内研究领导力越久,我越感受到存在一个"另一面"。重要的是要告诉受众,对领导力的兴趣不是一种转瞬即逝的时尚或一种好奇。其次,这个领域并非不重要或者肤浅。而且,领导力和追随力对人类历史具有而且永远具有极大的重要性。作为一个研究课题,它有一个中心、一门核心课程证明它对支配和顺从的研究的一致性。

我所面对的受众究竟是谁? 广义地说,他们可以分为两个部分:外部的和内部的。外部的受众包括怀疑论者，比如有些研究人员，即便是现在，依然远远不能充分相信，领导力研究是一个严肃的研究领域，一个值得包括进本科生和研究生课程中的领域。外部的人员包括各种客户，他们购买我们的领导力产品和服务（有时，我称之为领导力产业）。他们当中涵盖了从年轻学生到企业高管，他们需要确定，我们的工作值得他们为之付出时间和金钱。我想说的是，我们所做的至少部分是可推崇的，因为我们工作的基础是理智的。它的基础是领导力的经典著作。它构成了或应该构成一门核心的课程。

内部受众由我们这些从事领导力工作的人构成，我们偶尔会质疑所从事的工作的严格性和一致性。不确定的表征处处存在，包括在本书中也存在。书中坦率地说道："遗憾的是，与其他更加成熟的学科相比，支持领导力教师的研究资源很少，领导力的研究往往跨越多个传统学科。"也就是说，除了对教授领导力的更明显的担心之外，还有对我们工作的评估不足，缺乏智力中心或学术中心始终是一个重大的问题。它给外部受众和部分内部受众都带来了麻烦。

被我称为"领导力文献"的这门课意在解决一个理论性问题，而不是我向来关注的实践背景。或者说，不同于我过去关注的实践背景或专业背景，我想要建立一种既非实践也非职业的学习经历。我想要根据文学艺术的传统来建立一门课程，它对领导力学习的作用是间接的而不是直接的。为了支持这种不同以往的做法，我参考了斯坦利·费雪（Stanley Fish）的意见。他是一位受人尊敬的学术评论家。他一贯认为："准确地说，更高级的教育与一般教育的区别在于，其教学活动与可测量的结果之间是否存在直接的、精心设计的关系。"

事实证明——一开始我自己也不确定——伟大的领导力文献是存在的。存在一个关于领导力的伟大文献。它的存在本身就是一种领导行为。存在一个伟大的文献，由领导者自身创造，一开始就旨在让人们大声朗读出来。我要补充的是，我是在广义上使用"文献"（literature）这个词的；并非所有的领导力著作都是文学名著。很多社会科学和人文科学基础著作都属于领导力经典的范畴。

我所不知道的有待检验的是，是否他人会对此感兴趣。肯尼迪政府学院那些大部分抱着经过"培训"成为领导者的目的而来的学生们会对领导力的理论研究感兴趣吗？学生们会愿意投入时间来学习这种在他们所学的与他们未来所要做的之间不存在"直接的、精心设计的关系"的领导力吗？就像我曾经问过的："如果你想成为一个真实世界的领导者，那柏拉图的意义是什么？如果你想成为一个21世纪的领导者,为什么要了解伊丽莎白一世?如果你想成为一个企业领导者,为什么要花时间了解甘地?或者,如果你想成为一名政治领导者,为什么要投入时间研究玛丽·帕克·福莱特?"

最初人数很少。我第一次上"领导力文献"课程时,只有几个学生——回想起来大概是 16 个。但是,人数在不断增加,过了一段时间,这门课程变得很受欢迎。学生们都是自由选择的,他们对智慧具有好奇心,选修这门没有明确谈论他们怎样成为领导者的课程,他们并不会获得任何明显的专业上的收获(当然,我的观点是领导力文献正是与做一名领导者或成为一名领导者相关的,虽然这并不明显)。让我说得更明确一些:在肯尼迪政府学院,"领导力文献"是学生们可以选择的海量选修课以及很多必修课中的一门选修课。所以选择"领导力文献"课程的学生从来都不是特别多。但是,在这个重视规模的世界(教室吸引越多的学生,他们受到的奖励越多),值得指出的是,一门关于精神生活的领导力课程是有可观的市场需求的。

而且,这门课程在一个不同的学生群体中也很有市场。在 2010 年秋天,我在达特茅斯学院做领导力访问学者。当时我为本科生教授了一门基于"领导力文献"的相似的课程(在达特茅斯学院,这门课程的题目是"领导力的基础——以及追随力")。大约有 60 名学生参加,根据我的观察,他们中的大多数因为有机会来思考人如何变得强大以及为何虚弱无力而感到满意和兴奋。

概念

我开设这门课程是带着这样的问题:"领导者需要知道什么?"以及"我们每个人需要知道什么?"换句话说,当今时代,好的教育的标志是什么?

答案并不能直接得到。事实上,这门学科现在,而且可以说永远都有一个核心观点。关于我们应该学习什么、知道什么永远没有广泛的一致意见。对 21 世纪更高的教育的目的是什么也没有一致的意见,更别说内容了。广义地说,一边是希望传统的文学艺术的人:他们相信,现在和过去,文学艺术都是好的教育的基础。另一边是那些坚持(特别是当工作——好的工作——看起来稀缺的时候)认为,21 世纪的学习需要更具有实践性的人。他们认为学生们从会计学中获得的好处远比从亚里士多德那里获得的好处多,从预算中获得的好处远比从巴赫那里获得的好处多。因为这种两分状态,加上新的怀疑主义对旧的美德和真理的质疑,传统主义者处于防御状态。即便是哈佛大学校长 Drew Gilpin Faust,也感觉到有必要捍卫文学艺术的教育,尽管哈佛大学本科生的文学艺术教育已经做得很好了。"人类,"她说,"需要意义、理解和观点,也需要工作。"(顺便说一句,Faust 的观点并不适用于成人学习者。聚焦于艺术和人文的继续教育课程很繁荣,即便在困难时期注册的人数也在不断增长。)

学习领导力如果不与时代风气保持一致就什么也不是。就像我在《领导力:有关权力、权威和影响力的作品精选》中所写的:"21 世纪,领导力教育与发展是关于实践,而不是关于理论的;是关于现在,而不是关于过去的;是关于散文,而不是关于诗歌的;是关于评估,而不是关于沉思的;是关于真实的世界,而不是想象的世界的。简单而言,21 世纪的领导力学习几乎完全将文学艺术排除在外了……为了聚焦于实用性的目标。"

因此,"领导力文献"这门课程是这种普遍规则的一种显著的例外,特别是在研究生阶段,他们偏爱专家胜过通才。这是一种复古的吸取过去的教育传统的方法,当时好的教育都包括对一些文献作品的熟悉,特别是与学习者的工作领域直接相关的伟大作品。我所描述的,简而言之,是一门为那些对领导力和追随力怀有智力上的好奇心的学生开设的课程,不管他们自己是否致力于成为领导者。

可以从这个角度来思考。这门课程的理念是让学生熟悉影响巨大的权威著作。也就是说,这门课程中包括在这些方面做出了贡献的经典作品:(1) 对领导力和追随力的理论上的理解;(2) 对领导力的练习,直接或间接的。但是,还有一个额外的好处。领导力方面的伟大文献不仅是因为所写的内容,有时候还因为它是如何写作的。简单而言,伟大的领导力文献本身就是伟大的文献。

我第一次教这门课程时,课程时间很长——太长了。我没办法将我认为的经典著作排除在外。但是,后来,我理解了取舍的必要性,对学生而言和对收集成册而言都是如此。所以,不可避免地,问题产生了:"如何对这些作品进行取舍?"

首先,我必须解决这个问题,即构成领导力经典的究竟是什么。仅仅以超越时间、出类拔萃、不断衍生的标准来判断是否足够?还有别的标准吗?伟大的作品——或者曾经被认为伟大的作品——往往最终被扔进了历史的垃圾箱。时间改变了,我们所重视的也改变了。例如,在 19 世纪的美国,经典往往是源于希腊和罗马的作品。100 年后,我们把这些放逐到了艰苦的学术西伯利亚。现在,我们对于哪些事物能够构成经典的观点越来越广泛和灵活:我们致力于包含多元化的人和文化。

因此,这门课程(以及这本书)中的经典是今天所理解的经典。首先,它们都是关于领导力的。其次,它们按照今天的理解,都有文献价值。再次,它们是衍生性的:改变了我们的思考方式和行动方式。最后,它们都是超越性的。也就是说,它们超越了时间和空间。有些著作是几千年前的,最新的那些作品也是经历了时间的考验的——至少是1/4个世纪以前的。它们来自任何地方,包括美国、非洲、亚洲、欧洲等。

当然,伟大的领导力文献的超越性还体现在其他方面。它突破了传统的学科界限,好像它们从来不存在似的。这门课程所涉及的著作来自历史和政治,来自心理学和社会学,来自哲学和小说,来自科学和自传。它们带来宏大的思想、宏伟的主题以及不可能的梦想,包括但不限于以下这些:

领导力教学的重要性。例如,孔子、柏拉图、马基雅维利以及杜波依斯,他们都对如何教授领导力有兴趣。

人性的重要性。你对领导和追随的看法取决于你对人类的境况的看法。

愤怒的作用。有些伟大的领导力作品中充满了愤怒。这种文献的目的是激发改变。

追随者重要性的上升。阅读领导力作品而不注意到越来越受重视的"无力",以及"给力"是不可能的。因为启蒙运动和民主的产生,这种趋势在西方几乎无处不在。

伟大思想的力量。伟大的领导力作品表明,所有领导者中最有影响力的,是思想领导者——那些在正确的时间首创了正确的思想,愿意并能够传播它们的人们。

笔的力量。笔是强有力的。词语就是武器。语言非常重要。

最后,还有几个问题:这门课程中,我删掉的伟大的领导力作品有哪些?在基于这门课的书中,哪些伟大的领导力作品是我极不情愿地删除的?为了回答第二个问题先回答第一个问题:因为容量的原因,我去除了一些想象而非真实的作品(托尔斯泰的《战争与和平》是个例外)。可能最明显的例子是莎士比亚这位至高无上的文学家。他是研究权力,特别是皇室权力的权威,也是影响力方面的专家,特别是那些弱者对强者的幕后影响力。因为品位的原因,我删除了被公认为残忍和攻击性的领导力作品——比如阿道夫·希特勒的《我的奋斗》(但是我仍然在课堂上引用莎士比亚,也会选读《我的奋斗》)。

这门课的内容是另一个问题。与其确定从必读清单中删去的著作有哪些,不如说"领导力文献"的课程大纲是可变的,很容易根据不同地方的不同教师和学生进行调整。我自己在这门课程上的大纲放在哈佛大学的网站上了。但它并不是一成不变的。尽管这些材料都很重要,但不应该构成威胁。伟大的领导力作品是如此丰富而多变,任何课程大纲都应该看作一个不断变化的作品,很容易随着观点的形成和推动力的产生而进行调整。关键在于收集领导力方面的经典:具体选择哪些经典,应该留给每个教师自己决定。

内容

不管课程的内容是什么,材料都应该由授课教师根据自己的喜好来组织。也就是说,有两种不同的方式来安排这些材料。第一种是按照年代来分,这是我在课堂上采用的。我根据历史的发展,追踪思想产生的历史。这种情况下,历史的轨迹非常重要,因为它清楚地展示了权力和影响力随着时间的改变而转移的过程,从领导者转变到追随者手中。

基于"领导力文献"的课程也可以按照主题来分。这是我的书所采用的组织方式。我把所有作品分为三个部分,每个部分按照年代排序。第一部分是"关于领导力"的,包含关于统治、顺从和支配以及权力、权威、影响力的选本,比如柏拉图、马基雅维利和汉娜·阿伦特的作品。第二部分是"领导者的文献",提供了描述领导者行为的文本。这部分,我将类似托马斯·佩恩的《常识》和贝蒂·弗里丹的《女性的奥秘》这样的书包含了进来。第三部分,"行动中的领导者",包含的是以内涵丰富、令人印象深刻的方式与追随者沟通的领导者的作品,他们的话语将永存世间,包括亚伯拉罕·林肯在葛底斯堡的演讲、温斯顿·丘吉尔在下议院的演讲(特别是在第二次世界大战爆发之前),以及马丁·路德·金在伯明翰监狱中写给美国人民的信。

按主题分(就像我在书里做的),而不是按年代分(就像我在课堂上做的那样),让我们更能看到,这些作品的令人惊异之处是何等相似。例如,虽然我们从来没有把它们看作相关的,但事实上柏拉图(《理想国》)和弗洛伊德(《摩西与一神论》)都是暴君所着迷的,都以相当大的篇幅写了他们如何领导和我们为何追随。

同样,伊丽莎白·卡迪·斯坦顿(《情感宣言》)以及蕾切尔·卡逊(《寂静的春天》),都有改变世界的强烈愿望,都写了领导力文献中的经典内容。换句话说,他们既是作家,又是领导者。

不管课程大纲如何组织,课程内容都引起对人类境况的广泛思考。这些材料也提出了这样的问题:对领导者来说,受人爱戴与让人害怕哪个更好?伟人在历史上的作用是什么?民主社会,领导者如何立身处世?大型组织中的卓越领导是怎样的?如何实施变革?领导者是天生的吗?追随者为什么而追随?没有权力的人如何变成了有权力的人?在创造变革的过程中,暴力是否应该发挥作用?什么时候要转向非暴力?领导者如何力挽狂澜?明智、优秀的领导是怎样的?

这就产生了一个问题,即如何驾驭谈话。我们如何才能最有效地教授领导力遗产——使用经典作为利器。

我的看法是,领导力文献应该成为这门课程的核心。整个课程应该沉浸在其中,大声地朗读它们,把它们作为对话的核心。为什么《共产党宣言》要把"宣言"放在后面?同时,指导教师应该把每个作品放在更大的背景下,根据它们所处的时间和地点来解读。同时也应该结合一些分析和评论来解读。我的书中提供了解读的建议。在《领导力:有关力量、权力和影响力的作品精选》中,每个作者前面都有一段介绍,后面都有一段评论。除了作为学习助手,还意在成为教学助手。

它还为学生们提供了每节课开头的简短的讲义,作为这一节课的内容的概括和指导。为了帮助学生们进行课堂之外的思考,这些资料可以提前放到网上。为了具体说明这种方式,以下提供一些简单的案例。以下这些材料是按年代编排的。这些读物都在书和大纲中出现过,除了莎士比亚和希特勒。

孔子——《论语》

- 西蒙·利思:"在世界历史上,没有一本书像《论语》这样,在如此长的时间里,对如此多的人产生如此大的影响。"
- 孔子描述了好的领导者:自我觉察、自我批评、愿意自我纠正。
- 孔子问——好的追随者是怎样的?

柏拉图——《理想国》

- 柏拉图作为领导者的导师。

- 柏拉图作为一个浪漫主义者，把领导者想象为"哲学王"。
- 柏拉图作为一个现实主义者，害怕领导者成为暴君。

马基雅维利——《君主论》

- 个人历史是政治思想的代言。
- 16世纪欧洲的上帝与人。
- "君主身上，"马基雅维利写道："无法培育人们所认为的优秀品格。"这一点适用于21世纪的领导者吗？如果是，如何适用？如果不是，为什么？

威廉·莎士比亚——《尤利乌斯·恺撒》(戏剧、电影)

- 谁是主角？为什么？
- 最重要的追随者是谁？他们在整个事件中扮演了什么角色？
- 葬礼场合中的预言应用，其中布鲁特斯和安东尼争夺人们的支持。

伊丽莎白女王——在提尔伯里对军队的演讲

- 作为一个男性世界里的女性领导者。
- 运用演讲鼓动大家作战和为死亡做好准备。
- 演讲场合的着装；领导力作为一种表演艺术。

托马斯·佩恩——《常识》

- 启蒙运动对美国独立战争的影响。
- 推翻旧的领导力基础，应用新的领导方式。
- 作为领导者的作家。

托马斯·卡莱尔——《论英雄、英雄崇拜和历史上的英雄业绩》

- 历史上的英雄。
- 作为君主、先知、诗人和牧师的英雄。
- 卡莱尔的反对者(包括陀思妥耶夫斯基)——以及领导者的归因错误。

▚ 卡尔·马克思和弗里德里希·恩格斯——《共产党宣言》

- 《共产党宣言》作为一部文学作品。
- 《共产党宣言》作为一部革命论述著作。
- 《共产党宣言》对 20 世纪历史——以及《共产主义黑皮书》的影响。

▚ 伊丽莎白·卡迪·斯坦顿——《情感宣言》

- 女性对男性的一长串的控诉。
- 女性认为,"他努力摧毁她对自己力量的信心、削弱她的自尊,让她自愿过一种依赖的、可怜的生活"。
- 从劝勉社会变革到领导政治运动。

▚ 约翰·斯图亚特·穆勒——《论自由》

- 见证领导者的衰落。
- 见证追随者的崛起。
- 担心多数人的暴政。

▚ 圣雄甘地——《何谓非暴力不合作》(以及其他)

- 弱者战胜强者。
- 非暴力、消极抵抗、公民不服从之间的区别。
- 甘地的遗产——特别是对马丁·路德·金的影响。

▚ 弗洛伊德——《摩西与一神论》

- 弗洛伊德作为有重大影响的心理学家——以及作为政治哲学家。
- 领导者作为父亲的角色。
- 追随者与他们"对服从的渴望"。

▚ 阿道夫·希特勒——《我的奋斗》

- 宣传的力量。
- 犹太人作为"寄生虫"。

- 民族社会主义作为乌托邦梦想。

■ 玛丽·帕克·福莱特——《领导力概要》

- "最重要"的是领导者"理解总体形势的能力"。
- 关于领导大型组织和大型企业。
- 追随者不应该只是……跟随。他们应该，在领导者的鼓励和支持下，在行进过程中发挥积极作用。

■ 马丁·路德·金——来自伯明翰监狱的信

- 20 世纪 60—70 年代的权利革命。
- 领导者作为囚犯——带着一支金笔。
- 领导者作为抚慰者——自由的斗士。

■ 纳尔逊·曼德拉——《我做好了赴死的准备》

- 宁死不屈：追随者变成领导者，或者最末的变成第一的。
- 关于非暴力如何扭转暴力。
- 领导者作为殉道者。

■ 斯坦利·米尔格拉姆——《服从权威》

- 当服从是一种犯罪时的服从。
- 背景的重要性（通常被低估）。
- 关于种族大屠杀。

■ 索尔·阿林斯基——《反叛手册》

- 权力归于人民。
- 组织社区的美德——但是谁组织组织者？
- 阿林斯基与……奥巴马。

■ 彼得·辛格——《动物解放》

- 为那些不能表达自己的人代言。

- 道德哲学作为政治工具。
- 《动物解放》作为动物权利运动的"圣经"。

 拉里·克莱默——1 112 与计数

- 领导那些不表达自己的人；艾滋早期的同性恋人。
- 语言作为一种攻击武器。
- 危机作为领导变革的触发器。

这些内容表明，课堂上所做的事情：通过学习领导力文献，学习关于领导力的内容，学会领导。

结论

到现在为止，我在哈佛大学肯尼迪政府学院已经开设了六七次"领导力文献"课了。每次都得到了学生很好的评价。在达特茅斯学院，我为本科生开设了一门类似的课。这是否意味着我实现了我最初所设想的成就？是否应该以学生对课程或老师的喜爱程度来评价一门课？

第二个问题的答案当然是否定的。但是，在哈佛大学肯尼迪政府学院以及其他很多学校，对领导力教学和教师的评价，都是以不那么严格的标准来进行的，在我看来这些标准更关乎教学效果而非其他。（我对课程的感受如何？我对指导教师的感受如何？）

平心而论，这并不是当前（2010年）的评估形式所要求的。肯尼迪政府学院在一门课程结束时提出的两个问题是："你如何评价这门课程？"以及"你如何评价这位指导教师？"此外，学生们还得根据特定的标准对课程进行排名，比如"学术严谨性"，所选读物是否"有用"，讨论"是否促进了对课程材料的理解"，等等。同样，学生们还要根据教师"提供见解和思考问题的新的方式"的能力、"提供有助益的反馈的意愿"，以及"学生在课堂之外是否容易联系到他们"对教师进行排名。这些问题并非不重要——他们关系到学生们的学习体验。但是，这些评估学到了什么或者关于如何领导学到了什么的问题，至少是一个开放式的问题。

我想说，与领导者学习相关的一个主要问题是：如何衡量结果。虽然本书的编辑让我谈谈这一点，但是我没办法说，我的课程的哪些部分影响了我的学生。事实上，我的观察也不足以判断我的学生在学了这门课以后，思想是否发生了变化。可能有变化——他们确实看起来如此。但是，也有可能学生们在上了我的课以后，做出某种行为和说出某些话，只是为了让我高兴，或者让自己满意。因为各种原因，他们愿意相信这段学习经历是值得的，而不是浪费时间。最后，我无法肯定地判断经过这个学期的课程，学生会经历怎样的改变。我如何判断学生的改变是学习这门课的结果，而不是课堂之外的其他经历所导致的呢？

课程收益是这样的。任何领导力课程，如果结果无法量化，学生们也不会以某种评估方式进行长期的跟踪，其判断标准往往就是模糊的。这让我们联想到文学艺术，以及它们为何受到攻击。文学艺术教育的收益是不可能准确衡量的。很明显，这并不意味着这种教育没什么好处，或者它们不重要。这只是意味着，它们很难（甚至不可能）准确描述和证明。

Drew Faust 在哈佛大学 2010 年毕业典礼上谈到了这个问题。对于文学艺术的传统，她说，"目的是让我们为没有脚本的人生做好准备——因为你无法知道要为什么做准备，所以我们试图让你为一切做准备"。在我看来，这是对 21 世纪领导者的完美阐述：领导者就是处于没有脚本的情境中的人，因此领导力课程的好处之一是以文学艺术的传统为基础，以构成领导力经典文献的伟大的领导力作品为基础。

一方面，我称为"领导力文献"的这门课是复杂的。它怎么会不复杂呢？归根到底，我们所钻研的是一些最伟大的作家所写的关于某些最令人困扰的问题的最伟大的著作。但是，另一方面，这门课程提供了所有学习经历中最基础甚至最根本的内容：阅读和重复阅读超越时间的经典文本，这里是关于支配与顺从以及人类境况的文本。

备注：文中提到，以"领导力文献"这门课为基础，最终形成了一本书——《领导力：关于权力、权威和影响力的文本精选》（McGraw-Hill,2010）。这本书是由我主编，并提供介绍和评述的。除了书中提到的这些选本，这本书还包括老子、普罗塔克、马基雅维利、洛克、斯宾塞、詹姆斯、韦伯、伯恩斯、米尔格拉姆、沃斯通克拉夫特、特鲁斯、列宁和哈维尔的作品。但是，伟大的领导力作品有很多，教师应该根据自己的风格自由调整本章中的观点。

第四章
未来领导者的"权力"教育

José Luis Alvarez

西班牙 Esade 商学院

权力是领导者的工作手段,是一种只存在于行动中的媒介和货币。如果说领导者与专业学者的区别在于行动导向,那么问题就在于:教授该如何教授如此不同于他的天性的一种现象?本章将探讨这个问题。

首先,我概括了经典的政治学家关于权力的观点,接着,论证了政治动态的教学应该介于分析方法学与体验式或角色扮演方法之间,维持一种"认知"的方法。我将论证案例方法是建立对行动的想象的最好方法,这是政治行动者最需要的心智能力。之后,我介绍了教授权力和影响力的具体实践。最后,探讨了"教授"这个话题的道德合理性,因为今天的经济危机不仅源于金融机构,也源于精英们的品格。

向当代的"王子"和"公主"(不是城邦和王国中的,而是公司和非营利组织中的)教授政治资本和影响力练习的挑战,是领导者培养中的关键难题。领导力不能简化为权力,权力是领导者的主要资源,影响他人是领导者与众不同的活动。

权力和影响力是奇怪的教学主题。权力或政治资本缺乏本体论的特征。任何资源只要为他人所重视,就可以成为政治资本。权力是抽象的,是一种只存在于行动中的媒介和货币(Parsons,1963b)。奥特加·伊·加塞特[2005(1928)]曾说,政治家(我还想补充两个:高管和领导者)与思想家和教授的区别在于是否是行动导向的。如果这个观点是正确的,那么教育的困惑就产生了:学者如何教授一种如此不同于他天性的现象? 这个问题就是本章要探讨的主题。

在接下来的内容中,我讲述了我在这个主题上的基本假设,论述了商学院权力与影响力课程存在的合理性。本章结构如下:首先,对领导者进行政治资本和影响力练习的教育,已经占据了几个世纪的教育者的头脑。我认为政治科学的创造者们(从文艺复兴时期到罗马帝国时代)所告诉我们的权力的本质是很有价值的。其次,基于这些作者的结论,我论证了教授权力和领导力的方法应该超越纯粹的认知或分析的方法,而又止步于体验式的方法。换句话说,他们应该维持一种"知"(knowing)的方法。我将阐述,案例式教学是建立对行动的想象的最好方法。这是政治行动者最需要的一种心智能力。再次,虽然这毫无疑问地依赖于指导教师的课程,但我还是对 MBA 权力与影响力课程的设计、内容和教学风格给出了一些建议。在这一部分,我补充了一些关于理想的课程指导教师的想法。最后,我从伦理角度讨论了权力和影响力的教学。在文艺复兴之前,这可能是人们会想到的首要问题,却不被允许深入探讨。但是,马基雅维利把我们从这种警惕中解放了出来。在商学教育中,约翰·科特 1982 年在他的 MBA 课程"权力与影响力"以及同名书籍中做了同样的事情。他客观地分析了组织中政治和权力结构的动态,这被认为是合理的并且受到了赞誉。但是由于今天的经济危机不仅是金融的危机,也是精英们品格的危机,我必须重提这个令人头痛的话题,并反思这门课程存在的合理性。

向管理者教授这门课程的要点及其合理性

不同学科的学者至少认同权力的主要功能。美国政治学家 Mansfield(1989)和意大利社会学家 Crespi(1992)一致认为,权力源于人们无法以正常途径推进行动。权力的作用在于协调多数人和少数人,协调知识和行动。这些作者推崇对法律的遵守,同时在特定情况下,当法律遭遇局限时,也会予以修正,甚至不惜违反法律。权力既是保护人,也是违规者。这也是伪善是政治的一部分的原因所在(Runciman, 2008)。18 世纪法国散文家对此了然于心,因此他们认为欺骗能力是政治技能的核心。

社会学家 White(2008)试图描绘组织中行动的产生过程。他以类似的口吻声称，领导者的主要职责在于打破由规则所创造的固有期望。按照阿林斯基(1974)的说法，权力要想在变革活动中发挥有效作用，就必须公开地违反现有的规则。Lindblom(1959)和 Wrapp(1984)则认为，权力要想在渐进式变革中发挥有效作用，必须以更加隐蔽的方式使用。

但是，权力的这种功能必须在时运(fortuna)所面临的特别的、不可预测的突发情况下使用。时运是马基雅维利对由于政治生活的无保障性和迷惑性而产生的不确定性的称呼，这成为权力的现象学，也就是社会行动者主观、紧张地体会权力的方式。于是，评论合法的研究方法和个人化的研究方法之间的区别成了一个理想的主题。Tip O'Neill(1994)在谈到"所有政治都是本地化的"观点时提出了政治的多元决定。此外，Schattschneider(1975)在指出政治的迷惑性类似于战争的迷惑性时，奥特加·伊·加塞特[2005(1928)]在指出政治在行动中越有效，在定义上越令人迷惑时，以及福柯(1982)在表达政治是一个"平面的、实证的"对小道消息的修补时，也提到了这一点。事实上，这些特征很适合高管推卸责任的方式。[①]

政治对社会行动者的主体性的、压倒性的影响使得权力的有效使用依赖于不同群体不同的心理能力。只有少数人——高度的自我管理者——具备这种特征，让他们能够在压力和困惑中保持冷静，让他们能有效地影响他人。

如果就像 Roethlisberger(1977)所说，人的行为是一种"难以捉摸的现象"，那么影响他人是其中最难以捉摸的一种。这部分是因为刚才提到的内在困难，同时也因为关于权力的知识直到上个世纪依然是一种神秘的知识，一种独特而秘密的力量源泉，一个服务于既得利益者的工具。科特(1985)和 Pfeffer(1992)正是从这个假设出发，来说明教授这个主题的合理性：让我们向那些没有权力、缺乏经验、缺乏自控力的人教授真正的政治、马基雅维利的"真实的世界"，希望他们的职业发展机会被拓宽，组织更加高效，世界更加公平。[②]

但是，负责任的教授权力和影响力的指导教师，必须一方面帮助那些心理上较少具有运用权力所需的冷静和平静的人，另一方面为同一个教室里那些具备更多

---

① Whitley(1989)将管理者的职责特征概括为：(1) 高度互助、背景性和系统性；(2) 相对低标准化；(3) 可变性和发展性；(4) 对结构的维持和改变结合在一起；(5) 很少产生可以与个人努力直接联系在一起的可见的、单独的成果。

② 见 Geuss 对真正的政治的一种热情的、哲学的辩护。

影响他人品格能力的人灌输一种使命和目标。这是一件难办的事情,因为能力和道德并不一定同时具备。就像叶芝(1920)的名言:"优秀的人信心尽失,坏蛋们则充满了炽烈的狂热。"La Bruyère 相信最优秀、最敏感的人往往是最先退让的,导致权力往往落入独断、疯狂的人们手中。

但是,教授权力和影响力有另一个伦理方面的原因。把阿林斯基(1971)的话用在管理者身上,我们可以说,高管最大的过错是没有试图变得更有权势——而不是行动,不是害怕影响。课程指导教师的责任应该是提升和促进这种道德勇气。

在组织中教授政治动态还有最后一个原因:当前普遍存在的对权力以及权力差距的怀疑。在当前这个呼唤伟大变革的时期,这种不信任可能最终会妨碍当前的能力,妨碍社会成就伟大的事业。

◼ 从经典中学习:权力是一种智慧

第一个纯粹政治的权力概念——也就是说既不是哲学的,也不是伦理的——出现在意大利文艺复兴时期。当时的政治思想在解释政治生活的动荡时,把权力看作一种合法性的替代选项。但是,合法性产生于道德原则,权力则是诱导性地出现的。它从一开始就表明了真正的政治。希腊和罗马不再是真善美的典范,思想家们不得不从现实中寻找他们的参照点,尽量进行经验性的定义。马基雅维利在《君主论》——与其说是一本技能类书籍,不如说是反思不具备官方合法性的统治者维持统治的可能性(Pocock,1975)——中选择了君主维持统治必须处理的主要情境和突发事件。

在马基雅维利打破传统,主张政治王国的自治权之后,影响策略取代伦理成为从业者和思想者的主要关注点。文艺复兴和之后的权力思想者从这个现实的假定开始,即获得权力的渠道,就像他们所在的社会一样,是不可变动的;这些渠道对大多数人是禁止的,因而策略性技巧成了他们的唯一选择,平等交换在阿林斯基(1971)的世纪流行起来。但是,因为策略实施的条件依然是各不相同的,并且通常是压迫性的,所以政治家和商人极度地需要帮助,来驾驭这个领域。在这个领域,"在管理中**没有规则,只有原则**"这个老生之谈特别适用。正是对影响策略的关注使得这些现代经典对不同文化、不同年代的人如此有吸引力。相应地,策略应该是所有关于权力的课程的核心,即便是执行和实施的课程也是如此:你做什么,对谁,什么时候。或者用列宁更简单的话说就是"谁对谁"。不管策略是否作为权力课程的一个单独的板块,一种策略思维都应该渗透到所有权力和领导力的教育中。③

重要的是,经典中谈到的政治家的政治资本的结构性赤字是科特(1982)的出发点。他的先锋著作解释了所有有权势的高管的迷思。科特认为,高管的政治权力是不够的,而且在任何情况下都受限于这一事实,即在现代公司,高管的工作是为了他人。领导者结构性地处在一个依赖性的岗位上,如果他们想实现相关的成就的话。18世纪法国的道德学家认识到,那些想要在社会中实现伟大成就的人是大多数人的奴隶。君主是独立的:不相关的。

葛拉西安的《世界智慧之书》写于1637年,是策略忠告方面最早、最有影响力的著作之一。④ 葛拉西安的观点建立在马基雅维利的假定上,即依赖——用今天的话说就是"必要性"——相比于情感是一个预测人的行为的更合理的基础,因为情感更加反复无常。对依赖的关注让策略的内容变得不那么难以捉摸,而是更容易预测。对于策略如何实施,或者实施方式如何,人们对那些没什么权力的大多数人的建议是模棱两可的——这在霍布斯式的世界里是保护的最好方式(F.密特朗,一位具有一流思想家的行为举止和自我意识的政治家,曾经警示道,一个人放弃模棱两可,只会让自己陷于危险之中)。葛拉西安和他那个时代的策略不被看作伟大的成就,只是为了生存。这种生存始终处于危险之中,因为就像葛拉西安提醒的,政治是一个永无止境的行动—再行动—反击—再行动的过程。没有人可以有一刻的放松。这种无时不在的恐惧,即便是有权势者也会面临。委拉斯凯兹的《英诺森十世》(c.1650)充满怀疑的双眼也能体现出这种恐惧。以至于当教皇看着他的惟妙惟肖的肖像时,情不自禁地说了句:"太像了!"权力拥有者很清楚他们的职位从根本上讲是没有保障的,因而始终需要使自己安心。这个事实让法国朝臣拉罗什富科认为,奉承是获得上级喜爱的最保险的方法。

处于最高位置的那种孤独感,无法持久维持的信任感,以及令人筋疲力尽的政治活动,这些主题在路易十四时期红衣主教兼首席部长J.马扎林的回忆录中有充分的体现。马扎林身上完全体现出了出生于意大利而在法国当红衣主教的人对人性所持的那种不带感情、现实主义的态度。对他来说,权力是不透明的,至少是朦胧的。这是为了社会行动者在那些规则所提供的合法性的名义下,打破规则。权

---

③ Pfeffer聪明地讲授"权力之路"的MBA课程。
④ 几个世纪以后,这本书被列入《纽约时报》畅销书榜单。

力的表现总是一副错视画。这也是权力游戏对年轻、天真、热心的 MBA 学生那么危险的原因所在。因为管理的合理性常常只是有权力者呈现的一种表面现象,而真诚地使用技术理性和语言只不过是弱者的表现,就像尼采所说的。权力和理性是两种相反的现象(Flybverg, 1998)。

法国道德学家如拉布吕耶尔、蒙田、帕斯卡以及英国的沙夫茨伯里都持这种观点。⑤ 从他们身上,我们可以发现一切事情的核心是权力和影响力。他们对人性的不可预测持有同样悲观的看法——这在当时还没有被称为心理学,而是被称为人类学。例如,马基雅维利建议,**施加痛苦应该瞬间完成,而给予恩惠则应该慢慢来**。他认为,管理者应当让下属意识到是自己在自食苦果,因为这样比管理者自身施加的伤害导致的怨恨更少。他认为,创造持久的政治关系的最可靠的方式,用现代语言来表达,是非对称的依赖性。爱默生的权力依赖性理论的心理学基础在这些古代作品中已经体现出来了。

权力的获取和使用需要运用所有的人类能力,从正式的知识、智慧、心理,到道德品格。这也是人文主义——公民道德——只在政治中得到了充分的体现的原因,因为其他活动对其从业者不会有如此高的要求(Pocock, 1975)。

但是,这些道德主义兼现实主义的思想家和实践家的影响随着浪漫主义时代的来临,已经对罗马和希腊的推崇有所减弱。他们所共有的悲观主义特征限制了他们想要保护的政治资本的影响。对他们来说,权力不是为领导者服务的,而是用于实现丰功伟绩的。而且,因为权力只是一种生存或保持独立的工具,导致它成为一项可悲的事情。以领导为目的的权力是现代商学院的一项发明。

使用经典作品教授权力和影响力

如果正直的政治活动——一种特殊而非普遍的、可复制的,特殊的而非标准的,个人化的而非抽象的活动——需要公民美德,需要超越正式知识的智慧,那么教授它的最好方法是什么?如何为高管和领导者提供行动的资源,而不仅仅是行动的模式?这方面的指导教师如何创造和传播智慧这项如此受制于无数不可控

---

⑤ 布利特(1994)是这种道德传统下的一位当代作家、政治家,写了很多有关政治的作品,机敏睿智,积极乐观。

的意外事件的因素？最重要的是，我们如何帮助从业者在这些限制之下想象可行的行动过程？

我所引用的作品的作者，他们大多数既不是像马扎林那样的实践者，也不是像马基雅维利和葛拉西安那样的思想家。他们的作品与吸引潜在读者的长篇箴言很类似，使用了两种教育方法。

第一种教育方法是收集和整理谚语、名言、妙语，以及汇集了这些作者在经验中积累的智慧的箴言。例如葛拉西安的《词语智慧的艺术》(1637)，伽斯底里奥内的《廷臣之书》[2002(1528)]，拉罗什富科的《箴言集》[2007(1665)]。或者，其他文化中，孙子的《孙子兵法》[1963(公元前 500 年)]，以及现代的毛泽东的"红色书籍"[1967(1964)]。这些实践性的知识包含了关于策略的经验教训，这是"王子和公主"们在这个受多因素控制的政治世界中生存所需要的。但是这种多因素决定的情况，阻碍了这些作品的顺序和完整性。不仅马基雅维利的《君主论》[1985(1532)]或者《演讲与论文集》[2003(1531)]没能提供一种系统化的策略建议(Pocock, 1975)，甚至在今天，为应对意外事件建立一个不尽如人意的公司权力结构也是困难的(Alvarez & Svejenova, 2005)。

第二种教育方法更接近于当代的商学院教学，是使用案例的教育方法：一系列的故事，其中包含"王子"们最常遇到或最重要的意外事件，以及他们用来应对这些事件的策略。就像格言所说的，这些案例从来都不是无所遗漏和系统化的。

我们比较看重英雄的故事，不管是成功的，如葛拉西安的《英雄》[2003(1637)]和《政治家》[2003(1640)]，还是堕落的(狄德罗的《塞涅卡》)，甚至从教育角度来讲模糊的英雄角色，如葛拉西安的《谨小慎微的人》[2001(1646)]，或者马基雅维利一直最喜爱的恺撒·博尔吉亚——最纯粹的政治经营者，除了他的策略智谋，没有其他权力资源，一心追求无上的权力，为此甘冒一切风险(他的口号是"辉煌的"，*Aut Caesar aut nihil*)。他身上体现了两个最基本的政治策略，其中一个是佛罗伦萨人喜欢的：大胆。实践博尔吉亚的大胆传统的有 H. 科尔特斯、米拉波[6]、拿破仑、M. 撒切尔、J. 韦尔奇，S. 乔布斯，以及 R. 布兰森。另一种基本的策

---

[6] 一个关于道德模糊的英雄的简短但犀利的作品是奥特加·伊·加塞特的《政客》[2005(1928)]，其中的哲学家认为法国革命者是政治家(类似于克林顿这样的人物)的原型。

略：审慎或稳健行动，在几个世纪后，诺伊施塔特、帕吉特、艾尔克斯、诺瑞亚[7]对此进行了理论阐述。其实践者如罗斯福、艾森豪威尔和密特朗。在商业领域很难找到稳健的例子，因为，就像库拉纳（2002）指出的，最近几十年更偏好于一种高管形象，他们更偏向于大胆。

使用包含"应对突发事件"的案例，是基于"反射镜"的教育方法：为了逐渐培育学生的美德——公民美德或道德美德——必须让他们了解一些可以学习、钦佩并努力模仿的榜样人物。使用负面的案例也是基于同样的教育方法，只不过是反面教育。这些榜样既不应该是抽象的形象，也不应该是纯粹个人化的风格，而应该是超越了自己个人的特定表达，体现了能够激发和感动他人投入行动的价值观的人。分析性的知识是不够的，因为尽管描述有时具有激励性，但是真正的行动力量产生于个人的实力（就像经典中喜欢说"verba movent, exampla trahunt"）。情感是必要的，因为它先于知识而存在：就像席勒说的，"情人优先于鉴赏家"。这些对行为的陈述，具有"情感上的实用性"。关心行动的结果的政治家们当然对此烂熟于心，就像天主教会在其使用"效法基督"上所体现出来的。

但是，行动的力量是不够的。关键的问题是列宁式的：要做什么？行动的过程是什么？政治行动者需要行动的谋划，想象在应对各种突发事件中前进的能力。马基雅维利把这种必不可少的行动导向的政治想象成"幻想"。他用这个词，并不表示荒谬或愚蠢，而是相反，用于表示想象未来行动的独特能力。

在《时间与叙事》中，利科解释说，想象有一种综合的功能，它将智力与性格、插曲与命运（生命的经历）的改变联系起来。政治践行者或者高管的想象，就像一位善于叙述的创作者的想象，演绎职业角色或结构化的行为——叙述从过去到现在的事情，并靠直觉展示事情的结局。结构化的行为是一种反思性的判断，在这个过程中，政治行动者能够将自己与自己的行为区分开来，把自己一分为二，能够评估自己在迂回曲折的情节中的行为，包括行动、再行动和反向行动。高度自控者是适合从事政治的，因为他们最善于采取结构化的行动，就像小说中发生的事情。想象是在没有经验的情况下获得的知识。

从亚里士多德的《诗学》[1986（公元前335）]、康德的《判断力批判》[1952（1790）]，以及利科的《时间与叙事》（1984—1988），我们知道对行动的想象只能运

---

[7] 见 Alvarez（2000）对稳健行动文学的概括。

用小说教学的方法来培养。小说并不是虚假的,而是虚构的。根据亚里士多德的观点,小说是一种诗意的真实,探索的是将来可能发生的和过去可能发生的,其所依据的是真实性和必然性,这是艺术家、政治家和高级管理者都需要的。它的反面——历史性真实,指的是事实,即已经发生的事,完全是分析性的,属于学者的领域。

商学院使用的案例教学法依然在组织行为学的领域占据主导地位。其中的一个保守得最好的秘密是案例属于叙事虚构(Alvarez & Merchán, 1992)。案例是对事实的虚构的陈述,好的案例是有着开放结尾的虚构材料,结尾给了读者想象的空间。它具备虚构叙事的两个基本条件。第一个是一种"叙述性口吻"的存在,通常称为"隐含的作者",是这一问题的结果——"谁在说话?"第二个条件是观点,回答的问题是:"我们从哪里看到我们所看到的?"这也是案例的作者让我们把注意力集中到角色所关注的方向的地方。Jack Gabarro 的"Erik Peterson 畅销案例系列"(1993—1994)体现了对"叙述的口吻"和观点这两个叙述条件的熟练运用。在 Erik Peterson 案例中,一系列事件通过两个不同角色的视角被讲述出来,学生们大部分时候是听到一种观点,在最后才抛出第二种观点,形成强烈的令人吃惊的反差。Gabarro 的"隐含作者"不是一个全知的上帝,他只掌握了部分信息,只能猜测其他人的主观性。这要求读者根据自己的想象补足不完整的信息,就像我们所有人在日常生活中所做的那样。遗憾的是,大部分教授案例的商学院,即便是组织行为学领域的,都只是描述所发生的事情,作者在其中使用的是一种全知的客观叙事者的叙述口吻。[⑧]

学习力是在未来情境中根据生活经验——人们在生活中累积的可模仿的案例,或者基于生活与这些案例之间的相似性而产生的智慧——来做出决定和采取行动(Gomá, 2005)。基于角色的案例因为其在阅读和讨论的过程中所引发的想象而成为最接近真实生活经历的教学工具。这是一个类似于阅读虚构作品的经历(Alvarez & Merchán, 1992)。所讨论的案例越具有行动导向,其中的生活经验就越丰富。在引导课堂上对案例中角色的主体性的不同解读进行讨论时,学生们清晰地认识到单方面评估非结构化的情境(组织政治往往如此)的困难所在,以及现实地想象人物或群体的压力与兴趣、体会他们的内心的必要性。

而且,把我们自己放在其他人的角色上,从他的视角看世界,并在课堂上对此

[⑧] 事实上,这是今天教授权力和影响力的一个挑战,即缺乏好的行动导向的案例。

进行讨论,这种虚构行为揭示了虚构与伦理之间的关系。道德的行为就是以能够体会他人立场的方式行动,从而对一个群体产生归属感。简洁地说,伦理和政治的可能性条件是同一个,就是想象的能力。

在教授组织政治——以及领导力——的过程中,使用案例并不是纯粹分析性的。它超越了概念性的知识,因为它依赖于想象。纯粹分析性的政治教学方法可能是一场好的演讲,比如以 Parsons(1963a,1963b)的观点为基础。这可能是对权力和影响力最简洁、最抽象的概念化。但是,行动导向的案例的使用,是一种教授对行动的想象的手段,尽管不只是分析性的,但也远不是经验式的。在教授权力和影响力时,一些行为性的方法有引起相反效果的危险:当情境是非语境化的时,行为性方法往往会将影响力的目标具体化,而政治本身在本质上是受多因素决定的(Zimbardo,2007)。所以,教授权力和影响力应该采用不那么行为性的方法(对权力的克制)。当然,想象力培养方法试图对管理者练习权力产生影响,甚至最终对他们的身份产生影响。但是这种转变很久之后才会发生,取决于学生们在离开商学院以后,如何继续将政治想象力运用于他们的职业经历或理解过程中。

▰ 教师指导型课程中的教学实践

一门关于行动智慧和完成任务的课程,采用教师指导的方式多于其他形式,即便在领导力领域也是如此。教授"权力与影响力"这门课程的最重要的能力不在于特定的知识或背景,而在于风格——就像政治中重要的事情不是"什么"或者"内容",而是"如何"或者"流程"。下面,我先描述一下何谓理想的教授。然后我会提出一些经我试验很好用的教学实践,虽然它们不一定适用于所有同行。

指导教师的角色

教授权力和政治的指导教师的理想特征有很多。首先,福尔斯塔夫(莎士比亚的《亨利四世》和《温莎的风流娘儿们》中,一个肥胖、大胆、幽默、喜欢吹牛的骑士。——译者注)式的豪爽教授比脸庞消瘦、面带菜色的分析型教授要更好。对于这样一个主题,教授需要对一些戏剧表演感到自如,这是一种"姑且相信"的状态所需要的,目的在于传达权力是一种特殊形态的智慧,很难获得,从来不是一种技术,无法从文章、笔记、幻灯片中获取,而需要通过一种悟性和学生与教师之间的理解来获得。教师应该能够传达这个硬道理,那就是政治智慧并非昂贵的经历,甚至有时只是个人和专业上的神秘事物。对政治家而言,权力与影响力指导教师越像一名演员越好。

权力和影响力的理想教学风格的第二个特征是充满活力和快节奏。这是非常重要的,因为权力本身什么都不是,没有什么实质性内容作为基础。如果教学的节奏变慢,那种"暂且相信"的状态也会破灭,而这对案例教学是非常重要的。

第三个特征,教师教授这个主题的时间越长越好。Jeffrey Pfeffer 对这个主题的教学产生如此大的影响,是因为他已经教授了很多年了,并且能够持续提供充足的新的教学材料和作品。掌握这一主题的教学需要熟悉案例(同时,案例也不能有太多变化),探索它们精微的深层次的含义,为回应学生们更多的问题和见解做好准备,把新的趣事、新的突发事件带到课堂上,并且重要的是把新的幽默话语带到课堂上。

最后一个要求是令人愉悦且坚定自信。就像 May(1989)在他的文章中表达的,越具备政治资本的人越充满活力,教授权力和影响力同样如此。教授权力和影响力的教师拥有更多的自由,也就是更灵活。政治资本本身没有实质内涵,而策略又是因情况而异的,这让教师有充分的余地影响课堂中的学生,因为一切都取决于他的风格,这不是任何课程能够事先决定的。教师所采取的与学生密切相关的教学方式,完全出于教师的选择:从反讽的反思到过分分析性的方法,不经意间表达的智慧片段,对过分狂热者的责备,对过分玩世不恭的人的戏弄,对各种资源的使用,从当前的社会科学到古代文献中包含的智慧,等等。在教授政治时,风格就是内容,而风格是自由的。

几点教学建议

以下这些方法在我近些年的教学中很适用,希望它们对感兴趣的同行有帮助。虽然这些方法大部分是用于 MBA 教育的,但经过一些调整,它们也可以适用于高管教育。向 MBA 与高管教授这一主题的主要区别在于,后者因为有经验,有更现实、更微妙的想象,从而可以在此基础上对策略进行讨论。

- 针对 MBA 的权力和政治课程,应该主要聚焦于但不限于他们在职业生涯早期和中期遇到的困境。Pfeffer 将这种方法运用在了他在斯坦福的 MBA 选修课中。Linda Hill 也在几年前在哈佛商学院这样做过,她的视角甚至更集中于"职业生涯的管理"。

- 高管委员会、董事会是用于高管教育的关于权力和影响力的教学材料的最佳背景。
- 教授如何获取和使用权力的最好方式是拥有尽可能多的体现年轻管理者因为天真、野心、狂热、技术导向或不用心而失去权力的案例。用 Pocock 在他关于 Machiavelli 的著作(Pocock,1975)中的语言来说,这应该是一门关于"政治反例"的课程。或者用社会学的语言来说,是关于行为的意外结果的。
- 我在课堂上经常提到但丁笔下的地狱之门上铭刻的箴言:抛弃一切希望吧,你们这些由此进入的人。参与者应该知道,虽然他们中的大多数可能会获得更多权力,但他们迟早都会失去权力。所有权力故事的结局都很差,因为背景的改变比人性的改变更快速、更彻底。
- 用于解释组织政治动态的整体概念框架,是基于 McGinn 和 Lingo(2001)的《教学笔记》,是一个很有用的案例组织框架。
- 教学材料的理想次序是编年体或者纪传体的,按照案例中主要的高管或政治行动者的年代和智慧进行排序。所以,初级角色应该放在课程的前段,年代比较久远或者在权力层级上处于高级职位的人,应该放在课程的后段。
- 因此,课程在顺序上有个渐强的过程:从权力作为技术,到权力作为智慧;从对真实权力的"震撼和威慑",到对权力的自如;从获得小的计谋的愉悦,到最终接受权力瞬息万变和不可控制的本质。
- 最好能深度讨论案例,比如用好几次课讨论同样的角色和同样的情境,让学生感到探索同一个故事的深层次复杂性比对很多不同的材料走马观花更有意思。当然,美国总统们提供了精彩的素材,就像莎士比亚的博林布鲁克长廊。接下来可以用两到三次课讲述公司的历史,如雷曼、通用电气,都会是成果丰硕的练习,关于它们也有很多精彩的素材。使用长时段案例的目标在于,让参与者意识到在政治动态中有一些基本的规律,这些规律会在历史中重复。[9] 这些正是让我们这些学者可以谈论的关于突发事件的共通的规律。
- 在多次课程中谈论同样的情境还有另一个好处。权力的练习或者社会行动者的动态,不能仅仅归纳为一系列不连续的决定或事件。这种观点会把教学和权力限制在 Lukes(1974)所说的"权力的表面"——最明显、最容易的方面,但不一

---

[9] 曲式相同,而曲调不一定相同。就像马克思说的,第一次的悲剧可能演变成第二次的喜剧。

定是最有影响力的。因为权力的运用是连续的、隐蔽的、有意识的,这对深度参与权力游戏的人也不一定是一目了然的。

- 如果一个案例或其他教学材料很好,即便很古老,也还是要使用,不要不好意思。就像前面提到的,这不是一门信息课程,不会覆盖专业实践的最新发展。这是一门"经典"的课程——教授应该开放地理解和接受这一点,不应该把经典的材料排除在外。

- 电影或文章中的片段应该用于阐述案例,或者用于课程总结,甚至作为整个课程讨论的基础。我们应该帮助学生"看到"权力,把它投射在行为中。权力要靠观察而不是思考。

- 讨论所需要的案例对于学习很重要,但同样重要的是,让学生具备从各种资源中理解政治动态的能力:期刊(有一些关于雷曼的优秀篇章);关于影响力的策略(例如,像《惊爆13天》这样的电影);戏剧[莎士比亚的《尤里乌斯·恺撒》[2010(1599)]]是关于建立联盟以及这个过程如何建立在对人性的深度了解的基础上,包括人性的慷慨和虚弱;法国君主亨利·博林布鲁克在《亨利五世》[2010(1599)]中最后的恳切之谈是高度自控者进行最佳发挥的很好的案例;权力方面的经典作者(如前面提到的马基雅维利、葛拉西安、阿林斯基);文章,比如BBC所写的关于玛格丽特·撒切尔的文章,可以与欧洲工商管理学院的Ibarra(1996)所写的关于撒切尔夫人的文章一起阅读,等等。很明显,这些材料都是关于过去的事情的,没有悬念。到那时,有经验的教授会讨论莎士比亚的戏剧,甚至是最有名的那些,然后在中途暂停一下,问:"接下来会怎样?"

- 强烈建议课程推荐一两部著名的经典读物,因为这是一门关于智慧的课程,是为了传达解决永恒问题,而不是解决技术性问题的思想。就像前面提到的,莎士比亚的《亨利五世》和《尤里乌斯·恺撒》是很好的选择,特别是前者,因为当它与《亨利四世》[2007(1596—1599)]一起阅读时,它就是一部关于年轻人的领导力的成长的杰作,所传达的生活的磨炼超越了正式知识的作用。而且,《亨利五世》中的主角是一个完美的典范,高度自控,充满雄心壮志,魅力无穷。

"权力和影响力"的教学与伦理

本课程不是一门关于应用伦理学的课程,但这并不意味着在课程的设计和教授中,不需要考虑道德问题。当前的经济危机,以及与位高权重者不道德的行为的关系,使得我们必须重视这个问题。但是更重要的,与当前经济形势无关,是权力作为社会调节者的功能——在标准和行动之间,在知道和做到之间,在一般的、抽象的与具体的、特殊的之间进行调节——这使得伦理问题成为关键问题。因为成功的影响必然是针对具体的人的,操作的风险是永远存在的。这门课程中,权力的教授是为了服务于非功利的事情。用哈佛商学院教师的话说,权力的使用应该对个人无伤害、对组织有效、对社会负责任。

但是有一件事情是我永远不会做的,那就是假设不道德地使用权力必然导致失败,道德地使用必然导致个人、组织和社会的成功,就好像这个世界上存在一个完美的道德市场,在那里好的行为一定会受到奖励,坏的行为一定会受到惩罚。按照康德的说法,人们的行动必须有道德,不是因为这会导致成功,而是因为这是他们普遍性的先天责任,不管结果如何(Stevenson & Bhide,1990)。

我在课程结束时,通常会告诉学生,**变得更强大是他们的道德责任**。首先,是因为对他们自己的责任。如果他们不强大,他们就会被其他人利用,不能主动地掌握自己的命运(Crick,1962)。这是我们中世纪经典的主要关注点。其次,是因为如果他们缺乏实质性的政治资本,他们就不可能超越自己的能力——其中部分是靠艰苦的工作和教育磨炼出来的,部分是来自天赋——服务于他人和他们所在的组织及社会。领导力是一种当代的职能,是以前的经典作品无法总结的,其中权力是关键。

科特在 1982 年开设"权力与影响力"的课程,作为一门单独的课程,而非嵌入在其他管理课程中的一部分,标志着商学院教育中的一个急需马基雅维利的时期,一种组织行为生态的改变。但是,30 年后,权力教育作为一个单独的主题依然需要吗?从这门课程最早启动到现在,由于这门课程以及这个主题的研究,商学院的人们已经在组织权力动态方面受了更多的教育。而且,随着每天对商业领域的夸大,以及最近十年公司治理改革带来的压力,我们对马基雅维利所说的组织生活的"真相"有了更多的了解。此外,组织政治比几十年前变得透明了很多,普通大众对政治作为一个流程的了解多了很多——可能太多了,因为存在一种对选举过程的精彩表现和商业人物的命运起伏的过度关注。而且,今天,那些 MBA 候选人——通常二十多岁,有 5—7 年工作经验——没有很好地理解组织政治动态,可能永远不会得到权力。并且,那些已经精通组织政治动态的人,可能不再需要更多的政治能力教授,因为他们通过自己的悟性已经获得了很多。就像古谚语所说的,"永远不要给(或"教",我们要说的是)那些想要权力人以权力"。

也许在教授组织行为的马基雅维利时期,一个接近三十年的阶段,已经圆满地完成了其最初的目的,是该进入一个新时期了。在新的时期,可以将政治动态的教学嵌入在需要运用权力的管理领域课程中,比如战略执行、综合管理等。[10] 总而言之,可能已经是时候将权力及其动态纳入所有的领导力课程了。现在的领导力课程过分重视激励人心,重视个体,而对组织背景缺乏关注。当权力和影响力的教育从领导力课程中分离出来时,我们提出了我们一向力图避免的犬儒主义和口是心非:也就是说,一边是布道(规范和理想),一边是基于神秘智慧的未曾言说的现实策略。我们这些相信权力和影响力的重要性的人,可能已经是时候去影响领导力的教学了,不仅从外部,作为一门单独的课程影响,还要进入领导力课程的内部影响它本身。

参考文献

Alinsky, S. (1971). *Rules for radicals: A pragmatics primer for realistic radicals.* New York: Random House.

Alvarez, J. L. (2000). Theories of managerial action and their impact on the conceptualization of executive careers. In M. Peiperl & M. Arthur (Eds.), *Career frontiers: New conceptions of working lives* (127—137). Oxford: Oxford University Press.

Alvarez, J. L., & Merchán, C. (1992). Narrative fiction as a way of knowledge and its application to the development of imagination for action. *International Studies of Management and Organization*, 22(3), 27—46.

Alvarez, J. L., & Svejenova, S. (2005). *Sharing executive power: Roles and relationships at the top.* Cambridge, UK: Cambridge University Press.

Aristotle. (1986). *Poetics.* S. Halliwell (Trans.). London: Duckworth.

Bower, J. (1986). *Managing the resource allocation process.* Boston, MA: Harvard Business School Classics.

Bullitt, S. (1994). *To be a politician* (2nd ed.). Seattle, WA: Willows Press.

---

[10] Bower(1986),主要研究资源配置,一直是研究顶级复杂组织的政治动态的最佳书籍的作者,是我所说的这方面的一个最佳典范。

Castiglione, B. (2002). *The book of the courtier.* C. Singleton (Trans.). New York: Norton. Originally published 1528.

Crespi, F. (1989). *Social action and power.* Oxford, UK: Blackwell.

Crick, B. (1962). *In defense of politics.* Chicago: University of Chicago Press.

[Diderot, D.] (1778). *Essai sur les regnes de Claude et de Néron, et sur les moeurs et les écrits de Séneque* (2 tom.). Bouillon, n. p.

Flybverg, B. (1998). *Rationality and power: Democracy in practice.* Chicago: University of Chicago Press.

Foucault, M. (1982). The subject and power. *Critical Inquiry,* 8, 777—795.

Gabarro, ,l. J. (1993a). Erik Peterson (A). HBS Case 494-005. Boston, MA: Harvard Business School Press.

Gabarro, J. J. (1993b). Erik Peterson (B). HBS Case 494-006. Boston, MA: Harvard Business School Press.

Gabarro, J. J. (1993c). Erik Peterson (C). HBS Case 494-007. Boston, MA: Harvard Business School Press.

Gabarro, J. J. (1993d). Erik Peterson (D). HBS Case 494-008. Boston, MA: Harvard Business School Press.

Gabarro, J. J. (1993e). Erik Peterson (E). HBS Case 494-009. Boston, MA: Harvard Business School Press.

Geuss, R. (2008). *Philosophy and real politics.* Princeton, N. J.: Princeton University Press.

Gomá, J. (2005). *Imitacidn y experiencia.* Barcelona: Crítica.

Graciáin, B. (1892). *The book of worldly wisdom.* J. Jacobs (Trans.). London: Macmillan. Originally published 1637.

Gracián, B. (2001 [1640]). *El discreto.* A. Egido (Ed.). Zaragoza: Institución Fernando el Católico.

Gracián, B. (2003 [1637]). *El heroe.* A. Bernat Vistalini & A. Madroñal (Eds.). Madrid: Castalia.

Graciáin, B. (2003 [1640]). *El político Don Fernando el Católico.* V. Dini (Ed.). Napoli: Bibliopolis.

Green, R. (1998). *The forty-eight laws of power.* New York: Penguin.

Ibarra, H. (1996). Margaret Thatcher. HBS 497-018. Boston, MA: Harvard Business School Press.

Kant, I. (1952). *Critique of judgment.* J. C. Meredith (Trans.). Oxford: Oxford University

Press. Originally published 1790.

Kotter, J. (1982). *Power and influence: Beyond formal authority*. New York. Free Press.

La Rochefoucauld, F. de. (2007). *Collected maxims and other reflections*. Trans. E. H. and A. M. Blackmore and F. Giguère. Oxford University Press, Oxford. Originally published 1665.

Lenin, V. I. (1961). "What is to be done?" In J. Fineberg & G. Hanna (Trans. & Eds.), *Lenin's collected works* (Vol. 5, pp. 347—530). Moscow: Foreign Languages Publishing House. Originally published 1902.

Lindblom, C. E. (1959). The science of muddling through. *Public Administration Review*, 19, 79—86.

Lukes, S. (1974). *Power: A radical view*. London: Macmillan.

Machiavelli, N. (1985). *The prince*. H. Mansfield (Trans.). Chicago, IL: University of Chicago Press. Originally published 1532.

Machiavelli, N. (2003). *The discourses*. L. J. Walker (Trans.). London: Penguin Books. Originally published 1531.

Mansfield, H. (1989). *Taming the Prince: The ambivalence of executive power*. New York: Free Press.

Mao, T.-T. (1967). *Quotations from Chairman Map Tse-Tung*. (S. R. Schram, Trans.). New York: Bantam. Originally published 1964.

May, R. (1989). *Power and innocence*. New York: The Free Press.

McGinn, K., & Lingo, E. L. (2001). Power and influence: Achieving your objectives in organizations. Harvard Business School Note 801—425.

O'Neill, T. (1994). *All politics is local: And other rules of the game*. Holbrook, MA: Bob Adams Inc.

Ortega y Gasset, J. (2005). Mirabeau y el politico. In *Obras Completas, Tomo IV:1926—1931*. Madrid: Taurus. Originally published 1928.

Parsons, T. (1963a). On the concept of influence. *Public Opinion Quarterly*, 27(1), 37—62.

Parsons, T. (1963b). On the concept of political power. *Proceedings of the American Philosophical Society*, 107(3), 232—262.

Pfeffer, J. (1992). *Managing with power: Politics and influence in organizations*. Boston, MA: Harvard Business School Press.

Pocock, J. G. A. (1975). *The Machiavellian moment: Florentine political thought and the Atlantic republican tradition*. Princeton, Nil: Princeton University Press.

Ricoeur, P. (1984—1988). *Time and narrative* (vols. 1—3). Chicago: University of Chicago

Press.

Roethlisberger, F. J. (1977). *The elusive phenomena: An autobiographical account of my work in the field of organizational behavior at the Harvard Business School.* G. F. F. Lombard (Ed.). Cambridge, MA: Harvard University Press.

Runciman, D. (2008). *Political hypocrisy: The mask of power, from Hobbes to Orwell and beyond.* Princeton, NJ: Princeton University Press.

Schattshneider, E. E. (1975). *The semisovereign people: A realistic view of democracy in America.* New York: Harcourt Brace Jovanovich.

Shakespeare, W. (2007). *Henry IV*, parts I and II. R. K. Levao (Ed.) New York: Pearson-Longman. Originally published c. 1596—1599.

Shakespeare, W. (2010a). *Henry V.* J. Bate and E. Rasmussen (Eds.). New York: Modern Library. Originally published 1599.

Shakespeare, W. (2010b). *Julius Caesar.* O. Arnold (Ed.). New York: Longman. Originally published 1599.

Stevenson, H., & Bhide, A. (1990). Why be honest if honesty doesn't pay? *Harvard Business Review*, 68(5), 121—129.

Tzu, S. (1963). *The art of war.* S. B. Griffith (Trans.). Oxford University Press, Oxford. Originally published c. 500 BCE.

Velázquez, D. (c. 1650). *Portrait of Pope Innocent X* [Painting]. Metropolitan Museum of Art, New York.

White, H. (2008). *Identity and control: How social formations emerge* (2nd ed.). Princeton, NJ: Princeton University Press.

Whitley, R. (1989). On the nature of managerial tasks and skills: Their distinguishing characteristics and organization. *Journal of Management Studies*, 26(3), 209—224.

Wrapp, H. E. (1984). Good managers don't make policy decisions. *Harvard Business Review*, 62(4), 8—15.

Zimbardo, P. (2007). *The Lucifer effect: Understanding how good people turn evil.* New York: Random House.

第五章

全球领导力的教学

Mansour Javidan

雷鸟国际管理学院

  本章把全球领导力定义为影响文化、政治和制度背景不同于领导者本人的个人、群体和组织的过程。对担任全球领导职责的高管的调查表明，大部分受访者并没有做好承担这个角色的准备。本章阐述了全球思维的概念，也就是一系列有利于增强全球领导力的有效性的个人特质。全球思维包括了三个主要方面：智力资本、心理资本和社会资本。智力资本属于认知层面，是指人们对全球事件和问题的知识。心理资本属于情感层面，是指人们对于多样性的激情和尝试新鲜事物的兴趣。社会资本是指人们和与自己不同的人建立信任关系的能力。教授全球领导力的项目应该让人们理解全球领导力和全球思维的概念，介绍改进全球思维的方法，增强个人作为全球领导者的自我效能。本章介绍了一个可能的项目，包括前期测评、后期测评和一个详细的课程安排，旨在培养人们在全球思维的三个资本层面的能力。所建议的教学方法包括案例分析和一系列基于跨文化领导力、全球领导力研究的教育及试验活动。

  今天全球化企业正把重点从产品转移到生产过程——从公司选择生产什么产品，到选择以何种方式生产；从提供何种服务，到如何提供服务。简而言之，新兴的全球化企业注重战略、管理和运营，是为了追求一个新的目标：生产

和价值传递的全球整合。地域的局限越来越不能限制企业的思考或实践了。(Palmisano,2006,p.129)

上文中 IBM 的 CEO 所描述的全球企业的战略趋势,是对今天的全球化企业面临的机遇和挑战的概括。全球化为企业提供了前所未有的机会,但是利用好这些机会却并不容易。企业需要一批不同的全球领导者,他们可以做出决定,采取行动,与不同政治、社会、文化背景的个人、团队和企业建立内部和外部联系的复杂网络。企业要求领导者不能依赖于传统的等级制度,那可能会在全球市场阻碍合作关系的畅通发展,而且会降低彼此的信任和制定决策的速度。

尽管对于全球领导者的需求越来越大,但是对于公司来说,填充这些职位空缺却很困难。比如,在 20 世纪 90 年代早期,Adler 和 Bartholomew 做过一个关于全球化企业的调查,调查表明,很多公司无法实行全球战略是因为缺乏全球领导力。在 2006 年,尽管对于全球领导者的需求持续增长,但是情况并没有得到改善。美世德尔塔咨询公司对一些大型企业的高管做了一个全球调查,这些高管来自 44 个国家,跨越 17 个部门。调查发现,大多数管理者认为在应对威胁公司业绩的全球经济风险时,公司面临领导力短缺的问题(Mercer Delta,2006)。

最近的一项关于全球企业的跨国领导者的调查(Howard & Welins,2008),显示出人们对培养全球跨国领导者的失落情绪。60% 以上的被调查者认为他们自己的准备很少或者一般。50% 的人认为来自公司的支持很少或者一般。只有 12% 的人认为他们准备得很好,仅 19% 的人认为他们受到了公司非常大的支持。尽管在 2011 年 1 月 14 日亚马逊网站上与"全球领导力"相关的书籍已经有 1 120 本,但担任全球领导职位的高管似乎并没有从这些丰富的思想中获得好处。

什么是全球领导力?

尽管有很多关于全球领导力的描述和见解,却很少有人定义到底什么是领导力。大部分关于领导力的著作都关注领导能力清单和提升能力的建议,却不给出一个明确的领导力的概念(比如,Black, Morrison & Gregersen, 1999; Brake, 1997; Mendenhall et al. ,2001; Rhinesmith,1996)。我们把全球领导力定义为:

全球领导力是影响来自多元文化、政治和制度体系的个人、群体和组织,

以实现全球化组织目标的过程。(Beechler & Javidan,2007)

上述定义的几个部分需要特别强调一下:

第一,我们认为全球领导力是一个影响的过程,这与传统的领导力著作一致。这些著作大部分认为领导力是一个人有意识地施加给另一个人的影响(Yukl, 2006)。

第二,大部分现存的著作关注领导者如何激励自己的下属实现共同的目标。我们同意下属的重要性,同时也清晰地意识到,下属可能分布在世界各地,而且可能并不适应典型的等级结构。

第三,鉴于典型的全球化企业更像是由供应链合作伙伴、合资方、战略联盟伙伴组成,以实现全球战略为目标的一个人际网络(Brake,1997),因此,典型的全球化企业的界限比传统企业更加模糊,更具可渗透性(Ashkenas et al.,1995)。全球领导者需要影响来自世界不同地方的个人、群体和组织,帮助他们实现企业目标,而且这么做的时候不可以依赖传统权威。

第四,很多关于全球领导力的著作往往聚焦于跨文化领导(Adler,1997;Dorfman,2004;House,Hanges,Javidan,Dorfman,& Gupta,2004;Javidan & Carl,2004)。虽然国家文化的差异十分明显,但这并不是唯一的问题。全球领导者的目标影响群体可能来自与领导者不同的文化背景、制度体系、法律体制和社会结构(North, 1990)。甚至他们对公司及其在社会中的角色的看法也可能不同(Hunt,2000)。总之,全球领导力是影响那些在很多重要方面与领导者不同的人的过程。全球领导者要想获得成功,需要正确处理不同文化、政治、社会和制度体系的差异性。

全球思维:全球领导者成功的关键

在最近的一次演讲中,通用电气的首席执行官杰夫·伊梅尔特指出,全球思维是21世纪领导力的核心。我们把全球思维定义为一系列个人特质(attributes),这些特质可以帮助全球领导者影响来自不同文化、政治和制度背景的个人、群体和组织(Javidan,Teagarden,& Bowen,2010)。那些具备高度全球思维的领导者能更好地理解全球环境下他们所接触的情境和个人,也能更好地采用合适的方法,有效地影响利益相关者们为实现公司的目标而努力。

辨别全球思维的特点和组成部分是教授与发展全球领导力的重要一步,因为只有辨别清楚个人必备的品格(quality),我们才可以设计课程,帮助他们提高那些品格,增强他们作为全球领导者的效能。

全球思维项目(The Global Mindset Project,GMP)于2004年年末在雷鸟国际管理学院开始。8位教授研究了关于全球领导力、跨文化领导力和全球思维的著作,采访了雷鸟国际管理学院的另外26位教授——他们都是全球不同商业领域的专家,并采访了217位来自美国、欧洲和亚洲的全球高管。我们也组织了一个会议,邀请了40多位来自世界各地、以在全球商业领域的贡献而闻名的学者,对我们的见解进行检验、扩展和完善——他们确实这样做了。

上述过程帮助我们确定了全球思维的范围和组成部分。之后我们与Dunnette集团(一家著名的工具设计公司)合作,目的是对全球思维的构造进行经验性证明,并设计一个科学的工具测量人们的全球思维。我们通过一个重复的过程,对200多名MBA学生和两个《财富》500强公司的700多名管理者进行了一系列调查及小规模试验。最后得出了一个经过经验验证的全球思维的组成部分,包括三个主要方面:智力资本(IC)、心理资本(PC)和社会资本(SC)。下面的图5.1显示了全球思维的科学结构。

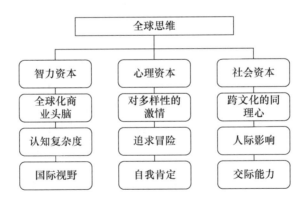

图 5.1　全球思维的结构

智力资本反映了全球思维的认知层面。如前所述,全球领导者需要驾驭多方面的差异性:文化、政治和经济体系,以及制度体系。智力资本指的是领导者对于自身所处全球化环境的了解,以及消化和运用全球环境中的复杂性的能力。它包括三个主要成分:全球化商业头脑、认知复杂度和国际视野。以下是关于这三个方面的简要介绍。

全球化商业头脑

- 关于全球产业的知识。
- 关于全球竞争性企业和营销策略的知识。
- 关于如何在其他国家处理业务和管理风险的知识。
- 关于世界其他地方可以选择的供应商的知识。

国际视野

- 对世界不同地域的文化的认识。
- 对几个国家的地理、历史和重要人物的了解。
- 对世界主要地区经济和政治问题、关注点、热点话题的了解。
- 对最新的时政要闻的了解。

认知复杂度

- 快速理解复杂概念的能力。
- 扎实地分析和解决问题的能力。
- 理解抽象概念的能力。
- 通俗易懂、简洁明了地说明复杂问题并解释要点的能力。

心理资本反映了全球思维的情感层面。它是指让领导者能够运用自身智力资本的心理特征。没有一个坚实的心理平台,领导者关于全球产业和环境的广博知识就无法转化为成功的实践。心理资本包括三个主要成分:对多样性的激情、追求冒险和自我肯定。以下是关于这三个方面的简要介绍。

对多样性的激情

- 探索世界其他地方的兴趣。
- 了解世界其他地方的人的兴趣。
- 在其他国家生活的兴趣。
- 对于多样性的兴趣。

▰ 追求冒险

- 应对挑战性情境的兴趣。
- 冒险的意愿。
- 考验个人能力的意愿。
- 应对不可预知的情境的兴趣。

▰ 自我肯定

- 精力充沛。
- 自信。
- 心平气和地应对棘手的问题。
- 机智地应对严峻的形势。

社会资本指的是全球思维的行为层面。它是指人们与世界其他地方的人建立信任关系的能力。社会资本包括三个方面：跨文化的同理心、人际影响、交际能力。以下是关于这三个方面的简要介绍。

▰ 跨文化的同理心

- 与来自世界其他地方的人融洽共事的能力。
- 理解其他文化的人们的非言语表达的能力。
- 与来自其他文化的人们情感共通的能力。
- 让来自世界其他地方的人们合作共事的能力。

▰ 人际影响

- 在其他文化环境中进行谈判的经历。
- 与其他文化中的人和有影响力的人之间的密切关系。
- 作为领导者的声誉。
- 可信度。

▰ 交际能力

- 能自如地和陌生人展开对话。

- 综合多种视角的能力。
- 聆听其他人的观点的能力。
- 与人合作的意愿。

上述全球思维的结构包括三个资本和九个方面。一直以来，对很多高管和管理者的样本分析都在证实着这个结构。我们进一步阐明，强大的全球思维可以预测全球领导力的成功（Javidan，Hough，& Bullough，2010）。通过与 Dunnette 集团的合作，我们设计了一个科学的、基于互联网的工具，叫做全球思维调查问卷（Global Mindset Inventory，GMI），它包括 76 个条目，具有很强的心理测量特征。

全球领导力教学

我们可以通过关注领导者的全球思维和提高他们对九个关键成分的掌握程度，增强全球领导效能。本环节通过把重点放在全球思维上，提供了一个全球领导力教学的可能方法。尽管有证据显示了国际任务和国际经验的重要性（Aycan，2001；Black et al.，1999；Evans et al.，2002；McCall & Hollenbeck，2002），但是本章我们不准备讨论这个话题。相反，我们重点关注可以在相对短的时间内，在课堂内外实行的全球领导力教学方法。这个方法包括以下内容：

 目标

在全球领导力教学中，我们需要完成四个主要目标：

- 理解全球领导力、全球思维的概念和组成成分，以及它们的相关性和重要性。
- 介绍加强全球思维九个方面的方法。
- 实现双环学习（double-loop learning）（Argyris，1991）。
- 增强参与者作为全球领导者的自信心（Bandura，1989）。

大多数成年人在他们的社会成长的过程中，学会了如何与自己相似的人一起生活和工作。他们的童年经历、家庭和朋友、学校教育和其他活动使他们形成了一幅心智地图（mental map）（McCall Jr.，1998），这幅地图帮助他们和与自己相似的人建立及维持联系。心智地图包括对自己社会的文化、政治和制度体系的了解，以及在社会中如何做事及应该如何做事的价值观和信仰(House, Hanges, Javidan, Dorfman, & Gupta, 2004)。这些价值观和信仰使人们形成自己根深蒂固的领导力理论,进而对领导者采取的措施产生一定的影响(Dorfman, Hanges, & Brodbeck, 2004)。

然而,跨国公司的全球领导者需要和与自己不同的人有效地共事。对于这样的角色,他们并没有受过专业训练。他们成长于单一文化的环境中,但他们的角色却需要多元文化。任何全球领导力教学方法的尝试都需要想办法让管理者们完成双环学习的过程。在这个过程中,他们忘掉一些旧内容,学习许多新知识,并且可以从单一文化的心智地图转向多元文化,这样可以使他们找到恰当的方法去影响与自己不同的人(Javidan, Dorfman, Sully de Luque, House, 2006)。

全球领导力教学也意味着增强参与者作为全球领导者的自信心(Bandyra, 1989)。自信是指一个人对于自己控制事件发展的能力的信心(Bandyra, 1989, p.1175)。任何全球领导力教学的尝试都要关注,如何提高管理者的自信心。这样,他才能为作为全球领导者所面临的更高的复杂性做好认知和情感上的准备(Rhinesmith, 2009)。全球领导者面临高度的多样性。若是缺乏自信心,他们就很容易失败,不管他们的技能和潜在能力有多强。因为他们认为多样性是令人恐惧和沮丧的,而不是令人激动和振奋的(Javidan & Teagarden, 2010, in press; Wood & Bandura, 1989)。自信是自身工作胜任经历、感同身受的他人的经历以及语言说服的产物(Bandura, 1989)。在全球领导力教学中,我们需要解释和阐明它有多复杂,为什么这么复杂,同时为成功的工作表现和反馈创造机会,并寻求其他成功的全球高管的示范作用。

测评

GMI 可以在教学开始之前用于测评管理者的全球思维水平。项目前测评有助于为管理者们设立一个基准线和提升他们的自我了解。它帮助每个管理者意识到自己的优势和有待发展的地方。GMI 也是把管理者和其他全球领导者进行衡量和比较的方法。GMI 数据库目前存有来自许多国家的超过 10 000 名参与者的资料。他们代表不同的组织层级,包括 400 多名来自不同行业的大公司的 CEO。每年雷鸟国际管理学院的 MBA 新生在项目开始之前,都要先完成 GMI 测评。商学院的其他 80 个学生也会以相同的方式运用 GMI。

GMI 也可以用在项目后测评中,在学习过程快要结束的时候进行。在我们和英特尔中国公司的合作中,我们设计了一个持续数周的全球领导力项目,时间跨度长达一年。在项目快要结束之时,所有的参与者再一次进行了 GMI 测评。每个人都收到了自己之前的测评结果,用来检验其进步。公司高层收到了一个关于前期测评的整体报告,以此检验项目的成果。这是一个检查学习效果的重要的、切实可行的方法。若结果显示项目使人们取得了进步,那么它对于提高管理者的自信也很有帮助。雷鸟国际管理学院的所有 MBA 学生都需要在毕业前六周完成 GMI。

结合多种方法的教学

鉴于全球思维的多维性,全球领导力教学需要丰富多彩的方法,以覆盖全球思维的不同方面。正如本章下文将要详细介绍的那样,我们将会运用各种讲座、人际反馈、个人反思、案例分析、视频、小组合作、教练、个人行动计划、社交媒体,以及会议(现实的和虚拟的),来实现全球高管和其他相关人员及组织的发展。

课程

在这一部分,我们介绍了一个教授全球思维的项目中的一系列学习活动。这个课程不是指一堂单一的课程或工作坊。它包括有效进行全球领导力教学的所有内容。比如为期一周的高管教育工作坊,或 MBA 课程,或成熟的全球领导力 MBA 项目。项目的长度取决于可用时间的长短和全球思维的九个方面的相对重要性,以及每个部分需要包括多少细节。

第一部分:缺乏全球思维的后果。 全球领导力教学应该从了解缺乏全球思维的后果入手。全球思维的概念很吸引人,但并不清晰明确。它需要以有形的方式进行解释。我们用了几个案例来讨论全球环境下领导者缺乏全球思维的后果。附录 5.1 是一个简短的雷鸟国际管理学院的案例,讲述的是一个被派往中国领导公司运营的美国高管面临的境况。他很挣扎,因为他适用于美国的领导风格并不能满足新职位的要求。对全球领导者面临的挑战以及管理者成功或失败的原因的讨论,突出了全球思维的重要性。

第二部分:关于 GMI 结果的汇报。 在课程或项目之初,管理者们需要得到他们 GMI 结果的反馈。一个典型的汇报过程需要 4—5 个小时。我们在《哈佛商业评论》上发表的文章《走向海外》(Making It Over-seas)(Javidan,Teagarden,& Bowen,2010)是一个有用的指南。工作坊包括全球领导力概念的介绍和个人结果的汇报。它也包括一个小组环节,管理者们以小组的形式共同合作,交流某部分分数的高低对他们意味着什么,以及他们如何从彼此身上学习。下一个环节,我们把管理者们分成两人一组,举行一个15分钟的会议。在这个会议中,每个管理者都担任自己合作伙伴的教练,帮助他们找出增强全球思维的方法。在工作坊结束时,管理者们会对全球思维的概念和它的相关性有一个明确的认识,同时也会了解课程设计的逻辑性。雷鸟全球思维协会有一个为期一天的认证项目,教人们主持GMI汇报工作坊的方法。

第三部分:全球思维在管理中的应用。这个部分的目的是帮助管理者把全球思维和其各个部分应用到实际的管理情境中去。一个可行的方法是运用案例分析,或者让一组高管运用全球思维的框架与观众分享自己的经历。在本环节结束时,管理者们对于全球思维的组成成分有了一个明确的认识:它们意味着什么,如何测量它们,以及它们为什么重要。

第四部分:智力资本教学。在全球思维的三个层面的资本中,智力资本或许是最容易提高的,因为它是基于认知的。如上文的图5.1所示,智力资本包括三个方面:全球化商业头脑、认知复杂度和国际视野。智力资本教学可以通过阅读不同的出版物、开展传统的课程和工作坊、案例分析和参与小组讨论来完成。

为一般群体比如MBA学生设计的项目的重点应该放在,教会他们询问关于全球战略的正确问题,以及给他们展示不同的全球战略的例子及其原理。与全球高管见面(现实的或虚拟的)是增强学生们的理解的有效方式。

如果参与项目的是同一家公司的管理者,重点要放在通过与全球主要竞争者的对比,帮助他们理解公司的全球战略及其逻辑性,以及公司的全球目标及其含义上。这个目标可以通过与公司高管进行一次或几次面谈来实现。

通过扩展管理者们的心智地图,从民族中心主义的单一文化地图,扩展到包括不同文化、政治和制度体系的全球地图,可以扩大管理者的国际视野。GLOBE项目(House et al. ,2004;Javidan,2007;Hanges,2010;Javidan & Dastmalchian,2009;Javidan,Dorfman,Howell,Javidan,et al. ,2006)为全球领导者提供了一个学习文化的相关性的有用框架。我们对来自62个国家的17 000名以上的管理者的GLOBE研究,为比较不同地域的文化提供了一个模板。表5.1列出了九个文化维度。它们为比较不同国家的文化提供了一个有用的框架。

表 5.1　GLOBE 文化维度

> **绩效导向**。绩效导向(performance orientation)是指组织鼓励和奖励员工不断提高绩效的程度。在非常注重这一点的国家,比如美国和新加坡,企业会比较注重培训和发展;在不太注重这一点的国家,比如俄罗斯和希腊,则更重视家庭和背景。
>
> **坚定自信**。坚定自信(assertiveness)是指人们在与他人交往的过程中自信坚定、敢于对抗(confrontational)和好斗(aggressive)的程度。在高度坚定自信的国家,比如美国和澳大利亚,人们往往无所畏惧,不怕困难,并且享受竞争;在不太果断自信的国家,比如瑞典和新西兰,它们更加注重人际关系的和谐,而且强调忠诚和团结。
>
> **未来导向**。未来导向(future orientation)是指人们从事面向未来的行为的程度,比如延迟享乐,提前规划,投资于未来。在高度未来导向的国家,比如新加坡和瑞士,企业通常具备比较长期的规划和比较系统的规划流程,但是它们反对冒险和投机的决策。相反,在未来导向程度较低的国家,比如俄罗斯和阿根廷,企业一般缺乏系统性和更加相信机会主义。
>
> **以人为本**。以人为本(humane orientation)是指组织鼓励和奖励员工做公正、无私、慷慨、关心他人、待人友善的人的程度。埃及和马来西亚非常注重这一点,而法国和德国不太注重这一点。
>
> **机构集体主义**。机构集体主义(institutional collectivism)是指组织和社会机构鼓励、奖励集体分配资源及集体行动的程度。在注重机构集体主义的国家,比如新加坡和瑞士,公司更加注重团队业绩;在注重个人主义的国家,比如希腊和巴西,公司更加注重个人业绩。
>
> **团体集体主义**。团体集体主义(in-group collectivism)是指个人在组织或家庭中表达自豪、忠诚和凝聚力的程度。比如在埃及和俄罗斯,人们以自己的家庭为傲,而且他们的工作关系和私人关系的界限并不明确。
>
> **性别平等主义**。性别平等主义(gender egalitarianism)是指社会将性别不平等现象最小化的程度。不出所料的是,总的来说,欧洲国家最强调性别平等。埃及和韩国是世界上最严重的男权社会。性别平等的社会中的公司更加鼓励和包容观念及个人的多样性。
>
> **权力距离**。权力距离(power distance)是指组织成员希望权力得到平等分配的程度(权力距离大意味着社会权力分配不平等)。权力距离越大的国家在经济、社会和政治上的等级分化越明显;那些身居高位的人希望得到人们的服从。权力距离大的国家,比如泰国、巴西和法国,企业的决策过程往往是等级制的,局限于一方的参与和交流。
>
> **不确定性规避**。不确定性规避(uncertainty avoidance)是指社会、组织或群体依靠社会规范、规则和程序来减少未来事件的不可预知性的程度。规避不确定性的愿望越强烈,人们在日常生活中就越注重秩序、一致性、结构、正规程序和法律。高不确定性规避的国家,比如新加坡和瑞士,企业倾向于制定详尽的规则和程序,更喜欢正式详细的策略。相反,低不确定性规避的国家,比如俄罗斯和希腊,企业更喜欢简单的过程和大致陈述的策略。它们也更加机会主义,并且更享受冒险。

资料来源:Javidan, M., Dorfman, P., Sully de Luque, M., & House, R.J.(2006)。

我们的研究也提出了一个以经验为基础的文化赋予的隐性领导力理论集(culturally endorsed implict leadership theory,CLT)(Dorfman,Hanges,& Brodbeck,2004)。

CLT 反映了文化对领导者的期待。它是社会成员心目中评价领导者的一套标准。比如,图 5.2 是美国和法国 CLT 的比较。它表明,美国的管理者比法国的管理者更期望自己的领导是善解人意的、富有激情的。

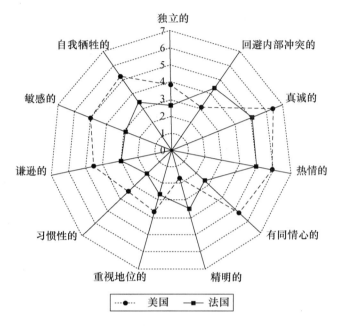

图 5.2 美国和法国 CLT 的比较

资料来源:Javidan, M., Dorfman, P., Sully de Luque, M., & House, R. J. (2006)。

跨文化问题培训的目的是帮助管理者理解地域文化的概念和它对全球领导者行为的影响。影响那些与自己不同的人要比影响与自己相似的人困难,而文化与之有很大关系。

国际视野的另一个方面是理解政治、管理和制度体系的多样性。全球领导者需要在商业的大背景下影响众多利益相关者。他们需要正确理解不同社会处理事情的方式。我们的目标并不是把管理者培养成政治学者,而是帮助管理者建立一个心理框架,用于理解其他国家宏观的政治、管理和制度事宜,并且知道在与其他国家的人打交道时该问什么样的问题。我们也需要帮助管理者确定,他们该以何种方式了解与他们利益相关的世界其他地方的最新发展情况。

认知复杂度是智力资本的第三部分。一个人的认知结构有助于使自己的注意力转向某些事物,并远离其他事物。它也影响着意义建构的过程和解读、理解信息,并与其他来源和类型的信息相整合的方式(Daft & Weick,1984;Levy,Beechler, Taylor,& Boyacigiller,2007)。较高水平的认知复杂度可以反映管理者在情况不明朗、信息缺乏的情况下,理解和关注更大范围内的事情与变量的能力,以及整合大范围的看上去相关或不相关的事情的能力。正如 Hollingsworth 所说:

> 具备较高认知复杂度的人与较低认知复杂度的人相比,能以更复杂的方式理解世界……较高认知复杂度是一种能力,可以使人们以新的方式观察和理解复杂现象之间的关系,可以使人们看到不同知识领域的联系。而且正是这种能力增加了人们做出重大发现的可能。(Hollingsworth,2007,p.129)

全球领导者正面临着一个越来越复杂的世界,这一点很多书里都提到了。导致复杂性的一个主要因素是文化、劳动力、市场、消费者、竞争者、管理和政治体制的多样性(Rhinesmith,2009)。另外一个因素是变化速度和风险程度的提高引起的不确定性的增加(Bird & Osland,2004;Levy et al.,2007;Rhinesmith,2009)。换句话说,为应对环境的复杂性,全球领导者需要具备更高的认知复杂度,这样他们可以更好地理解自己所处的复杂情境,以一种更整体的视角看待众多需要考虑的变量,并在此基础上做决策。

智力资本的另外两个成分——全球化商业头脑和国际视野——的教学可以增强人们的认知复杂度,扩展影响领导者及其组织的变量和力量的范围。它可以使智力资本的增强机制具体化。但是,管理者的认知复杂度得到增强后,还需要采取方法使其不断内化。

在 Hollingsworth 对科学家的研究调查中,他发现了两个增强认知复杂度的有效方法:吸收多种文化,以及参加非科学的活动、发展业余爱好(Hollingsworth, 2007)。他发现那些成长于不同社会或多民族环境下的科学家能以更加全面的方式看待世界,这是因为他们吸收了不同的文化。他进一步表明,科学家可以通过益智的业余爱好增强自己的认知复杂度:"业余爱好丰富了他们的思想……他们的很多科学见解都是通过参与看上去没么科学的活动得出的。"(Hollingsworth,2007, p.141)

管理者要增强认知复杂度,不仅需要在认知层面进行观察和学习,还需要更加全面地看待世界。这个目标可以通过一系列的试验和行动学习达成。关键是要创造机会,让他们体验(行动)、反思和获得反馈。下列建议可以在不同程度上实现这一目标：

- 两个来自世界不同地方的管理者可以结为搭档,讨论各自国家重大的商业和领导力事宜。比如,他们可以就什么是信任、怎样确立信任关系、如何组建高效团队等事宜交换观点。然后,每个管理者回顾谈话内容,并写下自己的学习日志。之后,管理者们可以组成小组讨论他们的日志内容。

- 在与来自另一个国家的政府官员们进行过几次会面后,每个管理者都要写一个学习日志,记录他们对那个国家的管理/制度/文化的认识,与自己的国家相比较,并写出这些对自己担任全球领导者的启发是什么。

- 可以安排管理者们参与全球化团队或项目。他们需要经常写学习日志,记录自己的经历,以及在全球化团队中工作与普通团队相比有何不同。之后,我们会举行特别会议,让他们就自己的经历进行交流。

- 可以鼓励管理者到国外工作一段时间。这样做的目的不仅是去工作和感受一下文化氛围,还要尽可能地体验当地的商业和生活方式。管理者们会准备学习日志,并且定期与其他人交流自己所学到的内容,以及这些经历以何种方式影响了他们的世界观。

尽管上面的方法非常重要,但它们都是与商业相关的。正如上文所说,为增强管理者们的认知复杂度,让他们参加一些业余活动也很重要。这样做的目的是为管理者们创造一个机会,让他们离开自己的舒适区,也就是他们的商业世界和常态环境。在雷鸟国际管理学院,我们为那些想要创业的阿富汗女性提供了一个特殊的项目,称为阿耳忒弥斯项目(Artemis Project)。我们利用这个机会,让学生们接触这些来自阿富汗的参与者,让他们了解极端条件下人们的生活和挑战。雷鸟国际管理学院有一个办公室,叫雷鸟公益,举行了很多社会公益活动。参加这些活动具有很大的价值,但在我看来,它最大的贡献是为我们的学生创造了参与非商业的社会事务的机会。另外一个重要的项目是雷鸟新兴市场实验室(TEM Lab),它使我们的学生有机会参与一些国家(比如阿尔巴尼亚、秘鲁、越南和卢旺达)的咨询项目。学生们不仅有机会锻炼自己的商业技能,同时还可以体验不发达国家充满挑战的生活和商业实践。IBM、普华永道和UBS这样的公司选择了一批管理者,把他们送到不发达的国家,让他们从事一些社会项目,比如艾滋病或者经济发展项目。

综上所述,本部分我们重点关注了如何提高管理者的智力资本,包括全球化商业头脑、国际视野和认知复杂度。

第五部分:心理资本教学。心理资本包括三个层面:对多样性的激情、追求冒险和自我肯定。心理资本对成年人来说,可能是全球思维中最难发展的方面,因为它与人们的童年和青年经历(Gupta & Govindarajan,2002)以及个人的心理特征和性格(Howard & Howard,2001)有密切关系。尽管如此,公司需要具备高水平心理资本的全球领导者(Black,Morrison,& Gregersen,1999),并且需要能够提升心理资本的方式。宝洁公司前总裁约翰·白波认为,对多样性的理解是高效领导力的重要特征(Bingham,Felin,& Black,2000)。

我们对雷鸟国际管理学院的 MBA 学生在项目前后的调查比较表明,通过培训,三个资本中,智力资本提升最大,心理资本提升最小。但是它的提升依然具有统计上的重要性和管理上的相关性。

有效的心理资本教学项目会采用综合性的方法。其前提性观点是,心理资本的三个组成部分是紧密相连的,并且这三方面可以一起得到增强。这种方法包括两个重要方面:个人或小组教练和在经验中学习。

发展心理资本的项目的最终目标是增强管理者们对学习的兴趣,以及对以下两方面的好奇心:世界上其他地方的人,在另一个地方生活和体验。这个项目也应该增强人们冒险的意愿,让他们敢于尝试新鲜的、不同的事情。成功的项目可以帮助确定如何向不同于他们的人提问,并与他们交往。

教练运用自我发现的过程增强管理者们的自我觉察,同时也为管理者创建分析、理解和整合新的信息和体验的环境。它帮助管理者更好地观察和处理他们面临的挑战。它通过行动、实践、监督和反馈以及整合,促进人们的学习和改变(Bacon & Spear,2003;Handin & Steinwedel,2006)。根据具体的情况和所拥有的资源,管理者们可以进行个人教练或小组教练。无论如何,这里教练的最终目的是帮助管理者认识到哪些经历能提升心理资本,并帮助他们反思自己的经历及其影响。

就提升心理资本而言,榜样示范的力量也很重要。心理资本较低的人可以向心理资本高的人学习。比如,让心理资本低和心理资本高的管理者结为搭档,就是一个很有效的方式。他们可以互相分享自己的经历和观点,以提升自己的心理资本。管理者们也可以通过与其他具有丰富全球经验的高管进行交流而得到学习,听他们讲述鼓舞人心的事以及他们的经历、成功、失败和收获。科技也可以助管理者们一臂之力,以上建议的活动都可以通过网络和社交媒体进行。

另外一个方法是让管理者们进行真实的体验,以提升心理资本。比如,可以让他们加入多文化团队,不管是现实的还是虚拟的,作为工作人员还是作为志愿者。在这样的情况下,管理者需要与教练紧密联系,计划自己的行动,监督自己的学习进展。这个环节的成功实践表明,管理者已经做好准备应对实际的、风险更高的挑战,比如短期的外派任务和去其他地方出差。总之,心理资本发展项目包括一系列循序渐进的步骤,其复杂性和风险也会不断加强。从这些经历中所学到的,可以在职业教练的帮助下,整合到管理者们的心智地图中。

第六部分:社会资本教学。社会资本包括三个方面:跨文化的同理心、人际影响、交际能力。社会资本层面属于全球资本的行为层面,它指的是人们与世界其他地方的人建立信任关系的情况。具备高水平社会资本的高管,可以更加有效地与其他地方的个人和小组建立持续的联系。

在我们与高管的合作中,我们发现当两个人彼此信任的时候,无论他们来自什么地方,其共事的效率都很高。然而,信任的定义和如何产生信任,在不同的地方是不同的。换句话说,促进彼此信任的因素似乎是依文化而不同的,但它的结果似乎是共通的。

有效的社会资本教学项目采用的是包括体验机会和反馈的综合性方法。管理者们需要亲身实践或者进行角色扮演,并且得到关于结果和如何取得进步的反馈。这样的项目可以有效地聚焦于跨文化交流、谈判和人际联系。

然后,管理者们需要参加一些实质性的活动,比如与其他国家的人开会讨论信任、交流风格、沟通风格、谈判风格和在多元文化中建立联系等话题。另外一个选择是与当地的大学合作,接受交换生到管理者家中居住。接下来,管理者可以参加自己公司的全球团队或者任何一个国际谈判团队。参加全球产业或者相关会议也可以增强人们的交际能力,特别是在参加完交际技能的课程之后。

总而言之,通过一系列体验机会,管理者可以增强自己对于信任和在不同文化中建立信任关系的了解,并且学会如何与其他地方的人建立信任关系。

增强自信心

本章详细描述了全球思维的概念及其组成成分,也介绍了一系列提升管理者智力资本、心理资本和社会资本的建议。遵循这些建议能使参与者们实现双环学习(Arguis,1991),建立一幅更加强大的心智地图,增强影响其他文化背景的人的能力。遵循这些建议也可以增强管理者的自信心(Bandura,1989)。正如 Gist 所言,"自信心来源于从经历中获得的对复杂性的认知能力、社会交际能力、语言能力和/或身体技能"(p.472)。自信心很强的管理者会为自己设立更高的目标,更愿意冒险和尝试新鲜事物,不喜欢待在自己的舒适区,而是喜欢应对挑战。

一个 MBA 毕业生的经历

正如前面提到的,雷鸟国际管理学院的所有学生都需要完成 GMI。他们会收到一份报告,报告的内容是前测和后测的比较。我们邀请很多学生进行了访谈,目的是更好地理解他们的测评结果。下面是对一位学生的访谈内容的节选。

> 我来自印度的一个小城市。刚来到这儿的时候,我对国际商业知之甚少。课程和案例分析开阔了我的眼界,使我了解了其他地方的政治和经济体制。国家风险分析技能的作用很大。我的操作技能变得越来越娴熟,专业知识越来越广博。在课程中有很多的工具可以运用;有许多不同国家的企业的案例分析。但这并不仅仅局限于操作技能。我喜欢与不同文化背景的人交流。我学会了不要随意对别人进行设定。我知道了与不同文化背景的人合作的重要性。我了解到,我所说的,与对方从我的话中所理解的是不一样的,而且我需要适当地处理这种差异。这需要我们具备一定的敏感度,不仅仅从字面上理解人们所说的话,更要理解字里行间潜在的意思,而且还要读懂他们的身体语言。我在第一次项目中遇到一个日本队友,碰巧的是我们在最后一次项目中再一次一起合作。我可以看出我们之间交流方式的进步,是非常明显的改变。我的自信心显著提高,一方面是因为课堂学习,但更重要的是因为我的实习经历。我在一家想要进入印度市场的加拿大电信公司工作。我的工作地点在印度,但却不服务于印度客户,而是服务于一家荷兰公司。

熟练运用语言的重要性

我们与 3 220 个非英美国家的人合作,向他们表明了熟练运用英语对于全球思维的重要性。具备高水平全球思维的非英语国家的人会努力学习英语,因为他们认识到英语可以使他们更好地探索世界(Javidan, Hough, & Bullough, 2010)。此外,在与来自许多国家的超过 6 200 个人的合作中,我们发现熟练运用语言与全球思维密切相关。总之,有证据表明熟练掌握四种语言有助于建立更高水平的全球思维(Javidan,Hough,& Bullough,2010)。由于篇幅的限制,本章不讨论语言教学的问题,但我们的调查明确表明,熟练运用语言是全球领导者强有力的工具。因此,全球领导力项目需要找出切实可行的简单的方式,来满足参与者的语言需求。

参考文献

Adler, N. J. (1997). Global leadership: Women leaders. *Management International Review*, 1, 171—196.

Adler, N. J., & Bartholomew, S. (1992). Managing globally competent people. *Academy of Management Executive*, 6(3), 52—65.

Argyris, C. (1991). Teaching smart people how to learn. *Harvard Business Review*, 69(3), 99—101.

Ashkenas, R., Ulrich, D., Jick, T., & Kerr, S. (1995). *The boundaryless organization.* San Francisco, CA: Jossey-Bass.

Aycan, A. (2001). Expatriation: A critical step toward developing global leaders. In M. Mendenhall, T. M. Kuhlmann, & G. K. Stahl (Eds.), *Developing global business leaders: Policies, processes and innovations* (pp. 119—136). London: Quorum.

Bacon, T. R., & Spear, K. I. (2003). *Adaptive coaching: The art and practice of a clientcentered approach to performance improvement.* Mountain View, CA: Davies-Black Publishing.

Bandura, A. (1989). Human agency in social cognitive theory. *American Psychologist*, 44, 1175—1184.

Bandura, A. (2002). Social cognitive theory in cultural context. *Applied Psychology: An International Review*, 51, 269—290.

Beechler, S., & Javidan, M. (2007). Leading with a global mindset. *Advances in International Management*, 19, 131—169.

Bingham, C. B., Felin, T., & Black, J. S. (2000). An interview with John Pepper: What it takes to be a global leader. *Human Resource Management*, 39, 287—292.

Bird, A., & Osland, S. J. (2004). Global competencies: An introduction. In H. W. Lane, M. L. Maznevski, M. E. Mendenhall, & J. McNett (Eds.), *The Blackwell handbook of global management: A guide to managing complexity* (pp. 57—81). Malden, MA: Blackwell Publishing.

Black, J. S., Morrison, A. J., & Gregersen, H. B. (1999). *Global explorers: The next gener-*

ation of leaders. New York: Routledge.

Brake, T. (1997). *The global leader: Critical factors for creating the world-class organization.* Chicago: Irwin Professional Publishing.

Daft, R. L., & Weick, K. E. (1984). Toward a model of organizations as interpretation systems. *Academy of Management Review*, 9, 284—295.

Dorfman, P. (2004). International and cross cultural leadership research. In B. J. Punnett & O. Shenkar (Eds.), *Handbook for International Management Research*, 8(4): 265—355. Ann Arbor, MI: University of Michigan Press.

Dorfman, P. W., Hanges, P. J., & Brodbeck, F. (2004). Cultural endorsed leadership. In R. J. House, P. J. Hanges, M. Javidan, P. W. Dorfman, & V. Gupta (Eds.), *Cultures, leadership, and organizations: The GLOBE study of sixty-two cultures* (pp. 669—720).

Evans, P., Pucik, V., & Barsoux, J-L. (2002). *The global challenge: Frameworks for international human resource management.* Boston, MA: McGraw-Hill Irwin.

Gist, M. E. (1987). Self-efficacy: Implications for organizational behavior and human resource management. *Academy of Management Review*, 12, 472—485.

Gupta, A. K., & Govindarajan, V. (2002). Cultivating a global mindset. *Academy of Management Executive*, 16, 116—126.

Handin, K., & Steinwedel, J. S. (2006). Developing global leaders: Executive coaching targets cross-cultural competencies. *Global Business and Organizational Excellence*, 26(1), 18—28.

Hollingsworth, J. R. (2007). High cognitive complexity and the making of major scientific discoveries. In A. Saules & M. Fournier (Eds.), *Knowledge, communication, and creativity.* Thousand Oaks, CA: Sage Publications.

House, R. J., Hanges, P. J., Javidan, M., Dorfman, P. W., & Gupta, V. (2004). *Culture, leadership, and organizations: The GLOBE study of sixty-two cultures.* Thousand Oaks, CA: Sage.

Howard, D. V., & Howard, J. H., Jr. (2001). When it does hurt to try: Adult age differences in implicit pattern learning. *Psychonomic Bulletin & Review*, 8, 798—805.

Howard, A., & Wellins, R. S. (2008). Overcoming the shortfalls in developing leaders. *Global Leadership Forecast 2008/2009 Executive Summary.* Pittsburg, PA: DDI.

Hunt, S. D. (2000). *A general theory of competition.* Thousand Oaks, CA: Sage.

Javidan, M. (2007). Forward-thinking cultures. *Harvard Business Review*, 85(7/8), 20.

Javidan, M., & Carl, D. E. (2004). East meets West: A cross-cultural comparison of charismatic leadership among Canadian and Iranian executives. *Journal of Management Studies*, 41,

665—691.

Javidan, M., & Dastmalchian, A. (2009). Managerial implications of the GLOBE project: A study of sixty-two societies. *Asia Pacific Journal of Human Resources*, 47, 41—58.

Javidan, M. Dorfinan, P., Howell, J. P., & Hanges, P. (2010). Leadership and cultural context: A theoretical and empirical examination based on Project GI, OBE. In N. Nohria & R. Khurana (Eds.), *Handbook of leadership theory and practice*. Boston, MA: Harvard Business Press.

Javidan, M., Dorfman, P., Sully de Luque, M., & House, R. J. (2006). In the eye of the beholder: Cross cultural lessons in leadership from project GLOBE. *Academy of Management Perspective*, 20(1): 67—90.

Javidan, M., Hough, L., & Bullough, A. (2010). *Conceptualizing and measuring global mindset: Development of the global mindset inventory*. Working paper, Thunderbird School of Global Management, Glendale, AZ.

Javidan, M., & Teagarden, M. (2010). Conceptualizing and measuring Global Mindset. In W. H., Mobley, & M. Lee, and Y. Wang, (Eds.), *Advances in global leadership*, Vol. 6.

Javidan, M., Teagarden, M., & Bowen, D. (2010). Making it overseas. *Harvard Business Review*, 88(4), 1—5.

Kiesler, S., & Sproull, L. (1982). Managerial response to changing environments: Perspectives on problem sensing from social cognition. *Administrative Science Quarterly*, 27, 548—570.

Levy, O., Beechler, S., Taylor, S., & Boyacigiller, N. A. (2007). What we talk about when we talk about "global mindset": Managerial cognition in multinational corporations. *Journal of International Business Studies*, 38, 231—258.

McCall, M. W., Jr. (1998). *High flyers: Developing the next generation of leaders*. Boston, MA: Harvard Business School Press.

McCall, M. W., & Hollenbeck, G. P. (2002). *Developing global executives*. Boston, MA: Harvard Business School Press.

Mendenhall, M. E., Kuhlmann, T. M., & Stahl, G. K. (2001). *Developing global business leaders: Policies, processes, and innovations*. Westport, CT: Quorum Books.

Mercer Delta. (2006). *Global study finds effective leadership development critical to corporate performance and competitive advantage*. Marsh & McLennan Companies, Press Release: 1—5.

North, D. C. (1990). *Institutions, institutional change and economic performance*. New York: Cambridge University Press.

Palmisano, S. J. (2006). The globally integrated enterprise. *Foreign Affairs*, 85(3),

127—136.

Rhinesmith, S. H. (1996). *A manager's guide to globalization：Six skills for success in a changing world* (2nd ed.). New York：McGraw-Hill.

Rhinesmith, S. H. (2009). Introduction to the leading in a global world section. In D. L. Dotlich, P. C. Cairo, S. H. Rhinesmith, & R. Meeks (Eds.), *The 2009 Pfeiffer annual leadership development*. San Francisco, CA：John Wiley & Sons, Inc.

Wood, R., & Bandura, A. (1989). Social cognitive theory of organizational management. *Academy of Management Review*, 14, 361—384.

Yukl, G. (2006). *Leadership in organizations* (6th ed.). Upper Saddle River, NJ：Prentice Hall.

附录 5.1

 戴维·阿基的特殊案例

David Akey 确实不知道自己该想些什么，更不用说接下来该怎么做了。他坐在桌边思考从第一次与下属开会到现在的两个月之间所发生的事。作为美国总公司在中国消费产品部门的总经理，他来到北京，充满信心地想要扩展公司的业务，而他从中国回到美国的上司也一直告诉他，中国市场是世界上增长最快的消费市场。这听上去特别容易。他要做的就是整合不同的部门，完成既定的目标。

David 到达北京的时候充满希望，因为他之前听说过中国人特别团结，特别"集体主义"。但是他也有些怀疑，特别是他的美国前任告诉他，员工的"小团体主义"对于创建一个协调运作的团队造成了很多困难，而且每当他跟员工们说这个问题的时候，他们总是非常礼貌地回应，却并不改变他们做事的方式。

David 想起了他和他的中国团队的第一次会议。他强调了不同部门之间合作的重要性，还指出他们面临的问题，就是市场部和销售部都向消费者做出了生产及分销无法实现的承诺。鉴于集体主义精神的存在，他创建了一个跨职能团队来解决这个问题。60天过去了，团队协作并没有好转。他参加了几个会议，无法理解事情的发展方式。他在美国从来没有见过人们如此明显地利用职能维护自己团队的利益。每个团队成员都热衷于维护自己的团队，却无视其他的团队，即使他们都以非常友好、正式、礼貌和支持的语气对彼此说话。遗憾的是，他没有看到太多进展。

　　David 正努力想要理解他的跨文化经历,这对于他来说本应是一件很好的、很有发展前途的事!但相反,他觉得非常沮丧,而且不知该如何应对所有的挑战,不管是工作上还是工作之外。他想起了他和一个同事 Mary 的对话。Mary 刚刚完成了在巴西的任务,返回美国。她讲述了自己遇到的跨文化挑战和感到惊讶的事,以及她为成功解决问题感到多么欣喜若狂,她特别享受与当地人交流和旅行,并且希望很快再有另一个去外地工作的机会。

　　David 本来以为他所做的简单的准备会让这段经历变得更容易,但是事情并没有他想象得那么简单。他不喜欢当地的食物。在过去的两个月中,他尝试了许多西餐厅,并且加入了一个西方俱乐部,在那里外国人可以暂时摆脱当地的现实状况,也算是远离家乡的小小慰藉吧。他开始怀疑自己是否适合做全球领导者,如果不适合,为什么不适合?他对当地文化和做事的方式越来越不感兴趣,而且总是因为不能和他的中国团队成功合作而感到沮丧。他在想到底什么样的人才可以成功应对跨文化的复杂性呢?这与一个人的性格、生活经历、知识相关吗?他有这个能力吗?如果没有,他可以获得吗?以何种方式呢?

第六章

领导者的精神
——领导力教育的新方向

Ken Starkey
诺丁汉大学商学院
Carol Hall
诺丁汉大学教育学院

在这一章,我们向商学院的教育方式提出了挑战。它们往往强调从经济叙事方式看待管理,由此导出的关于领导者该如何思考和行动的观点也相对狭隘。与之不同,我们提出了一种更多变、更复杂、更社会化的领导力视角。这种视角以鼓励对身份、人性和"合作"的本质进行反思的管理教育模式为基础。我们探讨了经济叙事方式所包含的内容和允诺的结果(特别谈到了当前的金融危机),这种视角为什么如此有影响力(例如,对于促进 MBA 特有心态的形成),以及因为它对个人、商业和社会的单一维度的假设,在哪些方面蒙蔽了我们。

然后,我们建立了管理的另一种叙事方式,把管理看作一种复杂的平衡行为和一种身份投射。描述了我们在教学中,如何致力于促进学习型社团、批判性反思、跨文化了解的氛围,挑战那些往往伴随着权力和财富而产生的自我陶醉、自我中心的诱惑。然后我们讲述了,如果加入我们的课堂,你会发现什么。我们把同情心和同理心这些美德放在首位,以抗衡占主导地位的理性对话。我们鼓励学生思考和实践对话的艺术、人际关系、跨文化学习,而不仅仅局限于市场和狭隘的净收益。我们们的首要目标是促进创造对自我、商业和社会的更丰富、更包容的叙事方式的产生。

❖❖❖

简介

在这一章,我们讨论了领导力发展面临的非常现实的挑战:商学院往往强调从经济的叙事方式看待管理,由此导出的关于领导者该如何思考和行动的观点也相对狭隘。与之不同,我们提出了一种更多变、更复杂、更社会化的领导力叙事方式。这种叙事方式的基础是,鼓励参与者反思自己对个人身份和组织身份的看法的本质的管理教育模式。

本章的内容安排如下。我们以当前的金融危机为基础,分析主导商学院思维方式的经济叙事方式,并讨论这种思维方式导致的对领导力基础的错误看法。我们认为,此次危机的产生,商学院难辞其咎。因此,它们必须发挥关键作用,确保不再犯同样的错误。我们会探讨经济叙事方式所包含的内容和允诺的结果,它为什么如此有影响力(例如,对于促进MBA特有心态的形成),以及因为它对个人、商业和社会的单一维度的假设,在哪些方面蒙蔽了我们。然后,我们建立了管理的另一种叙事方式,把管理看作一种复杂的平衡行为和一种身份投射。

我们解释了如何从强调人性、多元化和自省的心态出发,致力于建立一种新的管理和领导叙事方式。要做到这一点,我们在教学中的目标是,促进一个真诚的学习社团的产生。这一社团的特征在于,以批判性反思和跨文化学习挑战那些伴随着权力和财富产生的自我陶醉、自我中心的诱惑。我们会展现,如果加入我们的课堂,你会发现什么。

挑战

领导力的经济主义叙事方式狭隘地关注经济回报。经济回报主要指个人、公司、股东的物质利益,而将其他利益团体以及更广泛的社会需求排除在外。这种叙事方式在社会和文化方面是匮乏的,因为它是以对市场运行方式的简化观点为基础的。其前提假定是,市场是理性的、自我调节的,可以在某种程度上相信,市场会向可能的最佳结果运行。这个视角牺牲了个人和市场的长期利益。这种叙事方式还假定了一个准达尔文的竞争观点,认为商业是一个持续不断的"所有人对抗所有人"的战争,只有适者才能生存,主张进化论,并认为贪婪是一种美德而不是罪恶。

我们反对经济取向的商学教育,致力于鼓励建立领导和管理的更丰富的叙事方式,其中包含更广泛的个人身份感、个人和集体的可能性以及跨文化的了解。

在我们的教学中,我们对领导力的观念进行了扩展,将复杂的概念和历史性知识包括在内,而不只是经济性论断和经验性的真理。我们看重同情和同理心这些美德,以合理地平衡占主导地位的理性对话。我们鼓励 MBA 学生和客户从对话、关系和跨文化学习的角度进行思考及行动,而不仅仅从市场和契约的角度,强调"众志成城"而不是"单枪匹马"。我们的首要目标是促生对自我、商业和社会的更人性化、更包容的描述。

全世界的一流商学院都强调,它们的基本职责是培养杰出的领导者。这不是很讽刺吗?在我们正在经历的这场金融危机中,世界各地顶级学院的毕业生,尤其是 MBA,扮演了重要的角色,例如美国的雷曼兄弟公司、英国的苏格拉哈里法克斯银行,它们本身就是这场危机的主要原因。经验告诉我们,被商学院选做案例研究中的榜样或角色模范的领导者(我们马上会想到安然公司),往往被证明是有潜藏的严重弱点的。关键的问题在于:当前的危机将商学院置于何种境地?我们应该如何应对?未来我们需要什么样的领导力?更根本的问题是,商学院是否能够或者应当接受重铸领导力模式的任务,让他们能够担负起全球化的商业环境下文化和社会的复杂性?

我们需要问问自己,我们关于领导力的思考和教学,在这场 MBA 应该负部分责任的危机中,起了什么助推作用。首先,我们认为,危机的一个原因就是管理任务和管理责任过度关注经济层面。对经济至上的过度关注,严重限制了人们看待商业领导力的目标的视野。这种关注导致了一种破坏性的个人主义,不追求任何意义的集体目的或超越性目的,而全心关注狭义的"净收益"。

有证据表明,科研机构(Khurana,2007;Pfeffer & Fong,2002;Starkey & Tiratsoo,2007)和媒体方面(例如《华尔街日报》和《经济学家》曾发表严厉的批评性文章)都曾表达对商学院的不满。这里列举一些批评文章:《华尔街日报》上的《面对危机,商学院重新反思课程设置》,《经济学家》中的《特权阶层的教育学》。作为对比,我们开发了一种跨文化的领导力视角,一种融合了来自广泛的社会科学和人文科学(尤其是社会学、心理学、教育学和哲学)的观点的领导力教学方法,并吸收了东西方的理论和实践。我们认为,当前的金融经济学,作为金融危机的一项关键原因,过于关注物质世界和民族主义、个人主义的模式。这些模式在最好的情况下是准科学;在最坏的情况下,会给我们一种歪曲的视角去看待商业和社会交叉的方式。我们探讨了这种批评对领导力教学的意义,并着手开发一种新方法,以便适当处理道德、社会、情感和精神上的复杂性,并以更全面、包容、跨学科的视角看待管理学和经济学的性质及责任。我们强调,领导者的精神(the spirit of leadership)是这种方法的关键要素。马克思·韦伯(Max Weber,1992)在论资本主义精神(the spirit of capitalism)方面做出了开创性的工作,他强调了现代组织的道德层面,同时警告说,缺少精神,我们的组织可能沦为"监狱""铁笼子",而不是使人获得自由。韦伯(1992,p.124)警告说,在文化发达的阶段,危险在于那些手握权力的人,"没有灵魂的专家,没有心的感觉论者",想象一下,他们"已经达到了以前从未达到的文明水平",这一警告,我们铭记于心。

商学院、经济学与领导力:叙事方式的力量

Davis(2009,p.42)认为"经济危机是一次难得的机会,让管理学学者可以提供方向"。当然,现在就对经济危机的原因发表定论还为时过早,但是我们确实认为,经济危机的一个诱发因素是商业和领导力的叙事方式。叙事方式是人类进行意义建构的重要工具。它们汇聚了我们在认识现实的本质时,所持的根本性的信念和假设,从而决定了我们看待世界并深信不疑的方式。我们用故事构建每天的生活。它们反映了我们希望居住的世界,可以赋予复杂的世界以意义和秩序感,从而使世界变得可预测、令人安心。我们用故事证明我们行动的合法性(Denning,2007)。

叙事方式的迷人之处在于,它们能捕捉并描述我们对自己和他人的认同感,这样我们和他们在这个不可预知的世界就可以变得可预测。然而,最常见的情况却是,如果这些叙事方式是习惯性的、未经检验的,它们将是以自我为中心的叙事方式,无法合理地解释我们自己和其他人的故事(无论这些"其他人"是我们所熟悉的,还是来自全世界的)如何不可避免地交织在一起,不管是好是坏。在推动领导力开发方面,我们主要关心的是,促进人们理解,在我们与他人、与我们周边当下的广阔世界之间建立联系时,个人或社会的叙事方式所扮演的角色及其重要性。在一个国际MBA小组中强调对个人、组织和文化叙事方式的批判性反思,是跨文化学习和对话的有力背景。在我们的工作中,我们试图理解,这些通常由文化决定的叙事方式影响我们感知的方式,分析这种文化短视有意、无意导致的结果。通过这

种方式,我们鼓励学生质疑他们自己的本体论的、自我投入的假设,从而共同创造替代性的商业和领导力叙事方式——一种生成性、跨文化的、道德的和可持续的叙事方式。我们认为,有了这种对个人叙事方式的批判性反思,真正的见解才会产生,个人和职业的转变才会发生。

叙事方式能够从意识形态上证明某些商业实践的合法性。金融危机,正如我们所见证的,部分是由人们对商业和金融的叙事方式的错误信念引起的。这些叙事方式被广泛认可,人们对此深信不疑。这些以经济理论为基础的叙事方式,非常便于那些从中受益的强势群体使用,并强加于其他人。人们认为他们所代表的世界就是世界本来和应该呈现的样子。我们在与大量的国际MBA学生和客户一起工作时,特意注重培养他们的心理灵活性、跨文化能力以及创造力,以此让学生对他们所处的世界如何运作、交叉和偏离正轨,产生另一种不那么简单的理解。通过真诚的自我反思,另一些在文化上更微妙的感知世界及未来的潜在情景的方式成为可能。许多被卷入危机的银行,在银行危机发生前,认为银行危机简直难以想象,是不可能发生的。Kotlikoff(2010,p. xvii)认为,经济学家未能预测金融危机的原因是,他们痴迷于研究"一个人人遵守游戏规则的虚拟世界"。理论、领导力想象和职责的同时失效,正显示了叙事方式的威力。因此,我们有意识地采用并明确地说明了一个基本的哲学假设,即没有一种理论可以真正成为"自然的镜子"(Rorty,1980)。

一些叙事方式比其他叙事方式更具支配地位。我们认为,经济学更突出地具有这种特性。作为一种平衡,我们鼓励对多种看待世界以及感知当下的方式持更宽容的态度。当下是由复杂的历史和不确定的未来构成的,同时由整个系统的影响所"决定"(Senge,1990)。Goodman(1978,pp.2—4)认为,"独断的唯物主义者或物质主义者的态度"是无法理解或者管理这种复杂性的。他们坚持认为"有一个超越一切、包容一切的系统,其他的观点最终要么被同化,要么被看作错误的或无意义的"。还有一种解释认为,科学叙事方式表面的客观和理性下,隐藏着说服、修辞、诱导、幻想甚至乌托邦式的梦想(Gibson,1996),正如我们所见,这些也往往引起反乌托邦的噩梦。

在我们看来,商学院的领导力叙事方式,其理论基础和道德权威正让位于经济学叙事方式。Ferraro等(2005,p.10)检查了他们所称的"经济学在管理学中的胜利",认为经济学已经成为"社会科学的女王",并且"毫无疑问,经济学全面赢得了学术界和社会上的理论霸主地位,而且这种优势地位每年都在增强"。社会科学理论可以自我实现,其过程是通过影响制度战略、管理实践以及社会规范和行为期望,创造出其所预期的行为。

在这种地位之下,经济学成为衡量价值的唯一标准。这得到了整个现代金融经济学的理论支持。有效市场假说(efficient market hypothesis)认为,市场能够神奇地自我纠错,市场远比人们知道什么是最有效的,什么是效率最高的。数百年来的政治和经济哲学以及达尔文物竞天择、适者生存的生物学隐喻,都论证了个人利己主义的重要性。对个人利己主义的强调,被誉为市场生存和繁荣所需要的氧气。格林斯潘(Greenspan,2007,p.262)讲到,亚当·斯密(Adam Smith)关于"看不见的手"的隐喻,"引起了世界的想象——因为它认为市场像神一般仁慈和无所不知,市场的运作方式实际上是自然客观的选择"。市场作为救星的同时,也解除了个人需要为行动担负的道德责任,而我们正在经历由此产生的影响。

商业理论源自关于贸易、战争和经济增长之间的关系的理论(Hont,2005)。商业要做的就是商业。人们假设了一个良性循环,即追求个人利益会带来国家财富。任何不利于这一商业核心的哲学,例如企业的社会责任,都将受到抵制(Friedman,1970)。根据Miller(1999,p.1053)的研究,最早是在《利维坦》(Leviathan,1651年首次出版)中,哲学家托马斯·霍布斯(Thomas Hobbes)把"追求个人利益作为人类的基本动机",并且这已经成为人们共同的一种文化意识形态,在学生、经济和商业从业者中尤其活跃。霍布斯、史密斯、达尔文和芝加哥经济学派相互碰撞,产生了Ross(1994)所称的"芝加哥黑帮生活理论"——或者,更简单地讲,"贪婪无罪"。

不可避免地,组织对财务结果的关注提高了。Davis(2009)把这种结果称为"组织社会的终结"。"整个企业的注意力都在股东价值上,视之为衡量企业和管理员工的最终目标","企业的发展以股票价值为方向",这会导致残酷的变化,"组织的旧模式会越来越多地被投资者替换,包括财务、人力和社会资源"(Davis,2009,p.28)。管理教育强化了这一点,并且,某种程度上来说,现在仍然有强化作用。Khurana(2007,pp.322—330)描述了商学院中不断增长的经济学叙事方式,"这些理念……使得许多商学院从培训一般管理者的基地,转变为培训专业投资者和金融工程师的机构,尤其是在投资银行、私募股权投资和对冲基金等领域"。

因此,经济理论——例如,代理人理论(agency theory)——理所当然地达成"一种共识",排除了任何集体责任,认为"管理代理人是相互独立、各不相同的,组织是一个由合同把单独的代理人联系在一起的简单集合"(Khurana, 2007, pp. 324—325)。人们把领导力解释为,在高度竞争驱动、每个人都需要与其他所有人竞争职业晋升机会的工作场所,释放个人的企业家精神。商业被视为一种战争,一场所有人彼此对抗的战争,工作场所就是战场。在这里,怜悯、同情和理想主义是受人唾弃的。学习领导力课程的 MBA 学生(不分男女)经常表示,担心因为学习做所谓的"柔软的事情",在工作场所表现得"更加人性化",会让他们显得软弱,从而容易成为贪婪的同事们的攻击目标。害怕在商业环境里变得更加人性化和恭敬有礼会敲响职业进步的丧钟,这种恐惧根深蒂固。其根源在于,这样的叙事方式将领导者描绘为斗志昂扬、维护自己的地盘、内在驱动力很强的人。于是理所当然地,大多数人会选择成为机构里的捕食者,而不是被捕食者。顶级 MBA 的职业选择是加入投资银行、私募股权公司或对冲基金(Delves Broughton, 2008)。Hubbard (2006)曾是一所商学院的院长(现在看来,那是很久以前的一个乐观的时期),他反对对商学院和 MBA 的批评。他认为,商学院的关键职责就是培养领导者成为企业资本主义的冠军,它们的关键武器就是以财务为核心、以价值评估为关键技能的新的商业模式。在这个越发"天真"的时代,他的核心论点是,私募股权正在重塑世界,让世界变得更好。

雇佣关系被个人主义破坏,并重新定义(Ghoshal, 2005; Ghoshal & Moran, 1996)。员工对公司的忠诚度,或者公司对员工的忠诚度,被看成过时的、上世纪的思维和外星人的文化美德。个人被鼓励变得独立和具有创业精神,不计后果地攫取市场机会。传统的管理思想、服务意识和客户关系被摒弃。金融服务业在西方国家,至少在美国和英国,成为标杆行业。"聪明的人们制定复杂的金融游戏,从中获得的利润远远超过提供服务,或者配置资源进行生产所带来的利润。"(Lewis, 2010, p.258)贸易和交换成为典型的工作形式,"非理性或自律所能约束"(Tett, 2009, p.47)。

当然,现在我们知道,新的金融工具(如 CDO 等)的数量激增,曾被格林斯潘等称为空前的金融创新,然而这些金融工具都是建立在流沙上的。它们建立在缺乏实际的财富创造和奇怪的会计方式的基础上。这种会计方式允许在真正实现利润之前报告利润。当然,我们现在已经知道,它是一个不可靠的计划,"一份从华尔街流出的备忘录讲到,如果你想要不动声色地获取财富,最好伪装自己的真实本性"(Lewis, 2010, p.63)。最终,甚至连格林斯潘也承认,他的经济思想和叙事方式中存在"缺陷",而他曾经是推动这种叙事方式合法化的关键人物。当他回应国会关于银行危机的质询时说,"我犯了一个错误,认为组织尤其是银行和其他机构的利己主义,使得它们成为最能够保护公司股东利益和股票价值的一方"(Greenspan,2008)。遗憾的是,这一领悟来得太晚了。市场的积极成果被私有化,而市场的失败被社会化,世界各地的社区正为拯救银行业买单。

总而言之,经济学叙事方式基于一种特定的知识哲学,认为它掌握了关于世界如何运作的精确画面和理论。金融危机向这一假设提出了挑战。经济学用一系列狭隘的预先分类对世界进行了定义:对价值的特定看法,把管理看作为利润而作的交易,将个人看作理性的、深谋远虑的、追求利益最大化的人,个人主义哲学,人际关系主要是竞争和冲突等。经济学的思考方式把这种看待世界的方式视为世界运行的唯一方式。不加批判地接受这种金融方式,相信它的一维世界模型,尤其是它的风险管理方式,在此基础上形成了一种僵化的确定感。MBA课程中对经济和金融的强调(在我们看来,是过分强调)尤其加剧了这种强烈的信念系统。简单化的达尔文主义叙事方式巩固了这一观点,认为人们在商业环境中为生存而奋斗,胜利者获得全部,强调个人主义和激烈竞争,而忽视合作。这都是基于一种非常狭隘的净收益观点(Starkey & Tiratsoo,2007)。我们发现这种思维方式具有局限性、压抑性和危险性。同时,在金融危机导致的混乱中,来自顶级商学院的MBA们发挥了关键作用。现在,我们将继续推进我们基于研究活动的教学尝试,开发另一个版本的领导力、管理和商业叙事方式,用自我反省、自我质疑、自我塑造、身份、关系、理想和希望等理念,向经济学叙事方式提出挑战。

领导力教学:平衡不同的行为,创造个人的领导身份

人的维度:多元化和跨文化

我们工作的核心是,强调领导、管理叙事方式和经济叙事方式的关键区别在于它们与人的维度的相关性,包括它的社会、文化、政治和道德的复杂性等。这里,我们使用哲学作为衡量标准,特别采纳了当代法国最主要的哲学家让·吕克·南希(2000)的观点。她认为,我们自身作为单一个体的发展,取决于我们联合成集体的能力。我们向个人主义哲学提出质疑,认为人之所以为人的本质是互相交流和互

相依赖,这可以通过真诚的跨文化对话实现。我们同意 Parekh(2006, p. 338)关于"人类的文化嵌入性、文化多样性和跨文化对话的不可避免与渴望,以及每种文化的内在多样性"的观点。这种看待人与他人关系的方式,完全将我们希望与 MBA 学生和客户共同创造的叙事方式,与经济叙事方式所要求的以自我为中心的个人主义区分开来。这种沟通超出了当地的和熟悉的(单一的)范围,到达超个人的和精神的层面(联合的)。真诚的沟通拥抱相似性,同时也欢迎差异;因此,跨文化交流成为创造新的学习空间的载体,以尊重和欣赏差异性以及它如何教导我们认识自己为特征。

马丁·布伯,被许多人认为是"最擅长对话的哲学家"(Guilherme & Morgan, 2010,p.1)。对于南希的多元化及互相沟通的理念如何在对话中和通过对话实现,他提出了很多真知灼见。布伯(1958)的"我—你"的概念(与之相反的是"我—它"这种对他人的客体化观念,更适合科学方法)为我们提供了一个关系交换的模型,其特征是平等、透明、互惠。这样,见面时才会有真诚的对话,彼此倾听,彼此包容。布伯关于共同创造、相互依赖的空间的观念,与当前有关跨文化交流的意义的争论联系在一起,被 Baring 基金会(2007)称为"一个动态的过程,来自不同文化背景的人们在互动中学习并质疑他们自己以及其他人的文化。随着时间的推移,这有可能导致文化变革。它承认社会中存在的不平等,以及克服这种不平等的需要。这个过程需要相互的尊重和承认对方的人权"。

布伯的哲学概念——"我—你"概念,与卡尔·荣格关于心理"核心条件"(core condition)的人本主义观念产生强烈共鸣的地方,正在于这种对人的尊重——不管文化背景如何。荣格认为促进有效的人际关系和发展,需要心理学的"核心条件":真诚一致、(普适性的)无条件的正向关怀以及同理心。对于荣格和布伯而言,"宇宙中最强大的力量,不是至高无上的权力,而是爱"(Rogers, 1980, p. 219)。

世界著名的公共知识分子——米歇尔·福柯(Michel Foucault,1982)认为,一个重要的甚至最重要的政治、伦理、社会和哲学的挑战,是促进主体间性(intersubjectivity)的新形式。福柯鼓励我们抵御主导性的商业叙事方式的轻易诱惑,以让我们能够反思我们的历史,必要时质疑这个历史,并创造一个新的共同历史。我们把领导力、商业和管理的教学置于关键的社会争辩的背景下,与重视市场交换、精明地追求个人利益的观点形成对比。

现阶段,对于管理学和领导力学者而言,最重要的智力挑战是,反击对充满诱惑但不过是梦幻泡影的世界图景的不成熟的迷醉。它导致了嵌入在经济叙事方式中的商业和管理观点,并在银行业最近的实践中以极端的形式表现出来。我们需要的是一种更人性化的叙事方式,能够替代"我—它"关系或者"纯粹的精明的经济关系——自私的经济原子论——……个人的、无交叉的、理性的、高效的、短期的、算计的、不容置辩的",只由市场调节的经济运作的本质(Nancy,2000,p.83)。现在,我们需要一个替代性的叙事方式,以更丰富的人际关系质量为基础,挑战欧洲中心论有关自我效能和人类行为的局限性观点。

管理者作为领导者,在管理学学者的支持下,能够挑战自我、设计新的体系。在新的体系里,关于自我以及自我与他人关系的新的叙事方式可以被共同创造出来。这意味着,我们的叙事方式应该包含对本地人和全球其他人的关心,替代那些牺牲他人获得"成功"的管理叙事方式。我们需要更关注公共价值,并培养对"共同利益"更明智的理解(Moore,1995),并且我们将补充这在全球化背景下意味着什么。管理研究面临的挑战是创造一种叙事方式,弥补金融危机引起的经济学叙事方式的消退。跨文化学习能够扩大我们关于共同利益的视野,建立在跨文化学习基础上的新的管理叙事方式,时机已经成熟。

批判现实主义和自反性

在教学中,我们确实会运用传统商学院的教学方法,即案例研究,不同的是,我们会以一种批判性的方式解构那些隐含短期成功观的案例,鼓励从长远角度,对成功的意义有更"现实"的认识。例如,我们利用案例,研究当前的银行危机及其前身——长期资本管理公司(Lowenstein,2001),帮助人们意识到认识和理解历史的重要性,尤其是挑战福山(Fukuyama)的主张——他声称历史已经结束,社会和经济组织不可能有别的形态。

我们的教学方法在某种程度上受到批判现实主义哲学(Bhaskar,1978)的影响。这种哲学区分了"经验"(empirical)——我们观察到的——和"真实"(real)。"真实"是事件的真正驱动者,由衍生性的机制构成,其自身就是创造世界上的事件的结构(strcture)与中介(agency)的复杂结果。"真实不仅包括事件,也包括它们的原因:衍生机制,结构及效力,在其中,事件只是一个结果。"(Wilson & Dixon,2006,p.262)

因此，我们向经验主义科学提出质疑，它假设经验是事实的真实反映。例如，Hamel(2001)在有关安然公司的叙述中，其案例研究方法和认为安然公司的卓越表现是因为"伟大领导"的观点，可能在当时的经验上是有效的。然而，对于安然现象——在短暂的卓越表现后轰然倒下——它却无法给出公平的、更细致入微的批判性解释。它把安然公司当作会被广泛效仿的模范公司。它没有给出任何可能导致安然最终破产的征兆。许多商学院的案例研究也是这样，它们痴迷于研究当前的、成功的明星企业，然而，这些企业的成功往往是短暂的。

批判现实主义试图演示和解释"已经发生的事情为什么会发生"(Danermark et al., 2001, p.52)。其方法是挑战幼稚的经验实证主义假设——我们观察到的才是重要的——同时聚焦于衍生机制这种从字面上看不容易观察到的事物。批判现实主义的一个先决条件是培养研究者的自反性(reflexivity)。赫兹(Hertz,1997, p.viii)认为，"自反性即活在当下的同时，与过去的经验进行持续的对话"。我们鼓励自反性，以培养智力和情感上区分哪些是持续的、哪些仅仅是风靡一时的能力，并培养正直的勇气，敢于指出皇帝的新装其实是假相。自反性的本质是挑战我们自己的思想、情感、价值观、态度、信念和思维习惯的能力。我们将同时作为研究自我的主体和客体，我们也称之为自我意识(self-awareness)。这种时时刻刻观察自己的意识，让我们能够重塑经验，摒弃陈旧的、负面的或者习惯性的思维模式和经历。然而，自反性不仅仅是一种个人的、表达情感的过程。它还是一种认知过程，促使我们探讨个人、社会及政治的背景以及我们自己与这些背景的关系。这些背景是理论、研究和实践产生的根源。

我们将此方法视为培养预知(prescience)的能力，而不是预测(prediction)的能力。从这个意义上来看，社会科学更像是前科学(pre-science)，而不是狭义的实证主义的科学。后者只适用于那些轮廓清晰的领域，在其中，经验主义能够合理地处理真实观察到的现象，虽然科学的演进(例如，物理学)告诉我们，我们可能依附于那些对我们明显很危险的事物。在这个越来越不可预测的世界，我们需要学会更加善于反思，有道德勇气挑战我们的心智模式。通过对资本主义的历史回顾，我们可以知道，资本主义已经发展、演变为社会和经济因素的一种复杂的相互作用，是人性动机和价值观的一种深刻的、有时甚至是矛盾的表现。过去几年发生的事情看起来是，一种纯粹的经济学解释减少了对社会和文化因素的强调，转而突出边际因素(margins factors)，这是不同于传统的解释模式。

我们的方法是调节平衡——"平衡"是我们一直强调的关键概念——修复人性、关系的元素、复杂的动机、对立的价值观以及我们的思维方式的历史成因。例如,Lowenstein(2001)认为,长期资本管理公司失败得如此彻底,几乎拖垮了整个世界的金融体系,其中一个原因就是,该公司的创始人(诺贝尔经济学奖得主)对市场应如何运作的理解完全缺失了人文精神。而历史学家尼尔·弗格森(Niall Ferguson,2008)指出,同时缺失的还有一种历史感。同样,我们把这当作我们教学的哲学标准。我们赞同约翰·杜威的观点,管理的主要任务是"重塑一个盈利系统,该系统不仅仅指导如何盈利——盈利当然很重要——同时还要为一切对发展人性潜力有重要意义的创造性和生产性活动,创造积极的、持久的机会"。我们需要一种积极的充满希望和理想的叙事方式,以人的精神为驱动,替代受"动物本能"驱动的过度的非理性的繁荣。

个人领导力与身份

始于华尔街(很多顶级 MBA 的完美职业场所)的金融危机,让人们清晰地认识到,需要一种更具整体性的关于管理和管理教学的观点。在寻求技术能力方面,商学院提倡专业知识(通常以科学的面目出现,尤其在经济学和金融学方面)。毫无疑问,这些专业知识是金融危机的部分原因。然而,仅仅把责任归于经济学家是不对的。领导力和市场营销方面的学者也应该承担责任。当前的经济衰退,以及由此引发的广泛的社会困境,为商学院带来了合法性和身份危机,也对商学院的领导者产生了深远的影响。看起来在寻求技术能力的过程中,商学院已经失去了反思的能力,无法再自称学习型组织(Senge,1990)。MBA 教育受到公正的批评,因为它们让学生过多地关注他们自己的经济和社会利益,牺牲了公众利益。MBA 的课程设计也受到批评,因为课程过度集中于分析而不够综合,并且缺乏培养智慧、直觉以及内心的和人际关系的意识。甚至有人认为,MBA 已经被"扭曲",成为"大脑失衡、内心冰冷、灵魂萎缩的怪物"(Leavitt,1996)。

在教学中,我们面临的关键挑战是,在一个集体丧失了大部分批判性的自我分析能力的地方,促进自反性。这种剖析要建立在探究的基础上,而不是党派倡议的基础上。另一个挑战是为管理学和领导学创造新的教学实验空间。这要求整合性思考、富有想象力的思想、创造性地观察和行动的方法,以及对内心、灵魂和身体的需要的关注。正如芝加哥的哲学家 Martha Nussbaum(1997)所说,我们作为教育者所面临的挑战是培养随机应变的人,他们富有创造力,对工作和所要达成的成就充满激情,能够为个人和组织提供领导力,而不是需要被领导的追随者或者由自身利益驱动的技术官僚。我们需要挑战狭隘地植根于经济学的一种僵化的身份认识,探索其他的可能性(Cavell, 2005)。为此,我们需要进行学习。这些学习经验为我们提供机会反思当前的存在方式和其他滋养精神的方式,促进我们对物质成功的意义和目的的反思。

领导力的学术研究往往过于简化领导者面临的道德挑战和心理挑战的多样性,往往选择关注案例(这多少有些狭隘)。这些案例过度浪漫地把领导者描绘成"伟人",像超人一般,独自带领组织,顽强地向着宏伟的未来前进。成功的组织往往被视为这种"伟人"模式的历史的反映。这种分析的问题在于,它倾向于把杰出的领导者打造成个人英雄。这种描述在理论上是有局限性的,对领导力和组织的发展而言是成问题的。首先,它否认了更广泛的组织成员,对任何重大的组织增长或者成功默默做出的贡献。它还有一种没有预料到的影响,就是会在组织层级中创造虚假的能干现象或者 Clarkson(1994)所称的"阿喀琉斯综合征"。当个人在情感上承受着压力,要达到虚构的英雄领袖的标准,却感到完全不足以完成任务时,一种虚伪的文化就出现了。感觉像一个骗子那样在工作,这不仅仅是对自尊的侵蚀,而且往往会让员工失去动力,技能退化。

近代的历史告诉我们,被当作超级英雄的领导者,最终被证明与最初所宣扬的相去甚远。安然公司和它的领导层,在很多年里都是世界上最受尊敬的公司。苏格兰皇家银行的弗雷德·古德温(Fred Goodwin)爵士,在业界曾被普遍认为是一位英雄、一位有远见的领导者。银行危机挑战了对我们当前关于什么构成了卓越的领导力的思考,驱动我们重新审视我们认为理所当然的领导力的本质。中国古代圣贤老子的思想:"领导者的最高境界是'太上不知有之',人们几乎感觉不到他的存在,当他做完工作、实现目标后,人们会说,我们是自己完成这些工作的"——从一个非常不同、更人性化的角度,诠释了领导力的任务和责任。所以我们认为,我们需要新的、不同的方法来思考和实践领导力。我们的方法是,开发旨在重新审视和建立在动荡时期进行领导所需要的个人资源及思想方法的领导力项目。

MBA 群体本身已经成为建立学习社团的推动者。通过真诚的跨文化对话以及探究的精神和实践,我们的目的在于帮助他们迎接有道德使命感、价值观驱动的领导力的挑战,维护个人诚信,以及促进他人的诚信。通过这种方式,个人能够承担起创造领导身份的责任,最终人们会因为这一领导身份与他们真实的价值观和信念产生共鸣而乐意追随这位领导者。在这个过程中,我们鼓励学习者审视个人身份和工作身份,以及其所根植和表现的价值观,同时,我们鼓励他们建立在达成具有道德复杂性的组织和社会目标的过程中最大化人际效能的支持性战略。

正如我们前面提到的,我们强调平衡这一概念,以及在自我与他人之间创造和谐的能力。我们把领导力视为有挑战性的活动,因为它本质上需要进行非常困难的平衡,这种平衡本质上是知识、情感和精神性的。以往的经验告诉我们,领导力有其阴暗的一面,因此,我们把领导力定义为有道德的、符合伦理的活动,首先体现为心理和组织的诚信。我们鼓励学生和客户定义他们担任领导角色的核心理想,并探讨如何在自我实现的过程中,实现这些理想。我们考察了组织的背景,即他们进行领导的环境,以及他们如何重塑思维和行动,形成他们自己作为领导者的鲜明身份。我们要认识到,在这个层级工作,对人际关系和情感深度的要求是很高的,当然也会有相应的回报。正如 Jersild(1955)所说,"一个人要认识自我,就必须有勇气去寻找自我,并谦卑地接受你所可能找到的自我"。

我们聚焦于两个点上,它们在根本上是交织在一起的:第一点,提高了反思性地认识世界,以及我们思考、感觉和体验世界的方式的能力;第二点,阐释并扩展了对关系中的自我和身份的意识。Branden(1995, p. xl)认为,"这是一个危险的历史时刻,我们不知道自己是谁或者不相信我们自己"——然而管理教育总是回避这一责任,即提供一个安全的空间来发展社会性、情感性和超越个人的意识,以支持情感需要较少的技术教育。为了支持这一更深入的探索,我们与学生和客户一起工作,理解他们的个人和职业身份,以及文化在(重新)塑造身份中发挥的作用。这种自我反思的行为和理解自我的渴望,不是一种自恋行为。自我学习的目的是追求道德上的进步。它有助于深化我们的同情心,让我们看到人性的内在联系,使我们更加注意自己的行为会带来的后果。个体与集体之间的紧张及平衡是在哲学、理论和实践层面需要解决的最主要的挑战。

我们认为领导力既是一门艺术,也是一门科学,既是公共行为,又是个人行为。因此,我们提供了一种学习环境,允许参与者探索如何在发展更人性化和可持续的组织的过程中,平衡经济的需求与声张人性之间的挑战。我们通过借鉴和整合管理与教育的最佳实践、东方与西方的哲学、心理学、艺术与人文、系统思考、行动与叙事方式研究、故事、生活经历、情境规划、管理学习、个人发展来实现。同时,我们也发掘学生社区的文化多样性,关注丰富的跨文化学习和对话。

重要的是,我们强调,领导力是关于应对内在很复杂、有时很混乱、具有心理上的挑战性,并且总是瞬息万变的世界的。领导者越来越迫切的一项主要任务是,既为他们自己,也为他们所领导的人,在混乱中创造一种秩序感和意义感,而不是为抵御不确定性带来的焦虑而屈服于过早闭合的诱惑和僵化的思维。正如 Branden(1995,p.xl)提示我们的,"**我们无法在外部世界找到的稳定性,必须在我们的内心找到**"。我们分析认为,领导者在展示出预见能力时最为有效。预见能力是指,感知/知道当时当地在为未来做准备时,什么是最重要的。从完形心理学来讲,这意味着一种对当下充满警觉,并活在当下的意愿;一种专注的态度,促进对我们自己和他人的经验的深刻、直观的欣赏。这是我们从一起共事的、最能鼓舞人心的领导者身上发现的一种品格。预见能力需要自我意识和深刻、系统的内省能力,以及对感性经验和具体化学习的开放态度。这样,基于想象力,特别是道德想象力的变革,将变得可能(Johnson,1997)。

我们的教学方法主要是体验式的(Kolb,1984),但与此同时,互动式和参与式也在尽可能多地运用。为了在平衡智力运转的同时,支持社会智力(Goleman,2006)、情感智力(Mayer & Salovey, 1993)以及精神智力(Zohar & Marshall, 2000)的发展,我们十分重视反省循环中的情感部分,使用结构化的练习引导个人对植根于文化叙事方式的思维和感觉进行探索。Cooper 和 Sawaf(1998,p.xi)认为,"我们已经付出了昂贵的代价——在我们的组织以及生活中,试图把情感与智力分开,这是不现实的"。在体验式学习时,辅导员或者引导师的角色是创造一种环境,这种环境通过提供足够的心理安全,允许学习者投入精力,解决困难的个人和职业情感及问题,从而使学习社团变得兴旺。引导师需要有掌控或者"包容"小组成员的强烈感情和情感表达的能力,需要能够在学习者中产生深刻的信任。这需要一定程度的情感成熟度,致力于自身成长,并关注自己和其他学习者。

如果你窥视一间正教授领导力课程的教室,你将有何见闻?教室的气氛会是放松但警觉的、非正式但自律的。会有两人一组、独自一人、多人小组等形式的练习,具有文化多样性的学生小组将被鼓励记录他们的经验和在反思过程中所学到的。学生们可能在教室的边缘处,围坐在桌子周围,或者分成小组坐在地上,或者任何适合完成任务的形式。一眼看过去,你很难分辨出谁是辅导员。我们将利用小组的现场经验,使用引导想象、比喻和可视化作为一种探索叙事方式和建立自我理论的方法。我们使用学习定势,鼓励共同学习,互惠互助。教室为自省和目标设定预留了受保护的空间。我们鼓励建立支持系统,例如,通过"结对子"鼓励对双方目标的投入。这样,小组联盟和个人结合就形成了,并能很好地延续到课外。

我们的课程包括提供精心设计的进程引导练习,目的在于增强对个人和群体动态的欣赏及理解。这种体验式学习可以促进更好的自我认知,例如,认识到个人和文化的盲点,以及认识到个人界限和个人承担风险的范围。通过这种方式,团队跨文化主义本身就成了社会化学习和情感性学习的一种兼具支持与挑战的载体,因为它提供了一种进行现场人际探索的直接资源。我们强调以下工作的重要性:发展对他人的同理心,给予并接受真诚的反馈、指导和教练,作为建立引导式工作关系的方法。同时,强调了感知管理、关系管理以及自我管理的跨文化能力(Bird, Mendenhall, Stevens, & Oddou, 2010)。从培养专注和同情能力的角度,探讨了理解、应对自身与他人的压力的原因和影响的重要性(Kabat-Zinn, 1990)。同时,通过有意识的、持续的自我关怀,维持一种健康的工作—生活的平衡。最后,我们要求 MBA 学生立足于个人的真诚,对他们自己的生活和人际关系负起责任,而不是防御性或无意识地责备他人或者"系统"(Brown & Starkey, 2002)。

从理性的角度,我们使用认知技术,例如情景规划,帮助参与者以更灵活的方式想象未来。这些未来是我们基于故事描述而设想的一系列不同的可能。为了提高自我意识以及内部指导能力,我们使用对话技术,让参与者对他们自己以及他人的主导文化模型进行辩论。这些模型被用来作为领导力的黑暗面的借口。黑暗面包括对权力的渴望、道德短视、嫉妒和贪婪。这里再一次强调,我们的目标是促进一种对自己和他人更具同理心和同情心的态度,从而促成一种追求道德和伦理目的的更具可持续性的组织形式。这里我们想讲述一个案例,是一位尼日利亚的 MBA 学生描述她自己和家人在尼日利亚的生活经验的。她的叙述很感人。她富有感染力的叙述涉及了一代人的发展以及更广泛的商业和社会发展,尤其提到因为开采石油而对尼日尔三角洲的破坏。小组经过讨论,形成了一个共同创造的、跨文化的愿景。在这个愿景中,领导者的角色是基于情感关怀和同情,管理现在和未来几代人。我们还使用了一系列的案例研究,这些案例特别强调领导者的决策制定对人性的影响。其中一个案例是在珠穆朗玛峰上的领导力灾难的分析(Ennew et al.,2006),案例展示了领导力的黑暗面,以及认识领导力的局限性,理解在组织中平衡风险、个人利益与团体利益和安全的重要性。

贯穿我们工作的一个关键主题是,以一种更开放的心态、尊重的方式,基于倾听,对他人和自己进行探询,同时,探询个人和公共价值的重要性(Moore,1995)。在传统的瑜伽中,在群体中以谦虚和尊重的态度倾听他人,重视通过个人努力创造和谐与平衡。这种练习是一种精神修炼,称为"心灵修炼"(satsanga)。我们鼓励小组内进行这种心灵修炼,通过这种方式,小组成员更容易谈论个人和职业经历中的敏感问题。

图6.1为我们的课程体系。

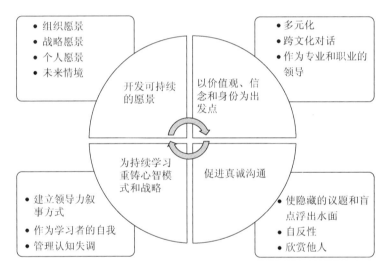

图6.1 作为一种平衡行动的领导力

MBA课程和高管培训都是在五天内密集上完的,以最大化学习效果,充分推进小组进程。我们也为高管学员提供了一种为期三天的课程,安排如下:首先是两天的专题研讨,通常包括案例研究、体验式练习、导师意见、个人自省;其次是提供机会让学员在自己的工作环境中运用所学。课程导师会提供持续的指导/教练。最后,在第三天的课程中,我们重新整合为一个团队,专注于个人和组织从课程中学到的,并为未来更平衡的领导力哲学和实践制订接下来的计划,以及思考未来需要个人和组织完成的工作。不管怎样,我们是客户导向的,我们的课程是定制化课程,以满足客户不同的学习需要。

结论

我们生活在一个商业和商学院面临挑战的时代。金融危机会产生长期的阴影。如果我们要避免重复的错误，避免产生更加毁灭性的后果，那么我们必须重新思考现存的商业和管理理论，以及商业教育和管理教育的实践。商业和商学院面临的这一挑战，表明了创造性思维和批判性思维的重要性，因为它们能够帮助我们重新设想更有效和可持续的未来（Datar et al., 2010）。领导是一个组织的核心。当领导表现卓越时，它对很多人（包括员工、客户和社会）的福祉会产生巨大影响。当领导表现失败时——我们在书中提到，当领导者重视自我利益，忽略社会结果时，领导失败就会发生——它将会是巨大的破坏的根源。

我们已经讨论了一种领导力教学的替代模式，这一模式建立在社会科学、哲学和人文科学相混合的基础上，结合了组织和个人的发展。我们认为，这同样也是商学院应该发展的方向。商学院应该拓宽自己，发展不同的知识和经验形式，以便它们自身的实践能够具备自反性和响应能力。这样的变革有巨大的障碍，尤其是在现存的整体结构下。尽管有金融危机的存在，但是系统中还是有很多惯性和对变革的抗拒。为应对这种局面，需要富有想象力的观点和挑战根深蒂固的观点的意愿。总之，这需要商学院院长和其他教师以及开明的管理者，愿意实践大胆的、富有想象力的领导力。

我们用一则寓言故事结束本章，故事的名字叫做"通告"，讲述的是苏菲教的摩拉·纳斯鲁丁的故事（Shah,1968）。故事告诫我们，不要愚蠢地相信可以轻易得到解决方案、获得自我认知和洞察。

纳斯鲁丁站在市场上，向人群喊道：

"嗨，大家听着！你们想不经历困难就获得知识，不尝试就得出真理，不努力就有收获，不付出就有进步吗？"很快，人们蜂拥而至，每个人都喊道："是的，我想！""太好了！"摩拉说："我只是想知道是不是真的有人相信有这样的好事。你们可以期待我告诉你们如何达成，如果我找得到这种方法。"

参考文献

Akerlof, G. A., & Shiller, R. J. (2009). *Animal spirits: How human psychology drives the economy, and why it matters for global capitalism.* Princeton, NJ: Princeton University Press.

Baring Foundation. (2007). London: Annual Report.

Bhaskar, R. (1978). *A realist theory of science.* London: Verso.

Bird, A., Mendenhall, M., Stevens, M. J., & Oddou, G. (2010). Defining the content domain of intercultural competence for global leaders. *Journal of Managerial Psychology*, 25, 810—828.

Branden, N. (1995). *The six pillars of selfesteem.* New York: Bantam Books.

Brown, K., & Starkey, K. (2000). Organizational identity and learning: A psychodynamic perspective. *Academy of Management Review*, 25, 102—120.

Buber, M. (1958). *I and thou* (R. J. Smith, trans.). New York: Macmillan.

Cavell, S. (2005). *Philosophy the day after tomorrow.* Cambridge, MA: Harvard University Press.

Clarkson, P. (1994). *The Achilles syndrome: Overcoming the secret fear of failure.* London: Element Books.

Cooper, R., & Sawaf, A. (1998). *Executive EQ.* London: Orion Books.

Danermark, B., Ekström, M., Jakobsen, L., & Karlsson, J. C. (2001). *Explaining society: Critical realism in the social sciences.* London: Routledge.

Datar, S. M., Garvin, D. A., & Cullen, P. G. (2010). *Rethinking the MBA: Business education at the crossroads.* Boston, MA: Harvard Business School Press.

Delves Broughton, P. (2009). *What they teach you at Harvard Business School. My two years in the cauldron of capitalism.* New York: Penguin.

Denning, S. (2007). *The secret language of leadership: How leaders inspire action through narrative.* London: John Wiley & Sons.

Dewey, J. (1939). The economic basis of the new society. *In Later works of John Dewey* (vol. 13). Carbondale, IL: Southern Illinois University Press.

Ennew, C., Tempest, S., & Starkey, K. (2007). In the death zone: A study of limits in the 1996 Mount Everest disaster. *Human Relations*, 60, 1029—1064.

Ferguson, N. (2009). *The ascent of money: A financial history of the world.* London: Allen Lane.

Ferraro, F., Pfeffer, J., & Sutton, R. L. (2005). Economic language and assumptions can become self-fulfilling. *Academy of Management Review*, 30, 8—24.

Foucault, M. (1982). Afterword. In H. L. Dreyfus & P. Rabinow (Eds.). *Michel Foucault: Beyond structuralism and hermeneutics.* London: Harvester Wheatsheaf.

Friedman, M. (1970, September 13). The social responsibility of business is to increase its profits. *The New York Times*.

Ghoshal, S. (2005). Bad management theories are destroying good management practices. *Academy of Management Learning & Education*, 4, 75—91.

Ghoshal, S., & Moran, P. (1996). Bad for practice: A critique of the transaction cost theory. *Academy of Management Review*, 21, 13—47.

Gibson, A. (1996). *Towards a postmodern theory of narrative.* Edinburgh: Edinburgh University Press.

Goleman, D. (2006). *Social intelligence: The new science of human relationships.* Suffolk: Random House.

Goodman N. (1978). *Ways of worldmaking.* Indianapolis, IN: Hackett Publishing Company.

Greenspan, A. (2007). *The age of turbulence: Adventures in a new world.* London: Allen Lane.

Greenspan, A. (2008). Testimony on "The financial crisis and the role of federal regulators", before the House of Representatives, Committee on Oversight and Government Reform. Washington, PC, 23 October, 768—772.

Guilherme, A., & Morgan, J. (2010). Martin Buber: Dialogue and the concept of the other. *The Pastoral Review*, September, 1—6.

Hamel, G. (2001). *Leading the revolution.* Boston, MA: Harvard Business School Press.

Hertz, R. (1997). *Reflexivity and voice.* Thousand Oaks, CA: Sage.

Hont, I. (2005). *Jealousy of trade: International competition and the nation-state in historical perspective.* Cambridge, MA: Harvard University Press.

Hubbard, G. (2006). Business, knowledge and global growth. *Capitalism & Society*, 1, 1—10.

Jersild, A. T. (1955). *When teachers face themselves.* New York: Teachers College, Columbia University.

Johnson, M. (1993). *Moral imagination: Implications of cognitive science for ethics.* Chicago: Chicago University Press.

Kabat-Zinn, J. (1990). *Full catastrophe living.* London: Piatkus.

Khurana, R. (2007). *From higher aims to hired hands. The social transformation of American* business schools and the unfulfilled promise of management as a profession. Princeton, NJ: Princeton University Press.

Kolb, D. A. (1984). *Experiential learning*. Englewood Cliffs, mJ: Prentice Hall.

Leavitt, H. (1996). The old dogs, hot groups, and managers' lib. *Administrative Science Quarterly*, 41, 288—300.

Lewis, M. (2010). *The big short: Inside the doomsday machine*. London: Allen Lane.

Lowenstein, R. (2001). *When genius failed: The rise and fall of Long-Term Capital Management*. London: Fourth Estate.

Mayer, J. D., & Salovey, P. (1993). The intelligence of emotional intelligence. *Intelligence*, 17, 433—442.

Miller, D. T. (1999). The norm of self-interest. *American Psychologist*, 54, 1053—1060.

Moore, M. H. (1995). *Public value: Strategic management in government*. Cambridge, MA: Harvard University Press.

Nancy, J.-L. (2000). *Being singular plural*. Palo Alto, CA: Stanford University Press.

Nussbaum, M. (1997). *Cultivating humanity: A classical defense of reform in liberal education*. Cambridge, MA: Harvard University Press.

Parekh, B. (2006). *Rethinking multiculturalism: Cultural diversity and political theory*. Basingstoke: Palgrave Macmillan.

Pfeffer, J., & Fong, C. T. (2002). The end of the business school? Less success than meets the eye. *Academy of Management Learning & Education*, 1, 78—95.

Rogers, C. (1980). *A way of being*. Boston, MA: Houghton Mifflin.

Rorty, R. (1980). *Philosophy and the mirror of nature*. Oxford: Blackwell.

Ross, A. (1994). *The Chicago gangster theory of life*. London: Verso.

Senge, P. (1990). *The fifth discipline: The art and practice of the learning organization*. New York: Doubleday.

Shah, I. (1968). *The pleasantries of the incredible Mullah Nasrudin*. London: Picador.

Starkey, K., & Tempest, S. (2009). The winter of our discontent: The design challenge for business schools. *Academy of Management Learning & Education*, 8, 576—586.

Starkey, K., & Tiratsoo, N. (2007). *The business school and the bottom line*. Cambridge, UK: Cambridge University Press.

Tett, G. (2009). *Fool's gold: How unrestrained greed corrupted a dream, shattered global markets and unleashed a catastrophe*. London: Little, Brown.

Weber, M. (1992). *The Protestant ethic and the spirit of capitalism.* London: Routledge.

Wilson, D., & Dixon, W. (2006). Das Adam Smith problem: A critical realist perspective. *Journal of Critical Realism*, 5, 252—272.

Zohar, D., & Marshall, I. (2000). *Spiritual intelligence: The ultimate intelligence.* London: Bloomsbury.

第七章
在哈佛商学院学习领导力

Thomas DeLong

Linda A. Hill

哈佛商学院

哈佛商学院的领导力与组织行为学(LEAD)课程,主要讲授管理和领导他人的一些基本问题。包括:理解和影响群体行为与绩效;一对一地与他人合作及管理他人;在共同的愿景或方向下,领导、激励和协调他人。最后,课程清晰地介绍了一些在学习领导力和管理个人职业发展(尤其在早期的职业阶段)过程中,常见的基本选择和战略问题。

LEAD 课程旨在为学生们提供一些关键的概念和能力,无论从短期还是长期而言,对学生们都是有用的,将帮助他们实现从个人贡献者到管理者/领导者的转型,并且随着时间的发展,找到一条充分发挥个人能力的职业路径。无论组织所处的行业、国家、具体功能或者规模如何,重要的是我们的学生如何在组织环境中成就卓越。

本章使用"学习领导力"(learning to lead)作为标题,是因为近二十年以来,哈佛商学院的 LEAD 这一核心课程,一直使用这一短语作为课程总结模块的名字。这一最后的模块综合了关于团队、人际行为、组织协调、领导力以及变革等内容的学习,并清晰地阐述了"be-do-know"模型的各个组成部分。本章阐述了开设 LEAD

课程的理论基础、课程的主要学习目标以及课程相关的概念和主题。

本书的很多内容都是基于这样的假设,即**领导力是可以教授的**。其目标首先是创造条件,让学生们理解他们担任领导角色所处的各种环境,并培养有助于他们建立和运用一些技能的自我觉察能力。在哈佛商学院,大家普遍认为,**领导力的工具是自我**。学生们必须理解如何把他们的意图和效果匹配起来。哈佛商学院的教师们不是负责教会学生如何领导,而是负责为他们提供工具和环境,以便他们可以自我教授各种领导技能。

哈佛商学院的课程是建立在如下的学习理论基础上的:**学习领导概念和技能最有效的方式,是在具体的情境中,通过个人探索来学习**(例如,大量使用案例教学和体验式学习,而不是讲座或者更被动的指导方式)。此外,这一理论也基于如下信念,即**我们都是社会学习者**,因此,所有的教育经历都是以**同伴学习模型**为基础的(比如,在一年的时间里,学生们加入一个由八九十个来自全球各地的学生组成的团体,或者加入一个 6—10 人的小型学习团体,然后课程中的话题根据学生在其中经历的变化而设置)。

本章的结构

本章开头描述了 LEAD 课程的理论基础。LEAD 课程具有丰富的学术历史,关于这一点,如何强调都不过分。接下来我们从以下几个方面描述课程的演化:学生概况、课程目标及潜在目标、课程主题,最后总结课程的五大模块。

学生概况

在进入商学院之前,大多数学生的职业工作经历都是个人贡献者,主要职责在于具体任务的绩效表现,例如,销售、工程、财务分析或者咨询。他们对组织的贡献主要靠他们个人的专业知识、经验和行动。如果他们的未来像大多数哈佛商学院的毕业生一样,那么在完成 MBA 课程之后的 3—5 年中,他们将负责重要的管理或者领导职责,通常包括领导一支团队,或者正式管理组织的某一下属单位,或者管理一个小型组织,还有可能成为一家创业公司的所有者或者合伙人。

LEAD 课程主要讲授管理和领导他人的一些基本内容。包括：理解和影响群体行为与绩效；一对一地与他人合作及管理他人；在共同的愿景或方向下，领导、激励和团结他人。课程尤其强调建立协调一致的高绩效组织的重要性，强调在组织内部领导变革的挑战。最后，课程明确地讲授了一些在学习领导力和管理个人职业发展（尤其在早期的职业阶段）过程中，常见的基本选择和战略问题。

LEAD 课程旨在为学生们提供一些关键概念和能力。这些从短期和长期而言，对他们都是有用的。它将帮助学生们实现从个人贡献者到管理者/领导者的转型，并且随着时间的发展，找到一条职责不断扩大的职业路径。课程关注于个人如何在组织中成就卓越。尽管考虑了背景因素（如组织所处的国家、行业、功能、规模或者发展阶段）对组织动态的影响，但它们只是这门课程的背景而不是最重要的内容。

优秀的学生往往纠结于找出证据证明自己拥有成为未来领导者的天赋和动力。通过案例教学的方式，我们能够创造一种心理上更安全的方法，通过鼓励学生们把自己代入到不同案例中的领导者角色中，让他们能够正视自己的发展需求，从而感同身受地学习那些领导者的经验。结合这些信息，我们会提供反思练习，帮助学生们确定他们的个人发展规划。

最初的流程

学习领导力的过程在学生们进入校园之前，做出加入商学院的决定时，就已经开始了。哈佛商学院的申请流程非常费力，需要学生全面地考虑他们的动机、需求和价值观。申请流程需要他们评估自己的能力和过去的经验，考虑自己是否希望成为一位"领导者"，以及"领导者"对他们意味着什么。

"领导者"这个词对每一位申请者有不同的意义。但是，清楚地表达自己的哲学观、信仰代表着自我探索和自我意识的艰难过程的早期阶段，这是卓越领导所必需的。同时，学生们开始探询成为一位领导者意味着什么，领导者需要哪些品格——这些问题将贯穿他们的 MBA 课程。

通过这一自我探询的过程，申请者开始以新的方式，向自己提出不同的问题，这可能改变他们的参照模式。尽管学习领导的过程可能在个人决定申请加入商学院的几年前就已经开始了,但是,从现在起,才是真正认真地开始学习。

LEAD 课程的历史基础和知识基础

在哈佛商学院,领导力被当作一门学科。因此,有一些基本问题在设计课程时需要考虑:

- 领导力到底是什么?
- 领导力为什么重要?
- 个人如何学习领导力?为了让他们愿意和能够学会领导,应该提供哪些角色转型的经历?

这些问题由哈佛商学院组织行为项目的前辈们提出。从 Elton Mayo、Fritz Rothlisberger 到 Paul Lawrence、Jay Lorsch,到 John Gabarro、John Kotter,再到 Linda Hill、Nitin Nohria 和现在的教师们,坚持更新、完善我们对领导力和组织行为的理解,为学生应对不断变化的全球经济对领导者提出的越来越高的要求做准备。课程建立在前辈们的开创性工作基础上,包括 Mayo、Rothlisberger 和 George Homans 对组织作为社会系统的研究,以及 Lawrence 和 Lorsch 的权变理论。此外,他们的方法和见解为我们理解优秀的理论并将其转化为设计 LEAD 课程的实践提供了一个坚实的基础。

关于提供转型练习需要做些什么的集体思考得到了我们的同事 Paul Lawrence(同时也是一位导师)的指导。Lawrence 在他题为"对组织行为历史的思考"(Reflections on the History of Organizational Behavior)的论文中说道:

> 组织行为主要是,按照不同利益相关者的多重标准,提高组织的绩效。因此,这一领域的实践往往聚焦于理解组织内部决策者的可用的行动方案,预测他们的选择带来的结果,聚焦于解析绩效标准与产出贡献之间的冲突,以及组织变革的流程。

直到 20 世纪 90 年代早期,哈佛商学院的课程都是聚焦于组织行为,而没有明确地强调领导力。1992 年,在对 MBA 项目"领导力和学习"的课程回顾中,学院收集了教师、校友和雇主们的意见。这些发现对设计新的课程是有帮助的(参见图7.1)。同年,题为"领导力和组织行为"(LEAD)的组织行为学核心课程应运而生。

课程目标

LEAD课程的设计初衷是满足下列指标:
- 聚焦于学生们练习有效领导需要知道的实用性内容。
- 聚焦于组织行为的基础,同时将最新的相关理论和实践工作包括进来。
- 重点关注早期和中期职业生涯的困境。
- 尤其强调行动规划和技能培养。
- 挑战学生关于组织生活背景下人的行为的固有模式和假设。

有一个假设认为,在组织的所有层级,所有的管理岗位都有与之关联的、需要履行的领导职能。基于这一假设来看,领导和管理的差别没有得到足够的重视。在提供基础概念的培训时,需要根据任课教师的研究领域来设计课程。这允许课程内容有一定的灵活性,并增加进一步的案例开发,以及在教学中补充不断演进的全球经济中出现的领导力机遇和挑战的可能性(参见图7.2)。

LEAD课程的目标基于下列假设:
- 组织是一种社会系统。
- 不存在一种普适性的领导或者组织的最佳方法(权变理论)。
- 领导力开发包括任务和个人学习(学习身份理论)。
- 加强人与人之间的关系对培养领导技能(沟通、权力和影响力、社会变革、社会网络和多样性理论)极为重要。
- 不存在一种普适性的管理变革的最佳方法(领导力、组织变革和组织设计理论)。

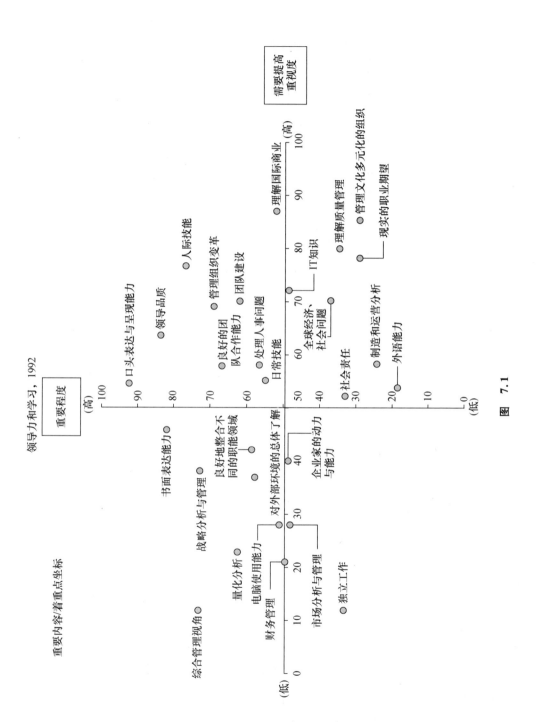

图 7.1

第七章 在哈佛商学院学习领导力 · 145 ·

- 领导者和管理者的本质及职能
- 领导者和管理者的职业生涯及个人发展
- 组织中的多样性(种族、性别、国籍)管理
- 有效的人际互动
- 全球化及其引起的领导力和组织挑战
- 团体内部和外部的动态性
- 团队的结构和动态
- 工作和工作生活的本质及结构
- 组织设计、有效性和变革
- 组织文化
- 创新趋势和组织演进
- 人力资源管理
- 公司治理
- 组织内外关系网络

图 7.2　1992 年的研究重点

LEAD 课程的潜在目标和主题

LEAD 课程旨在帮助管理者应对他们在不同的职业阶段遇到的几个关键挑战：

（1）课程让学生们提前了解管理意味着什么。很多新任的管理者对工作的期望是不完整的、过于简单的。作为一位管理者，不仅意味着获得了掌握权力的职位，还意味着要和他人，包括组织内部的人（上司、下属、同事）和外部的人（供应商、客户、竞争者、投资人、债权人）形成互助关系。实际上，管理者在组织里的职位越高，就越需要依靠他人来完成工作。这一点对小企业主和大型公司的 CEO 也是适用的。

（2）课程帮助学生们实现从个人贡献者向管理者的职业转型。新任管理者经常会感到惊讶，从个人贡献者到管理者，变化竟然如此彻底。研究表明，成为管理者后，作为个人贡献者加入组织时所培养形成的态度和习惯，许多都需要抛弃。这些态度必须代之以与对一个工作部门或整个组织负责的领导者的角色相一致的思维和行为。我们可以用乐队进行类比，**从个人贡献者到管理者的转型就像从小提琴手到乐队指挥的转变**。小提琴手只需要专注于某部分乐谱，而乐队指挥则必须非常熟悉全部乐谱，才能协调众多演奏者的效果。新任管理者必须寻求以新的方

式从工作中获得满足感,并衡量自己的成功——通常不同于他们作为个人贡献者的方式。

(3) 课程帮助学生们面对成为管理者的过程中所需要的任务学习和个人学习。大多数新任管理者有任务学习的需要(即获得新的管理技能的需要),对与之对应的个人学习(即获得自我认知,应对成为管理者带来的压力和情绪的需要),他们却感到惊讶。有效的管理者知道自己的个人类型及其影响、自己的强项和弱项,以及自己的内驱力和价值观。

(4) 课程探讨了与不同的个人和群体建立有效关系的流程。要在全球经济中保持竞争力,公司需要打破传统的界限,创造简洁、适应性强以及全球化的组织。跨越不同国家的扁平化人际网络和跨职能团队正在出现,有时会替代职能型、层级型组织结构。公司正在与供应商、客户甚至竞争者形成战略联盟——这些趋势对正式权力构成了一种挑战。有效的管理者必须考虑各方的利益,理解如何在复杂的、相互依赖的人际网络中,基于相互信任和授权,建立关系。

(5) 课程帮助学生们建立对成为有效的领导者需要做什么的理解。要在今天混乱的、要求越来越高的环境下竞争,组织必须持续进行自我振兴和自我转型。因此,所有层级对有效领导者的要求都在增长。领导者的工作在于通过建立组织的未来愿景,以这个愿景调动整个组织,并激励人们实现这一愿景,来应对变革。管理者必须是有效的变革推动者,理解如何克服变革的阻碍,应对与变革相关的不可避免的压力,实施合适的变革战略。管理者必须能够再造组织,以适应新的竞争环境。

(6) 课程帮助学生们学习和了解,如何在整个职业生涯过程中,保持前瞻性和企业家精神。在今天高度竞争的经济环境下寻求生存的公司,正在重建公司与员工的心理契约。在今天的大多数社会中,职业安全感和垂直流动性已经减弱。要建立一个成功的、令人满意的领导者职业生涯,必须理解如何做出合适的职业选择,以及如何成为自主学习者。识别并利用发展机遇的能力对于更新和扩展个人的专业特长是非常重要的。学习领导力主要是从在岗工作经验中学习的过程——通过行动、观察和与他人互动。有效的管理者知道如何得到他人的反馈,进行结构化的反思,以便确定和巩固他们从经验中学到的。有效的管理者还会对横亘在他们面前的挑战感到兴奋不已。

研究表明,培养这些技能需要最能够捕捉管理工作的实际情况和鼓励从经验中学习的教学方法,所以课程的教学采用了一系列包含精心挑选的案例的互动式方法,这些案例常常辅以一些视频材料,以反映非语言维度的互动。学生们能够从管理者面对的一系列机遇和挑战中学习。通过分析管理者遇到的常见困境,学生们可以学习如何预见并避免问题,以及如何识别机遇。整个课程中,我们采用了角色扮演、模拟和自我评估练习。这些活动让学生们知道面对不同的情境,如何解释和行动。此外还有一些补充阅读材料,有助于完善和整合讨论中出现的概念以及学到的经验教训。

LEAD课程为学生们提供可以在整个管理职业生涯中使用的工具,并让他们对自己的发展负责。整个课程框架旨在帮助学生们理解在岗学习经历的意义,让他们具备可用于工作的基本的诊断技能和行动规划技能。

课程结构的设计,配合了学生们在哈佛商学院第一学期的"心理日历"(例如,给予和接受反馈,是学习中期的关键主题;当招聘开始时,职业发展则会成为焦点)。因此,课程从团队开始,随后是个人技能(权力和影响力、冲突、社会变革、社会网络),然后是变革和联盟的挑战,最后是个人职业发展。

课程内容:阶段目标

课程分为五个部分:(1)领导团队;(2)增强人际互动的有效性;(3)组织的设计和协调;(4)领导变革;(5)建立自己的发展路径(参见图7.3)。

导言

导言模块关注三个方面:第一,探索管理者面临的期望和压力,以及从个人贡献者向管理者转型的挑战。新任管理者需要什么资源来掌控他们的新工作?他们如何获得这些资源?第二,以案例引发的问题和议题,提供了对课程所涵盖主题的预览。第三,给出了新任管理者进入一个组织时会遇到的职业和生活挑战。

第一部分:领导团队

今天,组织里的大量工作要由团队来完成,所以管理者必须熟练地参与到团队中并领导团队。课程的这部分内容探索了影响群体的发展、动态和有效性的多种因素。我们尤其关注团队文化和绩效的决定因素,以及当试图改变团队文化时会

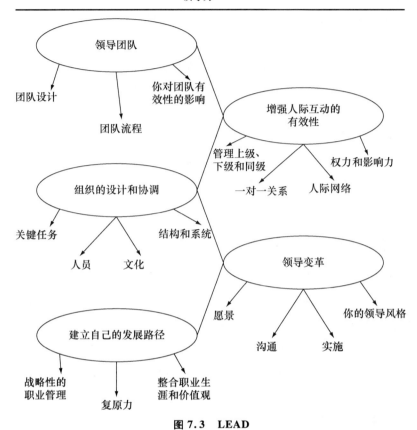

图 7.3 LEAD

发生什么。以此为基础,我们探讨了管理者在设计和建立有效团队中的作用,以及管理者的类型对团队行为和绩效的影响(参见图 7.4)。

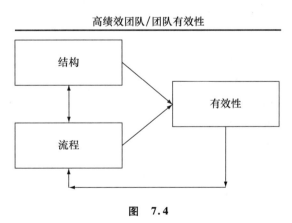

图 7.4

第七章 在哈佛商学院学习领导力

领导团队部分的主要学习目标是：

- 团队文化和有效性的关键决定因素，尤其关注领导者类型对团队文化和有效性的影响。
- 结构和流程对团队决策制定及其他动态的重要性与不同影响。
- 个人行动者对团队动态和团队最终结果的影响。

下面列出了需要重点强调的关键观点：

- 组织是一种社会系统。
- 文化是一种自然产生的现象，是团队成果的关键决定因素。
- 个人与团队间隐形的心理契约是一种自然产生的现象，是个人行为和团队成果的关键决定因素。

第二部分：增强人际互动的有效性

管理者依靠他人完成工作。这意味着需要建立一套有效的工作关系网络。课程的这一部分内容从识别与上司、同事和下属建立有效关系的关键因素开始。我们特别谈到了与不同人口情况（年龄、性别和国籍）的人们一起工作所面临的挑战。我们对不同的沟通和影响策略的优缺点进行了调查，以让学生们能够成功地与他们完成工作所依赖的人建立有效的工作关系（与课程的目标相一致，主要关注组织内部的个人和群体，而不是组织外部的客户或监管者）（参见图7.5）。

学生们学习如下内容：

- 个人绩效管理。
- 权力和影响力练习。
- 探讨多样性和包容问题。

在这一模块，我们聚焦于：

- 人的动机的决定因素。
- 建立有效的人际关系。
- 管理多样性和包容性。
- 提出主张和质询的技能。
- 通过关键对话解决冲突。
- 练习影响与你没有正式上下级关系的他人。
- 分析和管理组织的政治动态。
- 培育有效的社会网络。

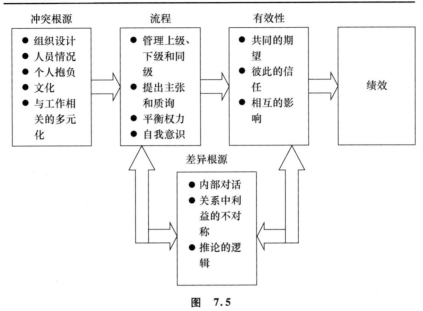

图 7.5

◆ 第三部分：组织的一致性和设计

LEAD 的这一部分探讨了成功领导所需要的品格和战略，检验了领导者在不同情境下（包括不同背景、才能和风格）的经历。同时谈到了多样性，以帮助学生们采用权变的视角，学习有助于有效领导的关键行动和个人品格。这部分也讨论了在组织内部达成"一致性"的必要条件，包括战略、关键任务、正式组织、人员和文化。要实现这一目的，组织的关键因素需要协调一致。

在这一部分，学生们将会学到以下内容：

- 在不同的组织背景和/或战略下创造组织一致性所需要的诊断和设计技能。
- 如何建立在不同条件下领导变革的行动方案（例如，在中级管理者而非 CEO 的职位上，进行重组和转型）。

尤其强调下列内容：

- 与管理相比，领导力在变革时期的关键作用。

- 有效的组织设计(一致性和协调性)。
- 再次强调,组织是一种社会系统,以及在变革时期重组组织需要做些什么。
- 个人、组织以及情境或环境因素的相互作用。
- 不同的变革战略和战略人力资源管理基础的优势及不足。

图7.6所示的一致性模型包含了我们与学生们在此模块探索的关键因素和它们的相互关系。

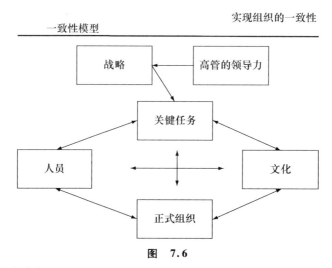

图 7.6

资料来源:改编自Tushman, M. C., & O'Reilly, C. A. (2002). *Winning Through Innovation: A Practical Guide to Leading Organizational Change and Renewal.* Boston:Harvard Business School Press, p.59。

下面给出了不同因素的定义,包括:

(1)战略。组织及其领导者的战略选择、目标和方向。

(2)关键任务。组织的工作动态、工作流程和隐性的关键任务。

(3)正式组织。组织工作的方法以及强化这个结构的系统(如招聘和晋升体系)。

(4)文化。价值观和规范以及组织的非正式角色。

(5)人员。组织的人事、技能和人力资源。

第四部分:领导变革

在学习了组织一致性和协调性后,学生们开始接触不同的组织变革理论,包括

Michael Beer、Michael Tushman 以及约翰·科特的研究工作。约翰·科特的领导力和变革管理模型提供了这一部分课程的基本框架(参见图7.7)。这些协调和变革的概念被用来介绍基本的宏观组织行为原则。从理解组织协调开始,然后理解组织变革流程,探讨了领导者要成功地改变组织,必须完成的关键任务。

课程的最后一个模块,要求学生们反思自己的动机、能力和意愿,以及是否有足够的自我觉察,开始从学生到领导者的旅程(参见图7.7)。

图 7.7

资料来源:改编自 Kotter, J. & Cohen, D. S. (2002). *Heart of Change: Rea-Life Stories of How People Change Their Organizations.* Boston: Harvard Business School Press, p.7。

领导者再造或变革组织的尝试经常失败。这一部分课程对比了组织转型的努力,以便确定变革过程的关键阶段和活动,提出了建立和沟通愿景以及激励人们实现愿景的不同方法,同时会对下列问题进行探讨:阻碍变革的主要根源是什么?克服这些障碍最合适的方法是什么?什么样的变革战略是有效的,在什么条件下是有效的?

第五部分：建立自己的发展路径

在最后这个模块,将会探讨建立动态的职业生涯的几个战略问题,并特别关注了职业生涯早期和中期的困境。我们考虑了下列话题:个人如何学习领导力?需要哪些关键的经历和关系?

最后这个模块强调,每位学生必须决定领导力将会如何在他的生活中发挥作用。学生们被强制要求审视自己成为领导者的意愿,并评估他们作为领导者的技能。同时还要求他们评估,他们将各种技能运用到今后的职业生涯中的可能性。

通过课堂内的活动,学生们有机会与同事就过去的工作、职业身份的演变以及他们的职业期望进行有意义的谈话。各种学习和职业理论都是这一部分课程的基础。基于这些工作,我们帮助学生理解,**领导者不是天生的,而是造就的**。

- 领导力本质上是一种自我发展。
- 领导力是从经验和关系中学习的。
- 培养德行排在第一位。

在这一部分,我们要求学生们询问自身的动机、才能和风格等基础问题。有了这种自我意识,他们才能够开始识别合适的职业机会并制订个人的发展计划(参见图7.8)。

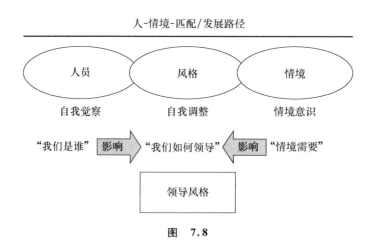

图 7.8

总结

我们知道,学习领导力有很多方法。每个 MBA 项目在教授学生关于领导力和组织行为的关键因素时,都会采取不同的策略。

在过去的近 20 年里,哈佛商学院的课程得到了长足的发展,为近 18 000 名毕业生提供了先进的知识。一些学生直到经历过才相信我们课程的重要性。学院的校友们在与我们交流时,纷纷表示他们很后悔没有更认真地学习这一课程。校友们希望我们有更多的课程聚焦于企业的人性面。一些学生忽视领导力课程的重要性,部分原因与他们自己的发展路径有关。他们更关注短期的技能学习,以便在专业职能中发挥才能。他们觉得当今社会必须了解金融和会计才能生存。于是他们就去学了。他们是对的。但是,根据我们校友的反馈,贯穿于我们课程的基本原则在他们的职业生涯中将变得前所未有地关键。我们视之为我们的责任:让学生们为终身的领导力发展之旅做好准备;帮助他们理解,为什么领导力真的很重要,以及他们需要做些什么,来为承担领导他人的权利和义务做好准备。

我们不断改进和完善我们的教学内容,以帮助学生们做好准备,满足组织利益相关者的期望。我们已经开始重新思考我们的教学方式,因为虽然我们已经在帮助学生们准备领导力的"知识"(knowing)维度方面,取得了相当大的进步,但我们意识到,在帮助他们准备好领导力的"技能"(doing)和"品格"(being)维度方面,还有更多要做的。因此,我们依然在重新思考,我们应该如何进行教学。

第八章

领导模板

Michael Useem
宾夕法尼亚大学沃顿商学院

领导行动不一定是由领导力知识产生的。为了跨越"知—行鸿沟",我们认为一种简洁实用的方法是创造和形成一种领导模板(leadership template)。就像检查清单对飞行员或者普通外科医生的作用一样,领导模板提取了一些基本原则,这些原则具有足够的通用性,可以应用于各种情境,同时足够详细,可以为每种情境提供具体的指导。本章描述了领导模板的关键特征,为建立领导模板提出建议方法,并且提出了确保它能有效指导管理行动的方法。领导模板要想有用,应该:(1)尽可能地简洁;(2)根据变化的情境进行定制;(3)对其局限性有所警惕;(4)基于这样的原则,即源于通过不同方式对领导者实际表现的见证,包括知情的观察者、基于研究的结论、负责领导力开发的管理者、参与领导力项目的管理者。为了形成领导模板,开发方案需要包括:(1)自发自主地向居于领导职位的其他人学习;(2)导师指导和教练;(3)经历扩展性任务;(4)从挫折和危机中学习;(5)从行动后的回顾中学习。领导模板是为领导者提供实用的建议、引发行动的一个工具。

识别成就卓越的关键领导能力,对任何组织都是一项挑战。那些看起来会创造重大影响的能力通常并非如此。应用这些能力同样是一项挑战。虽然管理者计划应用它们,但通常并没有真正应用。

教授领导力这一工作,需要克服两项挑战:首先,明确关键的领导能力是什么;其次,管理者如何做好准备,在需要领导力时应用他们所知道的领导能力。尽管两者都很重要,但我们倾向于更多地关注第一项挑战。我们通常有一种隐含的假设,认为我们只要知道,就能做到,认为领导行为是领导力知识的自然展现。然而,这一假设很少在现实中发生。

以实例说明,我现在还能清晰地回想起,1997年2月3日,在瑞士举办的达沃斯世界经济论坛上,安然公司的CEO Kenneth Lay站在演讲台上,描述他的指导原则的情景。与安然公司的CEO同台对话的都是欧洲商界的顶尖人物:瑞士工程公司艾波比股份有限公司(ABB Asea Brown Boveri)的Percy Barnevik,德国制造公司西门子(Siemens)的Heinrich von Pierer,以及英荷壳牌能源公司(British-Dutch energy firm Shell)的Cor A. J. Herkstroter。

安然公司的CEO Lay很精彩地描述了他是如何领导企业从一个小型管道公司发展成为强大的能源供应商的。然而,Lay声称的一些领导原则,很明显未能在行政办公室或者公司董事会上指导他的实际行为。在公开强调高管品格、坚决服从公司伦理章程后,CEO很快逼迫安然公司的理事会将理事会的伦理章程搁置一边,以达成特殊的目的。其结果最终是他在2001年带领公司进入破产的境地(McLean & Elkind,2003;Swartz & Watkins,2003;Useem,2003)。

领导力学者Jeffrey Pfeffer和Robert Sutton把这一原则和行动的断层称为"知—行"鸿沟。管理者"讲述如此多关于如何达成绩效的精彩言论",但是"却陷入一种困境,明知道有些事情会破坏绩效,但还是会做"。Pfeffer和Sutton发现,人们不断地重复"知道该做什么,但是却不做"的怪圈。知道与做到的鸿沟是"组织绩效最重要也最令人苦恼的障碍"。克服这些障碍部分依赖于,"知道"部分是简单、具体和活跃的(Heath & Heath,2007;Pfeffer & Sutton,2000,ix—x)。

这一鸿沟在领导力领域可能更为显著。在这一领域,意图和行动之间即便只是较小的差异也经常被放大,并以此责怪那些不能消除这种差异的人。跨越知—行鸿沟对领导力和公司管理的其他方面都至关重要。我们认为有一种简单实用的方法来做到这一点,即创造和形成一种领导模板。就像检查清单对飞行员或者普通外科医生的作用一样,领导模板提出一些基本原则,这些原则具有足够的通用性,可以应用于各种情境;同时足够详细,可以为每种情境提供具体的指导。

本章描述了领导模板的关键特征,为建立领导模板提出建议方法,并且提出了确保它能有效指导管理行动的方法。我们采用了他人的工作成果和我们自己在领导力开发方面的经验。我们自己的领导力开发工作在很多地方进行,从我们学校的教室,到伦敦、圣保罗和上海的领导力项目;合作团队来自花旗集团、谷歌、史密森尼、巴西石油、中国民生银行以及印度工业信贷投资银行。这里提及的领导模板概念反映了一种建立在学术研究和个人经历基础上的可反复运用的工具,并在不同情境的运用中,不断改进、检测和完善这一模板。

领导模板的价值

在飞行员和外科医生这样的职业中,错误的估算将引起严重的后果。有人可能会想,只有精挑细选、受过良好培训、严格自律的从业者——如果有这样的人的话——才不会忽视他们工作步骤中的关键点。现在统计数据显示,检查清单就能显著地减少灾难性的疏忽,这是即便工作在最严格的领域的准备最充分的从业者也可能有的失误。

例如,一项研究调查了 8 个国家,从加拿大到坦桑尼亚,超过 7 000 名年龄在 16 岁及以上的患者经历的非心脏手术。在研究团队 2007 年 8 月引入 "外科安全检查清单"后,住院病人的并发症发病率由 11% 降到了 7%,死亡率从 1.5% 降到了 0.8%(Birkmeyer,2010;de Vries et al.,2010;Haynes et al.,2009)。

Atul Gawande 是一位综合科和内分泌外科医生,同时也是"外科检查清单"的提倡者和开发者。他自己的"外科前期诊断检查清单"中的一个条目,在他为一位 53 岁的公司 CEO,同时也是两个孩子的父亲做手术时,成了他的"救星"。这一步骤需要移除患者腔静脉附近的肿瘤,腔静脉是向脑部输送血液的主要血管。Gawande 在腹腔镜操作中发生了意外,撕开血管后 60 秒内病人的血液就几乎流干了,心脏也停止了跳动。Gawande 当然不希望失去这一病人。幸运的是,"操作检查清单"让一位护士提前在手术室准备了 4 单位的血液,它们的迅速使用挽救了患者的生命。"我非常感激检查清单的帮助,"Gawande 写道,"我不敢设想走进家属等候区",告诉患者的妻子,自己的团队没有检查"操作检查清单"时的情景(Gawande,2009,p.193)。

我们相信,同样的价值将会在领导模板的一致使用中被发现。它有助于确保管理者采取成功领导的所有关键行动,不因忽视其中任何一项而引起重大损失,有助于确保领导效能,避免领导的缺陷。

领导模板的特征

以我们的经验来看,领导模板要想有用,需要具备四项首要特征:第一,模板应该尽可能简单,但不能过于简单。第二,应该围绕领导者的变化的情境进行定制。第三,它应该警示哪些是它无法做到的,以及它可能被怎样误解。第四,它应该建立在观察领导者的实际行动而得出的原则基础上,其中观察方式可以多种多样。

简单化

领导模板旨在通过关注在复杂的现实中取得成功最必需的条件,指导如何掌控复杂的现实——而且不关注更多条件。一个有效的领导模板是遵循阿尔伯特·爱因斯坦(1934)讲述的惯例的,科学理论应该尽可能简单地呈现宇宙——但也不能过于简单。"所有理论的最高目标,"他写道,"都是使不可分割的最基本元素尽可能地简单、尽可能地少。"领导模板也应该尽可能地简单——但也不能过于简单。

例如,赛斯纳公司的 Citation 500(双引擎私人飞机)的飞前检查清单,就仅仅用于确定所有的关键任务行动。其他行动当然也很重要,这也是为什么学习驾驶飞行器要求非常熟练,而不是总需要看操作指南。Citation 的飞前检查清单包含最基本的部分,要求飞行员确认燃料供应、检查耗氧储备以及激活防撞灯。对乘客而言,和飞行员一样,飞前检查清单是一项使人安心的检测,保证在飞机加速驶入跑道之前阻止飞行员的失误。然后,飞行员检查清单帮助确保平稳飞行和安全着陆。驾驶波音 767,要求检查许多与 Citation 相似的条目,但是它还包括自己的特色元素,包括一些独特的展开和收起机翼的步骤。每架飞行器都有自己需要检查的事项,但不管怎样,对于所有的飞行器而言,这一清单列出的都是不可或缺的事项(Atlas Aviation,2010;Delta Air Lines,2010)。

由世界卫生组织为全世界的医院开发而成的一个手术检查清单,仅包括 19 个事项,例如要检查患者是否有过敏反应,前一小时是否已接受抗生素,是否连接脉搏血氧仪。还有为应对患者失血半公升或更多的情况要做什么准备。在很多类似的检查清单上,所有事项都会分成几个进程阶段,外科检查清单也不例外。它的事项围绕三个时间点分类:7个"签到"事项在实施麻醉前进行检查,7个"暂停"事项在皮肤切开之前,5个"签退"事项在患者离开手术室之前(World Alliance for Patient Safety,2010)。

还有一个美国陆军的案例。2009年10月,美国陆军一支在阿富汗服役的步兵连,指挥官建立了一套检查清单,作为他的连队的"战术标准操作程序"。检查清单围绕士兵们在危险区域面临的具体挑战简洁全面地进行设计。例如,要撤出一位受伤的士兵,清单只包含10个事项——但都是至关重要的事项——包括"伤员"是需要"紧急"救伤直升机(90分钟内),还是"优先"救伤直升机(4小时内)或者"常规"(24小时内)救伤直升机;伤员是能走动还是需要担架;临时整备区是否有烟、火或者其他信号引起暴露;所在区域是否有敌对武装等(Linn,2011)。

领导模板的建立也应该遵循同样的简单原则。它必然只涉及一部分领导能力,其中大部分是在过去许多年的管理经验中获得的。同时,它应该包括所有必要的步骤,即领导者离不开的一些步骤,就像飞行员不能不进行燃料检查,外科医生不能没有血库供应血液就做手术,或者军官不能没有救伤直升机计划一样。

◆ 定制化

领导模板最终的状态不是一个永恒的框架,而是一种活跃的模板,需要随着对领导者的要求的变化而不断改进和修正。它也是一种必须因时因地进行定制的框架,正如波音767的飞行员检查清单不同于Citation 500的检查清单,外科医生移除肿瘤的检查清单不同于更换髋骨的检查清单一样。世界卫生组织的手术安全检查清单有一条重要的附文:"鼓励根据当地的实际情况对本清单予以补充和修正。"检查清单"符合当地的实际情况"的要求也适用于领导模板(World Alliance for Patient Safety,2010,p. 3)。

例如,在对印度商界的领导力研究中,我们发现,美国公司用以界定卓越领导的许多模板原则,也是印度高管乐意接受的。当然还有一些原则是印度环境所独有的,包括对员工的整体激励,随机应变和适应的能力,创造性地、高效地服务要求严格的客户,以及对董事会使命和社会性目的的承诺(Cappelli et al.,2010)。

外科医生、飞行员和其他职业的检查清单的确定,通常都需要一个反复的过程,包括根据在不同情境中对从业者的实际行动的观察,对清单进行说明、测试和修正。领导模板的确定也可以遵循同样的步骤。这需要观察领导者在多种情境中的表现,然后提取最重要的事项,再进行反复测试,并进一步完善事项清单,使之能够在某种程度上反映领导者所处的独特情境。

局限性

然而,领导模板也会带来几个重大的缺陷,除非使用者能清晰理解潜在的缺陷。运用模板的诀窍在于提前认识并应对其局限性。

首先,如果模板被视为完全的行动指导,它们会阻止其他超出这些原则的有想法的创新方法。正如过度聚焦于对公司高管的奖金会阻止创造性的辨别力一样,过度依靠模板会阻止用心的行动。机械地运用模板,模板就变成了一种敷衍的工具。

甚至,如果领导模板被视为领导行为的完整指导,而事实上,它们并不完整的话,同样会导致行为缺陷。例如,以我们的经验,领导模板应该包括一个原则,提倡一种积极的"对所有人的尊重",即领导者要明确表达对追随者的个人和职业素质的欣赏。这一训诫是 Howard Gardner(1996)在研究了 20 世纪 9 位杰出的人物如何吸引他们的追随者以后提炼的。想一想南非总统纳尔逊·曼德拉(Nelson Mandela),有一次,他为几乎全是白种人的国家橄榄球队跳羚队进行庆祝,当时,这个国家刚刚走出种族隔离制。许多人对曼德拉的支持表示质疑,但是通过向这些运动员致敬,他是在间接地向这个多种族构成的国家致敬,从而在种族鸿沟可能加剧的时候促进大家的团结(Carlin,2008)。如果一个人的模板中没有这一原则,却被认为是完整的,其在实践中的运用必定不是最佳的,因为领导者没能做到对那些他希望领导人们的特征表示尊重,这是一种潜在的严重过失。

最后,就像对外科医生,不同时间点有诸如"签到""暂停""签退"的检查清单;对飞行员,有"驾驶舱准备""开启引擎"以及"起飞"的检查清单;领导模板也需要包含针对不同情境的子清单,从大型兼并或者部门剥离,到投资者汇报会或者战略会议。单一的领导模板是不够的,因为诸如公司重组、度过危机或者推出产品这样的时机都需要不同的模板。

因此,领导模板应该附带一些关于可能的误用或者自身的不完整性的警告。领导模板的应用应该被视为领导力实践中的一个步骤,而不是全面的、创造性的领导力实践的一个替代品。领导模板的原则不仅应该是简单的,还应该是完整的。针对领导者面临的不同挑战,应该创建不同的模板。

原则性

领导模板的核心是一系列关键原则。这些原则的构建是一个归纳的过程。首先列举一些原则,随后测试,然后不断完善需要的内容。这一过程主要依靠对领导者的实际行动的仔细的、广泛的观察。

为了构建这些原则,我们发现了四种不同的观察领导者的实际行动的方法。对于确定在各种领导时刻哪些是最为重要的原则,这四种方法被证明是特别有效的。以我们的经验来看,这些方法中没有一种是完全够用的,四种方法应该结合使用。

确定模板关键原则的第一种方法是,吸收领导力思想家的整体结论。第二种方法是利用学术研究者以研究为基础的结论。第三种方法是依靠领导力开发管理者的结论,他们已经评估过自己组织的领导力需求。第四种是通过和有经验的管理者一起参与领导力项目来建立原则。

在进行领导力教学时,我们发现,可以先用前三种方法,然后用第四种方法来测试和巩固。通过从他人的经验中提取观点,然后以我们自己的经验测试这些观点,得到的模板原则比通过其他方法更全面、更容易令人接受。

领导力思想家

确定领导模板的关键原则的第一种方法就是吸收著名的领导力思想家的结论,这些结论是从对领导者的深入、广泛的研究中得出的。有经验的见证者通常会提出比较少但各不相同的一些原则。

简单地思考如下六位思想家的结论:

- 心理学家 Howard Gardner(1996)根据对 20 世纪 9 位杰出的领导者的研究,提出他们的领导模板包括反复地公开表达:(1) 一个更美好的未来愿景;(2) 实现此愿景的战略;(3) 向过去和现在的追随者致敬。
- 心理学家 Daniel Gdeman(1998)根据许多学术研究和咨询经验,提出情商是他的领导模板的核心,并突出强调了以下方面的重要性:(1) 自我意识;(2) 自我管理;(3) 动机;(4) 同理心;(5) 社会技能。
- 领导力思想家沃伦·本尼斯(1999,2003),终身从事对组织领导者的研究和咨询,甚至自己就是一位领导者,他发现领导模板应该包括:(1)一种强烈的达成目标的决心;(2)一种创造和维持信任的能力;(3)一种传达希望和乐观的能力;(4)行动导向;(5)做好根据不完全的信息采取行动的准备。

• 研究人员和咨询顾问 David Nadler 和 Michael Tushman(1990),根据他们的学术研究和帮助组织实施变革的咨询经验,确定了领导组织变革的三种个人品格——憧憬未来、激发活力和赋能,以及三种组织品格——结构化、控制和奖励。

• 管理学教授和前通用电气领导力开发者 Noel Tichy 从他在通用电气和其他大型公司的工作经验中得出结论,认为领导模板的原则应该包括:(1)对现实的清晰认识;(2)根据现实需要实施组织变革的能力;(3)做好准备培养组织的各级领导者。

• 独立思想家吉姆·柯林斯(2001)根据对 11 家成功从"优秀到卓越"的公司——以及一组没有成功的公司做对照——的深入研究,发现领导卓越公司的模板包括:(1)致力于组建由合适的人组成的团队;(2)坚定不移地达成组织目标;(3)始终把领导者的个人利益放在最后。

这些观点以及其他著名的思想家在确定领导模板的原则上的观点,并不完全一致。他们的原则也许同样不完整,并且一些原则可能是特定条件下的需求,其他条件不适用。然而,因为他们确定的原则是基于广泛的观察以及对领导者的实际行动的经验,所以他们还是为领导模板应该包括什么提供了有价值的启示。

学术研究者

大学的研究者已经在领导模板方面从事了数十年的研究。他们运用分析框架、现场研究甚至实验室研究的方法,来确定领导模板应该包括什么。同样,根据不同的背景,他们的结论也各不相同,虽然某些主题的反复出现表明很多背景有某些共同的主题(例如,参见 Nohria & Khurana,2010)。

一个大型的综合性研究项目,调查对象包括从阿尔巴尼亚到津巴布韦的 62 个国家的三个行业(金融服务业、食品加工业和通信业)的 825 家公司,共计 17 000 名中层管理者。研究中,既发现了一些贯穿所有国家的共同主题,也发现了一些每个国家各不相同的方面。

研究者让公司管理者评估哪些个人品格促进或阻碍了他们公司的优秀管理。

调查结果显示,中层管理者几乎普遍地赞赏有活力、果断、诚实和激励人心,以及具备协商式风格并专注于绩效的领导者。与此同时,所有国家的管理者都厌恶那些专制的、以自我为中心的、易怒的领导。

研究者同样发现,有些领导能力在一些文化中受欢迎,而在另一些文化中却不受欢迎,包括展示个人雄心、个人礼节、地位意识、冒险风格,以及谦逊。他们发现人们对参与式领导风格评价更高,例如,在美国这种展示了对不确定性的接受度的国家,人们不那么重视地位差异,也不那么强调个人魄力。

在这项跨国的、对象多样化的研究中,所有国家的共同因素,就是一些几乎具有普遍适用性的模板原则。同时,每个国家特有的原则则表明了围绕特定背景的文化定制模板的重要性(House et al. ,2004;Javidan et al. ,2006)。

领导力开发者

许多大型公司都设有负责领导力开发的职位,一般是向人力资源高管汇报。那些管理这些事务的人,通常会根据公司高管的指导,确定许多领导力原则,并使用这些原则设计他们的领导力开发项目。

2009 年,有机构进行了一项针对全世界 500 多家公司的测评,以了解它们的领导力开发项目情况。测评要求公司对下列问题进行评分:"在你的组织中,期望的和/或需要的领导力行为是否被明确界定?"这一评估发现,在 1—5 分的打分中,平均分数为 3.98,标准差为 1.16,这意味着,许多公司实际上已经确定了它们公司领导模板的关键原则(Hewitt Associates,2009;Useem & Gandossy,2011)。

在与美国内外的数十家大型公司的领导力开发合作中,我们发现,它们大多数已经提出了一些明确的领导行为,实际上这已经构成了一种领导模板。它们的领导力开发通常从与公司高级管理者的会谈开始,要求高管仔细思考在他们的公司中,什么对领导者是最重要的。然后,通过内部对话和现场试验,提炼规则。通过这种集思广益的过程确定领导模板,尤其具有公司文化和市场的敏感性。虽然它们在其他公司不一定有效,但是在形成这些模板的公司是非常有效的。表 8.1 展示了我们对四家大型公司的领导模板原则样本的汇总。

表 8.1　四家大型公司的领导模板原则

> 公司 1:培育团队精神,建立良好的关系,平衡多样性。
> 公司 2:让他人参与与之相关的决策制定,确保做出最佳选择,并使大家对结果负责。
> 公司 3:促进互助,强调跨产品领域和跨部门的人际关系。
> 公司 4:通过经常性地强调公司的文化和使命,强化价值观。

用这种方式创建领导模板的价值——以及这个过程中的一个误区——可以从一家大型美国金融服务公司主要部门的领导力项目中看到。该公司的银行部门有4 000名员工,但绩效主要依靠几个高层管理者的领导。为了确定对他们业绩影响最大的领导能力,一位人力资源经理与该部门几乎所有的领导者分别进行了一小时的访谈对话。从访谈的系统分析中,他确定了大约200项不同的、部门领导者认为影响重大的领导行为。这200项行为对于一个有效的模板来说实在太多,但是它们为领导模板的确定奠定了一个基础。

结合这一清单,这位人力资源经理又回到高管们那里,让他们对这200项领导行为进行排名,然后这位人力资源经理根据这一排名,把这些原则进一步削减到39项。这39项就是高管们一致排在最前面位置的行为。然后,他把这39项行为分成7大类,包括建立高效团队、教练个人、促进真诚和信任。在他们看来,所有这39项品格对于部门的领导者都是必不可少的。不过,人力资源经理还是对这一点进行了调查。为了测试它们的价值,他决定测试这些领导原则是否能够预测追随者理想的行为结果。他收集了有关领导者对下属工作绩效的影响的信息,以之作为下属因为部门领导者而创造的年度收入净增长。分析显示,39项原则的大部分对绩效只有很小的影响或者没有显著的影响——但是其中有9项(参见表8.2)确实显示了巨大的影响。

表 8.2　一家大型金融机构的领导模板

1. 根据区域发展趋势或当地市场的变化,建立前瞻性的销售策略。
2. 通过增加产品销售的投入,并维持核心服务的优势,支持(部门)目标的实现。
3. 帮助每一位银行工作者销售,并为其销售流程增加价值。
4. 消除阻碍销售团队绩效的困难和行政障碍。
5. 想方设法试点测试创新的销售方案。
6. 与整体销售团队保持经常联系,提供可操作的反馈。
7. 对人员、任务和活动进行组织,加速工作流程,实现团队效能的最大化。
8. 激励团队成员持续学习产品和销售智慧。
9. 在进入新的发展阶段时,准确描述发展需要,并对个人进行教练辅导。

作为这一分析的结果,这个银行部门的领导力开发项目聚焦在9项能力而不是全部39项原则上。通过对他们的领导能力进行360度评估得到的反馈信息,部门领导者现在能更精确地知道他们提高哪些方面的领导力会带来最大化的部门结果。毫不奇怪,这一基于证据确定领导模板的方法,吸引了银行界广泛的注意。

在开发这个经过数据测试的领导模板之前,该银行部门采用了一种不均衡的评估领导者的流程。一些银行管理者受到了严格的年度评估,另一些人则几乎没有接受任何评估。并且根据领导者的不同,评估标准也有所不同。但是在这个过程中,部门领导者关注的是由证据确定的能力,而不是他们自己认为哪种领导能力最为重要。其他部门也相继采用了这种开发领导模板的办法,因为它对管理者的财务绩效有促进作用。

这个银行部门首次建立它的基于证据的领导模板是在2001年,但是在变化的市场条件可能需要不同的领导原则这一前提下,该银行部门在2004年和2007年分别再次测试了这个领导模板。他们发现,变化的环境导致了对不同的领导能力的需要,这些能力在稍后几年对他们下属的业绩增长有巨大影响。例如在表8.2中,第8项和第9项能力在三次测试中都保持了它们的重要性,但2004年和2007年的证据同时显示,商业战略和规划能力变成了重点,但这些能力在早些年并没有被放在突出位置。因此,银行部门对领导模板进行了修正,以指导银行工作者们在接下来几年的发展。他们增加了一些新的原则,放弃了那些重要性已经渐渐消退的原则(Useem et al. ,2011)。

这种基于证据的领导模板开发流程,对于领导模板的确定以及根据公司和市场条件的变化进行调整,有着特殊价值。因为这样确定的领导能力与有形的结果直接联系在一起,这一过程对于说服管理者理解和应用模板中的能力同样有特殊价值,是跨越知—行鸿沟的关键步骤。

领导力项目参与者

确定领导模板原则的第四种方法是寻求领导力开发项目参与者的意见,无论是高中生、大学生、MBA学生、中层管理者,还是高管。我们经常与这些群体一起工作,每个群体都会产生一些不同的决定性原则,同时有十来种原则会在所有群体中重复出现。

在运用第四种方法时,最好能先汇总前三种方法得出的领导模板原则,建立一个基础。但是这只是出发点,吸收项目参与者意见的方法是,归纳他们的见解和经历。这样有助于让所产生的原则令人印象深刻、可操作、定制化。

一种富有成效的途径是,把参与者带入一个直接观察或经历领导力挑战的时刻,然后提炼对领导者影响重大的事项——并归入领导模板中。在课堂教学时,我们经常再现的时刻是,IBM 的 CEO 路易斯·郭士纳面临的一个重大的领导力挑战。1995 年 6 月 11 日,IBM 宣布斥资 35 亿美元收购莲花软件开发公司(Lotus Development Corporation)。莲花公司董事局主席 Jim P. Manzi 最初拒绝这一收购,但最终还是接受了。卓越的电脑制造商 IBM,以其规模庞大和心态保守而闻名,将要合并以自由文化著称的软件公司。与此同时,莲花公司打算继续进行之前宣布的成本削减和裁员计划。莲花公司外部董事 Richard Braddock 已经监督裁退了 15% 的管理队伍,并削减了 500 万美元的公司预算。

现在,在收购后的第一天,IBM 的 CEO 郭士纳(莲花公司的 CEO Jim Manzi 在他身边)将要向 2 200 位莲花员工——这几乎是莲花一半的员工——做演讲,大家聚集在波士顿市中心的 Wang Center。郭士纳走上讲台,面对着充满焦虑的员工。这些员工都是他的了,他需要平息收购中的一切抵制情绪,努力挽留有才华的软件员工,确定两个公司要如何一起合作,帮助莲花公司扭亏为盈。他将做一个简单的演讲,然后回答大厅中心怀不满的员工提出的问题。

我们要求项目学员想象他们就是郭士纳,与其他几位学员合作,写演讲稿,然后预想他们在演讲台上可能会被问到的问题。我们鼓励学员吸收但不拘泥于前三种方法中的模板原则。然后,让一位学员推荐一位同桌学员上台演讲。很快有一位学员自愿站上了讲台,并且我们注意到,其他学员这个时候都聚精会神地准备听他演讲。他们这种精神集中的状态,一方面有助于确定哪些对郭士纳的领导模板是最为重要的,另一方面也有助于他们记住,如果他们处于郭士纳的位置,会以什么原则来指导自己。这也是一种缩小知—行鸿沟的方法。

学员的演讲非常简洁,就像郭士纳的演讲一样。之后,我们将郭士纳的实际演讲提供给了学员。其中,他回顾了历史上与竞争者的战斗,尤其是与微软的竞争,并向所有的莲花公司员工许下承诺:"我对莲花公司的期望非常简单,我希望你们在市场上获得胜利;我希望你们打败竞争对手;我希望你们快速成长;我希望你们能够采取一些卓越的战略,实现我们共同希望的,那就是引领我们的客户。"原因就是:我们的标准是"客户应该得到什么"。我们结合在一起,是为了互相支持:IBM和莲花公司必须"找到像一支团队一样工作的方法"。接下来的日子会很关键:"在接下来的几年,这个行业将展开一场宏大的战斗。"裁员不是未来的选择:"我们希望莲花公司的每个部门都快速成长。"我们将保证自主权:IBM将"不以任何方式破坏对莲花公司而言重要的团队和文化。"并且我们需要你们:"你们代表着这个行业的根本性变革的前沿"(全文请见 Useem,1998,p.144;或者 Gerstner,2003)。

课堂志愿者的演讲通常会涉及这些要素的大多数,并且在接下来扮演郭士纳回答员工问题的过程中,很多要素在对话中被反复重申。然后,根据项目参与者观察到的,我们要求他们确定他们希望看到郭士纳展示的领导品格,如果他们是莲花公司的员工,将要留在 IBM,并且在接下来的几个月内更努力地工作——这正是郭士纳来向他们演讲所寻求的。从这个过程中,我们得出了一些大多数学生或者管理者(不管来自哪个地方、公司或国家)都会提出的模板原则,见表 8.3。

表 8.3　课堂上领导力教学时刻的领导模板原则

1. 清晰表达愿景:规划一个清晰的、有说服力的愿景,并和公司的所有成员进行沟通。
2. 详细说明战略:提出实现愿景的实用战略,并确保战略被广泛理解。
3. 向成员致敬:经常表达你对员工的信心和支持。
4. 明确个人的影响:帮助每个人理解愿景和战略对其自身工作以及他们在公司的未来意味着什么。
5. 战略性思考:着眼长远,考虑所有的相关人员,提前预估他们的反应和抵抗。
6. 传达战略意图:明确你对员工的期望,然后——假如他们都训练有素,并且准备达到你对他们的期望——避免管得太细。
7. 激励员工:确定人们的不同动机,以这些驱动因素激励员工。
8. 传达你的个性:通过姿势、评论和讲述,确保其他人理解,你是一个整体一致的人。
9. 注重表达的效果:以令人印象深刻的方式沟通上面所有的内容;简洁明晰的表达以及重大事件辅以手势会有帮助。
10. 果断决策:制定好的、及时的决策,确保它们被执行。

对于这些领导模板原则的准确定义和权重,不同的学员可能有不同的看法,但是这 10 项原则是反复出现的。不同环境下,领导模板原则的适度变化很好地提醒我们,领导模板原则同时具有普遍性和特殊性。有些原则会在每个地方出现,例如清晰地表达愿景,但是对于其他原则的重视程度还是取决于参与者自身工作环境中所遇到的挑战和机遇。因此,这种方法有助于根据项目参与者个人所面临的情境,确定一个定制的模板。

掌握领导模板

无论领导模板的具体原则是什么,重要的是把这些原则融入发展经历,增强它们的保留率,做好应用准备。这里的挑战在于,始终牢记这些原则,积极服务领导行动,但不是像安然公司的 Kenneth Lay 那样使用。

很多公司采用的标准的领导力开发项目,可用于提高管理者利用领导模板的能力。它们包括:(1) 鼓励自觉地自学领导力,并通过观察他人、阅读历史资料和参与项目,建立个人的领导模板;(2) 接受那些提出领导模板原则的人的指导和教练;(3) 抓住或者接受机会,走出个人舒适区,承担任务和挑战,测试模板原则。Kouzes 和 Posner(2008)描述的这三种方法被广泛运用在公司的领导力开发项目中(Betof,2009;Conger & Riggio,2006;Hewitt,2009;McCall,2004)。

我们发现,另外三种方法同样有效,包括攀越冰峰、行动回顾、体验式学习。所有这些方法都能帮助个人对应用领导模板原则做好准备,特别是在与上面提到的三种方法结合使用时。

攀越冰峰:没有人寻求经历失败之苦。但是通过集中注意力,危机经历能帮助你更清晰地认识到领导模板中什么是最关键的,以及运用模板中的原则有多重要。

通过简单的案例,通用电气的杰克·韦尔奇曾经问过思科公司的首席执行官约翰·钱伯斯(John Chambers),他是否有过濒临绝境的经历,意思是如果没有经历过这种时刻,他就没有真正掌握一个领导模板。是的,钱伯斯肯定地说,他面临过这样的时刻。2000 年 1 月,互联网泡沫破灭的时候,思科从 70% 的平均增长率迅速下降到 45%,股票价格下降了 80%。危机逼迫钱伯斯和其他高管更积极地倾听创新的想法、客户的喜好以及突破性技术。思科能恢复生机,部分是因为这次濒临绝境的经历。钱伯斯说,他自己的领导力在这次危机中得到了永久的加强(Useem,2009)。

行动回顾:对经历过的事件迅速回顾并明确询问,哪些做得对,哪些做得不对,如何从过去的行为中吸取经验教训,改善将来的行为。行动回顾有助于确定领导模板中应该增加什么,以及如何运用领导模板。经常运用行动回顾,对于将及时吸收到的日常行动的精髓,加入到对未来行动的判断中很有帮助。

下面是中国电脑制造商联想集团的董事局主席柳传志的案例。在1984年与其他同事创办公司之前，他是一位工程师，在中科院计算所工作，没有管理经验。柳传志说，在随后的二十多年里，他从一位工程师到世界第四大个人电脑制造商领导者的发展路径，关键在于每周五下午亲自听取高管汇报。开始是和员工个人，后来是和负责几千人的管理者们。他通过每周的行动回顾，总结一周的成绩和失误，建立自己的领导模板（Useem,2006,pp.213—214）。

体验式学习：把领导模板带入一种场景中，让个人对其进行检验，这种方法可以让学生深深认识到模板的价值，并将模板原则放在活跃的记忆中，而不是深深地储藏起来。通过对模板进行个人化的测试，模板的内容更容易从抽象的提炼变为切实的应用。

例如，我们在MBA项目中，强调制定好的、及时的决策，并建立了一套指导原则，由此构成了一个决策制定模板。然后我们安排了180位学生深刻体验了一次紧张的学习，这次学习由美国海军陆战队军官学院（Officer Candidates School of the US Marine Corps）在弗吉尼亚州匡提科的基地举办。

军校教官把我们的学生分成5人一组的"火力小组"，处理一些需要决策的任务，例如在10分钟内，把一个沉重的钢桶，从一个高且陡的障碍的一边，移动到另一边，不允许踩到喷成红色的区域（意味着有引爆装置）。火力小组制定战略，然后实施。他们的第一次尝试通常都会失败，教官会提出反馈，分析他们的领导决策如何能更好。

教官说，这个火力小组在利用小组成员对解决这一问题的建议和在把个人建议付诸集体行动上都过于缓慢。带着这一反馈，火力小组开始了下一轮体力挑战，例如使用绳索和木板渡过涉水障碍，绳索和木板都不到水池的宽度。知道决策制定的模板，却因为没能在现实中运用而受到批评，这使得这个火力小组在下一轮挑战中，更有意识地整合想法、建立战略和集体执行。随着他们经历一轮又一轮的挑战，他们变得明显能够积极运用领导力决策制定模板了。

体验式学习有助于使人理解领导模板原则对制定好的、及时的领导决策的价值，这一点在接触军队的决策制定模板后得到进一步的加强。例如，学生们学到，接受训练的军官被期望理解"70%"的解决方案：当火力小组获得70%的所需信息，小组成员间达成了70%的一致，为行动做好了70%的准备时，他就不应该等待更好的信息、寻求更多的一致或者做更好的准备了；相反，应该马上就行动。也就是说，MBA 学生们以后在企业中，将需要在思考和行动中做出平衡。这一点他们以前知道，但在经历了海军陆战队的失败和最终对这种领导方法的掌握后，他们有了新的理解（Freedman，2000；Useem，2010；Useem et al.，2005）。

即便没有直接的个人经历，深刻理解他人因为领导模板的错误应用导致的领导失败，或者因为领导模板的有效应用而进行的成功领导，也有助于弥补知—行鸿沟。通常，可以通过观察那些从领导模板的应用中受益的人在某一个领导时刻的具体事件，来实现这一目标。

1996 年 5 月 10 日，一位登山导游带领他们的游客攀登珠穆朗玛峰。在向一个高处营地攀爬时，导游再三告诫游客，如果他们下午 2 点没有到达顶点，就一定要返回。这是带领团队攀登世界最高峰的一个重要的模板原则，因为下午晚些时候会有暴风雪，为保证安全，登山者必须在夜幕降临前返回营地。但是事实上，导游自己在下午 2 点后依然在向顶点进发。结果，一场猛烈的暴风雪让他和几位也没有遵守模板上的返回原则的游客陷入了困境（Krakauer，1999）。

从积极的角度，回想 Gawande 的手术团队在为患者实施移除腔静脉旁的肿瘤的手术前，按照检查清单的规定，检查了必需的血液供应。事后证明，留心团队的手术模板给患者带来了幸运（Gawande，2009）。

在建立和维持领导模板时，不能依赖于单一的开发技术。采用这六种方法，可以帮助管理者准备"知道自己应该做什么"的一个框架，同时准备好去做他们知道应该做的事。

结论

领导模板可以看作一种管理工具、一种方法。通过这种方法，领导他人和组织的关键原则，得到详细说明，然后可以付诸实践。就像飞行员和外科医生有检查清单一样，有领导模板的领导者更可能运用它们帮助界定有效的领导行为的原则。如果充分地应用领导模板，正确的模板不仅可以帮助领导者预防错误，也可以帮助领导者制定更好的战略决策，塑造更积极主动的员工，带来更好的财务回报。因此，领导模板为预防错误、创造价值提供了一种可操作的框架。

建立一种有效模板的关键，首先是确定 12 个或更少的原则。这些原则应该是最关键的原则，同时要保持简洁和完整。然后围绕领导者面临的挑战，制定定制化模板。不管什么背景,大多数最优秀的模板一般会包括一些持久的和超越性的原则,如战略性思维、令人信服地沟通、果断决策。但是每个人还是需要根据他们的个人经历和工作环境,组合自己的规则。

思想家和学术研究者为这些原则的确定提供了一个基础。第二步需要领导力项目的开发者、参与者选择和提炼自己的原则,这是确保模板适合领导者所在情境的关键步骤。同样至关重要的还有,模范原则需要进行现场试验、以证据为基础,并随工作背景的改变与时俱进。

在模板确定后,其对于操作的价值取决于它在多大程度上被保留在领导者的活跃记忆中,随时准备好推动决策和影响行动。此外,知—行鸿沟仍然巨大,我们认为要缩小这一鸿沟需要自学领导力及其原则;围绕这些原则进行指导和教练;接受舒适区之外的工作,以测试模板的原则;从触摸冰峰、行动回顾和直接经历中学习。这些方法孤立使用都是不够的,以我们的经验,围绕领导模板进行的最好的领导力开发项目,都是综合使用上述所有方法的。

通过鼓励领导者聚焦于关键原则,领导模板会让领导者无意中忽视了模板中没有指出的其他创造性措施;如果领导模板被使用者看作完整的,而它实际上并不完整,那么这个不完整的检查清单可能会无意中束缚领导者的行动。但是如果领导模板开发得很全面,并且使用者理解了其所警示的可能的误用方式,那么这两种错误都是可以纠正的。但是如果根本没有领导模板,那么在管理者积累经验时,就无法做出这样的调整,这样就会产生一种风险:领导行为成为过去的经验和粗糙的直觉的随意的产物。

可能有人希望领导力是直接的,可以自然地展现出来,而没有知行的障碍。但是我们通过观察和经验,得出的结论是,领导力所需要的远远超过了这些,而领导模板提供了一个强有力的、切实可行的工具,供领导者确定哪些应该做,并提醒他们切实做到这些该做之事。

参考文献

Atlas Aviation. (2010). Cessna Citation 500 Eagle normal checklist. Retrieved from http://www.atlasaviation.com/checklists/cessnacitation/C500Eproc.pdf

Bennis, W. (1999). Lead time. World Link, 12(1), 49—52.

Bennis, W. (2003). *On becoming a leader.* New York: Perseus.

Betof, E. (2009). *Leaders as teachers: Unlock the teaching potential of your company's best and brightest.* Alexandria, VA: ASTD Press.

Birkmeyer, J. D. (2010). Strategies for improving surgical quality—checklists and beyond. *New England Journal of Medicine*, 363, 1963—1965.

Cappelli, P., Singh, H., Singh, J., & Useem, M. (2010). *The India way: How India's top business leaders are revolutionizing management.* Boston, MA: Harvard Business Press.

Carlin, J. (2008). *Playing the enemy: Nelson Mandela and the game that made a nation.* New York: Penguin.

Collins, J. (2001). *Good to great: Why some companies make the leap... and others don't.* New York: Harper Business.

Conger, J. A., & Riggio, R. E. (2006). *The practice of leadership: Developing the next generation of leaders.* San Francisco, CA: Jossey-Bass.

Delta Air Lines (2010). Company-Checklist Boeing 767. Retrieved from http://www.justflying.ch/download/Normal% 20 Procedures%20Checklist%20B767.pdf

de Vries, E. N., Prins H. A., Crolla, R. M. P. H., den Outer, A. J., van Andel, G., van Helden, S. H., Schlack, W. S., van Putten, M. A., Gouma, D. J., Dijkgraaf M. G. W., Smorenburg S. M., Boermeester M. A., for the SURPASS Collaborative Group. (2010). Effect of a comprehensive surgical safety system on patient outcomes. *New England Journal of Medicine*, 363, 1928—1937.

Einstein, A. (1934). On the method of theoretical physics. *Philosophy of Science*, 1, 163—169.

Freedman, D. F. (1996). *Corps business: The thirty management principles of the U. S. Marines.* New York: Harper Business.

Gardner, H. (1996). *Leading minds: An anatomy of leadership.* New York: Basic Books.

Gawande, A. (2009). *The checklist manifesto: How to get things right.* New York: Holt.

Gerstner, L. V., Jr. (2003). *Who says elephants can't dance? How I turned around IBM.* New York: Harper Collins.

Goleman, D. (1998). What makes a leader? *Harvard Business Review*, 76(6), 93—102.

Haynes, A. B,, Weiser, T. G., Berry, W. R., Lipsitz, S. R., Breizat, A.-H. S., Dellinger, E. P., Herbosa, T., Joseph, S., Kibatala, P. L., Lapitan, M. C. M., Merry, A. F., Moorthy, K., Reznick, R. K., Taylor, N., Gawande, A. A., for the Safe Surgery Saves Lives Study Group. (2009). A surgical safety checklist to reduce morbidity and mortality in a global population. *New Eng-*

land *Journal of Medicine*, 360, 491—499.

Heath, C., & Heath, D. (2007). *Made to stick: Why some ideas survive and others die*. New York: Random House.

Hewitt Associates. (2009). *Top companies for leaders 2009*. Lincolnshire, IL.: Hewitt Associates.

House R. J., Hanges, p. J., Javidan, M., Dorfman, P., & Gupta, V. (Eds.). (2004). *Culture, leadership, and organizations: The GLOBE study of sixty-two societies*. Thousand Oaks, CA: Sage.

Javidan, M., Dorfman, P. W., Sully de Luque, M., & House, R. J. (2006). In the eye of the beholder: Cross-cultural lessons in leadership from Project GLOBE. *Academy of Management Perspectives*, 20, 67—90.

Kouzes, J. M., & Posner, B. Z. (2008). *The leadership challenge* (4th ed.). San Francisco, CA: Jossey-Bass.

Krakauer, J. (1999). *Into thin air: A personal account of the Mr. Everest disaster*. New York: Anchor.

Linn, S. (2011). Alpha Company, 52nd Infantry Regiment (AT), 5/2 Stryker Brigade Combat Team, U.S. Army, Kandahar, Afghanistan, 2009—2010, personal communication, February 8—9.

McCall, M. M. (2004). *High flyers: Developing the next generation of leaders*. Boston, MA: Harvard Business Press.

McLean, B., & Elkind, P. (2003). *The smartest guys in the room: The amazing rise and scandalous fall of Enron*. New York: Portfolio.

Nadler, D. A., & Tushman, M. L. (1990). Beyond the charismatic leader: Leadership and organizational change. *California Management Review*, 32(2), 77—97.

Nohria, N., & Khurana, R. (2010). *Handbook of leadership theory and practice*. Boston, MA: Harvard Business Press.

Pfeffer, J., & Sutton, R. I. (2000). *The knowingdoing gap: How smart companies turn knowledge into action*. Boston, MA: Harvard Business School Press.

Swartz, M., & Watkins, S. (2004). *Power failure: The inside story of the collapse of Enron*. New York: Crown Business.

Tichy, N. (1997). *The leadership engine: How winning companies build leaders at every level*. New York: HarperCollins.

Useem, M. (1998). *The leadership moment: Nine true stories of triumph and disaster and their *lessons for us all*. New York: Random House.

Useem, M. (2003). Corporate governance is directors making decisions: Reforming the outward foundations for inside decision making. *Journal of Management and Governance*, 7, 241—253.

Useem, M. (2006). *The go point: When it is time to decide*. New York: Random House.

Useem, M. (2009, November). John Chambers, CEO: Whether up or down, always innovating. *U. S. News and World Report*, 54.

Useem, M. (2010). Four lessons on adaptable leadership from the military. *Harvard Business Review*, 88(11), 86—90.

Useem, M., Barriere, M., & Ryan, J. (2011). *Looking south to see north: Upward appraisal of tangible leadership*. Philadelphia: Wharton Center for Leadership and Change, University of Pennsylvania.

Useem, M., Davidson, M., & Wittenberg, E. (2005). Leadership development beyond the classroom: The power of leadership ventures to drive home the essence of decision making. *International Journal of Leadership Education*, 1, 159—178.

Useem, M., & Gandossy, R. (2010). *Corporate governance and leadership development: A strategic partnership model for director engagement in leadership development in China, India, and United States*. Philadelphia: Wharton Center for Leadership and Change, University of Pennsylvania.

World Alliance for Patient Safety. (2010). WHO surgical safety checklist and implementation manual. World Health Organization. Retrieved from http://www.who.int/patientsafety/safesurgery/ss_checklist/en/index.html

第二部分

技能

第九章

掌握领导的艺术
——源自表演艺术的体验式教学方法

Belle Linda Halpen
Richard Richards
爱丽儿集团

　　本章探讨了两个问题：演员培训的哪些具体元素可以用于领导力——尤其是领导风范（leadership presence）——的教学？剧场这个比喻如何创造一种有力的环境，促进转变性学习的发生，并将其效果扩展到教室之外？除了许多与任务相关的能力——包括战略规划、谈判、危机管理，以及媒体或社区关系——领导者还需要能够激励、动员和协调人们向共同的目标努力。换句话说，他们需要领导风范：与他人真诚地沟通想法和感受，以激发和激励他们向期望的目标努力。

　　在剧场中进行体验式学习为培养领导风范提供了一种有价值的隐喻，让领导者对自我和他人（身体的、情感的、理性的、关系的，有时甚至是灵魂的）有广泛的体验；让领导者通过互动和内省更多地了解自我以及自己与他人建立联系的能力。这些练习是演员用于开发角色和人物特征的。它同样提供了一种机会，把新的觉察应用于他们每天面临的实际挑战中。本章讨论了领导风范的 PRES 模型——领导风范（presence）、对外联系（reaching out）、善于表现（expressiveness）和自我认知（self-knowledge）。几位作者开发这一模型，是为了在基于剧场的领导力研讨班中使用，本章认为那些评估他们的技术的效果的初步努力是有价值的。

❖❖❖

在短短12年里，John Kavanagh从一名石化销售代表被提升为菲利普石油公司欧非地区分公司——这家美国石油巨头的一个7亿美元规模的分公司——的总经理。他们在北海开采，在比利时炼油，在南非加工，全部员工有数千人。这个利物浦出生、没有受过大学教育的爱尔兰移民的后代，是如何在这么短的时间内升到如此重要和富有权力的位置上的？

当然，他聪明而勤奋，但这只是故事的一部分。在他职业生涯的早期，白天他是一名实验室技术员，晚上则是舞台上的一名演员。20世纪50年代，他和他的搭档组成了"Kavangh和Dunne"组合，在英国北部的剧院和俱乐部中表演喜剧及歌曲。

在某种程度上，在剧院的这种经历培养了他领导价值数百万美元公司的能力。这种舞台表现（需要吸引剧院和工人阶级酒吧里的大多数观众）和领导风范（说服西班牙内务部长建立一座新的炼油厂或者激励炼油厂的员工全身心投入）非常类似。

John Kavanagh掌握了这些技能。这不仅仅是一种天生的才能。John Kavanagh就是一个活生生的例子，说明伟大的领导者——卓有成效、激励人心、建立关系的领导者——除了专业技能和自律，还需要风范。

沟通很重要

当然，除了风范，领导力还有很多维度：决策制定、战略规划、财务管理、运营才能、商务谈判、危机管理、媒体和社区关系，等等。传统的领导力理论告诉我们，领导者需要精通所有这些方面（以及其他方面）或者有智囊团能够弥补他们自己无法做到的方面。传统智慧还告诉我们，领导者必须具备的一种交叉性能力是激励、动员和协调人们向着目标努力的能力。

我们把这种关键的领导能力称为风范：与他人真诚地沟通想法和感受，以激发和激励他们向期望的目标努力的能力。

领导力开发重在行动

学习领导风范和学习走路没什么不同。想想孩童学习走路的时候，需要扶着家具绕着房间走，不断地跌倒、爬起。对一项技能的精通，正是来自对这种孩童学走路的方法的重复和调整。仅仅坐在地毯上，看他人走路是无法学会走路的。那么毫不奇怪,学习理论告诉我们,成人学习的最好方法就是行动。因此,领导者需要被置于他们试图掌控的挑战之中,才能最终掌控这一挑战。

 基于剧场的"技能"

那么,如何最好地教授领导力,部分取决于如何最好地为领导者创造一种"身临其境"的体验,以使其能够体验、尝试新行为、跌倒、爬起,并最终不需扶家具就能在房间里走路。通过剧场进行体验式学习,为领导力开发提供了一种有价值的隐喻。尤其演员培训就是一种让参与者广泛地体验自我和他人(身体的、情感的、理性的、关系的,有时甚至是灵魂的)的过程。因此,通过表演艺术进行体验式领导力开发,可以帮助个人通过交流和内省认识自己以及自己与他人建立联系的能力。这些练习正是演员用来培养可信度和融入他们所扮演的每个角色的。它同样提供了一种机会,把新的觉察应用于他们每天面临的实际挑战中。

在本章,我们试着回答两个问题:演员培训的哪些具体元素可以用于领导力教学?戏剧如何创造一种有力的环境,促进转变性学习?

 风范:真诚沟通的能力

此时你可能想知道商业领导人、教师、政治家、政府管理者"到底"能向演员学习什么。可以肯定的是,他们能够学到如何更好地表达,设计他们的发音,站得更直。但是演员们"表演"是为了生活。他们扮演其他人。他们怎么会理解律师或者《财富》500强企业 CEO 都不理解的"真实"世界呢?

回想一下你最近一次被剧院里现场表演的、电影里的或者电视节目里的演员真正感动的时刻。我们指的是真正被感动到对某些事有深刻的感受,能够更全面地理解某些事,能够从一个新的视角思考某些事,甚至改变了你对某些事的想法。现在,以同样的方法回想你最近一次被你组织里的领导者所做的演讲真正感动的时候。我们指的不是被感动得流泪,而是被感动得能够理解一种不同的观点,对一种新的可能性感到兴奋,或者被激励要在变革时期适应和成长。

在这些例子中,演员和领导者的目标是相同的:以某种根本性的方式与观众建立联系。遗憾的是,大多数人会告诉我们,这种经历在办公室里比在电影中少得多。

这正是我们的观点。这些演员用以感动、说服、激励或者娱乐他人的技能,在商业社会、政界、教育界和一般组织中,有直接和强有力的用处。它们不仅对领导力有用,也是关键的技能。领导者与演员有共同的技能和特征,并不令人惊讶。演员和领导者还面临着相同的挑战。他们必须建立联系、有效沟通、与他人作为一个团体进行团队合作。根据情况需要,他们必须准备好扮演不同的角色。他们必须准备好在每一天都影响和感动他人。

所有这些都带来一个矛盾:领导者如何从演员(他们以扮演或假装他人为职业)那里学习真诚?对于这一问题,有两个答案。正如演员扮演不同的角色一样,领导者也有不同的角色,例如船长、梦想家、教练和引导师,等等。他们在每种角色中的行为不同吗?是的。那么他们是虚伪的吗?不是。在所有这些角色下都是同一个人。对演员来说,也是一样的(Halpern & Lubar,2004)。

第二种答案建立在俄罗斯的康斯坦丁·斯坦尼斯拉夫斯基提倡的戏剧理论的基础之上,他强调情感的真实。在美国,斯坦尼斯拉夫斯基的工作以"体验派表演"培训广为人知。"体验派表演"方法的矛盾之处在于,为了假装,演员必须是真实的。这要求演员深入探究自己,因为情感变得真实的唯一途径,就是它是发自演员内心的。因此,演员很可能比其他任何人都更有真诚意识,因为他们已经非常仔细地研究过真诚和他们自己(Halpern & Lubar,2004)。

领导风范的关键驱动因素

如果我们认同表演培训最适用于领导能力的是"真诚地与他人的心灵和思想沟通",那么使用剧场组织领导力培训的一种方法就是,开发一种演员和领导者进行真诚沟通——或者拥有领导风范——都需要的技能和行为的模型。

领导风范(present):在每次沟通时都保持精神集中和自我觉察,面对变化和不可预测的情况保持机敏性和灵活性的能力。

对外联系(reaching):建立和维持真诚关系的能力。

善于表现(expressive):运用语气、姿态、思维和情感动态、得体地沟通的能力。

自我认知(self-Knowing):反思和利用自己独特的个人身份和职业身份的能力。

■ 领导风范

即兴表演培训大师 Keith Johnstone，理解呈现 100% 的风范的需要，当他谈及需要的机敏性和灵活性，以"接受和依靠"其他演员的贡献时——即便那些可能看起来不切实际——目的是创造一种紧密联系的案例（Johnstone,1999）。领导力没有什么不同，它需要领导者在课程中期综合、分析、纠正，同时对更大、更全面的目标保持中立和清醒。

■ 对外联系

演员需要有基本的同理心，才能把另一个角色表现得有血有肉。领导者需要同理心，才能与利益相关者建立关系。在组织中，完成工作的基石是人，而人是在相互关系中工作的。对外联系描述的是领导者具有某种自己的方式与利益相关者建立联系——一种具有同理心的方式。

有风范的领导者注重倾听，不是聚焦于自己滔滔不绝地说什么，而是其他人听进去了多少自己说的话。有风范的领导者意识到，他们的话语不仅有工作上的影响，也有情感和关系上的影响。

■ 善于表现

斯坦尼斯拉夫斯基认为，实现一致、真实且有表现力的表演的主要方法，是怀着一种"目标"或者"热切的目的"去表演每句台词和每个舞台动作。领导者需要协调自己的意图、语言和行动，使之一致。我们都知道拙劣的表演是什么感觉。你听到他说出这个词，看着他的面部表情，观察他的身体语言，总觉得有些地方不对。当一个人嘴里说着"是"，同时却在摇头时，你很难对他建立起信任感。有风范的领导者会传达一种信息。他们注重眼神交流、身体语言、语音语调、步调、沉默、停顿等，来表达统一的信息。有顾虑？他们暂停。很兴奋？他们说话速度加快。很渴望？他们身体前倾。他们使用语言和故事来连接受众的心灵及思想——确保他们的信息被接受。当你看到好的表演时你能感受得到，因为你相信你看到的，而这将你带入故事中。你会因为同样的原因知道什么是好的领导力。

◆ 自我认知

在《尊重表演》(*Respect for Acting*,1973)一书中,尤塔·哈根(Uta Hagen),一位一流的"体验派表演方法"教育者,解释了为什么演员极度需要自我认知。"你自己的身份和自我认知是你扮演的任何角色的源泉……曾经,我们踏上对自己的放大的身份的自我探索之旅……现在,我们试图应用这种认知来理解戏剧中的一个角色。"(pp.29,pp.34)

领导者需要自我认知源于不同的理由。他们需要认识和管理自己,以便被看作可信和真诚的。有风范的领导者会确定和描述他们明确的目标、他们的价值观、他们个人的使命以及生命的意义。他们把职业道路上的起起伏伏看作自我探索中的标记,就像前进中的里程碑一样。因此,最强大的领导者是终身学习者。有风范的领导者把路途中的每次碰撞作为反思的时刻、进步的机会以及调整和成长的机会。这种自我认知在他们进行关键的领导工作——培养下一任领导者时,会为他们提供指导。一位明智的领导者,有一次对她的徒弟(该徒弟慨叹领导者的工作是如此艰难)说,"如果你不犯错,那么你永远做得不够"。

最终,从演员培训产生的体验式练习,对领导力开发有意想不到的好处。高级领导者通常会有强烈的左脑批判思维本能,而在表演培训中,他们会自愿抛弃一部分左脑批判思维,变得像海绵一样吸收学习;因为他们并不希望自己成为表演培训方面的专家,他们会找到"禅宗思想的空杯心态",这是掌握新行为和技能的关键心态。

剧场艺术形式的体验式学习

我们在教学中始终将剧场隐喻牢记在心,因此我们工作坊的结构体现了剧本出色、表演精彩的戏剧的特点。

想象你最近一次去剧院的场景。通常在你进入剧院的时候,这种体验就已经开始了。在那里你置身于一个远离日常忙碌的环境。一切让人分心的事都被抛在一边,所以你可以全身心地体验你赶来观看的演出。你坐到座位上,通读节目单:角色清单、戏剧结构(几幕剧和幕间休息安排),以及一些剧目的背景信息——内容足以吊起你的胃口,又不会多到剧透或者让你失去惊喜的地步。灯光暗了下来,观众安静下来,幕布升起,带领我们来到一个新的环境——新的可能性——不管是彩色背景,还是抽象艺术的黑色背景。

在开幕阶段,会有人彬彬有礼地向我们介绍演员:他们的角色、关系、梦想、恐惧和心愿。我们开始慢慢期待故事。在第一幕结束前,剧作家和演员就已介绍清楚了戏剧中的冲突,这是演出的核心。在幕间休息阶段,灯光重新亮起来,我们已经被深深吸引住了——我们聚在走廊里、吧台边,一起讨论自己看到了什么、感受如何,以及自己对舞台上的人物、地点和情景的看法。

15分钟后,灯光再次昏暗,铃声响起,我们精神焕发地回到自己的座位上,准备欣赏第二幕。15分钟的间歇使我们得以反思自己看到和感受到的,并和朋友一起讨论,准备好被带入剧作家接下来的旅程。

幕布升起,第二幕开始,我们被直接引入剧情——不再需要介绍了。我们已经知道了角色,并且已经相信演员们、灯光效果设计人员、导演和剧作家创造的现实。在第二幕,冲突升级,剧情更加激烈,我们的体验像坐过山车一样(至少在好的剧院是这样)。我们的情绪变得激动,我们的信仰被挑战,我们对他人、世界的印象都以一种不同的方式得以展示。我们当然已经在自己的舒适区外,但是因为剧作家和演员们已为此做了精心的准备,所以我们没有溜走——我们继续参与,着迷地观看最终的结局是什么。

当剧情冲突越过它的顶点,我们发现一切在慢慢回复。我们没有回到最开始的状态,而是被整合到一种新的世界秩序里。角色是完整的,剧情是稳定的,但是有些东西已经改变了:角色、我们自己、我们的信念、我们现在思考事情的方式。我们开始用新的眼光思考我们看到的事件——我们变得不太一样了。

舞台上灯光亮起,演员们走上舞台,我们开始鼓掌,感谢他们对自己和对故事的演绎。灯光打到观众席上,我们开始离场,走出剧院,融入微冷的夜色。我们明显发生了改变,哪怕只是一会儿,一种新的体验带给我们对自己、对他人的新的理解,以及与他人分享体验的意识。

那么在实际中,我们如何把这种过程,在组织层面转化为领导力开发的艺术,以及在项目层面转化为领导力学习的艺术?

毫无疑问,当观众很兴奋地参与并对戏剧主题和其中的思想感兴趣的时候,戏剧会得到最好的欣赏。那么,同样的道理,就像观众必须为欣赏演出做好准备(通过广告、评论、应邀出席活动、口头推荐)一样,领导者也需要为领导力开发体验做好准备。体验式领导力开发项目的"广告",要体现项目与相关的商业战略的联系。正如观众们坐下并阅读节目单,为欣赏演出做准备一样,体验式学习通过为领导者介绍背景来增强学习效果——这一商业问题将帮助我解决什么问题,它将如何改变我的工作方式和工作成果,以及我如何提高我个人、团队和组织的业绩?剧院中的项目对应于培训中的学习准备,都是建立热情、活力和承诺的过程。

大幕开启:演出开始,接下来的体验

正如在剧院观看演出一样,体验式项目在开始时,要将参与者置于一个不同寻常的环境中。这里没有桌子和电脑!这里的场景是,一个大房间,一圈转椅,6—8位参与者,1位引导师。目的是为参与者创造一种空旷的舞台。方法是通过体验、对话、反思和教练进行学习。

像很多好的演出一样,体验项目也有一个渐入佳境的过程。参与者走入房间——仍然在思考问题——寻找当天课程的大纲和目标,并准备用他们的分析思维对其进行解析。这是他们的舒适区。随后的介绍模块和签到过程帮助参与者做好准备,并为接下来即将进行的体验创造一种安全的空间,这一体验会带他们走出舒适区。

正如欣赏最好的故事一样,作者会以我们能跟随的思路,介绍故事的人物、地点和事件,带我们进行一次旅行。在我们理解了角色和情境后,剧情变得越来越复杂。同样,体验式学习项目从时间短的、简单和低风险的练习开始,随着工作坊的进行,进入时间更长、更复杂和"更危险"的练习,循序渐进地把人们带出他们的舒适区,进入精彩纷呈的强烈体验。就像社会科学家 Shoshana Zuboff(1988)说的,"普通的经历要想引起反思就必须变得不普通"(p.13)。下面是一些学员参加了爱丽儿集团为期两天的基于表演艺术的体验式学习项目后给出的反馈。

> 这是我参加过的最独特的课程之一。课程提供了一种不受威胁的环境来检验新学到的技术,并获得即时反馈。

> 非常有帮助。让你走出舒适区。这一天结束时,你的舒适区扩大了,并且你会非常开心地去做几小时前你还很讨厌做的事——喜欢这个课程。

> 这是我经历过的最难忘的体验。它确实扩展了我的知识面。在商业社会

里,我们通常不这样做,但是我们需要去做!这是第一次有课程把我当作活生生的人,而不是试图用信息填充我的头脑。

通常,项目直接将领导者置于一种情境,而不事先进行理想结果或学习目标的引导。让他们置身于我们试图帮助他们掌握的挑战性情境,领导者会得到练习;他们有机会反思这一体验,并理解这对他们自己的工作情境的意义。这时,并且只有这个时候,这种体验才沉淀下来,形成认知框架或模型。认知理解是第二个步骤,主要用来强调"感受性体验。"这种经历以及接下来的分析过程,是体验式学习的显著标志。

它以一种非常另类的方式进行组织,让我们能够敞开心扉,并有效吸收课程的内容。

整个项目需要亲自动手,给你提供机会扩展技能,而不只是认识这些技能。

实践。反思。再实践。获得经验。反思自己。获得反馈。再次尝试。

为了更详细地描述参加这种基于演员培训、运用体验式方法的领导力开发项目的感受,让我们看看领导者在项目各个环节的经历。

Mary Ann 是一家中型制药公司的市场副总裁。她思路敏捷,善于分析,严肃而缺乏幽默感。直接下属给她的反馈是"令人畏惧",同事认为她"难以打交道"。她本认为自己待人亲切、乐于接受意见,所以对这些反馈感到非常惊讶。她的老板推荐她参加一个领导风范项目,以帮助她理解他人对自己的看法,帮助她实现意图和效果的一致。

在开场阶段,Mary Ann 看到了一个认知模型和一个关于两天项目的整体路径图。我们让 Mary Ann 和其他参与者进入第一个练习——演员热身。他们简单地围成一圈,先按照顺序传递一个声音,然后再以随机的方式传递。我们首先让他们满怀信心,大胆尝试这项练习,而不透露目的是什么。——我们承诺在体验结束后会说明其背景和目的。(做!)Mary Ann 照做了,稍后她被问及"感觉如何?"(反思!)"与之前的练习相比,你现在感觉如何?"她谈到活力增加了,注意力更加集中,并感受到了一种友情。然后我们问"我们正在练习什么技能?"她和其他人提到声音、活力、一致和在场的能力。我们随即结合领导者的日常工作背景进行询问。"如果在你们的会议上,所有人都像我们刚刚在练习中表现的那样,会是什么效果?"于是大家开始热烈讨论,领导者如何能够在会议中抓住他们自己和其他人的注意力(而不是人在会议室,想的却是下一场会议或者下一封邮件),进而产生丰厚的回报:让人们感到被关注、被倾听、被重视——从而更加富有成效。Mary Ann 有了她的第一个"惊喜",她明白了自己是如何地专注于任务,当她的团队成员需要她专心的关注时,这种做法如何被看作不在场,因此被认为她不重视团队。

接下来我们以同样的练习为基础,但是增加了一项任务——记住名字。这场练习故意要让参与者失败……然后揭示和改变他们在犯错过程中体现的惯性思维。当他们弄错一个名字时,必须说:"多么神奇啊!",然后全体组员向他们鞠躬,引得所有人都哈哈大笑。大家再次进行了一场热烈的对话,关于当我们犯错和有缺点的时候,我们如何习惯性地带着怒气与自己对话。我们发现,可以有其他方式与自己对话。Mary Ann"惊喜"地发现,在她的脑海里有一个声音——内心的批评者的声音——但这不是她,而只是一种她能听到的声音。

每项练习都为参与者提供了冒险、成功和体验突破的可能性:如果我能在这里做到,我当然也可以在外面做到,比如在办公室里做到。就像指导演员时,先说明他们的角色,然后让他们把这些想法融入表演中,领导者在体验式学习的课堂上,被要求反复进行这个过程:成为/实践它,反思/讨论它,然后再次成为/实践(以不同的方式)。这是体验式学习的核心节奏。

Mary Ann 的第三项经历是一项即兴的练习。她被鼓励用几种不同的观点谈论一个主题。她和一位同伴教练一组,在教室前面练习,其他人带着目的观看。她第一次得到我们的反馈和教练。我们和她的同伴教练一样,认为她充满活力和想法、语言流利,并补充说,她没有进行必要的换气或停顿,以便观众能够理解她。我们让她再次进行这项练习,但是这次要在每个观点后都停顿一下,并说"我非常在乎你是否理解了这一点",同时与对方保持眼神接触。团体成员立刻感到与她有了更多的联系。我们讨论了停顿,以便让人们理解你和你的想法的影响力——让观众感到你不仅仅是一个说话的脑袋。Mary Ann 说,在停顿的时候,会感到"不自然",感觉时间过了很久。然后我们对"不自然"和"不习惯"

进行了区分。Mary Ann 再次进行了尝试,经过我们即时的教练,她能够在快速思考时停顿和换气。在最后的总结报告中,她非常兴奋于小组成员对她的新的方式(呼吸、停顿、速度慢下来)的反应,并且惊讶地发现,她小小的行为改变对改变人们对她的看法竟有这样的效果。

任何运用剧场形式的体验式学习项目,核心都是针对领导者的某些日常挑战进行角色扮演。把这些角色扮演当作正式演出的"彩排"。在他人的观察下,教练学习者进行角色扮演练习时,观众和演员的关系仍在继续。理想情况是,将新的行为选择整合进领导者的剧目中。有时这种情况会发生,是因为观众会建议采用不同的行动,试图改变他们正在观看的剧目的结局。有时它会发生,是因为小组讨论后,同意在剧中加入不同的人物角色。甚至主演会成为"导演",使用目前为止学到的技能,探索不同的方法解决互动问题,并分享剧情如何与他们个人产生共鸣。

通过教练实现转型

表演艺术培训几乎总是会包含小组或者个人教练——培养演员吸取反馈意见并迅速将反馈意见整合到新的行为中的能力。这种做法极其有用,且与其他提供大量反馈的环境不同。领导力培训通常都包含从各种渠道获得针对你的风格的反馈,但是不包括尝试行为改变并将其整合到现实情境中。

因为在剧场练习中接受个人教练对领导者而言并不常见,而且人们的见解可能非常深刻,所以,"惊喜"或者转型的时刻就会发生。人们有机会更全面和更深刻地认识到自己是谁,能够成为谁——这是超越日常生活的体验。Julian Olf 把这种体验看作"突然从每天的现实中摆脱出来,获得自由"(O'Carroll,2003);Zander 和 Zander(2000)称之为"进入一个可能性的世界"(p.17)。

体验式领导力开发通过表演艺术把领导者的注意力聚焦在他们的主要沟通工具(他们自己)上,最后像一面镜子一样照出领导者对组织里人际关系的影响。领导者在教室环境中接受这种反馈,从而可以整合这些反馈意见,并磨炼他们的沟通、激励和领导的能力。

第九章 掌握领导的艺术

让我们再次以 Mary Ann 为例。现在是项目的第二天早上。我们设计了戏剧氛围,让大家相互听取对方的个人故事。这将是我们为 Mary Ann 提供教练的另一次机会。

在这场最后的练习中,我们已经把 PRES 模型的 PRES 元素联系起来。练习真诚地、打动人心地讲述个人故事,让 Mary Ann 可以练习现场风范(P)、对外联系(R)和善于表现(E)。通过这些让她成为她自己的故事,加深自我认知(S)。Mary Ann 被要求想出一个关于某个转折点、某个"严峻考验的时刻"的故事(p.161),或者一个有明确价值的故事。同样,她和一位同伴教练进行了排练:在讲述故事时,聚焦在叙述的3C(冲突、高潮、变化)上,然后聚焦在表演角色(叙述者、自己、他人)上,最后聚焦在语音语调、肢体动作以及发自内心地讲述上。作为一位领导者,她在这里锻炼的能力是,谈论她生命中让她成为她这样的人和这样的领导者的时刻,并通过故事的讲述,与他人分享她的核心价值观,让他们能够理解她、信任她,并希望跟随她。

她站在小组前面,稍作停顿,调整呼吸,然后开始讲述。她讲述了在她青少年时期的一个故事。当时,她的妈妈病得很重,需要身体、心理和精神上的照顾。她谈及父亲是如何不负责任,这个任务就落在了她的肩上,那时,她刚刚13岁。故事的最后,她谈到了在那个时期,她学会了机智应变,并且认识到她可以做那些自己从来不认为能做的事。

小组评论了她的能量、她回忆中使用的感性细节以及这段经历有多么艰难。我们说:"Mary Ann,你有卓越的生机和活力。当你讲话时我们都坐直身体,认真地听。这是你的天赋。我们的问题是,在你的故事中,你想选择什么加以强调?今天,作为你的观众,我们都为你的勇气和机智所激励,这可能是你作为领导者的一大强项——使用激励人心的、超出职责范围的案例。但是,听起来,在这个故事中还有一个你忽略了的主题。你谈到了机智应变——但是你的更脆弱的感受呢?你在13岁的时候有没有害怕失去你的妈妈,或者害怕承担所有这些责任呢?"

瞬间,Mary Ann 把我们所说的和项目前进行的360度反馈结合起来。她说:"你是说,让人们知道我的恐惧,会有助于人们与我的沟通?"所有的小组成员都点头应答:"是的。"Mary Ann 结合我们的教练,再次讲述了这个故事。

这次,她分享了当她的妈妈被送到医院时,她是多么害怕。她的爸爸看起来无力应对这一局面,这对 13 岁的她来说是多么令人不安和绝望。她调整了一下呼吸,甚至重新体验了这些感受。整个房间与她一同呼吸。大多数小组成员不由自主地体会到她的恐惧和痛苦,眼里噙着泪花。当她结束的时候,有那么一瞬间房间安静极了,随后爆发出热烈的掌声。小组成员承认他们被深深感动了,对 Mary Ann 有了更深的理解。

因为在表演练习中,作为非演员接受教练所感受到的风险非常大,所以非常关键的是,引导师要为冒险和恢复创造一种非常安全的环境,保证每位参与者经历一种"赢"的感觉——认识一种与生俱来的强项。通过让领导者在表演培训的陌生世界卸下伪装,使他们发现自己独特的能力和贡献,那种伴随着每个人的未开发的有时隐藏着的品格。我们的目标就是释放这些品格,调动它们服务于领导者个人和这个世界。到目前为止,我们确定了我们的使命——"爱丽儿集团梦想的世界是,人们真诚地与他人互动,释放他们大部分真实的自我"——我们在教室里做的所有事都是缘于这一点。

这个课程非常有效地让我在一些方面做出了改进,同时也促进了我作为我的核心方面。

在听完 Mary Ann 第二次讲述她的故事后,我们进行了下一步,将她学到的内容整合到她每日的工作情境中。在小组就"多大程度的脆弱性对于领导是合适的"这个问题进行讨论时,Mary Ann 谈论了她所学到的"领导工作需要战略性的脆弱性"。Mary Ann 认识到了,她应该如何更多地与团队分享她自己,甚至战略性地分享其实她并不总是如此自信,或者分享一些她的发展目标。她同样意识到,她外表自信、机智、严肃的工作方式会让她看起来难以接近,人们会猜测她在评判他们。为了消除这种假定,她决定把肯定同事和直接下属的强项作为她与他们沟通的常规部分。小组表达了,他们感受到的 Mary Ann 作为领导者的效果的变化。

在项目结束后,我们对 Mary Ann 进行了电话培训。交谈中她说:"我非常确信这是有效的——我的团队更多地与我分享事情进行得如何,这样我能提供帮助,同事们也更愿意与我合作。我想我的思路已经转变了,脆弱性不再是短板,而是强项。它对我的帮助巨大。另外,现在我讲话时会更多地换气!"

第九章 掌握领导的艺术

我们如何知道它有效？

> 课程让我能够设想极端困难的商业环境，并创造性地处理它。课程让我真正理解了商业环境中的情感部分，以及如何加以利用。
>
> 来自顾客的反馈超乎寻常地好。他们观察到，我们的团队成员几乎是他们遇见过的最真诚的业务代表，他们的故事和他们的真诚，让顾客与他们能够进行私人层面的交流，在接下来的谈话中完全放开。
>
> ——来自一位销售团队的领导，他让整个团队都参加了一个定制的讲故事项目

体验式方法进行领导风范教育非常有效，关键问题是：它是否持久，你如何证明？我们能明确证明（评估的第一层级），以戏剧表演为基础的体验式学习得到了非常高的评价。但是我们如何评估长期效果？评估是一个棘手的问题。怀疑论者会告诉你"水涨船高"，不可能将培训工作或者正式的领导力开发项目的效果单独分离出来，进行确定和量化。培养领导者却不开发一些方法收集有关这些领导者如何影响环境、业绩和他们组织的士气的数据，那么这些培养工作可能看起来并不那么负责任。然而，评估是可能的，虽然很复杂且尚未广泛使用。

爱丽儿集团已经运用这种源于表演艺术培养领导风范的独特方法，在超过25个国家进行了领导者培养。参与者主要是企业、非营利组织和高管教育项目的高管、顾问及新兴领导。爱丽儿集团的项目通常持续2天，包括1位引导师和6—8位参与者。

下面我们分享两个最近的针对体验式学习项目的实施的评估案例：一个是非营利组织，一个是公司部门。第一个案例展示了评估如何跟踪学习需求，并与之建立联系。第二个案例说明了如何将学习和具体的结果联系起来。

评估跟踪和联结学习需求

"为美国而教"（Teach For America）是一个全国性的非营利组织，致力于通过活动减少教育不公。这个组织招聘和培训杰出的大学毕业生，他们都立志于在低收入地区和农村社区提供两年教育服务，并成为为扩大教育机会而做的工作的终身领导者。

我们为这家组织的八位学生进行的领导力提升项目,采用的方法包括,进行前期的(培训前)基础评估,通过检测他们与他人的互动、沟通和影响,评估他们当前的"领导风范"水平。这一前期"观察"包括个人领导力挑战和具体职业理想的自我披露。然后引导师定制两天的工作坊,然后是几次一对一的教练课程(当面或通过电话进行),以及一个为期一天的巩固工作坊,以提供与学习者的发展需要和目标相关的、有针对性的、具体的学习体验。培训后评估在教练课程之后(例如,在两天的工作坊后的 60 天内)和学习环节的最后一步(例如,在一天的巩固工作坊后的 60 天内)进行。

每个案例中的自我评估都请参与者思考,他们在运用 PRES 模型的 17 项关键原则(驱动因素),构建对他们作为领导者的成功至关重要的四项能力框架:影响他人、交流和沟通、做自己、建立真诚的人际关系方面做得怎么样。同时请他们描述他们在每项能力区域的挑战,确定他们的个人提升重点区域,以及要带入工作坊中进行角色扮演和获得反馈的具体情境。

在工作坊之前对这 17 个维度进行自我评估,我们发现,参与者对他们在领导风范方面的挑战有很深的思考,态度坦诚。通过让他们阅读《领导风范》这本书的第一章,我们让他们熟悉了 PRES 模型的那些概念,这样他们就了解了描述他们挑战的语言。然而,虽然他们知道自己哪些方面存在不足,但在工作坊中还是对他人对自己这些特点的看法感到惊讶。例如,一位参与者意识到需要提升"做自己"的方面,但是不了解他的行为在别人眼里是什么样子:缺少眼神交流,拘谨的双臂,或者僵硬的步伐。此外,他没有意识到这些行为出现的频率有多高。

有了基础评估的背景信息,引导师就可以根据第一次的见面和观察,确定每位参与者的学习需要,然后制定教练和反馈的目标,做出大胆的选择以挑战他们在工作坊的学习经历。同时也可以调整工作坊的重点内容和个人的学习模块,针对全体小组成员共同的主题和学习需要进行培训。

在两天的工作坊结束后的 60 天后,第一次培训评估要求参与者评估他们应用的技能和应用技能体验到的结果。结果表明,他们在四项能力领域有超过 4%—10% 的提升。尽管样本很小,但是相比类似的培训项目,这个幅度还是很大的。

此外,评估包括成功应用领导力技能的故事的评估——例如,展示如何把学习运用到工作场所。工作坊之前进行的基础评估要求参与者确定一个即将到来的情境——一种沟通挑战——他们可以在工作坊最后的课程中,对这种情境进行角色扮演，以练习这些技能：进行演示，引导讨论或会议，管理一对一的谈话。在工作坊中练习过这些技能以后，参与者可以在真实生活中完成这次互动，并在第一次培训后评估中进行汇报。参与者被要求讲述关于这个情境的故事，包含哪些人物，他们运用了哪些课堂上学到的技能，结果是什么，在工作坊中学到的技能有什么影响等。

虽然50%的参与者在工作坊中选择的情境不同于他们在工作坊前的基础评估中确定的情境，因为他们在学习中获得了新的见解，但是大多数参与者在工作坊结束后还是会继续他们在工作坊中的角色扮演，完成互动，并进行汇报。在每个案例中，他们学到的技能对互动的积极影响，从50%（"使其部分不同"）到100%（"使其完全不同"）不等。

> 我多么希望在五年前学到这一课程，那时我是第一年担任领导工作……它将是我采取的增强领导者有效性的最伟大的行动。我将向任何想要提高其影响力的人推荐这一课程！！绝对不同凡响。

评估跟踪和联结学习与结果

评估同样可以用于在一段领导力开发经历的最后跟踪和联结学习与结果。美国运通公司观察了领导力开发工作对领导者行为以及因为他们的行为改变带来的结果的影响。培训后评估测量了参与者使用所介绍的技能和行为的频率、熟练程度和效果。尤其是，考察了支持性管理者（也就是领导者的领导者）在其最大化运用所学技能和提高改进的可能性，以及长时间的效果方面，扮演了什么样的角色。

在这项研究中，87%的领导者和83%的"领导者的领导者"认为学习者在领导风范方面有明显的提高，他们能够建立和利用人际关系，有效沟通，在他们的角色上展示个人卓越。另外，数据显示，有上级支持的领导者比缺少上级支持的领导者有更大的提高，强调了领导者的领导者在最大化领导力开发潜能和回报上的重要作用（American Express & The Ariel Group, 2006）。

因此，虽然持续跟踪学习的需求和结果的评估技术，可能对这个行业中的一些人很陌生，但是领导力开发是可以测量的，甚至有些人可能会说，领导力开发必须可测量，所以我们确定所提到的能力和技能，不仅服务于领导者个人，也服务于他们所在的组织、所"涉及"的市场以及他们培养的未来领导者。

▓ 基于戏剧的体验式学习的最初阻力

在销售过程中，首席学习官经常会担心习惯于分析和认知的学习者很难适应本章所描述的典型的体验式方法。这种方法与分析型学习者吸收和采用新观点的方式是相反的。通常他们会从一个模型开始。类似地，还有一种担心，内向的学习者可能会发现，对经历的叙述和"大声地说出来"，错误地演变成了侧重于反思已过的方式，最后变成安静地思考，而没有分享。

矛盾的是，超过50%的爱丽儿客户来自IT、管理咨询和计量金融业，这些领域中，分析型和内向型的人占据主导地位。因为他们特有的学习类型，所以他们需要更多时间来"热身"，建立对引导师和教学程序的信任。但是，基于我们做过的很多针对这种类型学习者的项目，有证据显示，对于那些需要影响他人而又具备分析型/认知型或者内向型的学习风格的人来说，基于戏剧的体验式项目能够有效地促进他们的学习。

另外，在项目开始时，通常会有针对"演员的技巧"的偏见——认为使用这些演员的技巧是一种"假装"或者欺骗。在第一天的早上，经过仔细考察，参与者理解到，演员的技巧是真诚地进行"深入挖掘"，以找到真实的自我和真实的角色，这同时也是优秀的领导力的核心。

我永远也想不到，戏剧的世界居然能够转化到领导技能上。

相关度非常高——一开始我怀疑能学到什么新鲜的东西，但是通过课程的精心设计，我学到的远远超出想象。

结论

总之，戏剧形式在内容和情境两个方面都可用于领导力开发。在内容方面，表演培训练习能培养在场、对外联系、表现力和自我认知的技能及意识，这些都有助于培养关键的领导能力：真诚地与他人的内心和思想建立联系，以便激励他们创造伟大的成就。对演员培训的借鉴，提供了一种对自我和他人的扩展性体验（身体的、情感的、理性的，有时甚至是精神的），这些体验可用于反思，并运用到日常的领导力挑战中。

在情境方面,戏剧形式在设计一种复杂的、运用多种方式和参与性的领导力项目上非常有用。它提供了一种强有力的学习环境。源于表演艺术的教练风格元素可以用来增加转型体验的可能性。沉浸在不同于日常生活的演员培训世界,还能让领导者不知不觉进入一种状态,能够接受关于他们自己和他们可能的成长的新的、重要的观点。

……一个神奇的反思和激励的旅程……

最后,在我们这个前所未有地虚拟化和数字化的时代,在线学习渐渐代替现场的课堂学习——这种要求领导者在艺术化的、由面对面的小群体组成的环境中学习,有大量机会与自我和他人沟通的方式,已显得有些不合时宜。然而,也许当我们在 Facebook 上与成千上万的"朋友"进行"沟通"时,作为人类的一员,我们却更加孤独。也许,当我们进入一个更加碎片化的时代时,领导者反而更需要真诚地沟通的能力——带领他们的团队、组织和社会迈向更好社会的可能。正如 E. M. 福斯特在《霍华德庄园》(2000,p.159)中说的:

> 只有沟通!那是她布道的全部。
> 只有通过沟通联结平凡和激情,它们才会双双高贵。
> 人类的爱才会达到最高点。
> 不再生活在支离破碎中。
> 只有沟通……

致谢

感谢他们对本章的激励和指导:

Joel Gluck, Madeleine Homan, Steven Holt, 爱丽儿集团 CEO Sean Kavanagh,爱丽儿集团发起合伙人 Kathy Lubar, Mark Rittenberg, Gabriella Salvatore,我们在 BeyondROI 的合伙人,以及已故的 Martha Schlamme。

参考文献

American Express & The Ariel Group. (2006). *Maximizing ROI*: *How American Express creates* an effective leadership development climate. New York & Arlington, MA: Leone, P., Marino, M., & Richards, R.

Bennis, W. G., & Thomas, R. J. (2002). *Geeks & geezers: How era, values and defining moments shape leaders.* Boston, MA: Harvard Business School Publishing.

Forster, E. M. (2000). *Howards End.* New York: Penguin Classics. (Original work published 1910)

Hagen, U., & Frankel, H. (1973). *Respect for acting.* New York: MacMillan.

Halpern, B. L., & Lubar, K. (2004). *Leadership presence: Dramatic techniques to reach out, motivate, and inspire.* New York: Penguin.

Johnstone, K. (1999). *Impro for storytellers: Theatresports and the art of making things happen.* New York: Routledge/Theatre Arts Books.

O'Carroll, C. (2003). It's the "aha" experience: Julian Olf's vision of the performing arts. UMASS Magazine Online, Winter 2003 Issue. Retrieved from http://www.umassmag.com/winter_2003/It_s_the__Aha__experience_399.html

Zander, R. S., & Zander, B. (2000). *The art of possibility: Transforming professional and personal life.* Boston, MA: Harvard Business School Press.

Zuboff, S. (1988). *In the age of the smart machine: The future of work and power.* New York: Basic Books.

第十章

教授高管成为最好的自己
——一个关于自我的社会学视角

Rob Goffee

Gareth Jones

伦敦商学院

我们教授领导力的方法形成于我们的社会学背景和数十年在商学院与高管一起工作的经验,由三个核心概念构成,即领导力是情境性的、关系性的和非等级的。情境性解释了建立优秀领导力的普遍性困难——以及情境感知技巧的重大意义。关系性提醒我们,没有追随者是不可能成为领导者的——以及随着层级的扁平化,社交距离的管理成为一项至关重要的技能。非等级警示我们,那种认为组织中身居高位的人必然表现得像领导者的观点是非常危险的——这会破坏对领导力的理解和教学。我们的观点是,决定领导力的是个人的独特特征而不是职位属性的有效运用。

我们对高管的建议是"做真正的自己——而非更多地运用技能"。这提示他们,领导力意味着认识和选择性地展示他们真实的自我,并根据具体的情境,有技巧地展现自己的特征。真实性和技能的平衡是可教授的,能够帮助作为领导者的高管提供目标和激励。

简介

在开始讲述我们的领导力教学方法前,我们需要稍微谈谈我们自己以及我们如何会对领导力的研究和实践感兴趣。我们是欧洲的社会学家,在20世纪70年代接受教育,着迷于经典的社会理论,因为它在19世纪和20世纪早期就证明了它自己。我们的研究焦点是工作和组织的社会学,并且正是它最终让我们在世界一流商学院中的组织行为系占据了一席之地。

在某些方面,这最初是一种让人感到被疏离的经历。我们发现周围大多是心理学家。在我们看来,他们主要聚焦于个人差异的测量。他们对我们热衷于研究关系、沟通和社会根源感到不解。尽管如此,我们被要求为认真的MBA学生和因为能从公司的激烈竞争中暂时逃出而高兴的疲惫的高管教授领导力(Goffee & Scase,1989)。

为了做好准备,我们试图掌握现代行为科学关于领导者的文献。我们被它的不确定性震惊了——并且因此,从实际运用上,它那么难以用来教授,帮助人们成为更有效的领导者!最初的研究从特质论——试图找到有效的领导者拥有的共同特质——开始。为了这个目的,人们用一连串的心理测试对领导者进行测量和检测。最终得出的结果令人非常不满意,因为它们大多是以弱相关为特点的研究,其中的因果联系都是不确定的。

紧接着出现的是行为风格理论。20世纪30年代末期,在美国,行为风格理论开始占据主导地位。该理论认为,有效的领导者拥有共同的行为风格——受推崇的行为风格是善于社交的、民主的和包容的。这是一种正好适应时代精神的方法——正值美国的罗斯福新政时期。然而,随着时间的流逝,到了麦卡锡主义和冷战时期,时代精神再次改变。这时,领导者似乎需要表现得像冷战勇士了。

因此,行为风格理论准确地指出,有效的领导者确定并示范主流的价值观和习俗。这艰难地为教学实践奠定了一个坚实的基础。适应的需求逻辑性地导出了权变论。这给高管们提出了有趣的问题。你试图领导的人是谁?任务的性质是什么?可以把外部环境的哪些方面转变为你的优势?我们使用这些问题帮助有抱负的领导者,将他们的工作聚焦在关键的成功因素上。然而,这很像是说:"领导力——要随机应变!"我们发现,这很难让高管和有野心的MBA学生们满意,他们希望更实际的东西。

那么,这一宏大的研究传统的核心问题是什么呢?在我们看来,它提供了大量关于领导者(虽然并不确定)的证据。但是我们所教授的高管们真正感兴趣的是**领导力**——领导者和被领导者之间的关系。如果领导力是一种人际关系,那么对领导力的研究就应该有大量的社会学概念,正如它被冠以很多心理学概念一样。我们后来的工作都是试图提供这样的框架(Goffee & Jones,2003,2006)。令人惊喜的是,那些渴望领导力的人发现这样的框架既具启发性又有实用性。

或者用认识论的术语来说,实践是最好的检验标准。

概念框架

我们的工作由三个核心概念组成。这些概念极大地影响了我们在领导力教学中试图处理的方法和问题。

领导力是情境性的

对领导者的要求总是受到情境的影响。这是基本常识,但确实是真的。

历史上充满了找到自己的时机和位置的个人案例——但是时过境迁,他们的特质就失去了吸引力。例如,丘吉尔是一位激励人心的战时领导者,但是他的斗牛犬风格被证明对于英国的重建是不合适的。与之类似的还有,老乔治·布什在第一次伊拉克战争后不久有非常高的民意得票,但是在下一年的选举中,他输给了比尔·克林顿。与之相比,纳尔逊·曼德拉在大量的不同情境(从罗本岛的牢房到比勒陀利亚联合大厦华丽的草坪)中展示领导力的能力,为领导者对情境的适应做出了表率。

在组织生活中有许多这样的情况。例如,当企业需要建设和成长时,锋芒毕露的、负责削减成本的管理者经常不能发挥领导力,而他们更具灵活性的同事可能适应变化的任务——从而带领团队前进。

观察和理解当前情境的能力,即**情境感知**,对领导者是至关重要的。它包括感觉和认知能力的混合。有效的领导者能够获取重要的情境信号。他们调整自己,与组织的频率合拍,洞察表面现象背后的规律。这既是一项宏观的也是一项微观的技能——出现在每天的日常工作中(会议上、走廊里、电梯中),也出现在高层的战略决策中(这项收购感觉对吗?我们能够和这些人合作吗?)。有效的领导者能够运用个人的能力进行适当的、有意识的调整。但是他们这样做能够影响——并且因此改造——他们发挥领导力的情境。通过这种相互作用,他们为最初的环境建立了另一种环境。他们使用自己的领导力优势,重新配置追随者的利益。最后这一点很重要。重塑一种对自己有利的情境是不够的,真正的领导力需要重新配置所领导的人们的利益。这是关系建立的基础。

我们的初始假设是简单的、确凿无疑的:人类行动——无论是否包括领导力——不会在真空环境发生。它们受制于个人所处的社会背景。这种社会现实就像重力一样不会因为人的意志而消失。有效的领导力包括意识到环境的限制和潜在的机会。技能熟练的领导者都是现实主义者。他们对于什么可以改变、什么不能改变有成熟的看法。他们理解自己必须在其中经营的现实条件,并在这些约束下工作(Durkheim,1984)。在教授领导力的时候,这导致了一个让人难以接受的观点,那就是领导力意味着必要的顺从。一个人如果不精通这一点,就像引擎轰鸣却没有连接驱动轴一样,永远无法实现组织的牵引力。那些顺从过度的人,永远不可能做出那些可以激励他人做出非同寻常的成就的事情。

情境决定领导力,这一概念并不新鲜。社会学家George Homans(1951)在很多年前已经对其进行了完美的描述:

> 对于人类行为,没有什么规则可以运用在任何情境中,而不做限制或改变。人类渴望确定性;他们已经寻找这样的规则数千年了,但是仍然没有找到。每发现一个原则,都会有一个与之冲突的原则。最近几年,从事实务的人——例如,企业高管——通常会找到心理学家和社会学家,请求他们提供一套方案或规则,使得高管能"全盘"运用于——也就是说,在所有的情境中——对待他们的员工。没有这样的规则,即便有,它们也将会非常危险。它们可能适用于一时;然后变化的环境会让它们变得不适用,领导者将不得不应对新的情境,而他的思维却被陈旧的规则禁锢。因此,我们将提出的领导力准则,都不应该当作绝对,而只是对领导者行为的便利的指导。它们只能在他所面临的情境的限制下运用,并且,在某些情境中,不同的准则会相互冲突。领导者需要具备的不是一套规则,而是一种良好的分析所在情境的方法。如果分析是充分的,应对情境的方法将自然浮现。如果领导者的脑海中确实有一

些作为工作指导的简单规则,经过分析可以知道它们的局限性何在(p.424)。

有效的情境感知包含三个独立而相关的要素。**第一个要素是观察和认知技能**。领导者看见和感觉组织中正在发生的事——然后运用它们的认知技能解释这些现象。他们获取并解释软数据,这些数据中有时没有任何的语言解释。他们"知道"什么时候团队士气不坚定或者什么时候需要挑战自满情绪。他们以潜移默化的方式收集信息,并使用信息来理解他们进行领导所处的环境。

这一过程通常是非常微妙的,所以并不总是容易"看到"。但是在一些关键时刻,你通常可能观察到工作场所的互动中这一技能的存在——或者缺失。例如在会议上,当一位同事进入语境较晚,表现得比较笨拙时。这反映了典型的"消极"的情境感知。其他人看起来能够进入语境,并迅速融入其中,毫不费力地感知到会议的氛围。

这一技能也能在进行交易时体现出来。例如,在并购谈判中,不可避免地会到达一个紧要关头,例如一切都谈过了,而关键的决定因素只在于继续下去是否合适的那种感觉。那些做出正确选择的人拥有优秀的情境感知能力。

高度以任务为导向的高管们非常容易忽视这一基本的观察工作。他们倾向于在完全理解情况之前就付诸行动——有时会带来非常消极的后果。我们稍后会说明,有一些有效的观察框架,能够帮助个人培养这种技能意识,并进行练习。

情境感知的第二个元素是行为和适应技能。在观察和理解了情境后,有效的领导者能够调整他们的行为。他们在适应环境的同时,不会失去自我。在别处,我们把这种领导者称为真诚的变色龙(Goffee & Jones,2005)。他们很善于适应环境,始终保持变色龙状态。对于领导者,这种情境感知的行为元素包括,在特定环境中从容地运用社会技能,最大化他们的影响。我们下面会讨论这些个人能够广泛采取的行动:他们能够创造亲密感和距离感;利用他们的长处,同时又善于暴露弱点;行动迅速,但是看上去又掌控着时间。

有效的情境感知的最后一个元素是,**领导者运用他们自己的行为改变情境**。他们以身作则,创造一种新的情境。当 Greg Dyke 刚到 BBC 任职的时候,他因为遇到的情绪低落的人的数量而感到震惊。他的反应是以身作则,为组织示范一种更积极的、鼓舞人心的愿景。类似地,在欧洲最大的航空公司——瑞安航空公司,好斗的 CEO Michael O'Leary,在面临逆境时,经常非常积极地宣称他看到了机遇。例如,最近他发表声明称,严酷的航空经济环境为瑞安航空公司提供了更多的发展机会。

结论就是,领导者不是情境的被动接受者。相反,他们与他人一起,建构起另一种共同的现实(Berger & Luckman,1966)。这种能力正是那些很少对情境做出反应的人和那些有能力转变情境的人的差别。

领导者知道情境感知非常重要。他们也知道,当被提拔到组织更高层级时,这种能力会变得更加关键。随着职位的提升,获得的信息可能是经过美化的——下属可能对领导者应该知道什么有自己的看法,并用他们的眼睛和耳朵过滤这些信息。当你越来越接近顶层时,你会收到越来越多的信息,但是这些信息越来越不可信。正如一位CEO向我们解释的,"如果你是成功人士,你会越来越多地为人们所敬畏,结果就是,你获得的真实信息越来越少"。有效的真诚的领导者知道这一点,并采取措施确保他们保持对不断变化的环境的敏感性。

现在问题来了:情境感知能够习得吗?虽然通常的答案是"凭直觉"或"顺其自然",但是我们的观点是,很明显有一些技能是能够培养的。和许多领导技能一样,直接经验对情境感知技能是很重要的。就像很多人展示的,没有什么能够替代早期的、多样化的、丰富的经验。但是从这些"经验的考验"中学习,可能是痛苦的、有风险的、缓慢的(Bennis & Thomas,2002)。

教学环境可以提供更安全的选择——有更多反思的空间。例如,所有一流商学院都开设了"人际技能培训"课程。在这一方面要取得进步,最重要的是提升情境感知能力。一种方法是对高管在具体情境中的表现进行录像——设定目标、给予反馈、沟通愿景——然后回顾录像,反思哪些被遗漏或者被误解了。这样的课程有效地突出了对观察技能的普遍疏忽。很多内驱力强的高管不会给自己时间,哪怕是简单地观察一下周围正发生着什么。他们迫切希望把事情完成,而忽视了甚至是最基本的观察任务。当然,熟练的观察并不是易事。回想一下我们参观一个艺术画廊的体验:如果你能使用语音导览,你就会轻松地看到更多东西。我们把高管们带到画廊,要求他们花时间看五件展品,不使用语音导览。然后,再让他们使用语音导览重复这个练习。结果是令人吃惊的。他们的感知被转变了。领导者自始至终需要语音导览的引导。

在我们自己的工作中,我们通常使用一些简单的方法来帮助高管们提升自己的情境感知能力。首先,我们建议他们写简单的日记,不管任何时候他们开始一项新的任务、与一支新的团队合作或者职位变更,都用日记记录他们的观察。我们建议每天花费在这项任务上的时间不要超过 15 分钟。再忙的高管也能抽出这些时间。我们强烈建议他们,以尽可能直接的方式记录他们的观察:**会议上谁第一个发言?谁没有发言?人们是按时到的吗?他们之间是什么关系?** 刚开始的时候,这些观察可能会显得不相关和混乱,但是随着时间的推移,它们开始揭露能够描绘组织现实的模式。根据我们的经验,如果高管们做好准备,齐心协力进行这项练习,会对他们解读情境的能力产生不可思议的效果。

其次,我们要求他们画出一幅**人际关系图**(不是层级图),把自己放在中间位置,标出其中对他的绩效影响最大的人。然后让他们用下列问题的答案填充人际关系图:这些人的动力是什么?他们最突出的强项是什么?可容忍的弱项是什么?在团队中,他们最适合担任什么职位?他们的致命缺点是什么?当然,刚开始时,图上会有一些空缺,我们鼓励他们收集可观察的数据,以填充空缺。我们建议这一练习持续 6 个月——在 6 个月后,很多高管就不再需要这张图了,因为他们已经把情境感知当作了一项领导习惯。

教授情境感知的适应和转变会更加困难。我们请参与者思考不同的情节,与他们的同事讨论,领导者能采取什么行动来重塑环境。例如,纳尔逊·曼德拉出狱后不久就在橄榄球世界杯上为弗朗索瓦·皮纳尔颁奖的照片总是会引起激烈的讨论。随后我们要求高管们思考,他们如何将重新定义情境这一方法运用到他们自己的情境中——所做的事情当然没有纳尔逊·曼德拉的案例那么引人注目,但是它帮助人们获得并练习解读和重新定义环境这一关键的领导能力。他们通常因周围存在的能让事情变得不同的机会而感到惊喜。正如我们经常对我们的学员说的,小小的行为改变(但是象征意义很大)就能产生重大的影响。

◈ 领导力是关系性的

我们的第二个核心概念是,领导力是关系性的。简单点说就是,**没有追随者,你就无法成为一名领导者。**

早期的特质论大多看起来忽视了这一点。特质论强调努力提取领导者的特征,通常淡化领导力是建立在两者之间的关系上的事实。实际上,**领导力一直是一种社会建构,在领导者和他们试图领导的人之间的互动中形成。** 有效的领导者不仅仅是重要特质的混合体,他们积极地相互参与到一系列需要培育的复杂关系中。

和所有的社会创造一样,它是脆弱的,需要持续地重建。

这一点,在你与成功的 CEO、体育教练或者团队领导交谈时,都会得到确认。这些人都会告诉你,他们的领导工作主要致力于维持与他们的追随者的某种关系。这种对领导力的关系本质的坚持并不意味着这些关系一定是和谐的——它们可能是紧张的——但重要的是,领导者要知道如何激发追随者创造卓越的绩效。

实际上,他们能够对所领导的人保持同理心,理解他们的立场,拉近彼此的距离。但是,在适当的时候,他们也能表达一种强硬感,提醒人们手头的工作以及集体的首要目的。通过这种做法,他们娴熟地在亲密关系和距离感中来回游走。他们能够靠近追随者,同时矛盾的是,还能保持距离。

社交距离的概念最早起源于另一位社会学的创始人——格奥尔格·齐美尔〔1950(1908)〕。在20世纪早期的著作中,齐美尔认为社交距离是对社交的一种复杂解释,既有几何学的意义,也有隐喻的意义。在现代社会科学中,它越来越多地被用来衡量群体和个人之间的亲密感。亲密程度直接影响了一个人对另一个人的影响力。

我们有很多理由相信,对于当代的领导者,管理社交距离可能是一项更为重要的技能。例如,组织层级变得扁平化,部分原因是为了控制成本,但是主要原因是为了加快对客户期望和市场变化的响应速度。但是组织层级远远不只是一个结构问题,它们同样会影响意义感(Sennett,1998)。沿着固定的组织层级前进,会有一种越来越像领导者的错觉。确实,"懒惰的"高管依靠组织层级的支撑来建立社交距离,猜疑地保卫自己职位的特权,以此使自己显得与众不同。

那些日子已经过去。领导者需要以新的方式建立距离和观点——以看到可能影响组织未来的大画面(这是不能依赖组织层级来提供的),同时又不危及必要的亲近感——这是了解企业正在发生的事所需要的。

亲近感和距离感之间的移动,就像一段舞蹈,领导者的移动和把握时机的能力,就是情境感知技能。这只是他们必须不断做出的调整中的一种。平衡永远在变化,这也解释了为什么行为风格理论不能确定一种最好的领导风格。

那么亲近感的好处是什么呢?首先,它让领导者知道和了解他们的追随者——这是有效性的重要前提。但是除了这些,亲近感还让追随者更多地了解领导者。通过保持亲近感,领导者展示了他们是谁。亲近感为亲密和自我暴露——个人的弱点和长处——提供了一种环境。我们将在下面讨论,这是一种这个职位上的这个人的机制。

我们的观察显示,有效的领导者会利用这种机会暴露自我,同时以其他方式有趣地保持神秘性。他们揭露人的差异性和易错性——但是从来不全盘暴露。在这种环境下,情商的流行有时是令人担忧的。需要意识到的是,明智地处理感情可能意味着隐藏感情。优秀的领导力通常包括克制而不是炫耀情感,并保持距离。

距离感提供了不同的好处。首先,距离感给追随者一种信号:领导者有一个首要的目的。领导的目的不是领导本身。真实情况是,领导者通常有一个宏大的、高级的目的。建立距离感能让领导者和追随者以这一首要目标为基础,建立团结一致的关系。当卓越的领导者巧妙地这样做时,他们是有一个目标的——赚钱,建造美丽的建筑,根除人类疾病,制作优秀的电影等。

现实的问题再次出现,那些有志于领导的人能够学习社交距离吗?我们的经验再次表明,存在可教授的技能。我们使用许多能够提供帮助的技术方法。首先要求个人明确他们的"默认模式"——也就是说,他们是习惯于保持亲近感还是偏爱保持社交距离?然后,要求他们做与他们的默认模式相反的练习。我们使用角色扮演的方法,基于工作场所的对话进行练习——可以与给予积极或消极的绩效反馈、处理对抗性的互动一起进行。对一些人,如那些试图回避困难对话的人,这将是一个痛苦的过程,但几乎是普遍有效的。实际上,对于领导者,练习那些他们通常感觉困难的社会情境,是一个有用的习惯。练习的过程磨炼了他们理解和展示建立亲近感或距离感的合适的行为的能力。例如,他们学到,距离感在更为正式的环境下最有效。在这种环境下,一些象征物,如着装标准和身体距离等可用于恰当地传递信号。最后,人们从中学到,使用社交距离需要理解"带宽"的概念。意思是,亲近感和距离感的范围不能太大,也不能转变得太突然。如果范围太大或者转变得太突然,领导者就有令人不安的危险,或者更令人担忧的是,他们会被认为是不真诚的。被人们认为领导行为不一致的重要线索通常出现在360度反馈中。我们也使用角色扮演练习,训练参与者采取"不恰当的"行动。他们很快就了解到,他们的行为产生的效果几乎与他们期望的效果截然相反,且通常以非常幽默的方式显现。对范围和时机的判断,不可避免地让我们回到前面讨论的情境感知技能上。

领导力是非等级的

我们的最后一个核心假设是,领导者是非等级的。许多领导力文献(其中有很多正在商学院教授)过度关注那些到达组织顶层的人。这种根深蒂固的错误概念,即占据组织高级职位的人才是领导者,破坏了我们理解和教授领导力的能力。它蒙蔽了领导力的真实本质。

虽然我们意识到,组织层级和领导力之间存在一种关系(例如,通过授予职权,它们可能履行相似的职能),但是我们把这种关系视为偶然的。一些职位头衔——团队领导者、部门总监和副总裁——可能具备一些组织权力,但是不能使你成为一名领导者。组织层级对运用领导力而言,既非充分也非必要条件。

的确,可以说让个人达到大型——通常也是高度政治化的——组织的顶层的品格,并不明显与领导力相关。人们能到达顶层,有不同的原因——包括政治敏锐性、个人抱负、趋炎附势甚至是裙带关系——而不是真正的领导力品格。

我们在组织内部的访谈和经验证实,领导力不是少数精选出来的人才拥有的。优秀的组织在所有层级都有领导者。我们早期的关于领导力的某些工作包括研究军事组织。我们的假设是,他们的组织层级属性会让领导力开发变得困难。事实确实如此。最优秀的军事组织理解,当他们行动时,他们不能依靠组织层级。当第一轮炮击过后,通信就可能被阻塞。开发贯穿全部组织的领导力势在必行。最优秀的组织已经这样做了。

不仅仅军事组织开始意识到这一点,成功的组织——医院、慈善机构或者商业公司——都力图广泛地培养领导能力,并给人们提供运用的机会。

那么,如果职位头衔不提供领导力,什么能提供?如果领导力是非等级的,"为什么别人要被你领导"?只能靠你真诚的个人品格(而不是职位属性)。有效的领导者看起来理解自身的差异性,并为了自己和追随者的利益而使用它们。他们同样理解自己的弱点,并且不会试图掩盖它们。他们会避免假装自己是完美的这一致命的错误。

思考下面这些例子。理查德·布兰森用他不加修饰的发型表示,维珍集团是一个与众不同的组织——非正式,有趣,创新。比尔·盖茨看起来有些像"极客",他使微软成为全世界最强大的组织之一。这没有把我们引向领导者的特质类型清单,而是启发我们深入思考我们对领导者特质的看法。我们通常会让高管们思考下列问题:你身上有什么特殊的特征,可以激励他人实现卓越的绩效？你的什么弱点会让他人主动帮助你？我们的问题基于简单的假设,即潜在的追随者有一种基本的需求:他们想要被一个人领导,**而不是被一个熟练的角色扮演者或者企业的官僚领导**。除非领导者能够向他人展示,他们是谁,他们主张什么,以及他们能做和不能做什么,否则他们就不可能激励人心、鼓舞士气或者激发他人。

那么,个人如何可以被鼓励——或者被教会——做这些呢？理解并表达真实的自我,说起来容易做起来难。工作场所通常会让人们表达自己变得困难,他们担心失败或他人的嘲笑。结果如何呢？个人在组织的大部分时间,都会抑制他们真实的自我。他们为了家庭、朋友、私人生活和团体而抑制"真实的"自我——以及与之相关的能量。

尽管很少讨论这些内容,但是这种在工作中无法表达自我的情况是工作/生活平衡的论辩中非常重要的元素。我们的工作场所文化意味着,我们不能使工作自我和私人自我保持一致。工作/生活平衡不仅仅意味着花大量时间在家里。它意味着将工作场所转变为展示真诚的场所。但是,即便是鼓励自我表达的地方,个人也可能不具备表达的能力。他们的经历可能已经破坏了他们认识和展示他们自己的能力。

向人们展示你是谁,需要一定程度的自我认知(或者至少有自我意识)以及自我披露。一个人离开了他人是没有希望的。我们观察到有些人对自己有很好的理解,但是无法与他人沟通。因为他们的同事不是思维解读者,而这些人通常保持着令人沮丧的难解状态。同样,有些人在自我披露方面的努力,因为缺乏自我认知而受到致命的破坏。他们也和他人沟通——但是他们投射的自我形象显得虚伪。同事经常感觉他们是骗子。

因此,要做你自己,你必须认识你自己并且展示你自己——这就足够了。换句话说,你必须有足够的自我觉察,还要准备好自我展示。这种判断对于揭露个人弱点尤其适用。

这里包括了许多问题。首先,领导者不能——也不应该——揭露所有的弱点。这不仅仅是不切实际的(我们不可能知道所有的弱点),而且也要求得太多了。毕竟,如果你关注另一个人的所有缺陷,看起来就是在破坏而不是增强他们的领导可信度。实际上,他们的弱点将淹没他们的强项。

因此,优秀的领导者关注令人不满意之处。就像他们把个人差异转变为领导力资产一样,他们揭露的弱点也是真实的、能被感知到的。但是这些弱点不是致命的缺陷;它们展示了其他人可能如何提供帮助;尤其是,它们是对人性的证明。下面让我们依次探讨这些品格。

首先,真诚的领导者不会虚构弱点,以分散人们对真实的弱点的注意力。缺乏真诚很快就会被其他人发现。如果你曾经采访过某人,你请他们说说自己的弱点,然后他们虔诚地回答"我的野心有点太大了"或者"我对他人的期望太高了",这就是试图提出(另一种)强项作为所谓的弱点。

如果个人试图用一个虚假的弱点掩盖潜在的弱点,只会适得其反。例如,如果有人以健忘症来掩盖前后矛盾或者谎言,想想你将对其做出何种反应。

因此,弱点要"发挥作用",就必须是真实的。但是如果一个真实的弱点对某项任务非常关键,那就很可能成为一种致命的缺陷。会计部门的新领导如果宣称从来没有非常理解现金流贴现,那么她将不太可能获得很多信任;同样,厌恶客户的销售总监也不太可能建立领导信誉。我们再次回到情境感知。我们必须注意可能展示领导力的环境——在有些环境下我们根本无法施展。

这造成了普遍性的困难。一位著名的、十分成功的英国橄榄球教练——Brain Clough,通过置身事外并拿自己的弱点开玩笑,非常巧妙地运用了自己的一个弱点(自大)。同样,企业家安 Anita Roddick 的易怒得到原谅,Bob Geldof 的急躁脾气得到原谅——看起来很大一部分原因在于,我们能够看到,这些品格是这些人在热切追求更高目标时,不可避免的副产物。不难想象,在其他人和其他环境中,这些特殊的弱点可能会变得致命。

我们如何能帮助人们更多地发现自己,最大化地发挥他们的领导优势?这不是一个能够简单回答的问题。领导力学习,体验和反馈是至关重要的——同样重要的还有反思的时间。根据我们的经验,不管教室里讨论得多么热烈,也不能代替实施专业的 360 度反馈和指导反思的时间。我们大多数的领导力教学中都包括反思的时间。实际上,这种远离工作的反思时间是商学院促进领导力开发的方法之一。然而,商学院项目被迫教授尽可能多的内容,催促高管们从一个案例分析到下一个案例分析。这可能对高管的发展有利,但不一定对领导力开发有利。

但是有一个更大、更迫切的组织发展挑战——建设个人能揭露和表达他们真诚的自我的组织。要做到这一点,我们需要考察更具社会性而非个人化的变量——文化、结构、关系、沟通(Goffee & Jones,2009)。在课堂环境中要做到这些非常困难——但是很明显,是有机会鼓励高管们面对这些共同的挑战的,尤其是在专门设计的、针对同一个企业的同事的项目环境中。

测评与结论

当然,如何评估领导力教学的有效性,这一话题是复杂的。但是,如果你至少清楚你最初的目标,它将是有帮助的。这里我们不再试图使用我们所讨论的框架开发领导力,而是让人们记住我们在《哈佛商业评论》上的文章《为什么他人要接受你的领导》(Why Should Anyone Be Led by You)(Goffee & Jones,2000)的最后一段,以此作为结束。训诫是清楚的:如果你希望成为更加有效的领导者,你应该**成为自己——而不是更多地使用技能**。

这是一个有趣的、看似简单的信息,但它包含的信息远比看起来的多。我们非常关注测量两个变量:真诚——个人认知和选择性地展示真实自我的程度,以及技能——个人以符合情境的恰当方法展示自己的程度。这些变量在下面的简单矩阵中列出(见图10.1)。我们让人们考虑三个问题:你在矩阵的什么位置?你希望到达什么位置?为了达到预期,你需要做些什么?

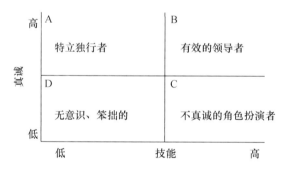

图 10.1 平衡真诚和技能

资料来源:Reprinted with permission © Creative Management Associates。

在B栏,个人将技能和真诚结合起来,成为有效的领导者。也许他们唯一的挑战就是避免自满。在A栏,个人能够深度觉察他们是谁,什么成就了他们,以及他们秉持的价值观。企业家通常以这种方式成功——能够在"他们的"企业成为他们自己。然而,他们可能欠缺在其他环境中适当地发挥领导优势的技能。他们变得像"昙花一现",无法适应其他环境,与不同的人进行沟通,恰当地调整与追随者的社交距离。在 C 栏,我们发现个人展示良好的人际技能,但是欠缺有力的自我觉察。他们的追随者可能感觉到自己是被控制的。这些人能够通过引导他们进行自我发现的训练方法和一些打破他们的舒适区的体验式学习而得到帮助。在 D 栏,我们发现笨拙的个人在电视剧《办公室》中被讽刺得淋漓尽致。虽然这个起始点可能是最具挑战性的,但是我们不断被个人能够达到的进步程度感到惊讶——只要他们能让其他人相信自己正在努力,别人对他们的领导力的看法就会改变!

矩阵非常有帮助——但是也隐藏了两个变量之间的一些重大差异。测量领导技能方面的进步比较容易。我们重复使用 360 度反馈,以了解人们的领导技能的发展情况。总体上,结果是比较令人鼓舞的。个人能够学习有助于提高他们的领导效果的关系技能、情境技能和沟通技能。

这种方法依赖于这一概念,即没有追随者,你就无法成为领导者。追随者的看法很重要。如果反馈表明,你不是一位卓越的团队领导——那么你就真的不是。

另一个变量——真诚——则更难测量。我们如何能知道一个人是否真的理解并展示了他们自己?我们是否有时会混淆有效的领导力和熟练的角色扮演?

对于这些难题没有简单的答案。我们强调领导力开发不是一个事件,而是一个过程,这个过程可以说是持续终身的。这让我们想起了戴高乐将军的深刻观点,那些渴望领导力的人"必须为领导力支付的代价是不断的自律、持续地承担风险和永久的内心挣扎……那种拥有权力者的隐隐的忧虑"(Adair,2002)。

然而,这个结尾太过沮丧。我们不断惊喜地看到领导者在各种环境中为组织带来意义和绩效。他们提供目标和激励。他们平衡真诚和技能——他们能创造与众不同的成就。作为教师,令人激动的是,他们真的能帮助完成这个宏伟的任务。我们永远也无法忘记在一家欧洲大型跨国公司的总部遇到一位老学员时的情景。我们第一次见面时,他是一位面临着被裁退危机的中层领导,我们试着教授他一些领导技能。现在他是主要生产部门的负责人。他告诉我们,我们给了他成为领导者的勇气,改变了他的生活。我们仍能感受到这次相遇带来的令人惊喜的暖意。

参考文献

Adair, J. (2002). *Inspiring leadership.* London: Thorogood.

Bennis, W., & Thomas, R. J. (2002). *Geeks and geezers.* Boston, MA: Harvard Business School Press.

Berger, P. L., & Luckman, T. (1966). *The social construction of reality.* New York: Anchor Books.

Durkheim, E. (1984). *The division of labor in society.* W. D. Hall (Trans.). New York: Free Press, 1984. Originally published 1892.

Goffee, R., & Jones, G. (2000). Why should anyone be led by you? *Harvard Business Review*, 78(5), 62—70.

Goffee, R., & Jones, G. (2003). *The character of a corporation* (2nd ed.). London: Profile Books.

Goffee, R., & Jones, G. (2005). Managing authenticity: The paradox of great leadership. *Harvard Business Review*, 83(12), 86—94.

Goffee, R., & Jones, G. (2006). *Why should anyone be led by you?* Boston, MA: Harvard Business School Press.

Goffee, R., & Jones, G. (2009). *Clever.* Boston, MA: Harvard Business Press.

Goffee, R., & Scase, R. (1989). *Reluctant mangers: Their work and lifestyles.* London: Unwin Hyman.

Homans, G. C. (1951). *The human group.* London: Routledge and Kegan Paul.

Sennett, R. (1998). *The corrosion of character.* New York: W. W. Norton.

Simmel, G. (1950). *The sociology of Georg Simmel*, K. H. Wolff (Trans. & Ed.). New York: Free Press.

第十一章
高绩效领导力

Andrew Meikle

(∑ lkiem)²©

高绩效领导力不是消极的,所以,本章中设计的教授高绩效领导力的方法也是积极的,而不是消极的。Elkiem 高绩效领导力高级研修班将 20 年的研究成果运用到世界上绩效最好的组织,例如茱莉亚音乐学院、精英学术机构和军事特种部队中,为负责这些组织绩效的高管领导者提供服务。高级研修班要求参与者采取行动,保持良好势头,促使追随者执行高标准。对于参与者来说,高级研修班感觉更像是一系列有领导参与的执行委员会会议,而不是一个领导力开发项目,聚焦在企业当前的执行和结果上。

项目建立在三个假设的基础上:(1) 当人们的环境改变时,他们会改变;(2) 环境中的某些变化将促使受环境影响的人们提高绩效;(3) 在环境中创造这些变化是领导者的责任。因此,我们只聚焦于教授领导者如何创造环境,促使他们的追随者做出更高的绩效。

我是一名研究员,在过去 20 年里,一直试图通过研究更深入地理解人处于最佳状态时的背后动态。我的企业——Elkiem——建立在我个人对人的高绩效(human high performance)的研究基础上。Elkiem 的领导力开发项目——高绩效领导力高级研修班——只聚焦于教育领导者如何带领他们的追随者,获得可能的最高绩效。高绩效领导力高级研修班是当之无愧的行动导向型,这么说是基于一个简单的事实,即要让一些事情发生——例如如果想看到真正的提高——那么领导者迟早需要采取行动。我们教授领导者采取正确的行动,并且是早些而不是晚些采取行动。

良好的势头是高绩效的基础。人们获得5%的绩效改善花费的时间越长,就越难相信10%的绩效改善是可能的。因此,激励和维持良好势头是高绩效领导力的一项基本要素。高标准的执行也是至关重要的。聪明的人到处都有,所以战略能力可能不是重要的区分因素。更重要的是领导者促使追随者高标准的执行的能力。因此,Elkiem高绩效领导力高级研修班的设计目标是激发参与者采取行动、保持良好势头并从追随者那里获得高标准的执行。

研究背景

研究——主要是一对一的主题访谈——有两个主要的聚焦方面:高绩效个人和高绩效环境。

高绩效个人

我的研究从这里开始,并且,在前12年里,我主要聚焦于这一方面进行研究。在此期间,我非常荣幸有机会收集各行各业的高绩效者的思想,包括纳尔逊·曼德拉、艾德蒙·希拉里爵士、卡尔·刘易斯和理查德·道金斯爵士,包括商业领袖、数学家、科学家、剑术大师、因纽特猎人和军队将军,包括优秀运动员和其他运动成就获得者、艺术家、舞者和歌手。我一直对"人的高绩效"保持着宽泛的定义,以确保我们的研究覆盖多个领域,确保我们能够尽可能从多个不同的角度审视绩效。

高绩效环境

在过去的8年里,我的研究重点从高绩效个人转移到了高绩效环境,例如,那些人们在其中就能表现出最佳状态的环境。我的研究领域包括茱莉亚音乐学院、伦敦皇家音乐学院,以及很多世界范围内的军事、体育和学术精英组织。

研究每年都在继续,我的理解随之加深,这些工作也正是Elkiem的领导力开发工作的支柱。

教学方法

Elkiem 的领导力开发教学方法有两个关键因素:我们教谁和我们教什么。

我们教谁

我们的客户只有企业领导者——大多数参与我们的高绩效高级研修班的领导者,要么领导整个企业,要么领导一个大型企业中的重要部门。因此,最明显的一点就是,高绩效高级研修班的参与者都非常忙碌。根据我们的观察,这些企业领导者通常感到自己太忙,没有时间参加任何领导力开发项目,即便挤出时间参加了什么项目,回到工作岗位后,也很少有人能完全运用所学。此外,企业领导者通常非常自信于他们知道的事,大多数感觉自己在领导力开发方面比专家懂得还多——这会让他们成为可怕的学生。

我们教什么

我们认为,任何领导力开发项目的动态都应该尽可能地和教授的内容接近。因此,为了解释我们的领导力项目的教学方法,对计划教授的内容提供一个综述是很重要的。

Elkiem 高绩效高级研修班是我们最先进的领导力开发项目,同时它也相当新颖——只有三年历史。它凝聚了 16 年来我们在领导力开发和对高绩效环境的研究中所累积的经验。项目建立在三个假设上:

(1) 当人们的环境改变时,他们也会改变。

(2) 环境中的某些因素发生改变,将促使受其影响的人的绩效有所改善。

(3) 在环境中创造这些改变因素是领导者的责任。因此,我们只聚焦于教授领导者如何创造环境,促使他们的追随者产生更高的绩效。

图 11.1 显示了我们用做教学基础的模型:我们称之为**高绩效环境结构**(High-Performance Environmental Structure,HPES™)。为了便于理解,我们对每个要素提供了进一步的定义(参见图 11.2)。高绩效环境结构是我们对高绩效环境研究所有成就中的最高成就。它描述了激励人们创造绩效所需要的环境。它存在于所有

需要高绩效的环境,不管是军事特种部队、茱莉亚音乐学院、奥林匹克比赛、精英学术机构还是公司执行团队。HPES™模型背后的原则是,要创造激励人们显著提高绩效的环境,就需要在环境中展示下列动态或要素:

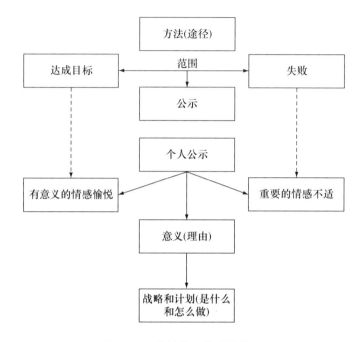

图 11.1 高绩效环境结构模型

资料来源:Reprinted with permission © Elkiem。

成就

- 必须有清晰的、有意义的目标。
- 人们必须感到这些目标有挑战性,但是又在他们的掌控之中。

有意义的情感愉悦

- 实现这些目标后,必须有有意义的、成比例的报酬。
- 报酬的最大部分必须分配给贡献最大的人。
- 这些报酬必须让人们产生有意义的情感愉悦。

方法

- 主导哲学应该是与绩效相关的。

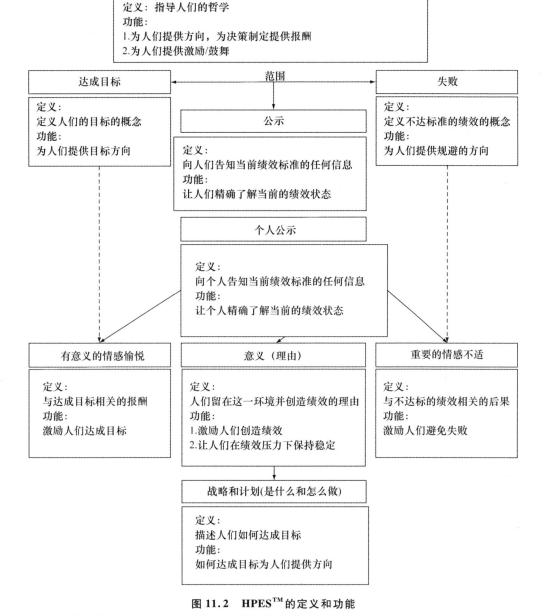

图 11.2　HPES™ 的定义和功能

资料来源：Reprinted with permission ⓒ Elkiem。

- 在运用哲学时,应该增强人的绩效,并平衡不惜一切代价取胜的风险。军队使用的词语可能是"准则",其他地方使用"纲领"或"价值观"。
- 方法必须是实际的和鼓舞人心的。

失败
- 对于不达标准的绩效,必须有清晰的定义。
- 人们需要知道什么程度还不够好。

重要的情感不适
- 不达标的绩效后果是必须受到相应的处罚。
- 人们需要感到不达标的绩效不被允许。

公示
- 必须有清晰公平的途径,公示团队的当前绩效,并给予诚实的反馈。
- 这些公示系统必须得到人们的信任。

个人公示
- 必须有清晰公平的途径,公示每个人的当前绩效,并给予诚实的反馈。
- 个人公示系统必须得到人们的信任。

意义/理由
- 环境必须提供人们留下来并创造绩效的强有力的理由。

战略/计划
- 战略必须被认为是清晰的、有效的。人们必须感觉到他们的战略或者计划的质量与他们目标的挑战性是相称的。

范围
- 范围是目标达成和目标失败之间的距离;在团队中,是绩效最高者和最低者之间的差距。
- 当范围变宽时,绩效压力减少。
- 当范围变窄时,绩效压力增大。

正如前面提及的,我们的课程设计对我们的高绩效高级研修班有两个影响。首先,它是以行动为导向的:如果领导者掌控的环境将要改变,领导者将不得不做些什么,例如,采取一些行动:我们的教育仅作为智力练习是没有价值的。其次,我们认为,要想有效,任何教育或者领导力开发项目都需要尽可能多地复制计划教授或培训的内容。因此,我们的高绩效高级研修班必须复制真实的高绩效环境。为此,我们的项目包括下面的内容(我将在随后的结构讨论中,详细描述我们如何创造这些动态因素)。

绩效压力

毫无疑问,我们创造了一种有巨大绩效压力的环境。我们也在项目中对压力水平做出调整,以便领导者能感受到变化,并理解引起变化的原因。

绩效评估,让绩效无法隐藏

考虑到我们在诸如茱莉亚音乐学院、特种部队或者奥林匹克团队这样的环境中,教授如何评估绩效和建立责任感,于是我们使用了相同的方法,为我们项目中的领导者评估绩效和建立责任感。

赢家和输家,奖励和惩罚

我们不否认这一事实:在一个高绩效环境中,不是每个人都是赢家。同时我们还非常重视强调,更好的奖励应该分配给绩效更高者,而低绩效者应该受到惩罚。

清晰、精确、持续的绩效反馈

我们已经创建了若干系统,确保领导者对自己的绩效没有疑惑,不管绩效是好是坏。

对财务绩效的责任

财务绩效在每个公司环境中都很重要。任何时候人们在绩效方面的提高都应该有财务上的反映。我们已经创建了若干方法做到这一点。

平衡不惜任何代价都要赢的风险

任何时候,当绩效压力出现时,就会存在违背规则/道德/方法的风险。我们的项目创造了风险与复制系统来最小化这种风险。

这两种时时存在的属性(行动导向和复制)也意味着,我们的项目必须以这样的方式进行组织,以对下列问题提供可靠的回答:考虑到他们的注意力很容易被其他事件吸引,我们如何吸引他们并让他们持续聚焦在项目中?考虑到他们实际工作的需要,我们如何激励他们在行动中运用所学?我们如何在培训中复制高绩效环境,以便参与者切实体会高绩效环境,而不是推理猜测高绩效环境?我们如何在项目本身的时间安排中,让项目中激发的行动展示财务回报?

在本章中,我将尽力解释我们如何在高绩效高级研修班的设计中,回答这些问题。大致从三个方面进行解释:结构、内容和风格。我还会提及一些项目成果和自项目开办以来获得的经验。

项目结构

基础

我们的项目持续1年,但是只有6天半的展示日。展示日分为3次,每次2天,最后半天的展示日后结束项目。我们付出了很大的努力以快速完成我们希望完成的工作,有时候,2天的课程还可以缩减半天。我们所服务的领导者需要在其业务的现场,这样就不需要占用他们的其他时间。我们非常认真地对待我们在一起的时间。

每个项目有10位参与者,通常来自同一家公司。我们发现每个项目10位参与者非常恰当:在10人的团队中你无法遁形。在展示日,每个人都围坐在会议室的桌子旁,因此,如果有人没有发言,其他人将会注意到;如果谁退出,其他人将会看出来。因为这种形式的教学吸引了与会的所有人进行对话,所以增加更多的人将增加每期会议的时间。如果不足10人,当人们在会上发言时,将减少受到关注的感觉。

诊断

在项目开始之前,会对每位参与者的企业或者企业部门进行诊断。特别开发的Elkiem诊断工具,包含58个问题,通过对环境中的各个要素打分(百分制),测量企业或企业部门当前的高绩效环境结构的品格(参见图11.3)。它还提供了关于这些得分的影响因素的更为详细的信息,例如,当前的绩效评估是否激发了个人的责任感,或者绩效奖励是否有利于提高绩效。一旦诊断完成,将生成一份综合报告,为我们提供每个企业或企业部门当前的HPES™状况的清晰画面。

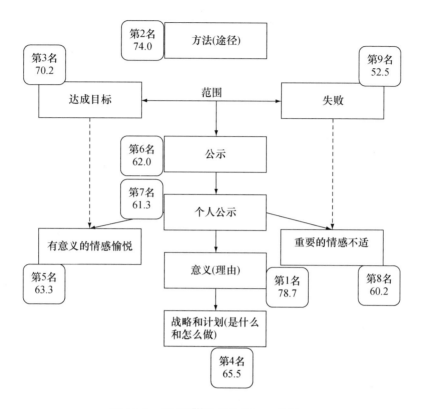

图 11.3　HPES™诊断结果——模板 A

资料来源：Reprinted with permission ⓒ Elkiem。

得分高意味着该项元素对人们的绩效有强烈的积极影响。例如，**达成目标**的得分高意味着目标满足我们在 HPES™ 研究中确定的特定标准。尤其是，如果达成目标的得分高，人们就感到他们的目标是清晰的、有意义的、有挑战性的、在其掌控之中并且是可测量的。如果这些标准中的任何一个达不到，那么根据一套数学权重系统，本部分的得分将降低。对于 HPES™ 中的所有九项元素，我们有一套有效性标准；我们的诊断测量这些标准中的每一项，确定其结构的强项和弱项。

诊断同样会测量人们感受到的绩效压力水平（见图 11.4），然后将这一压力水平与其他重要的绩效动态因素，例如意义和清晰度，进行对比。压力意义对比比较了压力水平和理由的强度，理由即人们留在该环境中的原因。这一比较对提高绩效压力水平是否会导致人们离开这个环境提供了解析。压力清晰度对比测量了压力水平和清晰度水平——清晰度被包含在很多元素中，例如清晰的目标、清晰的战略、清晰的测量系统,等等。如果压力超过清晰度,那么人们往往会变得无序。如果在绩效测量中,压力超过信任,通常意味着任何额外的压力都将会逃逸出这个结构——我们把这称为压力泄露。

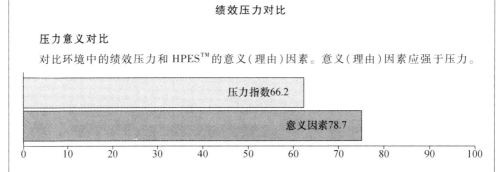

压力意义对比

对比环境中的绩效压力和HPES™的意义(理由)因素。意义(理由)因素应强于压力。

压力清晰度对比

对比环境中的绩效压力水平和HPES™各元素的清晰度水平。高绩效环境的目标是合理的压力和较高的清晰度(用环境清晰度指数表示)。如果人们不清楚自己正在做什么,也不知道如何做,增加压力将会降低绩效。因此,建议保持清晰度指数高于压力指数。

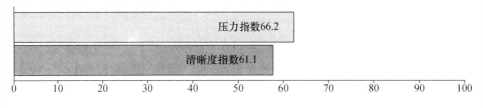

压力测量对比

对比人们感知到的环境中的绩效压力水平和环境评估品质。这一对比有助于理解在一些绩效环境中产生的负面结果。例如,如果压力很大,评估系统品质很低,一些负面效果可能会产生,例如挫败/困惑、为没有绩效找借口,以及责备等。建议保持评估质量高于压力水平。

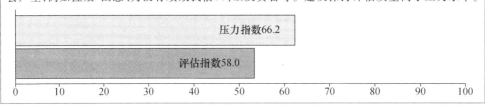

图11.4 HPES™的诊断结果——模板B

资料来源:Reprinted with permission © Elkiem。

我们的诊断方法的设计初衷是确定两个主要的绩效提升机会。我们称这两个机会为接下来的两步。

使用诊断作为我们的领导力开发方法的一部分,有下面几个目的:首先,它让我们能够有效设计教育内容:我们根据多方面的诊断确定需求,设计展示日,而将其他内容排除在项目外。其次,它给领导者提供了企业或企业部门当前情境的清晰图像,这将明显有助于他们在项目期间的决策制定。最重要的是,它为他们项目期间的表现提供了测量手段。在最后的两天会议之后的两个月、最终的半天展示日之前,我们再次对他们的业务进行诊断。他们是否有进步都能从中体现出来。这有助于他们集中注意力。

同级曝光系统

项目中这个两天的模块有个具体的流程。在会议开始时,每位领导者要就上次会议后采取的行动,准备一个简短的演讲(显然,在所有三次会议中,第一次会议时没有这一环节,而是直接进入主题)。其他人需要现场提问,以准确理解该领导者做了些什么、为什么做以及结果如何。这大概需要三个小时。然后,我们花一天左右的时间在新内容上。在第二天的午饭时间,我们会有较长的休息时间,每位参与者有两个小时的时间来准备一个简短的展示,说明基于新内容他们将采取什么行动。最后,下午就是做这些展示。同样,听别人讲的时候,需要提问,理解为什么参与者选择某个行动过程以及预期结果。我们把这一方法称为同级曝光系统。这一系统有两大好处。

思想和经验的交流

每位参与者开始认识到,哪些行动可能是最有效或者最无效的。在项目的最后,大多数参与者会说,他们从其他学员那里学到很多。参与者感到一种压力,需要精确严谨地表达他们的思想。他们非常擅长判断谁在捏造他们所做的工作,并将相应地进行盘问:每个人都知道这一点,因此基本不可能有参与者愿意冒险,成为两天会议中,没有做到他们在上次会议中承诺要做的事的人。

同级曝光系统还有正式的投票仪式,参与者在每次的两天会议的最后进行投票(也就是说,在项目的最后每位参与者将累计投票三次)。投票仪式要求参与者根据他们的诊断,投票选出他们认为在随后的测评中,进步最大的领导者,以及进步最小的领导者。选票被收集起来,在后续的每次会议中被用做绩效反馈的参考。

当参与者完成上述投票后,他们还被要求选出他们认为在两天会议中排名前三位的学员。我们会在项目开始阶段,花时间解释我们关于好学员的定义。我们准确描述两个特征:求知欲和贡献度。简单地说,Elkiem 的好学员是彰显出学习能力并对讨论做出有价值的贡献的人。最佳学员的投票在项目后期会变得重要。

更重要的是,同级曝光系统有两个关键目的:第一,它让参与者在每次会议上都集中注意力。我们的领导力项目要想有成效,参与者就需要快速地将所学知识转化为与他们的工作相关的行动计划。第二,同级曝光系统向参与者说明了该系统的原理和潜在收益,以便参与者可以在他们自己的团队或企业中实施相似的系统。我们发现在项目的最后,很多人使用这个系统来激励他们的团队增强个人责任感。

请注意,同级曝光系统是利用同级观察和期望来激发个人责任感的系统。在运动员团队和精英军事部门以及其他机构中,正式和非正式的此类系统都非常流行。

■ 赢家、输家和惩罚

在我们的项目中有赢家和输家,我们根据他们的成绩为其排定名次——当然,除了赢家以外(有时是输家——参见后面的内容),我们不会公布最终的排名结果。赢家能得到下一年的"全球研究之旅"的奖励。Elkiem 为每个高绩效高级研修班的赢家量身定制了一个为期十天的旅行,在旅行期间,他有机会会见个人高绩效者和高绩效环境的领导者。奖励包含两个人的机票,所以,如果赢家愿意,他可以带上他的伙伴。

赢家依据两个标准选定:第一,他必须在一年的诊断中,体现出最大的进步。我们的诊断工具能很好地判断谁的进步最大,因为所有的成绩都会用 0—100 的分数表示。第二,他必须经其他参与者投票被排在前五之列。我们有这样的例子,即他在诊断中体现的进步最大,但是没有在学员投票中排前五位。我们将学员投票排名的标准补充进来,是为了向他们展示,如何创造我们所谓的平衡系统。平衡系统减少了在绩效压力很大时发生不惜一切代价获胜的可能性。如果在我们的项目中,有人决定不分享观点和行动,一心要赢得胜利,那么他将不会得到学员们的投票,从而失去奖励。

在项目的开始阶段,我们会清楚地说明,输家是根据诊断,在项目期间进步最小的人。我们也会说明,如果诊断中进步最小的学员,也是被同级选出的进步可能最小的人,那么他将被公布名字。为支持这一结果,我们清楚地说明,如果参与者在这一年期间收到消极的反馈,说明他偏离了轨道,而如果他仍然不采取行动进行修正,那么他理应得到这一结果。这是对真实的高绩效环境的复制。

我们在领导力开发项目中包含赢家/输家元素,是基于下面几个原因:一方面,它可以集中参与者的注意力并激发他们的行动。它意味着无处可藏——他们行动的结果都将被曝光。它还让参与者感受到我们所谓的值得原则(Worth-It Principle)。这一原则说明了,绩效压力将被人们容忍,只要它通过了值得测试。这是我们在项目后期提出以全球研究之旅作为奖励的原因。当参与者意识到存在可能的奖励时,其他系统的压力就开始显现。我们希望,当他们认为一个奖励值得追逐时,他们会感受到变化。

我们希望将我们在高绩效方面的研究成果,在项目中体现出来。

领导者

我们坚持公司的 CEO 或者董事长出席所有 6 天半的展示日。这样一共会有 12 个人在场——10 位参与者,他们的 CEO 或董事长,以及我本人。我们发现,有他们的领导者出席,能提高他们的关注度。同时也意味着重要的决定能当场做出,很多无法采取行动的借口将被消除。CEO 或者董事长需要把握五个简单的原则:

- 担任 10 位参与者的教练。
- 确保参与者制订和展示的行动计划与整个公司的现实需要相关。
- 愿意提供准确的反馈。
- 如果可能,移除可能抑制项目中的领导者们的动力的障碍。
- 采取极简主义方式,也就是,不要主导进程。

显然,CEO 或者董事长的风格对项目会有巨大的影响。我们只会把这一项目提供给那些我们认为 CEO 或者董事长的风格十分匹配的组织。

最后的展示——半天会议

项目的最后半天,公司的董事会成员或高管团队需要出席。这通常意味着在最后的会议上有大约 20 人：10 位参与者、董事会成员、CEO 和我本人。每位参与者要准备一个 10 分钟的展示和 5 分钟的董事会成员问答。参与者的展示要聚焦在三个方面：

你采取了哪些行动以及为什么采取这些行动？展示中只包括被项目激发的行动或计划。

你所做的工作可测量的结果是什么？董事会成员需要分析直接归功于项目的财务收益，他们的大部分问题将集中在这一方面。我们会在项目的第一天与董事会沟通意图。

高绩效高级研修班如何让你成为更好的领导者？

根据观察发现，把这些展示留在最后一天，有助于参与者在整个项目期间集中注意力。在开始时，就向所有参与者说明，他们必须保持行动和计划与切实的业务结果紧密相连。我们喜欢这一方式，因为在接下来的全年，领导力项目都与学员的工作高度相关，而不是对他们精力的分散。此外，当项目与这些实际的短期行动和执行需要紧密相关，并且聚焦于激发可测量的业务结果时，CEO 和其他主要负责评估这种类型领导力开发项目的人，更可能给出好评。

■ 风格

由于多种因素的影响，我的教学风格已经发生了变化。首先，我们的参与者通常是 40—60 岁的年纪，他们除了向我学习，还会互相学到很多。他们对演讲有很低的容忍度。当有人独自一人讲话超过几分钟后，人们就能感受到教室里的热情在降低。同样，当对话集中在理论上，与相关的业务挑战没有直接的联系时，会发生相同的情况。有趣的是，教室里的大多数人都是适应开会的人；换句话说，他们能够在长时间的会议中集中注意力，却不是适应课堂的人。**这也许是因为他们非常习惯于在会议上主持进程，因此当掌控因素不在他们手中时，他们将很快陷入疲惫之中。** 加上他们在日常工作往往感到很疲劳——大多数参与者都长时间地非常努力地工作，通常都很累——他们的精力会迅速下降。

展示日更像是董事会会议，而不是在课堂上上课。这不仅体现在环境上——毕竟是在会议室里进行——而且体现在我的教学方法上。大多数时间，我都遵循一个简单的公式：原则—提问—行动。

◼ 原则阶段

首先,我选中一个原则,例如:卓越的绩效评估源于精准的绩效定义。然后我们使用研究案例来确定这一原则到底是什么意思,例如:在军事特种部队,如果他们定义绩效为"在压力下,制定优秀决策的精英战士",那么他们的主要绩效评估系统是什么呢?

对这个问题的讨论会采取团队谈话的形式。参与者坐在会议桌旁,谈话从我打给其中一人的陌生电话开始,然后按常规进行。我会再选一个原则,例如:过多的评估会降低个人的责任感。如何降低?然后开始另一场谈话,按常规进行。我们的节奏很快,很少在一个步骤上停留很长时间。在原则阶段的最后,我已经覆盖了如何评估人的绩效的所有重要内容。

◼ 提问阶段

在这一阶段,我会向团队成员提出一些问题,目的是揭示每项绩效原则在他们当前的业务环境中的应用情况如何。例如:如果我们要研究你的环境,我们能在哪里找到隐藏的方面——也就是绩效没有得到评估的方面?每位领导者将有几分钟的时间整理思路,然后向团队公布答案,从而有效地开启另一场讨论。然后我再问一个问题,再开启一场讨论,如此持续下去。这一阶段的最后一个问题有些类似于:通过改善绩效评估激发绩效提升的最大机会在哪里?同样,所有人都必须回答这一问题。

◼ 行动阶段

这一阶段的目的在于确定可以用来改善所讨论的主题的具体行动。重要的是,在这一阶段,不要求领导者做出决定;他们关于采取什么行动的最终决定,只有在第二天所有的主题都讨论完后才会做出(一个为期两天的会议将讨论总共四个主题)。

在项目早期阶段,我们会采用所谓的紧/松方法。紧/松方法的意思是教学会非常紧密地围绕高绩效的主题,但是对每位参与者应该在他的业务中采取的行动的规定方面却很宽松。每位参与者都有责任建立自己关于如何运用教学内容的观点。

正如我在本章前面提到的,每位参与者都必须在最后两天的会议上,向团队成员展示他的行动计划。其他人,CEO 和我,需要就行动计划的质量给出准确的反馈。不管行动计划是好是坏,参与者都会得到准确的反馈。

我的教学风格遵循下列几条清晰的指导原则:

- 让学员感到不参与是有危险的。
- 内容与学员的业务相关。
- 让学员们互相学习。
- 激发思考,并快速转化为行动。

结果

在我们的 HPM 项目中,对于领导者的进步,我们有主观和客观的测量。客观的测量有两种:与最初的 HPES™ 诊断相比的进步和财务结果。

与最初的 HPES™ 诊断相比的进步

图 11.5 至图 11.7 是领导者在项目前后的三项诊断。注意,前后诊断的时间跨度是 10 个月。

依本章的目的,很难说明这些诊断结果在实际情况下的意义。简单而言,如果"个人公示"项的得分提高了,意味着接受诊断的人感到这些系统正在建立更强的个人责任感。如果"强烈的情感不适"项的得分提高了,意味着人们认为不达标准的后果很严重。

我们用潜在上升空间百分比衡量诊断中的进步。例如,如果诊断开始时,每项的得分是 60 分,后来提高到 80 分,我们就说它们提高了潜在上升空间的 50%。我们之所以采用这种方法,是因为分数越高,获得进步就越难。我们的项目参与者的大多数在 HPES™ 诊断中获得了 10%—50% 的提高。

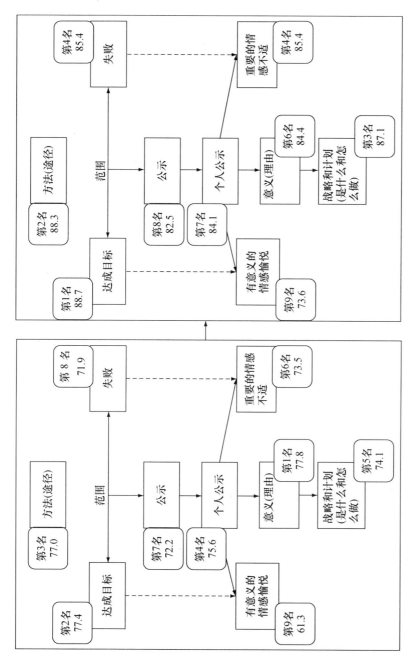

图 11.5 结果 1（前/后）

资料来源：Reprinted with permission © Elkiem。

第十一章 高绩效领导力 · 229 ·

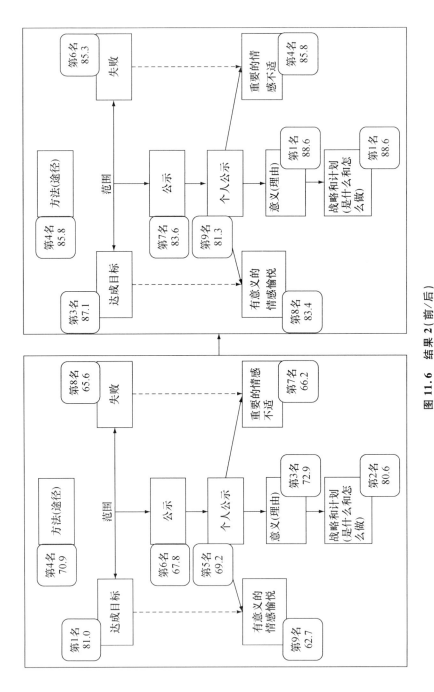

图 11.6 结果 2（前/后）

资料来源：Reprinted with permission © Elkiem。

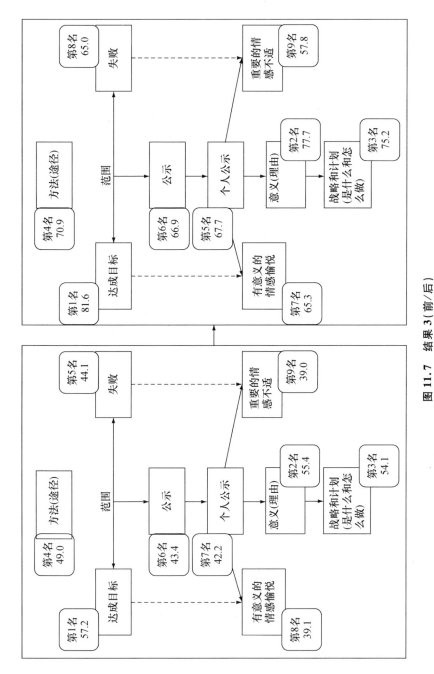

图 11.7 结果 3（前/后）

资料来源：Reprinted with permission © Elkiem。

第十一章 高绩效领导力 · 231 ·

◼ 财务结果

对董事会的最终展示集中在这方面的衡量上。大约70%的HPM参与者能够展示稳定的财务结果,作为他们努力的结果;大约20%的参与者声称时间太短,但是能成功地让董事会相信,会产生结果;10%的人未能表现出进步。

在更主观化的测量方面,我们会观察参与者的三项主要进步。第一,他们学到什么能够或者不能带来团队绩效的提升。参与者学到,他们当下的环境对团队成员绩效的影响,以及团队中的低绩效者、较差的绩效评估系统,或者空洞的绩效原则对绩效的影响。最重要的是,他们学习到,为创造期望的绩效影响,需要拉动什么环境杠杆。

第二,他们学到,如何通过修正环境中的主导系统,改变绩效压力。他们主要通过感受的方式进行学习。HPM项目本身是一种高压环境。在项目过程中,我会改变或者增加一些系统,以确保参与者理解系统的变化如何影响他们体验到的压力。

第三,大多数完成项目的人会说,项目教会他们更清楚应该采取什么行动,激发他们缩小思考和行动之间的时间跨度。

我们的领导力开发方法集中在教授如何激发高绩效上。我们致力于和我们的参与者做同样的事——激发高绩效。虽然我们项目的客观测量是其效果的一项重要测量,但是我个人评估HPM项目的质量,主要看它是否推动领导者采取更高水平的行动。高绩效领导力不是被动的。教学内容在最近几年会帮到他们,但是如果他们没有学会采取行动,真正去执行,那么项目在主要目标上就是失败的。我希望本章成功地传达了这一意图。

第十二章

领导效能与领导力发展
——培养自我觉察和洞察技能[①]

Jeffrey Anderson
Stacey R. Kole
芝加哥大学布斯商学院

二十多年来,芝加哥大学布斯商学院的全日制 MBA 项目只有一门必修课。领导效能与领导力发展(Leadership Effectiveness and Development, LEAD)聚焦于培养学员的自我觉察,以及教会他们如何从过往经历中学到"正确"的经验教训。由二年级 MBA 学员担任引导师,在其指导下,通过课堂教学、体验式学习,以及包含大量观察的一对一教练,一年级 MBA 学员可以增强自己的才能。成功的 LEAD 项目让学员建立起了对自身优势和发展需求的准确认识,并让他们学会以一种无偏见、可复制的方式从经历中获得可操作的智慧。在这一章中,作者探讨了这一课程的研究基础及其结合了领导力教育的知识和技能两个方面的具体内容,并讲述了课程参与者的代表性经历。此外,还讨论了这一课程带来的一些挑战。

[①] 我们感谢 Selwyn Becker、Chris Collins、Harry Davis、Linda Ginzel 和 Alice Obermiller 为我们提供的反馈,他们的见解让我们的思维更清晰,也让本章的内容更清晰。

简介

在芝加哥大学布斯商学院,领导力必修课的核心目标在于提升自我觉察,并教会学员如何从经历中学到"正确"的经验教训。这种方法是基于一些实验课程的经验——它们揭示了把知识转化为适当的领导行动的重要性和困难所在,同时也是以关于自我评估及其系统性偏差的大量心理学文献为依据的。学员的自我利益(表现为对个人成功和职业成功的渴望)保证了他们能够高度投身于这一培养从经历中学习的习惯的发展活动中。

作为二十多年来 MBA 课程中唯一的必修课,LEAD 项目现在以 MBA 的二年级学员担任引导师,这是一个负责课程设计和实施的独特角色。他们通过指导、体验式学习和一对一教练进行教学。在 MBA 的起始阶段,会通过一系列以制订量身定制的发展计划为目标的模块和活动来指导一年级学员。这些计划会突出强调为期两年的 MBA 学习期间和之后可利用的技能发展机会。成功的 LEAD 项目能让学员建立起对自身优势和发展需求的准确认识,并让他们学会以一种无偏见、可复制的方式,从经历中获得可操作的见解。

LEAD 的基础

关于自我觉察的研究

几十年的心理学研究表明,自我评估可能发生错误,而对自身的错误评估会对人们的决策能力和有效性产生消极的影响。Dunning、Heath 和 Taylor(2004)总结了关于健康、教育和工作场所的著作中的证据,并发现"人们的自我看法与他们的实际行为和表现远不相符"。事实上,对自身的错误看法的潜在影响是非常巨大的,所以企业付出很多努力来纠正人们的错误看法。Dunning 和同事们强调了一个事实,那就是在企业的高层,战略方向的重要决策都是由某些个人决定的,而这些人很少能得到下属坦诚的反馈,因此他们对自身的错误看法而导致的决策失误的风险是很大的。这些研究强调了在职业生涯早期正确认识自我的重要性,以及以不依赖于组织正式流程的学习习惯来保持这种认识的重要性。

芝加哥大学布斯商学院体验式学习的基础

认识到商学院可以在增强人们的自我觉察中发挥重要作用,Harry Davis 和 Robin Hogarth 教授在 1992 年的一篇论文中就商业教育提出了两个问题。论文的题目是"重新思考管理培训:一个来自芝加哥的观点"。第一个问题是:"我们该如何帮助学员实现稳定的高水平表现?"第二个问题是:"我们该如何为学员带来价值,并且这种价值是可以在他们的职业生涯中持续发挥作用的?"为了回答这些问题,Davis 和 Hogarth 描述了一种方法,能够系统地培养学员从经验中学习和成长的能力,并能获得可操作的见解。

图 12.1 是 Davis 和 Hogarth 提出的领导力开发的"芝加哥方法"的示意图。其中,散列的方格包括个人制定决策所依据的概念性专长和专业知识(domain knowledge)。总的来说,这些专长领域代表了决策者的内容知识(content knowledge)和有组织的理解(organizational understanding)。这些资源对于做出合理的决策至关重要,但是没有通过目标设定、说服、合作技能阐述行动和成果之间联系的能力,个人成功地推动结果以实现预定成果的能力就会被削弱。所以,概念性知识和专业

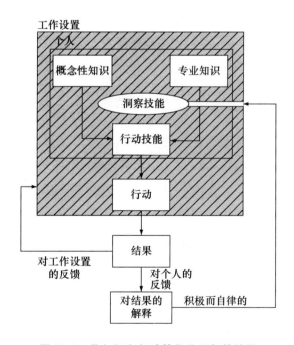

图 12.1　将知识和行动转化为理想的结果

知识虽然是必要的,但对于有效领导而言是不够的。

在研究生商业教育中,学员具备一些从工作经验和对行业与公司的研究中获得的专业知识。概念性知识是通过 MBA 课程获得的:在芝加哥大学,一个有着系统基础的管理教育方式会使学员产生一种对经济学、心理学、社会学、统计学和会计学的深度理解,进而帮助他们了解复杂的商业问题的基本元素和解决方式。Davis 和 Hogarth 强调了在 MBA 教育培训中,创造机会让学员把这两种知识转化为行动的重要性。转化的技能既包括在不同场合下运用知识的能力(行动技能,action skills),也包括在特定场合下选择恰当的行为和策略的意识(洞察技能,insight skills)。从课程角度来看,这要求学员开放地接受反馈,愿意全情投入地参与,并且需要学习环境能够提供经常的、具体的、可用于行动的反馈,以及一个预演和练习的空间,使学员能够在其中行动—获得建设性的反馈—再行动。

正如认识到正确的解决方案不同于实施这个方案一样,见解的习得绝不是自然而然的。它取决于我们从经历中归纳知识的能力。在员工与雇主的关系中,因为各种原因(见 Dunning et al., 2004, p.91),人们提供的很多反馈传递的都是错误的讯息,或者强化着人们对个人有效性的误解。因为这个原因,Davis 和 Hogarth 建议商学院超越单纯讲授概念性知识的传统角色,帮助学员发展这种关键的、贯穿在整个职场生涯中的技能。

他们把商学院比作一个实验室,"在其中,学员们体验和实践行动与洞察的技能,并且没有降职的风险"。这一点刺激了课程在多个领域的创新。② 实验室经历的核心是"学员、教师和工作人员不断地提供反馈意见,并且不受企业内个人和政治因素的影响"。

LEAD 项目

LEAD 项目作为 Davis 和 Hogarth 的思想的产物,创建于 1989 年。今天,LEAD

---

② 这个模式促进了芝加哥大学布斯商学院很多实验课程的创新。在 20 世纪 90 年代中期,Selwyn Becker(1994)——芝加哥大学布斯商学院的心理与素质教授——阐述了他在创建一门关于综合素质的实验课程方面所做的工作。他的思想受到了他在一门关于"小组动态"的课程中所做出的改变的影响。他从传统的演讲形式转变为几乎完全体验式的教学方式。在设计这门新的课程时,Selwyn 说:"如果我们谈论和讨论文化变革,我们会教学员如何谈论文化和文化变革,而不是如何做这方面的事情。"

项目把本书导言中提到的领导力框架的知识和技能部分结合了起来。它让学员参与大量的亲身实践以了解他们的优势和发展需求,并指导他们准确地处理来自各种渠道的反馈。这个项目为学员树立了一面虚拟的镜子(运用 360 度评估、录像以及标准评估工具),使他们可以看到和听到他人的观察结果;这面镜子反映了他们对交流对象的影响及其有效性。与此同时,LEAD 项目也向学员提出了挑战,让他们反思自己学习的内容,并为自己持续的职业发展设立一个个性化的目标。在布斯商学院,这些计划可能会引导学员在选课、合作课程参与和其他自选活动中的选择。但是,变得更富洞察力、在关键领域获得发展的最终责任还是落在每个学员自己身上。

下面的部分详细阐述了 LEAD 项目的组成要素。需要指出的是,LEAD 课程的结构和管理有意识地添加了实验、修正和对课程内容及实施的全新看法。今天的 LEAD 课程的各个组成部分都根源于早期的理念和执行。这种制度化的流动性保证了课程在形式不断改变的同时,保持着 Davis 和 Hogarth 为 LEAD 设立的基础。

◼ 项目的组成部分

LEAD 项目是芝加哥大学布斯商学院唯一的必修课,也是全日制 MBA 项目中唯一的以小分队为基础(cohort-based)的课程。[③] 与布斯商学院那些学制为十一周的典型课程不同,LEAD 项目是从暑期任务开始的,并且贯穿了第一学期的一半时间。

暑期准备工作

在为这门课程做准备的过程中,学员们完成了一系列任务(详见下面),把职场中先前的经历和见解带入 LEAD 项目。这些任务的目的是使学员开始反思,探索他们的领导风格、动机和行为。这些任务大约在新生入学培训(第一学期的前两周的时间)的前三周完成,以便让 LEAD 教练和教师能够熟悉他们的学员,提供定制化的学习经历。

LEAD 项目暑期准备工作包括下列三部分:

首先是 360 度评估,向 10—15 个人收集反馈。这些人得对学员很了解,

[③] 这门课程及芝加哥大学布斯商学院 MBA 经历的整体结构及哲学,可参见 Datar 和 Garvin(2008)。

并且学员也相信他们会给出坦率的评价。这些评价为关键领导能力提供了反馈:人际关系、沟通能力、正直诚实、团队合作、问题解决、人际风格以及战略思维。项目鼓励学员挑选那些有机会长期了解和观察他们(最好是以不同的身份或者在不同类型的项目中)的人作为评估者。此外,这项任务会指导学员创建一个多样化的评估者群体,包括他们的下属、上司、同事和外部合作者(比如消费者或供应商)。

其次是一个调查问卷,目的是收集学员对于领导力的看法——比如,他们钦佩的领导者的品质。全班的结果会汇总在一起,并在 LEAD 的开始环节,讨论学员回答中的共同主题,以及行业经验、性别和文化背景对调查结果的影响。同时,项目会把 MBA 学员的调查结果与非 MBA 学员的调查结果进行比较。这个讨论使学员"脱离"自我(以及他们的信仰和偏见),从那些他们想要领导的对象的角度看待领导力。

最后,个性特征是用标准的工具测量的,包括 MBTI 和托马斯·科尔曼冲突风格测试。通过这些测量得来的信息是与学员进行个人风格和交际方式的谈话的基础。

外出经历

课程开始于一个为期三天两夜的外出活动,名为领导力户外经历(Leadership Outdoor Experience, LOE),在距离芝加哥一百英里远的一个度假胜地进行。从学员的角度来看,这次外出是迎新活动的一部分。这次活动有意使学员离开熟悉的环境,置身于一个外界干扰最小的全新环境。在这个环境中,周围都是同学和由二年级 MBA 学员担任的领导者。根据经验,我们发现,这种环境对学员认识新同学和以有趣、互动的方式开始自我发现的旅程,有着重要的意义。

在 LOE 活动中,学员们参与到人际关系建设活动、旨在让他们习惯于高参与度的学习环境的即兴练习、旨在提供个人挑战和增强团队凝聚力机会的课程,以及一些旨在鼓励人们互相学习的社会活动中。为了促进项目的管理,增强学员彼此之间的信任和熟悉程度(这是给予和提供反馈所必需的),全体学员被分为 10 个由 55—60 名学员组成的分队,每个分队再分成 7—8 人的小组。学员们首先在 LOE 活动中会见自己的分队队友,然后在 LEAD 的大部分时间,他们要么与小组成员在一起,要么与分队队友在一起。

LEAD 课程

在 LOE 活动之后接下来的六周内,学员会参加了七次时长为三小时的课程。LEAD 课程在秋季学期的第四周结束时完成。

领导力的基本知识。这一环节是一个关于领导力、第一印象和职业转型风险的导入式讨论。在这一模块中,学员会收到他们的 360 度评估结果和组员根据外出经历中的接触提供的第一印象描述。为了从这些反馈中总结出最重要的内容,学员们会以小组合作的形式讨论下列问题:

- 在反馈意见中,最让你惊讶的是什么?
- 你的自我评价与你得到的反馈意见最不一致的是什么?
- 与你共事过一段时间的人提出的反馈意见与刚刚认识你的人提出的反馈意见有何不同?
- 你是否展现了理想的最初形象?
- 反馈中体现了哪些职业转型风险(也就是说,什么技能/行为可能拖你的后腿或者使你的事业陷入停滞)?
- 你平均分最高和最低的五项分别是哪些?
- 这些对你意味着什么?

性格和工作风格。本模块运用 MBTI 测试,帮助学员理解他们如何收集信息、做出决定和与人交流。重点在于,如何将测试中的信息运用于商业环境中,增强人际沟通和改善行为结果。比如,每个小组都需要面向不同性格的人做一个简短的销售演讲。同时也探讨了人的性格偏好对他们在他人身上看重的行为的影响,并强调了建立多种人际交往方式的重要性。

小组活动。在这次活动中,学员们需要分队完成一项有挑战性的任务,并且他们完成任务的过程会录成视频。然后小组成员一起观看视频,并请学员记录他们发言的次数以及他们在任务完成过程中做出的贡献的性质(发起、挑战、支持和促进)。这份资料让学员以客观的方式看待自己在小组中扮演的角色。通过汇总小组的资料,"小组动态"(group dynamics)的概念逐渐展开——比如,讨论过程是不是由一小部分人控制?小组是如何做出决策的?谁成了领导者,为什么?在本模块的总结部分,每个学员都会与自己的引导师进行一对一的交流。引导师会评价学员在小组合作中的有效性,并提出增强个人有效性的恰当策略。

人际交流。本环节让学员评价自己的沟通技能和"高管风范"（Executive Presence）——姿势、眼神交流、音质和音色、手势、倾听，等等。通过一系列练习，学员有机会锻炼各项内容，并获得引导师和同学的反馈。在这一模块中，学员也需要给自己的一位组员提出反馈意见（基于他们之前在课堂活动中的观察）。

冲突处理。本模块通过托马斯·科尔曼测试（Thomas Kilmann Instrument，TKI）检验冲突处理，目的是帮助学员了解自己在处理冲突时的偏好及其影响，以及如何辨认其他风格的人，并与其他风格的人合作，以求更有效地解决冲突。学员会记录他们应对职场冲突的方法，并在小组讨论中讨论这些方法。引导师会运用下列问题，帮助学员更好地理解他们的惯常风格是如何在真实情景中显现出来的，以及其优势与局限性是什么。

- 什么影响了你的反应方式？
- 你在什么时候尝试了其他的方法？结果如何？
- 要以不同的方式处理问题，你需要做些什么？
- 你是否过度使用了某种冲突解决方法？这意味着什么？

"迷住观众"训练（audience captivation training）。本环节把在"人际沟通"中介绍的沟通技巧应用到了更加正式和公开的场合。每个学员有三次机会，以自己选择的话题做一次演讲，审视自己的表现，以及从引导师和同学那里得到关于有效性的反馈。这个过程（行动，回顾，评论，再次尝试）使学员能够快速吸收反馈，并评估它的影响。具体来说，学员可以意识到，自己行为的改变会如何影响作为演讲者的有效性。[4]

决策与诚信。通过问卷调查和案例讨论，本模块帮助学员了解如何处理敏感的、具有道德复杂性的商业问题（以及别人如何处理同样的问题）。重点是认清潜在的偏见和制定决策的倾向。

在每堂课的总结环节，每个学员要回答三到四个问题，以总结他们所学到的对自己的认识——他们的优势和发展需求。首先，这捕捉到了学员新鲜的想法，并向他们发起挑战，要求他们把经验转化为具体的、可用于行动的见解。它也为那些想

---

[4] 据说，在仲夏时节，常常会听到即将升入二年级的 MBA 学员在准备夏季实习的最后演示时，会使用这一流程，特别是在一些独立于公司或实习岗位之外的区域小组中。所以，我们可以说，对一些参与者而言，这一部分的内容为他们提供了一种将想法付诸实践的方法。

要私下处理自己的经历的学员提供了信息。不同形式的反思活动——小组讨论、全班陈述、个人书面练习贯穿课程的始终,也使学员能够认识到自己所偏爱的形式。

在项目的最后,我们对所有的书面记录进行了整理,这样学员在起草个人发展计划时,可以把这些资料作为参考。在引导师和教练的帮助下,学员会回顾这些资料,重新聚焦于优先的发展领域。

分队活动

LEAD 最后会有两项活动,由每个分队中的一部分人参加。

领导力挑战。100 名学员(每个分队 10 个人)被他们的同伴挑选出来,参加一个为期一天的案例挑战赛。大赛的评委是十多个芝加哥大学布斯商学院的校友,他们都是各自公司的高管。在挑选参赛同学时,我们要求学员考察下列几个方面的能力:

- 他们在整个项目的过程中展现出来的领导力和人际交往技能。
- 他们对密集的挑战性经历的开放程度,包含杰出商业领导人的坦率的反馈。
- 他们在不可预知的情境中与团队和合作伙伴合作的能力。

每个分队都围绕着五个不同的案例进行,目的是检验学员在课堂上的领导力和人际沟通技能(比如,和不开心的客户沟通,使存在冲突的管理团队团结起来,沟通文化差异,以企业优先目标为中心,等等)。这个活动通过在具有丰富的反馈的环境中,模拟真实的领导力挑战和像上司一样的评估者,强调了从经历中学习的习惯。

2010 年,这项活动的范围扩大到包括一场商业危机模拟。在这个环节中,各学员团队一起工作好几个小时,以驾驭在密集的、快速变化的危机中出现的问题(管理和法律问题、媒体关系、客户管理、操作的连续性,等等)。进行商业危机模拟的目的是检验同学们在不熟悉的、动态的环境中的团队协作能力、沟通能力,以及战略决策能力。⑤

"**黄金神龙**"。LEAD 项目的高潮是一场名为"黄金神龙"的颁奖典礼,用来表

---

⑤ 这场商业危机模拟充分展现了上面讨论的 LEAD 内容的易变性。

彰团队的创造力。在 LEAD 模块的前期,各个分队需要完成一个短片,展示芝加哥大学布斯商学院生活的某个方面,以及一个 32 分钟的广告,用来宣传赞助商的产品。这个短片在全校范围的颁奖仪式上放映,优胜者会获得全队最佳应用奖、教员和员工最佳合作奖,以及最佳影片奖。除了为 LEAD 课程提供一个令人愉悦的结尾之外,这项活动展现了每个队员的创造性和团队合作能力,并强化了芝加哥大学布斯商学院独特的文化。

◆ 引导反馈

在创建 LEAD 项目时,芝加哥大学布斯商学院的教员首先把学员看作联合创造者,然后是联合指导师,他们一起创造和指导一门旨在让学员获得前沿而有意义的洞察技能的课程。LEAD 不是完全依赖于教员,把他们当作设计和实施课程的专家,而是认识到了学员在建立学习习惯的过程中的核心作用,这些学习习惯与他们在 MBA 毕业之后的发展更密切相关。LEAD 项目在芝加哥大学布斯商学院是独一无二的:二年级的 MBA 学员被当作观察者、内容设计者、演示者和课堂讨论的引导师,以及个人教练。

每一年,我们都会重新评估和设计 LEAD 项目,然后由 40 个二年级 MBA 学员讲授(正式名称为"LEAD 引导师")。[6] 这些引导师是在 LEAD 课程结束不久之后选出来的,他们在这一学年的春季学期会参加一个帮助他们为日后的多重角色做好准备的课程。为创建生动、丰富的课堂体验,课程要求他们仔细研究 LEAD 项目的内容。特别是,引导师们要和教练们密切合作,根据学员的反馈以及他们自己的研究和体会,重新评估每个模块,根据个人故事和经历定制课堂呈现方式。通过这种方式,项目的内容和讨论能够与学员直接相关。

因为时间安排的关系,MBA 新生入学时,会有一段时间几乎没有高年级的学员可以求助,这时引导师会对新生融入布斯商学院起到关键作用。在项目中,每个引导师需要"指导"14—16 个学员。在课堂活动中,他们与自己的学员徒弟密切合作,并进行私下的、一对一的交流。这个结构确保了所有的学员在学习和发展过程中,都有向高年级的学员求助的机会。

有意识地运用同伴来实施项目,对技能评估和内容传递起着重要作用。引导

---

[6] LEAD 引导师的选拔过程,在全日制 MBA 项目中是竞争最为激烈的领导者职位选拔过程。

师可以帮助学校做到下列几点：

- 运用一小部分职业教练的知识和经验，应对同时与560多个学员交流和对他们进行教练的最大挑战。更具体地说，它使全部一年级学员，在MBA这个职业生涯的重要转折阶段的初期，就能获得具体、可操作的反馈。

- 培育一个反馈意见丰富的环境。引导师为学员创造了一个安全放心的环境，鼓励他们分享个人的感悟、进行试验和共同学习。

- 以一种全新的视角看待课程的所有方面——进度安排、内容、活动，等等。他们对课程的"主动权"，与芝加哥大学布斯商学院"挑战现有智慧"的价值观是相一致的，并且有助于确保LEAD课程的讨论话题与学习方法保持相关性。

- 在不同的情境下，观察每个学员的表现。这些观察是获得可操作的反馈意见和增强洞察能力的基础。当学员在不同的场合获得关于他们的行为及其影响的一致的反馈意见时，他们就获得了最强有力的洞察。

◆ 学员的体会

在芝加哥大学布斯商学院，我们运用不同的方法评估LEAD项目的有效性，并且更好地理解学员的体会。在任何一个LEAD环节的末尾，学员都需要交一个书面反馈；反馈内容要与引导师和教练一起分享，并总结出要点，供下一批引导师参考。在课程的最后，一年级的学员还要完成学校标准的课程评估表。课程评估和课后调查的完成率接近百分之百。这些评估结果能反映引导师的有效性和课程内容的有用性。在过去的三个学年，LEAD课程的评估超过了芝加哥大学布斯商学院的平均值。

校方也会收集学员对很多问题的看法（包括LEAD课程和其他领导力发展项目），这是学期末的综合调查的一部分，由全日制MBA项目的副院长负责（80%—85%的学员完成了调查）。这些调查中的反馈，既有对学员生活不同方面的量的评估，也有质的评估。学员需要回答开放式问题，说出学习经历中最好的方面和校方有待提高的方面。

最后，为了评估学员是否把从LEAD课程中学到的内容应用到了实际工作中，校方在暑假的中期，会与即将升入二年级的学员进行圆桌谈话（大约占全部人数的40%），并与一些公司的代表进行谈话，加深校方对LEAD课程和其他学术活动的理解。这些活动虽然不是很系统，但是它们可以确保学员应用从LEAD课程中学到的内容,并感恩于自己拥有在相对轻松的环境下锻炼能力的机会。

LEAD 引导师经历

每年有一百多名学员参加 LEAD 引导师的选拔。参加这个项目有两个目的:一是为 LEAD 的进步做出自己的贡献,二是促进学员自身领导力的发展。所有的申请人都要经过一个紧张的、多步骤的选拔过程,目的是评估他们下列几方面的能力:

- 构建高效工作关系的能力。
- 对挑战性反馈的开放性。
- 在快节奏、模糊的环境下的专注能力。
- 示范 LEAD 课程中课堂讨论技能的能力。
- 有效的引导技能。

从本质上说,引导师项目是一个持续两个学期的经典的行动学习项目。我们把选出来的 40 名学员分为 8 个人的小组,每个组负责管理 2 个分队(大约 110—120 名学员)的课堂经历。每个引导师负责 4—5 个小组,并需要负责设计和实施一个课堂环节,或者一项重要活动。虽然每组都有一个作为观察员和顾问的教练,但小组本身依然保留非常大的自主权。他们会选出一个领导者,制定日程,决定如何实施计划,并且有磨合的空间——必须与不同性格的人共事并影响他们是最大的挑战之一。团队有意识地模仿了全球商业组织运用的矩阵环境(matrix environment)。

引导师经历包括若干结构性元素,旨在推动和丰富学员的学习经历:

- 在活动过程中,我们给每个引导师分配了一名教练。教练定期与他们讨论发展目标,并在团队和个人有效性方面,为他们提供反馈意见和进行实时教练。
- 在这两个学期的经历中,小组成员要为彼此提供两次书面反馈。
- 在春季学期,40 名引导师要聚在一起两次,处理班级管理事宜和接受培训,培训的主题是引导师技能、班级管理和小组动态。
- 第一学期结束之后,每个引导师要上交一份报告,阐述对自己的新认识,并且找出下学期有待提高的方面。
- 现任引导师在选拔和评估新任引导师的过程中,发挥着积极的作用。这有助于非正式知识的传播。

● 在引导师经历的最后,引导师要上交一份总结报告,阐述自己获得的见解和对接下来的引导师小组的建议。

根据从经历中学习的理念,设置了一系列针对引导师的课程,讲授一系列可转移性技能。特别是,引导师要学习如何与具有不同背景和动机的人建立融洽的关系,并向他们传递价值。此外,引导师经历还帮助 40 个引导师加强了联系,扩大了学员在学校的人际网络,其他方式可能达不到这个效果。

引导师经历有其高度个性化的一面,很难进行归类。下面几段出自总结报告的文字阐述了领导者的收获:

> 我发展了为 60 个参与者引导"对话"的能力,而且我能越来越好地驾驭这种不可预测的讨论。久而久之,我与人交流的风格变得越来越放松和灵活。

> 作为一名女性,在以男性为主导的工作环境中很难获得别人的信任。引导师经历帮助我应对这个问题——首先说出这个问题(这是我从来没有做过的事情),然后与教练合作,不管对方是男性还是女性,尝试着对自己的交流风格做出略微的改变,以此来增强自己作为有影响力的领导者的效能。

> 作为引导师小组中最内向的成员,我认为选我引导那些外向的、善于表达的同学,是一件疯狂的事情。但是,我渐渐地意识到自己淡定、包容的风格,对于引导这组同学非常有效。这个发现以及今年我们小组的巨大成功,增强了我作为领导者的自信心。

> 按照规定,引导师每天都需要给出反馈。我给出的反馈中,有一些是积极的,但大部分强调了有待改善的地方。这项工作并不简单,我总是想用建设性的方式分享我的观点,同时又不掩盖信息的重要性,这让我很纠结。我将会在我以后的生活中,每天都运用这一关键的领导技能。

> 在与其他引导师密切合作的过程中,我们有那么多想要分享的知识,我学会了放松控制,充分相信我的队友。我无法想象有比这一点还重要的领导力品格。

参与领导力挑战赛的一年级学员

一年一度的领导力挑战大赛使被选出的一年级 MBA 学员有机会在校友评委面前,展现他们的领导力和人际交往能力。这是一项既挑战自尊又激励人心的活动,它与那些典型的包含商业问题分析的挑战赛不同。在领导力挑战赛中,学员分析情境,然后在真实的角色扮演中实施他们选择的方案。

每个参与者都在十人组成的小组中活动。虽然每个组员只参加一项挑战,但小组要帮助每个参赛者做准备,并支持他们。在角色扮演的过程中,每个参与者必须至少与一位搭档合作。学员要快速决定如何应对不同的情形,比如当搭档陷入困难或当某个人的方法失败时,或者当搭档想要控制谈话过程或放弃先前同意的策略时,又或者事情向意料之外的方向发展时。学员努力探索下列问题:如何以积极有效的方式处理问题?如何坚持自己的观点并且有机会展现自己的能力?如何与自己从未共事过的人协调合作?

最后,这些案例旨在复制领导者日常工作中需要面对的竞争压力。在一个案例中,一个学员扮演一位新上任的CEO,她的公司是一家私人控股、处于困境中的公司。这家公司正面临着严重的绩效和流动资金挑战。在她和她的领导团队的第一次会议中,各银行和投资商都希望会议能得出一个现实可行的预算。虽然所有的注意力似乎都在对预算达成一致上,但评委们需要评估学员的平衡能力,看他们如何在完成具体任务的同时,又能熟悉自己的新队友,并为一起合作奠定良好的基础。

一年级学员

对于大多数学员来说,LEAD课程在完成最后的学习模块之后,会以一系列会议作为正式结束。整个小组的经历无法轻易、明确地分类。为了更好地说明,我们重点讲述从LEAD中获得洞察的几个例子。

场景1:一个参加LEAD课程的年轻女性深信她不是一个领导者(尽管她在申请报告中不是这么写的)。在她心目中,领导者应该是团队中外向、自信、统揽全局的成员。通过LEAD课程中的团队活动,她越来越意识到,自己有能力动员所有的队员,并且能够在为团队制定前行方向的同时,不扼杀团队的创造力。她的领导风格积极而平易近人,这可以使她管理那些强硬的、直言不讳的队友,并且潜移默化地影响他们。她知道应该在什么时候(以何种方式)提出自己的意见,也知道应该在什么时候让他人主导前行的方向。但是,当她的同伴和学员引导师告诉她,她是"团队的核心",并且他们都指望她展现领导力和选择前行方向时,她仍然感到很惊讶。慢慢地,她能够更好地理解,并且学会了如何运用她早就拥有的独特的能力。这次经历不但改变了她对自己的看法,也改变了她对未来的认知。

场景2：有一个来到布斯商学院的年轻人，他阳光，有上进心，并且非常注重细节。他所在公司的所有同事都与他有相似的背景和风格。基于他的职业经历，他高度重视一小部分品质，却因偏见而忽视了其他不同的风格。在课程的性格偏好与冲突管理环节，他对成功人士的性格特点的看法受到了挑战。这个认识伴随着他第一年的学习历程，而且他发现自己在组建学习小组和领导学员活动时，开始考虑多样性的因素，开始寻找互补的风格，并且有意识地把不同风格带到自己的团队中。有趣的是，他发现自己可以运用自己性格中先前未被运用的部分，并且这使他可以与几乎所有人有效地联系。这些洞察使他成长为一个高效的、所有人都尊敬的学员领导者。

场景3：有一位年轻女性，在私人生活中，她聪明、慷慨、善解人意，但是，在职场中，人们认为她过于严肃，并且有的时候很"刻薄"。在"外出经历"结束时，她的新同学反馈说，她是一个冷漠的、不好接触的人。这让她很震惊。她立即寻求一位项目教练的帮助，改善自己的风范。她承诺微笑待人，并且有意识地营造积极、乐观的氛围。这些相对简单的行为很快改变了人们对她的态度。而且，她也能够以积极的方式看待别人对她的态度。

每年都会产生新的、不同的案例。关键在于，LEAD 课程的多样性和灵活性给了学员探索的自由，他们可以探索和发现对他们来说很宝贵的地方、内容或者人际关系。LEAD 课程的优势之一是它没有提前预设或提倡一种单一的途径或方法。相反，它鼓励每个学员制订自己的发展计划，并且承担起自身发展的责任。

LEAD 项目和芝加哥大学布斯商学院面临的挑战

在课堂之外应用 LEAD 课程的内容

当学员离开 LEAD 项目后，他们可以采取不同的方式从经历中学习。许多课程都为学员提供了完善其在课堂内外的团队合作能力和沟通能力的机会。然而，很少有例外的是，在离开 LEAD 项目后，项目中引导师和队友提供的非评估性反馈，通常被评估性反馈（比如，与绩效相关）取代。这向寻求扩展 LEAD 式的安全的、反馈丰富的环境的学员提出了挑战。

LEAD 项目创建之初，芝加哥大学布斯商学院的"新产品实验室"已经建立了

10年。这些课程把很多真实的项目带进课堂,同学们可以用两个学期进行小组合作,为外部客户界定、研究和分析某个问题。正如课程题目暗示的,许多课程面临一些挑战,比如把现有产品引进到新的市场或者研发一种新产品。团队会做市场调查,并就如何扩大市场向客户提出建议。

在设计LEAD项目时,我们参考了新产品实验室中的教员、同学和客户向学员提供的反馈。今天,有很多课程的名称中带有"实验"二字,但却几乎没有课程像LEAD一样关注教练环节。[7] 学员可以参与一些聚焦于新兴企业、创投领域、私募股权、社会创业以及较为传统的市场领域的体验性课程,以便在这些组织中获得经验。

引导师的参与

LEAD项目的成功,与两个学期中引导师团队的参与度和专业精神密切相关。近几年,为了确保高绩效,小组引进了绩效标准和互相督促机制。结果表明,外部因素和人际矛盾会削弱引导师的参与度。

虽然他们的角色是引导师,但他们本身仍然是学员。对于这些学员来说,引导师的角色是一个巨大的学习机会,他们需要高度聚焦,保证学员始终保持对学习的承诺。这一点在2008—2009年全球经济危机时表现得最为明显。在"正常"时期,引导师在LEAD课程开始之前,可以很容易地找到实习岗位。大部分引导师可以从暑期实习中获得一个毕业后的工作机会。然而,2010级的引导师却面临非常不同的情况,他们需要同时应对找工作的压力和人们对引导师的高要求的压力。

人际关系也会在引导师团体中引起挑战。LEAD项目实施二十多年以来,有过几次矛盾冲突,减弱了人们对引导师的信任和团队合作,以至于削弱了LEAD课程的实施效果。从项目角度来看,这些经历告诉我们,需要恰当修改选拔流程,明确引导师角色的要求(这些要求是由参与全日制MBA项目的大批专业人士制定的,包括学员处主任和院长办公室的代表),并向引导师提供教练。

最后需要说明的是,引导师一直面临着要成为学员群体中"正常"的成员的压力——他们需要放下戒备,与一年级学员交流,或者与没有担任LEAD引导师的二

---

[7] 一个例外是管理实验室——一门持续一个季度的课程,学员可以得到2个学分(而不是1个)。其中会将学员分成8—10人的团队,安排内容和流程教练进行辅导。每年参与的MBA学员一般有40—50人。

年级同学交流。这样才能增强他们作为引导师的有效性。

向每一个学员传递价值

在 LEAD 项目实施之初,教员和 LEAD 职工就试验了课程的形式、基调和重点。二十多年来,在不同的时期,LEAD 为那些认为这个项目内容应该更多或更少的学员创造了不同的时间分配形式。

喜爱者和厌恶者的存在对这门课程的管理提出了独特的挑战。

根据我们过去十年使 LEAD 喜爱者数量达到最多的经验,关键在于不要试图使 LEAD 经历标准化。虽然经历的统一可以降低出现负面结果的可能性,但我们发现这类课程很难标准化,而且,一旦标准化,那些有最好的基本技能的学员从中获得的收益会最小化。此外,一年级学员在 LEAD 中能自我锻炼到什么程度,取决于他们的个人参与度以及引导师与他们的分队建立联结的能力。试图磨灭引导师的个性,对于增强团队的一致性,只会起到适得其反的作用。

芝加哥大学布斯商学院其他支持团队得到的启示

每个学员在完成 LEAD 课程后,都有一个继续发展的计划(PDP)。对自己需要发展的领域有了明确的认识以后,芝加哥大学布斯商学院的理念是为学员提供机会,但让他们"主导"自己的经历。在 PDP 的背景下,学员可以接触到许多不同的课程,参与或领导 75 个与职业相关的学员社团,并参加几十个学校项目,以便持续发展他们的洞察技能和行动技能。

在实践中,LEAD 课程结束时,正是夏季招聘开始,学员与未来雇主交流的时候。这为那些致力于为学员提供职业生涯服务的工作人员提供了专业的发展机会,他们面临着与 LEAD 中的大量要求相似的挑战。LEAD 项目中一系列的课程和活动旨在扩展学员在职业道路选择方面的知识,培养学员的面试能力。他们可以得到对他们在一对一交流和小组活动中的风范及说服力的反馈。久而久之,二年级职业顾问产生了。他们是被挑选出来的 40—45 个知识渊博的二年级学员,作为职业社团的同伴领导者。此外还有 100 多个二年级学员,在需求量很大的时期可以补充进来,比如在校园招聘启动前为期五天的模拟训练,会举行几千场模拟面试,并做出可操作的总结报告。

除此之外,学员把自己的 PDP 展示给学术顾问和职业教练,以寻求持续的专业指导,也是很常见的事。这项活动对学校提出了挑战,要求他们让这些专业人士做好准备,帮助学员成为更具自我认知的领导者。

结论

LEAD 课程是一个高度互动的领导力开发课程,它为学员提供了自我评估的方法,这些方法在他们离开学校后依然可以使用。以 Davis、Hogarth 教授关于培养洞察和行动技能的结构为基础,这门课程通过培养二年级 MBA 学员担任指导师—导师—教练,增强了师资力量。这段经历对选出来的 40 名引导师而言是可举一反三的,并为芝加哥大学布斯商学院的 MBA 提供了丰富的互动和反馈,以此为基础,他们可以制订个性化的发展计划。

参考文献

Becker, S. W. (1994). The laboratory class in quality management. University of Chicago Graduate School of Business Working Paper.

Datar, S. M., & Garvin, D. A. (2008). The University of Chicago Graduate School of Business. Harvard Business School Case N9-308-059.

Davis, H. L., & Hogarth, R. M. (1992). Rethinking management education: A view from Chicago. The University of Chicago Graduate School of Business, Selected Paper No. 72.

第十三章

顺其自然地发展领导力
——从管理到组织、社会、自我

Henry Mintzberg
麦吉尔大学管理学院

我们把组织看成是由人组成的团体(community),而不是人力资源的集合体;这个团体由参与式管理者(engaged managers)而不是英雄式领袖进行恰当的领导。以这个观点为基础,我们创建了一系列项目以改变管理者的培养方式。我们的第一个项目是针对企业中的实践型管理者的硕士学位项目,通过鼓励管理者反思他们自己的经验,并与他人分享,把管理教育与管理发展(management development)结合起来。在此基础上,为了将管理发展与组织发展结合起来,我们开发了一个时间较短的项目,让来自不同公司的管理者组成团队,互相为对方提供企业中关键问题的"友好咨询"。还有另一个硕士学位,是针对医疗行业的实践型管理者的,这使项目结合了社会发展的内容,管理者会将所在社区的主要问题带到课堂上,寻求友好咨询。最后一个项目是,把所有这些运用到工作场所中以促进自我发展,小型管理者团队自发地定期见面讨论,以促进他们自己和他们组织的发展,没有教员或引导师在场。现在,我们正努力将所有这些项目结合起来,探寻一种新的管理和组织发展的方式。

在过去的 15 年里,尤其是 2004 年我出版了《管理者而非 MBA》(*Managers not MBAs*)以后,我们就踏上了一个旅程:通过改变组织管理者的培养方式,实现组织

的改变。我们已经取得了很大的进展。通过我们开发的一系列项目,我们看到了实现组织改变的新方法。这些工作是以三个假设为基础的。

第一,组织是人组成的团体,而不是人力资源的集合体。作为人类的一员,我们会融入我们的团体中。事实上,我们非常喜欢团体的感觉,它是一种社会黏合剂,让我们为社会的公共利益而走到一起,并积极履行自己的职责。因此,当组织是一个团体,员工具有很高的承诺度,大家在信任和尊重的环境里、在合作关系中一起工作时,人们的工作是最有效的。破坏了这一基础,对整个企业或组织的架构是不利的。想想你最尊敬的组织:是因为它们采取的措施、它们的豪言壮语、它们的人员精简或工作外包吗?还是说你对它们评价很高,是因为它们对使命的执着、它们的文化、它们员工的热情——归根结底,也就是它们具有一种团体的感觉?

第二,团体的建立需要积极参与、心怀关心的管理者,而不是英雄式、治疗型的领导者。现在可能非常流行区分领导者和管理者,但是你愿意为一位没有领导力的管理者工作吗?那将会非常令人沮丧。一位不会管理的领导者呢?那将会非常糟糕:他如何知道正在发生些什么?我们已经受够了脱离实际的、英雄式的领导者:现在我们需要更多参与式、善于建立"团体"的管理者。

第三,我们需要的项目不是培养明天的领导者的,而是让今天的管理者全力以赴的。没有任何一位管理者,更不用说领导者,是在课堂上培养出来的。换句话说,尽管本书名为"领导力教学手册",但我坚信我们并不教授领导力。管理/领导是一种植根于经验的实践,而不是一门植根于分析的科学或专业。在课堂上能做的是,让人们利用他们的经验和领导技能,顺着他们的自然倾向,推动必要的改变。有人曾这样说咸肉煎蛋的故事:鸡只是参与,而猪是全力以赴。发展是需要全力以赴的:以一种负责任的方式对工作、组织、社会全力以赴。

我们自身的发展

这里要提到我们自 20 世纪 90 年代中期以来,作为同行所组成的团队——由学者、咨询顾问、开发者和管理者组成——所参与和决心从事的事。

我们是从商学院的"管理"教育开始的,但是我们的旅程远远超越了这里,涉及了管理者发挥影响力的社会,以及人们实践管理的工作场所。

因为对商学院的旗舰项目——MBA——的不满,很多年前我就开始质疑它。这导致了一个令人尴尬的、不应该由一位学者提出的问题:"你为此做了些什么?"我认为学者们不应该说,我做了任何方面的任何事情。

随着问题的持续存在,我们中的一些人决定采取行动:重新思考商学教育,结合管理发展进行管理教育,为忠诚于公司的实践型管理者开设一个硕士学位项目。项目的目的不是让他们获得一个更好的工作,而是让他们把工作做得更好。

随着这个过程的发展,一个项目导致了另一个项目。接着,我们被拉进了组织发展的领域:如果管理者们在发展他们自己的同时也能发展他们的组织,那效果会多么好。于是我们开发了一个较短期的项目,由几个公司派遣的管理者组成团队,通过一个被我们称为"友好咨询"的流程,解决公司的关键问题。

接下来的一步将我们带入了社会发展领域。我们创建了一个与第一个项目类似的项目,但是用于培养医疗行业的管理者。在这个过程中,我们发现他们往往会将关注点扩展到他们所在社区的问题,并在友好咨询中把这些问题带入课堂。

最后,出乎意料的一步把我们带入了最自然的领域:自我发展。在管理者们集体承担他们自己的发展和组织发展的责任的同时,也要关注自我发展。

所有这些活动可以称为**自然发展**。它们一起构成了一个项目库,可以将管理方式改变为参与式,将组织改变为团体。接下来,我们会依次讨论每个项目,最后探讨把四个项目结合在一起的情况。

 ## 把管理教育与管理发展结合起来:基础性反思

传统的 MBA 教育只是关于企业管理的课程。它在教授企业运营——包括财务、会计、市场等——方面做得很好,但是很少教授管理和领导力。实际上,给没有管理经验的年轻人留下他们已经受过管理教育或者领导力教育的印象,通常会促生他们的傲慢心理。

这种教育主要依靠学习他人的经验,不管是间接地,以理论的形式(经验的精华),还是直接地,以案例的形式。多年来,沃顿商学院一直在它们的网站上宣传,它们的 EMBA 学员——那些有着丰富工作经验的人,接受的是与"全日制 MBA 项目""一样的""创新课程"(2011 年 2 月下载)。多么神奇:它们居然自豪于,相比

第十三章　顺其自然地发展领导力

于没有经验的管理者所受的教育,它们没有为有经验的管理者提供更多!

从他人的经验中学习没有错,我们都会这样做。但是从我们自身的经验中学习会更为有效。艾略特在他的诗中写道:"我们拥有经验,却失去了意义。"管理教育应该更多的是关于获得意义的。实际上,在索尔·阿林斯基的书《反叛手册》中,他声称"大多数人的一生会经历一系列偶然事件,这些事件未经整理,一晃而过。只有当人们对它们进行反思、与共通的模式结合起来,以及进行综合时,它们才会成为经验"(1971,pp.68—69)。

MBA 还是 MPM?

因此,**反思个人经验并与其他管理者分享,是管理学习的关键**。这是我们从1996年开始重新思考管理者的教育,并在"国际实践管理硕士"(International Masters in Practicing Management,www.IMPM.org)项目中将管理发展与管理教育结合起来的过程中,所形成的认识。

IMPM项目持续了16个月,设置了5个模块,每个模块10天,每个模块基于一种管理思维:反思思维(管理自我),分析思维(管理组织),世俗思维(管理背景),合作思维(管理关系),行动思维(管理变革——见 Mintzberg & Gosling,2001)。

大多数参与 IMPM 项目的管理者——平均年龄超过40岁——是由公司派来的,这增强了两者之间的联结——增强了双方的承诺。事实上,自1996年以来,许多公司——松下、富士通、德国汉莎航空公司、LG、加拿大铝业(现在的力拓矿业集团)——派了大批的管理者来参加我们的 IMPM 课程。

利用工作,而不是制造工作

现在的管理者都很忙碌。当他们抽出时间参加发展项目时,最不需要的就是工作。符合逻辑的解决方案是利用工作,而不是制造工作。换句话说,尽可能地让课堂有充实的学习机会,利用管理者的自然经验。

我们发现,这样做的关键方法,是让管理者分队围坐在各组的圆桌边,以便于分享经验(见本章后面的"座位安排"部分的内容)。由此产生的想法——来自管理者或者教员——可以被吸收到接下来的工作坊中,让管理者们根据他们的经验进行思考,并探寻它们的含义。事实上,在我们的 IMPM 项目中,有一个 50:50 规则,即课堂上一半的时间是由管理者支配的,另外一半则采用比较常规的讲授方式,通过教员演示、练习、案例研究等引发讨论。①

在课堂之外,我们试图尽可能地将项目的其他部分与管理者的自然需要和日程表结合起来。例如,在每个模块结束后,都要填一个反思表,将管理者学到的与他们自己、他们的工作和他们的组织联系起来。在第二和第三个模块之间,管理者们两两组队进行管理交流,花一周的时间参观访问彼此的工作场所,并在其中主持工作。这是项目中非常受欢迎的部分——体验同学的工作,并对他的行动和所关心的问题提供意见。

■ "这是我读过的最好的管理学书籍"

IMPM 的学习原则在我们所称的"晨思会"上得到最清晰的体现(见图 13.1)。

参加 IMPM 项目的所有管理者都有一本"观点簿"。封皮上有他们的名字,其他部分都是空白的。每天早晨的第一件事情,是每个人安静地在本子上书写:反思他们自己和他们的工作,前一天和昨晚产生的问题,等等。在 5—10 分钟后,管理者和同桌的伙伴们分享这些反思。在大约 15 分钟后,会进行一个全班的集体讨论,有时是管理者们围成一个大圈,没有任何教员在场,选出所有见解中最有趣的。

这些晨思会成了结合整个项目各个环节的黏合剂——甚至把我们所有的项目都结合起来。② 一位加拿大皇家银行的高级副总裁在有这家银行的其他人士参加的课堂上参与过一次这样的讨论。他告诉一位来自快公司(Fast Company)的记者,"这是我在学习环境中听过的最令人着迷的对话。我们在教室里讨论任何事情,从政治到经济,然后到道德和商业"(参见 Reingold,2000,p. 286)。

德国汉莎航空公司每年都会举行一场会议,欢迎参加 IMPM 项目的管理者。有一年,一位从 IMPM 毕业的学生举起她的观点簿,说:"这是我读过的最好的管理

---

① 教员们会为这一半的时间做好充分的准备。至于反思部分,我们惊讶地发现,经验丰富、拥有企业和组织的通用知识的教授们竟然那么容易适应这种形式,特别是那些不需要始终掌控课堂的教授。一旦他们发现,这对他们自己也是非常难得的学习经验(通常他们很快就会发现),他们会变得非常热情。

② 图 13.1 的三幅照片展示了这三个阶段。有一位教员曾经引导第三个阶段,当时参与者都围坐在各自的桌子旁。然而随后有人提出,把桌子推到一边,所有人围成一个大圈。第三幅照片显示了这一情况,但仍然有一位教员留在里面引导。我们在图中把他涂白了,以反映这个过程现在是如何进行的,每个教员都像其他人一样,坐在圆圈里。

晨思会

阶段1　　　　　　　　　　阶段2

阶段3

图　13.1

学书籍!"如果我们认真对待管理者的参与以及管理者对自身发展和组织发展的责任,那么每位管理者的最好的管理学书籍不正应该是他们为自己写下的那本吗?

影响团队

大多数管理者离开发展项目,回到工作中都是独自一人,即便他们是和同事一起来学习的。要把他们的所学巩固和扩展到组织中并产生影响,并不是容易的事。

从一开始我们就考虑过,参加 IMPM 项目的管理者能在多大程度上把学到的东西带回到工作场所,产生教练结果(课堂上的学生成为工作中的老师)和行动结果(把所学变成行动,改变组织)。我们用各种方法鼓励这些结果,很多人已经把这种影响发挥出来了:例如,有些管理者和员工一起,复制了项目模块中的部分内容;还有一些管理者基于他们所学,改变了他们的组织。但是,这些必须进一步深化。

2009 年,在一个 IMPM 模块之后,我们的一组教员与两家长期参加我们项目的公司(德国汉莎航空和力拓矿业)的代表见面,就项目效果进行了头脑风暴。这次会面产生了一个创意:每位管理者在参加过项目以后,回到工作场所建立一个团队——一个虚拟团队,带领团队也开展一个同样的项目。这可以将课堂所学运用到工作场所中,并降低人均成本:派遣一位管理者,培养另外五位管理者。

然而课堂上的团队和组织中的团队截然不同,工作中围绕管理者的团队是自然团队——一个潜在的学习和发展团体,因为它是由定期一起工作的人们组成的。

正如我早期在一篇文章——《将公司重建为团体》(Rebuilding Companies as Communities,Mintzberg,2009)中描述的,中层管理者组成的小型团队在改变组织方面可能会比由"顶层"推动的效果更好。这样的管理者通常对公司全情投入,同时比较理想的一点是:他们贴近实施层面,同时也能够顾全大局。

IMpact 就这样诞生了,它是参加项目的管理者与他回到工作场所所领导的团队(下属、同级、同事等)之间,就以管理发展促进组织发展达成的协定。现在,它已经在 IMPM 中得以成功应用。

把管理发展和组织发展结合起来：对公司变革的友好咨询

当然，不是所有的管理者都能参加完全部的学位项目。因此，为了扩展我们的工作，我们接下来为管理和组织发展设计了一个比较短期的项目。

AMP 还是 ALP？

高级管理项目（AMP）非常流行，通常由商学院提供。但是它们究竟有多高级？

实际上，大多数 AMP 都是传统 MBA 项目的时间较短的复制品：它们使用了大量相同的案例和相同的理论；建立在相同的企业职能基础上；采取同样的排排坐的形式；等等。那些即将担任总经理的管理者需要学习单一职能的管理吗？那些拥有丰富个人经验的人需要 MBA 的二手资料吗？如果一个管理开发项目旨在培养洞察力和创新力，难道它自己的设计不应该有自己的洞察力和创新力吗？

一些这样的项目承诺会像新兵训练营一样，让管理者们保持繁忙状态。其实大多数管理者一直以来都处在忙碌状态中，他们极度需要的是暂停、后退，并反思他们自己的经验。

因此，我们不看好这些 AMP，而是开发了我们称为 ALP（Advanced Leadership Program）的高级领导力项目（www.alp-impm.com）。它包含了三个模块，每个模块五天，分布在六个月内。它采用了 IMPM 的思路：参与式座位排列、晨思会、管理思维，等等。但是 ALP 增加了额外的一步，就是把组织发展和管理发展结合起来。

通过友好咨询解决公司问题

大多数项目提供椅子，但我们决定提供桌子。我们让各家公司送来由六位管理者组成的团队，他们可围坐在圆桌旁一起学习。我们要求每个团队带着一个公司难题来到 ALP，并且不同的团队聚到一起，在我们称为友好咨询的流程中，相互解决彼此的问题。事实证明这是一个非常有效的过程：管理者们非常喜欢——喜欢的程度甚至超过公交司机对假期的喜爱。

作为实践型管理者，这些人把他们的专长和经验带到这些问题中：他们理解这些问题,因为他们都多多少少经历过。比如,思考下面两个问题:"我们如何加强和维持客户服务文化?"以及"我们如何激励我们的一线员工?"通过这种方式,管理者既能促进相互的学习,又能促进相互的问题解决——毫无利益牵扯关系的咨询。这创造了一种包含了丰富的询问、对话和团队感的环境。管理者在担任咨询顾问时,与接受咨询顾问意见所学到的一样多——有时甚至学到更多。

组织有两个处理难题的常规途径:进行内部讨论,或者引进外部咨询。两种途径都会有所帮助,虽然第一种途径容易陷入片面,第二种途径容易脱离公司实际。想象一下,这两者结合会怎么样。这就是友好咨询。课堂上有超过一半的时间是由各公司团队相互帮助解决问题:提出问题;接受他人的反馈,然后重新提出问题;实地考察彼此的公司,以调查对方的问题;更深刻地了解哪些方面需要变革,以及如何去做。

激励谁?

首先,让我们回到激励一线员工的问题,因为它阐述了这种方法的用途。我们要讲述的公司是加拿大的铁路客运公司维亚铁路公司(下面的描述经其允许出版)。友好咨询团队在这家公司花费了一天时间,与所有层级的管理者以及运营者探讨这个问题,体验基础的服务,并与一线员工对话。然后他们回过头来对公司团队说:"你们不需要激励一线员工,因为他们已经得到了充分的激励。你们应该用他们进一步激励你们的管理者。"这是对维亚团队的一个建议,但该建议对担任友好咨询顾问的团队也适用。"你认为在你的公司是否也有相同的情况发生?"我问他们中的一位。"是的!"她回答。他们只是从来没有在自己的公司做过这样的研究而已。

这个案例也说明:具体的问题可以解决,但最终的问题在于公司本身。真正把ALP引入组织发展的情况是,团队成员开始更深入地理解他们自己的组织,尤其是组织文化。正如另一位维亚团队的管理者在一次实地考察后说的:"我们的讨论、练习和反思使得我们意识到,我们是组织文化的产物……"他们从中学会了"如何像一支跨职能团队一样工作,如何利用每个人的贡献"(Patwell & Seashore,2007)。

回到组织后,这支团队组织了一个为期两天的整顿,"激发组织的活力,实现思维上的转变,让全公司的人团结在一个共同的目标和行动计划之下……三年后……这支 ALP 团队坚持定期见面,并成为这家公司客户聚焦计划的智囊团。每天,公司的各个层级都在讨论客户。"该团队的另一位成员说:"我对一群人(中层管理者)能够对组织发挥的作用感到惊奇。"在持续几年参加这种发展活动后,我们不再对此感到惊奇了!

◆ 分析已经足够了:咖啡和甜甜圈时间

很多 ALP 团队首先想做的就是分析:聘请市场研究员,制订业务计划,等等。"分析已经足够了,"我们说,"你们在公司有几十年的经验。现在,在这里,请使用它!"

有一次,在实施项目时,我们并没有计划进行现场考察,因为各个公司的办公场所分布得太过广泛,遍布全世界。但是当我们讲述了那个关于一线员工的案例后,学生们自发地决定,自己组织,在 ALP 的第一个模块和第二个模块之间进行实地考察。

其中一位来自摩托罗拉新加坡地区团队的管理者,参观了汉森公司——一家建筑材料公司——位于澳大利亚的一家工厂。它的问题与客户服务有关。回到课堂后,他告诉汉森团队,当他搭乘一辆运货卡车去建筑工地时,卡车司机中途停下来喝咖啡、吃甜甜圈。这位负责人作为顾问提出了一个友好的建议:"你们为什么不在卡车装载的过程中,为司机们提供咖啡和甜甜圈呢?"这不是一个重要的建议——他还提出了其他一些重要建议——但是它为教员开了一个头:"现在你们知道了,客户服务不是办公室里得出的市场研究报告,而是切实的关怀,就像卡车司机的咖啡和甜甜圈一样!"这就是改变管理实践的方法。

把管理和组织发展与社会发展结合起来:辐射到周边社区

我们的项目,正如上文提到的,是关于团体的建设的。课堂本身就是一个团体,其中的每个团队也是一个团体。所有这些都旨在增强一种团体的感觉。但是,组织的世界也会延伸到组织周边的社区。

2006年,我们为来自世界各地的医疗行业管理者举办了第三个项目[③]:国际健康领导力硕士项目(www.imhl.info)。该项目模仿IMPM,并运用了ALP的创新方法。管理者们坐在类似的桌子周围,在基于类似思维的五个模块中,进行类似的反思。此外,他们带来了自身的问题,相互担任友好顾问。但内容是不一样的——医疗行业毕竟不是商业,虽然它很大程度上是由企业运营的——虽然教室的结构和授课的流程是可用的。

但是我们想采取另一个步骤,通过让课堂中的团队探讨医疗行业的重大问题,将组织发展与社会发展结合起来。例如,一位内科医生是一家大型家庭医疗诊所的负责人,他指出的问题是,让客户参与到治疗中。我们不妨把这个问题看成所有医疗行业管理的难题。

鼓励是很简单的。对于实施和管理层的很多人来说,医疗保健是一种使命。他们从事这个行业是为了给社会带来更多的福祉。

■ 向外扩展

但是所发生的另一些事让我们感到惊讶。第一个班中的小组开始以各种方式进行对外联系,试图利用课堂解决他们社区中具体的医疗保健问题。

例如,两位来自乌干达的内科医生管理者,一位是世界卫生组织的管理者,一位是乌干达卫生部的管理者,在坎帕拉组织了一场会议,探讨如何把自然的学习哲学引入到非洲的医疗行业中。来自七个非洲国家的60位医疗管理者参加了这次会议。尽管最初有些人怀疑这种方法能否奏效,但是会议非常成功。例如,晨思会与我们在其他课堂上进行的一样生动热烈。

在非洲创建IMHL类型的项目,让所有参与项目的管理者组成IMpact团队,以帮助建立管理的基础结构,这是当今非洲医疗保健行业十分需要的。

当魁北克政府宣布组建一个大型的委员会,以解决医疗行业的财务和管理问题时,IMHL项目里的魁北克成员认为,他们必须传达一些他们学到的医疗管理知识,尤其是让临床医生参与到管理活动中。因此,这些学员联系了委员会,并获准

[③] 另外两个项目是EMBA圆桌项目和麦吉尔-HEC EMBA项目。在EMBA圆桌项目中,来自世界各地不同EMBA项目的学员聚集到一起,进行为期一周的IMPM项目体验(www.EMBAroundtables.org)。麦吉尔-HEC EMBA项目(www.emba/mcgillhec.ca),由麦吉尔和HEC这两所学校在蒙特利尔举办。这个项目和IMPM非常相似,只是模块更小、更经常。学员们就企业和管理问题展开学习,同时还包括更多的职能内容。

用两个小时的时间展示他们的信息。展示很成功,委员会的人向他们咨询这些建议如何能够更深入。他们邀请委员会的成员参加课程,以便获得一些友好咨询。

这三位委员会的成员立刻接受了邀请,几周以后,他们每人参加了一个圆桌论坛,分别是:我们如何增强当地自治(也就是说,放松中央控制)?我们如何促进合作(在现场以及在临床实施人员和管理层之间)?我们如何改变文化,以便在本地层面承担更多责任?委员会的负责人在他们的报告中说,这次体验对他们的建议有重要的影响。

这样的体验对于委员会当然不同寻常,也许对于管理发展同样如此。但是在一个亲身参与、重视承诺和联结成团体的课堂中,这是很自然的。想想看,把关键的社会问题带到经验丰富、积极参与的管理者的思想论坛上,会产生什么样的结果。

将上述所有内容结合到自我发展中:自我教练

想象一下,把所有这些内容从课堂中带入管理者的工作场所。这是在第四个项目中实现的,只是它既不是来自教员也不是来自引导师。这个主意是由一位有此需要的管理者提出的。

 Phil 来电

我的继子 Phil LeNir 那时是一家高科技公司蒙特利尔分部的工程部主任,有一天,他给我打了个电话。他说,因为他们的项目外包给了东欧,他的工程师们升为管理者了,他们正努力适应这一转变。"我应该做些什么呢?"他问,"顺便说下,我没有预算!"

你能想象我的反应。我建议他们定期在一个安静的环境中会面,这样他们至少能够休息一下;见面时,让他们围成一桌,分享自己的顾虑,反思他们处理这些顾虑的经验。

Phil 完全采纳了这一建议。他和他的管理者们每隔一周就见一次面,或者进行一次长达 75 分钟的午餐。他说,这个过程必须有趣,否则他们不会持续参加。他们这样做了两年。不久,Phil 建立了另一个小组,由工作中的同级管理者组成。后来又建了第三个小组,成员跨越公司运营所在的三个国家。他们会定期举行电话会议。这些小组的成员同样开始组建他们自己的小组。一位成员说:"我已经这样做三年了——一开始是作为飞行员小组的成员,然后是领导我自己的小组。它永不会过时,因为它总是讨论你每天都在做的事。"

我向Phil展示了我们在项目中应用的材料,是按照模块活页装订的。他从头到尾阅读了一遍。Phil不是MBA,几乎没有参加过管理课程,但是他学得很快(不久,他参加了IMPM)。最终,他开发了所有类型的话题,以启发团队讨论,从谈判技巧到制定资产负债表。Phil也引进了和晨思会具有相同意义的做法——在每次会议开始前分享经验。他甚至运用了实地学习:在一次关于文化的会议上,他们都进入到大厅,访问他们看到的任何人,询问他们关于公司文化的看法,然后回来做报告。他的关键职责在于,通过让小组成员考虑他们的学习对改变其工作和公司的意义,把所有人的讨论引到组织发展上来。

资产负债表的话题尤其能说明问题。"非财务高管的财务管理"很可能是最受管理者们欢迎的短期课程。Phil会准备一些公司年报和一张资产负债表里的术语的定义清单。"我们有75分钟来理解这些。"他对没有财务经验的工程师管理者团队说。他们的学习经历非常愉快,尤其是当他们对公司年报和资产负债表彻底理解的时候!

■ 自我教练

所有这些都进展顺利,我们把全部练习都放在了自我教练(CoachingOurselves.com)的标签下,以让其他管理者能够对他们自身的发展负责。

他们在自己的组织内部成立了由5—7位管理者组成的小组——有时由几个同级管理者组成,有时由一位管理者和他的下属组成,有时由组织里的两个需要团结合作的部门的管理者组成(例如进行并购时,双方的管理者)。他们商定了自我教练的系列主题(例如,"对话""应对管理的压力""把我们的组织发展成为一个团体""高绩效团队",大多是优秀的管理学书籍作者写作过的主题),在非正式的环境下讨论这些主题,例如,在午饭时间。差不多每两个星期进行一次讨论,每次大约花费90分钟。讨论中没有教员,没有引导师,没有正式的教练——只是管理者互相学习,并探讨出提升他们自己和组织的方法。

现在,全世界很多组织都在很多团队中使用自我教练。自我教练的主题超过70个,有8种语言可供选择。最有趣的是公司如何运用自我教练进行组织发展——"为我们自己进行咨询",如果你喜欢。一家大型日本公司应用自我教练来影响一些部门的转型。一家加拿大银行担心不同部门之间的沟通。当一位高管听说,我们有一个主题名为"组织中的竖井与障碍(slabs)"时(slabs是不同管理层级的水平障碍),她决定在她的管理者会议上使用。他们分成两个小组,每个小组用这个主题来考虑如何促进更好的沟通,然后他们集中到一起,比较各自的结论,并决定采取什么行动。

把所有项目结合起来

随着这些项目的进行,我们发现,所有这些项目最终都达到了同样的目的:所有层级的管理者都更加致力于发展他们自己,同时发展他们组织内部和外部的社区。

正如我们已经看到的,每个新的项目都建立在原有项目的基础上。现在,它们相互影响,以有趣的方式结合起来,充分展现出它们的潜力。例如,自我教练的主题被用在了课堂项目中,以覆盖某些主题,改变课堂节奏。它们还被IMPM项目的管理者们带回到他们的组织中,与他们的IMpact团队一起运用——让他们的同事学习在课堂中讨论的材料。④ 同时,IMPM开始在班里的学生思考问题时使用友好咨询的方法。

对公司来说,一个最有趣的项目是,结合自我教练使用ALP,以重建团体。在ALP项目中,高级管理者小组可以界定公司里的主要问题,并建立由中层管理者组成的自我教练小组来解决这些问题。随后,ALP小组可以把这些小组集中到一起,进行一场大型的内部论坛,巩固所学到的并提高构建团体的动力。

随着项目的发展,可以看到,所有这些项目都结合到了一起,成为一个项目库,为管理者、他们的组织和更广阔的社区,提供各类发展机会。

团体关系的自然管理

正如上文提到的,我们最开始的意图是改变管理实践的方法。但是直到最近,

---

④ 最近,IMHL项目与一支肯尼亚的高级医疗管理者小组合作,以对非洲医疗管理这一重要的基础建设项目提出建议。该建议主张把IMHL参与者和IMpact团队结合起来,以建立非洲医疗管理的基本架构。

我们才清楚,我们也是在把组织发展为团体。直到自我教练项目,我们才意识到,当管理者认真对待他们自身的发展时,所有这些都会自然而然地发生。我们能够在课堂上展示方法,并提供材料,但是只有当团队在工作中运用这些方法时,它们才变得更为有效。还有什么比这更符合我们所主张的团体和参与式管理的哲学呢?多年来,各类组织纷纷把它们的管理者送来参加发展项目,他们作为各自业务领域的单独的个人,坐在那里等待"被发展"。想象管理者作为组织的代表参加发展项目,试图与组织发展联系起来,使组织变得更好,那会怎么样?

再次强调一下,管理不是由教授、人力资源专家甚至管理者的管理者教授的。管理者必须主要通过他们自己的努力进行学习。我们发现,课堂对这方面有帮助。但是我们也发现,当它自发进行时是多么有效。管理者反思他们的经验,互相学习,共同驱动组织和社会的进步。总之,我们的经验表明,没有什么比管理者全心投入于发展他们自己和组织更有力、更自然的了。

参 与 结 构

当我们设计第一个项目时,Nanly Badore 在福特公司创建了一个独特的高管发展项目,他给我们提供了建议。"Henry,你打算怎么安排他们的座位呢?"有一次她问我。"我不知道,我想我们会使用 U 形教室。"我答道。"不要用那些碍手碍脚的 U 形桌!"南希喊道。

这引起了我们的思考!最终,它促使我们决定,在一间开阔的教室里,各小组成员围坐在不同的圆桌旁,以便于引导讨论,尤其是在学习中不需要"站出来"(break out)。对我们来说,关键在于使用这个座位安排,让管理者分享他们的经验。甚至仅仅要求提出"圆桌问题"——也就是,"花 5 分钟时间集体讨论,提出一个问题"——也能促进讨论中的思考。

这些圆桌构成了一个小的团体,确保整个课堂都由所有参与的管理者主导,而不仅仅由正式的"教师"掌控。这种座位安排非常有效,已经成为我们所有项目的固定模式。有时还不止:一位参加我们项目的管理者给我们发来电子邮件,附了一张他在墨西哥自己的工厂布置的圆桌照片,并说这是他们经常使用的(见图 13.2)。

当然,一些其他项目也使用这种座位安排。尤其感谢我们的同事——英国埃克塞特大学的 Jonathan Cosling，我们根据不同的目的，开发了所有相关的座位配置结构，如图 13.3 所示。

图　13.2

图　13.3

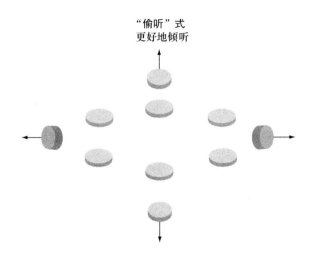

"偷听"式
更好地倾听

蚌壳式
演示和友好地回应式回答

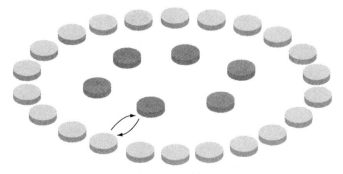

鱼缸式
内外相互回应(提问更深入)

图 13.3(续)

第十三章 顺其自然地发展领导力

大圆环式

有时,所有人围坐成一个大圆环,以分享观点——例如,在全体学生参加的晨思会上。我们甚至让大家席地而坐。例如,来自杨伯翰大学的出类拔萃的小说家 Bonner Richie 给我们的学生授课时,就是席地而坐的。通过这种方式,加强了课堂的团体感。

"偷听"式

尤其有趣的是我们称为"偷听"的活动。活动中,在圆桌进行讨论时,一些管理者背对着圆桌而坐。例如,在 ALP 项目中,在一个公司团队向全班同学介绍完自己的观点后,该公司的成员分散到各个圆桌,然后当其他公司的管理者进行友好咨询环节,讨论这些问题时,该公司的管理者会背对圆桌而坐。完成后这个公司团队的成员再集合到一起,到教室前面分享他们听到的建议,思考他们可以如何运用这些建议重新组织自己的观点。

蚌壳式

有时,我们让一部分管理者以一种蚌壳的形状面对面就座,其他的管理者旁观。例如,在 ALP 项目中,参加了实地学习的管理者面对被参观公司的管理者,讲述他们的发现(例如"你们不需要激励你们的一线员工……"),并听取他们的回答。我们有一位同事是这样运用这种方法的:在一次由 400 位市政管理者参加的会议中,在所有圆桌进行了"偷听式"讨论后,又在教室前面围坐成蚌壳式——一些"偷听"者与讨论者面对面坐着,告诉讨论者他们听到了什么,然后回答他们的问题。结果"这是一种把大型会议变为一系列有意义的对话的非常有效的方法"。

鱼缸式

一小组管理者坐在中间的小圈中,讨论一些问题或者话题,其他所有人在外面围成一圈听他们讨论。有一次,我们让前来参加公司团队的最终 ALP 演示的高管们,以这种鱼缸式方式就座,并回应他们所听到的。

滚动式

这种座位安排在上一种的基础上,发生了一个有趣的变化。讨论开始后不久,任何人都可以从他的座位上起来,轻拍"鱼缸"中某人的肩膀,代替其进行讨论。这有助于进行更深入的探讨。有一次,来自一支 ALP 团队的管理者正在讨论他们的公司,教室里的其他几位管理者对所听到的感到不耐烦了,于是换到前面,替换了所有参与讨论的团队成员。然后他们以一种果断而友好的方式,告诉该团队中的成员他们对其观点的看法。

中立区

最近,在我们的一个硕士项目的晨思会结束时,有人问,为什么我们不能在晨思会上运用"偷听"式:每张桌子旁设立一位"偷听"者,然后向全班汇报小组的讨论。

我们记录下这个观点,然后继续当天的主题:管理紧缩。麦吉尔大学的 Abhirup Chakrabarti 负责该部分内容。他对学生们在这方面的经验情况进行了统计:积极的、消极的、无经历。他本来决定创建一个大型蚌壳,让有积极经验的管理者面对有消极经验的管理者,没有经验的管理者坐在中间。但是教室的宽度不够一个由 36 人组成的蚌壳,因此,我们只是让他们组成小组坐在各个圆桌旁讨论,然后让那些没有这方面经验的管理者作为"偷听"者坐到各桌旁。

他们所有人都很严肃地做这些事,并做了详尽的记录。我们没有让他们到教室前面进行汇报,而是让他们以鱼缸的形式坐在圆环的中间,讨论他们所听到的。我们把这称为"中立区"。

学生们对这一体验感到非常高兴。一位"中立区"的成员在报告中讲到,尽管他们缺乏这一主题的相关经验,但是她和她的同事们可能比其他人学到了更多这方面的内容。非"中立区"的一位管理者说,这是最好的全体会议汇报,因为做汇报的人没有他心,没有辉煌的经历要炫耀。

这些都是简单的座位安排办法,会让学习更有趣。当然,它们也有助于增强课堂的团体感,并有助于把这一感觉引入他们的组织。

参考文献

Alinsky, S. D. (1971). *Rules for radicals.* New York: Random House.

Mintzberg, H. (2009). Rebuilding companies as communities. *Harvard Business Review*, 87(7/8), 140—143.

Patwell, B., & Seashore, E. (2007). *Triple impact coaching: Use of self in the coaching process.* Victoria, B.C.: Patwell Consulting.

Reingold, J. (2000). You can't create a leader in a classroom. *Fast Company*, 40, 286—294.

第十四章

成为领导者
——领导者的心智力量

Louis S. Csoka

巅峰绩效有限公司

在企业面临全球化竞争的挑战时代,领导能力对企业成功变得至关重要。一方面,组织在强调领导力的重要性;另一方面,领导者却很缺乏。在这种双重压力下,对领导者的选拔和培养成为组织最重要的工作。本章介绍了一种被忽视的培养商业领导人、增强领导有效性的方法。商业领导人培养项目一直聚焦在传统的继任计划、领导者教育和在岗培训上,强调传统的职能和管理技能的培养。然而,培训不是发展。发展需要投入于一个长期的过程,包括付出精力和资源。最重要的是,领导者培养项目需要聚焦于培养领导者在极端条件下的超常领导力。世界已经变了,过去屡试不爽的方法不再适合于当今的世界。

在一个极其易变、不确定和模糊的环境下,领导者必须具备某些深层次的心智技能,以便在这样的环境下,不仅能够生存下来,还能够获得成功。优秀运动员和士兵必须达到他们的最佳表现才能获得成功。我从他们的训练和人们对其训练的研究中汲取灵感,将其中关键的内容应用到了商业领域。本章介绍了一些心智技能:目标设定、适应性思维、压力和能量管理、注意力控制以及想象力。最终,它们超越了单纯的技能,演变为领导者内在的深层次能力,成为其个人本质的一部分。换句话说,掌握了这些根本技能,它们就会成为领导者永久的能力。

❖❖❖

简介

最佳表现(peak performance)是指,在最重要的时刻,表现出最佳的状态——这在一步行动就会改变一切的关键情境中最为重要。在体育项目中,我们称之为"动量"(momentum)。知道这一动作是什么以及什么时候不假思索地做出这一动作,是在极端环境下展现超常领导力的关键。正如在体育项目中一样,领导者的绩效要达到这样的高度是可以通过学习实现的。遗憾的是,当今的领导力发展项目都过分强调知识和领导者行为,而忽视了对获得最佳表现至关重要的心智技能。成为领导者的一个关键方面就是培养这些心智技能,我称之为"根本技能"(root skills)。培养这些心智技能不仅是为了增强领导者的表现和有效性,也是为了像生活技能一样获得和应用它们,也就是说,让它们成为领导者的一部分。在本章讨论过大脑科学的新突破(它们正在改变我们认识自己的方式)后,这一过程会更好理解。

在这个快速变化,以更为易变性(volatility)、不确定性(uncertainty)、复杂性(complexity)和模糊性(ambiguity)(VUCA)为特征的世界里,很多领导方法已经过时了。而当今的领导力教育和培训使用的方法,看起来却仅仅是对这些过时的方法的重新命名、组合和包装。虽然其中很多方法对于学习如何像一名有效的领导者一样工作是至关重要的,但是它们只能提供短期的有效性。成为一名卓越的领导者源自领导者的内在品格——领导者的自信和适应快速变化的环境的能力,压力下的有效思考,清晰地聚焦在一项任务的关键点上,与他人进行清晰有效的沟通等。"由内而外的领导"(leading from within)不仅仅在于知道和做到一些事情,更需要成为一名领导者。

通过培养领导者更有效地思考,更有效地控制情感和心理反应等因素,领导者才能充分利用他们获得的知识和专业技能。二十多年前西点军校开发了一系列心智技能及其培养方法。从那时起,这一方法就被整合到商业、政府、军队和体育组织的领导者培养项目中。西点军校决定投资创建一个绩效增强中心(Performance Enhancement Center,PEC),并开发一个项目,为未来的军官们讲授和培训心智能力,以提高他们的绩效,培养他们的领导有效性。项目首先提供给学校的运动员,内容最终扩展到包括各个方面的学生表现:学术、军事和领导力。本章会讲解培养这些根本技能背后的理论和方法,这里先讲一个故事。

◼ 两个时刻的故事:更衣室和董事会会议室

1992年,西点军校正在举行一场陆军对海军的橄榄球比赛。对西点军校的橄榄球运动员而言,这是最重要的比赛。可以说是生死考验！第四节已经只剩下2分30秒了。你是陆军队的射手。在刚刚过去的8分钟里,陆军队实现了令人难忘的逆转,从落后14分追回到落后2分,现在的比分是22∶24。观众们疯狂了！现在陆军队控制着球,正在向对方球门冲刺,但是被阻止在了27码线处,时间只有40秒了。射门得分是赢得比赛的唯一机会。轮到你出手了。在你的橄榄球职业生涯中,你只有一次踢出了44码。球被传了过来,你缓慢但是坚定地开始远射。球飞出去了。球进了！整个体育场爆发出巨大的欢呼声。你的队友们冲到比赛场地上。你们作为西点军校的运动员,在最重要的时刻打败了海军队。但是等一下！裁判举旗了。因为陆军队造成比赛延误,需要惩罚5码。现在要再次远射。但是这次是49码。你从来没有尝试过这一距离,更不用说成功进球了。球被传过来。最后一次机会。你起脚射门,球跨过长长的距离,直直地穿过球门,甚至还有富余。陆军队以25∶24的得分获得胜利！

现在,想象你是一家市值30亿美元公司的CEO。公司战略是通过兼并获得增长。你的企业并购团队10个月来一直忙于一个大单子,希望收购一家有前途的新公司。经过持久而艰难的谈判,最终达成了协议。现在只需履行必要的手续,一项重要的收购就将在你的眼皮底下成为现实。但是等一下！被收购的公司打来了一个电话。他们的CEO希望与你进行电话沟通,并且是只和你一人,明天早上8点整！突然间,整个交易处于危险境地,最终的结果将全部取决于你个人在电话沟通中的表现。你与他进行了电话沟通,并且表现出最佳状态。交易顺利完成！

两种大相径庭的情况,两个完全相同的结果。它们都是真实的。这些人通过参加系统的培训项目,培养这种表现需要的关键心智技能,提高了他们的能力,从而能够在巨大压力下表现出最佳状态。这样的培训和为最佳表现做好准备的观念已经被更衣室的运动员们广泛接受,但是在董事会会议室还未被接纳。最佳表现者所做的准备和行动基本是一样的,不管他们的职业是什么。关键要素都是一个有力的目标、自信、平静和镇定、高度聚焦以及想象力。处于什么背景并不是非常重要。只要期望的结果是在极端条件下做出超常的表现,需要的心智力量就是一样的。

理论框架

上文描述的大部分心智准备和培训来自运动心理学领域。运动心理学发现,一系列关键的心智技能是优秀运动员获得优异表现的关键要素。心智技能和运动员表现的关系比较容易测量,因此,它有非常可靠的基于证据的历史。而心智技能在运动领域之外的功效直到现在才开始被证实。例如,最近的一项研究证明了与运动相关的心理技能和士兵体力的关系(Hammermeister, Pichering, McGraw, & Ohlson, 2009)。

作为领导者,知道我们是谁与知道我们要领导谁同等重要。在我们学会领导自我之前,我们真的能够领导他人吗?领导自我最基本的要求是掌控我们的所思、所言和所为。毕竟,这些是一位领导者真正能够**直接**控制的。领导者往往特别能感受到练习对大量的活动、事件和人员的控制的需要。然而,事实上,控制人员几乎是不可能的。人们可以自由选择,即便做出的选择是有害的。有数不清的历史案例见证了,人们甚至会以死抵抗试图控制他们的人。这不是说领导者不用练习他们的影响力。影响和控制是有差别的。领导力的最终结果是去影响人们,使得他们根据需要尽其所能做到最好,但是领导者首先需要做的是自我控制,以达到他们自己的最佳表现。

聚焦于培养心智技能的方法是一种在文献和实践中被忽视的领导者培养方法。它们对于培养更好的自我控制和自我管理是至关重要的,也是在极端条件下做出超常表现的关键。这一方法的理论框架以多个学科为基础,例如运动和表现心理学、认知心理学、运动机能学、咨询心理学以及最近兴起的神经科学。这些学科以"绩效增强"的名义结合起来。图 14.1 的模型描述了一个为西点军校项目设计的系统的、完整的方法,现在仍然是西点军校培养优秀学生的绩效增强框架。

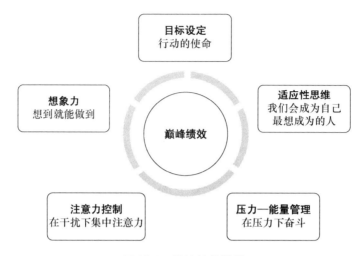

图 14.1 巅峰绩效模型

问题：无止境的挑战和不可能的预期

每一天，商业领导人都要面临外部力量和事件带来的似乎无穷无尽的挑战。与运动员不同，商业领导人始终处于"比赛"中。没有清晰的时间框架，没有练习期，没有淡季。个人和组织要想成功，就必须每天都处于他们的最佳状态。想想下面总结的高管每天面临的商业挑战：

无穷无尽的交付压力。在强调削减成本和精简人员时，这种强烈的压力尤其具有挑战性。不可避免地，这会导致越来越少的人要做越来越多的事，而且通常是以更少的资源。不管你多么努力，有些情况下就是没有足够的时间或资源来完成任务。久而久之，就会导致超负荷并且感觉不堪重负。

快速变化的技能要求和工作分配。一个公司裁员后，幸存下来的员工通常会被要求参与很多他们不熟悉的、没有受过培训的工作。突然面临这样的情况，失败的可能性非常大。接受完全不同的技能和任务的学习曲线是非常陡峭的。久而久之，将导致信心丧失。

强调授权和团队合作。公司广泛地把团队合作作为提高效率和生产率的途径。然而，运用团队会导致意想不到的结果。很多人作为个人贡献者时，感到非常舒适，生产率很高，而当他们位于团队中时，感觉截然不同。他们发现自己对增加的工作要求和要对队友负责感到非常不舒服。因为这种不舒适感,对团队的责任感和对他人表现的额外责任会成为压力源。

技术带来的工作转变。 技术已经改变了我们的生活、工作和娱乐方式。技术对我们的生活产生的促进作用,让我们感到惊奇。然而,不好的和丑陋的方面也产生了——电子邮件、语音邮件、黑莓手机、笔记本电脑、掌上电脑,等等。换句话说,人们本希望在任何时间、任何地点都能使用它们,但现在它们却变得无处不在、无时不在。技术已经侵入我们生活的方方面面。由于每天的时间是有限的,我们只好允许工作时间占据家庭时间;如果家庭生活对我们很重要,我们会让工作占据个人时间。最后我们发现,我们只有很少的个人时间或者几乎没有。我们会失去我们的个人嗜好。最终,过分依赖技术会导致工作—生活的巨大失衡。

不连续的变化。 唯一不变的就是变化。这句话广为流传,千真万确。为了适应我们所处的世界和随着成长、发展而面临的日常挑战,我们开始预期变化,并且大多数情况下能非常好地应对变化。当然,我们适应变化的程度各有不同。无论如何,这种我们所称的"连续的变化",都遵循一种线性路径,很容易预测和适应。然而,还有另一种变化,会阻碍并扰乱我们所有人在生活中寻求的可预测性。这就是"不连续的变化"。这种变化是突然发生、意料之外、无法预测的,总是让我们感到吃惊。在国家层面,它是"9·11"恐怖袭击和卡特里娜飓风。在我们个人的生活中,它是我们挚爱之人的突然逝去或意外丢掉的工作。不连续的变化会导致人们在很长时间里迷失方向和目标,对未来感到迷茫。

所有上述挑战的累积效果将会是巨大的压力和焦虑。问题是,这些挑战不会消失。实际上,它们将持续存在,甚至在我们的生活中变得更为普遍。当面对生产率要求、工作—生活失衡、目标和方向不确定等挑战带来的严重压力时,我们实际上只有三种行动方案:(1)我们始终能退出这种情境,而且有时我们确实做到了;(2)我们可以试图消除压力的来源,大多数时候这超出了我们的控制或者不太可能实现;(3)我们能够大幅度地提高我们的认知、情感和心理能力,以应对高压情境。学会直接控制这些反应将深刻影响我们的绩效水平,以及我们最终的成功。

顺便说一下,动力不是问题,至少不是领导者们的问题。一个常见的做法是找一个善于激励人心的演讲者,鼓舞并点燃人们的士气。或者向员工们提供有关动力的书籍。要警惕那些指导如何激励他人的书。你无法激励他人。真正的动力来自内心。它是每个人必须为自己建立的东西。他们必须为他们要做的事找到激情和志向。高度有效的领导者非常善于影响追随者找到创造卓越的志向、动力和激情的可能性。当然,帮助他们是领导者的职责。但是最终,动力必须来自内心。这就是自我觉察、自我控制和自我管理在达成预期表现上如此关键的原因。这里描述的心智技能是发展自我觉察、自我控制和自我管理的核心,它们帮助我们管理这些无止境的变化和不可能的预期。

解决方案:培养领导者的能力

大多数商业领导人确实在很努力地学习适应和调整,以便在不断尝试和变化的条件下实现有效性。但是在当今空前的全球化竞争中,有效就足够了吗?没有竞争的情况下,是的。但是竞争改变了一切。每个人都必须表现出他们的最佳能力。仅仅有效是无法让今天的成功保持长久的。心理学家不断提醒我们,渴望卓越是人类固有的精神。你是否遇到过一个只希望普普通通就好的人?

在任何培训和发展过程中,**质量和精确的反馈都是学习的关键**。既然最佳表现的心智技能是内在的,那么掌握这些技能的最好方法,就是运用先进的生物反馈(biofeedback)和神经反馈(neurofeedback)技术,测量身体的隐秘活动,例如心率变化、呼吸、血压、大脑活动,等等。这些技术以前属于临床医生和生物反馈治疗学家的领域。现在,在个人学习掌控自己对事件产生的精神、心理和情感反应时,它们被用来提供准确的、可测量的反馈。表现心理学(performance psychology)方面的研究持续验证了图14.1中描述的心智能力的重要性和有效性,下面将进行更详细的讨论。

目标设定:关注最终的"胜利"

奥利弗·温德尔·霍姆斯曾经说过,"**世界上最重要的事情不是我们身处哪里,而是我们要去向哪里**"。开始一段旅程,首先是你知道将在哪里结束,然后你决定如何到达那里。确定目标通常不是那么困难,实现目标才是困难的。完成一个有效的目标设定流程,就可以形成一个清晰、系统的目标**规划**。任何持久的目标设定流程的关键部分都是拥有一个"梦想",你愿意为之付出时间和精力,你认为这些努力都是值得的,这一梦想能点燃你的激情,让你每天早晨自发地起床开始一天的工作。很多文章都描述了目标设定的技术,但是设定目标并实现目标不仅要有一套系统的流程,更要创造一种强烈的、真的希望实现目标的思维。

一个非常成功的流程是串联式的(见图 14.2)。其中,**结果目标**是确定的,其下为关键的**绩效目标**,它们对达成该结果目标至关重要。绩效目标必须是直接在你控制内的行动。在每个绩效目标下列出了关键的**流程目标**,它们是真正的促成因子。这些流程目标将成为你的日常"待办事项清单",让你持续展开最重要的行动,向绩效目标前进。想象有一架梯子,要爬到梯子的顶端,你必须成功爬过每一个阶梯。你的绩效目标和流程目标中,每一级目标的实现都保证了下一级目标的实现。为了让这一阶梯尽可能有效,你需要明智地选择绩效目标和流程目标。

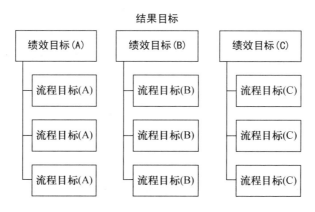

图 14.2 一个系统的目标设定流程

还有一个很少有目标设定流程会考虑到的步骤。我们需要激活必要的能量,以看到目标完成后的结果。它们必须与我们的日常想法和内心对话精心地联系起来。把流程目标(最简单的形式是行动)转变为一种把我们正在做的和正在想的联系起来的肯定陈述(积极的自我陈述)。通过用 CD 记录这些肯定陈述并定期聆听,我们模仿了孩童学习说话的方式——反复听,创造新的神经连接。换句话说,我们运用了关于大脑处理语言的过程的知识。

让我们以一位商业领导人为例,她设定的结果目标是"成为激励人心的领导者"。为了实现这一总目标,她必须设定一些非常具体的表现目标。她可能会想出很多,但重要的是挑选最重要的、那些直接促进她实现结果的绩效目标。就像谚语说的:"如果每件事都很重要,那么所有的事都不重要!"例如,她可能选择了如下几点:

- 建立一个清晰的、令人信服的愿景。

- 充分培养自己的能力,成为强有力的沟通者。
- 打造一支高凝聚力和高效的团队。

让我们选择上述表现目标中的一个,比如"建立一个清晰的、令人信服的愿景",并建立一些可以作为促成因子的流程目标。流程目标可能看起来如下所示(记住,流程目标要以肯定的形式表达):

- 运用想象力,我在脑海里形成了一个关于理想结果的清晰、生动的画面。
- 我通过讲述有强烈感染力的故事,把这一画面同我的团队进行沟通。

还有其他的表现目标。为剩下的表现目标采取同样的过程。表现目标和流程目标最好限制在3个或4个,一定不要超过5个。如果你有太多的目标,那么就很难保持聚焦。

关于对这一目标设定流程的评论,一家市值30亿美元的医疗公司的CEO说:"我以前也做过目标设定练习。我们在商业活动中总在做目标设定。但是进一步的目标设定我从来没有做过。遵从我所制定的目标的指引产生了额外的影响。这种感觉就像用你希望实现的目标以及你如何实现该目标不断地滋养你的大脑。这一流程的效果真是令人惊叹。"

❖ 适应性思维:我们会成为自己最想成为的人

自信是成功的一项关键决定因素。我们在体育运动中总能听到这句话。但是对商业领导人来说,传统的观点是,自信不是问题。然而在和商业领导人的合作中,我们发现自信是非常大的问题。自信来自内心。没有人能给你自信。它反映了你如何看待自己和你对未来挑战的准备情况。

人们与对自己的看法如影随形——他们是谁以及他们表现得如何。这些"画面"从孩提时期就开始形成,并在一生中,撷取我们所有的经历,不断更新。这些经历包括了我们的成功和失败,以及我们对它们的解读和存储。这种自我印象很多是由我们的想法(积极的和消极的)驱动的,并受到自我对话(self-talking)的维持和加强。认知心理学家估计,每个人每天会有12 000—50 000个想法,其中80%是消极的(Miller, 2003)!我们的生活被消极想法包围,具备积极的和乐观的思维、拥有信任和自信是非常困难的。

1998年,马丁·赛利格曼在他的《学会乐观》(*Learned Optimism*)一书中,对比了乐观和悲观的能量。他解释了我们所有人如何建立一种诠释方式,以向自己解释事件的原因（一种自我对话形式）。我们的诠释方式能在很大程度上体现我们将如何对一个事件做出认知和情感上的反应。诠释方式的建立直接源于我们的思考方式和**思考内容**。随着时间的推移，这些思考模式不断重复，得以巩固。赛利格曼指出，他的研究工作的意义在于提供实用的工具，帮助建立更积极和乐观的观点。

个人可以通过培训，从消极的思考模式转变为积极的思考模式，并控制产生这些模式的自我对话。人们需要为他们的认知负责，系统的培训可以帮助他们实现这种控制。思考中断法（thought-stopping）、认知重建法（cognitive restructuring）和自我管制下的积极自我对话是相似的技术，可用来实现对消极的、妨碍绩效的想法的理想的控制（见图14.3）。

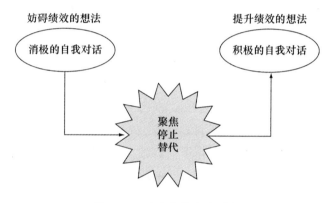

图14.3 改变你的自我对话

这一技术是一个简单的流程——聚焦、停止消极的自我对话，以积极的自我对话代替消极的自我对话。但做起来要困难得多。它要求我们对日常的想法非常注意，并用积极的自我肯定对话代替消极的想法。关键在于重复。重复、重复、再重复，大脑就能学会。基于最近关于语言学习的科学研究，积极—有效的思考能够进行系统培养，方法就是创建肯定陈述（自我对话），然后用个人的CD记录这些肯定陈述，反复听这些陈述。它是一项有效的工具，帮助人们从消极想法转变为积极想法，从悲观的思维转变为乐观的思维。掌握这一技术能让人们的思考更高效，适应性更强。

压力和能量管理：在压力下奋斗

把压力和能量放在一起是因为它们隐藏的生理机制都是兴奋（arousal）。高水平的压力等于高水平的兴奋。当一切进展顺利时，任何人都能有良好的表现。但是，当情况不理想时，当事情与你作对时，当压力持续不断时，当事情没有按照计划进行时，会发生什么呢？你在什么时候会变得过度兴奋，并在心智上、情感上和生理上变得活跃？实际上，有人在这些条件下会变得斗志昂扬。他们欢迎压力。压力给他们动力。压力给他们能量和期望以及在克服所有障碍、做出卓越表现时的满足感。这就是最佳表现者。压力对商业组织的削弱作用，表现为绩效不佳、士气低落，并且医疗成本增加。

正如前面提到的，商业中最主要的压力源之一是以越来越高的绩效交付结果的压力。许多公司提供压力管理培训班，以期提高对压力影响的觉察，提供简单的应对机制。然而，对体育项目和军队的高绩效表现的研究显示，个人在高压、高兴奋度的情况下的应对能力与压力源关系不大，而更多地与个人对它们的反应相关。

这些削弱效应背后的原因是著名的战斗还是逃跑反应（fight-or-flight response）。在面对威胁时，神经系统自动触发，释放大量肾上腺素和皮质醇，以让身体做好准备，战斗或者逃离危险。在史前时期，这种反应是非常有用的生存工具。那个时代，几乎所有在所居住山洞外的事物都是对身体的威胁。遗憾的是，这一生理机制到现在依然存在，而且能够触发该机制的不仅仅是身体的威胁，比如，当我们担心因为犯错而遭到老板解雇时，也会触发这种反应。当这种压力连续不断，并且强度过高时，就会产生严重的后果，例如健康问题和绩效低下。学习抑制这种反应的技术，是任何压力和能量管理项目的首要目的。最终目的是获得在压力条件下让自己平静下来的能力，降低反应等级。

其解决方案在于以一种更系统和完整的方法，提供必要的工具，以在压力下不仅能够生存，而且能够繁荣。这必须结合我们对思想和情感的控制，并学习放松技术。在我们遇到压力时，这些方法能让我们的生理反应保持"中立"。传统的放松练习帮助抑制自发的压力反应，并让反应度恢复平衡。常见的放松技术包括：

- 渐进性肌肉放松技术。这种技术指导你按顺序依次绷紧和放松不同的肌肉群。通过体会肌肉绷紧的感觉（这种感觉是压力反应的元素之一），你将学会在遇到压力时，意识到并调整肌肉的紧张度。

- 自然放松技术。学习释放是非常有力的一种工具,能在个人对压力环境做出反应后恢复对自身的控制。这项技术指导你集中于身体的不同区域,让它们"自然放松",触发全身整体的放松感,从而平静下来。
- 冥想技术。想象你自己躺在一个阳光灿烂的沙滩,阳光暖暖地照在你的身上,浪花发出轻轻的声响。或者,在你的脑海中,想象自己在一个感觉完全放松、平静的时刻和地方。你的身体会依照想象到的场景做出反应(在下一部分,我们会详细讨论想象力)。

任何放松技术要想获得最大的效果,必须将传统的压力管理技术与创新的生物反馈相结合,培养控制潜在生理反应(例如心率、呼吸、血压、肌肉紧张度,等等)的能力。从神经心理学的角度理解压力如何工作,在应对压力时采用方法改变它的影响,以及接受高科技工具对你的表现的反馈,这些都是强有力的学习工具,不仅让你在压力下变得游刃有余,而且让你掌握生活的主动权。这类培训的最终结果是,在压力下降低过高的兴奋度,保持平静和镇定。当你非常需要平静和镇定时,可以使用放松和控制方法,实现这一目标。

学习控制压力反应的技术主要不是为了放松,而是为了利用这种能力达到一种平静和镇定的状态,以在极端条件下做出最好的表现。图 14.4 描述了兴奋和表现的关系。要达到最佳的表现水平需要实现最佳的兴奋和活跃水平(曲线的中间)。运用技术工具,从两边向中间移动,正是压力和能量管理所要做的工作。

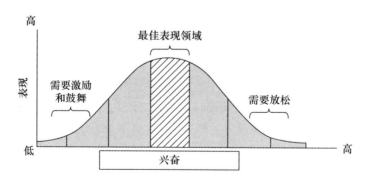

图 14.4　兴奋—表现曲线

资料来源:改编自 Yerkes & Dodson,1908。

例如,如果一位领导者发现在某一种情况下,她的员工处于绩效曲线较低的一端,那么她必须找到方法来激励、鼓舞、增强员工的兴奋水平。运动员们称之为"打气"。如果一位领导者发现他的员工位于曲线的另一端,那么他需要通过各种放松和自我管理技术,降低他们的兴奋水平,帮助员工平静和镇定下来。最佳表现领域是曲线的中间位置,这个区域的兴奋和能量水平对于完成任务是最佳的。这里的最佳水平根据不同的情况而定。以篮球为例,自由投篮与跑过整个篮球场进行有力的带球上篮需要的兴奋水平和能量是不同的。对于一位领导者来说,一次精细的认知性工作所需要的能量和兴奋,与进行一场艰难的劳资谈判所需的能量和兴奋是不同的。在任何情况下,你的任务都是找到方法到达中间的位置。控制了兴奋水平,你就控制了绩效。

注意力控制:在干扰中集中注意力

托马斯·达文波特和约翰·贝克在他们富有洞察力的著作《注意力经济》(*The Attention Economy*)中,讨论了在当今的注意力经济时代,"新的最缺乏的资源不是创意或者人才,而是注意力本身"。现代社会对我们的注意力的需要,无论在范围还是强度上,都是前所未有的。然而,我们用于实现这些需求的方法并没有随着时间而发生重大的变化。我们仍然在通过反复试错学习在正确的时间注意正确的事,以及,如果幸运的话,通过父母、老师、教练等良好的教练辅导来学习。通过这种方法,当我们面临新情况时,我们就知道注意什么是有用的,什么是没有用的。

然而,今天的环境包含丰富的刺激因素,都在争夺我们的注意力,传统的学习专注的方法变得不够了。其所导致的注意力不足,可能对工作场所带来严重的不利影响。实际上,达文波特和贝克(2001)创造了一个新的短语:"组织ADD",在这种情况下,"做决策时遗漏关键信息的可能性会增加,反思时间会减少……很难抓住他人的注意力……并且当必要的时候无法集中注意力"(p.7)。

现在,商业领导人可以利用创新的科学方法解决注意力的挑战了。注意力控制培训能够提供简单而强大的框架,用于理解注意力是如何工作的,以及操作该框架的方法。因为注意力发生在大脑,所以新的脑电波(EEG)技术能够提供关于注意力的精确反馈,从而帮助我们改进使用注意力的方式——这是永久改变我们如何聚焦和集中精力的关键。在一个易变的、不确定的和模糊的世界里,注意什么变得非常难以界定。解决方法在于提高我们的控制和指挥注意机制的能力。

有一个模型展示了如何对所处情境产生一种控制感。该模型将注意力看作两个维度——广度和方向——的交叉。这样就产生了四个象限,标记为:宽广—外部型、宽广—内部型、狭窄—外部型、狭窄—内部型(见图 14.5)。注意力控制训练需要理解每个象限,并学习如何围绕这个模型进行操作。回答三个问题就可以确定我们应该把注意力放在哪里——我现在处于什么位置? 应该处于什么位置? 我什么时候、向哪里转移?

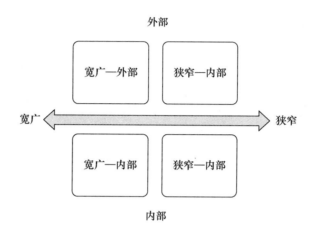

图 14.5　一种注意力模型

资料来源:改编自 Nideffer & Sharpe,1978。

下面我们举例说明,如何运用该模型更好地控制我们的注意力。想象你正在经历一个决策制定流程,你必须决定一系列的行动以开发一条新的产品线。我从哪里开始? 我应该关注哪些方面? 所有的信息扑面而来,很容易感到不知所措和迷惑。这一模型提供了一种答案。通过控制你的注意力,你就能控制你的决定。你很可能从**宽广—外部**型象限开始,尽可能广泛地考虑所有的外在变量:市场、竞争者、技术优势,等等。完成评估后,你把注意力转到**宽广—内部**型象限,转向内部,聚焦于消化和分析收集到的所有信息,以便选出可行的行动方案。

下一个象限很关键,但通常被决策制定者忽视。**狭窄—内部**型象限要求你评估自己执行一个选定的行动方案的准备情况。这里你可以问自己这样的问题:"我是否准备好这样做了?""为什么我对必须要做的事如此焦虑?"或者"我对正确的行动方案的看法是否过于片面?"一旦你对自己的准备情况感到满意,你可以进入最后一个象限:**狭窄—外部**型象限。在这个象限,你的全部注意力都聚焦在任务以及你所选定的行动方案上。这个阶段,其他任何事都不再重要。全神贯注,没有丝毫分心,是实现任何重要行动的关键所在。

不管你处于什么环境,总会有一个开始的位置(象限),一个注意力应该指向的地方。记得问自己与四个象限有关的三个问题,以保证你的注意力在正确的时间处于正确的位置——我现在处于什么位置?我应该处于什么位置?我打算什么时候、向哪里转移?

◆ 想象力:想到决定做到

要实现一个有挑战性的目标需要看到它实现后的结果。想象力,通常被称为"视觉化",是做到这一点的有力工具。它指的是使用所有的感觉,在脑海中创造或者重现一种体验。我们一直在以某种形式运用想象力,只是我们运用它的熟练程度和有效性是不一样的。有些人不需要正式的训练就可以非常有效地进行想象,而有些人则只有在系统的培训和练习后才能做到。想象能力的强弱是成长经历所导致的。早期在游戏和工作中持续运用想象力,可以帮助我们建立大脑的想象"肌肉"。想象力有助于建立更多的信心,激发更多的能量、注意力和成就感,从而促进绩效潜能最大化的发挥。想象力能发挥作用,是基于大脑不能区分真实和想象的体验的事实。大脑会把它们都当作真实的,因而触发相同的情感和生理反应。

在包括五方面的巅峰绩效模型中(见图 14.1),想象力被当作一项实现最佳绩效的心智技能。从简单的想象力脚本开始,个人可以运用全部五种感官在头脑中描绘期望的表现。通过足够多的重复,这种理想表现被联结到我们的大脑,我们就做好了实现它的准备。当然,任何心智培训项目的第一步都是确定一个人的想象力技能的实际水平。通过生物反馈和神经反馈仪器,我们发现,高质量的想象力的特征是生理和心智高度一致,且警觉性和注意力处于最佳水平。想象力的效果来自在事件真实发生前,在脑中"经历"成功的表现而获得的信心。对这种经历的通常描述是"我以前曾经经历过"。

现在,想象力已经被广泛地运用在优秀运动员身上很多年了。军队在行动准备中也越来越多地使用这一技术。商业领导人也需要这样做。例如,让我们以一位 CEO 为例,他正准备面见董事会,提议进行一项重大的战略转型。他知道这一提议会引起董事们的争议。除了预先练习相关的内容,他还应该做些什么准备?他可以创造一种"想象力脚本",在脑海中想象会议的详细细节,从心智和情感上做好准备。这一脚本是书面的,详细到从开始到结束时的五种感官的感受,他将做什么、说什么、感受到什么,等等。他可以在脑海中创造几种可能的会议流程和结果。表现心理学领域认为,你唯一能做到完美的地方就是在你的头脑中。如果正确运用,想象力将是一项强有力的增强绩效的工具。

结论:心智技能成就卓越领导力

在当今充满竞争和压力的商业环境中,受组织和工作场所结构、政治和流程的严重影响,要持久保持卓越表现是一项非常让人望而生畏的任务。传统上强调的组织和工作场所迎接挑战的解决方案,未能在绩效改进和生产率提升方面产生期望的结果。这些方法大多聚焦在次要的问题上,而没有解决这一挑战的核心问题,即如何从根本上改变人们改进自己的表现和挖掘全部潜力的习惯。在应用绩效提升技术以达成期望的绩效目标方面,非商业组织获得了巨大的成功。

尤其是军队方面,通过美国军事学院表现增强中心(US Military Academy's Center for Enhanced Performance,CEP)和最近更多的陆军表现增强中心(Army Centers for Enhanced Performance,ACEP),证明了这些项目的有效性。当然,几十年来,优秀运动员已经证明了他们的表现和心智训练、准备之间的关系。

商业领导人是时候意识到这些心智技能也是他们需要的了。运动员运用这些心智技能发展自己,发掘自己的全部潜力。领导者们可以运用这些心智技能成为卓越的领导者。在不断变化、高度竞争和不确定的商业环境里,领导者必须磨炼、培养自己的心智力量和准备状态。

心智力量和准备状态要通过本章讨论的关键心智技能建立。商业组织是时候让领导者为假定的领导角色进行自我发展了。领导者必须以最佳表现者的状态进行思考和行动,以成为卓越的领导者。维持这样的高水平表现要求深思熟虑地、系统地训练最佳表现的心智技能,它们最直接地影响到我们的思维、语言和行动。这需要人们承认,成长和发展是一个持续的过程,需要有学习和改变的意愿。如果总是做已经做过的事,得到的也将总是已经得到过的结果!

在最重要的时刻,表现出自己的最佳状态,这需要运用心智技能,确定目标及达成该目标的路径,在面临巨大挑战时建立信心和乐观思维,当处于压力和紧张状态时平静下来,在干扰中全神贯注,在成功之前想象成功。没有什么领域比领导力领域更需要心智技能的了。

参考文献

Davenport, T. H., & Beck, J. C. (2001). *The attention economy: Understanding the new currency of business.* Boston, MA: Harvard Business School Press.

Hammermeister, J., Pickering, M. A., McGraw, L., & Ohlson, C. (2009). Relationship between sport related psychological skill profiles and soldier physical fitness performance. *Military Psychology*, 22, 399—411.

Nideffer, R. M., & Sharpe, R. (1978). *A. C. T.: Attention control training*, New York: Wyden Books.

Seligman, M. E. P. (1998). *Learned optimism: How to change your mind and your life.* New York: Pocket Books, Simon & Schuster, Inc.

Yerkes, R. M., & Dodson, J. D. (1908). The relation of strength of stimulus to rapidity of habit-formation. *Journal of Comparative Neurology and Psychology*, 18, 459—482.

第十五章

培养有重要影响的领导者[1]

Joseph LeBoeuf

James Emery

Sanyin Siang

Sim B. Sitkin

杜克大学福库商学院

长久以来,商业教育项目关注的都是培养有能力的商业管理者,直到最近才意识到其在教育 MBA 学生成为负责任的领导者中的重要角色。本章描述了杜克大学福库商学院开发的一种基于行为的、项目化的、"端对端"(end-to-end)的领导者培养流程,这一流程整合了学生在校期间整个教育过程的所有方面。这一项目是围绕三个关键设计原则开发的:结合 360 度反馈流程、有研究基础的领导力模型;对个人和领导者的发展经历持"端对端"的连续性观点;强调整合学生所有的活动。通过这些设计原则,福库商学院独创性地利用学生的学习经历,在个人和集体层面,建立起了一种领导身份,我们称之为"成为有重要影响的领导者"(being a leader of consequence)。

领导力基于行为。我们认为领导者很优秀,不是因为他们懂得很多领导力知

---

[1] 在此感谢 Claire Preisser 和 COLE Leadership Fellows,本章在他们的帮助下得以完成。

识,或者他们的特质的深度(虽然这两方面都很重要),而主要是因为他们影响他人的行动方式。因此,我们认为,在教授领导力时,为学生创造条件进行练习,从而培养有效领导的关键行为是最重要的。

但是,正如任何体育教练会告诉你的那样,并非所有练习都是同等有效的。它们必须精心设计。在杜克大学,我们为学生设计的"实践"经历遵循了三项设计原则(本章稍后会深入探讨),这些原则在我们的领导力开发项目中体现得很明显:

(1)基于有研究基础的领导力模型(杜克大学开发的"六大领域"模型——见Sitkin,Lind & Siang,2006),让学生对领导力有一个理论上的深入的理解,更重要的是,引导他们建立一套可以练习和学习的领导行为。

(2)"端对端"的连续性观点,鼓励学生把他们的MBA培训看作一个完整的领导力开发流程,把他们在杜克大学的各种经历看作这一流程的一部分。

(3)强调整合360度反馈信息和学生收集到的其他反馈,推动个人层面和集体层面(在适当的时候)的身份转变。

这些设计原则相互交叉,相互促进,见图15.1。

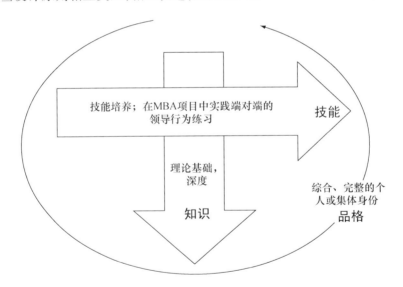

图15.1 培养有重要影响的领导者的设计原则

按照导言中的方式,可以把这些原则放在本书的两大框架中:知识—技能—品格模型②和"准备—经历—反思"模式③。

在杜克大学福库商学院,通过福库/教练 K 领导力与伦理中心(COLE),学生学习了六大领域领导力模型,这让他们打下了领导力理论的基础(认知)(图 15.1 中向下的箭头),并确定了构成卓越领导的具体行为。学生在杜克大学的经历成为一个紧凑的发展过程,由一系列培养这些领导行为的经历(实践)组成。这些经历(图 15.1 中水平的箭头)是连续的、循序渐进的,在学生在杜克大学的整个读书生涯期间展开。随着学生对领导力和自己有了更多的认识,并练习提高卓越领导的行为,他们成为(品格)我们在福库商学院所称的"有重要影响的领导者"。而且,随着学生个人开始确立领导者的身份,学院的集体身份也开始变化(图 15.1 中圆形的箭头)。

换句话说,理论深度,或者图 15.1 中向下的箭头,建立了准备。因为六大领域模型是基于行为的,它向学生呈现了系统、正确地思考领导力、自身发展和有效领导对组织与社会的影响的一种方式。这一理论基础让学生们能够真正利用他们的经历,如图 15.1 中水平的箭头所示。它让学生们的注意力集中在培养对获得理想的领导结果(如可信度、信任感和团体感)有直接贡献的行为上。通过同伴教练和 360 度反馈练习,学生们在福库商学院能够深入地反思他们作为领导者的身份和责任。J. P. Hill④ 说,"在来福库学习之前,我只见过事务性团队,把团队看作完成工作的一种方式。但是,当我在福库商学院,从 ILE⑤ 项目开始,体验了福库团队项目后,我认识到了团队在促进个人和集体转变中的价值"。这一个人层面的领导者发展,也会推动一种集体的、基于团队的发展,从而改变学院的文化——建立一个领导力的学习团体,如同图 15.1 中以圆形的箭头表示的。

---

② 品格—知识—技能理论框架是由美国陆军通过 LTC 的 Mac Harris 的研究工作开发的,最早见于 1983 年的 FM22-100《军队领导力》(*Military Leadership*),该书是陆军对领导原则的说明。近三十年来,它一直是陆军领导者培养和领导力开发项目的组织框架。

③ 准备—经历—反思模式理论来自北卡罗来纳州格林斯博罗市创新领导中心(Center for Creative Leadership)的相关研究,是对他们的《领导力开发手册》(*Handbook of Leadership Development*)(2004)的开发和出版给予指导的框架。这一框架被进一步应用在美国军事学院(USMA)的军官学生领导力开发系统的重建中。这项工作由 COL[R]斯科特·斯努克主持,他是《CCL 领导力开发手册》的作者之一,也为美国军事学院(USMA)的战略计划和政策办公室工作。

④ MBA 二年级学生领导者参加了我们的项目,我们请他们就本章讨论的话题发表一些看法。除非另外说明,这里所有的引用语都来自他们个人和讨论小组的回答。他们都是学校和学生团体中的领导者。

⑤ ILE 是指"完整领导力体验"(Integrated Leadership Experience)项目——在福库的核心项目中嵌入的领导者发展机会。

这些原则正在改变我们的全日制 MBA 项目以及其他项目,从聚焦于事务性的职业结果(毕业后我能从事什么职业?我的薪水如何?)到聚焦于发展和改变(毕业后我会成为什么样的人?我将获得哪些新的能力?),关注重要的影响(我能做出什么贡献?)。在最近的一个学生讨论小组中,Matt Lehigh 评论说,"福库创造了一种权力的赋能环境,这让我们的研究生学习经历变得更加用心,尤其是在成为有重要影响的领导者方面"。从 2008 年起,我们重新设计了我们所有项目的课程,以更好地提供支持性、实用性的平台,供学生体验领导力与管理的区别,体验领导力的效果关乎影响力而不是地位或正式权力,把领导力作为一个看待世界和自我的透镜。

在某种程度上,我们之所以能够在杜克大学做所有这些事,是因为我们有一个清晰的、有吸引力的目标的指导。我们受到培养"有重要影响的领导者"的观点的鼓舞。"有重要影响的领导者"是指"具有企业家精神,有超凡的个性特质,有道德和全球化思维的领导者。他们会激励追随者通过行动实现和超越组织的目标,而且所采取的行动既富有成效也符合道德,且持续服务于组织所有利益相关者的利益"⑥。福库商学院院长 Blair Sheppard 强调,这些领导者能够管理看起来两难的处境。其中包括这两种:(1)做一个有效团队的成员和一个领导者。(2)非常非常精明和真实;理解作为完整的人的意义。⑦ 我们主要通过 ILE 项目中的挑战,来学习应对这些两难处境。我们称之为"和睦相处,共同进步"。我们的目标在于让学生具备必要的自我认知、意愿和能力,来建立牢固的人际关系,同时相互让对方保持最高的行为标准。

本章描述了我们培养有重要影响的领导者的工作,着重讲述我们在前面提到的三个原则——理论基础、"端对端"的连续性观点和强调完整性——的基础上,自 2008 年开始实施的改革。本章主要关注我们的全日制 MBA 项目——但同时也会涉及高管 MBA 项目,甚至本科生项目。

我们相信,福库商学院的文化已经发生了转变,并且这种转变本身为学生提供了强有力的学习体验。多年来,福库以其基于团队的文化而自豪。管理学教授

---

⑥ 这一定义是由 COLE 领导力董事会成员 Keith Reinhard(DBB 公司名誉董事长,外交行动商业组织主席)在 2010 年 4 月访问福库商学院时进行修订的。现在,它已经成为我们对"成为有重要影响的领导者"意味着什么的代表性解释。

⑦ 资料来源:2008 年暑期访问。

Rick Larrick 说,"我们正在前往的文化,其特征仍然以团队为基础,但是明确了领导者在通过合作和对整个团队负责来推动团队前进的过程中所扮演的角色"。Paige Elisha 说,"福库让我理解了作为一个团队领导者和一个好的团队成员之间的联系。领导对我来说,不再只是我作为管理者,能帮助其他人做些什么来完成任务,而是我作为团队的一个成员,能如何做出贡献"。实际上,我们在福库的工作有共同创造的成分。随着学生们越来越多地把 MBA 项目看作一种领导力发展机会,他们对课程和基础架构变革提出了越来越多的建议,以巩固学院文化向着支持领导者和领导力发展的方向做出的转变。我们希望,在这一过程中,学生们不仅能学习如何在支持领导者发展的文化中茁壮成长,还能学习如何塑造和建立这样的组织。Caleb Varner 说:"福库创造了一种伙伴关系,在这种关系中,学生们被共同创造这个强大的团体并为之做出贡献深深吸引。"虽然在我们的旅途中还有很多事情要做,但是我们希望分享我们的团体在培养有重要影响的领导者方面取得的最新进步。

 动力与试验

有时,人们会不舒服地感到,设计有效的领导力开发项目与 Donald Campbell 所描述的设计公共政策的特征有一种相似性。在他的重要论文《改革是一种试验》(Reforms as Experiments)中,Campbell(1969)论述道,"当前最典型的一种情况就是,某些改革受到强烈的拥护,就好像它们一定能成功似的"(p.410)。在这篇论文以及后续的工作中,他一直寻求多种改革选择,以便从中进行试验,发现最佳的改革方案。

当然,任何试验设计的核心都是变化。在杜克大学,我们幸运地有 4 个 MBA 项目:全日制 MBA、洲际 MBA(CCMBA)、周末高管 MBA(WEMBA)以及全球高管 MBA(GEMBA)。每个 MBA 项目的学生都处于职业生涯的不同阶段,具有不同的背景,因而有明显不同的领导力发展需求。要满足这些不同学生群体的差异性需求是一种挑战,但我们从中寻求内在的机会,构建不同的方法,以培养他们成为有重要影响的领导者。这一挑战的一个好处是,我们能使用这些项目作为不同的试验场所,为不同的人群提供差异化的经历,同时实现我们培养有重要影响的领导者的意图。

当我们找到适合于一类人群的解决方案时,我们就能把这些方案转用于另一类人群,当然,有时需要进行一些修改。实际上,最近三年,不同的项目所采用的方法在很大程度上相互融合了。市场营销系副系主任和教授 Bill Boulding 说,认识到下面这些是很重要的:

我们每个 MBA 项目的学生根据职业生涯阶段、背景、文化和项目形式的不同,努力解决不同的领导力难题。虽然在全日制 MBA 和全球高管 MBA 项目中,个人教练被作为解决领导力问题的良方,但如何把个人教练运用到项目本身却是非常困难的。在全日制 MBA 项目中,学生处于职业生涯的早期阶段,所以在项目的第一年,教练活动聚焦于学校的团队环境(例如,领导同伴,处理团队冲突),并由受过专门训练的二年级 MBA 学生担任教练。在全球高管 MBA 项目中,学生们已经是高级管理者,所以教练都是高管教练,并且聚焦于学生所面临的实际工作挑战,比如领导整个部门的挑战、工作—生活平衡的难题等。

虽然我们为全日制 MBA 和高管 MBA 提供不同的方案,但是不同的领导力发展项目在重要的方面都是相通的。

首先,在不同的学生群体中,我们都在努力回应当今组织和社会的领导力发展需求。仅仅阅读新闻标题我们就可以断定,由于企业疯狂地追求短期股价的最大化,商业文化已经偏离了正轨。公众对商业的信任度非常低(在盖洛普对过去 10 年人们对组织的信任的调查中,商业几乎排到了最后),缺乏信心。今天的学生们毕业后将成为他们所加入的企业、非营利组织和政府组织的领导者。他们对负责任、有效、有重要影响的领导力的需求是迫切的。

其次,在每个项目中,领导力和管理都是相辅相成、不可分割的。学术界内外有一项长期的辩论,探讨在不断变化的全球化商业环境下,商业教育的基本目的是什么。其中的一个重要思路是强调领导力培训相对于管理培训的优点(Kotter, 2008)。然而,在实际层面,人们越来越意识到,只有领导能力而没有相应的管理能力有做无用功的风险;只有卓越的管理能力而缺少领导力,将在格局上限制自己。"领导力、伦理和组织"(Leadership, Ethics, and Organizations, LEO),是全日制 MBA 项目和两个高管 MBA 项目中的一门必修课,探讨了领导力和管理的不同挑战。在课堂讨论中对这两者进行区分,有助于我们把这两种能力都当作十分重要的活动。

再次,类似地,我们的领导力项目设计的一个重要方面聚焦在一系列相关和有效的行为上,而不管学生是不是一位正式的团队领导者。领导力,正如我们在杜克大学所教授的,需要人同时成为优秀的团队成员和优秀的团队领导者。在 MBA 课程"管理沟通"中基于团队的项目里,学生们轮流担任团队领导和团队成员。不管是不是团队领导者,学生都必须练习没有正式权力情况下的领导力。然后,通过课程中的几个反馈机制,学生会收到队友针对他们在每个角色上的表现做出的结构化反馈。所有这些都在福库商学院的教员和 COLE 领导力伙伴的监督指导下进行。

最后,我们的领导力开发工作依赖于一种假设,即我们的学生还会同时发展两种关键的能力:技术专长和全球化意识。这两种能力是有效的、有重要影响的领导者的重要特征。领导者是在复杂的、快速变化的、多维度的世界里工作。这一观点导致了我们的高管 MBA 项目中的几项系统性的变化,目的是增强学生个人化和情境化的领导者发展经历。在我们的洲际 MBA 项目和全球高管 MBA 项目中,学生们会学习两门持续好几个学期的核心课程,聚焦于全球市场和全球化组织的角色,以及在单一文化下领导与跨文化领导之间重要的细微差别。这些课程主要在美国以外的国家和地区进行,很多课程任务需要学生们走出课堂,直接到文化环境中,获得有意义的发展体验,以增强他们的自我觉察,提高个人领导力;同时也可以更好地展示环境、特定区域习俗、市场、文化和文明等如何塑造商务交流和国际贸易的方式,影响对有重要影响的领导者和管理者的要求。

三种设计原则

作为一家教育机构,我们有大量的机会帮助学生发展——在课堂上(传统案例学习、视频案例教学、小组活动)以及课堂外(课外活动)。学生们有广泛和深入的经历。但是我们知道学生们如何理解这些经历的意义吗?谁将帮助他们理解?有多少学生有过经历,却忽视了其中的意义?学生在福库商学院的时间有多少放在了完成一项又一项要求上,而没有理解他所学东西的意义,特别是作为一位有重要影响的领导者而言?

我们将根据贯穿我们的领导力开发工作的三个主题(理论基础、连续性发展、强调完整性)来试着回答这些问题。

以基于行为的模型为基础

"品格—知识—技能"这个框架是需要不断重复的,我们所有的领导力和个人发展都是一个(开心的)终身旅程。我们必须"从某处出发"并"坚持下去",并且最好是以一种结构化的方式。在福库商学院的领导力开发项目中,我们是从六大领域框架开始的。

领导力领域并不缺乏理论或者引人注目的观点。但是,学生有时容易受"听从自己的导师"现象的影响,从而限制了他们的领导力视角和他们学习如何更有影响力的努力。

六大领域框架整合了现存理论,并且,因为它是基于行为的,所以向学生们揭示了一条成为更好的领导者的路径。这一框架是通过回顾已出版的组织行为学以及心理学、社会学和政治学方面的社会科学研究文献,并主要关注信任、公平和控制等主题——甚至比对领导力本身的关注还多——而开发出来的。源于这一研究工作,六组不同的领导行为出现了,每组行为都对追随者有不同的影响(Sitkin, Lind, & Xiang, 2006)。

六大领域——**个人领导力、关系领导力、情境领导力、激励领导力、支持领导力和责任领导力**——共同构成了一个全面、动态的领导行动模型,如图15.2所示。在"认知"方面,该模型帮助学生理解领导力如何发挥作用;在"实践"方面,帮助学生了解如何通过某些行为的实践成长为领导者。

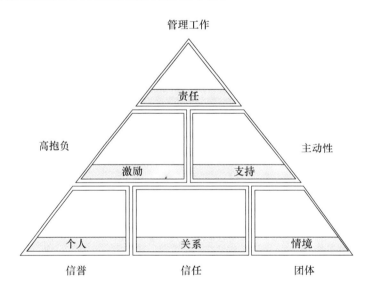

图15.2 领导力模型的六大领域

该模型整合了领导力的智力方面以及情感和反思方面(这些方面塑造了领导者个人)、他们与他人的关系以及他们与团体的关系等六大方面,帮助学生做好"准备"。因此,这个模型能够指导不同层级的学生和从业人员。在个人层面,学生探索了自己的领导力潜质。在团队层面,他们反思了团队成员和团队领导者之间的关系(例如,与他人建立情感联系的技能,以及必要时支持和挑战他人的意愿)。在组织层面,学生看到了领导者的责任:要传达对情境的清晰认识,明晰个人和集体的目标,打造团体精神。

六大领域模型还从另一个方面支持了"准备状态":它没有让学生放弃他们对领导者和领导力的看法——而是让学生更加系统、全面和深入地思考领导者及领导力。因为该模型整合了很多不同的理论和研究传统,所以大多数人都能在模型中看到自己认同的领导力理论,并将其放在一个更大的背景下看待。学生可以在他们已有的关于领导力的理解,以及对自己作为领导者的认识的基础上学习。并且因为该模型建立在领导者实际行为的基础上,所以它可以鼓励学生实践这些行为并给他们提供"入门通道"。

我们按照从左到右、从下到上的顺序"阅读"六大领域模型(见图 15.2)。第一个领域是我们称之为个人领导力的领域。这一领域的行为会让追随者深深地感到领导者是领导能力突出的、真诚的、献身于团队的。就像模型中的所有领域一样,这一领域自然地进入下一领域:关系领导力。关系领导力的行为能够建立信任,向追随者表示理解、尊重和关怀。接下来,优秀的情境领导者有一种意义建构能力,能促进凝聚力和集体协作,促进个人和集体的身份感,以这种身份感为团队利益和目标服务。

激励领导力不是指领导者的魅力或者吸引力——而是指通过提供激动人心的愿景,表达对实现这一愿景的能力的乐观态度,鼓舞大家的士气的行为。模型中,与激励领导力相邻的是支持领导力,是关于领导者在为追随者的有效行动提供必要支持(例如,资源、资金、保护和关键反馈)上所扮演的角色。责任领导者会平衡长期和短期的需要,以及不同部门的需要,并在考虑和平衡公司利益与团队、组织以及更大的社会的利益时,做出表率。

在领导力开发中,无论是学院环境还是以从业人员为主的环境,都有一个问题不可避免地摆在我们面前:领导力真的可以教授吗?换句话说,根据"准备"这个词的含义,我们在进行 MBA 招生时应该选择什么样的学生?我们认为领导者能够培养,无论什么天生的领导力品格,都可以通过学习和练习进行有效的最大化。因此,六大领域模型不仅是建立在理论上的框架,也可用于指导学习。模型的每一个领域都与一系列具体的可学习的行为相联系,因此,它为那些希望培养领导能力的学生指明了方向。我们通过视频录像、360度反馈/教练、练习和工具——诸如实施清单、聚焦具体行为的卡片以及诊断性行为指南等——让每一项领导行为变得具体。所有这些,都有助于将关键的领导力概念转化为简单可行和具体实在的行为。

让我们以个人领导力领域为例。个人领导力是向追随者展示作为个人、作为胜任领导角色的人是什么样的。这意味着领导者必须被认为具备相关的能力,如制定**愿景**,并且必须被他人认为是**可信的**和**献身于**团队的。每个黑体字的概念都与具体的、可学习的领导行为相关。例如,要表达愿景,领导者必须展示梦想、好奇心和自信心。这里,我们用马丁·路德·金在1963年的演讲《我有一个梦想》,作为小组练习的基础,学生们可以从中识别相关的领导行为和结果,然后根据自己的经验,反思自己或他人在实施领导时实施这些行为的案例。

正如我们下一部分将看到的,六大领域模型还能用于为学生组织一系列的反思练习,帮助他们把杜克大学课堂内外的领导力行为实践联系起来。

❖ "端对端"的连续性观点与经历

我们通过鼓励学生建立一种新的、丰富的、对世界的看法的经历来挑战他们。我们利用了这种观点:"**那些导致紧张、失调甚至痛苦的经历是获得成长的条件,因为它们强迫我们走出舒适区。**"(LoBoeuf,2006,p.42;Sitkin,1992)一旦被解放出来,学生们就会积极地试验各种新的方法。

我们可能都有这样的经历,即在某一时刻感觉充满了力量,但是当我们面对,例如电子邮件收件箱时,这种强烈的感觉却慢慢消退了。所以,在福库商学院,我们试图通过MBA课程建立一条发展的"高速公路"——一系列连续的、循序渐进的、有力的、彼此有意联系起来的发展经历。高速公路旨在指导学生对自己的领导者发展建立一种目的感、自主性和责任感,成为帮助他们增强领导力的"推动力"(Thaler & Sunstein,2008)。当学生们对自己的发展十分用心,并且具有自主性时,他们与我们在一起的时间就有了不一样的特点:变得更像是一个路径,而不是一系列零散的点。他们体会到,当他们为自己做事情,而不是做强加于他们的事情时,有什么不一样。Brian Alvo 说:"在第一年的核心课程的团队发展中,引入 PDP⑧ 以及 COLE 伙伴,开启了一个发展和反思的旅程,激励学生们更积极地实现个人成长和增强自我觉察。"

在这一部分,我们将通过全日制 MBA 项目和 COLE 伙伴项目来举例说明"端对端"的连续性观点。它是我们进行领导力开发创新的范本和孵化器。⑨

如果端对端观点是一条高速公路,我们会要求全日制 MBA 学生在重要的标志处停车。最直观的就是两个"完整领导力体验"(Integrated Leadership Experiences)环节(ILE Ⅰ & ILE Ⅱ 以及推荐的 ILE Ⅲ)。完整的领导力体验环节在 MBA 第一年和第二年的开学时期进行,持续三天或四天,让学生们进行浸入式领导力体验。这些经历旨在推动学生走出他们的舒适区——不管是通过一节绳索课程(a ropes course)、在团队中担任不熟悉的角色(必须进行领导角色轮换),还是与队友进行我们所称的"勇敢的沟通"。

ILE 的一些元素很引人注目。ILE Ⅰ 在第一年开学时进行,学生们会参加一些核心的活动,大多为团队背景的活动,以开启他们的领导力发展之旅。在"一年级团队"中,学生们用一天的时间进行三角训练(triangle training,一种体验式教育训练营),参加高空绳索团队建设活动。然后跟随仁爱之家(Habitat for Humanity),在为当地社区做贡献的背景下,深化这一团队建设过程。最后,在 ILE Ⅰ 期间,这些一年级学生会举行一个历时三小时的即兴领导力环节,走出他们作为领导者的舒适区,学习"是的……并且……"的方法。这一方法旨在促进与福库发展经历相关的"和睦相处,共同进步"主题。换句话说,他们体会到建立强大的团队文化和对卓越地完成任务的承诺都是卓越领导的关键部分。

在 ILE Ⅱ 期间,学生参与"领导者法庭"——一个模拟的法庭。其中,MBA 班级作为整体被就三个诉因⑩进行"审讯"。这些诉因根据我们对班级做的研究而定,每个班级是不同的。下面列出的是 2010 年 ILE Ⅱ 用到的诉因。

- 诉因 1:在福库商学院创建了一种支持勇敢(例如,艰难的对话、冲突处理、

---

⑧ PDP 指个人发展计划(Personal Develop Plan)。

⑨ 在我们的高管 MBA 项目中,我们以不同的方法实施"端对端"理念,我们会更多地采用"书立式"方法,即在开头和结尾安排一些领导力必修课。为了保持课程连贯,由同一批教员教授开头和结束时的课程。

⑩ 虽然"控方"必须为消极项辩护,而传统法院的"诉因"是由消极项构成的,但是我们使用的诉因都是由积极方面构成的,我们发现学生们对积极的诉因能做出更具反思性的回应,因此,我们一直使用这种模式。

提供反馈、完善奖励法则)和坦白的环境,促进个人领导力的发展,建立学习者和领导者的有效团体。

- **诉因 2**:勇敢地整合、利用福库团体的多国家性质和丰富的多样性,全面加强个人、集体的学习和领导力发展经历,创建一种道德和发展的文化。
- **诉因 3**:勇敢地应用"团队福库"(包括福库商学院内外),创建一种团队和学习环境,让所有人对个人发展和团队绩效保持高标准及责任感,而不是一团和气、避免冲突和不一致、获得好的成绩以及得过且过。

在审讯结束后,学生们扮演陪审团,并对他们自己进行宣判。学生们创建了一个"点子市场",在其中,他们会放入为提升班级受到"指控"时的表现而提出的建议。例如,有人提出了这样的建议:(1) 通过宣誓仪式,对学院荣誉准则进行公开承诺,签署书面文件并公开展示,以便荣誉准则在学生的经历中更可见、更相关。(2)"品牌检查"机制——学生们能够向彼此"指出"对方的行为与培养有重要影响的领导者的使命的相悖之处(例如,上课迟到或者在团队展示时玩手机)。所有出现在"点子市场"上的建议都会正式呈报给福库商学院院长,以便在 ILE Ⅱ 体验结束时进行回顾和讨论。这样,学生领导者才会承担起提出和实施这些建议的责任。

正如上文介绍的,ILE Ⅱ 的另一个重要主题——"和睦相处,共同进步",检验了福库商学院领导力概念中具有的张力,这种张力导致了本章前面提及的两难:如何既做团队的领导者,又做团队的成员;如何既谦逊,又有抱负。第一个两难在以团队导向而自豪的福库商学院尤其普遍。由于团队导向深深地嵌入学院文化,因此,"领导力"最初在某种程度上被视为对福库商学院核心价值观的怀疑和反对。过去,对于福库商学院的学生来说,作为一名优秀的团队成员意味着首先要表现出"友善的一面"并努力维持团队和谐,而不是追求升职与担任领导工作。在 ILE Ⅱ(和其他地方),我们帮助学生理解与团队合作相关的互助精神,并练习在互相支持的同时给出艰难的反馈,同时保持彼此对团队结果的责任感。这一做法已经固定下来,福库商学院的学生们现在看待领导和团队合作已经是用"和"而不是"要么/或"了。ILE Ⅱ 为学生第二年的经历打下了基础,鼓励他们利用第二年进行转型,促进自己和福库商学院的领导力发展,并且改进我们努力构建的发展型文化。

如果 ILE Ⅰ 和 ILE Ⅱ 是领导力开发高速公路上的重要标志,那么六大领域领导力问卷调查(Six Domains Leadership Survey,SDLS)⑪就是学生的仪表盘。PDP 是他们的导航系统。Jen Bosl 是一位帮助学院实施 PDP 的 COLE 伙伴,她热情地评论道:"与 PDP 相关的一项最有力的领导力发展经历就是获得 360 度反馈,这迫使我精心地思考我的一系列领导技能。"SDLS 是参加 ILE I 的一年级学生必须填写的(二年级学生在 ILE II 中有的必须填写,有的可以选择填写)。它是学生思考自己的领导力发展目标的起点。SDLS 以六大领域领导力模型为基础,并且提供了一个 360 度快照,展示其他人——同学/伙伴、下属和上级——如何评估学生在各个领域的行为。在"管理沟通"必修课上,SDLS 结果是一项重要的信息,在学生制订整个杜克大学期间的发展计划时要被用到。因为 SDLS 的基础是项目的其他部分也会用到的研究框架和行为,所以这些测评能够帮助学生把这个 MBA 项目的所有元素都联系并整合起来,并且非常容易记忆和使用。

彼得·德鲁克在他的经典文章《管理自我》中提出:当今的"**知识型工作者必须有效地成为他们自己的 CEO**"(Drucker,2005,p.100),规划他们自己的职业轨迹,学会发展他们自己(Hill & Wetlauf,1998)。在这种精神下,我们的 PDP 流程在福库商学院展开了。在这个作用巨大的流程中,学生们首先探讨他们的价值观和信念,然后思考自己的强项和弱项,特别是根据他们收集到的 360 反馈数据,创建一套富有挑战性的、可衡量的个人发展目标,以有目的、有计划地指导他们的福库之旅。

PDP 流程帮助重塑了研究生院:从让学生完成一些事情到一种有目的、有计划、自我驱动的经历。管理学教授 Rick Larrick 说:"我们在最近的调查中已经看到了福库商学院学生的转变,大多数学生开始出于内在动机而不是外在动机开展行动。"在 PDP 流程中,我们明确地把研究生院说成是学生送给他们自己的长达 21 个月的礼物。学生会在第一年的开始阶段完成 PDP 流程,在第二年的开始阶段进行修正,是一种结构化地思考如何使用这一礼物的方式。它是学生在福库商学院进行知识—技能—品格旅程的地图,从他们对自己和领导力的认知开始,给他们一种具体的思考方式思考他们在福库商学院将实施哪些行动、练习哪些行为,并提供

---

⑪ 德尔塔领导力公司——一家围绕六大领域框架成立的公司——帮助制定了 SDLS 的 360 度反馈工具。我们的全日制项目和高管项目中的所有学生都可以使用该工具。该工具是学生个人发展计划流程的一项重要补充,并为学生的发展进程提供持续反馈。

一种结构来反思当他们离开时想成为什么样的人。Jen Bosl 继续对 PDP 价值评论道:"PDP 是在有目的、有计划的领导力开发高速公路上一个伟大的有效引导标志。它结构化地'推动'我们,在许多非常重要的维度,结合常规记录和结构化反馈流程,思考短期和长期的目标。对有些人来说,PDP 是一种使人走在正确的道路上,有目的地、高效地成长的方法。那些仅仅把 PDP 看作另一门必修课的人,不会有这么多的收获。"

所以,在我们的全日制 MBA 项目中,端对端的观点把像 LEO 和管理沟通这样的课程与诸如 ILE Ⅰ 和 ILE Ⅱ 这样的集中领导力开发经历联系起来。反思流程、PDP、SDLS 和很多同伴教练机会的设计目标是,以一些有目的、有计划的完整的方式,让学生成为有重要影响的领导者。课程、ILE、PDP 和 SDLS 一起,构成了所有学生基本的领导力开发经历,这是实现福库品牌的目的——培养有重要影响的领导者——所需的最基本的部分。此外,福库商学院为那些想要超越这一基础经历,参加更高级的领导力开发的学生创建了机会(例如,在学生会、MBA 协会以及学校支持的众多俱乐部中担任领导角色)。

一种高级领导力开发经历是 COLE 伙伴项目,这是我们的领导力开发方法的典范。每年,全日制 MBA 班学生(约 440 人)有 1/4 将申请成为 COLE 领导力伙伴;36 人将通过申请。COLE 领导力伙伴是一种有目的、有计划的领导力开发经历。除了参与上文描述的基本的领导力开发,COLE 领导力伙伴还有额外的机会:他们能够培训和指导第一年的团队,能够参与当地和校友领导者的专业会议,并且能够参加一个为期两天的团队建设活动,其中包括一天的领导力挑战,聚焦于让伙伴们能够有效地成为一支团队,学习有效的团队建设方法。

COLE 领导力伙伴不仅是我们领导力开发工作的最高点,还是我们为学生试验新课程或者新练习的孵化器。我们一直有目的、有计划地使用 COLE 伙伴经历,作为改变所有福库商学院学生的经历的契机。例如,在 SDLS 和 PDP 作为整体被大范围应用于学生之前,这些流程会在针对暑期实习生的领导力伙伴项目中进行测试。流程中有任何问题都会被修正,然后这些活动才会加入所有福库商学院全日制 MBA 学生的发展经历中。

这种试验的一个例子就是对学生的暑期实习经历的反思。在我们撰写本章时,我们正在计划有目的地将暑期实习生经历和 PDP 流程联系起来。这一年,学生们第一次在他们第一年的学习结束时就能修正自己的 PDP,以更好地利用他们的暑期发展经历。他们还将在第二年秋季,把暑期发展经历中的反思吸收到他们的 PDP 修正中。COLE 伙伴项目已经将这种方式作为常规流程,实践证明它成功地把实习变成了一项发展经历,而不仅仅是为找工作做准备。刚刚过去的这个暑期,COLE 伙伴一直相互担任同伴导师。这是另一个将被吸收到福库商学院所有学生经历中的实践。

强调完整性

然而,所有这些加起来能得到什么?学生如何理解他们所学到的有关领导力的知识(知道)和他们在 MBA 期间有过的经历(实践)?换句话说,他们会成为什么样的人(品格),以及个人层面的发展如何激发并培育发展型的文化?

回答这些问题是困难的,但是我们知道,我们做的一些事对确定个人层面的发展是有积极影响的。例如,PDP 流程要求学生有目的地规划自身的发展。在研究生院就读是一项艰难、耗时的经历,即便是最有组织性的学生也很容易承受不了。此外,PDP 流程要求学生清楚地表达他们希望在毕业时成为什么样的人。在 MBA 流程的开始阶段就提出身份问题,有助于将 MBA 生涯的不连续的经历——课程、ILE、基于团队的项目、额外课程活动以及暑期实习生项目等——塑造为有助于身份转变的经历。Liz Liedel 认为:"PDP 在福库商学院创建了一个个人发展的团体,促进学生的责任感,使学生的发展成为他们在成为重要领导者这个旅程中的一部分。这正是福库商学院学生的身份。"

教练和导师指导是对个人层面真正的身份转变的另一种关键支持。虽然 SDLS 和 PDP 确实是个人层面的,但是这些流程很多是在基于团队的环境下展开的。毕竟,领导力本质上是一种基于团队的经历。在我们的全日制 MBA 项目中,一年级学生要按照职业和个人背景的多样化,组成 5—6 人的团队,完成许多团队项目,这是他们的课堂作业。每支团队配备一位 COLE 伙伴,负责帮助团队建立纲领,引导团队建设的流程,帮助解决冲突,主持行动后回顾,协调团队需求以便相互提供反馈——这是 PDP 流程的一部分。

教练和导师指导在另一方面也很重要:COLE 伙伴在与一年级团队和个人团队成员一起合作的过程中,经历了担任引导师和教练的挑战性发展经历。他们学会了如何有效地诊断团队动态,为实现高绩效创建条件,提高冲突解决技能和进行艰难的对话,学会了教练和指导个人如何在第一年最大化地利用他们的个人及职业发展经历。COLE 伙伴在这方面的责任成为领导力伙伴项目的标志性特征,也是他们在担任领导力伙伴的一年里最能促进个人发展的经历。Meleata Pinto 回顾这一体验时说:"PDP 创造了一个自我觉察和发展的流程,迫使我们走出把事情做完的行为模式,进入一种提高模式,聚焦于成为更好的人和更好的领导者真正的工作。"

同时,在我们的全球高管 MBA 领导力课程中,个人高管教练对我们的学生给予了更多的支持,帮助他们理解 SDLS 360 度反馈、他们的课程体验的意义,并帮助他们制订和实施个人发展计划。这些与全日制 MBA 项目中 PDP 流程背后的意图十分相似,但是根据这些更高层的管理者各不相同的需求进行了量身定制。

就像从 SDLS 中收集的信息能够支持个人发展一样,它也能支持我们作为一个机构的进步。在我们对 ILE Ⅱ 和"点子市场"的讨论中,我们已经看到学生们如何通过他们对教育、发展和机构改革的建议,影响他们在福库商学院的经历。这些建议有助于改变学院的文化,特别是一种以领导力发展为特征的文化。Paige Elisha 说,"福库商学院是一个学生驱动型的团体。其文化和制度促进并要求学生在各方面展示领导力。从俱乐部领导力到主动创新精神,再到欢迎和融入下一学年的学生,学生们在计划和执行中都起了领导作用。这变成了一种良性循环:当一年级学生看到二年级学生努力工作和做出的贡献时,他们会更积极地进行领导和提供反馈,并追随这种榜样"。

◆ 效果研究

为了利用试验改进领导力开发工作,我们进行了一项基于 360 度反馈数据的纵向研究,这将有助于我们回答一些对杜克大学未来的项目十分重要的问题——并且可能帮助其他教育工作者更理解他们自己的领导力开发工作。这些问题包括:(a) 哪些经历、课程和额外课程,对发展有帮助?(b) 学生的个人差异如何影响技能的发展?(c) 哪些因素(例如,校园文化)发挥了重要作用?

在 MBA 层面,90% 的学生允许我们使用他们的 SDLS 作为研究目的,并且帮助我们回答一些重要问题,例如:反馈中有哪些固定的模式?它们与项目设计的关系是什么?通过数据,我们能更好地判断,某项活动、某个主题或者练习是否起到了帮助学生成为有重要影响的领导者的作用。这些答案也有助于我们对所有项目中的试验做出修正,以及改进我们在发展的理念下持续前进的努力。

还有更多的可能性。在本科生层面,我们试验了修正版的 SDLS 问卷调查(适合于本科生的版本,他们没有工作经验,而之前的一些问题会有所涉及)。我们现在正计划在一项更大、更长期的纵向研究中使用这一工具,为修正版的 SDLS 匹配一些针对教育经历和校园氛围的问卷。所有这些调查的数据都可以帮助我们评估、理解并最终影响预测领导技能发展的五个因素,见图 15.3。

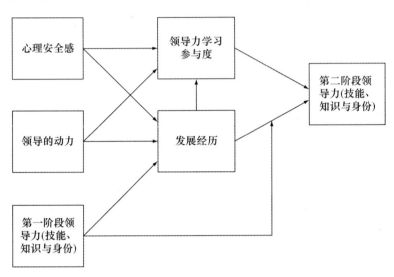

图 15.3　领导技能发展模型

结论

实际上,我们在本章只是试图回答一个问题:我们在杜克大学福库商学院做了些什么与众不同的工作,以为"生产"有重要影响的领导者创建条件?在美国,对不同机构领导力质量以及对机构的信任度的调查显示,"令人吃惊的是,80% 的美国人认为这个国家存在领导力危机"(Gergen & Zelleke,2008,p.1)。对有品格、有勇气的正直领导者的需要是迫切的。

在福库商学院,我们自 2004 年开始,就试图在我们的 MBA 项目中,建立一个基本架构,把深入的领导力理论基础与对 MBA 经历的强调结合起来,作为练习领导力行为的一个平台。我们试图通过使用共同的领导力框架和一系列连续的、结构化的、完整的流程,把学生在校期间不连续的领导力开发经历联系起来。最后,我们试图创建条件,让这些连续的经历不仅是相互联系的,而且可以整合为一个整体:MBA 经历,帮助学生们把他们自己看作有重要影响的领导者,不仅把他们的 MBA 经历看作教育经历,也看作发展经历。随着这一点的不断累积,学生们自己开始成为学院文化转变的因素。

我们有证据表明,福库商学院基于对领导力的强调开始吸引越来越多的学生。Abbey Blume 描述了她的进步。"当人们选择不同的商学院时,我选择加入这样的研究生院,以成为更好的自己和更好的领导者。在我挑选学校的过程中,我参观了很多卓越的项目,但是福库商学院以其嵌入在课程设计中的令人称奇的领导力开发经历脱颖而出。我知道杜克大学是一个我会愉快展示我的能力,同时挑战自己成长为领导者的地方。"要实现我们的远大目标,我们还有很长的路要走。我们所吸引的学生类型的变化表明,我们在这条路上已经取得了很大的进步。正如福库商学院负责招生的副院长 Liz Riley-Hargrove 所说,"我们看到那些不仅对提高自己的团队技能感兴趣,而且希望发展和提高他们的领导能力的申请者越来越多。福库商学院对两个维度的强调,与那些不只是想要一纸文凭和更好的工作机会的学生产生了共鸣"。

在教育环境下,所有这些基础架构的变化都会提出一个关于"推"和"拉"的标准问题。作为教育工作者,我们习惯于采用传达我们所知道的知识的模式(推)。但是,这一模式只在一些情况下是足够的,尤其在领导力领域。在更好的环境里,学生会在自己的课堂上和机构中练习领导力,从制度层面表达对课堂和经历的新的不同内容的需求(拉)。也许,在领导力领域,我们有时需要相信他们能共同创造我们渴望的结果,因此,教育工作者和学生可以在一种激励性和发展性的关系中同时进行相互领导。

参考文献

Campbell, D. T. (1969). Reforms as experiments. *American Psychologist*, 24, 409—429.

Drucker, P. (2005). Managing oneself. *Harvard Business Review*, January, 100—109.

Gergen, D., & Zelleke, A. (2008, October 22). America's other deficit: Leadership. Christian Science Monitor, 1—2.

Hill, L., & Wetlaufer, S. (1998). Leadership when there is no one to ask: An interview with

Eni's Franco Bernabe. *Harvard Business Review*, 76(4), 81—94.

Kotter, J. (2008). What leaders really do. In J. Gallos (Ed.), *Business leadership* (pp. 5—15). San Francisco, CA: John Wiley & Sons.

LeBoeuf, J. (1999). The building blocks of leadership development. In F. Hesselbein & P. Cohen (Eds.), *Leader to leader: Enduring insights on leadership from the Drucker Foundation's award-winning journal* (pp. 40—46). San Francisco, CA: Jossey-Bass.

McCauley, C., & Van Velsor, E. (Eds.) (2004). *Handbook of leadership development* (2nd ed.). San Francisco, CA: Jossey-Bass.

Sitkin, S., Lind, A., & Siang, S. (2006). The six domains of leadership. *Leader to Leader* (pp. 27—33). San Francisco, CA: Jossey-Bass.

Sitkin, S. B. (1992). The strategy of small losses: Learning from failure. *Research in Organizational Behavior*, 14, 231—266.

Thaler, R. H., & Sunstein, C. R. (2008). *Nudge: Improving decisions about health, wealth, and happiness*. New Haven, CT: Yale University Press.

US Army, FM 22—100, *Military leadership*. US Government Printing Office, October 1983.

第三部分

品格

第十六章

创造领导者[*]
——一种本体论/现象学的模式

Werner H. Erhard
独立工作者

Michael C. Jensen
哈佛商学院

Kari L. Granger
Sunergos 有限责任公司，美国空军学院性格与领导力发展中心

我们运用本体论方法创造领导者的唯一目的是让学生真正成为领导者，并有效地运用领导力，作为他们自然的自我表现。这里所说的"自然的自我表现"(natural self-expression)是指在任何领导情境下的展现状态和行为方式，一种自发、直觉的有效应对各种情况的方式。

在创造领导者时，我们运用了本体论（"存在科学"；见 Heidegger，1927）。领导者和领导力的本体论模型打开和揭示了一个人作为领导者的实际本质（actual nature），以及实践领导力时行动的根源（source）。与本体论相关的现象学方法（在下一段进行解释）提供了对这两方面的可行的接触途径（actionable access）。

---

[*] 这一研究项目是持续进行的，进一步的发展将在这篇论文的最新版本中体现，下载网址：http://ssrn.com/abstract = 1681682。

致谢：感谢罗恩·海菲兹和沃伦·本尼斯教授，他们慷慨地花费大量时间与我们分享他们的领导力观点和智慧。Steve Zaffron——Vanto 集团 CEO——是我们领导力项目的合作者。本项目中的部分材料来自里程碑教育有限责任公司。我们还要感谢 Mirian Diesendruck、Sandra Carr、Michael E. Zimmerman、Chip Souba、Jeri Echeverria、Joe Dimaggio、Gonneke Spits 和 Matthew Granger，他们为我们提供了支持。感谢哈佛商学院研究部对 Jensen 的财务支持。本章中的所有错误和不完善之处由作者负责。

作为领导者的品格和有效领导实践的技能是可触及、可研究和可教授的,要么作为旁观者观察及评论领导者的状态和行为,特别是由某个人来观察,然后描述、**说明和解释**(第三人称理论);要么现场体验这种状态和行为,特别是**亲身体验时**(真实时间,第一人称体验)。作为一门正式的学科,"在场"体验状态和行为(也就是说,当状态和行为真实发生时)的方法被称为**现象学**。简而言之,从认识论上掌握一个主题,可以让一个人知道;而从本体论上掌握一个主题,能够让人成为那样的人。

当然,学生们不需要学习本体论和现象学,他们只需要接触状态和行为根源的通道(由本体论提供),以及具备作为领导者的状态和采取卓越领导行动的可操作的方法(由现象学方法提供)。

简介

因为本章是关于创造领导者(creating leaders)而不是教授有关领导力的知识的,所以文中的方法和语言,可能会让很多读者感到陌生,甚至很有挑战性。8年来,我们把课堂作为开发真正能够创造领导者的课程的实验室。我们发现创造领导者需要使用的模型、方法和技术,与商学院通常采用的用来讲授经营和管理知识的方法是不同的。

如果一个人在创造领导者方面是成功的,那么他必然使学生真正地成为(being)领导者。我们发现,本体论(存在科学和研究)正是实现这一任务的合适学科。当然,真正成为一名领导者,必然会展现有效的领导行为。

然而,当一个人在现实中"亲自"实践领导力时,此人就获得了第一人称视角的体验,一种"真实"的现象。我们发现,现象学这种接触第一人称的、真实发生的、实时现象的方法,在为卓越领导实践提供可行方法上,发挥着独特而强大的作用。我们认为这种独特的方法——本体论模型与现象学方法结合——将通过使学者们接触、学习、研究和教授作为领导者的状态及亲身体验有效的领导实践(第一人称现象),创造出新的领导力科学。

这个项目是从对学生的承诺开始的。我们向学生承诺,当他们学完课程时,他们会成为真正的领导者。作为经验丰富的教育工作者,我们的背景包括不同领域的专业知识和实践,比如经济、金融、管理学、应用哲学、企业家精神、管理咨询、行为科学和组织心理学、军官培训和战场领导力经历以及神经科学。除此之外,我们最大限度地撇开我们已有的关于领导者和领导力*是什么以及如何讲授它们的知识。我们从放空思维开始,只是全力以赴、充满好奇地面对真正创造领导者的挑战。① 我们把我们的课堂作为实验室,试验创造领导者的成功条件。

 ## 作为领导者的自然表现的领导者状态和有效的领导实践

这种创造领导者的本体论方法的唯一目标就是,当学生完成这一旨在创造领导者的课程时,能把领导者状态(being leaders)和有效的领导实践(exercising leadership effectively)作为他们自然的自我表现。换句话说,当领导者状态和有效的领导实践成为学生自然的自我表现时,创造领导者的行动就完成了。所谓"自然的自我表现",是指一种在任何领导情境下的状态和实践,即在处理事情时体现出的自发的、直觉的有效反应。

 ## 本体论模型

我们采用本体论模型(来自拉丁语 *ontologia*,"存在科学"②)来创造领导者,因为它有一种独特的力量,可以揭露(展示)一个人作为领导者的自然状态和进行领

---

* 当我们使用"领导者和领导力"这一短语时,"领导者"(leader)应被理解为"作为一名领导者"(being a leader),"领导力"(leadership)应被理解为"领导力实践"(the exercise of leadership)。

① 好奇(wonder)是现象学方法的一个方面。它要求我们排除(撇开)理所当然的态度,以唤醒深刻的好奇感为目标,对个人感兴趣的现象保持好奇。这一方法意味着要粉碎我们日常生活中认为理所当然的表象。援引苏格拉底的名言,通往智慧、知识和理解的"道路","始于好奇"(源自现象学在线,http://www.phenomenplogyonline.com/)。

② 本体论最初源自希腊语,最早可以追溯到1606年由 Jacob Lohardus 撰写的 *Ogdoas Scholastica*。维基百科"本体论的历史",http://en.wilipedia.org/wiki/Ontology#History_of_ontology,访问时间 12/20/2010。

第十六章 创造领导者

导实践时的行动根源。③

虽然本体论作为一个一般主题,涉及任何存在的本质和功能,但是这里我们只考虑人的存在的本体论——人类的存在的本质和功能。特别地,我们谈到了领导者和领导力(领导者的状态及领导实践的行动根源的本质和功能)的本体论。一个人在领导职位下作为什么样的角色而存在,塑造了他的感知、情感、创造性想象、思考、计划和领导实践中的行动。

现象学方法提供的通道

采用两种可能的方法,向学生提供体会领导者的状态和有效领导实践的行动的方式,领导者和领导力就能够被教授。领导者的状态和有效领导实践的行动是可以体会和教授的,要么"状态和行为是在现场真实发生、亲身体验的",要么"作为旁观者观察、评论这种状态和行为"。具体来说,作为"旁观者"是接触、研究及教授领导者的状态和有效领导实践的行动是什么,当某人对它们进行观察、描述、说明和解释时(第三人称理论)。与之相反,"现场体验"是接触、研究和教授作为领导者的状态和有效领导实践的行动是什么,在它们真实发生时(第一人称体验)。

作为一门正式的学科,接触领导者状态和行为的"亲身体验"的方法被称为现象学。④

> 现象学这门学科最初被定义为经验或者意识结构的研究。字面上来看,现象学是研究"现象"的科学:事物的显现,或者事物在我们的经验中的显现,或者我们经历事情的方式,以及由此导致的事物对我们的经历的意义。(Smith,2009)

简而言之,现象学是一门提供以第一人称体验的方式亲身体验"真实"的状态和行为的可操作方法的学科。正如马丁·海德格尔(1927)所说,要通达存在,"本

---

③ 我们使用的"本体论"这个词,其意义是由马丁·海德格尔(1927)在《存在与时间》(*Being and Time*)中进行解释的。这是他在本体论和现象学方法方面的开创性著作。这不同于中世纪的形而上学意义上的本体论——有人称之为神学本体论(ontotheology)——例如,论证上帝是否存在,或者柏拉图式的理想的或者原型的先验存在,也不是"实体"(noumenon)的同义词。

④ 感谢海德格尔以及其他响应海德格尔观点的思想家,他们在自己的研究中,把本体论和现象学发展为正式的学科,使得我们能够在此基础上,发展可行的、自然体现领导者状态和有效领导实践的行动的方法。

体论只有作为现象学才是可能的"(p.33)。

总之,领导者和领导力的本体论模型展示及揭露了一个人作为领导者的状态的本质以及领导实践的行动根源,并提供了可操作的接触这些状态和行为的现象学方法。本体论模型与现象学方法为学者们提供了机会,让他们能够以第一人称接触、学习、研究和教授领导者的状态和有效领导实践的行动——当这些现象发生时,他们真的经历其中。

当然,学生不需要学习本体论,而只需要接受由本体论视角提供的接触状态和行为的方法。他们也不需要学习现象学,而只需要接受通向领导者的状态和卓越领导行动的可操作的道路。

两种接触、研究和教授领导者及领导力的方法

八年前,我们的这个项目是从一个对学生的承诺开始的。我们承诺,当他们学完课程离开时,会成为真正的领导者,并能有效地运用领导力,作为他们自然的自我表现。我们开始设计和教授一门年度课程,以之作为我们的实验室,来探索一种能实现上述承诺的方法。前五年,这门课程在罗彻斯特大学西蒙商学院进行讲授,每年有70—115位本科生、研究生、教师、管理人员、校友、商业高管和顾问参加。⑤ 我们发现这门课程对这些参与者人群都是有效的。我们还为来自60多家公司的200余位咨询顾问讲授该课程,他们现在向其客户提供该课程;并且,2008年和2009年,在美国空军学院,Kari Granger成功地向军队成员讲授了该课程,现在该课程在该学院继续由其他教师进行讲授。

在我们的实验班级中,我们面临着设计真正创造领导者的课程的挑战,我们从

---

⑤ 我们和我们的合作者Steve Zaffron讲授过这一课程,2009年在鹿特丹市的伊拉斯莫斯学院,2010年在德州的得克萨斯农工大学梅斯商学院,2010年11月在印度(由IC Centre for Governance和MW Corp公司主办)。该课程现在仍然是美国空军学院的学术课程(自2008年以来),它的一个版本是伊拉斯莫斯大学法律学院(自2009年以来)和得克萨斯农工大学健康科学中心以及梅斯商学院(自2010年以来)的跨学科指导学习课程。该课程将在2012年作为达特茅斯医学院的学术课程。我们2010年在美国空军学院开办了一个项目,在考夫曼基金会、格鲁特尔学院和空军学院的赞助下,培训41位学者(来自欧洲和北美不同学术机构)讲授该课程(所有人都已经提前上过该课程)。我们非常感谢Mark Zupan院长(西蒙商学院)、Richard DeMulder教授和Ad Hofstede教授(伊拉兹马斯大学)、Marty Loudder副院长、Jerry Strawser院长和Katalin Haynes副教授(梅斯商学院),以及Gary Packard上校、Joseph Sanders上校(美国空军学院),他们为我们开发课程提供了所需的研究室。我们同样感谢我们的同事Allan Scherr,感谢他对该课程早期版本的贡献。

理论(从看台上旁观)和现象(亲自现场体验)两种途径进行实验。通过我们的团队经验和我们对真正成为领导者的可操作方法的实验,我们得出结论:研究领导者(性格、类型、认知历程和价值观,等等)和他们的领导实践(基本原则、行动准则和情境意识,等等),让学生们知道了作为一名领导者是什么样的,以及有效的领导实践是什么样的。然而,即便学生们能够中肯地谈论领导者和领导力,甚至能够解释让领导者在各种情况下获得成功的类型或性格、原则和行动,等等,他们也不一定能把领导者状态作为他们自然的自我表现。

考虑到当一个人真正成为领导者、真正参与领导实践时,这对他而言就是一种第二人称视角的体验,一种"真实发生"的现象。我们发现现象学方法("在场"视角)在提供一种实现领导者状态,把有效的领导实践变成个人自然的自我表现的可操作方法上有独特的效果。

简而言之,从认识论上掌握一个主题,可以让一个人知道;而从本体论上掌握一个主题,能够让人真正成为这样的人(当然,如果一个人已经是领导者了,那么"知识"对他来说就是一种"力量")。

为了说明这一课程方法多么激进,可以考虑下面的描述:如果一个教师只有当学生成为真正的领导者、有效地展现领导力时才满意,如果在一门领导力课程中,不提关于领导者和领导力的任何内容(这一点可能不太现实),而学生们完成课程后,却真的成为领导者,并把有效的领导实践变成他们自然的自我表现时,这门课程就达到了上述要求。

个人的状态和行为与"正在发生的事"是相伴出现的

有一个我们日常生活中的例子,能够说明理论—认识论方法(旁观者)和本体论—现象学方法(参与者)的不同。当我们用锤子钉钉子(海德格尔也使用了这一例子)时,我们没有按照用锤子钉钉子的理论来做。其理论是,锤子由锤柄和锤头组成,锤柄的作用是放大作用到锤头上的力,等等。用锤子钉钉子的理论,可以简化为数学公式,但它们不会出现在任何钉钉子的现实行动中。我们是在下意识地用锤子钉钉子。就好像,当我们有把钉子钉进木头里的意图时,我们用锤子钉钉子的行为自动出现在我们心中[注意,我们发明的短语"相伴出现"(in-a-dance-with)是作为动词使用的,我们的意思是"自然地、必然紧密联系地、相互促生":一种特殊的相互关系⑥]。或者严格地说，锤子钉钉子真实发生的情景是：锤子和钉子出现在我们面前，以便让钉子进入木头，这一切与应对所发生之事的合适的行为相伴而生——对于我们来说，这是统一的整体。

实际上，任何关于钉钉子的理论或者知识或者试图回忆某人向你展示的关于钉钉子的动作，如果出现在钉钉子的动作过程中，都将阻碍钉钉子的动作。想象你正在路上试图安全地驾驶你的小汽车，同时努力回忆并运用某人教给你的知识，或者思考你需要转几圈方向盘，或者什么时候踩刹车，那样会发生什么情况。

在任何领导情境下，个人的状态和行为与情境在他身上的实际发生情况是相伴而生的（相互关联，共同发生）

依旧以钉钉子为例，关于领导者和领导力，理论性方法提供了一种理解其组成元素，以及解释个人作为领导者的状态和领导实践的行为的方法；而现象学方法提供的是，真实体验作为领导者的状态和有效的领导实践的行为的方法。

换句话说，个人在任何领导情境下的状态和行为与钉钉子案例都是类似的。也就是，如果从真实发生的视角检测一个人在任何领导情境下的状态和行为，就能发现，此人的状态和行为与情境在他身上发生的方式是相伴而生的（相互关联，共同发生）。⑦ 当然，这在钉钉子案例中是显而易见的，而对于领导情境下个人的状态和行为而言，可能难以理解。

个人状态（精神和情感状态、身体感觉、想法和思维过程）不是个人行为的原因，个人行为是伴随（关联）他们所应对的情境在其身上发生的方式而出现的。这一命题乍一看可能会觉得是反直观的，这是因为，在传统上，个人行为被解释为是由个人精神/情感状态（包括记忆）、个人特质、身体感觉和他们的想法及思维过程（或者正如我们提到的，他们的"状态"）所引起的。

然而，神经科学建立了感知的神经模型（以现象学的角度来说，即事情在某人身上发生的方式），以及引起个人状态和行为的神经模型。神经学家通常称之为大

---

⑥ 注意，这里的相关不仅仅是统计学上的相关。

⑦ 更多关于个人行为与个人所应对情况在其身上发生的方式之间的关系的讨论，请参阅 Erhard, Jensen and Barbados Group（2010）的文章《个人、团队和组织表现的新范式》（A New Paradigm of Individual, Group, and Organizational Performance），http://ssrn.com/abstract=1437027。

脑中神经的"网络化"。具体来说,引起个人状态的神经模型与感知神经模型(包括存储神经感知模型——记忆)是联网工作的;同样,引起行动的神经模型也是与其他感知神经模型联网工作的。

正如 Clancey(1993)总结的,"感知、思考和行动通常是同时发生的,是行动的内部协调"(p.5),Hawkins 和 Blakeslee(2004)在他们的著作《论智力》(*On Intelligence*)中总结到,"感知和技能几乎是同一的"(p.157)。与思想是行动的原因这一观点相反,Libet(1993)在他的著作《意识的神经心理学》(*Neurophysiology of Consciousness*)中,总结了他和其他人的研究结果"大脑在任何关于决定的可报告的主观意识产生之前,就已经'决定'开始或者至少准备开始行动"(p.276)。

根据前文提到的本体论/现象学视角,一个人的状态和行为是作为一个系统产生的,它们与个人所应对的情境在他身上发生的方式是相伴而生的(从神经科学的角度,即联网工作)。一个人的状态和行为以及处理所面临的情境的方式是"真实发生的",二者作为一个统一体,是理解本体论/现象学视角对领导者和领导力的影响的关键。

领导情境发生在个人身上的方式("正在发生的事")是实现领导者状态和将有效领导实践变成个人的自然表达的途径

为了下面的讨论方便,这里把"领导情境"简单地定义为一种情境,在其中,当前的情况或者在这些情况的一般背景下可实现的可能的未来(结果),是不可接受的,或者不是最佳的。

正如我们上文提到的,个人在任何领导情境下的状态和行为与他们所应对的情境发生在他们身上的方式是相伴而生的(相互关联,共同发生)。因此,对于期望成为领导者和有效展示领导行为的人,他们应对的情境应该以让他们展现真正的领导者状态和有效的领导实践的方式发生在他们身上。考虑到在任何领导情境下,个人的状态和行为与情境在他们身上发生的方式是相关的,所以情境在他们身上发生的方式就是到达他们作为领导者的状态和把有效的领导实践作为自己的自然表达的可操作方法。

简而言之,理解领导情境发生在个人身上的方式的可行方式,是个人带入领导情境中或为领导情境创造的背景。

情境是决定性的

通常来说,个人所应对的情境,塑造及渲染了他们所处理的情境发生在他们身上的方式。具体来说,领导情境发生在个人身上的方式(与他们的状态和行为相关联),是由他们的领导者状态和有效的领导实践的情境所塑造及渲染的。

个人的领导者状态和有效领导实践的情境是由与领导者和领导力相关的世界观构成的,更直接地说,是由他们领导者和领导力的具体参考框架构成的。个人带入领导情境中的领导者和领导情境,创造了一种"澄明"(clearing),领导情境在其中向他们呈现,同时这种澄明塑造和渲染了这种情境发生在他们身上的方式。具体来说,澄明决定了他们所面临的情境发生在他们身上的方式,以及他们能看到的在这些情况下可实现的可能的未来(结果)。并且,个人在那种情境下的状态和行为将与这个发生过程自然相关。

考虑到一个人的领导者和领导力背景决定了领导情境发生的方式,并导致他们相关的状态和行为,我们利用 Jack Mezirow(2000)的"蜕变式学习"项目,首先为学生提供机会,检测和消除他们日常的普通意义上的世界观以及与领导者和领导力相关的参照结构(观点、信仰和想当然的假设)。然后我们为学生提供机会,让他们为自己创造一种领导者和领导力背景,塑造和渲染任何他们需要应对的领导情境,这种情境将使他们自然的自我表现(他们自然的、相关的状态和行为)成为领导者状态和有效的领导实践的方式。

课程内容创造了一个领导者和领导力情境

运用本体论模型和现象学方法提供的见解,这门创造领导者(详见下文)的课程的内容创造了一种领导者和领导力的背景。一旦掌握了这个背景,就能够塑造和渲染任何领导情境,使学生自然的状态和行为(他们的自然表现)成为可靠的领导者状态及有效的领导实践。

下面一部分要讲的是这门我们从本体论/现象学中创造的课程的三个根本理

论的概括/描述。我们采用这一视角,是因为它在为学生提供实时的、第一人称体验上的强大作用,这种体验能让学生为在课堂中创造的领导者和领导力背景所利用。这个概述还说明了课程如何向学生展开。这部分内容直接改编自得克萨斯农工大学梅斯商学院2010年教授这门课时所用的课前阅读材料。

在开始第一节课前,每位参与者都被要求完成大量的课前阅读作业。这里,我们对材料进行了编辑,以适合我们的需要;但是,我们的阅读材料都使用学生用语,这样一来,读者就能对课程如何与学生沟通有一个完整的印象(在梅斯商学院,学生包括110名本科生和研究生、教员和管理者、军事人员、CEO和顾问)。课程的大多数课前阅读材料和下载链接请见附录16.1。其余的课程材料(740多页)可以从社会科学研究网下载,http://ssrn.com/abstract=1263835。

 摘自课前阅读材料的课程概述/描述

本课程的基本理论:领导者状态和有效的领导实践

本课程的设计目标是为你提供一个途径,创造一种领导者和领导力背景。一旦掌握了这个背景,你就能在任何领导情境中,把领导者状态和有效的领导实践作为你的自然表现。正如前文所讲:"背景是决定性的。"我们称这种背景为"一个利用你的背景"(a context that uses you)。

当背景利用你时,什么都不需要记住,什么规则都不需要遵守。当然,当"领导者的状态和有效的领导实践"作为利用你的背景时,这个背景会塑造和渲染任何领导情境,使你自然的状态和行为与领导者的状态及有效的领导实践联系起来(也就是说,领导者的状态及有效的领导实践已经成为你的自然表现)。当你学到一些东西时,也就是,当你对其有一定的认知理解时,你会适当地记住你学到的东西并应用它。然而,在某个时候,你努力学习的东西实际上成了你的一部分——或者换一种说法,与其说你应用你学到的东西,不如说它已经成为你的"第二天性",可以说是它在利用你——这就是掌握。例如,伟大的武术家、滑板运动员和舞蹈家都经历过这样的体验,更不要说伟大的物理学家和教师了。所谓背景利用你究竟是什么意思,可能你还不能完全理解。我们在课程中采用的方法将为你提供机会,把领导者的状态和有效的领导实践创造成利用你的背景。

你可以为自己创造这种新的背景,通过掌握:(1) 领导者和领导力的三个基础因素;(2) 领导者状态和有效领导实践的背景框架的四个不同方面——并且你会在它们真实发生的过程中(第一人称体验)掌握它们。当(1) 基础和(2) 背景框架成为一个整体时,它们会创造一种背景,能够在任何领导情境中,塑造和渲染你所应对的情境在你身上发生的方式,使得你自然的相关状态、行为成为领导者的状态和有效的领导实践。

课程的根本理论:第一部分

领导者的状态和有效的领导实践建立的三大基础:

1. 正直诚实

- 只有正直诚实的人,才能成为领导者。而做一个正直诚实的人是一个无止境的努力过程。做一个正直诚实的人就像攀登一座看不到顶点的山峰——你必须学会热爱攀登的过程本身。

- 正直诚实让你成为一个完整、全面的人。正直需要你在不想遵守诺言的时候,"尊重"你的诺言。正直创造可合作性并能建立信任。

- 想要了解更多关于正直的理论,请见课程的两篇课前阅读材料,http://ssrn.com/abstract=1511274,http://ssrn.com/abstract=1542759。

2. 真诚

- 只有真诚的人才能成为领导者。

- 真诚是指你展示给他人的状态和行为,与你在自己和他人面前的形象相一致。在实施领导时,真诚是一切的基础,让你能够对自己和他人坦诚,而不需要使用权力。

- 做到真诚唯一可行的方式就是真诚地面对自己的不真诚。要达到这一目标,你必须从自己身上找到那个"自己",让你能公开真诚地对待自己的不真诚。那个需要真诚地面对你的不真诚的自己,就是你真正的样子。

- 在第一篇课前阅读材料《真诚领导》(Authentic Leadership)中,比尔·乔治(2003)(美敦力公司前CEO,现任哈佛商学院领导力教授)能够直面自己的弱点和失败。要成为领导者,你必须足够强大,真诚面对自己的不真诚。这一点可能与人们的直观感觉不一致,但实际上这种强大是力量的象征,他人也会这样解读。

- 和正直一样,真诚也必须付出永无止境的努力。

3. 致力于超越自我的事情

- 致力于超越自我的事情是有效领导的力量源泉。它为领导者创造了一种力量，取代了对权力的需求。
- 致力于超越自我的事情是领导和培养他人所需的那种平静的激情（领导魅力）的源泉，是面对困难仍能坚持不懈（快乐工作）的源泉。
- 在某种意义上，所有的领导者都是英雄。英雄通常是状态和行为超越自我的人。
- 我们这里的"致力于超越自我的事情"指的是一种投入的状态，它塑造了一个人的状态和行为，使他们认识到一些超越个人对自我的关心、超越直接的个人回报的事情。随着他们的持续行动，这种投入会吸引他人也投入进来，并感觉到他们的生命也是超越自身的。这就是领导力！
- 我们每个人都必须做出自己的选择，是否要成为英雄，是否致力于超越自我的事情，是否要超越我们为之"振奋"的事情，让我们的生活、工作或学业变得更有意义，换句话说，是否要成为领导者。
- 不是所有人都会选择这条路，即不是所有人都会选择成为领导者，这当然没有问题。
- 下面引用了乔治·伯纳德·萧伯纳（1903）的戏剧《人与超人》中的话，描述了致力于超越自我的事情的观点：

> 这是生命中真正的快乐，能够为自认为伟大的目的做出贡献；成为一种自然的力量而不是一个有病的、疯狂的自私鬼，只会愤愤不平地抱怨这个世界没有让你高兴。
>
> 我认为，我的生活属于整个社会，只要我还活着，我就应该尽自己所能为它做贡献。
>
> 我希望在我死去的时候我已经被完全利用，我活得越久，工作就会越努力。我为生活本身而欢欣。对我而言，生活不是"信念蜡烛"。它有点像火炬，我需要举起它，我希望在交给下一代时，它能更加明亮。

4. 正直、真诚和致力于超越自我的事情作为开发你的背景

当然，仅仅知道正直、真诚和致力于超越自我的事情是作为领导者和有效领导实践必须具备的基础，清楚地理解每个词的意思，甚至坚决地做到每一项要求，都

不能让你把正直、真诚和致力于超越自我的事情变成你自然的自我表现。在课程中,我们将采取一种方法使正直、真诚和致力于超越自我的事情变成一种真实发生的事,这样你就有机会为自己创造一种能够利用你的背景。

这三项领导力的基本因素构成了这个背景的基础,一旦掌握,这个背景将成为让人把领导者状态和有效的领导实践变成自己自然的自我表现的背景。

课程的基本理论:第二部分

具备了领导者状态和有效领导实践的三项基本因素以后,通过掌握在真实发生的场景中,辨别领导者状态和有效领导实践的情境框架,把握你所处的情境就算是完成了。⑧

1. 领导者和领导力情境框架的四个方面

简而言之,领导者和领导力作为:

- 语言的抽象(领导者和领导力的"可能性领域")。
- 现象(在真实经历中,表现领导者状态和进行有效的领导实践,或者此类被领导的经历)。
- 概念(领导者和领导力发挥作用的时间域)。
- 术语(领导者和领导力的定义)。

为了加以说明,我们用立方体进行类比。基础面是正直、支持和致力于超越自我的事情,代表了领导者和领导力的背景,而领导者和领导力是由立方体的所有五个面创造的。

下面更全面地解释了领导者和领导力情境框架的这四个方面:

- 作为语言的抽象:
⊙ 领导者和领导力把领导者和领导力创造为可能性领域;
⊙ 在这个领域中,当你处于领导者状态时,所有的表现方式都是可行的;
⊙ 当你进行领导实践时,所有可能的行动都是可用的。

---

⑧ 仅仅定义领导者和领导力,不管定义有多么精确和完整,都不能提供展现领导者状态和有效领导力行为的可操作方法。

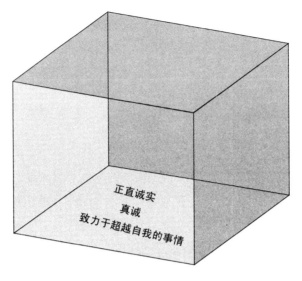

图 16.1

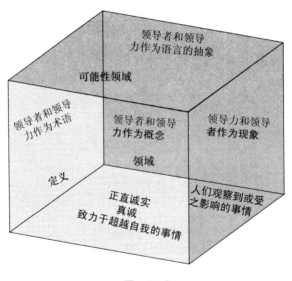

图 16.2

关键之处：掌握领导者和领导力的可能性领域让你可以表现自由的状态和行为，而不受领导者状态和有效领导实践的传统观念的限制。个人没有把注意力放在以特定的方式或风格采取的行动上，而是无束缚的——也就是，个人可以运用所有的状态和行为，这样的自由通常是"完成某事"所需要的。这是把领导者和领导力掌握为利用你的背景的开始。

- 作为现象：
  ⊙ 领导者和领导力存在于语言中；
  ⊙ 不管是口头表达还是书面表达；
  ⊙ 自我表现和倾听，也就是，思考；
  ⊙ 叙述你的行动，正如"行胜于言"；
  ⊙ 提供"真诚的倾听"。

关键之处：如果你审视自己，就会发现，当你看到某人处于领导者的状态或者在进行领导力实践时，或者当你体验了被领导的经历时，你会看见有人在语言范围内所做的工作。并且，当你处于领导者状态和进行领导实践时，你将在语言领域做出努力（记住，有时候行胜于言）。

- 作为概念：
  ⊙ 领导者和领导力存在于被创造的未来中；
  ⊙ 这个未来是满足各相关方的需求的；
  ⊙ 包括领导者和被领导者；
  ⊙ 未来给予他们的状态和行为，与实现这个未来是一致的。

关键之处：领导者状态和领导实践都是关于实现一个不会自动发生的未来的。

- 作为术语：
  ⊙ 领导者状态的定义；
  ⊙ 致力于实现一个能满足各相关方需求的未来，而这个未来不会自动发生；
  ⊙ 领导者状态和行为有无限的可用机会；
  ⊙ 进入领导者和领导力的澄明状态，这种状态将塑造你所应对的情境在你身上发生的方式；
  ⊙ 从而你的状态和行为的自然相关方，就是个人作为领导者的状态和有效的领导实践。

- 作为术语：
  ⊙ 领导力的定义；
  ⊙ 运用语言，实现一个不会自动发生的未来；
  ⊙ 这个未来会满足（或者有助于满足）各相关方的需求；
  ⊙ 特别是包括保证领导力的关键人物（领导者及被领导者）。

关键之处：领导者和领导力这一术语的基础是前面提到的领导者和领导力的三个方面。当然，构成领导者和领导力背景框架的四个方面都需要在课程中充分说明。在充分说明后，如果这一情境框架是有效的，那么当你看到某人展现出领导者的状态和有效的领导实践时，你将看到定义中所描述的。

2. 领导者状态和有效的领导实践的框架作为培养领导者的情境

正如三个基础因素一样，在课程中，我们将采取一种方法，使情境框架的四个方面真实发生，让你有机会把它们创造为一个利用你的背景。

前文描述的是这种关于领导者状态和有效的领导实践的本体论/现象学视角建立的基础。通过掌握三种基础理论以及领导者和领导力情境框架的四个方面，创造一种利用你的背景，有了展现状态和采取行动的充分自由后，关于领导情境的具体知识会发挥巨大的作用。但是没有这种强有力的背景和展现状态、采取行动的自由，没有把领导者状态和有效的领导实践变成个人的自然表达的转变框架，具体的领导情境知识不会比"好主意"强多少，就像开车时还必须记住如何开一样。

3. 我们在课程中运用现象学方法的一个例子

为了把课程中展示的领导者和领导力背景，从学生所理解和运用的事物转变为一种能够利用他们的背景，我们在课程中及课外练习和任务中采用了一种现象学方法。每种练习和任务都是为了让学生亲身体验课程中所展示的领导者和领导力背景的不同元素。对于学生来说，这种转变把课堂上展示的内容从被动接受的观点转变为现象（某些在感觉中实现的事，也就是说，某些真实体验到的事情）。基于他们的亲身体验，学生们就能够创造属于自己的领导者和领导力背景。他们把这当作实际的体验，并以之验证课堂上展示的领导者和领导力背景。在这样做的过程中，他们通过亲自创造这一背景而掌握了这种背景——背景属于他们，他们也属于背景；背景利用他们。这一过程是有效的，因为体会一个人作为领导者的状态和有效的领导实践，然后做出一个清晰的总结，把这种经历作为一种现象来理解，这也是我们在指导教师开发课堂上展示的背景的过程。

◆ 课程的基本理论：第三部分

本体论感知和功能限制：
- 在掌握了把领导者状态和有效的领导实践变成自己的自然表现的情境以

后,剩下的就是移除妨碍或者限制个人自然表现的东西了。这些障碍中,有些是与生俱来的,所有人都有——是我们的大脑在没有干预的情况下的工作方式的结果。有些是个别人特有的——个人经历的结果。在课程中,我们将提供一种体验,让你能够意识到并移除这些妨碍你自然表现的障碍,或者至少让它们充分放松。我们把这些妨碍自由展示状态和采取行动的障碍称为"本体论限制"。

- **本体论感知限制**:我们的本体论感知限制的根源是由我们的思维、信念、偏见、歧视、社会和文化嵌入性以及对世界、他人和自己想当然的假设交织而成的。这些本体论感知限制约束和塑造了我们对所处情境真实发生事情的感知。因此,如果我们不移除这些感知限制,那么在任何领导情境中,我们都是在应对失真的情境。

- **本体论功能限制**:本体论功能限制导致的日常语言和行为通常被称为"膝跳反射"。心理学家有时会把这一行为称为"自动应激/反应行为"——在某些刺激(触发因素)下,必然的反应是一套自动的展现状态和采取行动的方式。从神经科学的角度来看,很多本体论功能限制可以被称为"杏仁核截断"。当个人的本体论功能限制在领导情境中被触发时,它会塑造个人的状态呈现和行动方式。换句话说,这些本体论功能限制约束、塑造了我们的状态呈现和行动集合。由此导致我们通常无法采用展现状态和采取行动的合适方式。

课程承诺

最后,有了这三部分基本理论后,我们向学生做出如下承诺:
- 当你结束学习时,你将成为你需要成为的领导者。
- 当你结束学习时,你将会掌握有效领导所需要的技能。

当然,要成为一名卓越的领导者,你不需要拥有所有的经历和知识,而只需要经历必要的个人转变。

实现课程承诺:结果测评

在回答课程评估中的提问时,对于"这是我参加过的最重要的三个课程之一",57位美国空军学院的学生和教员参与者(21位教师完成了一个针对教师的课程)中的53位打了满分6分。伊拉斯莫斯课程101位参与者中的75位,得克萨斯农工大学梅斯商学院100位参与者中的68位,打了满分5分,二者的总平均分分别为4.5分和4.29分。

在回答"我将能够将课程中所学到的用在我的个人和职业发展中"这个问题时,伊拉斯莫斯课程103位参与者中的87位、得克萨斯农工大学梅斯商学院104位参与者中的85位都给出了满分的评价。

在回答"这个课程兑现了承诺——'你将体验所需的个人转型,以保证当你学完离开时,你会成为一名领导者,成功地表现有效的领导实践'"这个问题时,伊拉斯莫斯课程104位参与者中的97位、得克萨斯农工大学梅斯商学院103位参与者中的91位给出了4分或5分的评价,满分为5分。

因为美国空军学院的课程是独一无二的,该课程长达一个学期,历时4个月,所以我们能够问他们,课程对他们的实际领导力表现是否产生了影响。在回答下面的评估问题"在美国空军学院,作为参与课程的直接结果,我见证了在我的个人和职业发展中,我的领导力转变到了新的水平"时,57位学生和教员参与者中的53位评价为5分或6分(6分占绝大多数),满分为6分。

完整的美国空军学院课程、得克萨斯农工大学课程以及伊拉斯莫斯课程的评估概要分别在本章在线版本的附录Ⅱ、Ⅲ和Ⅳ中提供,下载地址为http://ssrn.com/abstract=1681682。随着我们持续提供不同版本的课程,本章的在线版本将会分享我们更多的评估发现。

我们对结果和我们作为教员的经验的评估让我们强烈地相信,在一个学期内教授完一门课程(例如在美国空军学院教授的)远比在5天或者6天的时间内教完一门课程(正如我们在实验课程中做过的)有效得多。"沉浸"时间能够让学生在整个学期的课程里,把课程中所学到的运用到他们的日常生活中,此外,我们认为,"沉浸"时间能够更有效地让学生进行个人领导力的提升,是其有效性提高的重要原因。

让测评变得困难的部分原因在于,大多数的领导力开发评估工作依靠心理结构来展示间接的和隐藏的领导能力。我们试验了这些测评技术,并且真诚领导力调查问卷和心理资本调查问卷的统计结果的前期/后期自我报告中,都显示了巨大的增长($p < 0.05$),但我们希望更直接地评估领导者在生活中的实际结果。*

- 在跟踪每个课程的众多参与者的过程中,我们发现学生们表现了不同的领导者和领导力方式。例如,除了固定的高层职位,空军学院的学生在不同的领域发挥了巨大的领导作用,诸如打击家庭暴力、带领空军学院进行更加可持续的"绿色"项目、在市中心开展黑人导师制项目、减少未成年人重复犯罪及其他的领导力项目,以及在教育、代际贫困、支持我们的军事部署、健康和幸福方面的项目,等等。

我们认为,进一步的研究将需要建立一门学科,来研究领导者和领导力的本体论模型以及它的现象学方法论,它们揭示出领导者状态和有效的领导实践是第一人称的真实体验。

总结与结论

讲授领导力与创造领导者是不同的,虽然它们都是有用的。只有当学生把展现领导者状态和有效的领导实践作为自身的自然表现时,创造领导者的行为才算完成。考虑到展现领导者状态和"在现场"展现领导实践是一种真实发生的现象,我们利用本体论/现象学方法论来提供可操作的方法,让个人能够在任何领导情境中展现领导力状态和行为。从这一角度,我们发现个人的状态和行为与所处的领导情境在他们身上发生的方式自然地相关。基于这一结果,我们为学生提供机会,让他们为自己创造领导者和领导力背景,使之能够把任何领导情境塑造为这样的情境:在其中,他们自然展现的状态和行为就是领导者的状态和有效的领导实践。

附录 16.1

课前阅读资料链接目录

下面是四个 PDF 文件夹的链接,包含我们的领导力课程"领导者状态和有效

---

* Avolio, Bruce J., Gardner, William L., and Walumbwa, Fred O. 2007. Authentic Leadership Questionnaire(ALQ). Mind Garden, Inc. www.mindgarden.com. Luthans, Fred, Avolio, Bruce J., and Avey, James B. 2007. Psychological Capital(PsyCap) Questionnaire(PCQ). Mind Garden, Inc. www.mindgarden.com.

的领导实践:本体论模型"的 6 个课前阅读资料,该课程是 2010 年 6 月在德州的得克萨斯农工大学梅斯商学院讲授的。

■ 课前阅读资料 1—3,网址为 http://ssrn.com/abstract=1513400

这个文件(由 Erhard、Jensen 和 Granger 编辑)是我们为整个学期的领导力课程安排的 6 篇课前阅读材料的第 1—3 篇。PDF 文件包括下列 3 篇文档:

"普通人成为领导者的转型体验。"

(主要内容选自沃伦·本尼斯和罗伯特·托马斯的"Crucibles of Leadership",2002,第 2 章的大部分选自比尔·乔治的"Authentic Leadership",2003,至于"crucibles",我们得到了再版许可,并做了注释。)

"创造利用你的背景的方法。"

(主要内容选自 Carol Dweck 的"Mindset: The New Psychology of Success",2006,我们做了注释,对比了"固定的思维和增长的思维"。)

"教育扩展思想",Jamshed Bharucha(2008)

http://www.edge.org/q2008/q08_16.html#bharucha

■ 课前阅读资料 4

正直:领导力的前提(Karen Christensen 对 Jensen 的采访)

http://papers.ssrn.com/abstract=1511274

■ 课前阅读资料 5

正直:整合了道德、伦理和法律的规范现象的积极模型——删减版(Erhard,Jensen and Zaffron)

http://ssrn.com/abstract=15427594

■ 课前阅读资料 6

领导者状态和有效的领导实践:本体论模型的入门读物(Erhard,Jensen,

Zaffron and Granger)

http://ssrn.com/abstract = 1585976

参考文献

Avolio, B. J., Gardner, W. L., & Walumbwa, F. O. (2007). Authentic Leadership Questionnaire (ALQ). Mind Garden, Inc. www.mind garden.com.

Barucha, J. (2008). Education as stretching the mind. http://www.edge.org/q2008/q08_16.html#bharucha (accessed 21 December 2010).

Bennis, W., & Thomas, R. J. (2002). Crucibles of leadership. *Harvard Business Review*, 80, 39—45.

Clancey, W. J. (1993). Situated action: A neurophysiological response to Vera and Simon. *Cognitive Science*, 17, 87—116.

Dweck, C. S. (2006). *Mindset: The new psychology of success.* New York: Random House.

Erhard, W., Jensen, M. C., & Group, Barbados. (2010). A new paradigm of individual, group and organizational performance. *Harvard Business School NOM Unit Working Paper* No. 11-006; *Barbados Group Working Paper* No. 09-02. Available at SSRN: http://ssrn.corn/abstract = 1437027

Erhard, W., Jensen, M. C., & Zaffron, S. (2008). Integrity: A positive model that incorporates the normative phenomena of morality, ethics and legality. *Harvard Business School NOM Working Paper* No. 06-11; *Barbados Group Working Paper* No. 06-03; *Simon School Working Paper* No. FR 08-05. Available at SSRN: http://ssrn.corn/abstract = 920625

Erhard, W., Jensen, M. C., Zaffron, S., & Granger, K. L. (2010). Introductory reading for being a leader and the effective exercise of leadership: An ontological model. *Harvard Business School NOM Working Paper* No. 10-091; Barbados Group Working Paper No. 08-01; *Simon School Working Paper* No. 08-02; Available at SSRN: http://ssrn.com/abstract = 1585976

George, B. (2003). *Authentic leadership: Rediscovering the secrets to creating lasting value.* San Francisco, CA: Jossey-Bass.

Hawkins, J., & Blakeslee, S. (2004). On intelligence. New York: Henry Holt LLC.

Heidegger, M. (1996 [1927]). Being and time. (Joan Stambaugh, Trans.). Albany, NY: State University of New York Press.

Mezirow, J. (2000). *Learning as transformation: Critical perspectives on a theory in progress.* San

Francisco, CA: Jossey-Bass.

Libet, B. (1993). *Neurophysiology of consciousness: Selected papers and new essays.* Boston, MA: Birkhauser.

Luthans, F., Avolio, B. J., & Avey, J. B. (2007). Psychological Capital (PsyCap) Questionnaire (PCQ). Mind Garden, Inc. www.mindgarden.com.

Phenomenology Online. http://www.phenomenologyonline.com/inquiry/11.html (accessed 21 December 2010)

Shaw, G. B. (1903). Man and superman, epistle dedicatory to Arthur Bingham Walkley. http://www.gutenberg.org/files/3328/3328h/3328-h.htm#2H_4_0001

Smith, D. W. (2009). Phenomenology. Stanford Encyclopedia of Philosophy. http://plato.stanford.edu/archives/sum2009/entries/phenomenology/ (accessed 29 June 2OLO)

第十七章

变革型领导力发展项目
——创造持久的改变

Manfred F. R. Kets de Vries
欧洲工商管理学院,欧洲管理与技术学院
Konstantin Korotov
欧洲管理与技术学院

本章主要讲述创建变革型领导力发展项目(Transformational Leadership Development Programs)的原则,该项目引发了高管人员的思维和行为的长期改变。变革型领导力发展项目被认为是一个过渡过程,高管们可以在其中进行自我学习和反思,而不受日常环境的束缚。变革型领导力发展项目的教学方法是基于一种临床范式(clinical paradigm),强调理性的错觉、挑战人们看到意识层面之外的事、过去对现在的思维和行为的影响、移情和反移情的重要性、情感的作用和激励机制对于人类行为的重要性。然后进一步阐述了基于这种临床范式的变革型领导力发展项目的组成部分,以及其对设计和实施项目的教务人员的要求。接着讨论了项目成果的评估,以及为什么有的参与者在完成项目后会做出离开组织的决定。最后还提供了把我们所讨论的原则应用于高管教育公开课项目和 EMBA 课程中的范例。

从前,在一个遥远的地方,住着一位充满智慧的国王,他的臣民中有一位名叫 Gabriel 的村长。村长有三个儿子,年龄最大的叫 Roland,是三个儿子中最有才华的。鉴于 Roland 的能力，Gabriel 希望他可以成为国王的顾问，所以把他送到了当地最好的学校去学习政治学。

Roland 学完了学校教授的所有知识后，他的父亲把他带到国王面前。Gabriel 说："伟大的国王，这个年轻人，是我最有才华的大儿子，他专修政治学，知道您很欣赏有才华的人，所以他希望可以在您的皇宫里谋求一份重要的职位。"

国王头都没抬，只是说："一年之后再来。"

Gabriel 虽然有些失望，但依然怀着很高的期望。他把 Roland 送到国外一个著名的学术中心，这样他回到国王身边之前的这一年时间就不会浪费了。一年之后，他和 Roland 又一次来到国王的殿堂，他说，"伟大的国王，我的儿子刚完成了漫长而冒险的继续学习之旅。请检验他，看他是否有资格来您的皇宫"。

国王毫不犹豫地说，"让他一年后再来吧"。

Gabriel 非常沮丧，但并没有表现出来。他让 Roland 穿越大洋去了希腊和意大利，去学习西方文明的根基；接着又去了中国和印度，去熟悉它们古老的文化和宗教。当他们再一次来到皇宫时，Gabriel 向国王讲述了 Roland 这一年的精彩事迹。但是国王只是看着他，然后说，"或许他应该明年再来"。

Roland 被他的父亲送到了美洲，从北到南旅行，沿路参观了所有的学术中心。当他的父亲再一次把他带到国王面前时，国王说，"现在去找一个老师，如果有人愿意收你，一年后再来"。

但是一年之后，当 Gabriel 想要带他的儿子去皇宫时，Roland 已经不再感兴趣了。他更喜欢与他的老师讨论哲学和科学。不管他的父亲如何劝他重返皇宫，都是徒劳无果。最后，Gabriel 放弃了："我是这个世界上最不幸的父亲，我为了让我的儿子在皇宫里得到一个职位浪费了所有的时间和钱财，现在他失去兴趣了，我为这个没有达到国王所设定的标准的人感到悲哀！"

一段时间后，国王对他的顾问们说："我们去参观我们主要的学术中心吧，那里有一个我想见的人。"

当国王和他的朝臣们来到学术中心的时候，Roland 的老师带他来到国王和朝臣们站立并等待的大门口。"伟大的国王，"老师说，"这个年轻人拜访您的时候一点名气都没有，但是现在您却来拜访他了。带他去做您的顾问吧，他已经准备好了。"

领导力发展不是一蹴而就的

这个寓言故事说明,领导力发展不是一蹴而就的。尽管很多人(包括那些正在参加领导力发展项目的人)总是急于看到结果,但是速战速决的方法对每个人提出了不切实际的期望。一些骗人的项目所承诺的"立竿见影"不符合领导力发展的规律。据我们的经验,这样的项目很少能产生持久的效果。**不管你是否喜欢,领导力的发展都需要时间——它不可能在一夜之间完成。**

具有讽刺意味的是,尽管领导力问题的暴露需要时间,但一旦涉及解决方法,人才发展领域的人们总是缺乏耐心。他们更喜欢立即得到答案,立即产生改变。但是如果对人的发展有所了解,就应该知道成长是需要时间的。**领导者的培养不可能通过单一的事件实现,它是一个过程。**

领导力发展是一件严肃的事情。是否在教育机会上进行投资,是区分伟大企业和平庸企业的标志。忽视这一点的组织是有风险的。高层领导有责任了解人们的发展需求,帮助他们学习新技能,为他们提供职业发展和个人成长的机会。留住人才就像是推着一辆装满青蛙的手推车,如果不好好看管,它们可能随时跳出车子。

高管们需要使组织成员的目标与组织目标协调一致。他们对人才管理负有最终责任。总之,为了建成一个可持续发展的组织,他们必须监管领导梯队的发展。他们必须努力使人们发挥出最大的潜力,创建高效的团队和组织。如何做到这一点,是另外一个问题。从经验中我们已经知道,领导力发展对不同的人意味着不同的内容。

在商学院和企业开展高管培训项目时,我们发现,参与者们有一个普遍的目标,就是使他们的职业和个人生活产生真正的改变。许多参加项目的高管都希望自己的职业生涯可以前进一大步,希望自己可以获得进步所必需的能力。还有一些参与者认识到,自己只是"行尸走肉"般在工作;尽管不愿意公开承认,但他们对自己从事的行业感到厌倦,希望变革型领导力发展项目可以帮助他们打破陈规,重新发现自我。不管他们从事什么行业,可能乍看上去很成功,但对他们都已失去意义。还有一些人想要追寻那个难以捉摸的东西——意义。他们在追求利益的同时,也心怀某种目的;希望为这个世界留下些什么。有些人参加领导力发展项目是公司对他所提供服务的一种奖励,也是公司认可其业绩的表现。对于其他人,参加这个项目的原因可能简单得多:为了掌握使他们更加有效地领导的专业技能。比如,高管们想提高他们的情商、他们的远见卓识和创建团队的能力,或者是因为他们被告知他们需要调整自己的风格以适应变化的环境。

我们的经验显示,一个忙碌的高管参加领导力发展项目,特别是参加开放注册项目(申请过程是自发自愿的,而不是被人力资源部门强加的),是为了寻求支持和帮助,以实现自己某方面的改变。相同的动机也适用于参加 EMBA 项目的高管们。EMBA 项目中的领导力板块不同于其他板块,被认为是课程中至关重要的一部分(是我们从学生在录取面试和课后评估的评论中了解到的)。根据高管们的反馈,他们最主要的动力包括:更多地了解自己,反思自己的生活,能够"提升"或"重新发现"自己等(Kets de Vries, Guillen-Ramo, Korotov, & Florent-Treacy, 2010; Kets de Vries & Korotov, 2007; Kets de Vries, Korotov, & Florent-Treacy, 2007; Long, 2004; Petriglrieli & Petriglrieli, 2010)。换句话说,他们在寻找"蜕变性学习经历",这是一个经常用来描述帮助高管们处理上面这些问题的项目的词。

我们把变革型领导力发展项目定义为运用专门方法为高管们创建一个转变性、中介性的空间,让他们能够"玩"虚拟的游戏,体验外部和内部的世界。这些转变现象属于基于原初经验的幻想(Winnicott, 1951)。这些虚拟的游戏给了他们自由去确定和练习想要实现的行为改变——这些强有力的活动能够制造带来改变的转折点(Kets de Vries & Korotov, 2007)。为了启动这个转变过程,教学方式一定要和高管们的期望相符合:增强自我意识,克服个人障碍,获得一个更完备的行为指令系统(repertoire of behaviors)。

学习领导力的人都知道,要想有效领导,必须具备以下能力:**反思自己的行为,理解这些行为会对追随者产生何种影响,理解可观察的行为与自己内心的信念、理想和动机,以及内心世界中"其他部分"的一致性**。但是,把自己作为工具反思自身、(必要时)思索自己的内心世界对自己和他人行为的影响,不是一件自动就会的事情。事实上,自我反思的能力和现代领导者只注重行为的观点是矛盾的。对于今天的领导者来说,行为比反思重要;在个人满足和幸福的背景下,深思自己的领导风格及其与企业成功的关系,是一件极其奢侈的事。

尽管行动导向的文化很流行,但还是需要找到帮助忙碌的高管们反思自己领导风格的方法。如果设置得当,一个开放注册的领导力发展项目将被看作一个宝贵的机会,可以处理那些积累了数年却没有得到公正的机会去处理的棘手问题(表现为希望、幻想、恐惧、焦虑、机会和危险等形式)。留出时间进行反思并养成反思的习惯,会对高管的转变产生影响,从而可能实现高管们为了做到最好而想要做出的改变。

为了满足这些需求,我们致力于设计一些转变性的活动。我们不遗余力地创造空间,鼓励高管们进行反思、探索和试验。这个过程——伴随多种形式的个人反馈——增加了参与者们接受个人改变的可能性。我们希望经过这些努力,他们可以更有效地领导他人、领导企业变革以及创建高效的团队和组织。同时我们也希望他们个人的幸福感会提升,达到工作和生活的平衡。

我们的领导力发展项目旨在吸引那些有大量组织领导经验的人。虽然与经验丰富的高管们共事具有激励和促进作用,但是它有好的一面,也有不好的一面。一方面,不需要反复强调领导力在企业中的重要性、领导者的表率作用,或者领导对下属的影响;另一方面,用不同的方法做事情——对这些人产生真正的影响——会是一个很大的挑战。

我们的项目中,在对较为传统的领导力教学(定义、方式和理论)进行了总体的描述之后——很多参与者已经对其中大部分内容比较熟悉了——我们接下来会进一步讨论被人们认为是更严肃的心理学的内容,讨论一些话题,比如对变革的抵触、领导的"黑暗面"、社会防卫、群体动态、工作调动的影响、人际冲突、真诚领导、社会责任以及对意义的追寻。为了使这些主题更便于理解、更生动,我们运用了非传统的方式进行介绍。我们让参与者好像站在一面镜子面前,让他们意识到组织生活中还有很多他们可能没有注意到的事情,他们当前的做事方法可能不再有效。

让他们看这面镜子并不容易。他们可能不喜欢他们所看到的,也不吸收他们得到的信息。他们承认有些事情是不起作用的,但大部分人都确信,他们做的是正确的事,或者没有别的更好的事情可以做。在商业领域中,客户永远是对的,但在我们的领导力发展项目中,客户通常是错的——因为客户不希望看到。我们必须让参与者认识到,过去可行的那些领导方法可能不足以应对现在和未来的挑战。这不是一个简单的任务。正如哲学家 Seneca 所言,"要忘记花了很长时间学来的东西,过程是缓慢的"。

临床范式

为了应对经验丰富和(看上去)成功但有些"固执"的领导者,我们的项目设计是以临床范式为基础的(Kets de Vries,2006a,2006b,2011)。临床范式是从以下前提得出的:

- **理性是一种错觉**

非理性建立在理性的基础上。"非理性"行为是我们生活中的常见模式,尽管这些行为都是有"原因"或者意义的。我们做的所有事情都不是随机的。精神决定论是生命的现实。理解这个原理对于我们弄清自己和别人的内心世界——影响性格和领导风格的核心主题——具有重要意义。

- **看到的不一定得到**

很多发生在我们身上的事情都在我们有意识的觉察范围之外。我们的大部分行为往往是无意识的。为了更好地理解无意识模式,我们需要探索自己和他人内心的愿望及幻想;我们需要注意我们和他人生活中重复的主题及模式。

- **过去是一面透镜,通过它我们可以理解现在,创造未来**

我们所有人都是过去生活的产物。不管你喜欢与否,过去和现在都是紧密相连的。我们倾向于通过过去的经验来看现在的事情。正如俗语所言,"推摇篮的手统治着世界"。我们的性格是早期环境发展的结果,也受到遗传基因的影响。为了理解我们的行为,我们需要探索自己的人际"历史",包括我们最初的依恋关系。

- **我们必须懂得移情和反移情关系的重要性**

因为早期生活打下的深刻烙印,我们往往采取特定的行为模式。为了理解是什么造就了我们今天的行为模式,我们需要探索自己的人际关系。我们最初的依恋关系(和第一位照顾者的关系)的演变会影响到我们的行为模式中适应和不适应的方面。就像我们过去的生活中有一些重复性的主题一样,这些主题会在我们当前的人际关系中被激活。为了理解自己和别人的行为,我们需要认清这些重复发生的主题和模式。有问题的关系模式(在学术上被称为移情和反移情反应)为探索和解决当下的难题提供了一个很好的机会。探索过去和现在的关系是具有启发作用的,因为它使我们从格式化的、根深蒂固的行为中解放出来。

- **没有什么比我们表达和控制情感的方式更能说明我们是谁**

理智上的认识不同于情感上的认识,情感上的认识能在更深的层次上触动我们。情感在决定我们是谁和我们做什么上发挥着极其重要的作用。在了解我们自己和他人的过程中,我们首先需要留意自己的情感和进行全方位的情感体验。情感决定了我们的很多行为,情商在决定我们是谁和我们做什么上发挥着重要作用。

- **我们都有盲点**

关于自己,有很多事情是我们不想知道的。我们都有阴暗面。我们用自己的防御机制和阻力去避免有问题的经历。很多人犯错是由于自己性格中的盲点。但是对回避痛苦的想法和感受的探索,能帮助我们更加了解自己和他人的性格。我们要明白抵制的出现是由于我们内心的矛盾和挣扎,接受内心的不一致是人的处境的一部分。我们也需要认识到,大多数心理障碍,在某个时间点上,是对存在的问题的适应性解决方案。

- **动机需求系统决定了我们的性格**

动机需求系统代表先天本性和后天教育的临界区域,并创建了我们精神生活的一个连锁三角形(三个点分别是认知、情感和行为)。基本的动机需求系统有五个。其中三个只是间接地影响工作。第一个包含人的生理需求,比如食物、水、睡眠和呼吸;第二个包含人们对感官享受和(之后的)性生活的需求;第三个包含人们通过对抗和拒绝表达对某些情境的反感的需求。有两个系统直接而强有力地影响了工作:情感/归属感的需求以及探索/被肯定的需求。人类最为本质的需求在于情感/归属感的需求——体现为寻求与他人的关系,努力成为更大事件的一部分。对情感的需求会促进人与他人的交往;想要和他人更加亲近,享受分享和被肯定的快乐,是人类共同的需求。当对亲密关系的需求扩展到群体中时,对亲密关系的渴望可以描述为对归属感的需求。依恋感和归属感都是通过确认个人的自我价值和促进自尊感起到平衡情感的作用。另外一个对职场有重要作用的需求——探索/被肯定的需求——包括游戏、思考、学习和工作的能力。与人们对情感/归属感的需求一样,这些需求在人生初期便已形成。出于探索/被肯定的需求而进行的有趣的探索和对环境的掌控,会让人产生一种关于效能、能力、主动性、自主权和勤勉的感觉。

通过运用临床范式,我们的目标是帮助高管们反观过去的经历,扩大选择的自由,探索生活中新的挑战,并更加了解自己当下的选择。要保持健康的行动,首先需要我们对自己不感到陌生。我们需要将自己从过去经验的束缚中解放出来,去面对生活中新的挑战。变革型领导力发展项目中的临床范式给参与者们提供了一个透镜,通过这个透镜可以看到自己行为的脚本——也就是可以在自己内心找到的那个"剧本"(McDougal,1985)。舞台上的关键演员是在高管过去的生活中发挥重要作用的人和关系,通过无意识的联系,继续影响着人的情感、行为和风格,甚至他们所塑造的企业文化(Kets de Vries & Miller,1984)。我们相信,在临床范式的帮助下,高管们如果真的想,就能够实现巨大的改变,克服有效领导和幸福生活的内在障碍,与组织中的关键部门建立更富有成效的关系。

把这个范例引入我们的领导力教育中意味着,作为教育者,一方面,我们必须引起参与者对探求心理世界的渴望,另一方面,鼓励勇气,增加信任,使参与者同时成为研究、调查的主体和客体。然而,我们注意到,参加我们项目的高管们通常是他们组织中变革的发起人或代理人,也就是说,他们总是尝试改变别人。我们的挑战是帮助他们改变自己,使他们在帮助别人改变时更加有效(Korotov Kets de Vries,2010)。

真实案例分析

为了启动转变过程,从项目一开始,我们就鼓励参与者把自己的工作和生活经历作为分析、研究的主要对象。对于这些通常有点自恋的高管们来说,这是一个有吸引力的建议。尽管我们也使用了案例分析和其他人的故事(这是领导力教育中的标准活动),但我们工作的重点还是在真实的案例分析上。没有什么比给我们的参与者机会谈论他们自己、他们的希望和恐惧以及他们面对的挑战更加有效的了。

根据临床范式的宗旨,我们会创造条件帮助参与者发现无意识的力量,他们的隐藏面,有秩序的生活中的不理性的部分,互相联系的认知系统、情感和行为,以及过去对于今天的行为的影响。这一点成为我们变革型领导力发展项目中的一个重要问题:我们一次又一次不遗余力地告诉参与者们,那些在过去合适的解决方案可能不再适用于现在的情境了。

研讨会前的心理工作

我们相信,对于我们心目中的观众——寻求改变机会的高管们——来说,在他们进入教室之前,学习过程就应该开始了。他们学习过程的一个很重要的部分是申请过程和候选人面试。在他们被项目接受之前,我们要求他们进行反思性的随笔写作。除此之外,我们还进行面试和电话访谈。这样做帮助我们更多地了解参与者们,也给我们机会评估他们与这个项目之间的匹配度。主要目的是,让他们了解,如果被批准进入项目的话,我们希望他们完成的教育和心理活动。这些初期活动的目的是建立他们的期望值,增强他们的好奇心,开始整个学习过程——所以,当他们第一次走进教室时,项目已经进行一段时间了(Korotov, 2005, 2006)。

我们重申(正如开篇的故事所说的),我们认为高管培训应该进行多模块化设计,以较长的认证项目的形式进行,而不是较短期的一次性的活动。多模块化设计允许参与者们把从课堂上学到的内容应用到实际生活中,实践他们所学到的内容,获得反馈,然后再把这些经历带回到课堂上进一步反思和分析。多模块化设计有利于对个人发生的变化进行评估。通过向全班汇报、在小组中汇报、向教练汇报、向教员汇报,我们可以更好地评估所取得的进步。这些进步他们自己、他们的参与者同伴和项目工作人员都能看到。根据我们的经验,单一的事件不易引发改变。

反馈过程

高效的领导力发展项目是从反馈开始的。以他人看我们的方式看自己,可以促使自己做出改变。这也是为什么多模块化设计如此有效;时间较长的项目才能使用反思方法——帮助高管们看清自己的立场,以及自己在别人心目中的形象。我们为参与者提供了360度评估。与我们一起合作的包括全球高管领导力调查(GELI)、性格盘点(PA)、领导类型问卷调查(LAQ)、内心世界调查(ITI)、企业文化盘点(OCA)(Kets de Vries, 2005; Kets de Vries, Vrignaud, Florent-Treacy, 2004; Kets de Vries, Vrignaud, Korotov, Florent-Treacy, 2006)。

我们需要补充说明的是,许多参与者在被批准参加项目之前,就已经接触了(或许过度接触了)不同的360度评估。这些评估是人力资源部或其他相关部门培训活动的一部分。这并没有关系,但是让我们担心的是,越来越多的公司采取多方评估方法,却没有认真对待汇报过程——这产生了大量的负面后果。为了避免落入程式化使用这些工具的陷阱,我们特别注意这些工具的引进方式,以及它们与项目整体目标之间的联系。我们还为参与者们展示了那些来自不同评估者的最佳反馈资料(在我们的心目中,最佳反馈资料应该包括丰富的评论,而不只是数字性的回答)(Korotov,2008a,2010b)。

处理来自一个或多个评估工具的反馈的过程,包括由教师和领导力教练帮助高管们理解调查结果的环节。为了充分地分析这些材料,我们会让参与者们参加个人或临床小组的教练活动。我们发现最有效的汇报方式是小组教练方式,它允许小组成员进行同伴教练(Kets de Vries et al,2010;Kets de Vries et al,2007;Korotov,2010a)。

在有关反馈工具和汇报过程的领导力开发工作中,我们也强调了参与者应该回到受访者中,与他们(特别是与他们的上司)交流自己的反馈。通过鼓励参与者们以这样的方式回应反馈,我们希望进一步强化他们做出改变的决心。调动其他人来帮助他们开始改变的过程很重要,特别是那些他们经常遇见的人。

上文提到的教练活动的成果之一是完成一个行动计划。在这个计划中人们可以选出两到三个愿意做出改变的领域。我们鼓励参与者与他们的同伴教练分享行动计划——同伴教练就是另一位项目参与者,其任务是在项目进行过程中或项目结束之后,与这位参与者保持联系。教练的角色是监督者、回音板和陪练。教练会提醒高管们他们在项目过程中做出的承诺(Kets de Vries,2006a;Korotov,2008b)。教练、行动计划以及同伴教练的后续跟踪可以确保参与者们持续进行学习,而不会返回到先前的行为模式中。人际学习、支持、自我启迪和洞察力在创建蜕变经历的过程中发挥着重要作用。鉴于我们项目的多模块化性质,参与者们在日常生活中可以得到充足的机会实践新的行为,然后回到项目中,向小组、教练、教师汇报。这样,就形成了一个行动和反思的良性循环。

讲故事

正如上文提到的,真实案例分析在我们的项目中占有重要地位。所有的参与者都被邀请"讲故事"。参与者们一个接一个地自愿在课堂上讲述他们的故事,我们把这称为"坐热座"。参与者们深深吸引了全班学生的注意力,让他们沉浸在联想之中。然后他们会听观众们讲述自己的想象、感觉、联想、比喻和共鸣。目的是给每一位参与者提供把讲故事作为学习工具的机会(McAdams,1993;McLeod,1997;Rennie,1994;Spence,1982)。不仅讲述自己的故事可以促进对自我的洞察,聆听别人的故事也可以通过投射、移情和身份认同,更好地了解自己(Balint,1957;Balint,Ornstein,Balint,1972;Etchegoyen,1991;Kets de Vries,2007)。

◆ 变革型领导力发展项目举例

在附录17.1中我们描述了欧洲工商管理学院全球领导力中心的"领导力挑战"项目。这个项目以临床的/系统的范式原则为基础,定位为给高管提供转变机会。这个项目(已经有超过20年的历史)被参与者和教员们(半开玩笑地)称为"CEO循环研讨班"。它的结构、流程和内容的很多方面都被应用于其他致力于帮助高管拥有一个有意义的情感体验的项目中(比如"领导力挑战"中的原则和方法已经被应用于欧洲管理与技术学院的EMBA项目中的领导力发展部分,见附录17.2)。

项目有效性

关于变革型领导力发展项目有一个被经常提到的问题,那就是如何评估领导力发展项目是否对参与者产生了深刻影响。像所有领导力项目的设计者一样,我们在这方面面临着方法的挑战(Yorks, Beechler, Ciproen, 2007)。如果我们有实验室的话,我们会设置一个对照组,组里的成员是几乎完全相同的、面临相似问题的高管们,但是没有参加变革型领导力发展项目。此外,为了保持一致,我们应该运用相同的领导力测量方法,拥有相同的观察者,而且要考虑到所有妨碍这个过程的潜在的误差。并且,从方法论的角度来说我们应该把项目的成效与其他可能的影响因素区分开来。

这个设计从理论上说很好,但是实行起来却是另外一回事。研究员们不应该忘记,人们不参加商学院和领导力项目也会学习、改变和成长。为了调查项目是否会真正长期影响人们,我们需要进行长期的检验,这让创建受控条件变得更加复杂。由于天然的设计局限,这个调查对于真实企业里真实的领导者太不切实际了。组建一个由高管组成的受控组以检测个人的变化,是一件不可能做到的事。

因此,为了评估改变,我们选择了一个设计上实用而且对参与者有教育意义的方法:在项目进行过程中持续对个人进步进行评估(与在项目结束后评估相反),并结合来自参与者同伴、教师和教练的不断反馈。我们进行的不是一个简单的输入—改变—输出的过程,而是一个反复的过程。通过这个过程,参与者们不仅可以重新认识这个世界和他们自己,而且会从心底里认识到应该继续这个发展过程(Florent-Treacy,2009;Korotov,2005,2006;Kets de Vries Korotov,2007;Kets de Vries et al,2007)。换句话说,对于进步的评估是参与者的改变过程的一部分,也是他们的项目活动的一部分。

为了对项目的长期有效性进行评估,我们对欧洲工商管理学院2005届"领导力挑战"项目毕业生做了一个调查(Kets de Vries, Hellwig, Guillen-Ramo, Florent-Treacy,Korotov,2009),目的是调查参与者们是否发生了改变,以及这些改变是不是项目的成果。大约有一半的毕业生($N=11$)同意参加我们的调查。虽然我们意识到样本人数不多,但鉴于参与者的职位都很高,我们认为有这么多人同意参加已经很成功了。研究结合了对项目毕业生多次进行的360度反馈的信息和他们在项目结束后进行的准结构化的访谈中收集的定量信息。

在2005届毕业生再次进行"全球高管领导力调查"之前,我们邀请项目中的两位教员预测这些高管们改变的程度。预测是基于录取面试时的记录、多次问卷调查的结果,以及项目过程中与这些参与者的接触。我们在自愿参加的毕业生得到第二次360度评估的结果之前,对他们进行了访谈。通过对访谈记录的分析,我们发现,在"这个项目使他们的哪些方面得到改变"这个问题上,参与者反复提到的有:

- 深度的自我分析提升了自我觉察,有助于发现阻碍个人提升的障碍;更清楚地了解自己的独特之处以及自己的职业和人生理想及目标是什么。
- 行为模式的改变,使得倾听能力、团队建设能力、绩效管理能力、反馈给予能力,以及其他以人为导向的行为得到改善。

当被问及是什么让他们在行为和领导风格方面做出改变时,参与者们把自身的改变归功于项目中的下列环节:

- 小组教练似乎是提升自我觉察、增强小组成员对实现自身发展目标的承诺的主要方法。
- 行动计划帮助参与者们聚焦于需要做的事情上,也是加强承诺的机制。
- 在不同模块之间进行的新行为试验,是继续学习和运用反馈进行自我提高的重要方式。
- 与学习社团(由项目成员组成)保持联系被看作是现在和未来可能的个人改变的基础。

这些更结构化的发现证实了我们在领导力发展项目中所观察到的。多模块化形式有助于监督参与者的改变和跟踪他们在项目中的发展。在监督他们的进步的过程中,"坐热座"的经历和反思文章的内容很重要。这些文章是在每个模块结束时写的,是整个发展旅程的里程碑(Florent-Treacy,2009)。其他进步的评估方法包括定期电话会议和项目结束后对参与者的访谈(Korotov,2005,2006),与教练和教员讨论也是项目分析和反馈工作的一部分(见附录17.2)。

改变的轨迹

很明显,改变不是仅仅在课堂上发生。很多改变工作是在课堂之外完成的。项目内外的经历培育了我们所称的"治疗社团"——一个微型社会,在那里,参与者、教练和教员可以一起帮助参与者实现改变(DeLeon,2001)。在这样一个社团中,面对一些可能不恰当的行为模式,参与者很难对改变持抵触态度。由于他人的推动,每个参与者都开始意识到,需要停止或开始的事情与理想的未来状态之间的联系。通过这个过程,他们可以找到开始改变过程的方法。他们学会了留心阻止改变的障碍,同样重要的是,认识到需要哪些人参与到改变过程中来(上司、下属、同事、专业社团、家庭成员、治疗专家、教练,等等)。在他们的同事、小组教练和教员的鼓励下,改变的过程成为现实。在领导力发展项目过程中,他们已经掌握了很多跟踪他们的进步和得到反馈及支持的方法。另一个使这个过程进一步加快的方面,是他们掌握了一种看待事情的方式——他们得到了一个新的看待世界的透镜——这个透镜有助于处理现在和未来的改变。比如,他们将能够把自己作为反思工具,提高自己的情商,会变得像"心理侦探"一样富有洞察力。

在改变过程中,一些变量发挥着作用。

- 对改变的需求的具体化:看到改变的需求与个人理想的"改变后"状态的联系。
- 在过去的状态与现在和未来的状态之间建立联系的能力:根据过去的需要改变的经历,辨别根深蒂固的行为。
- 承担对当前状况和期待结果的责任:在改变的过程中增强自信心。
- 拟订一个包括时间表和课堂内外不同形式的行为试验的行动计划。
- 反思自己所做试验的能力:获取他人对于自身进步的反馈,运用社会支持机制进行引发长久改变的试验。

- 学习如何使别人参与到个人改变的过程中:例如,和教练一起工作,参加同伴教练活动,有效利用反馈。
- 认识到个人改变不是一蹴而就的,而是一个长期的发展过程。

我们的项目不是那种治标不治本的类型,这给了我们很大的满足感。帮助他人实现更好的发展促动了我们内心的利他动机。为了在之前的参与者们的人生道路上持续地帮助他们,我们努力与他们保持联系——校友活动也有助于跟踪他们的进步。个人的发展不会因为课程的结束而结束。

我们承认,有些参与者为改变付出的努力并不是百分之百成功的。我们也承认,我们的项目有不利的一面。经过这样一个紧张的个人成长的旅程,他们或许会意识到,他们看待自己的方式可能和公司的期望并不符合。这种认知上的分歧可能导致他们离开公司。

有些参加完变革型领导力发展项目的学生会问自己,是否还应该待在原来的组织。很自然地,这会引起发起项目的高管、人力资源部的担忧和紧张。然而,人们不会仅仅因为参加了领导力项目而离开公司。课程只是提供了一个空间,供他们探索已经存在了一段时间的问题。当个人面临很重要的问题,却不能在传统的企业环境中讨论时,可能会引起压力和焦虑。为参与者们提供一个无压力的机会去探索自己的问题,包括与他们当前的员工和职业路径之间的匹配度,通常成为他们发展旅程中很宝贵的一部分。探索自己是否在正确的轨道上带来的压力通常会阻止人们认真地分析这一问题。变革型领导力发展项目提供的环境、工具和支持结构通过使问题合理化减轻了一部分压力。

参加过项目后,有些参与者会更有动力运用自己的见解和改变性试验,在现在的组织中取得进步(我们确实听他们说,压力减轻了,目标更加清晰了,从项目的学友那里得到了更多的自信),但也有一些人会选择离开组织。我们理解这对于发起项目的高管和人力资源部的人来说,是一件令人沮丧的事情。他们可能还在期待这些人参加完项目之后,回到公司带动销售额的增长,结果他们却想做完全不同的事情。我们一直认为,人们有权利认识到自己被一个不适合的工作困住了。因为这个项目,他们清楚地意识到,过去的工作让自己有一种不舒服的感觉。比如,他们意识到自己的思维和公司的企业文化并不相符。在这种情况下,双方分开各走各的路反而是一件好事。一次一次地重复做相同的事情却期待不同的结果是不理智的。参与者可能会因为参加这个变革型领导力发展项目,发现其他实现自己潜能的机会。

 ## 经营这一项目需要胆识

设计、营销和实施变革型领导力发展项目是需要胆识的。创建一个以临床范式为基础的变革型领导力发展项目需要知识、技能,以及传统的商学院学者往往不具备的一种态度。想要帮助别人做出改变的教员们必须精通人的行为、群体动态、短期心理疗法的原则、激励性访谈和矛盾干预的技巧以及其他方法(Kets de Vries,2011)。他们也需要深刻理解什么是管理。

在这样的项目中,教师不仅仅是某些具体学科的知识库,更是搭档、向导、知己,甚至扮演过渡性的"父亲/母亲的角色"——这些角色并不适用于每一个人(Kets de Vries Korotov,2007;Korotov,2005,2006)。教员会花大量的情感精力与参与者们交流并挑战他们,同时表示对他们的关心和理解。这对教员的时间要求要比传统的项目多得多。毫无疑问,"苏格拉底式"的角色远远超出传统的高管培训项目的要求。

此外,一个理想的领导力发展项目的教员和项目指导师在他们努力帮助别人之前,自身就应该经历一个自我探索、试验和改变的过程。他们也许需要定期的监督,使他们认识到自身存在的可能引起周围人负面反应的不理智的行为(Levinson,2007)。

但是,这种针对领导力发展的临床方法会帮助参与者在将课堂上学到的知识应用于企业、事业和个人生活的过程中,取得显著的进步。很明显,把这种方法整合进项目设计中,明显不像选择一个案例或一组幻灯片那样简单。然而,在临床导向的项目中工作的回报是非常大的,特别是当参与者在项目后期表现出自由、热情和自信,以及项目结束数月或数年后,参与者与教员依然能保持联系时。

经营这样一个项目是一件很困难的事,它要求教员不断地审视自己、自己的内心世界、自己对待参与者及其挑战的方式。他们甚至可能发现,所谓变革型领导力发展项目,意味着他们自身也要做出一些改变,以便帮助他人更好地实现改变。引用柏拉图的一句话,"我们能够很容易原谅一个害怕黑暗的小孩。**生活中真正的悲剧是成人害怕光明**"。

附录 17.1

欧洲工商管理学院"领导力挑战"项目——变革型领导力发展项目示例

欧洲工商管理学院全球领导力中心每年都有一个"领导力挑战"项目,这是一个开放注册的领导力发展项目,目标是培养具有反思能力的领导,使他们能够重新发现自己和他们的企业。项目从全世界众多申请人中选出 20 位高管。促使这些看上去很成功的高管们申请这个项目的原因,通常是他们面临无法解决的困境。有时这个困境是关于对自我的负面情绪,有时是对世界和他人的看法使得实现个人理想成为一件看上去不可能实现的事情。通常情况下,这个核心挑战在申请人申请项目的时候,不会在申请表中明确地表述出来,甚至他们心中也尚未形成清晰的想法。

这个项目包括三场为期五天的工作坊,每两期间隔两个月,六个月后会有一个为期四天的最终模块。每个工作坊会帮助参与者对自己有更多的了解。在这些知识的基础上,我们希望参与者能签署一个"个人改变协议",确定他们在工作坊之外,如何在工作和生活中做出改变的努力。因为小组领导力教练和接下来的同伴教练是项目设计的一部分,所以参与者们会相互监督课后作业的完成情况。尽管工作坊的基本素材是每个参与者的真实案例分析,但是第一周也会包含一些关于高效组织、企业文化、兼并与收购的影响、有效和无效的领导力、职业生命周期、跨文化管理和企业压力的互动讨论。

在这样的基础上,参与者可以进入工作坊的核心模块:个人案例历史(McAdams,1993;McLeod,1997;Rennie,1994;Spence,1982)。在这个过程中,每个参与者轮流坐一次"热座",陈述自己的案例,以供小组和自身进行反思与学习。这个经历在人们发现自我的道路上迈出了积极的一步。同时对小组的其他成员也具有教育作用,当他们听到其他人的类似的问题和困难时,他们对自己的机遇和挑战也有了更多的了解。他们意识到多数问题是共通的,并不是只有他们自己觉得困惑。在案例陈述的过程中,要求其他参与者认真地倾听、自由地想象,不可以打断。陈述者讲完后,为了更好地理解所讲述的内容,人们可以提出问题。在澄清了叙述内容以后,陈述者的任务就是保持沉默并认真倾听小组其他成员的联想、解释和建议。陈述内容在听众中间引起的联想(幻想、感觉和想法)占据了课程的大量时间。我们告诉参与者使用移情和反移情观察法作为主要的工具,理解陈述者生命中那些突出的主题(Balint, 1957; Balint et al., 1972; Etchegoyen, 1991; Kets de Vries, 2007)。我们也会努力防止过快提出建议和过早结束提问。一旦反馈环节结束,陈述者会做最后陈述,评论大家的观点并表达其他的想法。

在第二次工作坊中,我们会花一些时间来处理本章提到的一些反馈工具。在本课程的第二和第三模块之间有一个教练环节,会以这些信息为基础制订一个更加完善的行动计划。第三次工作坊的重点是巩固习得的知识和使改变内化。"热座"陈述继续进行,而且随着工作坊的进行变得更加多层次和更丰富。工作坊的最后一个环节,在六个月之后举行,进一步强化内化过程并让大家对行动改变的有效性做一个总结。

除了全体成员都参加的学习之外,参与者们也会花很多时间进行课堂内外的小组学习。小组之间的互动帮助学生们巩固习得的态度和行为模式。不管是在小组学习中,还是在全体课堂上,这 20 位参与者组成了一个热烈的学习社团——一个身份实验室(Korotov, 2005)。当有小组成员倒退回他试图改变的行为模式时,其他的参与者会提供建设性的意见。到第三周的时候,许多参与者说他们对彼此的了解要多于他们对自己家人的了解。随着亲密程度的加深,全体成员课堂上的互动变得非常顺畅,大家展示出越来越高的情商,整个集体变成了一个自我分析的社团,教员要做的干预也会越来越少。六个月之后的后续环节是为了检验行动计划的执行情况。很多时候,参与者们会连续数年主动设置这样的跟踪环节。这为参与者和教员双方都提供了一个机会,可以评估某些新的行为模式的内化程度。

项目开始阶段的欢聚酒会与其他相似的场合一样,有些虚情假意。酒会上有拘谨的笑声、酒杯的碰撞声。人们到处转悠,想要遇见别人,开始对话。很多人看上去有些不自在。空气中有种紧张的气氛。应该说什么?如何与别人接触?话题从最近的政事到旅行,再到跨文化轶事。这仅仅是一次高管之间随意的聚会吗?不是这样的。虽然看上去很随意,但实际上鸡尾酒会是精心安排的。这个仪式是有目的的,是使领导力工作坊顺利进行过程中虽然尴尬但很有必要的一步。

参与者来自世界各地。现在他们正试图摸索周围的路。团体行为的专家说这种行为方式是"保持礼貌"的阶段的一部分。小组成员在融入和排斥的问题上挣扎。他们试图了解其他成员。谁被选中进入这个项目？其他参与者是什么样的？他们来自哪些国家？他们的行为表现出了兴奋和一定程度上的焦虑。一个来自火星的观众，如果看到这么多行业的领军人物聚集在一起，会觉得他们就像离开水的鱼一样，很是滑稽。仅此一次，他们不受控制。仅此一次，他们不知道该期待什么。仅此一次，他们不是一切的主宰者，而好像是其他人在幕后操纵。周围没有可以指使的人。相反，他们正紧张地伸出触角。他们互相自我介绍，与对方闲聊。有些人觉得尴尬而又不知所措。因此，有些人说得过多，这是他们处理尴尬情况的方式。另一些人试图通过喝过量的酒来消除自己的紧张。在潜意识里，他们知道，与自己在公司里扮演的角色相比，在这里保持自己的面具变得更加困难。他们陷入了一个完全不熟悉的带有特定的幻想和防御反应的情境中。他们的头脑中闪过很多想法：我为什么不待在办公室里？我为什么离开熟悉的环境？一定有更好的消磨时间的方式。我能从这个环节当中得到什么？这是不是在浪费时间？我在这里做什么？我在对我自己做什么？

这么多年来，口碑传播成为项目宣传最强大的武器，因为对很多高管来说，从人力资源副总裁或其他同事给他们项目宣传手册的那一刻起，这个过程就开始了。项目听起来很有趣。这个设计激发了他们的好奇心，刺激了他们的想象力。有些人把工作坊看成一个机会，可以做一些不同的事，从日常的办公室工作中脱离出来，休息一下，为自己做一些事。看上去这个项目可以解答一些他们一直在问自己的问题。近来，生活失去了很多新鲜感，工作的感觉也不像以前，兴奋感已经消失，工作也成了例行公事。他们陷入困境，没有新鲜的事情可以做。他们原有的探索意识和能力怎么了？他们的创造性呢？他们最后一次享受全身心投入的快感是什么时候？他们再也不会因为全身心投身于工作中而忘我了。相反，他们做的事情大多都是相同的。原有的想要达到金字塔顶端的冲动也已经慢慢消失殆尽了。

完成复杂的申请表却是一件很困难的事情。这张表问了许多私人的问题，而且回答所有问题真的是一件很痛苦的事情。这张表对MBA学生来说还可以接受，但是对于他们这个层级呢？有些问题一直都在困扰着他们——这些问题不同于通常情况下记者和投资分析师问的问题。有谁想写下自己并不擅长的事情呢？当被问及你的人生中做了哪些冒险的事，你又该如何回复呢？不管他们如何恼火，申请表上的问题种类表明这不是一个传统的高管培训项目。事实上，他们也并不想再参加一个传统的高管培训项目了，因为那些他们已经全都尝试过了。

接下来是电话面试。很突然地,电话这边有一个人,很明显是工作坊的领导者之一,会问一些古怪的问题。为什么他应该在项目中给你一席之地?你能贡献什么?你的配偶为什么事情抱怨过你?什么事情让你觉得生气?……他为什么想要了解你的这些令人匪夷所思的事?所有这些和成为更有效的领导者有什么关系?奇怪的是,在面试快要结束的时候,当这些申请者被问到是否还是想要参加这个项目时,他们全都回答:是的。当然,这个项目在他们还没有意识到的时候就已经开始了。

在第一次聚会之后有一个简短的介绍,说明研讨会的日程安排,然后游览校园,吃晚餐。这是初始环节,也是一边用餐一边进行礼貌对话的最后机会,但是他们知道这是暴风雨来临前的平静。

第二天热烈的工作坊开始了。在开始环节人们显得有些焦虑,非常期待地看着工作坊的领导者。工作坊的领导者做了一个关于情商、有效和失效的领导力以及企业中非理性行为的简短的讲座。随之,他重申了工作坊的基本前提——真实的案例分析。案例陈述将会是主要的学习方法。每一个案例都会展示一个有助于学习过程的独特的情境。他解释道,这样将会产生"没有联想就没有解释"的情况:参与者在工作坊中投入多少就能得到多少。工作坊的领导者向参与者们表明,他们要接受一个基本原则,那就是致力于一些需要解决的问题,不管是职场中的还是私人生活中的。

然后,工作坊就正式开始了。不同的参与者们如何应对焦虑取决于他们的性格特征、历史防御机制和小组的具体动态。小组展示的行为的信息将用做探索意识和无意识以及防御机制的素材。第一个案例分析就这样开始了。

 附录 17.2

ESMT EMBA 项目中的个人领导力发展路线:对个人转变行为的持续评估示例

ESMT 的 EMBA 项目包括一个领导力发展单元,称为个人领导力发展路线(Individual Leadership Development,ILDI)。这是 ESMT 课程结构性的组成部分,时长为 21 个月。这一领导力发展环节是为了帮助参与者找出他们愿意做出改变的领域,为他们做出改变提供支持机制,并鼓励他们积极地与同伴们交流。在项目刚刚开始时,ILDI就被介绍给了参与者。参与者们已经熟悉了这种方法,知道了360度方法以及使用的评估工具(比如前文提到的"全球高管领导力调查"),并对个人发展主题进行了初步介绍。除此之外,还进行了一天的团队建设训练。在接下来的一个模块中,参与者们得到了360度反馈的结果,并参加了一整天的小组教练。在小组教练结束前,制订了一个行动计划,并相互组成了同伴教练关系。同伴教练熟悉了同伴的行动计划,并同意进行定期跟踪。

在接下来的模块中,会举行同伴教练会议(Korotov,2008b)。在那些会议中,参与者和他们的同伴教练们讨论了在实现目标方面取得的进步、遇到的阻碍和困难,以及行动过程中可能的变化。同伴教练们彼此支持,并对一些想法和假设提出参考意见。过程中有一个结构性环节:同伴教练对被教练者所取得的进步进行书面总结。每个参与者需要与同伴一起总结讨论的要点,并提供一个副本。这样一个书面文件可以帮助参与者了解同伴如何评价自己的进步,并增强了他对于自身成功的责任心。这个过程也帮助担任同伴教练的一方关注同伴教练会议讨论的内容,并承担帮助同伴进步的责任。必要的时候,教员和内部教练也会提供支持及帮助。

在第一次360度评估大约一年之后,参与者会再参加一次"全球高管领导力调查",并与相同的教练小组一起,在一年前担任教练者的引导下,进行一天的讨论。这个环节的目的是,根据试验的结果和参与者的现状以及对个人转变过程的研究成果,评估已经取得的进步和讨论必须做出的改变。

ILDI活动也包括一些培养技能的工作坊,如关于谈判、领导力风格、处理无法避免的问题、应对改变的阻力等方面的。ILDI课程与其他一些必修课程,比如组织行为学、人员管理、变革咨询,以及很多选修课互相配合。这些课程包含了一系列反思活动,这些活动最后都与参与者的个人改变有关系。比如,作为人员管理课程的课后作业的一部分,参与者需要完成"高管个人职业生涯练习"(Korotov,2009)——这是一项结构化的练习活动,包括对个人职业生涯和计划的职场晋升的反思,以及与上司、同事、下属和家庭成员讨论职业成功、当前绩效和所期望的改变(如果个人想要进一步地进步的话)的意义。教师会为参与者们提供书面说明和个人咨询机会,这些会把他们的个人改变行动和职业生涯规划结合起来。

在项目结束前两个月,参与者们会参加一个国际研讨会(比如,在俄罗斯、土耳其、巴西、阿根廷、智利,等等)。这个过程中,他们会特别关注所访问国家的领导力风格和实践。此外,在研讨会过程中(尽管日程很紧),项目会为参与者们提供第二次的教练机会——由接受过以临床范式为导向的教练方法(Kets de Vries Guillen-Ramo, Korotov, & Florent-Treacy,2010)培训的领导力教员担任教练,讨论他们在项目中的学习成果和计划中的毕业后的工作发展。

EMBA 项目的最后两个环节主要关注领导者的持续成长和发展。这些环节对参与者及其家庭成员开放,与他们一起讨论进行领导和学习领导的代价。

 **参考文献**

Balint, M. (1957). *The doctor, the patient and the illness.* New York: International Universities Press.

Balint, M., Ornstein, P. H., & Balint, E. (1972). *Focal psychotherapy.* London, UK: Tavistock.

DeLeon, G. (2001). *The therapeutic community: Theory, model and method.* New York: Springer Publishing Company.

Etcbegoyen, R. H. (1991). *The fundamentals of psychoanalytic technique.* London, UK: Karnac Books.

Florent-Treacy, E. (2009). Behind the scenes in the identity laboratory: Participants' narratives of identity transition through group coaching in a leadership development program. *International Coaching Psychology Review*, 4(1), 71—86.

Kets de Vries, M. F. R. (2005). Leadership archetypes: An exposition. *INSEAD Working Paper 2005/75/ENT.*

Kets de Vries, M. F. R. (2006a). *The leader on the couch.* London, UK: Wiley.

Kets de Vries, M. F. R. (2006b). *The leadership mystique.* London, UK: FT Prentice Hall.

Kets de Vries, M. F. R. (2007). Are you feeling mad, bad, sad or glad? *INSEAD Working Paper.* Fontainebleau & Singapore: Nr. 2007/09/EFE.

Kets de Vries, M. F. R. (2011). *The Zen of group coaching: Caring for Schopenhauer's hedgehogs.* London, UK: Wiley.

Kets de Vries, M., Guillen-Ramo, L., Korotov, K., & Florent-Treacy, E. (2010). *The coaching kaleidoscope: Insights from the inside.* Houndmills, UK: Palgrave.

Kets de Vries, M., Hellwig, T., Vrignaud, P., Guillen-Ramo, L., Florent-Treacy, E., & Korotov, K. (2009). Sustainable effectiveness of a transformational leadership development program: An exploratory study. *INSEAD Working Paper* 2009/34/EFE/IGLC.

Kets de Vries, M., & Korotov, K. (2007). Creating transformational executive education programs. *Academy of Management Learning & Education*, 6(3), 375—387.

Kets de Vries, M., Korotov, K., & Florem-Treacy, E. (2007). *Coach and couch: The psychology of making better leaders.* Houndmills, UK: Palgrave.

Kets de Vries, M. F. R., & Miller, D. (1984). *The neurotic arganization.* San Francisco, CA: Jossey-Bass.

Kets de Vries, M., Vrignaud P., & Florent-Treacy, E. (2004). The Global Leadership Life Inventory: Development and psychometric properties of a 360-degree feedback instrument. *International Journal of Human Resource Management*, 15(3), 475—492.

Kets de Vries, M., Vrignaud, P., Korotov, K., & Florent-Treacy, E. (2006). The development of the personality audit: A psychodynamic multiple feedback assessment instrument. *International Journal of Human Resource Management*, 17(5), 898—917.

Korotov, K. (2005). Identity laboratories. *INSEAD PhD Dissertation.*

Korotov, K. (2006). Identity laboratory: The process of going through an executive program. In M. Weaver (Ed.), *2006 Academy of Management Annual Meeting Best Paper Proceedings*, August 11—16, in Atlanta, Georgia. ISSN 1543—8643.

Korotov, K. (2008a). Preparation for 360-degree feedback in leadership development programs and executive coaching. In S. Reddy (Ed.), *Leadership development: Perspectives and cases* (pp. 87—98). Hyderabad: The ICFAI University Press.

Korotov, K. (2008b). Peer coaching in executiveeducation programmes. *Training and Management Development Methods*, 22(2), 3.15—13.24.

Korotov, K. (2009). Personal career workout for executives. *ESMT Courseware ESMT 409-0092-1.* Available via ECCH.

Korotov, K. (2010a). Executive coaches in organizations: Insiders from outside. In V. Vaiman (Ed.), *Talent management of knowledge workers: Embracing the non-traditional workforce* (pp. 180—196). Houndmills, UK, and New York: Palgrave.

Korotov, K. (2010b). Bringing the clinical paradigm into executive education programs: Fantasies, anxieties, and hopes. In M. Kets de Vries, L. Guillen-Ramo, K. Korotov, & E. Florent-Treacy (Eds.), *The coaching kaleidoscope: Insights from the inside* (pp. 20—36). Houndmills, UK: Palgrave.

Korotov, K., & Kets de Vries, M. (2010). Fast times, fast development? Coping with the challenges of accelerated leadership development. In D. Dotlich, P. Cairo, S. Rhinesmith, & R. Meeks (Eds.), *2010 Pfeiffer annual: Leadership development* (pp. 107—118). Pfeiffer: An Imprint of Wiley.

Levinson, H. (2007). Executive coaching. In R. Kilburg & R. Diedrich (Eds.), *The wisdom of coaching: Essential papers in consulting psychology for a world of change* (pp. 95—102). Washington, DC: American Psychological Association.

Long, S. (2004). Really... Why do executives attend executive education programs? *Journal of Management Development*, 23(8), 701—715.

McAdams, D. P. (1993). *Stories we live by: Personal myths and the making of the self*. New York: William Morrow and Company.

McDougal, J. (1985). *Theaters of the mind: Illusion and truth on the psychoanalytic stage*. New York: Basic Books.

McLeod, J. (1997). *Narrative and psychotherapy*. London, UK: Sage.

Petriglrieli J. P., & Petriglrieli J. (2010). Identity workspaces: The case of business schools. *Academy of Management Learning & Education*, 9(1), 44—60.

Rennie, D. L. (1994). Storytelling in psychotherapy: The client's subjective experience. *Psychotherapy*, 31, 234—243.

Spence, D. P. (1982). *Narrative truth and historical truth*. New York: Norton.

Winnicott, D. W. (1951). *Transitional objects and transitional phenomena. Collected papers: Through paediatrics to psycho-analysis*. London, UK: Tavistock Publications.

Yorks, L., Beechler, S., & Ciproen, R. (2007). Enhancing the impact of an open-enrollment executive program through assessment. *Academy of Management Learning & Education*, 6(3), 310—320.

第十八章

我的领导力教学方法
（以及我如何找到这种方法）

James O'Toole

丹佛大学丹尼尔商学院

本章讲述的是作者本人讲授领导力的内容和方式。运用苏格拉底式的方法，O'Toole 试图引导高管和 MBA 学生自己发现领导者是如何吸引追随者，以及领导者是如何创造条件让他的追随者实现梦想的。在课堂上，作者扮演了一位柏拉图式的"助产士"，引导学生们讲出他们心目中的领导力理论。这样做的目的是鼓励学生们搜寻并检验他们已经知道的关于领导力的知识，进而对他们既有的知识进行澄清、修正和完善。

在这个过程当中，当涉及领导力的道德层面的问题时，作者的立场并不是中立的。学生们可以用各种不同的方法进行有效的领导，作者鼓励学生们要不断评估他们所选方法的道德层面。虽然课堂的中心一直放在关于领导力课题的实用层面，特别是帮助学生们成为更加有效的领导者上。作者希望，在课程的最后，学生们可以找到既有效又道德的领导方法（他把这种实用和道德的组合称为"以价值为基础的领导力"）。虽然课堂讨论是从不同学科的角度进行的，比如哲学、经济学、历史学、政治学、人类学，但课堂讨论的重点放在真正的领导者的行为上，从甘地传记到总统山上的总统们，再到哈佛商学院关于公司高管的案例。总而言之，作者创造条件使学生们检验自己和学者们的理论，发现这些理论与领导者的实际行为相悖的地方，然后根据所学的知识创建他们个人的"领导力转变手册"。

❖❖❖

介绍

在某种程度上,我们所有人都会被自己所学的学科束缚。我是一个社会人类学家,人类学现在是一个停滞不前的领域,其中,勇敢的实践者们沉浸于外国文化,试图理解"其他人"的行为。这个领域的重要人物——如 Margaret Mead、Bronislaw Malinowski 等——创作了一系列作品。但在今天看来,这些作品不是不科学的就是在政治上是错误的(通常两者都是)。不管怎样,当我在 1969 年最后修改我的博士论文时,社会人类学已经走出"原始部落"去发现和描写外来文化了。

尽管如此,这个领域先前所做的研究还是很重要,虽然并非广为人知:早在 19 世纪 80 年代,社会人类学家就运用了我们今天所说的"系统理论"。他们认为"文化是一个复杂的整体,其中包含知识、信仰、艺术、道德、法律、传统和作为社会成员的人的习惯"[Tylor,1976(1871)]。他们从其小范围的研究中学到的是所有的社会制度——法律的、政治的、家庭的、经济的、宗教的——都是复杂地联系在一起的。把它们合理地组织起来,这些文化就可以平稳、有效地运行。尽管人类学家认识到这些机构之间的联系太复杂、太多样,以至于不能科学地模式化和量化,但是沉浸其中,他们开始了解到为什么有些人会做出一些难以理解的行为,比如:免除母亲的法律责任、巫术、对财富损失的夸张表现等[比如见 Evans-Pritchard,1976(1937)]。

在这样的背景下,当我 1970 年获得博士学位却无法得到一个人类学教授的职位时,我认为把上文提到的思维方式应用于对商业组织的研究是很自然的。在那之后不久,我在阿斯彭的一个研讨会上遇到了沃伦·本尼斯,然后我们长达一生的合作几乎立刻就开始了。我们设计了一个调查工具,去捕捉被我们称为"企业文化"的"那个整体"的精髓。① 接下来的 40 年,我和沃伦一直朝着这个学术方向努力,但具有讽刺意味的是,在这个"整体"中一直缺少一个主要成分,那就是"领导力"。这个疏忽在很大程度上归咎于我人类学的教育背景。当我思考自己的研究

---

① 我和沃伦认为"企业文化"这个词是由 Bobert Blake 和 Jane Moulton 在他们的《管理方格理论》中提出的(Black & Moulton,1962)。我们第一次从人类学意义上运用"文化"这个词,是在 Making America Work (James O'Toole,1998)中。

生教育时，我不记得在任何人类学教科书上读到过"领导力"这个词。这种缺失也是有原因的：在和欧洲文明有联系之前，世界上的小规模社会大多是静态的（如上文所述，"平稳运行"）。在那些社会中，"部落领导""酋长""首领"（由第一批西方来访者命名）的角色是典型的社会行为规范的强制执行者。履行这些角色的人更类似于法官、智慧的长者，而不是主要负责的被称为"领导者"的人。

鉴于此，社会人类学的第二项主要研究是研究"社会改变"可能有些矛盾。"社会改变"被定义为传统社会里的机构在和西方文化相联系时为什么以及是如何瓦解的。我花了将近十年的时间去克服自己的弱项，然后认识到领导者在企业文化创建中的重要作用。尽管沃伦不断让我认识到领导力在现代企业中的重要性，但我一直持续关注这种领导力产生的"文化背景"。直到今天，我认为领导力最好被认为是企业文化中"那个复杂整体"的一部分。因此，我一直对那种据称要确定领导者特有的性格和特质的研究不太感兴趣，虽然从事这种研究的机构及其接受度一直在增加。

今天关于领导力的学术研究主要集中在心理学领域，因此，大部分商业领导力课程都是由心理学家和行为学家讲授的，他们主要关注心理学的研究成果和方法。我的大部分教授领导力的同事，会使用测评工具来分析学生们的性格类型，然后用心理测试法检测他们在小组里的互动效果和他们在别人心目中的形象。一般来说，用这样的方法让学生进行自我检测和同事测评，我于心不安，有如下几个原因（诚然是有争议的）：

- 它们经常导致僵化印象，或把学生们对号入座为固定的类型而不是多方面的、发展的个体。

- 几乎没有证据表明通过这些测评，人们产生了积极的改变，更没有证据显示他们成了更好的领导者。

- 大部分用来诊断和检测的工具——即使是那些经过科学检验的，也是用来验证预设的心理学理论的，因此是自圆其说的（这就是为什么精明的被测验者可以"游戏"它们，成为任何他们想变成的"类型"）。

- 即使这些方法在性格研究上是有效的，它们对领导力的作用也很小，甚至没有作用。

对任何思想的最终测试方式都是一个常识：它和现实相符合吗？当我观察商业领域里领导者的做法时，我发现单纯研究他们的性格是无法解释他们身上体现的复杂性的（就像一些教授单纯研究利润最大化行为，也是解释这种复杂性）。我也不认为心理学和经济学以当前的方式进行短期联姻足以解释企业领导力的复杂世界。为了创建一个更广泛有效且道德的企业领导力模式，需要全面的思考，包括领导者的专业技能、战略能力、交际能力、经济敏感度、对市场的了解、吸引追随者的能力、道德哲学、价值观、运气、时机等。即使把上述内容缩减到能够反映现实的最低限度，领导者依然是所有社会角色中最复杂的，因为它不仅要求领导者的行为，也要求追随者的行为，而且其之间的关系产生在一个变化的环境中。

因为我不知道一个人该如何科学地学习和理解这种复杂性，也不知道哪个学科可以帮助未来的领导者，所以我有时会害怕，就像作家格特鲁德·斯泰笔下的奥克兰说的，根本就没有关于领导力的知识，所以它不可以被教授。但是，一些成功的领导者的事例又提醒我，领导力是可以学习的。毕竟，领导者的传记记录了他们从失败到成功的个人成长和发展历程。在这种情况下，我的教学既不是以领导力模型也不是以学科视角为开端，而是从分析学生的需求入手：他们想成为什么样的领导者？为了实现理想他们想从领导力当中学到什么？作为领导者，他们应该怎么做？

在这场探索中，我的实验场所（显然完全不科学）是大约70场为期两天到两周的研讨班。这些是我在阿斯彭研究所的赞助下，为商业和其他领域的领导者主持的研讨班。此外，还有另外30场左右的研讨班，是我20年（1985—2005年）来，为来自美国、欧洲、亚洲和南非的不同公司和组织举办的。这些研讨班的参与者中有十多个《财富》100强企业的CEO，有几十个较小一些的公司的CEO，几百个部门主管、企业家和来自顶级管理咨询公司的合伙人以及少数几个政府官员。这些非随机的样本总计包括1 500—2 000名领导者和准领导者。

我问了全场的人这样一个问题："当你听到领导力这个词时，你的脑海中闪现的是谁？"你可以想象，这个问题引起了多种多样的回答，不足为奇的是有几个名字被提到的频率明显高于其他名字。奇怪的是，商业总裁的名字很少被提及，虽然这些学生大部分是企业总裁。在宗教领域，摩西、"佛陀"、耶稣、先知穆罕默德被提及。在世俗的世界里，一些非西方的领导者，比如土耳其国父穆斯塔法·基马尔·阿塔图尔克、英迪拉·甘地、邓小平、乔莫·肯雅塔、朱利叶斯·尼雷尔被提及。在美国，林肯、华盛顿、杰弗逊、肯尼迪、两位罗斯福总统和埃莉诺·罗斯福是被提及最多的政治家。在其他的西方民主制度中，温斯顿·丘吉尔、戴高乐、让·莫奈、玛格丽特·撒切尔、瓦茨拉夫·哈维尔、果尔达·梅厄被提及得最多。最引人注意的事实是绝大部分参与者都是白人商人，但被提及最多的却是三位种族主义者：马丁·路德·金、纳尔逊·曼德拉和最经常被提及的圣雄甘地。

我把参与者提到的领导者的名字记在展示板上。然后问他们为什么给出这些名字。不管参与者的种族、宗教、性别、政治觉悟、社会地位、国籍有何不同，他们给出的答案几乎都包含相同的两方面：一方面是领导者展现出来的卓越的领导力，另一方面是他们所领导的事业的正义性。接下来，我又问了参与者他们从这些模范领导者身上学到了哪些关于领导力的知识。他们总是举出这些领导者们做过的事情——他们采取的行动、他们采用的政策、他们对下属的态度——总之都是参与者们觉得和自己的领导方式有关联或可应用的地方。基于这些人的回答，我无意中发现了下文提到的领导力理论和学习领导力的方法。

基于价值观的领导力

很多阿斯彭的参与者把学习领导力的方法称为"隐性理论"。1989年，我把它命名为"基于价值观的领导力"。有据可循的是在我发现基于价值观的领导力之前，关于它的实践就已经存在了上百年，甚至上千年了。不过，不管前人们是否发现或命名了这种理论，这都不重要。真正重要的是这种理论似乎符合以极端个人主义和多样性为特征的当今社会的需求。简单而言，今天的人们有着非常不同的个性化的观点、目标和抱负。可以确定地说，当今世界的分歧、冲突和误解在很大程度上归咎于人们所珍视的东西不同，也就是说人们的价值观不同。这就是为什么现代的领导通常被比喻为"牧猫"。确实，如果每个人都想要同样的东西、渴望同样的目标，那就不需要领导者了。在这样的情况下，每个人都会朝着同样的方向快乐地前行。因为理智的人对于目标和实现目标的方法有不同的见解，所以我认为领导者的角色在于创造条件让那些有不同目标的人可以团结在一个共同的目标下。当领导者们对自己的追随者做出承诺要帮助他们实现梦想、完成他们所重视的事情时，这个行为就有了一个道德的基础。但是在今天，这样的领导方式比较罕见，因为我们重视的事情各不相同。

领导者如何做到以既有效又道德的方式领导？这方面，我的高管研修班的学生指出，美国的建国者们的领导力观点给他们留下了深刻印象。在《联邦党人文集》中，詹姆斯·麦迪逊(1787—1788)指出，国家领导人要认真听取公众的意见和愿望，但不要成为公众意见的奴隶。相反，他说民主制度下的领导者应该"辨别真正的利益"和民众的共同需求，然后"提炼公众意见"，超越表面的琐碎喧嚣、矛盾冲突和利己主义。

西奥多·罗斯福在《新国家主义》演讲(1910)中进一步丰富了麦迪逊的观点在实践运用中的含义。这个演讲在堪萨斯州的一个玉米地里举行，罗斯福列举了实业家、农民、金融家、工人、小企业主、自然保护主义者的具体的合理利益和需求，并对他们相互冲突的价值观和诉求表示了同样的尊重。但讨论并没有在这里终止。罗斯福提出了一个包容各种不同甚至相互矛盾的价值观的好的社会的愿景。这种愿景是独自行动的各个群体在较为狭隘的视角下无法提出的。他的这个见解使讨论得到了升华。因此，他通过找出各不相同甚至相互矛盾冲突的价值观里共同的基本价值观，向这个国家展示前行的方向。他创造了一个富有吸引力的关于更美好未来的愿景，那是持续的冲突所无法创造的未来。

值得注意的是，罗斯福并没有具体指出如何做这件事，相反，他指出了完成这件事所需要的基本条件。他意识到实施的关键是所有相关人员的参与。在讨论这个演讲时，阿斯彭的参与者们常常提到，领导者的作用是让追随者聚焦于对所有人都有好处的目标。最终，领导者们要把那些相互冲突的不和谐的利益转变成一个和谐的、人们可以共同为之努力的目标。领导者要想有效地处理多元化的利益需求，必须创建卓越的、包罗万象的愿景，让追随者们意识到在道德层面上，这个总体愿景要高于自己个人的利益，同时也要有效地保证追随者的利益。领导者吸引追随者的方式是让追随者把领导者的梦想作为自己的梦想，因为事实上，领导者的梦想就是他们的梦想(O'Toole，1995)。研讨班参与者指出，当追随者们的意识形态、宗教信仰、种族背景相差很大时，这种领导方法尤为有效。值得注意的是，参与研讨会的企业领导者认为这种方法同样适用于动荡环境中的商业组织。

从研讨班中得出的基本结论是：**人们只会追随那些有能力和意愿带领他们到他们想去的地方的人**。所以，研讨班参与者推断，有效的领导者必须把以"逼迫"(push)的方式领导的"自然"冲动放在一边——特别是在艰难的时期——始终采用通过共同价值观的鼓舞和"吸引"(pull)来领导的"非自然"的行为方式。

研讨班参与者也观察到，只有一小部分的领导者是这样做的，比如林肯、马丁·路德·金、曼德拉、哈维尔、特蕾莎修女、埃莉诺·罗斯福、让·莫内，当然，还有甘地。这些领导者有几个共同的特征：**他们不受财富和权力的驱使**。他们领导别人不是为了他们自己：不是为了个人的地位、名誉和自我满足；相反，他们的行为是为了帮助追随者们实现他们真正的愿望。这些领导者一直为了追随者而行动，为民众提供他们单靠自身无法获得的条件和资源。许多人认识到了这种"服务式领导"的重要性，但最难能可贵的是这些领导一直坚持着这种行为。而且，每个人都非常无私。这并不意味着他们没有雄心壮志；相反，他们拥有非同寻常的壮志雄心。他们通过为别人创造实现目标和未来的机会而实现自己的人生价值。

尤为突出的是，这些领导者一直坚持自己的价值观。甘地每次演说都要谈到维护所有人的尊严，他还明确地表示非暴力是他的最高价值，甚至要高于印度独立这一实际目标。甘地愿意和英国人谈判及和解——比如，在第一次世界大战时，他就支持英国——但是在做这些必要的实际交涉时，他会保证这些行为是符合并服务于他的最高价值观的。同样，让·莫内在创建欧洲共同市场时，花了数年时间不断协商钢铁和煤的配额及价格，但他一直没有忘记自己的终极目标，那就是维护欧洲的持续和平（Monnet, 1978）。

当然，如果仅仅用少数几位罕见的领导者的个人特征去定义以价值为基础的领导力，那么绝大部分领导者和潜在领导者就会觉得自己被排除在外了。如果我们可以真实地面对自己，大部分人就会认识到自己缺乏甘地独特的正义感、林肯的高瞻远瞩和特蕾莎修女的无私奉献精神。所以，我们为什么要渴望成为最优秀的领导者，如果我们知道到头来只会让自己和追随者失望的话。事实上，通过阅读这些卓越的领导者的传记，**我们会发现每一位领导者都有很多缺点和人性共同的弱点**。他们所有人就跟我们一样是不完美的。事实上，每一个人都需要去学习如何领导他人，如何克服自己的弱点，特别是如何训练自己去服务于他人。正如他们的传记所言，也正如沃伦·本尼斯提醒我们的，以价值观为基础的领导者会通过如实反思自己的经历，特别是自己的失败经历，去学习如何领导他人。我认为从这些伟大的领导者身上学到的最重要的内容是，不是他们很完美，而是几乎所有人都有能力成为以价值观为基础的卓越的领导者，前提是他们想成为这样的人，也愿意为之付出努力。很明显，几乎没有人可以像上文中提到的领导者典范那样伟大，但是也几乎没有人会面对需要成为这样的伟人才能取得成功的情境。

商业领导力的关注点和平台与甘地、林肯、曼德拉展现领导才能的大舞台相去甚远。我的研讨班的成员倾向于认为，在现实的商业世界里，只要努力并具有奉献精神,是可以把握以价值为基础的领导力的。

除此之外,我已经选出四位已退休的高管,可以作为企业中以价值观为基础的领导者的典范。他们是 Max Depree、Robert Galvin、James Houghton 和 Jan Carlzon(O'Toole,1995)。也有一些当今的 CEO 可能达到标准,但是要等他们退休足够长时间,并且有足够的信息能够对他们的表现做出权威的评估。事实上,做企业中以价值观为基础的领导者,要比在国家层面的简单很多:在价值观上,一个公司要比一个国家统一得多。企业领导人提出的统一的价值观——产品质量、客户服务、组织管理,可能不像争取自由和平等的政治斗争那么高尚,而是关系到追随者的实际生活。那些把对追随者的尊重放在对名声、权力、财富的追求之上的无私的领导者是伟大的,就像以价值观为导向的政治领导者一样伟大。所以,那些为自己的员工创造条件实现理想未来的商业领导人和提出政策为所有公民服务的政治领导者只是程度上的差别,而没有种类上的差别。

总而言之,在不同形式的领导力当中,独一无二的、以价值观为基础的领导者能够让自己的追随者清晰地看到并且高效地实现他们的梦想,这也是他们吸引追随者的方式。以价值观为导向的领导者的任务和责任,就是帮助追随者们实现单靠自身无法实现的梦想。我深信这种领导方式,当然我也相信还有其他有效的领导方式。这种信念影响到我讲课的方式和内容。

我如何教授领导力以及教授什么:以甘地为例

首先,我会给研讨班的高管(或 MBA 学生)放映一部 1982 年的电影《甘地》。我选这部电影有以下几个原因:(1)圣雄甘地是世界上最受尊敬的领导者,以他为开端展开领导力的讨论争议最小;(2)这部电影的重点放在作为领导者的甘地都做了什么事情,又是如何做到的;(3)他面临的挑战如此艰巨,可用资源如此短缺,这一点可以打消那些认为自己领导企业是一项"不可能完成的任务"的念头;(4)这部电影是关于甘地所做之事、所说之话的准确的历史记录;(5)在所有伟大的政治家中,甘地留下了关于他做的事、为什么做、他如何面对挫折、如何成长为一名领导者的最为详尽的记录;(6)甘地身上体现了研讨班学生们最喜爱的领导者的所有令人敬仰的品质。

接下来,我会花两到三个小时与参与者们交谈,让他们认识到甘地的领导行为和表现。下面是他们提到的内容的总结。

甘地的行为（作为领导者，他所做的事）：

- 建立了一种植根于普世道德准则的哲学思想。
- 价值观清晰，主次分明。
- 确定了一个指导他的行为的首要的道德原则。
- 在改变他人行为之前，先改变自己的行为。
- 获得充足的书本知识。
- 设定一个清晰的目标。
- 建立一个兼具实用性和道德性的策略。
- 界定并专注于他的领导任务。
- 清楚自己的主要角色并把它和其他领导者在这场运动中的角色区分开来。
- 卓有成效地开展工作。
- 建立现实主义的预期。
- 为追随者创造实现目标的条件。
- 践行"公仆式领导"。
- 给予追随者充满希望的理由。
- 授权和激励追随者。
- 让大家广泛地参与。
- 为实施战略，进行授权和分权。
- 透明、坦诚。
- 承认错误。
- 利用普适性的象征。
- 持续传达和强化自己的信息。
- 广收弟子。

甘地的领导力表现（他的性格特征）：

- 谦虚，无私，耐心，有毅力。
- 反思自己的经验/从失败和错误中学习。
- 诚实地反省，自我批评，自我检验，自律。
- 展现出精神上的勇气。
- 始终如一。

- 很有正义感,一直服务于自己的追随者。
- 表现出前进和领导所必需的雄心和意愿。

基于这两类清单,我会让学生们思考几个问题:清单里有没有条目是不适用于公司、政府或者其他现代组织的?有没有条目在某些场合、某些时间是不起作用的?有没有哪些领导行为和表现在今天的环境下是不适用的?清单上是否缺少某些重要的领导行为和表现?最后,学生们该如何、到何种程度,把甘地的行为转化到自己的企业中,应用到自己身上呢?

从我的经验来说,大多数学生都很钦佩甘地在印度独立运动中的作为,但是很多人也怀疑他的作为在今天的商业领域是否具有可行性,而且几乎所有人都不确定他们该如何应用从讨论中学到的知识。所以,课程接下来的计划是深度探讨这两个问题,以便每个学生都可以清楚地阐述和表达自己的领导哲学与方法,不管是否和甘地的领导方法一致。

商业案例的运用

为了让参与者能够回答上面的问题——也就是为了让他们自己检验所学到的领导行为的实用性和有效性——我让他们分析 6—12 个商业案例(根据可用的时间长度)。我这样做有以下几个原因:(1)因为学生们/研讨班参与者不是和世界上最强大的帝国做艰苦斗争的和平主义者,他们需要看到甘地的实践可以如何被成功地应用到商业组织中,以及应用到何种程度;(2)领导力需要在组织环境中学习(见我上面提到的系统理论);(3)现代领导力是一个关于变革的过程(那些工作是维持现状的人被称作"管理人员"或"管理者",而不是领导者)。

这里,我采用了很多哈佛商学院的案例,特别是那些由 Richard Walton、Michael Beel、Nitin Nohria、Christopher Bartlett 及其同事们撰写和指导撰写的。这些案例——如有关康宁公司、ABB 集团和 Asda 公司的案例——提供大公司中领导者如何做,以及领导者如何推动变革的丰富细节。本质上,这些案例让学生们分析在一个背景下进行变革的过程:这些案例提供了领导者的行为、企业的挑战和文化的相关信息。作为补充,我会准备一个更简短、非正式的案例,比如关于通用、W. T. Gore 和 Whole Fouds 公司的案例。

如果时间允许,我也会安排时间让学生们阅读高管们写的描述他们在领导变革的过程中所做的努力的书(或者书中的篇章)。应用成功的有卡尔森(1989)的

《真实时刻》,路易斯·郭士纳(2003)的《谁说大象不能跳舞?》,戈登·贝休恩和斯科特·休勒的《从最差到第一》。这些都是第一手的、经过深思的记录,不仅记录了这些 CEO 们是如何创造变革的,也记录了他们对于过程中遇到的挫折和困难的评价。

我用苏格拉底式的研讨法展开对这些案例和书的课堂讨论,就像哈佛大学所做的那样:我让学生们描绘公司所处的情境,认清公司面临的问题,找出领导者正在做的事情及其原因,评价其是否成功并说明原因,以及他们还有什么其他的选择(他们还能做什么)。然后,基于他们从这些商业案例中所学到的内容,我让学生们返回到甘地的清单,并修改那些条目——增加、删减、重新叙述,直到他们觉得合适为止。

理论的运用

在这个反复的过程中,至少有几位参与者想要了解一些领导力理论,以便为他们日后的想法提供一个学术框架。我在下面列举了十种关于领导力的理论(以及一些与学者们相关的名字、学科的简要叙述和附加说明):

- 生物学。"领导的睾酮水平最高。"(生物社会学家,灵长类行为学家)
- 权力。"强权即公理。"(修西底得斯,霍布斯)
- 家长制。"规则由最聪明和最高尚的人制定。"(柏拉图)
- 偶然性/情境性。"一切视情况而定:领导者做一切需要做的事。"[马基雅维利,斯宾塞,加里·威尔斯(见 Wills,1994),商学院社会学家]
- 伟人。"英雄作为领导者;这与人品和个人魅力有关。"(卡莱尔,韦伯)
- 交易型。"追随者的行动以自己的利益为基准。"(经济学家,政治家)
- 认知。"思想指引领导者。"[马克思,约翰·加德纳(见 Gardner,1989)]
- 变革型。"领导者是追随者的道德代言人和推动者"[伯恩斯(见 Burns,1978)],罗纳德·海菲兹(见 Heifetz,1994)
- 分享。"领导是一项团体运动。"[高效组织中心(见 Toole、Galbraith, & Lawler,2002)]
- 公仆式领导。"领导者们帮助追随者们实现目标。"[麦克斯·德·普雷(见 De Pree,1989)]

我经常要求学生们阅读上文提到的作家的著作,特别是麦克斯·德·普雷、罗纳德·海菲兹、伯恩斯的,企业高管和学生们特别信服他们的理论。我也用一些经典的教材,比如马基雅维利的《君主论》和柏拉图的《理想国》。虽然,我的同事沃伦·本尼斯的名字没有在上文出现(因为他是一个兼收并蓄的"刺猬",而不是聚焦于一个狭窄领域的"狐狸"),但为了强调个人发展(从经验中学习)在成为领导者的过程中的重要性,我经常让学生阅读他的《成为领导者》(Bennis,1989)。有时,我也会让他们看罗伯特·汤森的《在组织中前行》,让他们见识到聪明的高管如何巧妙地把理论转变为自己的知识,并有效地实践。总之,我的主要目的是运用理论帮助学生们认识自己已经知道的(通常是无意识的)关于领导力的理论,然后用他们从课堂上学到的知识检验这些理论。

◆ 个人经验

在这一点上,我让学生们创建自己的案例,可以是基于他们作为领导者的个人经验,也可以是他们作为追随者在组织中观察到的其他领导者所做的事情。我让他们以小组讨论的形式探讨自己的经验,然后以分析哈佛商学院的案例的方式,向全班同学阐述自己的案例。很明显,这个训练是否有效依赖于参与者的经验深度。对于研讨班中年龄较长的高管,这个训练非常有用;对于那些经验较少或无工作经验的 MBA 学生,效果则没有那么明显(我无法想象它如何适用于本科生)。虽然不是所有的学生都可以这样做,但其中一些优秀的学生准备了很有深度、很值得分析的案例,不少人以"现在我学到了什么""我的做法的不足之处如下""现在我愿意这样去改正"的方式分析自己的案例。这通常是帮助他们明确和完善其个人领导力理论的关键一步。

在课程的最后,我让每个学生/研讨班参与者准备了一个自己的《领导力转变指导手册》。不管他们选择什么样的形式和格式,这都是他们的个人"收获",是一本放在他们的书桌上和抽屉中的简要指南,用来提醒他们,自己曾经总结出领导要想做出改变就必须做的几件关键的事。在最后一个环节,每个学生都要向全班同学展示自己的手册。我的学生们准备的几百个指导手册中竟没有重复的,我也总是被他们在选择和设计格式时表现出来的创造力震撼,并且惊讶于他们可以从对相同的理论和书籍的讨论中得出如此多样的结论。值得注意的是,没有学生局限于最初提到的关于甘地行为的条目(最让我惊讶的是一个《财富》500强的首席行政官曾经交上来的一本充满激情且并不完全符合逻辑的指导手册,里面论证了生物学的推理,论述了为什么高睾酮水平对于推动变革有重要作用)。

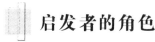 启发者的角色

我在这个过程中的角色是启发者,像是柏拉图式的"助产士"。我认为自己最重要的角色是从学生既有的知识中引出某些成果。我的目的是帮助他们有意识地明确自己已经知道的关于领导力的隐性知识(也许是强化他们害怕去尝试的积极行为)。因为改变别人的性格和习惯是一件几乎不可能的事(而且我认为如果一个教师试图这样做的话是冒昧的),我的目标更为温和:让学生们更好地了解他们自己和别人的领导方式、原因及技能,或者可能让他们学会一些为成为更有效的领导者而可以自己做的事情。

这并不意味着我没有自己关于领导力的想法和信念。我把关于甘地的讨论作为课程的开端,来公然表示自己支持以价值观为导向的领导力;如果我把杰克·韦尔奇[(他出现在第二或第三个环节)作为课程的开端,那么接下来发生的事情就会非常不同!我试图对上文中提到的十条理论保持客观而不是批判的态度(事实上,每一条都有优点)。我对于以价值观为导向的领导力的理解最接近于最后四条理论。我承认这是我被甘地的领导力吸引的原因——即使我并不欣赏他的与个人行为相关的宗教观念和哲学观点,比如纯素食主义和单身主义]。

在道德层面上,我不是中立的。在课程即将结束的时候我说,我认为如果所有的领导都践行基于价值观的领导力的话会是一件很棒的事,因为这个方法既高效又道德(毕竟,我是一个伦理学教授)。但是,我也补充说明了,很多领导忽视道德而取得成功(通常情况下,由于他们认为效率和道德因素相互矛盾,而把道德因素置于一边)。在最后的分析中,我指出,领导们采取道德标准高的方式,或道德标准低的方式都可能成功,走哪条路是他们自己的选择。如果有证据表明多考虑道德因素,管理效率会更高,将是一件很棒的事,但是现实世界不是这样组织的。所以,课程推出的是一个选择问题:学生们可以自由选择,而且我鼓励他们有意识地做出选择。

评估

在商学院还有很多关于评估的考虑,而且我在别的地方也提到过关于这个话题的观点(O'Toole,2009)。但是这一章的读者可能想看到这个学习方法可行的证据。简单地说,我的课程和研讨班能在何种程度上帮助人们成为更好的领导者?在这个方面,恐怕我没有切实的证据。我拥有的是正常的课程和研讨班评估(只能测度人们听完课以后的愉悦和满足感),以及那些我已经忘记很久但却自称绝不会忘记这门课程的学生们的卡片、信件和邮件。我尤为关注后者,因为我认为衡量我事业成功的标准是多年以后我的课程可以在何种程度上影响我的那些已经成为领导者的学生们。但是,事实上,我是否知道他们在课堂上学到的内容可以在日后影响到他们的工作?坦白讲,我并不知道。所以我最近找到了我的同事沃伦·本尼斯帮忙。他已经85岁了,拥有很多在企业中做领导者的学生。我问他是否有数据表明他的课程在何种程度上帮助了学生们的成长?我认为用他的回答要点来结束本章是很有用的(用我自己的话表达)。

沃伦说,发展的问题在社会科学领域比如经济、政治、人文中,是最重要、最核心的问题。但我们却对这些领域中发展的过程一无所知:为什么有些国家在经济上有很大的发展,而其他国家没有?为什么有些国家发展了强健的民主的机构,而其他国家没有?为什么有些人可以发展他们的才能,而其他人不能?在领导力方面,我们缺乏详细的、纵向的数据帮助我们了解领导者们一生的发展轨迹。我们甚至不知道什么时候——在什么年龄,或什么情况下,人们愿意接受那些有助于他们成长为领导者的经验。直到我们更好地了解了那个被称为"发展"的关键的过程,我们才会注意到人们是基于不同的经验、在不同的时间、以不同的方式学习和成长的。

那么我的以价值观为导向的领导力的教授方法是否有效?我认为是有效的,至少对以前的学生,在某些时间、某种情况下是有效的。

参考文献

Bennis, W. (1989). *On becoming a leader*. Reading, MA: Perseus Books.

Bethune, G., & Huler, S. (1999). *From worst to first: Behind the scenes of Continental's remarkable comeback.* London, UK: John Wiley & Sons.

Blake, R. R., & Moulton, J. S. (1962). The managerial grid. *Advanced Management Office Executive*, 1(9).

Burns, J. M. (1978). *Leadership.* New York: Harper & Row, Publishers, Inc.

Carlzon, J. (1989). *Moments of truth.* Cambridge, MA: Ballinger.

De Pree, M. (1989). *Leadership is an art.* New York: Doubleday.

Evans-Pritchard, E. E. (1976 [1937]). *Witchcraft, oracles and magic among the Azande.* Oxford: Oxford University Press.

Gardner, J. (1989). *On leadership.* New York: Free Press.

Gerstner, L. (2003). *Who says elephants can't dance? Leading a great enterprise through dramatic change.* New York: HarperCollins.

Heifetz, R. A. (1994). *Leadership without easy answers.* Cambridge, MA: Belknap Press.

Madison, J. (1787—1788). Federalist Paper No. 10.

Monnet, J. (1978). *Memoirs.* London, UK: Collins.

O'Toole, J. (1981). *Making America work: Productivity and responsibility.* New York: Continuum Publishing.

O'Toole, J. (1995). *Leading change.* San Francisco, CA: Jossey-Bass.

O'Toole, J. (2008). Notes toward a definition of values-based leadership. *Journal of Values-Based Leadership*, 12, 84—92.

O'Toole, J. (2009). The pluralistic future of management education. In S. Armstrong & C. Fukami (Eds.), *The SAGE handbook of management learning, education and development* (pp. 547—558). Thousand Oaks, CA: Sage.

O'Toole, J., Galbraith, J., & Lawler, E. E. (2002). When two (or more) heads are better than one: The promise and pitfalls of shared leadership. *California Management Review*, 44(4), 65—83.

Roosevelt, T. (1910, August). The new nationalism. Speech presented at Osawatomie, KS.

Townsend, R. (1984). *Further up the organization.* New York: Knopf.

Tylor, E. B. (1976 [1871]). *Primitive culture: Researches into the development of mythology, philosophy, religion, language, art, and custom.* New York: Gordon Press.

Wills, G. (1994). *Certain trumpets: The nature of leadership.* New York: Simon & Schuster.

第十九章

领导力开发的身份工作区

Gianpiero Petriglieri

欧洲工商管理学院

  个人与雇主关系的深刻变化以及他们的工作期望,对领导力开发提出了越来越高的要求。然而,与此同时也暴露出以抽象知识及行为技能为核心的传统领导力开发的局限性。本章旨在探索将领导力项目构建为"身份工作区"(identity workspaces)是如何以使个人、企业和社会受益的方式满足领导力开发的需求的。身份工作区除了获取知识和技能,还能强化个人和集体的身份的修正及巩固。它们使参与者的学习变得个性化和情境化,邀请他们共同探讨:"领导对我们意味着什么?"以及"作为一名领导者,我的角色是什么?"对活动和身份的密切关注,可以深化并加速个人领导者的发展,并增强组织内部和组织之间的领导者团体的力量。本章描述了将领导力项目构建为身份工作区的概念基础、学习过程、设计原则和专业能力。然而,要想设计这样的项目,单纯采取这里所描述的方法是远远不够的。它需要重新审视领导力开发人员的角色,并要求我们用心、好奇、勇敢、诚实且具有社会责任感。这些也正是我们期望领导者具备的品格。

  我们生活在一个瞬息万变的时代。全球化增加了不确定性、复杂性、多样性以及我们每天面对的信息量(Kanter,2010)。不管是在经济、政治,还是环境领域,几乎每个月都有新的危机发生。在企业中,为了追求效率和灵活性,多层次的等级结构已经让位于更加扁平的基于团队的结构(Rousseau,1990)。企业与员工之间传统的紧密结合不再存在,那时员工会向企业提供长期的承诺,以换取生活的保障和职业生涯的晋升(Rousseeu,1990)。人们不再期望也不被期望为同一个企业奉献一生的忠诚,有才能的员工的承诺,仅仅能够在企业为他们提供机会展现和发展能力的时期维持(Capelli,2008)。在不同组织、行业和国家之间流动的职业生涯很受推崇,被人们认为是发展在全球化的世界进行高效领导的视野和技能的先决条件,同时也是一种地位的标志——标志着你成为那些参与全球"人才大战"的公司争抢的对象。一家主要的投行的研究部主管指着一些世界上最著名的分析师们的工位对我说,"我不能向这些人灌输忠诚的概念,否则我会被嘲笑的。所有我能说的是——如果你在这里工作,你将拥有比任何一个地方都多的学习机会"。

我相信你一定听过这个故事。世界变得比以前更扁平,更快,更不可预知——企业也是这样。大量才能卓越的人才在不同的组织中间自由穿梭,追寻着经验、机会和意义。我们或许会问,这个图景是反映了大多数人的生活,还是只是媒体和只关注小部分精英的管理大师大肆宣传的产物。答案并不重要。这个故事的流传之广及其产生的不确定性是不可否认的。不管这个背景是一种新的社会环境,一个主流的叙事方式,还是两者都是,它都影响了领导力的意义和运用,并且要求重新思考领导力开发的方式。

领导力的本质:活动与身份

在商业、政治和职场中,对更多、更好的领导力的呼吁是普遍存在的。这与领导者必须在动荡、全球化、相互连通的环境中领导似乎是同时出现的现象。然而,领导力的吸引力和对领导力开发的关心并不是新近才有的。从古至今,任何一个群体的生存和成功都要取决于领导者的能力,领导者们可以使整个集体凝聚在一起,帮助集体应对挑战,并展望未来。那些被委托领导一个部落、一个军事组织、一个学术部门、一个跨国公司或者一场起义的人——以及人们期望他们呈现的领导方式——可能各不相同。但是,领导力的本质从未改变。

无论时间和地点如何,领导力都有两个目的——一个是象征性的,另一个是功能性的——与人类的基本需求相对应。第一个需求是,要有真实的事例表明我们所相信的是对的、好的、值得追求的。第二个需求是,团结一致,把事情做好。我们所仰慕和追随的领导者的**身份**,反映出一个群体在某个时间点上的价值观、习俗和目标。但是不管是个人还是群体,有一点是相同的:领导者是可能性的象征。他们定义了我们是谁和我们想成为谁之间的距离。我们认为有效的领导**活动**会根据我们期望被对待的方式而改变。但是不管是专制的还是授权的,独断的还是开放的,冷酷的还是温和的,领导者都是一种达到目标的方式。他们动员大家共同完成任务。

在今天这个时代,关于领导者如何动员大家已经说得很多了。第一,领导者不能仅仅依赖于他们的职位赋予的正式权力。他们需要影响和激励他人,理解组织内外的人际关系网,并培育它们。第二,领导者需要认可并重视他人不同的风格,以便保留、激励和培养下属。这需要觉察、同理心以及给予和接受坦诚的反馈的能力。第三,领导者要善于发起和应对变革。这包括提供方向,动员他人,控制进展——以及具备一定的敏感度,在变革引起的矛盾和冲突中可以安抚人心,提供希望和包容。第四,领导者需要自我反思。今天的挑战的范围和复杂性要求将领导力与团队共享。领导力不是高管的专属区。它在各个层级被运用,不管人们的职位是什么。组织不需要站在顶端的孤独的英雄,他们需要所有能得到的领导力。

不管这些领导活动(或者对领导力的误解)是否是新的,低估获取领导力技能以及技术能力和战略见解的重要性,都是一件轻率的事。仅仅提高非正式影响力、人际关系、情商、变革管理、团队合作等技能是不够的。看看一个音乐家的发展历程。仅仅有一双懂音乐的耳朵,并且不断练习完善自己的技能,并不意味着你会成为一个成功的音乐会钢琴家。只有当一位音乐家表达出自己个人的感情,让我们觉得像是第一次听见时,我们才会说他是一位成功的音乐家。尽管音乐家的表现根植于多年的苦练,并与其个人身份紧密相关,但是只有当音乐与听众产生共鸣时,演奏才是成功的。观众或许是沉默的,但不是被动的。对于演出效果来说,听众耳朵的敏感性和钢琴家的技能同样重要。当钢琴家对于"作为音乐人,我的角色是什么"的践行与观众"这场音乐会对于我们意味着什么"的感受相一致时,奇迹就会产生。他们会相互推动。

领导力也是这样。天赋和技能是必要的但不是充分的。**领导力最终是由追随者赋予的**。当领导者传达的信息非常个人化,并且触碰到了大家共同关心的问题时,他们是最鼓舞人心、最有效的——也就是当他们所做的与他们是谁紧密相连,并与做了倾听准备、能够理解的追随者产生共鸣时(这也是领导者最危险、最脆弱的时候)。当领导者对于"作为领导者,我的角色是什么"(如果是一个小组的话,则是"作为领导者,我们的角色是什么")和追随者对于"领导对我们意味着什么"产生共鸣时,领导者的行为就是最有效和最有意义的。

领导力的运用和开发还有一个紧迫的挑战。在较为封闭、群体较为单一、雇佣关系长期维持的世界,领导者和他们的下属会有很多相似之处:同样的文化、类似的成长环境、类似的生活方式,或许还一起经历过企业漫长的历史。然而,在今天,所有这些都不是理所当然的。在这个紧密相连、流动性和多样性不断增强、组织身份较弱的时代,"作为领导者,我们的角色是什么"和"领导对我们意味着什么"这样的问题,变得更难回答。正如音乐家一样,人们期望领导者可以打动观众,而这些观众对于音乐是什么有不同的看法,而且他们手里并没有长期票。领导者比以往任何时候都更需要理解活动和身份的相互影响。遗憾的是,很多领导力开发项目都受限于前一种模式,关注抽象的知识和行为能力,却很少关注领导是如何产生或失败的,以及他们的个人历史、理想与他们所在小组和社会系统的动态之间的关系。这就产生了两个问题:如何培育后一种见解?从哪里入手解决这个问题?

身份工作区和对领导力的需求

在过去,雇主是员工职业和个人身份的核心,并主导其在长时间中的发展。这在今天已经不太可能了。鉴于工作环境的流动性、个人与企业关系的松散,许多人认为把自己的发展寄托在雇主身上是不明智和不理想的。因此,正如 Jennifer Petriglieri 和我认为的,企业已不太可能被认为是"身份工作区"(Petriglieri & Petriglieri,2010)。

身份工作区是为身份工作提供支持的环境——一个受委托促进现有身份的巩固和新的身份的构建的机构。当一个机构具备三种特征时,这个机构就可以受委托成为身份工作区:第一,具备帮助成员们理解自己和环境,并在其中感到自如和游刃有余的概念框架及例行程序;第二,有人们认同,且能提供归属感、挑战、支持的团体;第三,有促进和整合身份发展及角色转变的仪式。我们认为,由于组织和员工之间的心理距离不断增加,提供身份工作区的功能越来越被放在商学院和领导力课堂中(Petriglieri & Petriglieri,2010)。

为构建身份寻求支持的动机,一般都会体现在组织或个人对领导力项目的兴趣中。在发起这样的项目时,企业代表通常会希望保证,这个课程会建立一个领导者团体，其中的领导者的理想、世界观和行为要与公司的战略意图、文化和能力模型相一致——也就是说，从身份角度，尝试回答："领导对我们意味着什么？"然而，在加入项目的时候，大多数参与者较少关心项目如何与企业的模式相一致，而是关心项目如何适用于自己的需求和愿望。他们想要知道这个项目会在何种程度上帮助回答"作为领导者，我的角色是什么"这个问题，以及增强他们在企业内外的有效性和未来潜力。在这种双重意向下，存在着一个关于如何控制的难题：一方面是员工的观念和想法，另一方面是他们的职业路径和工作环境。企业计划和个人计划是可以相一致的，但这并不总是会发生。此外，另外一个计划需要考虑：既然领导者和他们的企业影响着社会，又被社会影响，所以不管我们是否意识到，社会计划（social agenda）都在起作用。

　　领导力项目如果做到以下三方面，就可以充分发挥出作为身份工作区的潜能：强化和加快个人领导者的发展；使领导者团体更留心于（而不是屈从于）企业的文化和目标；对领导力的定义包含对社会的公民责任。当领导力项目只关注其中一方的计划时，其作为"身份工作区"的功能是不够的。比如，当他们试图教导或要求领导者个人匹配学术的、组织的或文化的模板，而不提供机会让他们探询这些模板对他们意味着什么时。或者当过于关注参与者，帮助他们理解性格的缘由和习惯行为的影响，却很少提供机会检验个人的经历是如何不断地被社会背景塑造的时。这种单一维度的项目会加深控制的错觉：比如，认为项目可以打造一个团结一致、激情洋溢的工作环境，培养一群完全遵循企业方向，就好像那就是自己的方向的领导者；或者认为自我反省、反馈和技能可以让人们活出真实的自己，影响他人和企业，而无须应付权力斗争、情感压力、道德问题等领导力必然的组成部分。

　　这是使领导力项目最大限度地发挥"身份工作区"潜能的主要障碍：人们（包括组织、参与者、教职工）普遍希望控制学习的过程和确定人们将会学到的内容。每个人都希望领导者能更好地处理不确定的事和意外之事。但在领导力项目中，我们却不希望有这样的事情发生（或许是其他地方的这种事情太多了）。因此，许多这样的项目的设计，或多或少会有意识地想使人们顺从，而不是提供无限的可能性——与我们所说的领导者必须做的事情完全相反。这并不意味着主办企业和教员不应该明确领导力项目的预期结果，而是意味着在寻求明确的预期结果的同时，应该留出空间，使得参与者们个人或者集体可以追求、发现和质疑他们自己的学习计划。

针对经历、身份、情感和"无意识"领域的工作

把领导力开发项目设置为身份工作区——以及我在这样的项目中的设计、人员分配和工作的方法,主要依赖于三个领域的研究:第一,突出经历在领导力开发中的重要作用;第二,把领导力开发与身份联系起来;第三,是情感和无意识因素在领导力的运用、发展中的作用。

经历。研究人员一致认为,对于领导者的发展来说,最重要的是领导和追随的经历(DeRue & Wellman,2009;Kolb,1984;McCall,1998)。然而,经历不会自动转化为知识。从经历中学习是一个主动的过程。学者们建议,领导力学习中的重要问题不是"领导力课程中应该讲什么,而是如何帮助领导者学习"(Hackman & Wageman,2007,p.46,最初的版本以斜体字强调"如何帮助领导者学习")。这包括帮助领导者保持一种对自身的发展负责的态度(McCall,2010),并增强他们从经历中学习的动力和能力(DeRue & Ashford,2010a)。还包括揭示我们的学习方式的心理和社会基础,并应对它们潜在的局限性。

在心理层面,成为更好的学习者要求我们检验,"我们心目中对于自己和他人的形象、假设和故事"(Raelin,2007,p.509)是如何影响我们对经历的获取、理解和从中得出结论的(Snook,2007)。在社会层面,这要求我们理解,我们成长和生活所在的群体——我们的家庭、学校、组织和文化是如何塑造、引导和限制我们的学习能力的(Reynolds & Vince,2004)。要了解我们的内心世界和社会世界如何影响我们对日常经历的认知和反应,需要以个人或集体的方式参与一些经历,并对其进行反思(Raelin,2007)。仅仅思考过往的经历或者讨论别人的经历是无法做到这一点的(Hackman & Wageman,2007)。只有当我们从日常生活的匆忙和熟悉中脱离出来,才能最好地完成这个学习任务。这种距离感让我们能够比平常更多地反思自己的经历和试验从实践中得出的结论(Day,2010;Ibarra,2003;Petriglieri,Wood,& Petriglieri,2011)。

身份。越来越多的研究检验了身份在领导者的产生和有效性上所起的作用。这些研究表明,领导者被他人接受的程度及其有效性,取决于他们对自己身份的内化和践行。这些身份与他们的人生故事(life story)相一致(Shamir & Eilam,2005),并且象征着他们的社会群体和组织中好的、独特的方面(Haslam, Reicher, & Platow,2011;Van Knippenberg & Hogg,2003)。基于这种观点,论述身份发展在领导者发展过程中的重要性的文献不断出现(Day,2001;Day & Harrison,2007;DeRue & Ashford,2010b;Ibarra,Snook,& Guillen Ramo,2010;Lord & Hall,2005)。

这些研究与传统上对知识、技能和能力的关注构成了补充,表明领导者的发展需要深入的个人工作(Lord & Hall,2005;Mumford & Manley,2003;Petriglieri & Stein,2010;Shamir & Eilam,2005)。这些个人工作包括检验和修正领导者理解、回应和应对情境、遭遇、经历、目标及理想的方式(Petriglieri et al.,2011)。这个过程的核心是反思一个人的人生故事如何指引他的见解和行动(Kegan,1982)。那些把自己的人生故事和领导身份结合起来的领导者被认为是"真诚"的。也就是说,他们"通过自己的生活经历、情感体验和对经历及体验的积极反思,使自己的价值观和信念高度个人化了"(Shamir & Eilam,2005,p.397)。这项个人工作需要经过适当培训、具有一定知识的专业人士的协助(Berglas,2002;Hart,Blattner,& Leipsic,2001;Kilburg,2004;Sherman & Freas,2004;Wood & Petriglieri,2005a)。

情感及"无意识"。当企业和学术界的能力模型过多地关注可观察的性格特征及行为时,管理者们却敏锐地意识到"为自己和他人创建选择和意义,需要在情感和道德两方面做出努力"(Bolden & Gosling,2006,p.159)。为了学习有效领导,经常需要主动走向焦虑的情境,而不是尽快减少焦虑。它也需要管理自己(和他人)的情绪、控制冲动的能力。有时为了促进学习和改变,还需要暂时提高焦虑感(Hackman & Wageman,2007)。当企业面临"适应性挑战",如重大危机、环境的转变和/或企业的根本性改变时,对情感努力的需要是最明显的。这些挑战要求领导者在企业成员改变自己根深蒂固的价值观、信仰和习惯的过程中,能促进或包容强烈的情感——从希望和激动到恐惧和失落(Heifetz,1994)。

情感,在领导力中与其他领域一样,并不总是有意识的。最近对这一领域研究成果的总结表明,"我们所做之事大多由无意识力量影响,这个观点不再只是理论性的论断或属于临床观察的领域"(Barsade,Ramarajan,& Westin,2009,p.145)。因此,学习如何领导需要"学习情感如何使本该合理的过程变得不合理,并影响了整个过程"(Fineman,1997,p.21)。让人们对影响领导力实践的情感力量进行探索和整合的临床方法,最适合于进行这种学习(Kets de Vries,2005;Petriglieri & Wood,2005a)。这些方法的核心是"无意识"这个概念,这是一个用来描述不同于人的理性的心理和社会力量的术语。

尽管一些临床观点把无意识描述为先前的创伤留下来的恶魔的集中地——与一个世纪以前弗洛伊德的研究类似——但我认为无意识是人性中令人惊奇、充满意义并且通常十分丰富的一部分。我的工作也是建立在这种观点的基础上(Petriglieri & Wood,2005a)。这种观点认为心灵(psyche)不仅与过去的经历和早期认同紧密相关,而且能推动个人创造充实的人生和有意义的工作(Petriglieri et al.,2011)。除此之外,这种观点很注重系统精神动力学(Gould,Stapley,& Stein,2001;Jaques,1955;Menzies,1960;Miller & Rice,1967),也就是说,它比较关注个人及小组的情感需求是如何影响社会系统的结构、过程和文化的,以及这些结构、过程和文化又是如何反过来影响个人及小组的经历的。

学习过程:情境化和个性化

根据以上概述的研究的结论,我认为当领导力项目包含一个情感性的组成部分时,是最适合于作为身份工作区的。情感性的组成部分包括学习与领导相关的活动和身份,揭示个人活动与小组动态之间的相互影响,把知识和技能的习得与个人反思及试验的机会结合起来,在个人、小组和企业中展现无意识的情感力量等。这些项目必须与参与者的组织背景、日常经历和熟悉的事物相联系。其中每一种都要在项目中呈现出来,但并不主导整个项目,以便它能得到检验和试验。同时要掌握好平衡,使学习过程的情境化和个性化成为可能。

学习的情境化。意味着把学习过程嵌入在参与者的组织与社会背景的语言和文化中。这样做的目的不是无批判性地教化,而是把这些语言和文化作为模板,指引个人和群体的发展,对它们进行反思和检验,掌握自己存在、发展和改变的主动权,而不是认为它们与个人的实践无关。当所有的参与者都来自同一家企业时,就很容易在项目互动中体现和检验这家企业的文化。当参与者来自不同的企业时,会揭示出很多企业的文化中的假设和实践。

学习的个性化。是指把学习与参与者过去和现在的经历联系起来(Petriglieri et al.,2011)。目的是帮助人们检验他们的个人历史和理想与社会压力是如何相互作用,影响他们的思考、感觉和行为的。这一过程的主要方式是项目的试验部分,它体现了参与者认知、情感反应和行为的习惯性模式,使它们变得可探索。这样反过来也对试验对进一步的事件的解释和行为起到了支持作用。

领导力项目的组织者特别关注学习的情境化,这通常被称为"项目定制化"。但同时,学习的个性化也很重要。情境化确保项目的相关性,个性化保证项目有意义。这两者的组合,通过把领导者所做之事与他们的历史和背景联系起来,同时通过帮助他们从经历中学习,深化和加速了他们的发展;通过增强他们的开放性和对企业文化的认同感,加强了领导者团体的建设。情境化和个性化的结合一直都是领导力项目的特点,同时也是适合领导力开发的工作环境的核心部分。

设计准则:领导力的旅程

传统的仪式活动——比如启动仪式——促进了从一种社会地位和人生阶段到另外一种的转变。它们传播知识、价值观和文化规范;传授道德准则;在为个人转变提供空间的同时,渲染一种集体归属感(Campbell,1972;Trice & Beyer,1984)。通过它们,参与者不仅学习了他们所加入的群体的叙事方式,而且他们本身也成为叙事的一部分。尽管仪式内容与当地文化相关,但它们的展开方式是共通的(Eliade,1995;Van Gennep,1960)。它们包括:与自己熟悉的环境的分离,一个包含反思、指导和试验的时间段,以及到最后,用一个新的身份以及相关的观点与行为重新融入社会。这个循环在无数讲述神秘旅程的故事中都描述过(Campbell,1994)。它为将领导力开发项目设计为身份工作区提供了恰当的比喻和有用的原则。

旅程的比喻。很适合于领导力项目,其中包括实际技能的发展,相关知识的获取,追求长期发展的志向,共同文化和团体意识的增强。一个旅程是一段可以改变我们对世界和自己的认知的经历。这个比喻表明这些项目让参与者获得认知、情感和实践层面的体验,并可以从对目标的追求和沿路遇到的意外事件中得到学习。这样的旅程是非常个人化的,但不能独自完成。

把重点放在小组上。是第一个设计准则。参与者被分成一个一个的学习小组,每个小组有6—7个成员。领导力不可能在孤立的氛围中得到练习和发展,这些学习小组为调查个人如何影响小组,以及小组如何影响个人,提供了素材和背景。小组成员一起讨论案例和文本,最重要的是,一起进行一系列的活动。在这个过程中,小组学习的重点就是它自己的经历。这些环节允许参与者探索和试验他们的理解及行为,给出和获得坦诚的反馈,检验小组如何发展或反映一种文化,并与其他小组进行互动。

包括四个环节的进程。这是第二个设计准则。根据奇妙的旅程中描述的发展过程,我和 Jack Wood 认为一个有意义的、试验性的领导力开发项目由四个环节展开——准备、定位、试验和整合(Wood & Petriglieri,2005b)。

准备环节发生在项目开始之前。参与者提前阅读一些会在第一部分进行讨论的案例和文章,并与他们的同事和其他重要的人讨论自己的学习目标。这个环节的主要活动是起草"个人和职业身份叙述"(PPIN),这是一个保密的、自传性的文件,用来作为个人教练的基础,并展示他们的发展计划。PPIN 开启了探索参与者的过去、所属群体和理想的过程,并邀请他们在项目中充分展示真实的自我。有时,360 度反馈工具会把参与者的上级、同事、下属和客户的看法带到项目中来。

定位环节在项目的第一个部分。前面概括的领导力概念和观点是用传统的案例讨论、小型讲座和角色扮演来介绍的。这些环节涉及了领导力的功能性方面和象征性方面,领导者和群体之间的相互影响,以及无意识力量和情感因素在领导经历中的核心作用。早期,项目会介绍其核心思想,即每个人都可以领导和学习。但是,由谁领导和学习什么,与他们自己和追随者的身份密切相关。除了介绍这些概念之外,这个环节把领导力和领导看作一种个人及社会的现象,而不是一个抽象的事物。在表明个人历史和社会进程影响我们赋予"领导力"的意义以及我们运用领导力的方式的同时,它们为项目的试验部分提供了一个概念性框架,并邀请参与者全情投入。

试验环节是项目的中心环节,以一个试验性的"行动中的领导力"工作坊为特征。项目刚开始时,会向小组成员介绍他们的"领导力顾问",并邀请他们说出自己的学习目标和关注点。这个契约环节标志着项目进入了一个新的部分,在这个部分,学习源自对领导和追随经历的试验及反思。当前的小组经历和小组间经历为个人及集体的探索提供了基本资料。过往经历的叙述(比如参与者在 PPIN 中描述的内容)和别人的观察(比如 360 度反馈报告中记录的内容)不会在小组中分享,而是作为辅助资料帮助参与者进一步反思自己的经历。参与者可以自己决定探索的范围和速度,同时要对自己和同学的学习负责。就像不主动承担责任就无法领导一样,一个人在学习领导时也必须是自由的、负责任的。在契约环节之后,小组成员们会在一两天的时间内,完成一系列活动,每项活动结束后都会有一个总结汇报,在其中,小组成员们可以在顾问的帮助下探讨自己的经历。

有些活动是室内的,有些是户外的。有些注重创造力,有些注重执行力。有些包括其他小组,有些不包括其他小组。这些活动的意图不是为了进行模拟、团队建设练习或角色扮演,也不是为了推动参与者进入身体和情感的不适状态,以产生自信心和成就感,而是为了为反思提供材料,为提出和获得反馈提供机会,并提供一个试验的环境(Petriglieri & Wood,2005b)。这个试验性质的工作坊为参与者提供了一个空间,在这里,人们既可以理解个人和小组行为中明显的、有意识的、理性的方面,也可以理解隐蔽的、无意识的、感性的方面。从这个环节中学到的内容,通常是参与者记忆最深刻的。

最近,我遇到了一个七年前参加过包含这种试验性工作坊的项目的管理者。他认出我曾经是他的小组领导力顾问,并走过来问好。"我觉得那就像是在昨天,"他告诉我,"你在一些活动的进行过程中打断我们,大约在一小时中的第四十五分钟的时候,并且说道,'如果你们相信你们努力构建的这个结构会起作用,请举手'。我们惭愧地看看彼此,没有人举手。没有人相信我们会成功。"小组正在履行一个行动方案,但其实没有人真正投入于这个方案。人们觉得向提出方案的组员表达自己的困惑,是不合适的,甚至是鲁莽的。保持忙碌使他们没有时间思考和表达自己的疑虑及担忧。"从那以后,当我加入一个小组,而这个小组在静静地忙碌时,"他继续说,"我总是问我自己:'这些活动的目标能实现吗?或者它是否限制了我们的思考和表达?'在那个时刻,我懂得了除非你积极地鼓励不同的声音,否则就不要期待会有不同的声音。"这个故事表明,从经历中学到的见解是最难忘的,同时也证实了学习的本质。它要求我们以不同的方法来做事情,比如鼓励建设性的异议,真正关注自己和他人的经历,而不仅仅只看它的表面价值。

所有的活动都被拍摄了下来,参与者有机会观看和讨论自己小组的录像。观看完录像之后,有一个全体成员都要参加的会议。在这个会议上,每个小组准备一个有关学习成果的简单陈述,讲述遇到的难题,并与其他小组讨论。这给了那些一直以来在自己组内探索经验的参与者们一个机会,在不同的小组之间分享学习成果并深化自己的学习。最后会有一个总结报告,探讨对话过程中的小组间动态。最后一个环节是人际反馈练习——在这个环节组员们可以为彼此提出系统的反馈意见。如果项目运用了360度反馈工具,那么会在这时把360度反馈报告发放给学生,以便他们把先前收集的反馈与在项目中获得的反馈进行对比。

整合是项目最后一个环节的重点。这个环节的目的是深化项目学习成果与日常情境之间的联系,并鼓励他们离开项目后持续发展。这个环节的开始部分,是一项结构化的练习,帮助参与者认识到自己深信不疑的某些假设可能限制他们在实现个人改变目标方面的进步(Kegan & Lahey,2009)。与领导力顾问一起进行的个人教练环节进一步帮助参与者把从项目和经历中所学到的,与今后的发展联系起来。同时也引导他们探索自己的人生故事和当前角色的联系。这一环节的最后部分是跨文化领导、个性和职业方向的探讨。结尾是一个关于重回工作环境的讲座和一个转变仪式。后续还会进行电话教练和同伴教练,通过邀请参与者描述自己在项目之后的经历中所学到的、支持他们运用学到的知识并继续学习,加强所有学习活动的整合。

保密是项目的第三个设计准则。这些项目的目标是发展,而不是测评。为了最大限度地试验和学习,项目中的所有活动都必须绝对保密。任何情况下,参与者和他们所在组织的信息,都不能保留在文件中或者被项目教职工泄漏。出于同样的原因,这些项目活动中不能有旁观者。不管他们多么正直,动机多么单纯,他们的出现一定会影响项目活动。我通常邀请那些想要旁观项目活动的人加入项目成为参与者。

学习层面

这类项目中的学习,不是源于仔细分析"伟大领导者"(那些克服困难、获得成功的首相、CEO 和特立独行的人)的作为,从而获得可以应用于日常工作的灵感和抽象的启示。它也不仅仅是通过心理测量认清一个人的偏好,或者就一个人的行为满足他人期望的程度获得反馈,并且制订缩小当前差距的计划。这个项目并不关注参与者作为领导者应该怎样领导和不应该怎样领导,而是关注他们每天如何领导,以及原因是什么。这个项目就像一个照在个人在社会系统中的经历上的显微镜。参与者日常工作中遇到的问题必然会体现出来,特别是在试验环节。项目和日常工作的不同之处在于,在项目中可以深度讨论和反思这些问题,因为项目的主要任务就是从经历中学习,而不是做好别的工作。让我们举一个例子。

在最近的一个项目的试验工作坊中,一组来自各国的高管面临一个挑战,就是在木板、箱子和竹竿的帮助下,穿越一条(虚构的)有食人鱼的河流。他们没有用分到的器材一起搭一座桥,而是在小组中出现了分裂。被任命的领导者不断被送回来查看游戏说明,以寻找"解决问题的提示性语言"。两个组员去了附近的一片树林,带回来几块大石头,不停地往河里扔,要"杀死食人鱼"。另外一个组员试图用一根长竿打开一个盒子——那个盒子是被无意间留在"河边"的,但不是提供的器材。两个以上的组员安静地看着,无动于衷。在活动快要结束时,大家的抱怨声连成一片。我评论到,这个小组采取了最有创意的方式来避免用到所提供的器材和进行彼此间的相互合作。"这不公平,"那个手拿长竿的组员回答,"我们在努力创造性(out of the box)地思考。"而我指出,正相反,她太在乎盒子里(in the box)是什么了。我的幽默没有消除紧张的氛围,时间过去了,却没有什么成果。

有些人可能会说这个小组已经失去理智了,但更准确的是,他们的理智暴露出来了。当我们总结这个失败的例子时,我们的讨论从可以做哪些不同的事(如更好地倾听,树立一个标准,头脑风暴,等等)和用提供的工具搭一座桥的所有方法,慢慢地转变成了一个生成性问题:为什么一群聪明的、有能力的人表现得如此不理智?他们的公司提倡员工提出有创意的方法,却不针对任何明确的问题。这样的公司吸引了那些以自己的专业水平和创新精神为骄傲的员工——他们都是精英。他们对于活动和自身行为的理解,在某种程度上,与他们所理解的领导力概念一致——那就是找出一个聪明的办法去解决棘手的难题,并且说服别人相信这个办法。在缺乏主意的情况下,他们到处寻找灵感,却唯独不从他们拥有的器材和他们彼此身上入手。一个组员坦率地说:"如果只做一些简单的事情,总是会觉得有些地方不对。"

随着项目的进行,我们从那次案例中学到的经验日渐成熟。重新观看活动视频改变了一个组员对于发生之事的想法:"我原以为小组中没有领导力,而且我们也没有想要获得成功,但是视频展示了一些不同的内容。"人们致力于找出一种方法,使小组一起过河。在很多场合,组员们提出了一些可行的方案。然而,他们的领导力却没有得到实行,并且他们之间也没有真正的合作。当小组成员反思他们为什么没有协调合作的时候,互相竞争谁的方案更有创意可能是答案的一部分。但这并不是答案的全部。

他们钦佩彼此的能力,并想要达到自己设下的高标准。小组成员之间想要互相帮助,也确实付出了行动,但是他们总是以提出建议的方式互相帮助。他们认为提出问题,而不是提供另一个方案,是失礼的。在人际关系中,聪明的点子被当作人际关系中宝贵的流通货币。其他的都被认为是无能和浪费时间的表现。每个人都急于提供帮助,但几乎没有人愿意寻求帮助。导致他们合作困难的不是能力的缺乏,而是因为这与他们心目中的领导力概念不符——这个概念是在他们的工作背景中形成的。在这个小组与其他小组分享自己的反思时,大家发现这种问题在很多地方以许多形式存在着。

另外一个小组讲述了他们是如何认识到他们被自己想当然的假设限制的。他们的假设是把"对的人"放在合适的地方就能达成目标。这个认识是在他们反思在绳索课程上的经历时获得的。课上的任务对于相互合作的小组来说很容易,而对于个人则几乎是不可能的。他们选出了一个看上去最适合的人去攀爬,其他人给这个人充分的鼓励和建议。当他爬了几米就摔倒的时候,小组"慷慨地"给了他几次"重新再来"的机会,并给了他更多的鼓励和建议。几次尝试之后,人们开始质疑,有人建议换另外一个组员,但情况和第一个人一样。这种情形很常见。我看到小组让每一个成员轮番去攀爬,这无意识中让每个人都感受到了失败的屈辱感,然后他们总结说这个任务是"不可能完成的"。事实上,它不是不可能完成的。只要组员们彼此互相帮助,就很容易完成任务。但如果领导对你来说不是在前面带路,就是从侧面指导的话,那就很难想象和采用这种方法。

这些反思鲜明地反映了参与者反复践行的领导力观点,也凸显出他们的行为不是注定的。重新思考他们对领导力的理解是有可能让他们做出不同的选择的。学习过程并没有就此打住。"我很抱歉对你的态度很不好。我意识到你是想让我们动脑筋思考。"这是在工作坊的试验环节试图打开盒子的那个人,在我们一起进行教练活动,总结其中的经历时所说的话。我安慰她,告诉她真的不需要道歉,然后我们开始讨论到底发生了什么。活动的时候,她真的很生我的气。她认为我给的指令不明确,眼睁睁地看着他们不知所措(好像那还不够),并且我还批评了她为提出新的主意而做出的努力。当天晚上,当我们看视频的时候,一个组员表示自己没有与她相同的困扰和焦虑,这让她很惊讶。"这就像在职场中,我们执行任务,但指令并不明确,"他告诉她,"我们看上去很勇敢,但当事情行不通的时候,我们倾向于责怪别人。"这个言论让她震惊,她开始仔细思考自己为什么会表现得如此过激,而且从某种程度上说,这个行为如此熟悉。

在接下来的一个小时里,我了解到她曾经经受过掌权者的背叛,微妙但却痛苦。这样的经历让她相信,成功只有靠自己的独立。同时也让她对掌权者一直有一种不信任感。她可以承担一个很有挑战性的任务,并充分完成,但却从不放下自己的戒备心。她有意识地成为小组中故意唱反调的人,而且与过去几任老板的关系很僵。这些冲突,从某种程度上说,是与人交往的安全方式。这样不会让人感到失望,但也是令人疲惫的,而且通常情况下是不必要的,只会让她觉得孤立无援,而且让她失去了她可能享受的并从中获益的人际关系。用她的话说,这是不公平的。我注意到,她在与我分享她的困惑和反思的时候,非常信任我,事实上,她打破了自己的习惯模式。她承认这没有她想象中的那么困难,在讨论的最后我们总结了一些打破固有模式的方法,并鼓励她去信任别人。

在我们生活的团体中,重新思考领导的意义,以及探索我们的人生故事与工作经历的关系,不是哲学范畴的事情。它们可以使我们的思考、行为、交际方式变得不同。要实现长期持续的改变,需要我们理解并挑战自己的假设和习惯,同时以一些社会性安排来强化它们。项目之后的跟踪对话经常会揭示相同的主题。"项目结束之后,我新增的疑问与我收获的见解一样多。"(我把这两者的混合看作项目成功的标志。)然后,当他们回家之后,他们会发现自己会从一个不同的角度看待日常事务——无论是管理团队会议、绩效考核,还是与自己配偶的交流。他们会更能理解自己的个人经历与这些交流的动态之间的关系,并更加倾向于按照这种见解行动。

参与者普遍从项目中学到的另一点是,他们意识到自己深刻地影响着自己的小组和企业的文化及氛围。他们做出的每一个选择都可以强化或挑战企业文化。但是,人们提到最多的收获,不是个人意念、能力和责任感的增强,而是与参与者同伴关系的改善,以及回去之后与其他人关系的改善。"我和 Lily 已经共事很多年了,"项目结束之后一个管理者告诉我,"我们从来没有对彼此这么直接过。这个项目在我们关系的发展中具有重要意义。"

我在上文中描述的学习的层面与企业、小组和个人层级都有关联。当然,它们不是项目活动的功能。同样是过河,如果它被设计为一个"游戏",然后后面跟着一个简单的讨论,讨论小组如何"提高"和组员"应该如何以不同的方式应对",那么从这个案例中可能只能学到肤浅的东西。参与者会在下次活动中有不同的表现,但几天之后又会变回原样。我们看不到更加深层次的、具有转折意义的学习的层面。想要体现这些层面,需要我们多多反思;为群体和个人创造反思的空间;把反思的重点放在事情发展方式的原因上,而不是事情应该如何发展上。它要求参与者们愿意放弃自己的偏见,有重新思考自己的经历的好奇心,以及拥有挑战彼此观点的勇气。最后,它需要具备敏感性和有能力的专业人士来辅助个性化及情境化的学习。

项目的实施者和引导者

从业者和学术界的讨论几乎很少考虑领导力开发人员的专业性。潜在客户、记者,甚至是同事对我运用的教学法和设计原则更感兴趣,他们认为这可以增加项目的有效性——从某种程度上说,确实是这样的。项目设计非常重要。我遇见的最常见的请求是给他们发一个带有少许反思环节的试验工作坊的精编版,对此我总是礼貌地拒绝。上文描述的概念框架和活动流程,对于项目揭开学习中的深层次内容,并发挥身份工作区的功效,是必不可少的。但是只有这些并不够。好的设计总是能促成一些学习的发生,就像在春天,位置好的肥沃土地上的种子总会发芽,而不管人们耕种得好不好。当然,如果农民了解土地,并且用心栽培,效果会明显不同。

当我参观对这种领导力开发方法颇感兴趣的企业时,在介绍完开发方法的一般原则之后,我没有按照这种会议的常规,给他们展示一个项目设计的样本。相反,我放映了一张幻灯片,上面有一组与我在项目中合作过的专业人士的照片。我想说明的内容很简单:利用好这种设计需要具有专业技能、敏感度和完整性的专业人士。他们可以帮助参与者带着问题去体会经历,然后将所学的知识与日常生活结合起来。引导个性化和情境化的学习,需要具备进行不同层次的分析(对个人、小组、企业以及文化的分析),并在其中建立联系的能力。这是我倾向于用"领导力顾问"而不是"教练"这个词的原因。它所需要的技能与教学、教练和心理疗法都不相同(Wood & Petrieglieri, 2005a)。

当我放映幻灯片的时候,我讲述了我的同事的职业背景、工作态度,以及我们共事的方式。前者包括在成人发展、小组动态和组织行为方面的培训;参加每一个项目,并把它们当作新的冒险的意愿;追随参与者的节奏和学习日程的能力;以及从经历中学习的好奇心。后者是以一种职业承诺为基础的,即像参与者一样以个人或集体的方式反思和参与到我们的发展过程中。在每个项目中,咨询人员广泛召开会议,以反思他们自己的经历,讨论如何引导整个团体的氛围和学习,以及各自的责任是什么。在不同的项目之间,每个人都追求个人的持续发展,定期参与来自不同传统的试验性学习,并对我们的实践进行检验和完善。

谁会从这个方法中受益?

我一直致力于把这种方法应用于企业内训项目、公开的高管项目和MBA课程中,学生包括来自公立、私营部门的初级管理者和高管,作为单独的项目或者作为多模块项目中的一部分。不管是哪种场合,项目的目标都是培养、发展个人领导者和领导者团体,促进个性化和情境化的学习,以及从经历中学习。根据项目情境的不同,具体的设计元素会有所改变。参与者带入项目的学习计划、关注点和文化在学习过程中起着重要作用,所以我们所讲述的领导力项目只有一点是共通的:每个项目都独一无二。

根据他们参加项目的意图,这里有几种方式可以帮助公司和个人评估项目的价值及有效性。这些方法包括,对于企业来说,可以做内部调查,调查员工的士气、幸福感和企业认同感、实际离职率以及离职意向;也可以做外部调查,评估公司工作环境的吸引力,或者上司和下属对参与者领导能力的主观评价,以及企业文化的改变。对于个人来说,评估标准包括获得梦寐以求的工作、薪水和机会的增多,以及对清晰度、能力和意义的主观体验。组织和个人通常重视重复的360度评估数据,评估目标行为的改变程度,或者关键相关人员体察到的领导力的提升。很多人谈论领导力项目的"投资收益"。但是,评价这些项目的"经历回报"可能更为贴切,也就是说,领导力项目在何种程度上提高了个人和企业关注、理解更大范围的事件及遭遇,并从中学习的能力。虽然这很难评估和量化,但这是领导力项目的负责人最看重的方面。对这方面的测评需要调查参与者在项目前、项目进行中、项目后如何认识自己和外部世界。

 总结

商业领域越动荡、流动性越强,就越需要领导力项目提供身份工作区,来保护个人领导者和领导者社团的发展。领导力课程如果仅仅关注概念知识的习得,以及"领导力模型"所描述的行为的练习,就不足以完成这个任务。这需要一个方法,可以帮助参与者实现学习的个性化和情境化,同时,也要求同样关注领导者所做的事、领导者的身份和背景。我在这里讲述的方法,也是我自己在工作中信奉的方法，它可以帮助参与者检验和重新思考自己作为领导者（追随者）思考、感受和行动的方式，并且让他们认识到，这些是如何被自己过往的经历和理想，以及小组、企业和社会的动态影响的。它让参与者有机会检验自己的经历，鼓励他们承担起自己和企业共同成长的责任，并让他们有机会探索影响可见行为的情感因素。最终，它使领导者认识到，自己是实现团队目标、打造团队的工具，而不是掌控者，人们向他们寻求方向和支持。

把领导力开发项目构建为身份工作区，不仅需要恰当的教学方法和设计方法，还需要重新思考满足领导力的要求的个人和机构的角色。为了实现这个目标，我们的作用不仅仅是传播可以使人们更好地理解领导力以及更加有效地领导的知识，还有一个更大的任务，包括引导个人身份的发展，影响领导力在企业、社会中的意义和运用。这需要发展进行严谨的研究的技能，以及在各种不同背景下展示知识和专长的技能。除此之外，如果领导力项目对现在和未来的领导而言，是重要的身份工作区，那么那些主导这些工作的人就对参与者、企业和社会负有很大的责任。这需要我们在销售、执行和评估我们的工作时，统筹好这三个方面——不能想当然地认为三者的利益是一致的。它也需要我们有勇气选择我们所服务的对象——我们想要帮助什么样的企业和领导者获得发展。没有价值中立的身份工作区。倘若试图创建这样的身份工作区，会让我们落入一个危险的境地，那就是我们为领导者创造了一个不关心价值观的身份工作区。

参考文献

Arthur, M. B. (2008). Examining itinerant careers: A call for interdisciplinary inquiry. *Human Relations*, 61, 163—186.

Barsade, S. G., Ramarajan, L., & Westen, D. (2009). Implicit affect in organizations. *Research in Organizational Behavior*, 29, 125—162.

Berglas, S. (2002). The very real dangers of executive coaching. *Harvard Business Review*, 80(6), 86—92.

Bolden, R., & Gosling, J. (2006). Leadership competencies: Time to change the tune? *Leadership*, 2, 147—163.

Campbell, J. (1972). The importance of rites. In *Myths to live by* (pp. 44—60). London, UK:

Penguin.

Campbell, J. (1994 [1949]). *The hero with a thousand faces.* London, UK: Fontana.

Capelli, P. (2008). *Talent on demand.* Cambridge, MA: Harvard Business Press.

Day, D. V. (2001). Leadership development: A review in context. *Leadership Quarterly*, 11, 581—613.

Day, D. V. (2010). The difficulties of learning from experience and the need for deliberate practice. *Industrial and Organizational Psychology*, 3, 41—44.

Day, D. V., & Harrison, M. M. (2007). A multilevel, identity-based approach to leadership development. *Human Resource Management Review*, 17, 360—373.

DeRue, D. S., & Ashford, S. (2010a). Power to the people. Where has personal agency gone in leadership development? *Industrial and Organizational Psychology*, 3, 24—27.

DeRue, D. S., & Ashford, S. (2010b). Who will lead and who will follow? A social process of leadership identity construction in organizations. *Academy of Management Review*, 35, 627—647.

DeRue, D. S., & Wellman, N. (2009). Developing leaders via experience: The role of developmental challenge, learning orientation, and feedback availability. *Journal of Applied Psychology*, 94, 859—875.

Eliade, M. (1995 [1958]). *Rites and symbols of initiation.* Woodstock, CT: Spring Publications.

Fineman, S. (1997). Emotion and management learning. *Management Learning*, 28, 13—25.

Gould, L. J., Stapley, L. F., & Stein, M. (Eds.). (2001). *The systems psychodynamics of organizations: Integrating the group relations approach, psychoanalytic and open systems perspectives.* London, UK: Karnac.

Hackman, J. R., & Wageman, R. (2007). Asking the right questions about leadership. Discussion and conclusion. *American Psychologist*, 62, 43—47.

Hart, V., Blattner, J., & Leipsic, S. (2001). Coaching versus therapy: A perspective. *Consulting Psychology Journal: Practice and Research*, 53, 229—237.

Haslam, S. A., Reicher, S. D., & Platow, M. J. (2011). *The new psychology of leadership: Identity, influence and power.* New York: Psychology Press.

Heifetz, R. (1994). *Leadership without easy answers.* Cambridge, MA: Belknap/Harvard University Press.

Ibarra, H. (2003). *Working identity. Unconventional strategies for reinventing your career.* Cambridge, MA: Harvard Business School Press.

Ibarra, H., Snook, S., & Guitlen Ramo, L. (2010). Identity-based leader development. In R. Khurana & N. Noria (Eds.), *Leadership: Advancing an intellectual discipline* (pp. 657—678). Cambridge, MA: Harvard Business School Press.

Jaques, E. (1955). Social systems as a defence against persecutory and depressive anxiety. In M. Klein (Ed.), *New directions in psychoanalysis* (pp. 478—498). London, UK: Tavistock.

Kanter, R. (2010). Leadership in a globalizing world. In R. Khurana & N. Noria (Eds.), *Leadership: Advancing an intellectual discipline* (pp. 569—610). Cambridge, MA: Harvard Business School Press.

Kegan, R. (1982). *The evolving self: Problem and process in human development.* Cambridge, MA: Harvard University Press.

Kegan, R., & Lahey, L. L (2009). *Immunity to change: How to overcome it and unlock the potential in yourself and your organization.* Cambridge, MA: Harvard Business School Press.

Kets de Vries, M. F. R. (2005). Organizations on the couch: A clinical perspective on organizational dynamics. *European Management Journal*, 22(2), 183—200.

Kilburg, R. R. (2004). When shadows fall: Using psychodynamic approaches in executive coaching. *Consulting Psychology Journal: Practice and Research*, 56, 246—268.

Kolb, D. A. (1984). *Experiential learning: Experience as the source of learning and development.* Englewood Cliffs, NJ: PrenticeHall.

Lord R. G., & Hall, R. J. (2005). Identity, deep structure and the development of leadership skills. *The Leadership Quarterly*, 16, 591—615.

McCall, M. W. (1998). *High flyers: Developing the next generation of leaders.* Cambridge, MA: Harvard Business School Press.

McCall, M. W. (2010). Recasting leadership development. *Industrial and Organizational Psychology*, 3, 3—19.

Menzies, I. E. P. (1960). A case-study in the functioning of social systems as a defence against anxiety. *Human Relations*, 13, 95—121.

Miller, E. J., & Rice, A. K. (1967). *Systems of organization.* London, UK: Tavistock.

Mumford, M. D., & Manley, G. G. (2003). Putting the development in leadership development: Implications for theory and practice. In S. E. Murphy & R. E. Riggio (Eds.), *The future of leadership development* (pp. 237—261). Mahwah, NJ: Lawrence Erlbaum Associates.

Petriglieri, G., & Petriglieri, J. L. (2010). Identity workspaces: The case of business schools. *Academy of Management Learning & Education*, 9, 44—60.

Petrieglieri, G., & Stein, M. (2010). The unwanted self: Projective identification in leaders' identity work. *INSEAD Working Paper* N. (2010)/107/OB.

Petrieglieri, G., & Wood J. D. (2005a). Learning for leadership: The "engineering" and "clinical" approaches. In P. Strebel & T. Keys (Eds.), *Mastering executive education: How to combine content with context and emotion* (pp. 140—154). London, UK: Financial Times-Prentice Hall.

Petrieglieri, G., & Wood, J. D. (2005b). Beyond "fun and games": Outdoor activities for meaningful leadership development. In P. Strebel & T. Keys (Eds.), *Mastering executive education: How to combine content with context and emotion* (pp. 252—266). London, UK: Financial Times-Prentice Hall.

Petrieglieri, G., Wood, J. D., & Petrieglieri J. L. (2011). Up close and personal: Building foundations for leaders' development through the personalization of management learning. *Academy of Management Learning & Education*, 10, forthcoming.

Raelin, J. A. (2007). Towards an epistemology of practice. *Academy of Management Learning & Education*, 6, 495—519.

Reynolds, M., & Vince, R. (2004). Organizing reflection: An introduction. In M. Reynolds & R. Vince (Eds.), *Organizing reflection* (pp. 1—14). Aldershot, UK: Ashgate.

Rousseau, D. M. (1990). New hire perceptions of their own and their employer's obligations: A study of psychological contracts. *Journal of Organizational Behavior*, 11, 389—400.

Sennett, R. (2006). *The culture off the new capitalism*. New Haven, CT: Yale University Press.

Shamir, B., & Eilam, G. (2005). "What's your story?" A life-stories approach to authentic leadership development. *Leadership Quarterly*, 16, 395—417.

Sherman, S., & Freas, A. (2004). The Wild West of executive coaching. *Harvard Business Review*, 83(3), 82—90.

Snook, S. (2007). Leader(ship) development. *Harvard Business School Note* N. 408—064.

Trice, H. M., & Beyer, J. M. (1984). Studying organizational cultures through rites and ceremonials. *Academy of Management Review*, 9, 653—669.

Van Gennep, A. (1960 [1905]). *The rites of passage*. Chicago, IL: The University of Chicago Press.

Van Knippenberg, D., & Hogg, M. A. (2003). A social identity model of leadership effectiveness in organizations. *Research in Organizational Behavior*, 25, 243—295.

Wood, J. D., & Petrieglieri, G. (2005a). On coaches, counsellors, facilitators and behavioural consultants. In P. Strebel & T. Keys (Eds.), *Mastering executive education: How to combine content with context and emotion*(pp. 155—169). London, UK: Financial Times-Prentice Hall.

Wood, J. D., & Petriglieri, G. (2005b). Fundamental for a world class leadership programme. In P. Strebel & T. Keys (Eds.), *Mastering executive education: How to combine content with context and emotion* (pp. 364—380). London, UK: Financial Times-Prentice Hall.

第二十章
真诚领导力开发

Bill George
哈佛商学院

本章聚焦于哈佛商学院的金牌课程——"真诚领导力开发"。基于领导者的内在开发卓越领导力。我将与大家分享我本人与该课程有关的独特经历。

要想炼就真诚领导力,首先要有自知之明——了解你自己的优缺点。这可以从你对人生经历的感悟,尤其是对人生考验的深刻反思中获得。真诚领导力开发课程的首倡观点就是只有当领导者坚守他们的"真北",即坚持他们的信仰、价值观及原则时,他们才能展现最有效的领导才能。这就要求他们脚踏实地、胸有成竹地面对各种压力,而不是动辄就对既定原则妥协让步。

该课程将在12个星期内完成,每个星期有三个主要任务:(1)阅读《真北》,并完成《找到你的真北:人生导师》中布置的内省式练习作业;(2)小组讨论:六名同学组成"领导力开发小组",讨论领导力发展的相关话题。(3)课堂案例讨论:针对不同领导者的生活故事展开讨论。领导力开发小组为大家提供一个互信、亲密、坦诚的私密环境,以方便大家共同讨论课程内容及个人生活经历。

真诚领导力开发课程的第一部分主要讲述领导者的故事及他们所经历过的最大考验。第二部分主要考察促进领导力开发的五项关键因素:(1)自知之明;(2)价值观;(3)激励能力;(4)支持团队;(5)完整人生(integrated life)。最后一部分主要讲述领导力目标、授权及领导效能。学习者们感悟这些领导者的人生百态,并从他们所受的考验中得到启迪,可以获得自知、自爱及自我认可。

该课程帮助学生对人生经历进行自我反思,并探究领导力的源泉。通过对真诚领导力开发课程的学习,学生们可以学到如何展现真诚的领导作风,鼓励并授权他人,从而炼就最佳领导能力。

课程简介

在我的整个人生中,我都在承担领导者的角色,深知领导力开发的艺术。在三家大公司工作30余年之后,我决定在接下去的10年通过传授领导力艺术培养未来的领导者,并为他们提供不同发展阶段的辅导。

其实,我的领导生涯并不是一开始就一帆风顺的。虽然父亲在我小时候就一直激励我以后要做大公司的领导,但在中小学时我从未做过学生干部,学生会及校网球队的领导团队里也从未出现过我的身影。我不服气,就参加了高年级的学生会主席竞选,但最终还是以两票之差败北。

高中毕业后,我就读于离密歇根的家80英里之外的佐治亚理工学院。在那里我一个人也不认识。我急切地希望一展自己的领导才能。然而,希望是丰满的,现实却是骨感的!当时我还没有接触过乔·卡巴金的名言警句:"察觉当下。"我参加了六次竞选,结果无一例外的都是失败!这就是我的领导力生涯的好开端!

几个学长把我叫到一边,语重心长地对我说:"Bill,你表现得太激进、太自大、太咄咄逼人了。没有人愿意和一个永远想抢头功的人一起工作。你应该花更多的时间去关注别人,而不是你自己!"他们的话对我来说无疑是一个沉重打击,然而却促使我暗下决心,培养真正属于自己的领导力。情况慢慢改观了。一段时间后,我在佐治亚理工学院陆续当选了很多领导职位。之后在哈佛商学院也是如此。

我不得不遗憾地说,在利顿工业公司、霍尼韦尔国际公司及美敦力公司工作的33年间,我确实很少发现真正高质量的领导力培训计划。大部分培训计划相当肤浅;制订培训计划的人似乎从未在领导岗位上待过。这些培训课程更多地关注企业文化及规章,而不是针对个人发展的需要。这些课程甚至对于领导者是否能做个"好人"持有偏见,然而对于领导者可能面临的巨大压力却漠不关心。

在美敦力公司做了十年 CEO 及一年董事会主席后,我去了瑞士的两所学院——洛桑国际管理学院及洛桑联邦理工学院,在那里教授领导力课程。在瑞士期间,我目睹了安然、世通、奎斯特以及很多大公司的轰然倒闭及它们领导人的锒铛入狱。我当时更大的担忧是:超过百家的公司领导者不得不重新申报前一年的财务报表。那些不合规的财务信息不仅仅是财务的问题,更重要的是公司领导者们以牺牲可持续性发展为代价、一味追求短期利润的必然结果。我们这个时代的领导者们到底怎么啦?这个疑问促使我在 2003 年写成了我的第一本书——《真诚领导力》。这本书也是我多年来对于领导力感悟的结晶。

2004 年 1 月,我被哈佛大学商学院聘为管理实践教授,给 MBA 的学生上一门必修课——"领导力与公司责任"。这门课主要从过程及系统的角度考察领导力,而并不关注领导者的个人发展。我当时就觉得 MBA 学生需要一门真正内在推动型的领导力培训课程,而不只是去学习如何掌控外部力量并满足自己的需求。

缔造真诚领导力

推出本课程之前,我开展了一项针对顶级商学院的非正式调查,以考察这些学院提供的领导力开发课程。结果很令人失望,除了北卡罗来纳州的创新领导力中心外,各商学院只是提供了大量的伦理学课程,对于领导力开发却鲜有涉及。通过与几家商学院的交流,我发现由于缺乏经研究论证可行的领导力培训框架,很多教师不愿开展个人领导力相关的课程。

鉴于此,我在 2004 年夏天邀请了来自哈佛、斯坦福及杜克三所大学的六名 MBA 学生在科罗拉多共度周末,并了解他们对领导力开发课程的看法。调查发现,所有六名学生的 MBA 课程中都有关于领导力开发的课程,来自斯坦福的学生则有关于领导力开发的选修课程,教师会提供相关指导。综合这些反馈信息,我决定在哈佛商学院二年级教学中开展关于个人领导力开发的选修课程。我把它命名为"真诚领导力开发"。该课程的开设是为了弥补商学院课程的不足,我认为这门课的内容对于领导力开发是极其必要的。

第二年春天,我发起了一项实地调查,以分析领导力开发的促进因素。我们的四人调查组还包括：Peter Sims（和我一起工作并合著《真北》）；Diana Mayer（目前在纽约大学教授真诚领导力开发课程）；Andrew Mclean（我在哈佛商学院的研究助手）。哈佛商学院的一位同事建议，我们的研究应该最终明确成功领导者的品质、特点及类型。然而，调查发现已有 1 000 多项针对此目的的研究，但通过追加研究，没有一项被证明是绝对权威的或可复制的。

在调查中，我们采访了 125 名从 23 岁至 93 岁的领导者，研究的目的是通过深入的第一手采访了解他们是如何发展成为真诚领导者的。他们相当诚实坦率地述说了自己曾经犯过的错误、遇到的困难，以及如何在保持真诚的前提下获得成功。同期，我在 2005 年春天推出了该课程的实验版本。这样，该课程与相关研究就能互通有无、齐头并进了。事实上，该课程也是经过数次连续修改才最终成形的。最开始，该课程的设立在哈佛商学院是有争议的，因为课程半数以上的时间用于六人领导力开发小组的活动。这个课程结构与哈佛商学院的数项规定是相悖的，因此它需要得到教务长的特殊批准。而最终该课程获批了全额学分。

尽管内容有限，这个实验课程还是受到了热烈欢迎。因此，我在 2005 年秋天为二年级学生开设了一门探究内在领导力的正式选修课。同时，实地调研继续进行到 2006 年春季。通过长达 3 000 页的采访记录，我们可以清楚地看到：这些领导者的成功并非源于那些常见的品质、特征及领导风格，也非他们的领导力发展计划。

这些采访清楚地表明，他们的人生阅历及在关键时刻面临的磨砺考验对于领导力开发的重要性。正是通过这些近乎痛苦的磨砺，他们对自己才有了更深刻的认识，并知道什么是重要的。他们把自己的人生经历娓娓道来，用不容置疑的口吻告诉我们正是这些独特的经历赋予了他们通向成功的力量。这些难得的经历使得他们重新定义自己的人生架构，由此，他们变得更加激情四射，更清楚地明白如何让自己的领导力更有效果。同时，他们也积极抵御作为领导者所面临的各种诱惑，坚定内心的信念不动摇——永远朝着自己的"真北"。

经过一系列的研究，我在 Peter Sims 的帮助下于 2007 年年初出版了《真北》（George & Sims,2007）。该书的核心论点就是领导者通过感悟人生并勇敢地面对各种磨砺，培养优秀的领导能力，使得他们有自知之明，并能够做出高瞻远瞩的决策。一年后，Andrew Mclean、Nick Craig 和我一起推出了这本书的姊妹版——《找到你的真北：人生导师》（George, McLean, & Craig,2008）。这本书为学习《真北》的领导者及团队提供了65项需要同期完成的练习。

真诚领导力开发课程结构

真诚领导力开发课程的第一部分主要讲述领导者的人生故事及他们所经历过的严峻考验。第二部分主要讨论促进领导力发展的五项关键因素,最后一部分阐述领导力开发的目的。该课程并不去重复传统意义上的领导力风格及权力运用,因为我们的研究表明,这些外在的领导力因素远比不上内在的心路历程更重要。

该课程的设计目标就是培养学生的内在领导力品质,要求学生们能够内省,对自身的提升及领导力源泉探究始终保持浓厚的兴趣。学生们需要有坦诚、开放的态度,愿意与领导力开发学习小组的其他成员在班级讨论中共享经验与心得。

在12个星期的课程中,每个星期侧重于领导力开发的一项关键因素。每星期伊始,学生们针对阅读《真北》及与本周话题相关的书籍开展自醒式思考。然后学生们会根据《找到你的真北:人生导师》的要求进行自省式练习。

在每星期的后半周,学生们会与他们所在小组的其他成员会面,并讨论他们的内省式练习及其效果。该小组必须确保在互信及私密的空间展开讨论。学生们在分享个人经历及观点时要感到身心舒畅、思想自由,因为这些话题可能是他们在公开的课堂环境中不愿表达的。该过程时长110分钟,由轮值学生引导师主持。学生们一致认为小组讨论是该课程最有价值的部分。

在小组会议之后,学生们开始进行领导者处理困境的案例学习。学生们把他们自己想到的方法与案例主人公面对挑战时采取的方法进行比较、分析。接下去的课堂讨论包括完成小组讨论、分享个人经历,以及分析案例。经常会有领导者现身说法,讲述他们自己那些难忘的峥嵘岁月。

在寻找合适案例的过程中,我发现那些现有的领导力案例往往只注重领导者面对困境时的即时决策。我因此得出结论:我们需要一种不同类型的案例,那就是通过考察那些成功领导者的整个人生背景来更好地理解他们是怎样在关键时刻做出英明决定的。这意味着,我不得不为该课程重新编写20个新案例。这些案例很多都是从《真北》的调研采访中整合出来的。

我们并不打算让这些案例的主人公成为所谓真诚领导力的典范；相反，他们只是领导者在极度困难的情况下如何保持诚信不褪色，并坚定地在自我"真北"方向上保持不变的普通代表。学生们在课堂讨论中探究这些领导者是如何保持诚信、改正缺点的，并从他们的困境中获得启迪。

课堂上会涉及个人问题，促使学生们去探究他们自己及其他领导者的基本信仰、如何运作组织、如何建立事业、如何培养领导者，以及如何培养自己的领导哲学、如何制定自己的领导力发展规划。因为这些问题涉及个人隐私，因此课堂必须是一个相对安全、私密的环境。也就是说，学生们能在一个相对自由的空间里舒畅地分享个人经历，而不被其他学生或老师指手画脚。与简单分析评价主人公的传统案例学习不同，真诚领导力开发课程会要求学生们"穿上主人公的鞋"，设身处地去分析、判断他们该如何做。

一些案例选择的是面临重大人生考验的主人公，其中包括：在施乐公司工作的安妮·麦卡伊，成立了"为美国而教"计划的温迪·柯普，前纽约证交所主席理查德·格拉索，小马丁·路德·金，奥普拉·温弗瑞，泰德·派珀，美敦力的玛莎·古德伯格·艾伦森及菲利普·麦克雷等。

还有一些案例采取了不同的视角。这些案例并不关注特定的挑战，而是以主人公的整个生活、工作经历为着眼点，分析这些独特的人生经历如何赋予他们在面对逆境时采取行动的智慧与力量。这些案例包括：星巴克创办人霍华德·舒尔茨，通用电气总裁兼CEO杰夫·伊梅尔特，印孚瑟斯公司的纳拉雅纳·穆尔蒂，安进公司的凯文·沙拉尔，雅芳公司总裁和CEO钟彬娴，下曼哈顿区再建委员会的约翰·怀特海德。

后一种案例在教学中更难处理，因为它需要对主人公的人生轨迹及领导哲学有一个全方位的探究和综合整理。这些鲜活的案例告诉我们：面对特定的挑战时，领导者需要整合全部人生阅历，并将其浓萃成高超的领导艺术来处理眼前的局面。由此，贯穿全课程的信息就是：不善于总结过往经验、不愿意承认人生困境的领导者早晚还会旧错重犯。

真诚领导力的概念基础

"真诚领导力开发"的首倡观点是只有当领导们坚守他们的"真北"——信仰、

价值观及原则时,他们才能展现最有效的领导才能。这就要求他们脚踏实地、胸有成竹地面对各种压力,而不是对既定原则打任何折扣,抑或折腰于金钱、名声及权势等诱惑。

我从未遇到过由于智商不足而失败的领导者,我更多看到的是成百上千的领导者由于情商欠缺而折戟沉沙。真诚领导力开发课程帮助未来的领导者通过提高自知、自爱及自控来建立起自己的情商体系,还会帮助他们培养起真正属于自己的领导风格。他们学会如何与同事建立真诚的关系,授权给他人而不是高高在上、颐指气使,从而提升自己的情商。

要想成为经得起时间考验的、有效的、真诚的领导者,有三点需要注意:(1) 有领导他人的经验;(2) 通过自省和反思来提纯经验所得;(3) 与同事坦诚地分享个人经验,并获取他们的反馈。

虽然真诚领导力开发课程并不包含直接经验的成分,但它会汲取课程参与者的人生阅历及案例中的领导者经验。课程练习会让参与者自省自励。领导力开发学习小组提供一个安全的环境,让大家在互信与私密的空间中坦诚地分享个人经历,并寻求大家的反馈。最后,学生们会制订一份个人领导力发展计划,并且在职业生涯中随时更新这个计划,这成为这门课的高潮。

在公开课中,我问学生:"你将在什么时候实现从单纯寻求外在的尊重升级到着眼于内在需求的满足?"MBA 的学生们通常都是学习努力并且学有所成的尖子生,并且在个人职业发展中初有斩获。然而,他们还是感觉经常会被别人的判断和指引束缚手脚,尤其是他们的父母。从这个意义上来说,参加真诚领导力开发课程将是他们解决人生困惑的重要转折点。

小组讨论经常会解决一些潜在的问题,比如:如何平衡其他人的期待及自身内在目标的矛盾。为了阐明确定自身领导力方向的重要性,我与学生们分享了智利诗人巴勃罗·聂鲁达写的一首小诗的节选:

> 灵魂深处开始躁动,
> 它是那样地炽热,
> 那样地无拘无束!
> 我自行己事,
> 与那炽热火焰同呼共吸。

对于大部分学生来说,针对自己人生考验的讨论是该课程最关键的部分。学生们写出自己的痛苦经历与大家分享,并对它们进行重新梳理时,通常会说出那些尘封心底、动人肺腑的往事。他们自己在以前也很难想象能够把这些事情和盘托出与大家共勉。这些痛苦的经历包括离婚、遭受歧视、被朋友或家人拒绝、性暴力、药物依赖、性虐待、亲人辞世、学业失败、工作挫折,等等。

随着课程的进展,以及对这些过往经历、情感、动机的反思,很多学生成功地将领导欲望与内心需求融为一体,而不是执着于外在的诸如金钱、名声及地位等种种诱惑。他们逐渐懂得那些有自知之明、高度自觉并勇于不断磨砺自己领导才干的人才会成为更成功的领导者,并最终拥有更完美的人生。

真诚领导力开发课程目标

真诚领导力开发课程的目标包括:

- 通过让学生们梳理到目前为止的人生故事及经验,使得他们更好地了解自身的领导力发展历程及人生考验。
- 了解为什么有的领导者会偏离正轨,迷失方向。
- 培养情商及自我认知能力,打下坚实的领导力基础,确保不脱离正确轨道。
- 确立更明晰的价值观、领导原则、道德底限;明确当他们遇到严重挑战时该如何采取行动。
- 弄明白是哪些内外因素在激励着他们,并找到能够使他们实现预期能力目标的领导力开发途径。
- 学会如何构建支持自己的团队。
- 打造一个能够平衡个人、家庭、组织及社会的责任体系。
- 确定自身的领导力发展目标及发展规划。
- 成为能够激励他人的领导者,让大家各尽其才,创造超常业绩。
- 通过风格、权力及影响力的运用实现领导水平的最优化。
- 创立一份个人领导力发展方案,并让其全程指引自身的事业。

课程内容

参加真诚领导力开发课程的学生们需要在整个学习过程中阅读教材《真北》,并完成《找到你的真北:人生导师》中规定的练习题。12周的课程分为三部分:

第一部分,回顾和反思你的领导力发展历程(四周)。

第二部分,发现你的真诚领导力(五周)。

第三部分,将你的真诚领导力付诸行动(三周)。

在第一部分,学生们检查分析他们自己的人生故事以及它们对个人领导力发展的影响。然后学生们会研究某些领导者为何会迷失方向,从而以史为镜,以人为鉴。在第一部分的最后一周,学生们检查并梳理他们生命经历中最大的困难或囧事。只有这样,学生们才会懂得要想成为真诚领导,他们必须要实现从"我"到"我们"的转变,从个人英雄主义回归到真诚领导的正确轨道上来。

第二部分主要讨论促进真诚领导力发展的五项关键因素:(1) 自知之明;(2) 价值观、领导原则及道德底限;(3) 激励能力;(4) 支持团队;(5) 综合领导力(integrated leadership)。

在考察完领导力发展的必需因素后,第三部分则关注如何将真诚领导力付诸实践。首先是研究个人领导力目标的模式,然后是授权他人去参与领导。实践者们可以通过风格、力量及影响力的合理运用达到最佳领导效果。

学生们在课程学习中需要提交三篇论文。首先,在课程开始之前写一篇一页纸的自我陈述:《我为什么要选择这门课程?》。六周之后,他们需要提交一份大约1 500字的期中论文:《我经历过的人生最大的考验》。这篇论文的提交正处于教学大纲的一个关键环节,也是该课程最重要的一个方面。最后一篇论文是2 500字的《我的领导力发展目标》及他们的《个人领导力发展方案》。每周的小组讨论后,学生们都被要求向老师提交一份关于本周所学的个人反思报告。

图20.1描绘了整个课程的学习流程。

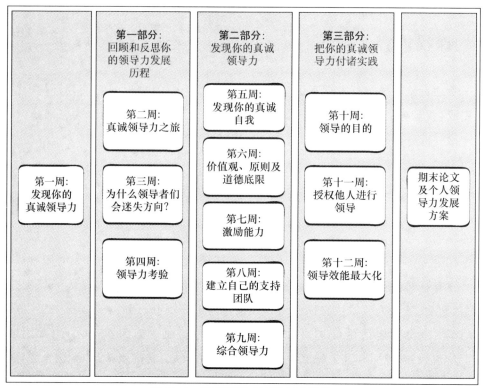

图 20.1 真诚领导力开发课程结构

资料来源：Reprinted with permission © Bill George。

领导力开发小组

领导力开发小组是真诚领导力开发课程的中心环节,该小组是个人学习与课堂讨论的一个关键纽带。这个小组提供了一个安全的环境,学生间可以亲密无虑地讲述个人经历,交流心得,得到他人鼓励及团队反馈。如果没有这个小组的支持,学生们将无法更深入地探究个人任务,也无法开展更深层的自我内省,并更充分地分析总结自己的过往经验。向信赖的人描述个人经历是一次宣泄情感、丰富人生的难得体验。

自从首期实验课程开始以来,学生们一直津津乐道、赞不绝口的部分就是领导力开发小组的价值。该学习小组为大家提供了一个互信、亲密、坦诚的保密环境。这是一个在别的地方甚至是你的家里也未曾遇到过的良好环境。领导力开发小组的人际关系发展得很快,而且还会在课程结束后继续长久保持下去。在课程学习期间,很多小组会组织聚餐之类的课外活动。

主管教授在课程开始之前会将学生们进行匹配分组,而不是让大家自由结组。为了确保小组的多元化,每个小组的组成都要考虑诸多因素,例如性别、国籍、工作经验、种族、宗教、性取向等。要注意避免组员之间先前的朋友关系扰乱小组的坦诚互信局面。经验表明,在互不相识的环境中大家更容易敞开心扉,而两个老朋友之间却容易彼此倾向于不去触碰对方的隐私。

参加小组活动是强制性的,就像正式上课一样。六人小组在开会时如果只有四五个人到场,或有人迟到早退,将会破坏小组的整体和谐氛围。轮值引导师将报告哪些人缺席、哪些人迟到或早退。除非病假,小组成员不能无故缺席,因为这些活动无法另行安排,随意改变小组会议的时间和地点是不合适的。

领导力开发小组在第一次会议时就要制定团队的基本规章,并形成书面约定(参考表20.1)。小组所有成员都要在规章合同上签字,然后将合同送交主管教授,作为大家共同遵守的行为约定。这对于确保小组的坦诚性、互信性及私密性是极为重要的。

领导力开发小组选用学生而不是教授做引导师。引导师每周轮换,根据主管教授每周初布置的任务从小组中选出。学生引导师比教授更适合,有以下几点原因:(1)有教授引导师在场,小组成员们会倾向于向教授寻求指导,而不是由小组成员通力合作、互通有无,找到解决办法;(2)年轻的学生们会发现很难与年长的教授建立互信关系,因为小组成员会担心教授成为学校教导处的传声筒;(3)MBA的学生有必要学会如何去引导小团队;(4)学生引导师规模可以无限扩大,并且没有成本或后勤问题。

课程完成后的调查表明80%的学生倾向于采用学生引导师模式。很多人注意到,没有教授引导师在场,大家会更坦诚互信,同时更有团队荣誉感。正如一个学生说的,"让外人进来会破坏这个团队的化学黏合效应"。另外一个学生说,"大家都在一个水平线上,因此会更放得开。每周由一个学生引导师负责主持会议,这意味着大家平起平坐。让一个教授或外人进来,从团队私密角度来看是不合时宜的"。

为了保证小组学习的高效性,主管教授会与每周的轮值学生引导师提前会面,检查一下小组学习的进度,分析可能会遇到的问题,讨论如何完成本周的任务安排,并回答学生引导师的问题。

表 20.1

领导力开发小组协议(第_____组)

下面的协议条款需要由每个小组全体讨论。根据讨论结果,这些条款可以全部或部分列入最终签署的合同。

1. **公开性**

与小组成员公开分享是学习的基本要求,可以促进学习效果的提高。如果有人不愿意与小组成员公开分享某些事情,则应由小组成员向他们提出相关问题,并由集体讨论。但在私人敏感问题上不能强迫小组成员超出他可接受的范围公开自己的隐私。

2. **信任**

为了让领导力开发小组更有效率,小组成员要在诚实、坦率的交流基础上建立互信关系及集体公信力。每个小组成员都要有真心关怀他人的意识和态度,愿意帮助他人成为优秀的领导者。

3. **私密性**

小组成员都要签署协定,承诺绝对不把小组中讨论的事情透露到小组成员之外。

4. **差异性**

集体要允许个别差异性,并为小组成员的个别特殊性需求提供合理、适当的空间。

5. **容忍**

当讨论涉及优先权及价值观时,没有绝对的"正确"答案。小组成员不应对他人的观点妄加判断。

6. **反馈**

小组成员为彼此的观点、领导力特点及交流技巧提供建设性反馈。他们会在该课程中接受两次正式反馈:第一次是在小组活动的第六周,第二次是在课程结束的第十二周。

7. **挑战**

小组成员间在没有人身攻击的情况下以恭敬的态度发起针对别人观点的挑战是有积极意义的。只要处理得当,恭敬的挑战对于大家获得更好的学习效果是大有裨益的。

签名(名字及日期):

_____   _____   _____

_____   _____   _____

资料来源:Reprinted with permission © Bill George。

小组学习会议结束后,轮值引导师会把相关情况做成书面报告(见表20.2)并以电子邮件形式发送给主管教授,内容包括:小组活动进展、遇到的困难、遗留的主要问题及学生参与情况等。小组会议中的这些遗留问题可以到课堂上讨论。

表 20.2　领导力开发小组引导师反馈表

```
领导力开发小组：_____    引导师：_____
缺席成员：_____
迟到成员：_____
小组讨论结果总结：_____
_____
_____
小组会议的过程事宜：_____
_____
_____
小组讨论的遗留问题：_____
_____
_____
```

注：引导师的报告应该在领导力开发小组会议结束后的当天 24:00 之前以电子邮件形式发送到主管教授手中。

资料来源：Reprinted with permission © Bill George。

教务人员参加小组讨论是不必要的，也是不受欢迎的，因为他们的加入会阻碍小组人员的自由讨论。领导力开发小组的成功源于小组内六位同学的相互信任及坦诚相待。当然，如果主管教授收到小组的口头或书面邀请，需要他们去帮助小组成员解决问题，在这种情况下，他们的出现就是理所应当的，也是受欢迎的。

小组出问题的情况也是有的。由于一个人拒绝向小组的其他人坦露心声，和谐被打破了。在这种情况下，小组建立伊始签署的合同变得异常重要。当同组的其他五人轮流发言坦露心声时，有个人总是选择跳过。两个女生被激怒了，她们选择离开小组去单独会面。得知该情况后，我邀请这六名学生来到我的办公室。当两名女生诉说完情况后，那个男生说在他的国家人们很少当众谈及私隐。我看到其实他已经签署了坦诚协议，并观察到与他来自相同国家的几名学生在开诚布公上并没有任何问题，在说明了彼此的差异后，他同意再尝试一下。最后这名男生终于向大家敞开了心扉！这个小组恢复了每周的例行会议，并获得了巨大成功。

下面的评论代表了广大学生对领导力开发小组的普遍观点和态度。其中一些评论来自 2008 年春天进行的有关真诚领导力开发课程的学生实地调查。

- 小组活动是我所经历过的最有价值的内省方式。在我生命当中我从未有过如此向众人敞开心扉的经历。小组的保密性、课程结构及大纲为我们创造了一个极有意义的难得体验。

- 领导力开发小组给了我在哈佛商学院最难忘的经历。我们最初较有压力。每周小组会选择特定的时间举行会议,畅谈个人心事。渐渐地,我们不仅实现了专业领域的发展提高,还收获了身心上的和谐安宁。鉴于学习小组及课堂的互信及私密氛围,那种感觉太棒了!

- 这个小组很有帮助,它鼓励我们进行自我反省,并为大家提供最好的知识性讨论氛围。它让我有机会思索人生,并在坦诚、互助的氛围中交流分享。因此,我可以果敢地面对以前埋藏心底、不敢正视的事情。

- 领导力开发小组是这个课程中最有意义、最重要的部分。那种知识氛围与亲密互信在任何其他地方,尤其是哈佛商学院是不常见的。这是一个循序渐进的尝试过程。前几周很艰难,但对于迅速建立坦诚、亲密的人际关系是立竿见影的,而这也为开展真正的对话打下了坚实必需的基础。

- 领导力开发小组非常有助于反思人生经历、各种人际关系及领导力技巧。在这种结构氛围下,我们可以把课程内容与生活经历很好地融合在一起,可以更好地思考如何分析并改变行为方式。相比之下,哈佛商学院的标准课程结构则很有局限性。那种结构设立了特定的知识及交流形式,而无利于讨论一些最重要的商业管理问题。

- 我们未来的成功不是由传统课堂上掌握的知识内容决定的,而是由我们发掘自身潜能、了解他人、打造最佳工作环境的能力决定的。这个六人小组帮我在深入了解自己领导潜能的道路上更进了一步。

 ## 真诚领导力课程的教学

在我最开始教授该课程的时候,一个学生问我:"Bill,你是要教我们领导力技巧及其价值吗?"我解释道:"我并不是去教你们所谓的领导力技巧或价值,但我希望我们可以创造一个舒适的环境,帮你们学习领导技巧,并探索你们自己的内在价值。"

在每一个新学期开始时,我都会对我的学生说:"真诚领导力开发课程的教室是一个交流知识的地方,而不是传授知识的地方。"作为教授真诚领导力开发课程的教员,我们的任务不是以专家的姿态去向学生传道授业。我们的角色是鼓励大家与他人分享自己的智慧。

尽管如此,我相信每个教授真诚领导力开发课程的教员都有必要与学生坦诚地分享他们的个人生活经历,并毫无隐瞒地做出总结反省。教员可以时时与大家分享个人经历的点点滴滴,而这些不经意的东西其实对大家是大有裨益的。

很多教员可能会认为他们不应当向学生表达个人观点,以免压制学生们的思想,但我认为真诚领导力开发课程不该是这样的。这个课程不应该持有"价值中庸"的立场。学生有权知道教员对重大事情的看法,尤其是关乎价值和道德的问题。学生们可以大胆挑战教员的观点。我会在每堂课的最后5—10分钟向学生们阐述我本人关于课堂上刚才讨论问题的观点。这些是我们应该给予学生的,而不应该回避。

自2005年起,哈佛商学院的六名教授已经向900名MBA学生教授了真诚领导力开发课程。课程规模已经从最开始的一个班(60名学生)扩展到现在的四个班。即便如此,课程的设置也只能满足三分之一的学生的需求。这个局面远远超出了我最初的设想。当初我预计只有那些极少数对于探究自身价值感兴趣的学生才会报名参加此课程。

除了哈佛商学院,真诚领导力开发课程目前还在纽约大学、佐治亚理工学院及其他的一些学校开展。该课程还被做成了简约版,被哈佛商学院和沃顿商学院的管理教育课程采用。此外,该课程还衍生出很多变化的版本,被一些大公司、政府组织及世界经济论坛的全球青年领袖会议采用。

非常感谢那些教授真诚领导力开发课程的同事们,是他们让这个课程的脉络走向更加明晰。事实证明,那些准备好与学生们分享个人经验的教授都可以担当这门课程的教员。而他们也将更多的创新融入该课程。例如,我在哈佛商学院的同事Robert Kaplan、Joshua Margolis及斯科克·斯努克调整了每周课程安排:将案例分析放到领导力开发小组的会议之前。

为了开展课堂讨论,并让学生更积极地加入进来,他们推出了一系列特色练习活动。比如,在课程的人生经历讲述环节,学生们被要求以双重身份述说他们的故事:阳光的一面和阴暗的一面。阴暗的一面可能是我们大家都会在内心深处甚至是梦境中与自己无休止争斗纠缠的自我影像。这个方法最初是尼汀·诺瑞亚在教授该课程时提出来的。现在他是哈佛商学院的院长。

真诚领导力开发课程的价值评估

当然,对真诚领导力开发课程最有评价发言权的是学生自己。学生们对该门课程的评价一直都很高。学生们要求参加课程的热情也非常高。下面就是学生们的一些典型评价:

- 该课程是我有史以来收到的最好的礼物之一!每星期都会有精心布置的阅读材料。通过领导力开发小组的共同学习,我受益匪浅。渐渐地,我开始了解内在的真我,知道了自己想要一个怎样的人生及职业生涯。

- 我仍在诧异,通过这门课程我对自己和别人有了这么深刻的了解。正是因为这门课程及我从领导力开发小组得到的反馈,我对自己的人生观及职业规划有了全新的认识!

- 从未有别的课程如此"步步紧逼"地让我主动把自己的人生特写毫无保留地呈现给大家。你不把答案说透彻了就别想逃脱。我的教授活脱脱就是"真诚"两字的代言人。他用一种不可思议的力量教会你什么叫真诚,并让大家都成为真诚的榜样。

这个课程会让教员与学生保持持久的关系。我经常收到以前的学生发来的电子邮件。学生们与我保持着各种其他的私人往来。事实上他们已经毕业六年了。他们会告诉我真诚领导力开发课程的学习经历对他们的领导生涯是多么受用无穷。即便过去很多年了,那时的经历心得依然对他们今天的决策及职业选择产生着深远的影响。他们中的很多人仍经常组织当年的小组成员聚会或安排电话交流。

我们计划在2011—2012学年开展一项正式调查,看看诚信领导力课程的毕业生们如何评价该课程对于他们的生活及领导力发展的重要性,以及他们对这门课程的改进建议。

结论

进入 21 世纪,领导力的特点也随着时代的进步而不断变化。这也对真诚领导力开发课程不断提出新的发展要求。今天,各个层次的领导们都在极力避免着等级、官僚及行政命令式的管理模式。领导们不再机械地通过系统和程序运营他们的组织,而是在努力通过使命和价值把员工与公司紧密联系起来。他们已经意识到好的领导力并不是去发号施令,而是积极授权给员工,不断地给他们上升空间,让他们敢为人先。

公司领导者们不再单纯以服务股东为己任,而是转向于服务客户及员工,直到服务整个社会。虽然前者会带来短期的利润最大化,但后者才是长久利润的无限源泉。最后领导们会发现,领导效力并不是靠驱使员工为他们效劳卖力实现的,而是把员工团结在公司的使命大旗下,通过赋予其权力,让他们变得更积极乐为,更愿意为大家做出表率。

所有这些原则都彰显了真诚领导力开发课程的重要意义,而这些原则也在课程中自始至终被研究讨论。可能很多学生在开始学习这门课的时候认为领导才能就是行使权力并形成领导风格。而通过学习真诚领导力开发课程后,他们逐渐懂得最佳的领导方法就是要诚信、真实,授权、激励他人去为大家做出表率。

最重要的是,虽然他们在生活中还是会遇到很多挫折,但通过领导力开发小组及课堂上建立起来的亲密同学关系带给大家一种被接受感。通过审视人生考验及梳理人生故事,他们获得了自知、自爱及自我肯定。我们的领导力研究结果表明,虽然我们的学生们在领导生涯中会遇到很多挑战,但这些优秀品质对于他们的整个人生发展来说都是相当重要的。

通过了解他们自己曾经怎样处理棘手问题及那些无休止的压力,他们学会了如何在未来的领导生涯中更好地面对各种巨大压力。以内心需求为指引,而不是执迷于外部期待,他们就会在面临金钱、权力与名誉的诱惑时超然物外。因此,他们会始终坚持自己的"真北",成为更有能力的领导者,创造更有意义的人生。

正如一个学生写到的,"这是我有生以来接触到的最有效、最有远见的课程"。

参考文献

George, B. (2003). *Authentic leadership: Rediscovering the secrets to creating lasting value.* San Francisco, CA: Jossey-Bass.

George, B., McLean, A. N., & Craig, N. (2008). *Finding your true north: A personal guide.* San Francisco, CA: Jossey-Bass.

George, B., & Sims, P. (2007). *True north: Discover your authentic leadership.* San Francisco, CA: Jossey-Bass.

第二十一章

培养意识和良知
——基于模型的领导力开发方法

Mihnea Moldoveanu

加拿大多伦多大学罗特曼管理学院

我要介绍一种领导力开发的新方法,该方法依据传统分析哲学和心理分析学理论,通过自我理解和自我转变提升领导力。新方法利用逻辑一致的结构化行为模型,帮助学员理解自身行为——包括心理行为(亦称为"思想"),并对自身行为进行有目的的、长远的影响(或者说"改变")。我将通过具体案例的分析,使读者理解这种由精确、具体、详细的行为模式(这些行为模式正是学员试图改变的)引导的改变性干预方法,并凸显该方法在领导力开发领域的重要意义。

心灵和世界共生共荣。

——希拉里·普特南致沃伦·本尼斯

如沃伦·本尼斯所说,在某种意义上,我们对"领导力"知之颇深(这里对"知"有含义丰富的解释),但对"领导力开发"却知之甚少。如果说过去50年我们一直在从事领导力开发,那我们就处于一个不寻常的状态,我们直面其中的矛盾而没有退缩。一方面,我们一直在从事我们不了解的工作;另一方面,我们要坚持不懈地进行领导力开发,就必须对领导力开发有某种"理解",而不仅仅是做这件事情而已。不然,我们就只能建议新任领导者"去看看别人是怎么当领导的!"我认为摆脱这种窘境的关键在于搞清楚"知道"和"理解"等词语的确切含义,并努力重建一个以人类千百年来创造的最好的"知识"和"理解"为指导的领导力开发项目,勇敢直面本尼斯坦率公正而又残忍伤人的评论。这个繁复的重建过程,需要我们把领导力开发当作一项实践、一门手艺、一门艺术,有时甚至是一门科学来对待。本章将为你详细介绍一种领导力开发方法。

 螺母、螺栓和螺钉

> 人是自我诠释的存在。
>
> ——马丁·海德格尔

这种基于模型的领导力开发方法主要包括两方面:首先要让学员进行自我**理解**,特别是理解他们期望通过结构化的一致模型做出改变的行为。举例来说,学员可以将自身行为理解为一种选择的结果,选择源于决策,决策源于个人信念和欲望以及行动偏好的综合作用。自我理解分为两步:首先是**自我诠释**(self-interpretation),把行为理解为一种选择。其次是**自我分析**,为获得更准确易懂且便于操作的分析结果,我们将引入决策论进行初步解读。第二个重要组成部分是**自我转变**(self-transformation)。学员将自身视为一个选择者,并运用决策论分析自己的选择之后,通过有目的地改变自我模型中某些变量的价值,操控自身行为,这可能需要他修正自我模型,并进行大量的自我试验,从而形成一种全新的、对日常使用十分有效的自我理解。

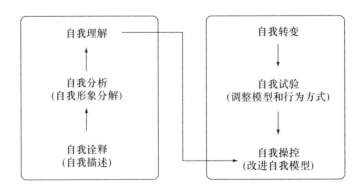

图 21.1　模型法领导力开发:概观图

举例来说:你是否曾因选择太多而眼花缭乱？如果是,试着删除某些选项以限制选项数量。你是否曾因选择太少而颓然无措？如果是,请努力创造条件,待时机成熟再做决定。当然不是所有学员都会在首次自我操控过程中获得成功,因此学员必须不断地进行自我试验,探寻意志控制行为的最佳方法。学员通过模型成功操控自身行为,继而通过反复练习重塑自身行为方式,在此过程中主观行为操控意识渐渐褪去成为一种半意识行为,即我们通常所说的"习惯"。过程结束后,学员有意识地选择适用于自己生活模式的模型,通过模型操控自身行为,然后将改良的行为方式纳入自身行为模式或生存方式,最终变身为一个明智的决策者。于是,认知变成了行为;"范畴论"变为本体论;语言变成行动;概念成为现实;过去被认为是事实的,现在被看作是存在的一种可能的方式,而不是存在的前提或事实。

21世纪初,面对种类繁多的模型和自我模型,人们感到眼花缭乱、茫然无措。一位46岁的上市公司CEO(我下面要介绍的模型法自我转变干预活动的主人公之一)提出这样一种"现象"(或"症状"?):"大家认为我善于操控,事实上正是大家对我的看法迫使我表现得善于操控,因为只有这样才能呼应大家的看法。"我们可以通过深入研究现代行为学中的行为模型促进这位CEO的模型干预成果。他的"日常"问题——那些使他彻夜不眠,在他"什么也不做"时依然在他脑中盘旋的问题,语法形式是"如何使某人去做某事?"——是可以通过人的模型来"剖析"的,包括人作为能够推理和论证的"思想"的模式,或人作为"大脑"的模式。大脑连着神经,神经连着肌肉,肌肉连着骨骼和内脏,它们在复杂的刺激下会做出复杂的反应(见图21.2)。

对"人是什么"的不同理解导致人们对"操控行为"产生截然不同的观点。"如何使某人做某事"这个问题在作为"思想"的人的模型中变为"如何说服某人做某事";在作为"生物机器"的人的模型中,则变为"如何使某人的大脑对某人的运动神经元、肌肉和内脏发出正确的信号"(取决于当时环境下"领导某人"的真正含义)。面对这些相互矛盾、风格迥异的模型,这位CEO意识到他通过自身行为表现出来的固有行为模式兼备了多种模型的特点(各模型特点相互叠加)。他"有时"操控别人,"有时"说服别人,通常状况下他必须操控(一个人)以说服(另一个人)。他认为"操控"不是一个黑白分明的概念,有内在的好坏之分,而是将"如何让某人做某事"这个问题导向一个准确的形式。

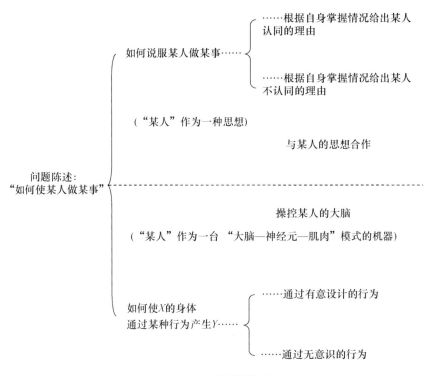

图 21.2　自我模型练习

掌握了这些模型以后,这位 CEO 试着把自己看作一个运用"思想"模型、"生物机器"模型理解情境和困难的领导者,领导自己的团队和公司取得更好的收益,同时自己也得以更熟练地掌握和有意识地运用各种模型。他开始理解自己作为使用者选择模型并通过模型来理解他人行为的过程,也开始理解他人选择模型并通过模型理解他的行为的过程。他很快就变得不那么爱操控别人,也不刻意表现得善于操控,虽然他意识到这也是他做出的一个选择,而不是被任何模式决定的。

这些迥然不同的模型赋予他一种全新的自我认知,同时在实时的模型选择过程中,他发现了自己作为选择者的主体地位,由此萌生了一种自觉的、本能的日常行为方式。这就是"模型法领导力开发"的奏效机制。它不仅可以提升领导力和领导效率,而且可以提高自我认知及对个体困境的认知。

土壤/根/枝/叶

> 对于无法言说的事物,我们必须保持沉默……
>
> ——路德维希·维特根斯坦

本章中我将为大家介绍基于模型的领导力开发方法,我将通过一些鲜活的事例向大家说明,学员如何在该方法指导下完成自我理解和自我转变的过程,同时我想借助这些事例演示这种基于模型的领导力开发方法。该方法既非无源之说,也非即兴杜撰之笔,它与西方传统文化、印度教、道教、佛教以及伊斯兰教渊源甚深。为节省时间和篇幅以便详细阐述自我模型原理,在此我仅就涉及西方传统文化的部分发表个人意见。

在西方传统文化中,领导力开发的自我模型方法源于"变化"(move),这通常与马丁·海德格尔的著作《存在与时间》[Heidegger,1927(1963)]相关。"变化"质疑并消解思想与世界之间的笛卡尔式分裂,以及表象与现实之间的笛卡尔式区别。海德格尔认为表象(包括形象、隐喻、逻辑模型、理论甚至叙述)与观看者的存在方式密切相关。海德格尔之后,人们不再认为"行为"和"表象"或"模式"是相互孤立的。它们是相辅相成的,想想一个人在选择未来的生活伴侣或爱人时衡量成本和收益,这既非自然之事,亦非容易之事。由于思想和情绪共同作用产生行为,因此思想和行为必须同时存在,而情绪则是连接思想和行为的纽带。海德格尔认为人是去距离化的存在——人喜欢更为亲密的感觉;因此,人类在谈论植物、动物和一些沉闷的事物时是带有某种意图、感情和欲望的,如果人类认为某些人类特质可以归于他们所谈论的事物,那么他们会感觉自己和这个事物更加"亲密"了。

模型法领导力开发密切关注人类的归因特质,并使之成为教员自觉关注的对象。如果海德格尔的观点是正确的,即人类天生就是一种去距离化的存在,那么模型就是一种产生距离的方法:它使学员将自己和自身行为分离开来(Moldoveann,2010)。这种分离方法几乎比海德格尔的思想早半个世纪,可以追溯到弗里德里希·威廉·尼采的超人分析学说(Nietzsche,1891),该学说认为超人可以对自我进行客观研究。西格蒙德·弗洛伊德(1931)响应了尼采的超人分析学说(无明确出处)并将其作为一种心理分析(他自身正在践行的)目标,旨在培养"科学的"自我审视能力和习惯;虽然弗洛伊德时代"科学"是一门朴素的实践学科,但基于模型的领导力开发依然是要培养学员与自我的距离,这正是准确、严密、清晰的模型的目的。

维特根斯坦在早期著作(Wittgenstein,1923)以及晚期著作(Wittgenstein,1953)中都为基于模型的自我转变提供了一个实用工具。维特根斯坦早期的观点认为"语言范围决定世界范围",在这之后很久,神经学家和心理学家们才开始意识到大多数人都是只有"相信才能看到"。因此,基于模型的自我转变方法非常注重模型,因为正是这些模型扩展了学员看重的变量的范围并增加了这些变量的价值。维特根斯坦晚期的观点认为文字也许并不代表任何意义,阿拉伯数字"5"和罗马数字"V"都没有什么特殊含义,这与维特根斯坦早期的观点有些矛盾。事实上,寻找数字"5"在视觉、语言和听觉方面的特质本身就是一种非常愚蠢的行为。"意义"——如果这个词可以通俗易懂地使用的话——与代表语言所指的对象的图画只有极少的联系,是由被说话人的意图、说话人和听者接受的社会惯例,以及这些惯例使用的规则所赋予的。领悟并践行此理并非易事,但模型法领导力开发人员认为这对他们非常实用:开发决策与选择模型、信念与欲望等级模型、冲动与自控模型、推理论证模型的人员之所以能够做到这些,是因为他们成长于剑桥、牛津、芝加哥等圣地,在判断句子的含义时,他们已经具备一些稳定的规则,同时他们也学会了在情感或内心面临苦恼或诱惑时,个人意愿或随性行为要遵守这些规则。这种自律性值得赞赏,因为它可以在某种程度上提高人类的自我分离能力,即将自己同自身情绪、意识和当前欲望分离的能力。

最后,我们来谈谈一个根源性问题——无论如何我们都不可轻视它。它源于让·保罗·萨特在《存在与虚无》[Sartre,1945(1996)]中的著名论断——"自欺"(bad faith)(唯一一个英语和法语在内涵与外延方面均协调一致的词)。萨特认为多数生而自由的存在(亦称人类)都被"自欺"的情况困扰着。"自欺"分为两方面:一是拒绝选择自由并以宿命论态度看待世界以及个人在世界中的地位("我别无选择""我没有办法""我做不了主",等等);二是选择忘记"拒绝自由是自己的决定",依旧按照以前的生活方式生活。结合这两种情况来看,你对人类根深蒂固的本性就有了一个把握。没有"选择"所必需的意识和质疑(即便这对那些认为神经生理学很危险的人会造成很多问题),自我转变的项目如何展开?转变或许可能,但自我转变绝不可能。领导力开发"产业"的目标"市场"正是自我转变,但与精神药物产业不同,领导力开发"产业"不会满足于简单的转变。那么,为什么这个根源性问题如此重要？换言之,我为什么称它为"根源性问题"？因为准领导们至少需要感受到,他们能够"选择"这个代表他们的生活和内心世界的模型;否则,下面我要介绍的自我转变干预活动将要么变成信息呈现的一种奇怪形式,要么变成某些人宣扬的"有趣观点",肤浅至极,无人记住。

一位投资经理说:"我总是无法完成预期目标,因此负担越来越重,感觉自己精疲力竭。但是,我唯一喜欢做的就是承担更大的项目。"

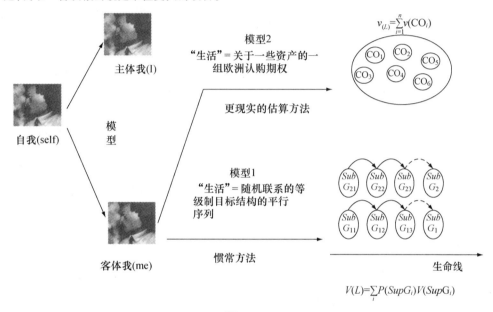

图 21.3

关键问题:基于模型的领导力开发机制

如图21.1所示,基于模型的领导力开发方法采取了有针对性的自我转变项目的形式。与图21.1中的路径十分相符:学员选择一项期望改变的行为,学习(有时通过试验和犯错来学习)使用结构化模型引导行为转变并运用模型进行行为分析,学员将感官经验归入模型中的可观察、可控制、不可观察和不可控制的变量,同时描绘出这些变量之间的逻辑关系(通过自我解读和自我分析产生新的自我认识),调整模型中的可控变量,改进目标行为(自我操控和自我试验),践行新的行为方式,通过可控变量的最佳组合完成自我转变。自我解读到自我转变的过程需要付出艰苦的努力,有时还会非常痛苦(心理痛苦甚至生理痛苦),因此学员有能力并且愿意选择自己期望改变的行为是非常重要的。同样,教员必须熟练掌握模型库以便调整方案,因为教员无法预知学员期望改变哪项行为或哪类行为。影响自我转变进程的通常不是自我试验或自我操控(听起来难以想象或进行),而是学员能否实实在在、真真正正地理解他期望转变的行为和该行为适用的行为方式模型。

干预能否成功,关键在于学员能否准确地理解和表达某一特定行为并坚定地将自己和行为分离开来,对行为进行具体分析。在此过程中,具体的行为分析模型可以发挥作用,甚至可能发挥关键作用。模型通过结构化表达(如理性选择和理性信念)准确地反映日常变量(思想、愿望),使学员同时经历"行为显微过程"和"情绪分离过程"(Moldoveanu,2010)。下面我们通过事例论证一下:学员 Jim 是一位经理人,在别人眼中 Jim 嫉贤妒能,但他认为自己是一个富有竞争力、公正、自觉而主动的人。受萨特"自欺"理论的启发,Jim 开始认识到,他可能在评估结果时产生嫉妒心理,然后用标榜着竞争性的自我观念掩饰自己的嫉妒,因此他非常乐意探索:(1)自身行为和他人对自己行为的看法;(2)如果旁观者公正地评价他的行为并认为他确实存在嫉妒心理,那么他愿意通过干预改变这些行为(该案例中,Jim 认为自己是一个"公正的人",这对教员来说帮助很大)。

教员引用一个模型对 Jim 的价值取向进行深入剖析,帮助 Jim 准确认识自己衡量事物价值的方式。模型假定 Jim 的价值取向取决于两个因素的比例:第一个因素是在 Jim 的意识中,自己对某个项目或活动的投入和产出之间的比例关系;第二个因素是在 Jim 的意识中,同事或下属对同一项目或活动的投入和产出之间的比例关系。这样,"雄心勃勃的竞争力"和"嫉妒性破坏"之间的差别得以准确体现。Jim 大致通过两种模式提升自己的价值:第一种是"竞争力"模式:在该模式下,为了确保自己获利多于竞争对手,Jim 会更加努力地工作,不让自己落后于竞争对手。在这种情况下,竞争对手的收益决定了 Jim 的欲望程度。第二种是"嫉妒"模式:在该模式下,Jim 试图通过主观夸大自己的投入和错误地降低竞争对手的投入(并向大众散播他的主观臆想)来减少或破坏竞争对手的部分收益,从而提高自己的收益。

现在 Jim 手上有幅"地图",其中包括充分、精确的解决方案,可以帮助 Jim 进行"自我观察"和"自我监测"。地图详细地将一些"感觉信息"(包括 Jim 和观察者的,Jim 会要求自己留心这些信息,以符合他心目中"公平"的自我形象)归入 Jim 的自我模型中的变量。他可以观察并尝试衡量和控制变量,而这些变量的因果关系由 Jim 的自我模型决定。他可以在实际工作中衡量(而不是"目测"或"估算")自己和他人为争夺收益各自付出的努力。Jim 知道自己容易因为"自欺"而产生偏见,而"公平"要求他不偏不倚,因此他试图尽可能准确、客观地衡量自己和他的假想对手各自付出的努力。接着,就是萨特所说的"新的游戏"。借助自我模型及自我意识与模型变量之间的关系图,Jim 可以预测自己和同事获得的报酬不同时,自己在不同状况下有何感受,针对不同感受他会作何处理。模型不仅是一张缜密的图表,而且已经成为 Jim 的行为指南,并正在变成一种自我转变的工具。之后效果开始显现,Jim 对"某人如何做到某事"的感受和认知(有或者没有)发生了变化。他观察了当同事没有达到期望或预期目标时,他看待同事行为的方式。他记录自己和同事在过程中乃至事后分别做了什么。他把这些变化记录下来,如果继续观察,他也许会首次朦胧地意识到自己当前必须要完成的内心转变。对 Jim 来说,这个简单的小模型(足以准确体现人类衡量自身和他人的回报的价值体系)已经成为他进行自我观察及自我行为和意识转变的指导原则。模型可以立刻放大 Jim 的行为偏好和倾向(因此称为"行为显微效应"),同时将他同自身行为充分分离,以便他对自身行为进行观察、分析并尝试依据"基本原则"重塑自身行为(因此称为"情绪分离效应")。

该案例着重介绍了基于模型的领导力培训体系及其本质特征。就像弗洛伊德率先提出心理分析学案例研究作为"研究工具"一样——直到今天,这仍然是精神分析心理治疗领域公开发布的研究发现的基础——基于模型的领导力培训也是以个别案例个别处理的方法为基础的。然而,卡尔·波普尔(参见波普尔的著作,如 Popper,1983)对弗洛伊德的案例分析做出了公正的评价,波普尔质疑弗洛伊德案例分析的普遍适用性——心理分析学本身就因其能解释得"太多"而面临着伪科学的质疑。而基于模型的领导力开发方法源于超越了具体案例的方法和规律。该方法在每个案例中使用结构化的选择、决策、感觉、推论、意识以及行为的模型,让学员认识到其行为、情感、内心、认知或意识倾向的因果或逻辑关系。学员通过模型进行自我理解和行为理解,进而指导自我干预和行为干预。基于模型的领导力开发人员意识到:"理解一项行为"的有效标志是学员可以践行这项行为,而不只是谈论它(Chris Argyris,2006)。并且他们向卡尔·波普尔学习到,可验证性不是

Journal of Irrelevant Research 的论文发表者煽动起来,忽悠昏昏欲睡的评论家的表象,而是当下为解决实际问题建立更好的模型的一个工具,行为转变只是这些实际问题中的一项。

需要注意的是,教员在使用结构化模型时,无须针对学员进行任何合理性的假设。社会科学确实认为基于理性选择和理性信念的模型是结构化模型的"标准",这严重依赖于塑造者对被塑造者(即教员对学员)做出的理性归因。但很多模型,比如大脑功能的神经生理模型、学员自我描述和自我辨识的心理分析模型、心理动力模型都无须假设条件。模型和干预的严谨性无须借助塑造者对被塑造者的理性归因。通常最令人信服的模型都始于心理行为的错乱失常、无法控制且极为荒谬的一面。上述案例中,嫉妒——大部分对行为的经济分析都不会关注的情绪状态——被用来解释 Jim 的行为动机。教员的角色就是指导 Jim 发现自己对别人的嫉妒心理,记录自己的动态情感变化以及增加或减少嫉妒的因素。

最后一个例子讲述的是利用模型进行内省。这有点像日本的合气道,教员通过学员在生活中理所当然地采用的行为模型说服学员,使学员理解自己所处的困境,进而发自内心地改变自身的行为方式。Scott,一位 45 岁的投资银行高管(前 CEO)觉得"不堪重负,极度受挫",因为他的生活目标(涵盖生活的各个领域,包括子女教育、金融资产净值、参加社会活动的社会影响、个人运动成绩,等等)越来越宏大,实现目标的代价也越来越高昂,但目标却越来越难以实现,而且压力越来越大,于是他每天不得不花费更多的精力努力实现目标。此外,他的行为方式和关系模式也变得越来越不稳定,因此他感到非常受挫。他觉得以自己现有的资产净值,他不应该如此渴望名利(名利确实是他的动力)。但他意识到随着时间的流逝,他所承担的项目越来越难以完成,他所取得的成就也越来越无法满足自己——这并没有让他停止以自己的资产净值来追求这些目标。他开始陷入融资—积累—再融资的怪圈,他的家庭关系由此变得紧张,他和家人的关系也变得复杂微妙。作为投资人士,他开玩笑地说,不知道什么时候生活变成了一种"组合投资"或一些"项目"。他把这当作一种开玩笑似的比喻,不过这也让他觉得有点恼人。

假设 Scott 的教练或教员没有忽视这个比喻,而是十分重视这个问题,甚至比 Scott 本人还要重视。教员为 Scott 提供了一个生活模型,将 Scott 以往生活的各个方面,包括个人生活、家庭生活、商务活动和社会活动等都看作一个"项目",每个项目都当作其所代表的"资产"(配偶、事业、健康等)的欧式认购期权,那么 Scott

对这些资产价值的一组认购期权就构成了他的生活的各个领域。因为这位投资银行高管不仅理解欧式认购期权，还知道如何使用 Black-Scholes 模型（Black & Scholes,1973）给它定价（见表 21.1）。Scott 对此了如指掌，作为投资公司高管，他经常面临各种抉择，因为他经常使用这个公式计算这些期权为公司高管带来的价值收益。将生活看作"一组欧式认购期权"的模型效果异常显著，因为公式的术语、基础性假设和由公式推算出的预估结果都可以准确地应用到 Scott 的生活中。

一旦 Scott 开始重视这个隐喻，并运用 Black-Scholes 模型计算"自己生活的价值"，他就发现，欧式认购期权随着到期日和资产波动率而上涨，就像他花费越来越多的时间和精力所追求、培植的项目一样。Black 和 Scholes 创建现有模型（频繁使用，而且经常被误用）的假设条件与 Scott 的情况有相关性和适用性。认购期权定价模型假设：随着时间的变化，认购期权的相关资产的价值变化过程近似于几何布朗过程。资产价值的局部变化是一些随机的变量，根据一些资产价值波动率的均值和标准差分配。我们的生活规划师很快意识到，该模型假定期权持有人无法对自己的生活资产价值产生重大影响。因为尽管他是一位非常成功的金融家和经理人（他一直努力树立和保持的形象），他还是感到，或表现得好像感觉自己无力影响构成自己生活的这些"项目"的价值。尽管从外部角度和"社会"角度来看，他似乎"管控着自己的生活"——这个模型似乎表明，只有他事实上感到生活不在他的控制之中，他的大部分内心生活和外在行为才是有效的。他开始怀疑生活中的"冲突"不是由外部困境造成的，而是一种蓄意的、有意追求的目标（具有不稳定性），导致他的生活出现各种问题。同时，他意识到自己不断追求长远的、不切实际的目标，不是因为"他已经取得了在自己的年龄段可以达到的巅峰成就"（他对自我反省的惯常叙述），而是由他自己的价值函数的特征（这是由"生活就是一组认购期权"这种生成模式所塑造的）造成的。

该案例中，自我理解——甚至违反直觉、富有启发性的自我理解——并不一定能切实解决行为或者（甚至）观念问题。本案例的主体对"另一种"生活模型有些藐视（见表 21.1）。该模型将目标分为不同的等级，按等级的高低顺序依次排为首要目标（五年内公司盈利达到多少美元）、次要目标（六个月内招聘、雇用高管团队，激发团队能量，阐明公司愿景）、再下一级目标（下月月底确保第一大客户支付），等等。他看到了这个模型相比于资产期权组合模型（将生活看作一组资产期权组合，个人行为无法对资产的固有价值产生稳定的影响）的明显优势。他理解了

第二十一章　培养意识和良知　　·419·

把生活当作任务、目标和梦想相互交叉构成的等级结构,可以提升他的控制力和意识力;但同时他也质疑较高级目标(他可以想到的包括财务目标、个人目标和关系目标)的内在价值。因此,他瞧不上这种解析生活的常识性方法。

表 21.1

自我模型:用 Black-Scholes 计算欧洲认购期权的期权定价公式,计算学员赋予自身生活的隐性价值……

$$V(C) = N(d_1)S - N(d_2)Ee^{-rT};$$

$$d_1 = \frac{\ln(S/E) + (r + \sigma^2/2)T}{\sigma\sqrt{T}}; \quad d_2 = d_1 - \sigma\sqrt{T}$$

$V(C)$ = 认购期权利率;S = 标的股票价格;E = 预购股票价格;r = 无风险利率;T = 到期时间;$N(d)$ = 从常态分配中随机抽取的数额少于 d 的概率;σ = 年复合收益率的标准偏差。

"现实模型"表明期权价值随到期日和时间变化上涨,其收益率由到期时间决定。

因此,如果认购期权利率价值符合学员赋予自身生活的隐性价值,那么:

1. 学员会寻求到期时间较长的项目。
2. 学员会寻求风险更高的项目。

而且,认购期权利率价值还可以通过债务对权益比率(相关证券价格除以行权价格与相关证券价格之差)表示杠杆资产价值。若学员为经理人则通晓此法则,若为普通人则无从得知。

尽管如此,自我模型训练已经显著提升了他的意识状态,他意识到先前自己认为是由外因导致的、"超出自己控制的"、意外的(根据"意外"的某种定义)状态和条件,事实上可能是由自己的行为方式造成的,而他选择的自我理解方式决定了他的行为方式。他开始用一种不同的、更有价值的自我模型反思自己的生活。对他来说最具价值的事是基于尼采的均衡理念,其原理如下:如果主体愿意永远重复相同的生活,那么他的生活即处于尼采均衡状态中。由于该理念基于尼采的观点——"我们注定要永远重复生活",因此我称之为"尼采均衡理念"。按照这种说法,如果一项行为不是某人在同一状况下愿意永远重复的行为,那么无论结果如何,该行动都不值得采用。他知道自己选择的自我模型会塑造自己的行为方式,即使他假装这种选择并不是必然的。在这方面,我们充分鼓励学员进行自我试验,以理解自己有意选择的自我模型是否适用于自己的生活。

教员借助于"生活模型"的数学严谨性理解并帮助学员理解自身倾向,可能表明以模型为中心的干预也许无法深入理解导致学员行为的深层情感和内心因素。

事实却恰恰相反,以模型为中心的干预旨在更加清晰地显示导致学员行为方式的情感和内心的次级结构,通过有用的隐喻和形象帮助学员摆脱炙热的情感状态,将自我和情感充分分离。这样,学员可以摆脱日常生活中的情感、心情和感觉的干扰(就像在自我转变中通常要摆脱这些因素的干扰一样),得出正确的自我理解(不会扭曲失实)。

我们已经谈了很多关于如果正确认识"自我理解",准确、严谨地进行"自我理解",它会起到什么作用,但我们仍无法理解自我模型的自我转变能力。我们需要更加深入地剖析生活的时空轴,借助于足够详细的表象发现问题并对症下药进行补救。我们需要深入探究基于模型的自我试验和自我操控的规律,这些因素同基于模型的自我理解一道为自我转变打下了坚实的基础。

 干预原理是如何起作用的

干预案例深度剖析注意事项:推理需谨慎、明智!请勿以偏概全!即使探求普遍原则,也请尊重个例!当然,风险自负!因为你未必能轻易脱身!

案例1 一位41岁的管理者这样说:"我无法在高管会议中表达自己的想法。"她意识到自己在说出实情对整个管理团队和公司其他成员都有利的情况下,却并没有告诉掌权者实情(本案例中"掌权者"是指CEO和其他高级管理人员)。她回忆起管理团队集体做出的一些"不太好的"决策:(1)如果她将实情告诉管理团队,他们可能不会做出那个决策或可以做出更好的决策,但她没有将实情告诉管理团队;(2)如果她将实情告诉管理团队,他们也许会关注她所提出的问题;(3)如果他们关注这些问题,也许他们可以做出更好的决策,反之则反。她相信如果改变自己的行为方式,结果会截然不同。不同的行为方式导致不同的结果,这就是因果模型中的因果关系。她无法适时地、以合理的姿态、有理有据地向合适的人表达自己应该表达的想法或问题(亚里士多德对人类高级推理能力的定义)。她对自己的这种行为方式见解深刻,用她自己的话说(事先对"自欺"理论一无所知):如果我没有表达自己应该表达的想法或问题,"我先是撒谎,然后骗自己说我没有撒谎",以此掩饰由自己的行为引发的意味深长的沉默,"我用含混的言辞掩饰真相,尽量避免露馅儿"。

教员提供了两个模型分析她当时的内心活动(见图21.4)。第一个模型是非常普通的"行为产生过程"模型(模型1,见图21.4)。该模型中,人们权衡各种方案,估算各方案的代价和收益,从中选择净收益最高的方案(建言献策或保持沉默的代价和收益),然后进行行为策划(用这种语气和强度对这些人说这些话),打定主意(决定发言,开始构思清楚易懂的话语),在内心产生并传递意图(通过必要的运动神经元),最终产生行为(发言)。而且全部过程都在模糊的意识指引下完成(也许读者现在开始理解"行为显微效应"的定义和微观因果关系图的行为指导效果)。第二个模型(模型2,见图21.5)有些不同。在模型2中,人们在无意识的情况下产生意图(在最合适发言的时候,他们会转移视线、在纸上乱写乱画),意图恰于行为前(有时于行为后)产生,这种情况下,人们努力为自己找借口("我刚才走神儿了""没什么好说的"),让别人信服,也宽慰自己,这就是所谓的"善意的谎言",人们用它自圆其说,以后又因此而憎恶自己(遗憾的是为时已晚)。

41岁的女性管理者说:"我无法在高管会议中向CEO表达自己的想法。"(详述:"我先是撒谎,然后骗自己说我没有撒谎。""我用含混的言辞掩饰真相,尽量避免露馅儿。")

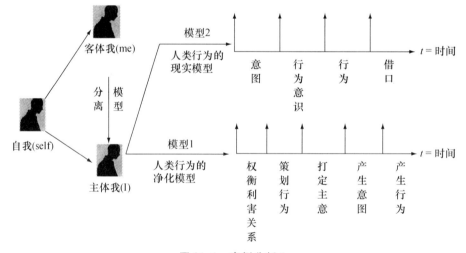

图 21.4 案例分析 1

学员感到好奇时,教员要抓住学员"开窍"(感觉"被吸引")的瞬间向其介绍一项极具颠覆性又略带尴尬(对很多理解其隐晦意思的人来说)的试验结论。该结论可追溯到 20 世纪 70 年代晚期 Libet 的著作中(见图 21.4, Libet, Wright, Feinstein, & Pearl, 1979),据该著作阐述,与模型 1(先有意权衡或计划,后产生意图和行为)相比,模型 2(先有意图甚至行为,后产生意识)能更好地解释大多数人的行

……难以忍受的无意识行为方式……(Libet，1979)

指针速度为分针的30倍……

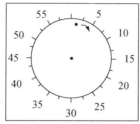

……将电极夹到研究对象的头皮和手指上

……研究人员测试神经激发行为（RP）的时间、行为意识产生的时间（W）和行为产生的时间（S），得出三者之间的时间差……

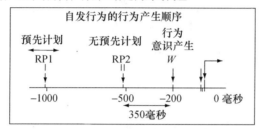

……研究人员发现行为产生和行为意识产生的时间差为300—800毫秒。

图21.5 模型2(现实模型)的基础

为模式。

学员表示，行为产生（在她的事例中表现为阻止她发言的行为）和行为意识产生存在时间差异（平均大概350毫秒或三分之一秒，现在读者应该清楚地理解"行为显微镜"的真正意义了），她记录了对此感到的惊讶，以及对人的状况的失望。接下来她开始询问意志自由的含义和其他类似问题，一个在西方思想中根深蒂固的观念适时显现，教员也再次在她思想开放的瞬间，抓住机会告诉她Libet本人对自我自由意志（他自己笃信的）的试验结果（他认为合理有效的）也感到困惑。作为足智多谋的思想家（而不是思想干涸的经验主义者），假设人类通过"否定方式"运用自由意志，那么意志可以拒绝行为但不能激发行为。而且，教员认为Roy Baumeister和他的同事Heatherton（Heatherton & Baumeister，1996）提出的观点对本案例非常适用。他们认为一切重要的、保留自由的否决权都源于意志，意志就像肌肉一样会因为疲惫而衰减（学员开始两眼发光，因为劳累时她确实更不想说话），但也可以通过锻炼得到恢复。他提出两套自我操控方法（"干预"或"锻炼"，见图21.6），学员可以通过这两套方法形成最理想的行为方式。

第一套方法是基于自我否定系统的自我操控，该方法启发人们反其道而行，坚

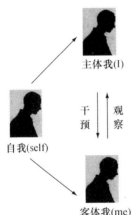

干预1
采用"否定方法"提高 $t_{RP}^{NP}(-500\ ms)-t_w(-200\ ms)$。采用"反其道行之"的行为方式,坚持3周。例如:
    如果饿了就喝水。
    如果渴了就读书。
    如果累了去跑步。
结论:在高管会议中,如果学员有意瞒报或掩饰某事,那么他们会保持沉默。

干预2
采用"意志肌肉"方法提高 $t_{RP}^{NP}(-1000\ ms)-t_w(-200\ ms)$。练习以越来越快的速度在双重形象间进行意识转换。
结论:17次高管会议中,学员有10次给予高管(包括CEO)负面反馈。

图 21.6 案例分析 1 干预

持一到三个星期,以此实现自我操控,比如,饿了别吃饭,喝点水;渴了别喝水,去读书,等等。如果学员的意志真如肌肉一样,如果肌肉在某种意义上与意识的否决功能相关,如果学员的发言能力和阻止自己做某些事情(从运动学和生理学角度阻止她发言的事情)的能力相关,那么让肌肉更强劲应该可以提高她的发言能力(这里有很多假设条件,但推理过程的每一步对学员来说都是合情合理的,她受到启发,开始采取行动改变自己的行为方式)。

第二套自我操控方法更加微妙,听起来似乎更容易操作,但同样基于意志的相关推理机制,并以"双重形象"(如图 21.7 所示)为基础。"双重形象"的特点是人类可以采用(至少)两种方法(体现在这一具体案例中为海豹和驴头)中的任意一种方法来构思形象,以此为基础通过锻炼提高学员在神经激发过程中的意识控制能力。锻炼过程的关键在于意识到这样一个事实:尽管"大多数"人可以想象出(尤其是受到某些诱导后)两种形象,大部分人可以将纸上的符号想象成至少两种形象中的一种,这部分人实际上可以"自发地"从一种形象转换到另一种形象,但其实极少数人可以在未加练习的情况下随心所欲地在两种形象之间进行转换。而且,极少数可以随心所欲地在两种形象之间转换的人可以变化形象转换的速率,这意味着("极少数"乘以"极少数")非常非常少的人可以在未加训练的情况下表现出"元控制"(用以控制感官知觉的自觉意识过程)。

图 21.7　用于训练行为意志控制力的双重形象

　　此外,如果形象转换意志是"意志"的一种形式,而且"意志"具有"肌肉特质",那么学员可以推理出并且认同这一结论——人类改变形象转变速率的能力是可以通过适当锻炼培养的。根据"意志具有肌肉特质"的论点,通过意志"交叉训练",随着双重形象转变能力和形象转变速率的提升,学员的办事能力(特定情境下应该做的事)也会有所提升。教员的任务就是为学员提供一种训练工具,具体到本案例中则是一个节拍器(具备通常的刻度:从沉重到活泼再到急板),学员通过节拍器迫使自己逐渐以越来越高的速率或者可变速率在"高级的"意识和"低级的"视觉形象之间进行转换。

　　三周后,据参与两种自我操控方式培训的学员报告,面对环境中的"白噪声"时,他们的认知能力和影响力有所提高(经熟人和家人证实),思虑有所减少。学员报告了她尝试对大部分高管都同意但她自己认为不太理想的决策表示异议、担心、紧张或忧虑的结果:12次中有7次直接表示反对(如果在以前她肯定会表示同意),她对管理层的权衡结果表示担心,对决策依据表示忧虑。7次中有5次她在会议中详细表明了她的担心并提出了补救措施(管理层本应考虑到的)。5次中有3次"延迟异议",她成功说服管理层重新考虑决策依据并对决策进行修改。最后,3次中有2次由于她提出异议和反对,管理层对决策进行仔细考虑进而改变了最后的决策。通过干预,她在表达异议方面(影响深远、成果丰硕)的自我效能显著提升。她认为干预的因果效能与对引发自我效能的因果模型的理解和认同相关。此外,尽管她认同"意志和意志否定能力"的因果模型是她进行自我解读和自我理

第二十一章　培养意识和良知

解的方式之一,但她认为这一因果模型之所以能有效改变她的负面反馈行为,是因为她接受了模型中嵌入的自我作为"选择者/决策者/动因"的观念。

自己才是自己的敌人。

——沃尔特·凯利《波戈》

案例 2　一位 30 岁的"高潜力"的管理者说:"我就是没办法减掉最后的 ×× 磅。"对于采用其他干预方法通常无效的"简单"案例,应该尝试一下复杂先进的转变干预方法(无论成功还是失败)。接下来的这个案例便属于这种情况。

一位高潜力的中层管理者发现:如果不采用特殊饮食、营养补充剂、减肥药或其他更具伤害性的方法,例如通过手术从目标区域(如腹部和臀肌)移除脂肪组织,她就无法凭借自身行为:(1) 提升健康状况;(2) 至少减重 20 磅。以上方法她先前都考虑过并且决定不加以采用。很明显,从干预初始阶段开始,学员一直想通过饮食和运动相结合的方式达到预期效果,这导致她下午计划的失败。因为她有时候"无法"在下午 6 点左右抑制进食高热量食物的欲望,这导致她的锻炼或跑步计划无法执行。教员为她引入两种个人未来价值折算模型:一种基于金融理论的传统方法(利用指数折算进行计算,见图 21.8 所示的模型 1)和新的"行为经济学"理论(Ainslie,2001;Laibson,1997);另一种基于动物冲动行为学说(Green & Myerson,2005)。"理性的"折算模型(模型 1)认为,如果主体认为某个选项(减重、提升健康状况,以 VLW 表示价值或减轻的重量的价值)在未来某个时间点比另一个选项(沉溺于难以抑制的进食以镇定神经的快乐中,或进食的价值,以 VE 表示)重要得多,那么她在任何时候都可能这样做。在这个所谓的指数折算模型中,没有自我控制或自我管控的问题。她每次都会准时做她最应该做的事。相比之下,"冲动性动物"模型(模型 2)由价值函数表示,价值函数可由双曲线(通过明显的波峰体现"冲动特质")得到最佳体现。学员(早上 7 点)认为下午 6 点去健身房锻炼是最重要的事,接下来一整天她都认为自己确实会在下午 6 点去健身房锻炼,"突然"在下午 5:45 回家之后,她为自己做了一个大大的高热量的三明治,坐在沙发上边休息边看《晚间新闻》(手拿三明治),直到"太晚了"而不能去健身房了。这种情况下,双曲线折价曲线的主观"感受"得到最佳体现。这种令人沮丧的模式日复一日地重复,学员会因自己未能"信守承诺"(即使是自我承诺)而感到越来越失望。

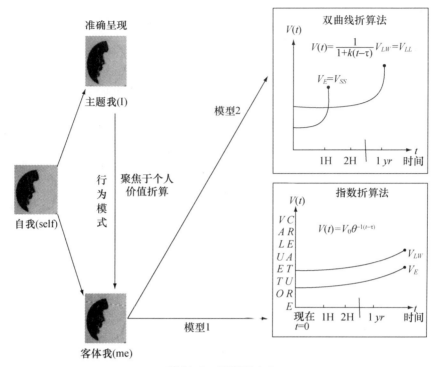

图 21.8 案例研究 2

我们鼓励学员采用两种模型:(1)解读和理解自身行为;(2)研究影响模型变量价值或与模型变量价值相关的行为,从而改变或转变自身行为。选定模型 2 作为自我解读模式后,学员通过密切监视锻炼的价值(更大、更长远的价值)和坐在沙发上惬意地享用三明治的价值(小而短期的价值)之间的"临界"时间来影响自己的冲动模式。在"临界"时间段(她规定去健身房之前的 15—30 分钟为"临界"时间),她会在"信守承诺"和"屈服于诱惑"之间摇摆不定,她事后会对此感到后悔但却于事无补。之后我们要求学员制订"自控方案",以双曲线折算模型(可有效体现她的行为模式)为基础,通过提升最佳利益操控自身行为。学员得出几种自控方案,包括"向大家承诺自己会去健身房"(她认为这样会使她待在家里看电视的代价变得更大,因为失信于人会使她感到相当羞愧);建立"个人原则",禁止违背原则;在举棋不定在两个"自我"(坐在沙发里看电视的自我和严于律己的自我)间徘徊的时候"控制自己的思想";在"临界"时间段建立个人日常行为习惯(具体到本案例则是干脆不要回家,在健身房附近散散步),使自己不可能干一些令人羞愧的事,比如给自己做个三明治,或是买些低热量的膳食补充剂代替三明治,降低"小额短期"的回报的价值。她将各种干预效果绘制成表,从中选出效果最为显著的干预方法(或者,在本案例中表现为方法组合)。在这个过程中,她坚持日常行为习惯并使用膳食补充剂代替高热量晚餐,以此进行自我控制,在 8 周内成功减重 12 磅。6 个月的追踪报告显示,她一直保持日常行为习惯并停止使用膳食补充剂,在 6 个月内又成功减重 8 磅。

本案例中有两点值得注意,这两点直接关系到基于模型的领导力开发方法的成效。首先,学员行为不受约束,教员不会为学员制定具体的行为规范,他们会为学员提供自我模型,学员依据模型进行自我解读和自我理解,进而明确自我试验和自我操控方向,最终达到自我转变。学员依据模型进行推理,得出自己在行为转变过程中需要遵守的行为规范——哪些事情必须要做,哪些事情绝对禁止。在整个行为转变过程中,学员用模型体现自身行为,继而总结出符合行为转变目标和模型的行为规范。

宗旨:个人折算函数模仿指数折算

1. $\sum(\text{hyparbolict'ns}) \sim \exp f\cdot n, n$ large

"我是个贪吃鬼/懒人"(进食)与"我想变苗条"(不进食)

↓ 观察效果

下午7点以后不进食,坚持2天
故态复萌

2. 通过对男朋友、最好的朋友公开承诺(打破承诺会造成尴尬)降低 V_{ss}

↓ 观察效果

1天保持节制,偷偷进食,对男朋友、最好的朋友撒谎

3. "思想控制"/转移注意力

试着不去想进食/直接转移注意力

↓ 观察效果

一次没有,遭受挫败

4. 通过使用零脂肪膳食补充剂,坚持日常习惯(健身)降低 V_{ss}

↓ 观察效果

两个半月后减重12磅

图 21.9 案例分析 2:结构化模型干预法

其次,从计算和模型的角度来看,她得出的自我控制策略是相当复杂的。实际

上,这些策略都是通过函数模型由双曲线折算曲线(Ainslie,2001;Moldoveanu,2010)的特点推导而来。虽然从认知和计算角度来讲,学员不是完全不可能依据基本原理(即她认为自己的临时折算函数所遵循的基本函数形式)推导出这些复杂的自我控制策略,但更可能的是,这个被她理解为自己的存在方式关键方面的体现的模型,可以作为一幅指导她的直觉的地图或蓝图,即便她还没有完全准确地把握住这种直觉的内容。

减轻体重和提高身体素质固然重要,但与领导力关系不大。然而该案例谈到了领导力的核心情况,即自我控制和自我指挥过程中面临的各种棘手的问题。"自我管理"是管理他人的重要组成部分,该观点(Peter Drucker,2005)的依据如下:如果领导力是影响或促使他人放弃当前个人利益以成就团队、集体或组织的整体利益,如果个人榜样作用和期望行为模型是领导者拥有的最强大的工具,那么自我控制和自我指挥就是领导者个人的强有力的工具,放弃自己的当前利益才能劝服别人放弃他们的当前利益。就像管理培训和个人技能包括企业规划和在限制中优化的能力一样,领导培训和个人技能也应该涵盖冲动型自我模型、冲动控制和自我指挥等内容以提升领导者处理各种事物的能力。

"领导力开发"的意义何在?

本章的标题鲜明地带有"领导力开发"这个词,文中花了一定的篇幅来分析和阐述"自我理解""自我试验""自我操控"和"自我转变"的含义,却丝毫没有提到什么是"领导力",所以读者不明白也是情有可原的。**"榜样示范"和"自我管理"是公认的"领导方式"**,我们可以通过许多鲜活的事例证明这一观点,比如拿破仑赢得马伦哥会战的故事。拿破仑不顾火枪和大炮的迅猛攻势,冒着生命危险亲自把法国国旗带到一座大桥的底下(此时大桥几乎被敌人占领了),他的勇敢激励官兵们奋起反攻夺回大桥,法兰西第一共和国军队赢得了最终的胜利。那么根据常识、直觉和令人信服的事例,我得出如下结论:自我转变对领导力起着至关重要的作用,实际上,就像髂外展肌限定短跑运动员的最快速度一样,自我转变就是领导力的"外展肌",自我转变过程决定了领导力提升的速度。

无论如何,我希望保持自己的一贯立场,为自我转变和领导力之间的主要联系提供基于模型的理论基础。该模型源自组织经济学学科,尤其是 Bengt Holmstrom (1982)和 Bernord Hermalin(1998)的著作,试图根据基本的直观原则(虽然具有经济学家一贯的悲观)对领导者有效性的基本原则进行推理。Holmstrom 认为由私欲强的人组成的集体在追求集体收益的过程中会无法避免地遭遇道德风险。每位成员都清楚地意识到个人收益构成是集体收益的构成部分,集体收益依赖于个人收益,但同时个体成员也意识到如果他的上级无法仔细观察或监督她的工作,那么他最好将工作转嫁给团队其他成员,将自己的付出减至最少并共享集体收益。一些成员意识到很多成员不付出劳动却一起分享少数努力工作的成员的劳动成果,但这并不能使问题得到缓和,因为他们的付出收益计算只会使他们更倾向于逃避付出。当团队利益的期望值降低时,他们甚至要更加努力地工作来弥补那些不劳动的人造成的损失。在团队和组织的经济分析(已大量减少)中,只有完善监管体系(由管理者监控,管理者此时已经变成机器人而不是领导者了)才能彻底解决问题,但这需要付出高昂的代价,"完善监管体系"的代价需要由集体收益支出。因此我们可以将领导力理解为一种现象,即个体稳定持续地解决严峻的道德风险问题,并改变团队、集体、组织、机构或社会其他成员的个人行为,使他们摆脱狭隘的自优化,为集体目标努力奋斗。Hermalin(1990)指出"领导问题"其实是"明智地使用隐秘信息解决隐蔽行为引发的问题"。

我们来分析一下,其实团队中的道德风险问题即为隐蔽行为问题,因为领导者无法监视下属的行为,下属对此也了然于心,因此当下属有机可乘(他们通常都有机可乘)时,他们会逃避工作或表现出狭隘的自私行为。领导者可以对下属做出各项规定,但缺乏有效的监管体系以监督下属的执行力度,现有规定收效甚微。然而,Hermalin 认为:如果领导者以身作则,严格遵守各项规定,特别是在抛却了狭隘的个人利益的情况下,保持言行一致,他就可以成功地将集体价值观念传递给团队、集体、组织、机构或社会的其他成员。他用行动表明思想,将原来隐秘的信息传递给集体成员,因此 Hermalin 认为披露隐秘信息可以把团队道德风险问题中的隐秘行为暴露出来。在这个简单质朴的"领导力模型"中,个体成员为达到集体目标付出的努力甚至可能多过其为达到个人目标付出的努力。因此我认为,如果领导力确实发挥作用,那么领导者必须通过自身行为稳定持续地改变集体或团队成员的行为。这种改变虽少但很珍贵,它可以指挥军队逆转战事,可以使濒临倒闭的公司成为市场领军企业,使温顺的羔羊变成威猛的雄狮,而所有变化都不会减少"下属"数量或导致人员变动。要持之以恒才能达到这种效果,领导者即为转变实行者,通过转变个体成员行为转变集体行为。接下来我们谈谈"模型训练"的最后一步——自我转变,领导人通过该过程指导下属进行有效的自我转变,因此它是领导能力的重要组成部分,或许也是决定领导效力的关键步骤。

领导力:硬实力和软实力

在本章末尾,我简单解释一下"软"和"硬"这两个词在领导力研究及开发过程中的具体含义。我们在管理和管理科学中提到的"硬技能"是指那些与集论、决策论或行为和环境的优化模型相关的技能或与商机的金融建模、商务模型和新兴市场相关的技能;而"软技能"是指同"领导力"相关的"人际关系技能"。为区分二者,我们通常非常注重准确地解释两种技能各自涵盖的内容。另一方面,我们也深刻地意识到"领导者很难",更直白地说"当领导者不是件容易的事"。与此同时,我们似乎没有意识到同一个词的不同含义彼此相互矛盾,或许这时萨特的"自欺"理论开始在那些本应该更清楚地理解词语意思的人群中间显现:他们选择忘记事实,即他们故意忽略词语的双关含义。

我试图扭转这种局面,通过实例向大家说明如何运用决策论、数学甚至金融模型等"硬科学"解决领导力开发过程中遇到的"艰难问题",并在此过程中使同一词语的不同含义相互融合。少数人认为自我转变并不"艰难",正如少数人认为塑造个人行为、思想和感情的决策论模型并将这些模型作为自我追踪和自我转变的工具并不"艰难"。基于模型的领导力开发方法明确了一件事情——一次"艰难的"尝试会对行为人日后的生活产生相当大的帮助。此外,该方法通过揭示自我理解和行为之间的关系,尤其是自我理解和领导力感知限制(Erhard, Jensen, Zaffron & Granger,2010)之间的关系,准确表达了"领导力本体论"的含义,并引发"硬科学"模型建模者和"难以掌握的"领导技能的开发者、实践者之间的大量有益的对话,至少我个人这样认为。

当然,这种对话能否实现,其决定因素主要是来自不同领域的人们愿不愿意参与自我转变项目(我认为目前为止项目成果显而易见),以及他们的参与程度。为规范使用基于模型的领导力开发方法,教员应进行"交叉训练",首先,教员应站在学员的角度理解学员("投入式理解"),其次,教员应准确表达其对学员的感知、生理、情绪、内心、认知和元认知状态的理解(建模)。这种交叉训练要求严格,极富挑战性。学术界的专业化逻辑迫使开展"艰难的"领导力培训的具备"软技能"的教员同那些具备"硬技能"的行为方式建模者工作和生活在不同的地理、社会空间,教员们开发不同的行为模式并与他们的"研究"和"培训"对象进行交流、互动。这种交叉训练效果显著:设想一下如果弗洛伊德运用决策论(由同时期的弗兰克·拉姆齐创建)进行个体行为分析,他的案例分析结果将会多么准确? 或者,如果当代家庭疗法践行者在加里·贝克尔学说的影响下,从家庭鼓励机制方面理解家庭疗法,那么践行者对该疗法的见解将会提升到何种境地?因此,基于模型的领导力开发进程将与建模的"硬技能"和理解的"软技能"的结合程度保持一致,这两种技能不仅要在"某个部门"或"咨询公司"内相互结合,更重要的是要在同一个人身上相互结合,集两种技能于一身的个体将能够更加高效地进行行为转变。

参考文献

Ainslie, G. (2001). *Breakdown of will.* New York:Cambridge University Press.

Argyris, C. (2006). Private communication to author.

Black, F., & Scholes, M. (1973). The pricing of contingent options and corporate liabilities. *Journal of Political Economy*, 81,637—654.

Drucker, P. (2005). Managing oneself. *Harvard Business Review*, 83(1), 100—109.

Erhard, W., Jensen, M. C., Zaffron, S., & Granger, K. L. (2010). Introductory reading for being a leader and the effective exercise of leadership:An ontological model(Harvard NOM Research Paper 09-022 and Barbados Group Working Paper 08-01). Boston, MA:Harvard Business School Negotiations, Organizations and Markets Unit.

Freud, S. (1979). *Civilization and its discontents.* New York:Penguin. Original work published 1931

Green, L., & Myerson, J. (2004). A discounting framework for choice with delayed and probabilistic rewards. *Psychological Bulletin*, 130, 769—792.

Heatherton, T., & Baumeister, R. (1996). Selfregulation failure:An overview. *Psychological Inquiry*, 7, 1—15.

Heidegger, M. (1963). Bring and time. (Trans. J. MacQuarrie). San Francisco, CA:Harper Collins. Original work published 1927.

Hermalin, B. (1998). Toward an economic theory of leadership:Leading by example. *American Economic Review*, 88, 1188—1206.

Holmstrom, B. (1982). Moral hazard in teams. *Bell Journal of Economics*, 13, 324—340.

Laibson, D. (1997). Golden eggs and hyperbolic discounting. *Quarterly Journal of Economics*, 83, 443—477.

Libet, B., Wright, E. W., Jr., Feinstein, B., & Pearl, D. K. (1979). Subjective referral of the timing for a conscious sensory experience: A functional role for the somatosensory specific projection system in man. *Brain*, 102, 193—224.

Moldoveanu, M. C. (2010). *Inside man: The discipline of modeling human ways of being*. Palo Alto, CA: Stanford University Press.

Nietzsche, F. (1967) *Thus spake Zarathustra*. (J. Vogt, Trans.). New York: Basic Books. Original work published 1891.

Popper, K. R. (1983). *Realism and the aims of science*. London: Routledge.

Sartre, J.-P. (1996). *Being and nothingness*. (H. E. Barnes, Trans.). New York: Random House. Original work published 1945.

Wittgenstein, L. (1923). *Tractatus logicophilosophicus*. Cambridge, UK: Cambridge University Press.

Wittgenstein, L. (1953). *Philosophical investigations*. (G. E. Anscombe, Trans.). New York: MacMillan.

第二十二章

学习如何领导
——实践教学法

Marshall Ganz

哈佛大学肯尼迪政府学院豪泽非营利组织中心

Emily S. Lin

哈佛大学

在本章内,我们将论述如何通过实践教学法来学习领导力。我们可以通过实践领导力的方式,进行领导力的教学,并将教学的内容与方式相统一。我们将论述此种教学法的原则、课程的主要框架,并列举很多在课堂、工厂、活动及组织中实践领导力的例子。我们知道,**领导力是领导者在不确定的情境中,带领他人实现共同目标的实践活动**。作为教师,我们要求学员负责领导他们认为有价值的项目,并与其他人协作,在特定的时间内,取得特定的结果,并以此为学员创造有不确定因素的实践情境。在这样有不确定因素的情境中,我们通过为学员提供行为、概念及情感等方面的指导,辅以批判式的反思和跨情境的学习,让学员们达到他们的目标。由于学员可以用已掌握的有效的领导力让更多的学员掌握领导力,因此,在我们的教学中,会让学员参与授课,我们建议使用此种教学法,因为这样可以让学员对目标更加执着,更加彼此紧密依靠,从而战胜这个充满不确定因素的、纷繁复杂的世界所带来的挑战。

第一次遇到风暴:在知识应用过程中,知识会发生改变吗?

假设一名成绩优异但却没有任何海上航行经验的航海员,当他第一次经历风暴时,即便他清楚该怎么处理,但当星星消失在浓重的夜幕中时,他仍无法克服心中产生的恐惧;当手中的罗盘已变成巨浪的玩具时,他无法克服心中涌起的无助感;当危急时刻来临,他苦思冥想,血液直冲大脑的压力几乎使他崩溃。总之,他无法通过现有的经验应对实际情况,而只有切身经历过这些风浪的人,才能知道怎样应对。(Kierkegaard, 1941, pp. 35—36)

正如克尔凯郭尔所描述的新舵手第一次遇到风暴时的情形一样,学习真正的领导力要比学习领导力相关知识更具挑战性。有些人认为领导力只与遗传因素相关,是无法学习的,还有人则怀疑领导力能否教授,尤其是在课堂上教授。除了在工作中锻炼之外,我们应该在哪里、在什么时间、以什么方式学习领导力,以应对克尔凯郭尔所描述的情形呢?但是,如果如本段所述,领导力的本质是有关情感、行为及方法等方面的能力,这些能力可以帮助我们战胜不可预知的、陌生的、无法确切了解的挑战,那么这种能力是否正是我们应该教授的对象呢?(Bruner, 1986)我们提出,领导力的教学法本身应涵盖领导力,要将教学的方式同内容相结合。我们将阐述教学的原则、课程的框架,并列举在课堂、工厂、活动、组织等不同的情境中学习领导力的例子。

领导力:手、脑、心

领导活动是带领其他人在不确定的情境中实现共同目标的实践活动。作为实践活动而非职位,领导力不要求权威。权威可以作为领导力的资本,也可以成为领导力的枷锁(Heifetz, 1994)。不论领导者是否具有正式的权力,都不能用强迫手段迫使被领导者听从其指挥(Burns, 1978)。我们要进行下述五个模块的实践,并通过它们的相互作用学习领导力:(1)建立对共同目标的承诺;(2)通过阐释价值观来激励他人;(3)通过战略把资源转化为能力来达成目标;(4)以清晰的、可计量的、可见的方式调配和开发资源;(5)让权力结构化,促使领导力在团队成员中的有效分配(Ganz, 2010)。学习领导力的重要途径是"领导"他人应对充满不确定因素的情境,掌握领导力的教学法。尤其是启发学员想出解决问题的方法,是学习领导力的核心（Ormrod,2008）。

◈ 在实践中学习

作为一项实践活动,领导力是从经验中习得的,结合"心、脑和手",或者可以用西点军校的格言"品格、知识、技能"①来描述。如果我们不动手去实践,就无法学习新事物。在实践中学习要敢于冒风险,敢于经历一次又一次的失败,像学骑自行车一样,要敢于跨上自行车,即使摔倒仍然坚持,直到学会为止（Schein,2004）。在实践中深入地学习需要遵循提出概念—设想—试验—反思—再提出设想的步骤（Gandhi,1957；Kolb,1984；Zull,2002）,与学习"抽象概念"截然不同（Gardner,1992）。想要学会如何使用,在什么时间使用,在哪里使用,怎样改进一项新的技能,就需要了解此技能的目的,在何种情况下能够有效地运用,并思考在新的情境或情况下应怎样对其进行改进等。在实践中学习领导力需要与其他人协作,要求学员发挥自我意识,明确自己的行动、他人的行动及两种行动间的相互作用（Langer,1997）。

◈ 在领导力的实践中学习领导力

采取实践教学法教授领导力,就需要创造能够进行领导力实践的情境。我们可以采取的方法之一是要求学员与其他人合作完成一个项目,并在特定的时间内取得有价值的成果。学员将此类任务总结为:"我组织（<u>什么人</u>）,通过采取（<u>什么方法</u>）,取得了（<u>什么成果</u>）,学会了（<u>什么技能</u>）。"学员需要完成五个模块的实践:通过公开陈述让其他人认可项目的价值,建立合作关系,分配领导力,想出达到目的的方法,然后采取行动（见图22.1）。

领导力教学由上述五个模块组成,每个模块都着重训练学员的一项技能。每个模块的实践顺序均为:首先讲解概念,通常会辅以图示,然后由教师做示范,辅以视频教学或让学员进行角色练习,然后学员与共同承担项目的其他学员一起在实践中练习这项技能,为进行下一个模块的技能训练打下基础。学员需要对项目的完成结果进行总结,明确阐述他们"学到哪些重要技巧","哪些技巧是有效的"（+）,"哪些技巧还可以改进"（Δ）。

---

① 西点军校的格言是"品格、知识、技能"（Being, Knowing, Doing）。

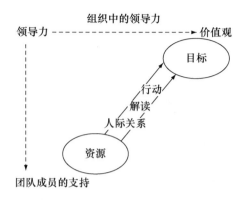

图 22.1　领导力教学的五个核心实践

领导力实践的第一个模块是锻炼学员的公开陈述能力。学员通过做公开陈述,让其他人了解并认可项目的价值,并愿意与其共同承担此项目,学员面临的挑战是能否通过陈述让其他人认可项目的价值,并愿意与自己共同承担此项目(Ganz,2010)。第二个模块是为了锻炼学员的沟通能力。学员通过与其他学员进行单独谈话或几个学员组织家庭聚会,动员其他学员同此学员合作,利用掌握的资源达到共同的目的。第三个模块的目的是锻炼学员分配领导力的能力,即根据团队的共同目标、明确的行动准则、团队各成员承担的相互支持的职责,在团队成员中分配领导力。第四个模块的目的是锻炼学员解决问题的能力,即学员需要找到利用资源达到目标的方法。第五项模块的目的是锻炼学员在领导力实践中调配资源的能力(Hackman & Oldham,1976)。

我们会为承担项目的学员规定完成项目的时间,并将这段时间分成不同的阶段,明确每个阶段的起始点,这样就将任务的执行过程设定为单向的不断变化的过程,Stephen Jay Gould 称之为"射线形发展过程",而不是连续的循环过程——Stephen Jay Gould 将其称为"圆圈形发展过程"(Gould,1987)。此种培训模式使学员在完成任务的过程中,为实现目标而配置资源,即一边走路,一边铺路。实际状况随着时间的推移而不断发生变化,意味着学员在最开始时拥有的改变状况的资源要比最终改变状况时所用的资源少得多(见图 22.2)。

我们对学员进行五个模块的培训,实际上每个模块的训练不仅让学员掌握了新的技能,而且学员能通过此模块的训练,提高之前训练中所获得的技能。由此可见,学员在每个模块训练中所掌握的技能是相互影响、相互促进的,而不是简单的累加。

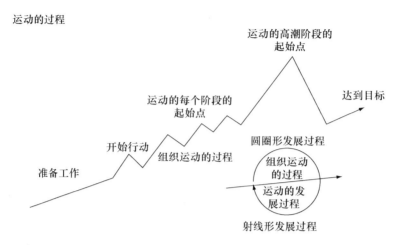

图 22.2 运动的结构

我们的教学法体现了 David Perkins（2009）所说的讲授"完整游戏"。以棒球运动为例，我们不是先学击球，再学投球，然后学跑垒，而是先学习棒球完整游戏，然后再进一步强化某方面的技能。就领导力教学而论，讲授"完整游戏"是指让受训者在领导力实践中锻炼各项技能，并使各项技能相互促进。我们会尽早地让受训者在学习领导力的过程中学习各项技能，尽管学员开始时只能在基础层次上掌握这些技能。在学员的学习过程中，我们会培训学员的全部技能，同时重点培训某项技能。

在讲授"完整游戏"时，应注意"模式"与"框架"的区别。前者指套用固定的算术公式，后者指启发学员寻找解决问题的方法（Ormrod, 2008）。我们不希望教给学员固定的解决问题的模式，让学员去生搬硬套以应对克尔凯郭尔所描述的不确定的、不断变化的、出人预料的实际情况，而是让学员提出疑问：我该如何解决这个问题？我们不仅要对学员进行上述五个模块的训练，还要在每个模块的训练中，让学员知道在结果、资源、情境均不明确的情形中应该如何去做。成功不在于知道问题的答案，而在于想出解决问题的方法。

我们在肯尼迪政府学院讲授"完整游戏"的方式之一，是在为期 12 周的领导力课程的第二周，对学员进行每次六小时的初级训练。

组织技能模块：六小时的"完整游戏"课程

"你看见我了吗？我站在人们的前面，我做到了！"说这些话的人叫 Kate，一位硕士研究生，现在她已经做出了改变。但在六小时前，Kate 还坚持说她无法成为一名领导者，讨厌在公共场合做讲演，参加训练课仅是凑凑热闹。Kate 是一名为儿童提供服务的幼儿教师，进入研究生院学习是因为希望学会如何更好地帮助儿童，而并非想做杰出人物。我们邀请她参加我们组织的一年两次的技能训练日活动，此活动主要的参加者是哈佛大学的在校生，也包括其他学校的学生。

2010 年 2 月 6 日，Kate 与来自哈佛大学、马萨诸塞大学、塔夫茨大学、圣十字学院及普罗维登斯学院的 120 余名研究生、本科生和教员一起参加了六小时领导组织活动，训练内容是由受训者组织一次活动。饱餐了面包圈、咖啡和百乐餐后，学生们参加了短期领导力实践训练课。训练课由五个训练模块构成，分别是：公开陈述，建立合作关系，分配领导力，找出达到目的的方法，采取行动。每项技能训练进行的顺序为：概念介绍，示范，实践，总结。

在领导力的实践中，凯特首先与一名来自普罗维斯学院的本科生进行了单独谈话。通过交谈，她们发现彼此都对幼儿教育中的公平问题感兴趣。然后她们又找到了另外两个希望讲授扫盲课程的学员。在分别进行了公开陈述后，她们决定为实现共同目标而组成团队，进而开展动员工作。她们仅用一天时间就成立了团队，制定了团队的行动准则，明确了各自承担的任务，确定了团队的共同目标——为儿童扫盲做贡献。然后，她们筹划利用有限的资源（特别是时间）达到其目标的办法。她们计划在一个小时内收集 50 本书，方法是站在 Curious George Goes to Wordsworth 书店（一家儿童书店）前，动员顾客们各买一本书送给她们，然后由她们将这些书捐给 Kate 做志愿者时所服务的儿童扫盲计划。她们随后利用 90 分钟的时间讨论如何说服顾客买书送给她们，项目的最终结果是她们成功募集到了图书，并将图书捐给了儿童扫盲计划。

Kate 和团队其他成员讨论如何说服顾客买书的 90 分钟是此次小规模活动的高潮。总结起来，共有 120 名学员参与此次领导力实践，他们为不同的项目募集了 1 215 美元。项目的范围涉及很广，从为海地的儿童运送食品到支持扫盲计划；收集了 1 120 人在请愿书上的签名，请愿的主旨涉及的范围同样广泛，如

> 保护租房者的权利,在哈佛广场的各家商店中设立"儿童夜"活动,减少温室气体排放,为海地的婴儿捐赠80件衣服等。受训者在参加六小时领导力实践初级培训之前,从没想到过能做这么多事。在当天最后的总结中,每个团队中的一名成员站起来,描述他的团队的经历及学到的技能。外面寒冷的天气把Kate的面颊冻得通红,由于自己的团队获得成功,她情绪高涨,站起来面对坐满了整个房间的受训者们,讲述她的团队不仅成功地完成了收集50本书的计划,而且结果远远超出了原订计划。

我们讲授"完整游戏"训练课,从学员参加为期一天的实践训练课,到召开长达三天的研讨会,再到组织持续一个学期的活动,让学员在每个模块的训练中重点掌握某项技能,又通过各项技能间的相互促进,让他们最终掌握全部技能。学员们通过与其他人的合作在短期内所取得的成效常让他们大吃一惊,这也为他们以后接受更复杂的、规模更大的、范围更广的训练做了准备,而这些训练同初级训练一样,目的都是为学员提供充满不确定因素的情境,让他们在此情境中通过实践学习各项技能。

教学法与实践训练的统一

将教学法与实践训练统一起来进一步发展了体验式教学:通过实践领导力的方式教授领导力,为学员创造一个实践的情境,让学员在充满不确定因素的情境中完成某个项目。我们的训练方法是:让学员承担一项他们认为有价值的项目,通过与其他人合作,在特定的时间内(例如一天、一次研讨会、一个学期)完成此项目。结果可能成功,也可能失败,失败的风险是客观存在的、随即发生的、明显的。同时,我们将此教学方法尽量阐述得清晰透彻,并不断对其进行改进。我们会对学员进行包含五个模块的领导力实践训练,通过不断地向学员提出问题,让学员探索并找到解决问题的方法,以此训练学员的各项技能,而不是告诉学员应该怎样去做。

在领导力教学中,我们要求学员将自己掌握的领导力讲授给其他学员,这是我们领导力教学非常重要的组成部分,通过"层层指导"式教学法,给学员创造做教师的机会。我们训练正在接受领导力培训的学员为其他学员讲授领导力。讲课过程中,学员能提高自身的教学水平,同时也能学会协助其他学员学习领导力。此后,学员又会成为这些协调者团体的促进者,进而成为促进者团体的项目经理。我们在进行课堂教学时,会让研究生为下一年级的近二十名新生授课,参与讲课的学员常常共同组织研讨会、项目、活动等"实际情境"中的活动。我们可以在世界各地推广此种教学法(见附录22.1)。

我们如何在工作中实施"层层指导"式教学法呢?下面列举2009年我们组织的推动移民政策改革运动的例子。我们联合社区改革中心及新型组织机构,组织全美国主要州的民众开展推进移民政策改革运动。

"层层指导"式教学法:为推进移民政策改革而奋斗

2009年夏末,移民政策改革的倡议者们决定在主要的立法选区再次动员当地民众以获得他们的支持。8月28日,30位年轻的倡议者(其中15名来自佛罗里达州,另外15名来自科罗拉多州)在迈阿密市集合,运用我们的领导力实践教学法为此次行动召开了三天的研讨会。这次研讨会是此次行动的首次研讨会,由有经验的教师做公开陈述及辅助、培训学员的工作,其中的大部分教师都是参加过领导力实践培训的学员。三周后,15名来自佛罗里达州的学员运用他们所学到的领导力,又组织了175名学员参加此次活动,并召开了研讨会。这些学员分成36个领导团队,在整个佛罗里达州组织了14次活动,共1 350人参加此次运动。在随后的训练中,每15名接受培训的学员中有三人负责公开陈述,五人担任了领导力培训教师,所有参加此次运动的学员都担任了重要职务。科罗拉多州的学员也取得了同样的成绩。受到此次成功的鼓舞,11月在华盛顿特区举行了第二次领导力训练研讨会,有来自更多的州的近100名学员参加,包括北卡罗来纳州、加利福尼亚州、内华达州、纽约州、俄亥俄州等。8月末,30名学员召开研讨会,发起"建立运动网络"运动,运动的范围涉及12个州,这些学员是这次旷日持久的运动的领导核心,后来在华盛顿特区举行了20万人的大游行,将此次运动推向高潮。尽管此次运动没能促使当局通过相关的法案,但此种教学法不仅让学员掌握了领导力,而且学会了如何利用所掌握的知识解决新出现的问题。

"层层指导"式教学法不仅可以在实际情境中创造教学资源,还可以发展教师的领导力。情境认知方面的学者在其报告中指出,当行为、概念、文化三者相互作用时,学习的效果最好,因为学员真正学到的东西不仅是知识,更可能是某个特定氛围中的文化（Brown,Couins & Puguid,1989;Stigler & Hiebert,1998）。我们的教学法旨在创造授课与学习领导力的文化情境,在这个情境中,教师既教授领导力的相关知识,又亲身实践领导力。

学习领导力的四部分:任务,支持,反思,情境

以项目为核心的领导力学习法

我们的领导力学习模式是让学员在结果不确定的情况下去完成某个项目,在组织并完成项目的过程中学习领导力。学员喜欢在实际情境中通过与同伴相互影响来学习"领导力",还能在实践中得到培训、反馈与指导。在课堂上,教师应要求学员在期末时完成某个具体的项目;在组织运动中,教师应要求学员完成此项目的每一步;在研讨会中,对于参与研讨会的学员的要求不一样,但也许可以直接要求学员们找到相互支持、共同学习领导力的方法。

要为学员创造一种情境,在此情境中参与者都主动地获取他们想要的信息、技能、人际关系或其他资源以达到目标,这样会激励学员进一步学习领导力（Gardner,1992）。由于学习的对象是领导力,需要在现实的情境中完成项目,而不是进行模仿或表演,因此有很多因素是学员无法掌控的,项目的完成结果也是客观的,这就需要学员在实际情境中承担风险。这些无法控制的因素为学员的实践情境增添了不确定性,当学员在不确定情境中遇到问题时,可以让其自主解决。我们让学员在承担重要项目的过程中自主地解决问题,学员通过实际获得的反馈,清楚自己完成项目的结果,进而自我激励,常常表现出更强的适应能力、更高的做事效率,获得更好的结果（Kackman & Oldham,1976）。

一个组织项目:组织租房者联盟

Diane 是一名社区活动的长期组织者,她要组织并领导的项目是让住在低收入小区的居民参与当地的一个重建项目。在以往的项目中,黛安也许只需要做需求评估,采访一些居民,并写一份通过建立租房者联盟以解决租房者的困难的倡议书。然而,我们鼓励 Diane 将采访变为一系列的一对一谈话,从而找到能够与她合作的人,组成领导团队,这些合作者们每人再找到 20 位居民参加研讨会,

为建立租房者联盟做准备,因为这个项目需要很多人的合作才能完成。很明显,完成此项目要比写一篇论文更具挑战性,Diane 无法确定能否完成这个项目,另外,因为 Diane 是一个上层社会的白人,没有在这样的小区生活过,而她的陈述对象中的大多数人是非洲裔美国人,所以她对就此项目做公开陈述感到紧张。

项目开始后,Diane 发现项目的进展很慢,她最初的两个合作者对开研讨会的态度很冷淡,向她提出了不召开讨论会而使用其他方法的建议。他们不参加 Diane 的研讨会,好像将注意力转移到了其他事情上,也不帮助她联系那些看似愿意动员邻居们参与此项目的人,她为此深感苦恼。最终,Diane 无法组织领导团队并召开研讨会,也无法在领导力课程规定的时间内完成此项目。

在课堂教学中,教师会认为 Diane 没有完成此项任务,也没有能力完成此项任务。学员可能会因失败而逃避风险,以后不愿独立地与其他人进行合作。然而,我们不以成功与否来判断一个人的能力,也不将是否完成项目作为评估学员能力的证据,而是将其作为学员学习技能的途径(Sitkin,1992)。因此学员不再将领导力看作是上帝赐予的能力,而是将其看作可以学习的实践技能(Dweck,2008)。我们向学员提出问题:"为了更好地学习技能,你应对自己在实践中采取的方法做怎样的改进?你怎样才能更有效地与他人建立合作关系?选择与哪些人合作会更有利于你完成任务?下一次你将怎样鼓励你的团队完成任务?"让学员回答这些问题的目的是给予学员情感上的支持,而非概念上的支持,例如学员会害怕自己的提议遭到他人拒绝,或因为做事过于唐突而让他人认为自己的行动很奇怪,等等。在这种充满挑战的情境中,学员更需要情感方面的支持,而不是概念性的指导。学员在学习领导力的实践过程中,通过得到如何应对情感方面的问题的相关指导,学会接受失败的痛苦,为实现目标进行更好的准备,更积极地迎接未来的挑战。

教师不愿要求学员寻找所需的资源或许是此领导力教学法的阻碍。在实践活动中,学习领导力会有时间上的限制(如一个学期的课程)及资源上的限制(如没有用于购买书籍及材料的专门的项目经费),在此项目之外,学员还会有其他的课程(或工作)。但是因为学员参与的是"实际"的项目,所以可以创造新的资源。

为了了解学员在学习领导力实践的过程中能否投入足够的时间、精力,以及能否作出足够的努力,2010 年我们启动了为期 14 周的领导力远程课程,此课程为哈佛大学高级管理教育项目的一部分。学习此课程的学员会负责实际的项目,学习者每周都需要参加一个 90 分钟的在线直播讲座或讨论,并利用至少 4—5 个小时完成课程作业或完成实际项目,所以学习此课程会影响到他们的日常生活和工作。有些人怀疑此远程课程是否可行,因为它需要学员投入很多的时间与精力,而做兼职工作的学员已经承担了太多的任务,不会再投入很多时间与精力学习此远程课程。但是我们发现,因为学习此远程课程需要投入很多时间、精力,所以没有做好学习此课程准备的学员都不会学习此课程,而学习此课程的学员会认为他们所学的课程很有意义,所以与其他网络课程相比,有更多的人参加此课程的学习。高级管理教育远程学习班在这个学期所召开的网络会议的参与率为 50%,而我们的课程在整个学期的参与率为 85%—95%。在写这本书时,由此课程的校友在英国发起的改革卫生保健运动、在塞尔维亚发起的反贪污运动、在中东地区发起的支持政权更迭运动都已经获得了重大胜利,塞尔维亚、约旦及美国多个州的毕业生已返回哈佛大学,为再次担任此课程的助教做准备。

教学中给予学员支持

学习新技能需要进行超出个人能力的尝试,这种尝试让人既激动又害怕,因此教师需要在动机、概念、行为等方面给予学员支持。学者们将从未做过又尝试去做的行动范围称为人的实际能力的毗邻发展区,此区域介于学员能够独立完成与需要其他人(如父母、教师或教练)的支持才能完成之间(Vygotsky,1978)[②]。正如学习骑自行车,在掌控平衡的过程中一定会从车上掉下来一样,当学习者即将从车上掉下来时,车子的辅助轮可以为他增添学习的勇气。在领导力教学中,教师需要确定什么时候给学员支持会对学员起促进作用、什么时候会起阻碍作用。我们为学员提供手(行为)、脑(智力)、心(动机)等方面的支持(Hackman & Wageman,2005)。

我们会为学员提供概念性的学习框架,作为智力方面的支持。我们将每个重要的领导力实践内容与其他几个重要的实践内容联系起来,成为一个整体。我们要为学员提供一个学习框架,而不是一个定式。在讨论如何学习时,一行禅师(1993)

---

② 人的能力范围的毗邻区的最准确的含义是介于人凭借自身能力"能"做到与需要靠外界的支持才"能"做到之间,我们认为"能"("能力")的含义与信仰及动机("意志")紧密相关。

讲述了一则寓言:佛陀让他的徒弟们回答制造筏子并以此渡过湍急的河流的人具有怎样的智慧,并让他们在随后的人生中,将此筏子一直带在身边,以感谢筏子对其过河所给予的帮助。在此教学法中,我们会启发学员寻找问题的答案,我们的学习框架可以起到筏子的作用:在此学习框架中,我们要求学员重视批判性的反思,回答关键性的问题,观察关键因素间的相互作用,学习彼此的经历。但是同任何学习框架一样,我们的学习框架只是一个设想,不是医生的处方,需要不断地进行试验、评估及调整。

我们让学员了解其所承担的项目的价值,同时也提供给学员来自教师、协助者、其他学员的情感方面的支持。学习领导力需要学员找到他们的勇气的源泉,以应对充满不确定因素的、无法确切了解的、陌生的情境(Peterson,1999)。学员的价值观可以不断地为他们增添勇气,此价值观不是指抽象的概念,而是学员在情感或道德方面获取力量的源泉。当我们面对挑战时,便想退回到我们熟悉的安全的情境中,或至少退回到让我们感到不那么焦虑的地方,这不仅意味着我们失去了通过改变自己获取我们需要的技能的机会,而且意味着我们鼓励其他人去改变自身以战胜挑战。另一方面,莽撞地去解决问题也必将导致失败。在愿意承担风险与因为拥有足够的安全感而有足够的勇气承担风险之间找到平衡,才是学习领导力的最佳途径(Marcus,2002)。例如,在鼓励学员进行公开陈述时,需要教师对学员提出启发式的问题,同时站在学员的情感角度,鼓励学员去战胜脆弱的心理,让学员在学习领导力的过程中勇敢地承担风险。说服他人做出共同完成项目的具体的、清晰的、确切的承诺,在"影响"他人的实践中更是对学员情感方面的挑战。我们让学员应对此挑战的方法是鼓励学员向其他学员提问,常辅以实际的指导,并要求学员在提问后对自己在什么时间、以什么方式提问的内心思考过程进行总结。学员只有通过与其他人相互影响,才能消除焦虑感,这种焦虑感会导致学员拒绝接受学习框架,抱怨情境,或通过其他方式逃避承担项目的责任,从而阻碍学员学习领导力。

最后,我们通过一些特定的教学模式为学员提供行为支持。我们让学员进行公开的角色练习,如练习如何说服他人与自己共同负责某个项目。让学员在有安全感的情境中进行实践,通过观察其他学员得到反馈。最重要的是我们为学员创造了让学员在实际情境中练习技能的机会,并让学员得到其他学员或教师的反馈及支持,正如上述为期一天的"组织技能"研讨会中所描述的那样。

学员们将我们的一个教学模式称为"尴尬体验",我们用此模式说明在我们的教学实践中,如何将概念、情感、行为等方面的学习框架结合在一起。在"尴尬体验"练习中,一名学员接受关于项目或实践方面的培训,其他的学员都被要求注意观察这名学员。在学员进行公开陈述时,其他所有学员,不仅包括在项目中需要听此学员进行陈述的学员,而且还包括其他接受培训的学员,都注意观察此学员,因而为学员创造了学习领导力的相关技能的机会(例如,学员通过陈述可以得到明确的、判断性的重要反馈),而且让学员得到了情感方面的锻炼,让接受提问的学员明白他可以应对这样的压力。最后,此教学模式提供了行为方面的支持,学员们通过观察提问者怎么向陈述者提出问题,可以学会怎样提出让陈述者难以回答的问题。将学员从有安全感的情境推到不确定的情境中,参与"尴尬体验"的学员意识到必须通过忍受痛苦来提升自己的能力,也会因此受到鼓励,帮助团队中的其他人参加同样的训练。

Briget Ganske:"尴尬体验"的心得体会

在我们上公共陈述训练课的最初几周中的一天,Ganz教授正在为我们讲述将怎样通过讲述自己、我们、现在的经历来进行互动训练,显然教室里的学员都理解了教授所讲的训练方法:在两分钟内简要地描述自己一生中经历的具有挑战性的事情,自己做出了怎样的选择,以及什么原因激励自己去完成这些具有挑战性的事情。这项训练让我们感到几分害怕,更不要说去帮助其他大多数对我们来说是陌生人的学员去完成此项训练了。

突然,Ganz教授问:"Briget Ganske今天来了吗?"他以前从未这样叫过其他人,人们用好奇的目光在教室里扫视着,我犹豫着举起了手,Ganz教授微笑着问:"Briget教授,为什么直到让我点了名,你才站起来做你应该做的事情呢?"整个教室里鸦雀无声,我发觉几百双眼睛注视着我,他真的点名让我站起来讲述自己的经历吗?我感觉自己的脸发烫,我把自己当成了13岁的学员,忘记了自己的台词,冈茨教授点着头,让我回答。"嗯",我寻思着,开始描述我在教育学研究生院的一些经历,以及我当时是怎样的一名摄影爱好者,喜欢为年轻人讲课等。我的声音变得和往常不同,让我自己感到陌生。"你为什么喜欢讲课呢?"Ganz教授问,我讲述了一些关于教学有多么重要的抽象概念。"你在哪里长大的呢?"Ganz 教授问。这个提问让我想起了我在洛瓦的成长经历。"你的父母是做什么的,他们认为教育重要吗?"一系列的问题引导着我讲述我的父母的医学及政治生涯,以及我通过递送院子的指示牌,知道了怎样为他人服务,通过聆听人们在市政大厅的集会演说,了解了民主化进程。"摄影的情况呢?"Ganz 教授问,引导着我说出了我学着使用我祖父的摄像机,曾鼓励我学习摄影的老师,以及我在纽约市学习时在一个课外项目中表现突出的经历。一次又一次地,Ganz 教授问我:"为什么?为什么你要做出这样的选择?这次经历是怎样的?"我将这些自己已经遗忘的或者认为与此次训练课的目的无关的经历重新回忆起来,我发现这些经历对我很重要,它们让我重新认识了自己,知道了什么对我最重要。

通过描述,我仿佛把自己的一生又重新经历了一次(但是仅用了十分钟的时间),Ganz 教授对我表示感谢,并将注意力集中到教室里的其他人身上,"我现在正在做什么,"他问,"除了让她感到难堪以外?"所有人都笑了,"您在给她做培训!"一名学员高声回答。当众讲述自己的经历对我来说是个抽象的又让我感到有些害怕的概念,今天却变成了事实,并且我顺利地把它完成了。

在这堂课随后的时间里,我的心跳变得正常了,我越来越为我没有逃避这次公开陈述而感到高兴;我似乎对自己人生的认识变得更加清晰了,包括那些变得像特写镜头一样清晰的细节以及我整个的人生历程。用专业的摄影词汇来说,我已经调好了焦距,这帮助我与其他人建立了新的关系,这种关系与从前我通过笼统地告诉他人我的经历所建立的关系不同。在上完这次课后,数十人找到我,对我说诸如"我也是从洛瓦来的""我的父母也从事政治活动""我也是个摄影爱好者""我是艺术教育的大力支持者"等,突然间,我发现听我讲课的陌生人变成了与我有同样经历的真实的人。我们的人生经历都早已开始,现在我们正在创造我们新的人生经历。

批判性反思

领导力教学面临的挑战之一是,学员对使用其所熟悉的技能做出假设,学员也许在个人生活中能很好地运用这些技能,但是在社会活动中,如与他人建立关系时,却不能很好地运用这些技能。教育学的学者们强调在教给学员新知识的同时,需要让学员复习并明确先前学过的知识(Bransford,Brown, & Cocking,1999;Strike & Posner,1985),而对自身领导力做出的未经检验的假设则更是学员面临的挑战。虽然没有几个人学过像量子物理这样的知识,但是每个人都知道怎样与他人建立关系,表述自己的经历,以及筹划达到目的的办法。我们理解世界的方式可以对我们起到促进作用,也能起到阻碍作用(Fiske & Taylor,1991)。它可以让我们感受事物,归纳概括,做出选择,得出结论,采取行动。但是,固定的思维模式也会妨碍我们清楚地了解事物,让我们按照自己对事情的设想去做事,从而阻碍我们学习新事物。

我们应对此挑战的方式之一是建立"反思学习"的学习模式:让假设变得透明,去除我们学习中的种种限制,这可以帮助我们开发更实用的理论(Langer,1987)。我们的此种教学模式不是让学员学习他人的经历,而是在集体写作或在课堂上做公开陈述的过程中,通过学员间交流的方式,总结自身的经历。总结的重点内容是哪些技能有用(+),哪些技能可以改进以更好地解决问题(Δ),已经学会了哪些技能。在此教学方法中,我们将学员面临的挑战作为学员学习技能的机会,而不是作为判断学员能力或价值的依据(Dweck,2008)。我们通过使用(+)及(Δ)的方式总结每次课程、公开陈述、研讨会,与学员们一起检验对自身领导力的设想。为了去除消极偏见的影响,我们先问学员哪种方法是有效的,哪种方法能够促进他们的学习(+),然后我们问学员哪种方法还可以改进(Δ)。我们让所有学习领导力的学员都参与我们的教学,鼓励学员大声发言,然后将结果记录在海报或黑板上。教学中,如果一名教师讲述了自己对领导力的设想,他就不得不通过提高自己的授课技能,在实践中将他对自己领导力的设想坚持到底,这就是通过提问的方式,改变对领导力的设想的方法。同时,学员会就教师所讲述的领导力设想进行评论,当评论由"你应该怎样"转变到"我们应该怎样"时,学习技能的任务就从教师转移到学员身上。我们采取师生共同反思及公开评论的教学方法,让学员从自己的成功或失败的经历中了解到自己的弱点,并鼓励学员接受自身的弱点。

◼ 跨情境学习

如果想深入理解实践技能,就需要分清哪些技能应在特定的情境中使用,哪些技能适用于全部的情境,起着核心作用。例如,当一名学员跟一个文化背景不同的学员建立关系时,双方在对见面的预期、见面及见面之后采取的行动等方面都会存在很大的差异。但双方只有通过沟通才能建立关系,而沟通的意义要大于其本身,因为双方能否通过沟通做出共同承担任务的承诺将决定未来的效用、成长及新技能的学习。同样,双方在筹划解决问题的方法方面也存在不同。但是,做事时采取不同的方法,却可能得到相同的结果。当众讲述自己的经历也许是所有项目中最能为学员提供跨情境的学习情境的项目,在此情境中,所有学员都分享了讲述者的经历、性格及道德观。了解此项目的作用可以让学员专注地回答提问者提出的问题,从而帮助学员了解在特定情境中自己所采取的方法,进而了解真正的自己。此训练方法还可以让学员了解做某件事的"某种方法"与可以做这件事的诸多方法间的不同。

我们应对这种挑战的方法之一是在跨情境的情境中学习(Bernstein,1971)。例如,通过远程教学课程,我们构建了一个互动的学习情境,在此学习情境中,来自塞尔维亚、英格兰、西班牙等 18 个国家的 93 名学员观看了一段视频,视频是关于一名来自安曼的从事全国教师协会组织工作的学员现场示范怎样与一名专注于公司发展的约旦学员建立合作关系。学员们反复提及这名学员的经历,称此经历是他们所见到的经历中最有用的一个。通过在跨情境的情境中学习,学员们开始了解那些不局限于特定情境中的,甚至不局限于特定的文化背景中的技能,如怎样战胜情感方面的弱点,以及如何让双方就完成项目进行合作等。运用此教学模式,2010 年肯尼迪政府学院组织了一次训练课,共有 92 名学员参加,在统一的行为框架下,这些学员参与了 84 个不同的项目,并将这些项目中的几个作为每周主要的讨论话题。通过此种教学方法,学员们可以将特定情境中的技能同范围更广的贯穿全部情境的技能结合起来(把树同森林结合起来),这对于学习技能的学员在特定情境中思考解决问题的办法是非常重要的。

总结

本章中我们阐述了领导力不仅可以通过课堂、社区、运动及组织等方式讲授,还可以进行相关的实践。学员们通过学习,可以获得更优秀的领导能力。我们提出了一些领导力的教学方法。希望我们的工作能够在一定程度上消除某些人认为开发领导力就是选择优秀的人的想法,并给学员们提供了一个很好的学习领导力的机会,希望学员们通过学习领导力,在未来能取得杰出的成绩。我们教学的另一个目的是让学员们理解开发领导力的方法及领导力本身,领导力是领导者在不确定的情境中带领其他人达到目的的实践活动,领导者通过自身的领导力还能够培养新的领导者。

现在,我们生活的世界正在急速变化,变得越来越纷繁复杂,社会阶层越来越清晰,我们生活中的不确定因素正在不断增加,这一切使得我们现在比以往任何时候都更需要掌握领导力。我们希望我们的教学能够让学员们学会领导力,以一种更有效的、更互助的方式迎接我们面临的挑战。

附录 22.1　我们怎样教授领导力

◆ 课程与讨论会

MLD 355　公开陈述:自己,我们,现在

MLD 356　公开陈述:冲突,坚持,改变

MLD 377　组织活动:人们,权力,改变

MLD 327　道德领导力:自己,他人,行动

社会学课程 98fu　民主化实践:领导力,纷繁复杂世界中的社区、权力、信仰、领导力

领导力、组织及行动:领导变革(远程学习)

在社会发展中表现优异(Achieving Excellence in Community, AECD)

◆ 社区实践运动

为健康项目组织一次运动:在全美国范围内组织社区健康改革运动

国家健康服务(英国)项目:组织健康服务改革运动

加利福尼亚研究生院员工协会项目:发展工会的领导力

约旦组织项目:为社区活动的组织者提供培训

叙利亚领导力发展项目:开发年轻人的领导力

社区变革中心:改革移民政策

教会公开陈述项目:无神职人员的领导力开发

◆ 研讨会

C. S. 莫特基金会:为社区活动组织者提供公开陈述培训

美国州、县、市的职工联盟:培训组织者

中东妇女组织(哈佛大学肯尼迪政府学院):培训组织者

21世纪领导力(哈佛大学肯尼迪政府学院):培训组织者

拉丁美洲领导力创新组织(哈佛大学研究生院):培训组织者

哥伦比亚机构(多伦多):培训社区、政治组织、工会的组织者

参考文献

Bernstein, B. (1971). *Class, codes and control: Theoretical studies towards a sociology of language.* London: Routledge.

Bransford, J. D., Brown, A. L., & Cocking, R. R. (Eds.) (1999). *How people learn: Brain, mind, experience, and school.* Washington, D. C.: National Academy Press.

Bruner, J. (1986). Two modes of thought. In *Actual minds, possible worlds* (pp. 11—25). Cambridge, MA: Harvard University Press.

Burns, J. M. (1978). *Leadership.* New York: Harper Row.

Dweck, C. (2008). *Mind set.* New York: Ballantine Books.

Fiske, S., & Taylor, S. E. (1991). *Social cognition.* New York: McGraw-Hill.

Gandhi, M. (1957). *An autobiography: The story of my experiments with truth.* Boston, MA: Beacon Press.

Ganz, M. (2010). Leading change: Leadership, organization, and social movements. In N. Nohria & R. Khurana (Eds.), *Handbook of leadership theory and practice* (pp. 509—550). Boston, MA: Harvard Business Press.

Gardner, H. (1992). *The unschooled mind.* New York: Basic Books.

Gould, S. J. (1987). *Time's arrow, Time's cycle: Myth and metaphor in the discovery of geological time.* Cambridge, MA: Harvard University Press.

Hackman, J. R., & Wageman, R. (2005). A theory of team coaching. *Academy of Management Review, 30,* 269—287.

Hackman, R., & Oldham, G. R. (1976). Motivation through the design of work: Test of a theory. *Organizational Behavior and Human Performance*, 16(2), 250—279.

Heifetz, R. (1994). *Leadership without easy answers.* Cambridge, MA: Belknap Press.

Kierkegaard, M. S. (1941). *Thoughts on crucial situations in human life* (D. F. Swenson, Trans., & L. F. Swenson, Ed.). Minneapolis, MN: Augsburg Publishing House.

Kolb, D. (1984). *Experiential learning: Experience as the source of learning and development.* New Jersey: Prentice-Hall.

Langer, E. (1987). *Mindfulness.* Cambridge, MA: Perseus.

Langer, E. (1997). *The power of mindful learning.* Cambridge, MA: Perseus Books.

Marcus, G. (2002). *The sentimental citizen: Emotion in democratic politics.* University Park: Penn State University Press.

Nhat Hanh, T. (1993). *The raft is not the shore. In Thundering silence: Sutra on knowing the better way to catch a snake* (pp. 30—33). Berkeley, CA: Parallax Press.

Ormrod, J. E. (2008). *Educational psychology: Developing learners.* New Jersey: Prentice Hall.

Perkins, D. (2008). Beyond understanding. In R. Land, J. H. F. Meyer, & J. Smith (Eds.), *Threshold concepts within the disciplines* (pp. 3—20). Rotterdam: Sense Publishers.

Perkins, D. N. (2009). *Making learning whole: How seven principles of teaching can transform education.* San Francisco, CA: Jossey-Bass.

Peterson, J. (1999). *Maps of meaning: The architecture of belief.* New York: Routledge.

Schein, E. H. (2004). *Organizational culture and leadership.* San Francisco, CA: Jossey-Boss.

Sitkin, S. (1992). *Learning through failure: The strategy of small losses. Research in Organizational Behavior*, 14, 231—266.

Snook, S. (2004). Be, know, do: Forming character the West Point way. *Compass, A Journal of Leadership*, 1(2), 16—19.

Strike, K. A., & Posner, G. J. (1985). A conceptual change view of learning and understanding. In L. H. T. West & A. L. Pines (Eds.), *Cognitive structure and conceptual change* (pp. 211—231). New York: Academic Press.

Vygotsky, L. S. (1978). *Mind in society: The development of higher psychological processes.* M. Cole, V. John-Steiner, S. Scribner, & E. Souberman, (Eds.). Cambridge, MA: Harvard University Press.

Zull, J. (2002). *The art of changing the brain: Enriching the practice of teaching by exploring the biology of learning.* Sterling, VA: Stylus.

第四部分

情境

第二十三章

脑神经领导力教学
——CIMBA 的领导力和神经科学课程

Al H. Ringleb

爱荷华大学 CIMBA 项目负责人,美国国际大学联盟主席

David Rock

CIMBA 神经领导学组织负责人

过去十年,在实用的脑成像技术的帮助下,神经科学研究逐渐影响了领导力研究者们对脑力的思考,使他们相信神经科学研究的贡献将促进我们对领导力的理解,使我们更有针对性地开展领导力教学。基于此项研究,现有的技术能够测量一个人实时的心理数据,这对领导力学习环境有潜在的重要意义,特别是使学员对认知和情感的基本联系有了切身的了解。本章作者展望了这种技术,以及支持这种技术运用的神经科学研究如何影响着 CIMBA 课程的学习氛围。CIMBA 是由爱荷华大学牵头,在意大利开展的 MBA 项目。在 CIMBA 课程中,MBA 学员使用无干扰的无线技术进行测量,以支持各种学习项目和活动,包括传统的课堂讨论和团队练习,以及特别设计的情感启发商业模拟课程。尽管领导力脑力教学和开发还处于初始阶段,但是所观察到的结果和进一步研究的机会还是给作者们带来了巨大的鼓舞和激励。

奇怪的是,尽管商学院很强调科学性,但它们对影响商业教育的两大科学领域——认知科学和神经科学却无所作为。

——沃伦·本尼斯、詹姆斯·奥图尔(《哈佛商业评论》,2005,p.104)

◆◆◆

设想一下，在 MBA 课程中，学员们一天都佩戴着设备，持续无干扰地通过无线设备收集、传送、存储他们的神经生理数据，用于实时分析和事后分析。在教室里，学员们不仅能看到教授的演示，而且教授和学员们都能够观察到他们在一起学习、讨论和集体活动的神经生理反应。不论在学习还是工作中，学员们都能在讨论项目中根据个人发展目标收集相同的数据，并在评价过程中进行分析。在工作坊中，通过多样化的模拟激发学员们与领导能力相关的情感，可以帮助他们了解某项领导能力所包含的情感和技能部分——同样，通过无线技术进行连续的无干扰的测量，然后将数据传送给分析小组和学员的个人发展导师。未来会有这种技术吗？实际上，现在这种技术已经存在，由爱荷华大学牵头，在意大利开展的国际 MBA 项目——CIMBA，就建立了这样的学习环境。

现有的神经生理反馈技术对我们的领导力教学和发展有潜移默化的影响（Johnson，Boehm，Healy，Goebel，& Linden，2010）。传统的**品格—知识—技能**框架（Hesselbein & Shinseki，2004）指出，成功的"领导者"学习技能（知识），并将之付诸行动（技能）。其前提在于，领导者和追随者可以根据意愿表达适当的情感和精神状态（品格）。通过观察和实践，我们发现传统的、信息化的、认识论的、技能开发的方法在**品格**方面尤显不足，因为品格的培养需要引导、支持和帮助学习者加深对自己和他人价值、情感、行为和认知方面的心理了解。为了寻找品格培养的替代方法，我们的经验使我们从传统的主要"理论"中跳脱出来，这些理论决定了领导力发展的主要方法。

在本章中，我们对领导力和领导力发展指导方法进行了概述，基于在寻找领导力有效品格方面的经验、观察、见解和思考，我们对此做了深入研究。本章的主要内容是在其他系统下对品格所做的探索和评估，以及相关的支持性研究。虽然**品格**的重要性大家都很理解，但其在领导力发展实践中的内容和效用明显受到技术的限制，这种技术只有建立系统的理论家才能使用。不难想象一位传统的领导力理论家会问自己："如果我们真的能测量情感的话，领导力发展系统会是什么样子的呢？"根据我们丰富的经验，我们在神经科学和社会心理学交叉点上，找到了一种切实可行的解决方案。它能代替领导力和领导力发展的传统研究方法，利用神经生理反馈技术，解释领导者的情感。下面，首先对支持该方法的核心神经科学和社会心理研究以及概念性工具进行概述，同时介绍其历史发展，使我们能够了解它对有效领导力教学可能的贡献。

理论基础及历史发展

我们非常理解有优秀技能的领导者的重要性,以及课堂在培养技能方面的作用。20世纪90年代后期,我们决定为传统领导力教学的课堂带来一些新气象,将流程(技能)和行为(品格)引入领导力教学中来。我们积极招募社会心理学家、教育心理学家、认知学家、神经科学家、领导力研究学者、商业领导人和教师等,来帮助和引导我们实现这一改变。社会心理学家能对决定领导力有效性的核心心理要素进行鉴别,也能鉴别情感在领导力的有效性中所发挥的作用。神经科学被认为是一种自然科学,在这个基础上似乎更能将领导学建立为一门社会科学。神经科学家可以帮助研究情感与领导力的关系,最重要的是,测量情感及其对领导力的影响。教育心理学家指导我们,什么教学环境最有利于复制领导活动中所产生的情感。在这些思想家的帮助下,CIMBA的领导力教学注重于以神经科学的理论和研究来理解领导者、追随者的心态,从而更好地培养有效地实践管理和领导的优秀领导者。

领导力与神经科学的联系

20世纪90年代后期至21世纪初,神经科学家和社会心理学家协力合作,使我们逐渐了解和领会大脑构造的有效性及敏感性对个体差异的影响,而这种个体差异使人类交往变得精妙和复杂。产生这种新认知的原因大部分在于,功能神经影像分析和其他技术的出现,使得人们对社会过程的生物性基础的研究进展迅速。根据这一点,我们观察和体验了从神经科学视角对传统领导力、领导力发展理论和概念进行重建所带来的学习的提升。

首先,传统的领导学对领导力中的"品格"部分的解释一直被认为是"软性"的或者"软"科学,而神经科学为此提供了实证基础和"硬"科学的解释。作为"软"科学,品格对有效领导力的贡献已被了解,但往往被认为是"恒定不变"的,因而被排除在传统商业教育和培训范围之外。神经科学研究需要改变这一传统。其次,通过神经科学的发现来辨别领导力积极的生理性的"因素",并将这些发现与学习者联系起来,可以促进领导力教学的提升。神经科学为学习者了解什么是领导力、为什么学习领导力和怎样学习领导力提供了基于科学的工具——使领导力和领导力发展从以课堂为基础关注是什么的传统教学中解放出来。学习者享受，确切地说是被吸引来了解他们的大脑，了解他们直接表达大脑的专注力的能力，以及这对领导实践的影响。再次，神经科学为推进探索领导力心理过程全新和重要的见解，提供了必要的科学严谨性。同时，这些见解支持了现有的理论和其他替代性理论。最后，可能也是最重要的一点，神经科学很大程度上帮助我们了解有效测量情感的方法，并以客观证据引导我们了解个体在绩效和幸福上的差异——这是提升领导能力的基础。

社会活动中的领导力

我们首先了解一位研究神经科学的神经生物学家对社会活动中的领导力的观点。她和其他神经生物学家很有说服力地论证了，我们祖先大多数适应能力的挑战都是社会性质的，他们依靠此种能力解决生存问题以及适应社会环境，而且这种基因很可能能够繁殖和遗传。由于归属于一个社会组织拥有极大的价值，因此人类的大脑进化出了精确的神经机制，对社会环境，特别是群体成员遭受到的某种危险发出的信号极其敏感。大脑懂得，社会排斥意味着死亡，必须极力避免，以生存下来。

基于这种认识，我们要重点了解基础心理要素对作为社会活动的领导力的必要性。我们知道，一个优秀的群体成员必须对以下方面有自己的觉察：自己的思想、感觉、行为、情感以及通过改变达到群体标准或期望的能力。社会心理学家指出，这些觉察隐含着人类至少四个心理层次的需求：自我意识，社会意识，危险/报偿线路，自我调节——四个层次中任何一个失败都会导致结果的不理想以及社会群体的排斥。

个体需要自我意识反映他们的情感和行为，按照群体规范对其进行判断和评估。社会意识，或称心理理论，为个体提供推断他人（特别是那些属于其所在社会团体的人）精神状态的能力，使其产生共鸣，预测他们的判断、情感、行为和技能。社会意识的概念暗含着个体了解他们是社会团体持续评估的对象，从而必须知道其他团体完全有能力进行评估以及按此评估采取行动。在这种社会意识需要的基础上，人类大脑进一步进化，提供了精确的机制来侦察包容性的环境。大脑的危险侦察机制持续监视着我们的社会环境，寻找任何可能的群体排斥的信号和迹象。一旦这个机制感到个体行动可能会或已经破坏了团体准则，以及其他团体成员会对其进行消极评估,个体就需要自我调节能力去改变这种形势,去重建或维持团体地位。个体需要抑制冲动,控制思想、技能和情感,根据社会环境进行改变。

根据这种进化的结构,我们最后将重点放在个体自我调节及控制冲动的能力上。从领导力和领导力发展角度来看,这些"冲动"是个体大脑的危险/报偿线路受社会环境的刺激(真实的或预测的)而产生的(Gordon,2008)。我们认为这些"冲动"在不同个体之间的表现各不相同,是由我们称之为 SCARF 的活动导致的——由真实的或感知到的社会环境中的刺激导致,这些刺激影响个体的状态、确定性、自主性、关系感和公平感(Rock,2008)。个体的 SCARF "应激源" 如何管理,取决于个体的自我调节线路(与控制相关的前额叶皮质),以及个体在激活和控制线路时耗尽脑力的速度。这意味着在发展的背景下,创建针对个体的有效领导力发展计划以及实施这一计划的具体方法时,需要评估、测量个体的 SCARF 和自我调节能力。

通过组合和验证相关的神经科学、社会心理学研究发现,我们的教学和发展系统最终成形。本质上,这一系统是以下三个部分为基础的(基于我们现阶段的观察,个体的成长和发展似乎以同样的顺序进展到明显的程度):

1. **对情感的清晰认识**(Barrett,2006;Gooty,Connelly,Griffith,& Gupta,2010;Izard,2009,2010);

2. **自我调节**(Bauer & Baumeister,2011;Hooker,Gyurak,Verosky,Miyakawa,& Ayduk,2010;Lieberman,2009);

3. **为了提高绩效和幸福感,突破他人的情感和精神状态,有效唤醒他人的认知能力**(Fard et al.,2007;Gross & John,2003;Gyurak et al.,2009;Lutz,Slagter,Dunne,& Davidson,2008;Ochsner & Gross,2005;Zeidan,Johnson,Diamond,David,& Goolkasian,2010)。

我们发现,这项技术让我们可以发展和验证我们对情感及精神状态的认知,协助我们培养专注力——这是增强自我调节的必要因素(Farb et al.,2010;Jha,Stanley,Kiyonaga,Wond,& Gelfand,2010)。从信息来源的角度看,本章开头的引用也说明,我们对领导力和组织行为学学者在神经科学上缺乏兴趣感到惊讶。我们同样对情感科学感到惊讶,尤其是当各学科提出的解决方法各不相同时。例如领导力和组织行为学承认它的存在,但是认为它基本保持不变(Gooty,Gavin,& Ashkanasy,2009)。此外,运动心理学迫切需要理解情感与表现之间的关系(比如,Hanin,2007)。

当我们意识到情感在高效教学和培养领导者中的基础性作用,并开始利用该项技术探索情感维度时,我们就开始明白其中的奥妙了。

领导力和情感

大约60年前,斯金纳(1953,1974)提出情感——感受到的或在内省中察觉到的——是个人行为的"虚构性"归因。在出版物中,《管理心理》(Hochschild,1983)和《情商》(Goleman,1983)两本书将领导力情感的讨论公开化,有助于从业者和学者克服看上去不成文的传统——不愿意承认情感对有效领导实践构成要素的贡献。在过去的20年里,领导力学者已经明确地意识到情感以及情感控制对有效领导力的重要性,而且已经开始定义其核心要素和成分(Gooty et al.,2010)。对领导者情感的关注与同一时期在神经科学、心理学和组织行为学方面对情感的逐渐关注是相一致的。[①]

与传统的社会科学研究相比,脑成像技术的使用有助于增强我们对核心概念的理解,也有助于增强我们对包括情感、情感控制和认知的神经线路的"硬科学"的理解(Gyurak et al.,2009)。因此,神经科学可以使我们更好地理解和领会情感在领导实践中的作用,可以引导、帮助我们在培养领导者方面选择和应用更有效的工具及技术。

在实际过程中,当向学员传达这种对情感的理解时出现了独特的挑战。不久之后,我们了解到情感学者也面临同样的挑战——几乎找不到大家一致认同的最适合的方法。我们国际化的学习环境从一开始就已经证明,英语语言标签的使用不会产生我们期待的结果,特别是鉴于对情感的描述很容易产生200多种"情感"单词目录。

此外,个体SCARF的无意识差异被揭示出来,目的是试图在将对情感的定义运用于领导者在日常工作中通常会遇到的情境时,使其意义和应用达成一致。为了简化情感识别且确保操作简便,基于其生理性和大脑状态特性,我们为情感贴上

---

① Carroll Izard(2010)很好地总结了对情感和情感调节日益浓厚的兴趣:

仅仅30年前……很难在书本和期刊中找到关于情感的文章。现在有关情感的书籍比比皆是——亚马逊网站上就有347 272篇文章,在学校图书馆也很容易找到400多种与此有关的学术性书籍。现今至少有5种学术期刊的标题带有"情感"一词,而且有许多研究情感的出版物,在过去10年中总共有2 732篇文章。比起25年前,似乎在情感的意义上有了一致性,且在科学中被广为接受。(Izard,2010,p.363)

了**颜色**标签（参见图 23.1）。例如，恐惧具有心理的和大脑化学性质（简单地说，比如心率升高、皮质醇含量的增加）的特点，位于情感的"红色区域"，相对应地，在可用认知资源方面有所减少，依赖固有的或习惯性的反应来应对刺激（真实的或预测的）。

与其说是经历了"恐惧"，不如说是个体被认为经历了"红色区域"的情感，其他各类情感也能产生同样的"配方"。相比之下，当专注于学习、思考和创造时，个体被认为经历了"绿色区域"的情感，这种情感具有适中的心率和低皮质醇的特点。随着压力的增加，个体从"绿色区域"到"蓝色区域"再到"黄色区域"最后到"红色区域"，情感状态随着心理的和大脑化学组成的"配方"而变化。由于主要强调可用认知资源，愉快和不愉快的情绪被视为产生同样的从"绿色"到"红色"的情绪/认知途径（依据大脑化学物质的不同定义"配方"）。

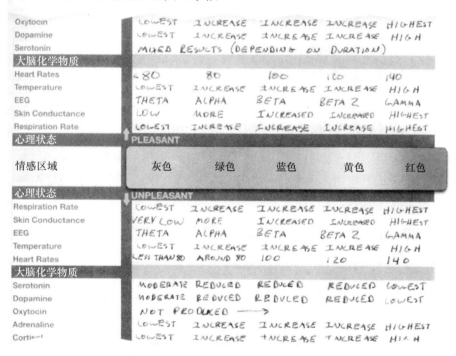

图 23.1　CIMBA 情感颜色编码系统

从自我和社会意识角度来看,这种对情感认知的方法很大程度上简化了我们教授情感认知的方式。在"有线的"课堂环境里(定义如下),个体根据情感启发电影建立基线,这种电影通过社会心理学研究来产生具体的情绪(比如,Gross & Levenson,1995)。基于学员从先前的神经科学和大脑课程学到的知识,他们面对愉快和不愉快的情绪时,会通过来自先前心理学研究的面部表情、语音语调和身体语言来表达。在不同情况下,在心理学和大脑状态"配方"的基础上,学员被要求辨认所引发的情感。实验的主要内容是按照预期开发"情感认知颜色表",自此之后,情感和情感状态由颜色来定义。下意识地关注它们自己的心理学和其他相关内容,这种方法有助于激发和运作学员关于自我意识及社会意识的观点,从而提高每个个体对于通过大脑危险/报偿线路影响情感表现的理解。

◆ 技术的使用

运用社会方法和神经科学方法检查领导力问题的最根本的区别在于承担兴趣课题的研究工具——实验室内部和外部。

在实验室内部,神经科学家运用不同的技术,大多数采用先进的 fMRI 技术(参见表23.1),设法辨认大脑区域,或涉及精神任务和兴趣过程的大脑区域。使用 fMRI 技术,被测试者大脑的相关部分就能在设计好的脑力劳动或过程中被"点亮"。

从神经科学的角度,我们观察了一些社会互动。社会科学研究推断出这些互动中会产生相似的可观察的行为反应;然而,神经科学家的研究表明,社会互动实际上依赖于不同的大脑机制。fMRI 数据显示,神经科学家区别这两种相关的大脑机制时,使用传统的社会科学行为方法很难做到。同样,fMRI 数据使神经科学家期望不单纯依赖相同的脑机制来辨别心理过程,而事实上他们确实是这样做的。

对被测试者精神状态的测定是另一个适用领导力理解的重要领域——社会科学和神经科学研究工具能产生显著的差异性结果。fMRI 数据是神经科学家通过观察被测试者基准的大脑活动来推断被测试者的精神状态。在社会科学研究中,为了得到同样的信息,实验常常被中断,被测试者会被问到"你感觉如何?"来确定精神状态。设计实验时的差异是有重要意义的,因为被测试者可能不想报告他的精神状态,或者他可能不记得之前研究者提问时自己的精神状态。也许对这次实验

表 23.1　脑成像技术

磁共振成像
磁共振成像能显示详细的解剖影像。有时指"软组织 X 光片"。

扩散磁共振成像(扩散成像,纤维束成像)
通过跟踪水分子来显示大脑"长距离"神经连接,相比于从脂肪层逃脱,水分子更容易沿着轴突的长度扩散。

功能连接磁共振成像(静息态脑功能磁共振)
像扩散磁共振成像技术一样,功能连接磁共振成像在不同脑区测量自发波动来显示"长距离"神经连接,显示了它们联系的程度。

功能磁共振成像(fMRI)
能显示出大脑供血的情况,在有计划的脑力劳动和过程中承担着连接神经活动的作用。

正电子发射成像(PET)
通过监测注射进身体的核物质(示踪剂)发出的伽马射线产生出来的解剖影像来测试器官是如何工作的。

脑电图(EEG)
用电极连接头皮,来监测大脑的脑电活动。

有效性来说最重要的是,对问题的敷衍回答行为(回答与实验本身毫无关系)可能会引起目前精神状态的重大改变,继而影响后续对实验的反应[在发展领导这方面,这一区别被赋予了全新的含义,在辅导课上,个体被要求将日记条目描述为(情感)事件,或检测应用的神经生理反馈数据。神经科学家已经表明,记录(即"标记")事件的情感影响会降低情感的重要性(Ochsner & Gross,2005);神经生理反馈技术为其重要性提供了确凿的数据(Johnson et al.,2010)]。

关于在实验室之外的技术,神经科学家将个体大脑和身体的心理状态连接起来。如图 23.2 所示,通过 fMRI 技术观测大脑状态,也可以通过心率、心率变异性、皮肤电导性、脑电图和心电图来测量②——目前并非所有的脑电图在实验室外都

---

② 心电图[ECG 或 EKG(源自德语 Eleltrokardiogramm)]是一个诊断工具,用于测量和记录一段时间内的心脏电活动,由皮肤电极捕捉和外部记录。我们目前的无线系统就是依赖于测量两个点,因此迄今为止用处有限。

可以无线不间断地测量。③ 在初次实验后,建立运用神经生理反馈方法研究领导力和领导力发展的效能,我们开始寻找能进入课堂的切实可行的技术。我们的决策标准包括教室/实验室内外的成本、耐用性、精确性、侵入性和实用性。成本的选择范围从几百美元到几千美元,我们决定采用从运动领域吸取的经验——SUUNTO性能测试方法。我们发现SUUNTO td6型号设备及集团设备的支持和软件符合我们基本的决策标准。一旦我们将设备融入课堂环境中,结果就会显而易见。从意识角度来看,结合情感颜色编码系统,学员们更能意识到自己的情感心理。

SUUNTO系统包括嵌入传感器的胸带和"手表",按照使用者的意愿实时显示不同的数据。手表可以储存五个小时的数据,而且数据可以通过SUUNTO软件进行下载和分析。或者,数据能够由装有SUUNTO软件并连接天线的电脑获得。SUUNTO软件能够同时监测到最多72位使用者的实时心率数据(能获得其他数据,但不能显示出来)。

SUUNTO系统使个体的心率和我们的情感认知颜色编织系统相匹配,从而使得当教授讲课、学员专注于听课时,每个人的个体数据都位于"绿色区域"。

实验的成功以及SUUNTO软件的局限性使我们设计和建立了我们自己的系统。④ 比如,不能奢望SUUNTO软件对数据独立进行进一步的下载和分析,数据也不能汇总在组格式里。我们新建立的系统样本除了有胸带和手表/显示屏以外,还包含一个独立的第三部分。这个部分可以是智能手机、iPad或其他有类似功能的设备,来从胸带中收集数据(从心率和心率变异性扩展到囊括皮肤电导性、心电图测量、运动和呼吸),对数据进行实时分析,然后将合理数据传送至手表/显示屏和/或通过网络传输到服务器中。在服务器层面,数据在更大的数据库和个人数据中进行分析。按照规定的运算规律,个人和/或个人的导师能实时获得任何需要了解的技能。

---

③ "硬连接"测量设备依赖传感器运行的实线来记录和/或显示,约束使用者的举动及限制对实验室的评估。无线技术通过传感器上的胸带和系在使用者手腕上的显示屏来运作。在实验室外通过显示屏设备记录数据,或在实验室内通过连接天线和安装在电脑上的软件来记录。硬连接和无线神经生物反馈系统都是"无创的",即皮肤上无伤口,保护必要的数据。无线系统和硬连接技术一样也是"无创的",比起由于胸带产生的某些不适,这种设备不会干扰使用者的举动或其他活动,使他们成为课堂和领导力发展活动的理想设备。

④ 与SUUNTO讨论"SUNNTO领导力发展课堂"表明,他们理所当然地主要关注已广为人知的运动成绩提升市场。

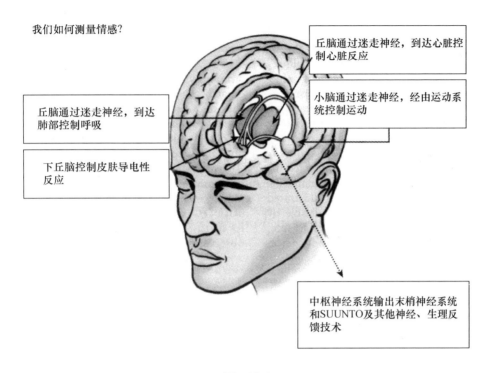

图 23.2

在个体领导力发展过程的初次评估和测量阶段,收集的数据被用于构建个体领导力的发展计划模型,指出导师最合理的干预措施。

神经科学与领导力学习环境

神经科学家也影响着领导力教学环境的构成。当我们提到**知识**层次时,在我们的经验里,传统课堂被认为是最有效率的教学环境。室内信息化的学习/吸收过程为学习者提供直接的教学性的辅导。对于**技能**和**品格**层次来说,我们发现,一种指导较少的体验式教学环境,加上过程引导师和领导力开发教练的支持,效果会好很多(例如,特别是对于领导力来说,关键是通过有计划的实验、事件或活动产生一种情绪理解)。比如,要改变这种基本格局——利用课堂教授学员有效的领导力行为或通过体验式学习环境学习领导力原理、理论、原则和公式——需要有效地转移学员的学习体验。如同领导力和领导力发展的许多方面一样,通过神经科学我们可以了解和领会其中的缘由。

进入21世纪初,随着教育心理学的发展,神经科学的观点开始影响和重塑思想。教学心理学家开始逐渐关注人类认知结构——特别是检查工作与长期记忆、学习的联系。依照此种观点,最能印证我们对领导力教学环境的观点的是 David C. Geary 教授的著作《培养进化思想》(Geary,2007)。Geary 教授是首位提出**生物初级**和**生物次级**区别的人,从而解决了长期以来关于教育心理学教学设计的持续争论(实质上是关于体验式教学有效性的争论⑤)。Geary 的观点很有说服力地解释了学者容易且无意识地获得信息(他称之为"生物初级"信息或知识),而其他信息需要通过相当有意识的努力,有时经常需要外在动机("生物次级"信息或知识)的原因。举例来说,听和说我们的母语,识别人脸,运用解决问题的通用技巧,介入基本的社会关系,这些都属于生物初级知识,我们很容易从教育情境外获得;显性教学对有效教学来说是不必要的。从神经生物学进化的观点看,获得这种知识对生存来说是必要的——正如我们前面所述,大脑明显促进神经连接的进化来获取这些信息。按照 Geary 的观点,领导**技能**和**品格**组件组成了在轻微引导体验式的教学环境下获得的生物初级知识。

相反,生物次级知识与更先进的学习相联系,这种学习需要与特定的科目或主题相关联。就其本身而言,Geary 的观点有说服力地断言,我们没有进化到能够获取生物次级知识,而学习者获取这种知识相对较慢,且有意识地通过线性教学获得。学习者通过教育心理学获取的大部分知识组成了生物次级知识。像其他项目一样,学员大部分通过 CIMBA 项目的教学心理学课程来获得生物次级知识。在这个教学心理学范例中,考虑到学员获取生物次级知识的方法,领导力培训和开发的手段差别不大。大多数严谨的项目依赖传统的学员—教师的课堂环境来传授具体的基础学科知识。然而,生物次级知识在获取领导力方法上有明显的区别。

结合对情绪重要性的理解和 Geary 的观点,有助于指导我们开发体验式教学机会来激发特定的情感——更好地帮助参与者掌握生物次级领导力知识。我们的基本前提是帮助个体辨别他们最受影响的 SCARF 因素,以及识别在工作日最有可能影响他们 SCARF"压力源"的活动。我们主要的评估和测量媒介是情感启发电

---

⑤ John Sweller(2008),教学心理学家,最著名的成就是提出认知负荷理论;David C. Geary 生物初级和生物次级信息的区别构成了我们学科中很少有的进步。对教学心理学的研究者来说,这种区别增加了我们工作的一块拼图,Geary 提供了一个理论框架,潜在地解决重要问题,具有深刻的意义(p.124)。

影及模拟,从专业和基础的角度开发现有的情感启发研究(Gross & Levenson,1995)。此外,我们继续对各种更为积极的参与活动进行实验,包括"有线的"室内和室外领导力实验及活动。

领导力教学的神经生理反馈课堂

从一开始,我们就一心想通过 MBA 课程将领导力和领导力发展系统完全整合。CIMBA 课程在意大利的成功开展让我们能够从世界各地吸纳具有非凡天赋的人才,其中大部分的专业人才与传统商业学校中的人才有很大的差异。我们对领导力和领导力发展的专注,以及极大的系统灵活性,使得我们比起传统的商业学校能更加坚定地开发和测验领导力工具及技术。作为我们最初创立 CIMBA 方式及目的时未曾预料的结果,这个组织一直关注学员的表现,而不是关注论文的发表。

简单来讲,CIMBA 为传统领导力和领导力开发增添了神经生物反馈技术。这项技术完全融入所有的教学环境中,用以收集情感表现数据,从而提升参与者的表现和健康状况。神经生物反馈技术连同培训和发展方法使 CIMBA 能够创造及测量情感启发活动、经历,使参与者超越传统技术或以内容为焦点的发展来理解情感和他们对行为、认知及性能的影响。

教学方法评估和测量

在 MBA 课程之前,测量和评估以卓越领导力倡议(LIFE)的形式开始,LIFE 是一个为期两天半高强度的体验式自我学习模块。LIFE 的最大目标是深化和扩展参与者对情感、行为和认知关系重要性的理解,并掌握运用何种能力有效协调这种影响表现的关系。LIFE 以最新的神经领导力概念详细综述开始,神经科学和社会心理学研究加以支持。随后的每个 LIFE 模块都能培养一个设计好的工作场所的情感,展现情绪是如何驱动行为,以及是如何影响参与者和群体表现的。通过切实了解大脑在这种情况下如何工作,每个模块体验式地展示了参与者如何通过学习了解和更好地控制情绪,来展现更有效率的行为,并提开表现、健康状况和幸福感。在这些模块当中,参与者戴上最新的 SUUNTO 性能测量仪器,通过测量身体心理机能实时反馈大脑的表现。

尽管没有向参与者明确说明，但是 LIFE 培训者系统性地建立了一个负面 SCARF 环境（低接触）和一个正面 SCARF 环境（高接触），作为 LIFE 体验的完整组成部分。参与者认知在 LIFE 实验开始之前就已经定好标准了，然后测量低接触环境（始终发现统计上低于基线）和高接触环境（统计上高于基线）。在每个 LIFE 模块后，LIFE"教授"指导参与者体验式地了解认知结果，即使他们的大脑支配行为对描绘的 SCARF 元素模块有反应——对他们的情感采取认知控制，以及理性号召更有效的行为或精神状态。与参与者提供决策、欲望和耐力比较，这对即将从事高要求的 CIMBA 个人发展规划来说是必需的。

参与者继续通过完成精选的传统心理测量仪器的测试，转向 CIMBA 系统特有的评估，意图发展关键参与者情感—行为—表现基线。参与者被要求从事各种情感启发活动，这对经常建立相互影响和相互配合的压力环境来说是共同的。兴趣在于了解刺激引起的情感、行为表现，以及行为是如何影响参与者的表现的。SUUNTO 和其他更复杂的技术为参与者的精神状态提供了神经生物反馈数据。将不同刺激环境对参与者的自我调节能力与神经科学家和社会心理学家确定的五个 SCARF"压力源"进行统计比较。评估有助于确定情感—行为—表现基线，比较结果要与心理测量仪器的结果保持一致。最后，对收集的数据进行分析，用来建立参与者的发展计划样本，采取最适当的干预措施来实现计划的宗旨和目标。

◼ MBA 传统课堂的神经生物反馈技术

在 CIMBA 中，领导力内容（认知）属于生物次级知识，并且本身在传统课堂上教授。CIMBA 与其他项目最主要的区别在于领导力内容的课堂学习环境，以及其他所有的 MBA 课程内容（如会计、经济、金融、市场营销、制造等课程）都是"有线"课堂。也就是说，所有学员携带 SUUNTO 测量技术设备，他们的心理数据就会显示在大型投影面板上。经过一段时期的校准，学员会进行适当的调整，从而能够对情感颜色进行比照，而不是对不相关的绝对心率进行比照。例如，一个学员可能在精神集中时每分钟心跳 50 下，另外一个学员心跳 85 下。当教授走进教室时，他希望看到这些数字，然而每次情感颜色编码显示的都是绿色——表明这两个学员都在"绿色区域"情感状态。实际上，一个学员正在做白日梦，想着他最喜欢的海滩或餐厅。一旦校准完成后（正常情况下，需要经过一两个月时间的间歇性调整），教授希望面板都呈绿色。在每次课程后，导师都会审查数据，看看是否针对特殊学员对教室活动的反应采取额外的措施或调查。

尽管大多数从事 MBA 教育的教授都受过系统训练,但在领导力发展上还是试图让他们间接参与。然而,教授仍需要积极观察学员对各种课堂讨论、群体活动和项目汇报的反应有何不同——以此作为依据判断学员在实现个人发展计划中的目标上的进展,使他们成为确认信息最重要的来源。实际上,随着他们对技术的兴趣日益浓厚,教授要求他们使用自己的测量设备并尽可能地利用新的测量技术寻找课堂活动并非罕见。对学员来说,在传统课堂上使用这种技术是强制性地训练他们的专注力,帮助他们越来越多地意识到他们的心理以及情感和认知的各种情况。

领导能力课堂

在评估和测量后,参与者和他的导师会根据数据收集分析的模板来制订发展计划。依靠以评估为基础的"数据驱动"式的教练活动,由"挑战"测验和辅导课程 **大脑解决方案** 提供在线的神经训练。CIMBA 指导方法与过分依赖心理学数据的传统指导系统有所不同。在许多情况下,在参与者领导力"问题"背后难以琢磨的根源是,参与者缺乏对使人乏力的工作场所刺激产生的情感或精神状态的意识(压力、对社会排斥的担忧、恐惧)。这种情况通常与参与者的自我调节大脑神经(通过对参与者的行为和在传统指导系统下的反应的观察,以及由导师对神经生物反馈的评估及测量数据反映)进一步混合,否则不充足的发展不能控制情绪,从而不能产生适当的行为。通过分析参与者的神经生物反馈数据,数据驱动辅导不仅使参与者潜在的大脑状态可察觉和了解,还能为测量参与者的进步提供客观和可计量的基础。此外,根据参与者的需求和评估,发展计划推荐了一系列的领导力工作坊,这一点与 MBA 课程有所不同。

CIMBA 定义的"领导力"非常特别。一个人在掌握构成领导能力的适当精神状态和技术后,才拥有"领导力"。除了"有线"课堂以外,领导力课堂也使用更复杂的神经生物反馈技术、数据评估和显示屏。为培养领导力而教授一项具体的技术时,课程的设计会包括 SCARF 预期情感的概述,以及有关能力的情感启发活动,然后才是技术部分。在神经科学理论——"神经元是同时激发,紧紧相连的"——的指导下,技术和与之对应的情感是一起教授的。结果在一个情感启发活动中,个人注册一个 SCARF 来应对情感启发活动引发的担忧,从而导师能够对个体发展计划进行评估。例如,考虑教授领导力能力冲突管理。一个对管理情感和冲突有困难的人,如果不能解决情感冲突,就不可能利用好传统冲突管理课程教授的技术。在我们的系统中,学员首先通过一系列的情感启发模拟了解情感冲突。接下来的技能教学包括冲突管理的技术方面及从模拟中学到的对冲突情感方面的了解。导师由此了解了那些对关注敏感的学员,从而在指导环节进一步解决具体问题。

初步的成果和挑战

CIMBA 教授的领导力和领导力发展的优势在于,它依赖来自神经生物反馈技术评估系统的数据,这一系统是基于神经科学和社会心理学研究而建立的。为了了解以神经生物反馈为基础的领导力的影响和持续性,以及个人发展干预措施,我们研究了四个参与者的生物反馈(参见图 23.3)。这四个参与者都经过一个特殊设计的情感启发经营模拟"挑战"测试(CIMBA 教练了其中一个参与者:你能确定是哪一个吗?)。在模拟后,每个参与者都会被问及在模拟过程中进行的具体活动:"你有什么情绪?它表明什么行为?是如何影响你的表现的?"重要的是,所有四个参与者汇报时都保持"镇定",回答与数据不一致。如果意图长期可持续的变化,缺乏自我调节是共同结果,强调神经生物反馈和数据驱动理解的重要性(答案:左上角)。

展望干预措施的长期和短期结果,CIMBA 有一些正在进行的研究。CIMBA 发展理论的核心是自我调节的重要性。CIMBA 神经生物反馈评估系统非常精准地确定一个人是"A"(自我调节能力低)、"B"(自我调节能力适中),还是"C"(出色的自我调节能力)。在大多数情况下,在一个大型数据库高度统计显著性中,结果显示,一个被认定为"A"类的人不需要面对挑战。"A"类人面对的挑战连同他们经历的情感和表现的行为,影响着他们的工作场所和生活环境;反之,影响其生产率和健康状况。供求情况极大地增加了压力,迅速削弱了记忆力、注意力和计划能力;增强了消极性;减少了交流;回弹明显较小。随着压力水平的升高,创造力和维持高水平思考的能力下降;相反,影响了在困难情况下创造性地解决问题,以及在要求不高的情况下多任务处理的能力。认知公司像咨询和会计公司一样通过培训这些"A"类人找出临时解决方案,从而随着压力水平的升高,他们的大脑转向对手头工作"固有的"呆板反应——除非厌倦和/或生活方式冲突引起他们退出(或他们的消极性导致其遭到解雇)。强有力的坊间证据表明,这种退出模式遵循着一个为期两年的循环,除非个人开发出或已经开发了不可或缺的技能,或极具刺激性的活动或经验,才会使他们进行认真的自我检查。许多人在跟进时向教练、导师、朋友或家人(或治疗专家)寻求帮助。

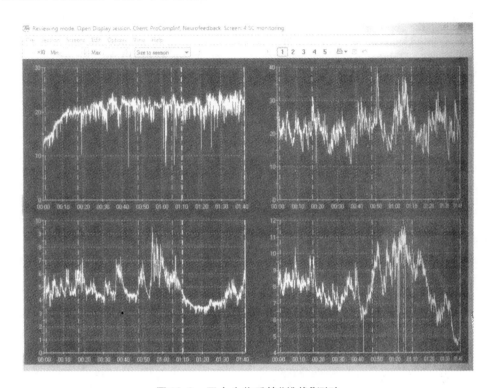

图 23.3　四人生物反馈"挑战"测验

CIMBA 领导力和领导力开发方法强调评估个体绩效的功能性关系的重要性——个体自我调节情绪的能力能够反过来影响行为、消极地影响认知,并破坏技能的效力。精神资本推动组织的蓬勃发展——健康雇员的大脑是功能最佳的:思维清晰的雇员也是积极的、适应能力强的,并且能与同事和客户保持最佳合作。CIMBA 对超过 1 000 人进行了数据库内部的研究,统计数据表明,在情感顺应和正性偏差方面显著提高 10% 以上是做自我调节评估的传统心理测量仪器的关键指标。

与世界领先企业人力资源总监 10 年多的交流清楚地表明,大部分公司,尤其是雇员认知是其主要产品的公司,均以 IQ 为基础雇用员工。表面上,这是完全能够理解的:每个公司都想拥有技术才能高超的员工、管理者和领导者。然而,这些交流提供了一种更有趣的见解：那些同样的公司几乎都是以 EQ（情商）和 RQ（理商）为基础解雇员工的——对那些不能做出个人和职业决策的雇员的能力是否符合公司的期望产生严重怀疑。统计学上 RQ 与 EQ 相关联，两者都对自我调节有直接作用。RQ、EQ 显示它们与 IQ 在领导者和管理者的范围内没有明显的统计学关系，在识别和帮助"A"类人关注发展资源的重要性上似乎是显而易见的。

结论

1997 年，有 10 位神经科学家基于可论证的 fMRI 数据研究解释个人行为；2010 年每天就有将近 10 位神经科学家进行相关研究。实际上，从艺术到科学的每个主要学科都受到神经科学家和他们研究的影响，领导力教学和发展也不例外。尽管神经生物反馈技术仍处于研究状态，但是正在迅猛发展。我们开始更加精确地评估和测量个体的表现，并识别维持个体完成全部潜能的大脑作用。重要的是，那些硬性数据使我们能够更好地调整干预措施，从而帮助和支持个体克服有效领导力的个人障碍。神经科学家拥有评估、测量和理解情感的能力，以及认知和创造性的结果，他们正帮助我们打造从未有过的最佳领导者。我们开始开展领导力脑力教学正是受到我们在课堂上看到的真实结果的鼓舞，在该领域进一步研究的机会很多。

参考文献

Barrett, L. F. (2006). Solving the emotion paradox: Categorization and the experience of emotion. *Personality and Social Psychology Review*, 10(1), 20—46.

Bauer, I. A., & Baumeister, R. F. (2011). Selfregulatory strength. In K. D. Vohs & R. F. Baumeister (Eds.), *Handbook of Self-Regulation: Research, Theory, and Applications* (pp. 64—82). New York: The Guilford Press.

Bennis, W., & O'Toole J. (2005). How business schools lost their way. *Harvard Business Review*, 83(5), 96—124.

Farb, N. A. S., Anderson, A. K., Mayberg, H., Bean, J., McKeon, D., & Segal, Z. V. (2010). Minding one's emotions: Mindfulness training alters the neural expression of sadness. *Emo-*

tion, 10(1), 25—33.

Farb, N. A. S., Segal, Z. V., Mayberg, H., Bean, J., McKeon, D., Fatima, Z., & Anderson, A. K. (2007). Attending to the present: Mindfulness meditation reveals distinct neural modes of self-reference. *Social Cognitive and Affective Neuroscience*, 2, 313—322.

Geary, D. C. (2007). Educating the evolved mind: Conceptual foundations for an evolutionary educational psychology. In J. S. Carlson & J. R. Leven (Eds.), *Educating the evolved mind: Conceptual foundations for an evolutionary educational psychology* (pp. 1—99). Charlotte, NC: Information Age Publishing, Inc.

Goleman, D. (1995). *Emotional intelligence: Why it can matter more than IQ*. New York: Bantam Books.

Gooty J., Connelly, S., Griffith J., & Gupta A. (2010). Leadership, affect, and emotions: A state of the science review. *The Leadership Quarterly*, 21(6), 979—1004.

Gooty, J., Gavin, M., & Ashkanasy, N. M. (2009). Emotions research in OB: The challenges that lie ahead. *Journal of Organizational Behavior*, 30, 833—838.

Gordon, E. (2008). NeuroLeadership and integrative neuroscience. *NeuroLeadership Journal*, 1, 74—80.

Gross, J., & Levenson, R. W. (1995). Emotion elicitation using films. *Cognition and Emotion*, 9, 87—108.

Gross, J. J., & John, O. P. (2003). Individual differences in two emotion regulation processes: Implications for affect, relationships, and well-being. *Journal of Personality and Social Psychology*, 85(2), 348—362.

Gyurak, A., Goodkind, M. S., Madan, A., Kramer, J. H., Miller, B. L., & Levenson, R. W. (2009). Do tests of executive functioning predict ability to down regulate emotions spontaneously and when instructed to suppress? *Cognitive, Affective, & Behavioral Neuroscience*, 9(2), 144—152.

Hanin, Y. L. (2007). Emotions in sports: Current issues and perspectives. In G. Tenenbaum & R. C. Eklund (Eds.), *Handbook of Sports Psychology* (pp. 31—58). New York: John Wiley & Sons Publishers.

Hesselbein, F., & Shinseki, E. K. (2004). *Be-Know-Do: Leadership the Army way*. San Francisco, CA: Jossey-Bass.

Hochschild, A. R. (1983). *The managed heart: commercialization of human feelings*. Berkeley, CA: University of California Press.

Hooker, C. I., Gyurak, A., Verosky, S. C, Miyakawa, A., & Ayduk, O. (2010). Neural activity to a partner's facial expression predicts selfregulation after conflict. *Biological Psychiatry*, 67, 406—413.

Izard, C. E. (2009). The many meanings/aspects of emotion: Definitions, functions, activation, and regulation, *Emotion Review*, 2(4), 363—370.

Izard, C. E. (2010). Emotion theory and research: Highlights, unanswered questions, and emerging issues. *Annual Review of Psychology*, 60, 1—25.

Jha, A. P., Stanley, E. A., Kiyonaga, A., Wond, L., & Gelfand, L. (2010). Examining the protective effects of mindfulness training on working memory capacity and affecrive experience. *Emotion*, 10(1), 54—64.

Johnson, S. J., Boehm, S. G., Healy, D., Goebel, R., & Linden, D. E. J. (2010). Neurofeedback: A promising tool for the self-regulation of emotion networks. *NeuroImage*, 49, 1066—1072.

Lieberman, M. D. (2009). The brain's breaking system (and how to use your words to tap into it). *NeuroLeadership Journal*, 2, 9—14.

Lutz, A., Slagter, H. A., Dunne, J. D., & Davidson, R. J. (2008). Attention regulation and monitoring in meditation. *Trends in Cognitive Sciences*, 12, 163—169.

Ochsner, K. N., & Gross, J. J. (2005). The cognitive control of emotion. *Trends in Cognitive Science*, 9, 242—249.

Rock, D. (2008). SCARF: A brain-based model for collaborating with and influencing others. *NeuroLeadership Journal*, 1, 44—52.

Skinner, B. F. (1953). *Science and human behavior.* New York: The Free Press.

Skinner, B. F. (1974). *About behaviorism.* New York: Alfred A. Knopf, Inc.

Sweller, J. (2008). Instructional implications of David C. Geary's evolutionary educational psychology. *Educational Psychologist*, 43(4), 214—216.

Zeidan, F., Johnson, S. K., Diamond, B. J., David, Z., & Goolkasian, P. (2010). Mindfulness meditation improves cognition: Evidence of brief mental training. *Consciousness and Cognition*, 19, 597—605.

第二十四章

"连队管理"专业论坛
——美国军队的同侪领导力开发项目

Tony Burgess
美国陆军

本章将带你探秘美国军队"连队管理"专业论坛——一个同侪领导力开发项目。在领导力教学方面,论坛作者兼创始人提出:"学员们"(即军官们)可以通过论坛交流经验,并从同侪的经验中相互学习,提升领导力。本章将举例说明如何通过论坛精心设计的干预式学习提升领导力。实际上,干预式学习将学习生活化了。本章结尾将深入探讨"核心团体"现象,即一小部分相互关联的成员支撑了整个团体。如果没有这一小部分非正式团体的领导者,团体将会才思枯竭,学习也将中断。必须建立并保持一个强大的核心团体才能拥有活跃的学习氛围。加入"连队管理"专业论坛后,军官们不仅可以提升自身的领导力,同时还可以提高连队效率。通过论坛学习,他们将成为能力卓越的军官。

本书主要讲述领导力教学方法,因此本章我们将继续介绍领导力教学的相关内容。在我们的印象中,领导力教学通常发生在课堂或是研讨会上。但试想一下,如果"学员们"是驻守各地的、成千上万的美国军官,他们相互学习,相互促进,那将会是怎样的情形？① 2000年，美国军队中的一些初级军官创建了"连队管理"论坛（网址为www.companycommand.com），论坛创建的初衷是加强连队军官联系，方便军官们交流思想、分享经验。军官们可以借助论坛摆脱地域限制和军队编制困扰，相互联系，交流经验。这是一个不断发展壮大的论坛，论坛的主旨是使军官们成为卓越的连队指挥官。十年间，军官们的领导能力不断提高，但我们相信，加入论坛的军官们还会一如既往地不断提高自己的领导水平，提高连队的整体工作效率。通过论坛学习，他们的领导能力将会不断提高。

论坛创建背景

我和Nate Allen是西点军校同窗5年的好友，毕业后我们一同被派往驻守在夏威夷的第25步兵师担任连长。我们的宿舍碰巧挨着，所以我们经常一起在前廊（夏威夷人称之为凉台）聊天。我们通常会谈论工作，重点讨论建立特殊连队、关怀士兵等问题。谈到连队管理问题时，我们彼此分享切实有效的经验，互相鼓励，开动脑筋，共商对策。渐渐地，我们意识到这种前廊谈话提升了我们的领导能力。有关连队管理问题的交谈对我们和我们的连队产生了切实的影响。我们意识到通过与同事交流工作和学习情况可以提高我们的领导能力，这为连队管理专业论坛的创建埋下了伏笔。

2000年2月，我们买下了www.companycommand.com这个网址，由8—12名志趣相投的军官（其中包括Steve Schweitzer，一位精通网络的西点军校同窗）通力协作，把我们在前廊上的谈话内容发布到网上。草根式的推广方式是网站获得初期成功的关键因素，这种推广方式扩大了我们的人才储备，来自各部队的军官们为我们提供了宝贵的学习素材，他们分享的经验切实可行，迅速被广大军官认可和采纳，他们的分享推动了网站（我们开始称之为"论坛"）的发展，吸引了更多的军官加入论坛，我们对此激动不已。

---

① 连队是美国军队的组成单位，每个连队大概由100名士兵组成，由服役5—8年的士兵担任连长，任职期限18个月。连长职务是最低级的全权授权的军队领导职位，职权范围包括执行《军事审判统一法典》。由于现行军队管理体制复杂多变，连长所承担的权责越来越多。现代战争中的权力下放和技术水平的提高导致连长的权责范围不断扩大。士兵思想比较活跃，因此连队指挥官要发挥主观能动性，提高自身的领导能力。

论坛缘何得以在广大军官中引发如此积极的响应呢？首先，"连队管理"论坛有别于其他论坛，论坛内容都是轻松的谈话，而且富有激情，积极向上。《线车宣言》指出，有别于司空见惯的长篇大论，论坛内容简单明了（Levine，Locke，Searls，& Weinberger，2001）；其次，论坛内容由军人提出，为军人服务，而不是军队用以麻痹军人思想的内容；再次，论坛内容均为军官们分享的亲身经验而不是不切实际的空谈，通过论坛，你可以原原本本、详详细细地了解事情的全过程以及那些你无法从课堂中获知的细节问题；最后，论坛内容实用、形式新颖，只需点击鼠标便可轻松了解军官们的亲身经历并从中受益。加入论坛意味着你可以了解很多新颖独到的观点（就像发生在夏威夷宿舍前廊上的谈话一样，只是论坛涉及的内容更广），提高你的连队管理能力。

军队中的高级军官对论坛有所质疑："你们如何审核信息？""万一有人分享错误观点该如何处理？"而且一小部分上校还认为分享经验会对他们造成极大的威胁。尽管如此，来自高层将领的反馈还是积极正面的。当时，我无意间听到陆军参谋长 Shinseki 将军命令属下不得干预论坛发展。Shinseki 将军意识到军官们私下交流的深刻意义，他认为官僚主义作风只会抹杀基层军官的创新意识。论坛和军队相同的价值取向是论坛获得高级将领支持的关键因素。无私地培养和关怀士兵、增强团队战斗力以及提高自身与下属的领导能力是论坛的主要宗旨，也是军队高级将领最为重视的问题。正如前陆军参谋长 Gordon Sullivan 将军所言："要是我在越战中当上尉的时候就有这个论坛该有多好！"如果论坛创建得更早一些（当上校、将军们还是排长和连长的时候），那会给他们带来巨大的帮助。

这只是一次基层军官的集体行动。就像耐克的口号一样，放手去做吧。我们不用征得别人的同意，因为我们不需要别人的同意。在军人这个职业当中，发挥作用的不仅仅是高级军官，军队中的每位官兵都有责任为提高集体效率而努力。论坛的成功很快将我们推至一个死角：我们需要得到军队的支持，否则我们之前的努力都将付之东流。论坛成立的两年间，我们又为排长们开办了一个独立的新论坛——"排长论坛"，这时我们的资源开始明显匮乏，我们无法承担所有的开销，也没有闲暇时间来完成论坛的工作。

虽然我们很感激 Shinseki 将军为论坛的发展扫除了障碍，但是我们需要得到帮助才能继续前进。我们考虑了几种方案，包括创建一个非营利组织为我们提供支援。我们还曾求助于我们正在服役的西点军校的高级将领，他们同意我们建立一个研究中心,专注于领导力开发,并作为专业培训机构负责军队培训。我们的任务是通过一个非正式的学习系统使连长和排长们相互交流,分享管理心得,从而提升他们的领导能力。Pete Kilner 是连队管理论坛的创始人之一,也是研究中心长期的领导人。他记得研究中心正式获批那天,准将 Dan Kaufman——学院理事会会长语重心长地对他说:"如果你因循守旧,就是浪费我的时间。如果没有经历几次挫败,就说明你缺乏创新意识。如果你无法彻底改变军队培养军官的方式,你就辜负了我对你的信任。所以祝你好运,工作愉快!"这算是在鼓励我吗?

研究中心开始进行资源配置。一开始研究中心没有任何工作人员,准将 Kaufman 大胆决定首先在西点军校设置四个职位,人员最终由陆军部负责配置。[②] 西点军校为研究中心提供基础设施,研究经费基本由陆军部支付,经费金额需要每年申报。借鉴连队管理论坛和排长论坛的部分经验,位于莱文沃斯堡的联合兵种中心开始建立其他军队职位的专业论坛。西点军校研究中心为联合兵种中心提供科研力量,联合兵种中心为西点军校研究中心提供年度软件许可证,为两个论坛分派论坛主持人。

连队管理专业论坛的具体情况

上一章我们介绍了连队管理专业论坛的创建背景,本章我们主要讲述创建和发展论坛这种非正式的学习系统(使军官们相互联系,分享他们在军队工作中的亲身经历,提高领导力)的理念。本章的主要论点为:"学员们"通过论坛彼此交流,分享各自的心得体会,相互学习。此外,本章将举例说明如何通过精心设计的非正式学习干预增加学习机会。

将论坛内容比作前廊谈话比较容易理解。我们在网上开辟一个空间作为军官们交流经验的场所,他们通过网络交流他们在连队领导工作中的心得体会。我们的基本理念是使掌握军队前沿知识的军官通过论坛相互交流经验,同时将他们的经验分享给愿意吸取他们经验的其他军官,提高这部分军官的领导能力。连队管理论坛的交流话题涵盖了技术性问题和一些平淡无奇的问题以及很多领导力方面

[②] 当前来自西点军校的工作人员包括两名中校(博士)、一名刚刚参与过作战指挥的初级军官和一名在软件开发领域贡献突出的技术专家。目前团队致力于为官方书籍提供研究支持。

的问题。在我编写这篇文章的同时,一名论坛新成员 Joseph 连长就连队管理制度提出这样一个问题:

> 我的问题是,除军规 600-20 中的部分规定外,还有其他军规规定连长有权建立自己的连队管理制度吗?我的意思是说军规 600-20 中规定连长必须遵守某些军规,但该规定有没有规定连长有权根据连队管理需要自行建立某些规章制度(或者有没有其他军规)?这是不是完全取决于军官级别?我可以在不违背其他军规或部队规定的前提下建立自己的连队管理制度吗?建立自己的连队管理制度需要满足其他什么条件吗?比如说,我可以在连队内部规定连队中的每名官兵每周必须阅读一本书籍吗?连队官兵必须吃素吗?我仔细研读了现行的连队管理制度,在这个过程中,我发现了我的连队的不足之处。作为连长,我想改进连队管理制度,改善连队情况,因此我一直在努力研究有关连队管理的规章和制度,寻求合适的连队管理制度,明晰连长的权限范围。但目前为止,我的努力尚未收到成效。

Joseph 的问题很快得到了响应,总共七个人回复了他的问题。一些人建议 Joseph 把自己制定的连队管理条例提交给军法署署长办公室,取得军士长和军法署署长的理解及支持。建立惩罚性管理条例的可行性在连队管理专业论坛中引起一片论战。一位阅历丰富的连长(连队管理专业论坛的非正式领导者)主动在线下联系了多位军法署署长,了解他们对于军队管理条例所赋予的法律权限的看法。一位论坛成员打趣道,他之前所在的连队要求士兵阅读 70 条附加管理条例,并签字表示他们已经阅读并理解了这些附加管理条例的全部内容。他的玩笑恰恰反映出一个道理:现有的管理条例已经很多了,而且士兵们根本无法熟记繁多的管理条例,因此这些管理条例对约束士兵行为也没有太大的意义。之后,另一位经验丰富的军官(另一位论坛的非正式领导者)也加入了这场辩论:

> Joseph,关于你的问题我有很多想法,所以请耐心听我说。你刚才谈到管理条例在连队管理方面所发挥的作用极为有限,那么在连队管理层面,你还需要制定其他的附加管理条例吗?制定管理条例是否是规范士兵行为的最佳途径呢?颁布附加管理条例可以提高连队素质吗?我认为你提出的这个问题非常有意义,如果大家都积极加入这场辩论,集思广益,那么我们都将从这场辩论中得到启示。感谢你提出这么棒的问题!

论坛的非正式领导者以积极、欣赏的态度重新组织该问题的论坛交流活动，论坛成员就"如何正确运用连队管理条例"以及"制定连队管理条例的初衷"等问题进行了广泛交流。组织者要求论坛成员们思考他们作为连长期望达到的管理效果以及达到预期效果（长期效果）的方式。在连队管理专业论坛中，期望提升领导力的论坛成员通过论坛交流经验并在交流过程中吸收彼此的经验，以提高领导力。

另一个问题来自准连长 Tommy：

> 我的问题是训练日程问题。我的现任营长正在努力推行训练管理软件。我们都已经意识到这种软件的价值，但是我们的高层军官并没有使用这种软件。我的问题是：如何使高层军官同基层部队保持步调一致？

同一天，Jamie 提出了第三个问题："叫停违心的任期嘉奖。"

> 你曾受命书写违心的任期嘉奖书吗？我们的连长即将离任，因此我第四次轮值连长一职（这次海外驻军任务的首要目标是伊拉克，现在驻扎在科威特）。有些人根本不值得嘉奖，我也不会为他们写嘉奖信，但其他人会为他们写，我认为这会对部队的其他官兵产生负面影响。这是我第四次轮值连长一职，我也曾见过某些不值得嘉奖的人受到嘉奖，但我从没见过这么严重的情况。

训练日程问题迅速转变为常见的权威挑战问题：如何影响高层权威人物？Jamie 提出的问题和 Tommy 的问题类似，但比汤米的问题更具价值，论坛成员纷纷通过分享各自的经验来响应这些问题，比如 Josh 对 Jamie 说：在嘉奖信问题的处理上，自己和 Jamie 的立场相似，为减少争议以及由争议引发的关系（与上级军官、主要的下级军官和最终受到嘉奖的士兵之间的关系）紧张，他只能采取强硬的态度。另一名成员建议 Jamie 审慎抉择，时刻谨记（正如 Josh 所说）"如果你已经丧失了处理某些当前看起来比较重要的问题的能力，那么你也将会丧失未来管理士兵的能力"。最后，另一名论坛成员告诉他在这个问题的处理上，他可以向军士长、经验丰富的同类军队连长，甚至上级求助。

前廊谈话拓宽了连队管理专业论坛的交流内容。然而到 2007 年为止，我们一直在关注 Twitter 和 Facebook 等网站，这些网站不断推出各种新鲜刺激的社交方式。我们强烈感觉到我们需要整合尖端新技术建立先进的军人社交网站，因此我们开始寻求资金赞助,思考完善前廊谈话和加强军官联络的新方式。我们要对已知的问题进行新的探索,不断创新和尝试才可以保持领先水平。

专业论坛 2.0

2008年在陆军首席信息官的帮助下,我们获得了一笔研究经费,由此我们开始开发和完善 Web 2.0 版专业论坛。我们将重新设计的论坛命名为"军事空间",该论坛包括排长论坛和连长论坛两部分以及一整套 Web 2.0 的功能特征。状态更新功能(亦称"微博")立刻引起强烈反响,我们将其称为"军情报告"(军队术语中的"现况报告"),军官们据此互通信息(参见表 24.1)。我们会对论坛会员提出这样一个问题:"今天你做了哪些事情或者今天你学了哪些知识?"我们相信在专业

表 24.1 现况报告实例

Andrew 准备出发执行任务。
Andrea 热爱生活。
Thomas:"右路压力巨大,中路回撤,形势很好,我正在进攻。"——Ferdinand Foch 于马恩河战役
Brett 正在跳伞学校学习,打算进行反恐练习。
Jason 在开收据。
Jamie 在写任期嘉奖信。
Rebecca 在部队医疗部控制台控制电路。
Sean 作为军士正忙于各种活动、制作清单目录、书写现况报告、分配任务、开展预备部署训练、整理承载设备、新兵欢迎和老兵欢送事宜以及我女儿今晚的舞蹈课。笑一笑吧,情况还能更糟吗?
Jeff 被派往阿富汗,增加阿富汗警力。
Nicholas 下周将前往布拉格。
Michael 将交叉安装技术引入韩国。
Brain 正准备接管携带式雷达第四分队。
David 接管部队大概 100 天了。从他接管部队第一天开始到现在似乎没什么变化,"除非你换一个立场看待问题,否则你永远无法摆脱困境"。
Charles 以自由之名战斗,他是个不折不扣的刺客!
Chalmus 又准备了 4 套部署方案。
James 刚刚从伊拉克撤回。
Jeremie 正在制作目录清单。

论坛中每天回答这样一个问题,无论对回答问题的人还是阅读答案的人来说都会获得一定的启发。此外,我们认为经常回答这个问题会对官兵们的日常工作和学习产生积极的影响。

现况报告提交后会以微型杂志的形式发布到会员的个人页面,这种微型杂志可以直接反映会员的过往经历。不仅如此,会员的朋友或导师还可以通过微型杂志获得会员的最新动态,并通过"喜欢"或"评论"等方式直接将他们的意见反馈给会员。此外,现况报告还会被发至军事空间追踪器,会员可通过追踪器获得军事空间系统内的所有活动信息。如果会员关注他人的工作和学习情况,那么现况报告也会对会员自身的学习情况产生一定的影响。举例来说,我曾发布一条现况报告,说我正在整理编辑第506步兵团(因电视剧《兄弟连》而出名)的军官们在阿富汗战争中的亲身经历。几分钟后,一名正在阿富汗服役的连长发了一封邮件给我,他在邮件中说:"我正在阿富汗服役,我有一本你编写的《阿富汗战争经验总结》,是这里的前一批驻军留给我的,刚才看到你的现况报告,所以我想知道新版的《阿富汗战争经验总结》何时问世?"一周内我把最新的《阿富汗战争经验总结》寄给了他。他可以通过这本书获得很多亲身参与阿富汗战争的军官们的宝贵经验,这些军官刚刚结束长达一年之久的阿富汗战争之旅,而战场就在离这位军官驻地不远的地方。此外,他还可以通过这本书同这些参与阿富汗战争的军官们取得联系,因为书中附上了这些军官的邮箱地址。

图24.1中显示的是另外一个事例,其中会员的身份识别信息已经被删除,一位经验丰富的会员对他的现况报告做出了评论。William发布这条信息并不期望寻求帮助,但还是有会员联络他并告诉他一些可能相关的信息。同样,当另一名会员发布了题为"更换伊拉克军队将领"的现况报告后,论坛领导也为他推荐了很多相关文章和一系列有关"军队部署中更换领导人的问题"的讨论供他参考。

此外,现况报告降低了参与论坛活动的门槛。在连队管理专业论坛中,会员们会对是否加入某个主题的讨论犹疑不决,但在个人页面中发布现况报告则会降低风险。举例来说,Matthew在现况报告中写道:"正在寻找'更换领导'的小型幻灯片,为即将进行的领导更换做准备。"11分钟后,Tim——一位和Matthew同营服役的新任军官(但与Matthew素未谋面)评论道:"我发了些材料到你德拉姆堡的邮箱,希望能帮上忙。"Matthew从未在连队管理专业论坛上发布过任何信息,现况报告更为简便,且危险性更低。

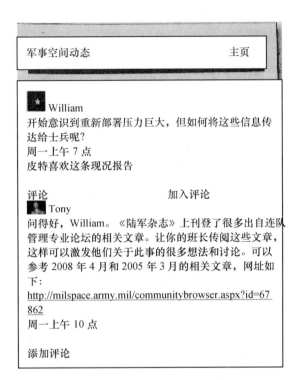

图 24.1　带评论的现况报告

最终，现况报告功能为会员开启了更为私密的联络方式，使会员的个人思想（la *Cluetrain*，Levine et al.，2001）以与众不同的方式体现到论坛中。在本章的编写过程中，我询问了 Tim 排长对现况报告的看法，他从伊拉克的巴拉德发回了反馈信息：

老实说，我第一次看到"你今天在做什么或学什么？"这个问题时，顿时觉得这是军队意图创建安全的军人社交网络的无力之举。我从没打算使用该网站。然而，当我浏览军事空间的活动看板时，我发现很多信息都是些常人的牢骚抱怨和生活琐事等（我发布的也大多是此类信息），还有一些我能帮上忙的事情，比如说研究标准操作程序、如何编写程序维护语言、如何读取三维数据轴、如何研究地址总线控制，如果我能帮上忙，我会很快发电子邮件给那些需要帮助的人。如果我对别人在做的事情感兴趣，我会研究、阅读或者调查这些事情，我非常喜欢个人能力开发和职业开发。因此，我开始更新自己的现况报告，希望能得到其他会员的反馈。我 14 岁的女儿的男朋友搬家了，我很高兴但我无法在 Facebook 上表达这种喜悦之情,因为我女儿会看到。如果她看到这条消息,我就得给她买很贵的东西来哄她(你们知道十几岁的小女孩就是这样)。但通过发布现况报告,我不但可以表达我的喜悦之情,还可以得到反馈。我收到一位会员的小纸条,这位会员也有一个十几岁的小女儿。除此之外,我还通过现况报告进行试探,我把我正在做的某些事情发布到网上,得到一些人的评论或"点赞",这样我就知道不止我一个人在做这些事情,我没有误入歧途。

正如我所谈到的,虽然论坛的主题依然是"前廊谈话"的内容,但会员们去年发布了超过 5 000 条的现况报告,就信息发布数量来看,我们的谈话领域有所拓展。现况报告更为私密,同时它也培养了会员们的集体责任感和社交意识,也确实增进了专业知识的学习。

精心设计的干预式学习方法

我们都知道网络空间设计至关重要。我们的网络空间设计理念主要分为三点:(1) 使会员们就相关内容进行交流;(2) 引发讨论;(3) 建立专业论坛。这三个设计理念构成了我们的网络设计理念,会员可以在多种环境下学习,包括网上论坛。现况报告功能基于专业论坛背景,该功能可以帮助我们达到预期目标,创造良好的学习氛围。你可以将它看作一种精心设计的干预式学习方法。在此我将介绍其他三种干预式学习方法,这三种方法分别为连队管理专业论坛议题研讨会和陆军杂志专栏文章、军事空间的"挑战领导"版块和阅读活动。

连队管理专业论坛议题研讨会和陆军杂志专栏文章

论坛的核心团队每月组织一次相关议题讨论,拟定议题后通过邮件发送给连队管理专业论坛的全体会员,我们把这种活动叫做"连队管理专业论坛议题研讨会"。[3] 我们希望借此活跃连队军官思想,促进军官相互之间的交流,提升领导力。上个月的议题简明扼要:

---

③ 了解更多连队管理专业论坛重要对话活动(又称"议题研讨会")的组织和推动过程,请阅读《连队管理:激发军队潜能》(Dixon et al. ,2005) 一书的第九章:"通过论坛交流获取最具价值的信息"。

连队管理专业论坛议题研讨会议题:"领导者还是管理者?"

作为领导者,我们感到骄傲和自豪。但当今社会真正需要的是管理者。同意该观点还是不同意?

该议题在广大官兵中引发强烈持久的反响。迄今为止议题已经得到83条12 000字的回复,而且依然有人在回复该议题。在讨论过程中,会员们直抒己见,虽然观点不同,但都礼貌相待,总体来说议题讨论发展态势良好。会员们相互反馈信息,并对他们认同的回复做出积极的响应。为了更加清晰透彻地理解议题,会员们会查阅许多相关文献,包括军事文献和其他的学术和管理文献。虽然很多会员会通过各种方式对议题进行激烈的讨论,但通常无法就议题达成一致意见。我们曾在《连队管理:激发军队潜能》一书中谈道,一次发人深省的对话会使对话者对已知事物产生新的认识,从而使他们可以更好地理解其他对话者的观点,拓宽他们的视野,反思自己的观点,明晰自己和同行的差距所在(Dixon et al.,2005,pp.57—58)。我们开始明白:"对话可以改变连队军官的思想,在交谈过程中军官们开始认真思考,对事物的理解也更加透彻。"(p.58)

还有一次讨论让人印象深刻,议题是"你会执行愚蠢的命令吗?"(是的,我们就这样直白地讨论这个问题。)

上个月,我和一些准排长一起去听师长的讲座,讲座的主题是战争中的命令服从问题。讲座中,师长问我们:"如果战斗中你们接到一条愚蠢的命令,你们会怎么办?你们会执行这条愚蠢的命令吗?"

大部分军官都会回想起自己曾经发布的不太明智的命令,但这个问题意义重大,作为职业军人,我们很有必要深入探讨这个问题。

你曾经接到过愚蠢的命令吗?如果接到愚蠢的命令,你该如何处理?在危急关头你会作何反应?

关于这个议题,我们收到了60条回复,其中的大部分人都曾接到过愚蠢的命令。主流观点认为职业军官要遵守合法命令,但当他们接到不太明智的命令时,他们有义务为上级提供反馈信息和其他备选方案。然而生活复杂多变,除了遵守军令,有时军官也要采取必要措施保护士兵的安危,这类事件通常发生于两种情况下:上级军官对下级反馈充耳不闻或者下级官兵认为上级军官经验不足、能力有限。

连队管理专业论坛议题讨论会开展了丰富多彩的论坛学习活动,为广大官兵创造了良好的学习氛围。有些时候,当研讨活动进入尾声时,会员们仍然意犹未尽,不想就这么结束讨论。因此我们寻求各种方式,使议题讨论更富有成果。我们将每月的论坛议题讨论内容精编为一篇3 000字左右的军官对话文章刊登在杂志上,方便军官参查。2005年3月,美国陆军协会在他们的《陆军杂志》刊物中开辟专栏,刊载我们每月举行的议题讨论会的内容。

每月在《陆军杂志》中发表议题讨论的专栏文章可以产生多方面的积极效应。首先,我们可以通过这种方式为论坛讨论画上圆满的句号;其次,杂志的截稿期可以促使我们更加积极主动地组织每月一次的议题研讨活动,并将议题讨论内容整编为杂志文章发表于《陆军杂志》(如果你和我们处境相似,明确的截止期限可以促使你在规定时间内完成任务);此外,由于杂志受众广泛,在整理、编辑讨论内容的过程中,我们需要联系参与讨论的会员,确认他们是否愿意将自己的观点发表于杂志文章当中,我们需要不断地询问会员的意愿和其他的附加信息甚至照片,使文章更加生动有趣。因此在这个过程中我们结识了很多论坛中的活跃分子,在征得他们的同意后,我们将这些活跃分子的观点发表于《陆军杂志》的专栏文章中,我们对会员的尊重也赢得了会员对论坛的尊重。最后,我们的议题研讨活动和《陆军杂志》专栏使更多的军人(包括高级军官)获悉论坛的精华内容。即使无法成为论坛会员,广大军官也可以通过这种独特的"学习课程"了解论坛动态。阅读表24.2中的文章标题,你可以感受到议题研讨活动的积极效应及其作为非正式领导力学习课程的意义。

表24.2 《陆军杂志》连队管理专业论坛文章标题

"准备接管指挥权" "放弃指挥权" "已经重新部署,下一步作何指示?"
"理解杀戮" "领导力和士兵之死" "领导能力"
"为何进行媒体报道?" "阿富汗联合行动"
"嘉奖士兵的艺术" "将零阵亡作为作战部署目标"
"保护官兵免受战争隐性创伤困扰" "慎重决策"
"查明引发战争紧张和创伤后精神紧张性障碍症的原因,指挥官如何避免此类问题"
"反暴动战斗中的装备更换" "引导士兵为荣誉而战"
"伊拉克安全部队采取行动" "训练管理意义何在?"

◼ 军事空间的"挑战领导"版块

军事空间的"挑战领导"版块是一种基于视频的互动学习方法,主要探讨内容为军官们在进退两难的境况下采取的指挥策略(参见图 24.2 所示的网站截图)。前文中我们谈到实际经验是提高领导力的最有效的途径,充满挑战和风险的经历是最丰富的领导力开发课程(尤其当你对过往经验进行深入总结后),在此基础上我们提出了"挑战领导"的观点。我们邀请战斗中的军官通过视频和我们分享他们充满挑战和危险的战斗经历(包括浴血奋战和处理进退两难的棘手问题,等等,这些都是在军事训练中不曾遇到的问题),随后我们将视频发送到论坛中,请论坛成员设身处地考虑这些问题并做简明回复(500字以内):"你如何看待这个问题?你会如何处理这种情况?"会员们提交回复后会得到曾经经历过这些问题的会员的回复,同时会员还会看到后续视频,视频中分享经历的军官会分享当时情况下他们采取的行动(而不是凭空想象的答案)。

步骤 1. 观看视频,了解情况	步骤 4. 观看后续视频:
	请完成下面的步骤2和步骤3以观看后续视频。
步骤 2. 回复问题	
"你如何看待这个问题?你会如何处理这种情况?" 请在此处提交回复…… 提交(500字以内)	
步骤 3. 阅读、评论会员回复(指出最具价值的回复)	
完成上述步骤2(回复问题)以便阅读其他回复(14条) 返回"挑战领导"版块主页	

图 24.2 "挑战领导"版块设计

下面这个例子可以使你更好地理解"挑战领导"版块的运行机制。阅读文章的同时,想象一下一位年轻的军官正通过视频分享前线战况:

> 我最好的朋友 Robbie 被简易炸弹炸死了,他出事的那个夜晚真是漫长难挨。第二天早上,中校 Jones 通知我他们决定把我从营部作战室下派到 Robbie

所在的排担任排长，命令立即生效！

我们在高山上观测伏击敌人的有利地势。屋顶上的那些人是暴动者还是无辜的牧羊人？我看到了武器，是的，看起来像武器。你看见武器了吗？

我的前线观察员坐在我身旁回答说："是的，我非常确定那就是武器！"

我们相距太远无法直接交火，而且我无法通过无线电联系我们的骑兵巡逻队，他们时刻都有可能出现在大路上。上周我们有位士兵就是在这里遇害的。老天，我该怎么办啊？

驻守8个月之后，我发现二班班长越来越不愿意执行危险任务。有天早上排队打饭的时候，我听到一等兵Jones说他们没去巡逻，在一栋房子里坐了8个小时，如果这事属实，那班长提交的巡逻报告肯定有问题。

昨晚整夜步行巡逻，中士Hollings没有避开简易炸弹，被炸伤了。我们对他进行医治后把他送走了，我开始盘算回到基地后该如何汇报情况，这时指挥员打来电话命令我们直接去最近的村庄清理敌人。执行这项任务最少需要8个小时，而且安置简易炸弹的那伙暴动分子可能就在村子里面。我的士兵缺粮少水简直要虚脱了，而且Hollings中士的事情也彻底激怒了他们（Hollings无疑是他们最敬爱的指挥官），再加上那些伊拉克人不可能对简易炸弹毫不知情。排副（我很信任他）告诉我说："排长，我们根本不可能完成这项任务，看看咱们的士兵都累成什么样了！"就在这时，连长又打来电话质问为什么我们还没有去清剿村子里的敌人。我该怎么办呢？

这就是我们的初级军官所面临的艰难处境。在连队管理专业论坛和排长论坛中，这些"挑战领导"的经历成为最前沿的领导力开发课程。

目前论坛中行之有效的方法是邀请经验丰富的军官回复"挑战领导"问题，问题一经提出立即得到十几名阅历丰富的指挥官的回复，他们的回复高屋建瓴，对会员帮助很大。我个人也觉得阅读这些经验老到的军官的回复可以极大地提升个人能力，因为他们的回复永远都那么细致全面，他们对问题的理解深邃透彻。

会员阅读其他会员的回复时可以对他们的回复进行评论或将他们的回复标记为"有帮助的"。这种群体智慧可以使最具价值的回复上升到排行榜的显要位置，从而得到更多会员的关注。此外，当你的回复被标记为"有帮助的"或得到评论时，你会收到一个邮件通知。我们希望通过邮件通知激励你积极地参与论坛活动。

表 24.3 显示的是一个邮件通知样本。

表 24.3　"挑战领导"版块的自动通知邮件样本

邮件主题：你在"挑战领导"版块的回复已被关注
邮件正文：William XXXXX 喜欢你关于"战争领导"问题的回复并将你的回复标记为"有帮助的",这意味着你的回复将会升至排行榜的显要位置,从而得到更多会员的关注。 **你的回复**：考虑因素——缺粮少水的情况下,士兵的体能已经达到极限,他们举步维艰,需要军车支援;刚刚有一名士兵被杀,排长没有完全理解士兵心理。如果指挥部已被正义联盟控制,我认为仓促行动不是明智之举。换作是我,我会请求撤回到观察站进行补给,然后从长计议。如果请求遭拒,我会建立开放运行平台,联络同行的领导团队,出发前我会对任务进行评估或计划。 ……去"挑战领导"版块阅读 William XXXXX 给你的回复吧,你还可以将其他回复标记为"有帮助的": ("挑战领导"版块的超链接)

请注意,会员的回复会在"挑战领导"版块全文显示,我们知道会员会阅读信息并加以评论,会员可以通过超链接访问"挑战领导"版块,阅读和评论其他会员的回复,获得更多的学习经验。这个过程可能会改变学员的学习曲线,从而使学员更好地掌握学到的经验。

借助"挑战领导"版块,军官不仅可以提升自身的能力,同时还可以使下属军官的能力得到提高。在我撰写这篇文章的同时,Ari(一位现任连队指挥官)正在伊拉克服役,他同我们分享了他是如何借助军事空间的"挑战领导"版块提高士兵的作战能力的:

"挑战领导"版块可以强化会员快速处理棘手问题的能力,因此我非常喜欢这个版块。我发现我可以通过这个版块同中尉军官就战争伦理问题展开讨论。第一个议题作为课下作业完成,第二和第三个议题我们在工作时间完成,我强行命令他们快速做出抉择并向大家公布自己的决策。利用军事空间的基本架构,我和我的研究小组根据军官们先前的战斗经历设定了其他可能发生的情况,连队中的每名士兵都要参与决策过程。结果我们全员参与了战争伦理讨论,在此我也表明了我的期望,大家都知道,指挥官无法随时随地为士兵指引方向,我希望我的部下在危急关头可以做出明智的抉择。

这个事例表明,通过访问军事空间的"挑战领导"版块,军官不仅可以提升自身和下属军官的领导能力,还可以提高部队的整体作战能力。

通过访问"挑战领导"版块,后备军官训练队和西点军校的军官学员们也收获颇丰。这些学员们的首要任务就是努力学习,将来担任陆军中尉,领导士兵。现任陆军排长金在西点军校学习期间加入了排长论坛,她经常访问"挑战领导"版块:

> 我当排长7个月了。"挑战领导"版块上面的内容教会我全面考虑问题,这使我的能力超出了同级别的其他军官。作为二等中尉,连长开始尊重我,他相信我可以出色地完成任务。他授权我做作战参谋,因为他相信我的决策能力。排长论坛教你如何考虑问题并使你具备军事化思维能力。

军官学员在授衔之前参与并聆听职业军人对话还是首次发生。论坛对话和"挑战领导"版块的活动成为生动的教学课程,教学的内容是现任排长们的亲身经历。学员们通过论坛活动学习并掌握成为军官的本领,这在以前根本无法实现。当他们从西点军校毕业时他们会沿着这个学习曲线前进,成为优秀的军官(就像金一样)。[④]

■ 阅读活动

通过阅读活动引领团队成员阅读并讨论有关领导力开发的书籍内容。我们邀请连队指挥官参与这项活动并为他们提供书籍。同意参加这项活动的会员指定书籍,我们会为他们免费寄送选定书籍,供他们和下级军官研读。然后我们会在论坛中开辟空间上传他们的讨论内容。

过去的6个月当中,我们总共送出了266本书籍。但阅读活动的参与者不仅仅局限于书籍的接收者。我们在书籍的内封上贴上一个标签,标签信息显示书籍属于论坛,要求接收到书籍的军官阅读完毕后将书籍交给其他军官传阅,形成阅读链(积极的涟漪效应)。由于讨论活动一部分在线上开展,因此成千上万的军事空间会员可以看到讨论内容(否则他们无法获知)。通过书籍阅读讨论激发军官潜能,提高团队战斗力,活动中每位参与阅读讨论的指挥官都发挥着积极的榜样作用。

我们创建军官阅读页面时向军官们提出了一个问题:"为创建属于你们的论坛,我问你们两个问题:你为什么想读这本书?你希望你的下属军官从书中受到什

[④] 分析"挑战领导"版块的学习效果,请参考《挑战领导:领导力训练和开发平台》(Chris Miller, et al., 2009);考证"挑战领导"版块的理论依据请参阅《实用生活智慧》(Sternberg et al., 2000)。

么启发?"Stephen(最新参与活动的军官)选择阅读《魔鬼战》(Steve Coll,2004)。Stephen 和他的下属官兵将执行阿富汗作战任务,他正在开展下属动员工作。他是这样回复的:

> 在去阿富汗之前我读了这本书,到阿富汗之后我又读了一遍。书中讲述的阿富汗历史问题和阿富汗民族介绍可以帮我更好地理解日常来往人员的背景。有一天,我和一名阿富汗军长和多名阿富汗旅长、营长以及同级别的美国军官一同坐在一个大型会议室里开会。墙上挂着一幅艾哈迈德·沙阿·马苏德(苏联战争中的塔吉克军事英雄)的画像。阿富汗的高层军官大部分来自北部地区,很多来自塔吉克,这时我才深刻地领悟到为什么哈米德·卡尔扎伊的画像旁还挂着另一幅马苏德(2001年9月被杀)的画像。
>
> 读过这本书之后,我也可以理解基地组织缘何得以在阿富汗站稳脚跟。据我了解,俄国占领阿富汗之后,奥萨马·本·拉登在霍斯特和帕克提卡两个省建立医院,稳定局势,支援国家。我之所以能够将这些事情联系在一起,是因为当时我曾到过这两个地方执行任务。
>
> 最后,当今我们有所耳闻的主要人物都是穆斯林游击队员,比如哈卡尼和希克马蒂亚尔,他们现在操控着两个最具危险性的塔利班组织。
>
> 出发前连队军官读读这本书极为受益,进驻驻地后也应该再温习一下。我没读过几本有关阿富汗历史的书籍,但我相信这本书里介绍的阿富汗历史知识对我们非常实用。排长需要在特定的社会体系下理解周遭事物,理解形成阿富汗军队战斗力的文化因素。如果某天他和一位阿富汗军官搭档时,他发现塔吉克人和普什图人相互打斗,他应该知道他们之所以打斗,不是因为其中一个人在食堂里多领了一些食物,而是因为长期的积怨。

另一位军官 Heath 选择阅读《勇士之言》(Colonel Ralph Puckett,2007)。他的回复如下:

> 衷心地感谢你开辟了这个版块,为我们创造了这样的学习机会!我决定阅读 Colonel Puckett 上校的书籍是因为我希望训练方法能产生相应的训练效果。
>
> 我们的连队指挥官一定做了许多工作以改变高层领导的思想。在国家训练中心成立前,我们的训练部署时间极少,我无法用自己擅长的方式提升军官

能力。这本书阐述了我所看重的具体训练目标,将思考过程、幕后行动和军官能力开发等问题分析得极为透彻。

我们最先阅读这本书籍的理由充分。我同我的导师以及论坛中的一些军官就此事做了相关讨论,我们一致认为,将囊括"思想分类"和"如何分类"的《勇士之言》作为最先阅读的书籍理由充分。Puckett 上校的著作融合了两种处事方法,这似乎是处理问题的最佳方法。

我真心希望下属军官能满怀热忱,关爱士兵。这样他们才愿意贡献自己的全部力量,成为士兵的坚强后盾。显然 Colonel 上校非常关爱士兵,他是"正义"的化身,他的高风亮节值得我们学习。

如果你也像我一样,那么这些回复显然会激起你阅读这些书籍的欲望。试想一下,如果中尉们读了这些回复之后会作何反应?军事空间的其他会员读了这些回复之后又会作何感想?

连队军官会花费几周的时间来阅读和讨论书籍内容(包括论坛讨论和面对面讨论)。大部分人发现,在论坛上提问(或许每周一次,每个人必须针对问题做出答复),然后定期见面相互讨论收效显著。相对而言,论坛对话较为浅显,当面讨论内容更丰富,参与度更高。此外,军官们还采用新方法提高军官的活动参与度,包括设置对话协调员职位,要求每位参与者在活动结束时总结阅读成果。

为使大家理解连队管理专业论坛的运行机制,我们分别列举了四个事例,即现况报告、连队管理专业论坛议题研讨会、"挑战领导"版块和阅读活动。"学员们"的实际经验即为我们的学习内容。军官们通过对话交流彼此的亲身经验,并从对方的经验中相互学习提升领导力,这种独特的学习方式为我们的非正式学习系统注入了无限生机。

核心团体

本书的主体内容为领导力教学,因此我们谈到了连队管理专业论坛的产生和发展,在此我要讲明两件事情:一是连队管理专业论坛的总体概括——会员们通过论坛活动提升领导力(我们到目前为止的焦点所在);二是推动论坛走向成功的核心团体,他们往往不被人们关注。核心团体是一小部分相互关联的成员,他们支撑着整个团体。如果没有这小部分非正式团体的领导者,团体将会才思枯竭,学习也将中断。大家知道这小部分核心团体成员为论坛提供了丰富的学习课程,他们为广大会员创造学习条件,使会员学有所获。我们形象地将这部分核心团体成员比喻为"荣誉人士"。

在任何社交体系下,尤其是在非正式的或是自愿社交体系下,参与度总是不断变化的。某一段时间内大部分人表面上活跃(或被动),小部分人表现得更为活跃或者极为活跃。这小部分极为活跃的成员被称为核心团体。这种少数核心团体支撑着整个团体的现象几乎在每个非正式社交体系中都普遍存在。据 Wenger、McDermett 和 Snyder(2002)所述,核心团体是三个社交活动参与级别中的一个:

> (三个参与级别中的)第一个级别是少数核心团体成员主动参加公共论坛中的讨论甚至是辩论。通常由他们发起论坛项目,确立论坛议题,促使论坛沿着既定方向发展。核心团体是论坛的核心。随着论坛的成熟,核心团体承担更多的领导责任,会员开始辅助论坛协调员处理事务。但这部分人的数量通常很少,只有10%—15%的会员可以胜任这种工作(第56页,强调指出)。

这种参与形式通常出现于教堂、社交组织和在线论坛。连队管理专业论坛即为这种参与形式。

如果你愿意,请稍作停顿,思考一下你曾经志愿加入的某种非正式社交团体。随着时间的推移,你的参与程度越来越高,你甚至发现自己已经成了领军人物。这种经历可能发生于教堂、童子军、家长教师协会,或者(也许)你志愿加入的工会组织。你不会突然变成领导人物。那么你是如何从普通参与者成为核心人物的呢?是什么事情改变了你的参与方式,使你发展成为领导人物呢?在我们理解这些问题的过程中,我们开始明白如何建立并保持强大的核心团体,以保持活跃的学习氛围。

连队管理专业论坛创建之初,我们只有8—12个人奋发工作,我们组织内容丰富的论坛讨论,促使军官们相互联络,交流经验,树立论坛的专业形象。我们称自己为连队管理专业论坛团队,我们就是论坛的核心团体。我们全部都是志愿参加,我们饱含热情乐于创新,希望可以回馈社会改变现状。随着时间的推移,核心团体成员发生变化,其他会员开始承担论坛的领导角色。

我们深深地体会到核心团体是论坛走向成功的关键因素。作为论坛"协调员",我们开始组织聚会,比方说论坛的核心团体成员每年聚会一次增进彼此之间的关系;促使核心团体成员就论坛活动宗旨、未来发展方向和价值取向等问题达成一致意见;使新晋核心团体成员更加透彻地理解自己所承担的责任。我们开始组织读书活动(论坛核心团体成员内部举行的每年一次的阅读活动),每年至少阅读一本书并就书籍内容进行讨论,我们最近阅读的书籍是 Chip 和 Dan Heath 2010 年合著的《逆战:如何扭转难以转变的局势?》。核心团体成员每季度通过电话在论坛的"核心团体成员"专区进行阅读讨论,我们相互鼓励,希望能为论坛发展贡献更多的力量。

成为论坛领导人物:从外围成员转变为核心团体成员

如果论坛的成功真的取决于核心团体成员,那么我们希望更加透彻地理解会员由外围成员到核心成员的转变过程。我仔细研究了普通会员到核心成员的发展历程——我们称之为"转变"历程。

转变历程包括活动参与和社交联络两个方面,活动参与表现为参加论坛活动(比如论坛提问或参加论坛讨论),而社交联络是会员相互联系的纽带,这两部分相辅相成,相互促进。

社交联络可以提高会员的活动参与度,提高活动参与度也可以增进会员联络。会员从最初开始互动就已经开启了这段历程,而且随着时间的推移,这种积极效应不断累积,会员的活动参与程度不断提高,会员之间的联系也不断加强。社交联络通常由热烈的欢迎和会员之间的相互认同、相互欣赏开始。连队管理专业论坛的核心团体成员 Martin 当时是一位驻伊拉克的连队指挥官,以下是他分享的亲身经历:

> 一位论坛成员给我发帖说:"嘿,我们看到了你的帖子,内容相当精彩,欢迎你加入我们的团队,我们相信论坛会为你带来愉快的体验……"然后我给他回帖说:"感谢你们的盛情邀请",之后我们开始了简短的对话,谈论我的价值观和论坛内容,然后他们对我说:"我们正在寻找合适的人员开发论坛的航空版块,你有兴趣试试吗?"我表明我不确定自己能投入多少精力,因为我不清楚以后的安排,但是我确实很愿意尝试。事情就是这样开始的。

从以上访谈中我们了解到影响核心团体成员转变历程的其他因素,即在会员参与活动和相互联系过程中,现任论坛领导成员会请未来的核心团体成员在符合其能力和兴趣的活动版块中承担更多的责任。我们认为成为论坛活跃成员的连队指挥官拥有某个管理范畴的实际经验并对此充满热忱。因此我们的目标就是发现成员的才干和热忱,然后为成员提供充分施展才华和抱负的平台,使这部分成员和大家充分互动,分享经验。另一名论坛核心团体成员 Roy 对核心成员的发展历程见解独到:

> 我的发展历程始于 Tommy 给我的邮件,他在邮件中写道:"嗨,我看到了你的帖子,也看了你的个人资料。我觉得如果你加入我们的团队,你一定会为我们带来很多新鲜元素。你愿意加入我们的团队吗?"然后我和 Tommy 通了电话,我们就我期望参与的版块和参与方式进行了探讨,最终我们一致认为"士兵和家庭"这个话题最适合我。我对这个话题感触颇深,我的过往经历表明家庭对于士兵来说真的非常重要,家庭因素会在很大程度上影响士兵的作战心理和作战表现。我认为在"士兵和家庭"这个版块,我可以分享我的经验,提高会员参与程度,引起共鸣。

邀请会员担任领导角色意味着邀请会员承担更多的责任,会员可以借此发起论坛活动。罗伊的故事表明核心团体成员邀请他担任领导角色改变了他的活动参与程度:

> (如果不担任领导角色)我觉得我会是个活跃分子,但我不会担任任何领导或组织者的角色,因为我觉得自己无法胜任领导角色。我确实觉得应该去承担这种责任,但如果没有和 Tommy 的谈话,没有其他核心团体成员的鼓励——"我们希望你担任领导角色",我就没有信心胜任领导工作,比如说邀请成员加入核心团体:"嗨,我们希望你加入我们的团队,我们认为你是一位非常出色的军官",等等。所以,是的,如果没有这场谈话,我根本无法想象自己能够成为连队管理专业论坛的核心团体成员(我过去两年一直是这种想法)。

因此,担任领导角色(尤其在自己能力出众和阅历丰富的活动领域)在核心团体成员的发展历程中发挥着非常重要的作用。

大家注意,担任领导角色并不代表核心成员的发展历程已经结束。相反,这是核心成员发展的关键所在。担任领导角色并不是终极状态,这只是丰富阅历的一个过程。随着参与程度的提高和联络程度的加深,互动效果越来越显著,这对会员来说是一种累积的积极效应。如果最初的联络和参与活动是发展核心团体的关键因素,那么成员担任领导角色后的积极体验是维系核心团体的关键所在。

维系核心团体的意义

前面我们介绍了连队管理专业论坛的普通会员发展成为核心成员的发展历程。但会员为什么要成为核心成员呢?在超负荷工作的情况下,他们为什么志愿加入论坛,坚持为论坛的发展贡献自己的力量呢?请回想一下你曾经志愿加入某个非正式团体的经历。或许你的经历和下面谈到的经历有些相似:

> 在朋友的引荐下我开始关注这个言行一致的团体。她邀我参加了一次会议并分享我对会议议题的观点。这次会议中我结识了几位志同道合的朋友并同其中一位领导者结下深厚的友谊,后来这位领导人请我一个接一个地承担项目任务,不知不觉中我变成了项目的负责人。

回想自己经历的同时,请考虑以下问题:在你作为核心团体成员的时候你经历了哪些事情,做了哪些工作,等等。对你来说,投入大量的时间和精力从事这些活动意义何在?你参与这些活动的动机是什么?从这些问题的答案中我们可以分析出核心团体成员超负荷工作的原因,他们担任领导角色的动机,以及他们坚持不懈地服务大众的缘由。

在对连队管理专业论坛核心团体成员的研究中,我深深地体会到作为核心团体成员对他们来说意义重大。作为核心团体成员的积极互动体验是他们愿意保留自己核心团体成员身份的动力。然而我发现核心团体成员认为他们在某个特定领域的经历对他们来说尤其重要,包括组织论坛活动、联络会员、提升个人能力,等等。对我们来说,这是一项重大发现!它明确定义了非正式社交体系中的有意义的活动:我认为当符合社会习惯的行为满足以下条件时即为有意义的活动:(1)我的行为有利于其他成员和(或)社会发展;(2)加强了我和其他成员的联系,使团体成员更加团结;(3)我的个人能力得到提升(取得个人发展)。(Burgess,2010)

就连队管理专业论坛而言,三种情况均具价值,因为在这些情况下连队指挥官的能力得到提升,他们的工作效率得到提升。大家要清楚地理解这个重要观点,核心团体成员有目的地组织论坛活动、进行社交联络和发展个人能力,是因为这和他们的目标——他们希望成为职业军官——有直接的联系。核心团体成员致力于提高连队指挥官的领导能力,同时他们也希望通过论坛提高广大官兵的职业素养。核心团体成员同愿意分享职业目标的军官建立联系、开发个人能力是为了成为优秀的军队指挥官。在这个层面上,意义其实就是目的。

我们经常扪心自问:"如何使会员更加积极主动地参与论坛活动?"其实更直白的问题是:"如何使会员更积极主动地参与活动并从论坛活动中获得收益(按照会员们对'有意义的活动'的理解)?"在领导力理解这个问题上,不要将领导力理解为一种影响力,而要把领导力看作一种意义。在非正式社交体系中,我们可以将领导力定义为会员相互创造意义的过程。据此我们可以做出以下理解:

领导力是:(1)会员相互创造机会,以做出实质性贡献的过程;(2)构建会员社交网络的过程;(3)提高自身能力的过程。

活跃的核心团体源于领导行为,他们为整个社交体系服务。在连队管理专业论坛中,核心团体的任务是提高连队指挥官的领导能力。

这种全新的理解方式改变了我们(核心团体)对连队管理专业论坛当前运行情况的看法。当 Bill 在论坛中提出问题后,我们会对他表示感谢,因为 John 和 Bill 可以通过这个问题建立联系。核心团体成员会邀请其他阅历丰富的会员回答问题,这不仅可以满足 Bill 的需要,也可以使回答问题的军官有所收获。我们不断搜寻具备领导素质的军官,同他们建立联系,相互了解,随后我们会邀请他们通过论坛和大家分享经验,促使他们更加积极主动地参与论坛活动。我们鼓励大家反馈信息,使参与会员切实感觉到自己的分享可以为其他会员和论坛带来收益。我们有意开展激动人心的领导力开发活动,尤其专注于开展由两个或多个成员共同引领的领导力开发活动,我们同最具前沿思想和经验丰富的军官分享信息。在这个过程中,我们得以满足我们的深层愿望——相互交流,分享经验,提高领导力。

前面我们谈到最初我们的核心团体只有 8—12 个人。虽然论坛会员已经激增至 10 000 多人,但我们的核心团体成员数量仍然相对比较稳定(15—25 人)。前任核心成员卸任的同时新成员不断涌入。这些卸任的核心成员作为校友继续与组织保持联系,10年后这个团体会达到150人左右。这150名军官通过非正式学习体系提高了领导能力(正式的学习机构根本不曾意识到这种"学习课程"的重要性)。他们取得了傲人的成绩,随着领导能力的提升,职位也不断得到晋升,同时他们还和下属军官分享他们的领导经验。从领导力教学角度来讲,这部分"荣誉人士"通过活跃的连队管理专业论坛提升了他们的领导能力(是其他方法无法企及的),他们同有识之士建立了良好的社交关系,他们像兄长一样关怀士兵,致力于提升全体官兵的集体作战能力。

结语

本书主要讲述领导力教学方法,因此我们谈到了连队管理专业论坛的创建和发展历程。我们提出了一个全新的观点——通过非正式学习体系提升领导能力,意在强调在正规体系下建立的用以提高学员领导能力的非正式组织(一个基层军官学习系统),而不是强调某个机构中的非正式领导人物。由于学员都是正规机构中的"官方领导者"(连队军官),因此学员领导能力的提高也极大地提高了正规机构的整体办事能力。此外,我们发现非正式学习体系中精心设计的学习过程(非正规机构学习内容)在正规机构的成功道路上发挥着至关重要的作用。连队管理专业论坛的事例表明,参与思维活跃的专业论坛可以提升军官的领导能力,使他们跻身优秀军官行列,军官们还可以与下属分享心得,提高军队的整体业务水平。

参考文献

Burgess, A. (2010). From the periphery to the core: Understanding the process whereby members of a distributed community of practice become leaders of a community (and what the experience means to them). In A. Green, M. Stankosky, & Vandergriff (Eds.), *In search of knowledge management: Pursuing primary principles* (pp. 287—331). Bingley, UK: Emerald Group Publishing Limited.

Coll, S. (2004). *Ghost wars: The secret history of the CIA, Afghanistan, and bin Laden, from the Soviet invasion to September 10, 2001.* New York: Penguin Press.

Dixon, N. M., Allen, N., Burgess, T., Kilner, P., & Schweitzer, S. (2005). *Company* command: *Unleashing the power of the army profession*. West Point, NY: Center for the Advancement of Leader Development & Organizational Learning.

Heath, C., & Heath, D. (2010). *Switch: How to change things when change is hard*. New York: Broadway Books.

Levine, R., Locke, C., Searls, D., & Weinberger, D. (2001). *The Cluetrain manifesto: The end of business as usual*. New York: Perseus.

Miller, C., Self, N., & Garven, S. (2009). Leader challenge: A platform for training and developing leaders. Paper presented at the Interservice/Industry Training, Simulation, and Education Conference (I/ITSEC).

Puckett, R. (2007). *Words for warriors: A professional soldier's notebook*. Tucson, AZ: Wheatmark.

Sternberg, R., Forsythe, G., Hedlund, J., Horvath, J., Wagner, R., Williams, W., Snook, S., & Grigorenko, E. (2000). *Practical intelligence in everyday life*. Boston, MA: Cambridge University Press.

Wenger, E., McDermott, R., & Snyder, W. (2002). *Cultivating communities of practice: A guide to managing knowledge*. Boston, MA: Harvard Business Press.

第二十五章

"City Year"
——通过为国民服务培养优秀的领导者

Max Klau
City Year

　　"City Year"是一个面向17—24岁的成年人的全国性服务组织,任何背景的成年人均可加入。参加此组织后,他们需要为美国公民提供一年的全职服务。这些具有不同背景的年轻领导者,可作为教师、指导者、行为示范者帮助儿童留在学校里读书而免于辍学,并在全美国范围内对学校和社区进行改进。本章介绍了"City Year"的领导力综合开发模式,其目的是通过这个具有挑战性的长期的服务项目开发年轻人的全部潜能,将优秀的年轻人培养成为高效、积极、有鼓舞能力的领导者。我们将"City Year"的领导力开发模式命名为"理想主义的火焰",此模式由四部分组成,包括浸入式组织文化(情境)、公民身份(品格)、公民能力(知识)、公民行动(技能)。"City Year"采取的策略是在改变外部世界的同时(即通过服务改变目标社区),通过开发领导力来改变青年志愿者内心的复杂模式。所以此项目是整体的、综合性的领导力开发项目。通过让年轻人提供服务,使其成为优秀的领导者,而这些服务也会在很大程度上解决中学生的辍学问题。

❖❖❖

简介

"City Year"面向17—24岁的年轻人,不论其具有何种背景都可以加入,要求加入者为美国公民提供一年的全职服务。这些具有不同背景的年轻人(我们称其为"组织成员")作为家庭教师、指导者及行为示范者帮助儿童免于辍学,继续留在学校里学习,并努力改变全国范围内的学校和社区。因为我们相信年轻人可以改变世界,所以建立了此项目;我们认为美国年轻人拥有的能力与理想主义是美国的重要资源,并有潜力解决美国最为严重的社会问题。

"City Year"项目是1988年由50个人在波士顿发起并建立的暑期试点项目,最初的发起人是Michael Brown和Alan Khazei,他们是社会企业家,热心于证明学生为公民提供服务的想法是可行的。二十多年过去了,此组织已拥有近650万美元的资产,活动范围覆盖美国21座城市,每年吸收近1 750名组织成员。"City Year"在其发展过程中,对于创建及发展美国志愿队起到了核心作用。美国志愿队是由美国政府发起的组织,迄今为止组织超过50万的美国年轻人为美国公民提供为期一年的全职服务。"City Year"还在南非的约翰内斯堡(2005年)及英国的伦敦(2010年)等地建立了国际分支机构。很明显,"City Year"正在酝酿一次全球范围内的公民服务运动。

起初,Brown和Khazei就意识到让公民在全国范围内提供服务能为开发公民的领导力提供一个具有独特作用的环境。受到约瑟夫·坎贝尔所写的关于神话力量的作品及"英雄之旅"的启发,他们相信一年的全职服务能让所有的年轻人获得"权利和责任的通行证":通过对学校及社区进行改进,每个志愿者都能够承担起作为美国公民应有的全部权利及责任。

Brown和Khazei认为一年的服务经历可以起到多种作用,这是他们认为此项体验对于开发领导力具有独特作用的另一个因素。像服兵役一样,具有广泛的不同背景的组织成员有机会聚在一起,组成团队,高效率地工作,解决社会面临的严重挑战。像学习服务方面的课程一样,组织成员会了解重大的社会问题,并为解决此类问题而直接提供服务,并反思他们的服务经历,以深化他们的学习体会。像做全职工作一样,组织成员需要全天工作,负责明确的任务,达到明确的预期。正如上学一样,组织成员利用一定的时间召开教学会议,集中讨论公民参与、领导力开发、教学改革等问题。由于在强化理解和浸入式的环境中工作,组织成员需要同时运用他们的脑(知识)、心(同情心)、手(技能及经验),因而"City Year"可以为年轻人提供独特的、锻炼多方面能力的领导力综合发展体验。

"City Year"关于领导力开发的理论

> "City Year"让我学会了如何利用每次经历及学到的每一点知识,努力使自己成为一个强大的、有智慧的、更有社会意识的人。
>
> ——Sylvia,组织成员

"City Year"关于领导力开发的理论受到美国历史上著名民众领袖的深刻影响。例如,我们赞同马丁·路德·金的著名论断:"**每个人都能成为伟大的人,因为每个人都可以为别人提供服务。**"马丁·路德·金的论断驳斥了领导者是"伟大的人"的理论,相信所有公民,包括还需要很长时间才会接替社会上老一辈掌权者及权威者的年轻人,都应该享有公民应有的权力。

我们也受到罗伯特·肯尼迪1966年在南非发表的一次演讲中所表达出的思想感情的启发,当时南非还陷在种族隔离政策的泥潭里:

> 正是无数不同的勇敢行动和信念塑造了人类的历史。每一次,每一个人为一个理想挺身而出,或为改善其他人的生活采取行动,或向不公正的行为擂响战鼓,他就散播开一缕小小的希望的涟漪,穿透亿万个充满能量和勇气的心灵,这些涟漪就会汇集成湍流,摧毁最坚固的压迫与阻力的城墙。

这段话中蕴含的道理再次道出了"City Year"领导力开发的成就:每个人都努力改变现状,虽然只能产生看似有限的影响,但无数人的努力聚在一起,就会对解决严重的公共问题产生巨大的积极影响。

我们的领导力开发理论也受到东方哲学的影响。例如,《道德经》将水隐喻为一种改变社会的力量。水总是往最低处流,因而它能接触和连接所有的事物;它能流淌于不能运动的物体的周围,促进好的事物生长;还能稀释黏稠的物体、熄灭火焰,比如说怒火会经常消耗人们改变事物的热情,进而阻碍人们改变事物("City Year",2004;Tzu,2006)。因此,水是对"服务型领导者"的理想比喻,服务型领导者通过为他人服务,比如说,提供协助等方法进行领导,而不是使用权力和权威进行领导(Greenleaf,2002)。

"City Year"的领导力开发理论也建立在理想主义能够改变世界的观点的基础上,我们将这个信念定义为你们能够用你们的激情、技能、勇气改变世界。我们知道,人民大众通过共同努力和运用非暴力手段改变了很多20世纪最具压迫性的体系和严峻挑战,例如美国的吉姆·克劳种族隔离政策、印度的殖民主义、南非的种族隔离政策。改变者都是理想主义者,他们坚信世界能够变得更好,也相信他们能够通过自己的努力,让世界变得更好。我们知道,历史已经证明了这些理想主义者的上述两种信念都可以实现,"City Year"的目标是让新一代的理想主义者通过努力,应对21世纪我们面临的最棘手的挑战。

最后,"City Year"承认改变社会和改变个人具有内在联系的性质。我们的口号是"给我一年的时间,让我改变世界"。我们相信改变世界包括两个方面:通过提供服务,改变外部世界;通过开发我们团队成员的领导力,改变内部世界。这是我们在工作中长期侧重的两个方面,并时常尽量让这两个方面相互融合,以取得更好的效果。我们认为让组织成员为他人提供有影响力的服务在开发组织成员的领导力方面起关键作用,而开发组织成员的领导力在确保我们的组织成员能够提供有影响力的服务方面也起着关键作用。明确了要应对的内外部的挑战,通过让组织成员在全国范围内提供一年的服务,我们就能够最大限度地改变世界。

"City Year"领导力开发的概念性模式吸收了上述全部观点的精髓,即坚信理想主义信念,它能够激励我们更好地工作,并能够让我们的组织成员产生深层次的改变。从同事服兵役的经历中得到启发,"City Year"采取了美国军队中的口号"品格,知识,技能"作为我们的领导力开发模式(Hesselbein & Shinseki,2004),并按照我们的目的对其进行了修改。像军队中军官向士兵提问一样,我们要求我们的组织成员回答三个重要问题:

(1)我想成为谁?

(2)我需要知道什么?

(3)为了实现改变,我能做什么?

正如我们在下文中所解释的那样,我们已经建立了很有思想性且目的明确的体系,要在上述三个方面发展我们的团队成员。

明确了服务、理想主义、个人的改变、组织的文化相互联系的性质,我们将"品格,知识,技能"的模式概念化,将其命名为:"理想主义的火焰",将上述三个方面的开发相互融合，共同构成了我们独特的组织文化。模型的图示见图25.1。

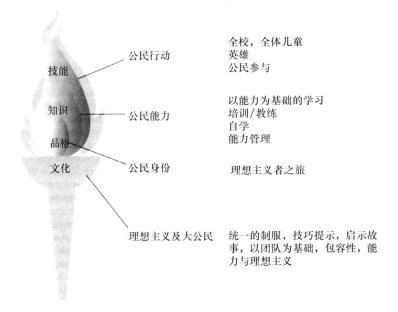

图 25.1 理想主义的火焰

资料来源：Reprinted with permission © City Year。

"理想主义的火焰"的概念概述如下：

"技能"是"理想主义的火焰"的最外层（将此方面想象成火焰接触外部空间的那部分）。对于此层次，我们的领导力开发教学为组织成员提供机会，让他们在其所在的社区采取公民行动；我们将此方面发展为让每个组织成员为民众提供1 700个小时的直接服务，并执行我们三个服务模式中的一个。我们组织成员中的大部分执行我们"完整的学校，完整的儿童"的学校服务模式，少部分执行我们的"英雄"青年领导力项目或在公民参与团队中提供服务，此团队的活动内容是计划并执行大规模的实际服务项目。

与最外层的"技能"方面结合在一起的是"知识"。对于此层次，我们的领导力开发体验注重通过为组织成员提供培训和训练，以及为他们提供自学机会，并实施以公民领导力所需的六种能力为核心建立的能力开发成效管理程序，开发我们的组织成员的公民能力。

在"技能"及"知识"两个层次的下面是最内层，即"品格"。在此层次中，我们的领导力开发体验侧重于通过指导组织成员进行反思,来开发组织成员的公民身份。我们的课程——"理想主义者的旅程"课程,让组织成员在具有挑战性的服务经历中反思自己作为个人及小组中的成员提供服务的目的、提供服务的意义、领导力开发等深奥问题。

最后,"City Year"独特的文化为理想主义者全部的热情火焰提供了燃料,此文化致力于培养、发展、专注于组织成员的理想主义,将组织成员培养为"大公民",即积极地参与其所在社会和社区的公民生活。

正如该模式所阐述的,"City Year"为组织成员提供了一个多方面的关于领导力开发的综合学习经历。我们的方法是同时着重于组织成员的行为、认知、身份及环境,并让上述四种因素相互关联,相互依赖。简单来说,"City Year"相信"我们要做的事"是由"我们所知道的事"决定的,而"我们知道什么"又取决于"我们是谁",这三个方面由我们身处的组织文化决定。通过此概念性框架,我们可以有力地整合并广泛联系那些看似毫无关联的领导力开发工具、概念、程序及行动。

从理论到实践:"City Year"怎样让理想主义的火焰越烧越旺

理想主义的火焰的燃料:"City Year"的理想主义文化

> 这些学生要抱有希望。他们要相信自己也应接受更多的教育。因为看到了组织成员的行动,现在他们看到自身蕴藏的潜力。我号召我所有的同伴——这个社会的年轻人,和我一起去创造新的社会传统,以帮助每个人在我们伟大的社会中实现美国梦:提供一年的服务。
>
> ——Steven,组织成员

从一开始,"City Year"的创始者们就认识到必须创造一个实用、有用、浸入式的、信仰理想主义的组织文化。* 此文化能够让我们快速地将组织成员培养成理想主义者,将具有不同背景、彼此不了解的组织成员快速地培养成相处融洽、工作

---

* Stephanie Wu 是"City Year"项目的创始人之一,现在担任副总裁和首席项目设计与评估官。在过去的几年中对"City Year"的文化工作发挥了关键作用。她影响了很多文化工具的开发和设计,领导着这一组织的教学活动,并在"City Year"的不同教学点之间推动文化的标准化和持续完善。

效率高、有鼓舞能力的服务团队。"City Year"的文化将具有不同背景的组织成员结合在一起,让他们学习领导力的相关技能,并开发每一名团队成员的社会服务潜能,让他们成为终身的"大公民":积极地参与他们所在社会及社区的公民生活。

在20年的发展过程中,通过不断发展这种独特的浸入式公民文化,我们积累了大量的领导力开发相关的工具、概念和惯例,以及那些能产生良好影响的行为体验。对这种文化的概述如下。

能力和理想主义。"City Year"文化包括很多概念性框架,这些概念性框架可以让每一位团队成员清晰地了解为什么我们要将这两项内容作为我们日常工作的核心。

能力。为了更有效地工作,理想主义者必备四种素质:

(1) 精神。展示能够激励团队的热情、激情和能量。

(2) 纪律。进行自我管理,坚定地为实现一个目标而努力。

(3) 目的。专注于目的、任务和目标。

(4) 自豪感。在行动过程中体现承诺、尊严、自我价值和自信。

理想主义。"City Year"认为理想主义者的高效率工作必备四种能力:

(1) 想象力。观察真实的世界及这个世界实际存在的问题,以便想出深刻地改变世界从而让世界变得更美好的方法。

(2) 招聘能力。根据确定的目标并通过努力地工作,有效地利用资源,并招募能够帮助你达到目标的人。

(3) 变革能力。在实现愿景的过程中改变自己、团队成员和服务的社区。

(4) 鼓舞能力。通过实现自己的目标,鼓励其他人思考并行动。

我们的每位组织成员都应运用"能力"和"理想主义"做每件事,能力和理想主义既紧密相关,又相互促进,组织成员将在他们参加"City Year"的初期了解这些概念性框架。通过清晰地了解这些框架的内容及重点,让每个团队成员成为参与性更强、工作效率更高、更团结协作的领导者。

包容性。包容性是"City Year"的核心价值观之一。我们将"提供服务"作为组织成员共同的工作背景,这能够让具有不同背景的组织成员共同工作。没有这个工作背景,这些人可能根本没有相互交流的机会。在招收组织成员时,我们力图使成员结构多样化,这样,他们就有机会与不同肤色、不同信仰、不同背景、不同工作方式的人在一起工作。

统一性。我们让所有的组织成员在提供服务时身穿统一的制服，让他们拥有共同的目标和价值观，致力于投身公共事业，而非为了个人的利益。组织成员们身穿红色或黄色的夹克、卡其布裤子、天佰伦牌皮靴。统一的制服是组织文化中不可或缺的、最醒目的部分，也代表了提供服务的组织成员们的身份：在组织成员提供服务时，他们所提供服务的社区居民能够立即确认他们的身份。总体来说，组织成员每次穿上制服，就体现了社会服务组织的价值观，承担着社会服务组织安排的任务；具体来说，这体现了"City Year"的价值观，担负着"City Year"安排的任务。组织成员们都应明白，其日常行为不仅代表了身边每个身着制服的组织成员的形象，也将代表着每个从"City Year"毕业后的组织成员的形象。

奠定"City Year"文化的故事集。"City Year"收集了不同文化和社区的各种故事、传说、引文、格言，它们能够很好地体现"City Year"的核心价值观。在我们建立"City Year"的理想主义文化时，这些故事让我们深受启发。我们将我们所收集的故事作为提供智慧和灵感的储藏库，用以鼓励我们的组织成员及整个"City Year"组织，让我们坚守为公民提供服务的基本理念。我们的故事集包含了前文所述的关于"每个人都能成为伟大的人"及"涟漪"的引文，以及关于"水"的比喻。例子如下。

"**海星的故事**"：此故事强调坚持的重要意义。它讲述了一个小女孩在沙滩上步履蹒跚地行走，沙滩上有几千只海星，它们在一次风暴中被冲上了岸。于是，小女孩开始一只一只地将海星扔回海中。站在旁边观看的人们不屑地说："为什么自找麻烦呢，你不可能将这些海星都扔回到海里。"她又将一只海星扔回海中，并大声回答："我至少可以将这只海星扔回到海里。"

"**平底鞋**"：此故事强调具有同理心的重要意义。一个在美国出生的祈祷者说："伟大的神啊，请让我别责备我的哥哥和姐姐，直到我走过了他们曾走过的人生之路。"

"**乌班图**"：此故事强调团结的重要意义。"乌班图"一词源自南非人使用的祖鲁语，意思是：只有通过为其他人服务才能让我成为一个真正的人，我的仁慈与你们的仁慈连在一起。

目前，"City Year"所编辑的故事集中，包括21个这样的格言、观点和故事，成员们能够将从中得到的启示用于营造"City Year"的文化。

能力工具。在动员多样性方面,力量工具具有包容性与可描述性。这些力量工具由"City Year"的教员、学员经过近二十年的创造和试验不断积累而成,能够激励具有不同背景的组织成员,并能让组织成员和教员们一起高效率地工作。能力工具的例子如下。

举手:此能力工具能够让团队迅速地安静下来,以便开展一项会议或活动。当此团队中的成员相互交谈时,每名成员都可以举手,一旦有人注意到其他成员举手,就知道自己应该停止谈话并举起手。立刻,在这个谈话声音很大且注意力分散的房间内,团队成员立刻变得安静起来并举起了手,静静地等待着项目正式开始。

力量圆圈:此工具能够有力地动员由组织成员组成的小型或中型团队。当成员们明确了解了相关信息后,就肩并肩地紧紧地站在一起,围成一个圆圈。没有人站到圆圈的里边或外边,每名成员都站在圆圈上,体现了每个人都能够平等地参与项目,并能够有效地分享信息。

激励口号:这一方法是用一个标志性的动作,让成员们汇聚士气,在很短的时间内让他们紧密团结在一起。在每次会议、报到或活动结束时,参与者们站在一起,将手伸向人群的中央,一名成员喊出一个口号(例如"团结!"或"力量!"),然后,领导者带领着每名成员数"一、二、三",接着一致赞同地同声喊出这个口号,同时举起双手。此做法源于团体体育项目,能够激励组织成员,并以共同喊出有意义的口号的方式结束会议、聚会、活动。

在20年的发展历程中,"City Year"已经积累了很多激励方法,并且还在不断积累。如果组织成员创造出某种很好的激励方法,就会与其他组织成员分享。这些激励方法能够让由多名组织成员组成的团队迅速团结在一起,高效率地工作,并能够鼓舞组织成员,让他们充满力量地积极参与项目活动。

技巧提示。在工作中坚持理想主义就是一个技巧提示。技巧、技能提示可以帮助组织成员更高效率地工作。目前,"City Year"已经积累了181个此类技巧或技能提示,例子如下。

技巧提示一:当你遇到犬儒主义的时候,应坚决予以打击。要想在工作中坚守理想主义,首先就要打击犬儒主义,坚守理想主义。从具有突破性的发明,如电话,到社会向前迈进的一大步,如公民权利运动,都以认为世界能够实

现改变为前提。今天,犬儒主义不断蔓延。它采取否定一切的态度,习惯于指责别人,嘲讽积极的创造,质疑每个人的动机,对人及机构抱有极差的看法,因而具有巨大的破坏性。犬儒主义阻碍积极的思考,破坏能够实现改变的信念,阻碍人们采取旨在实现改变的行动,因而好似腐蚀人的精神癌症。犬儒主义已普遍蔓延。我们要识别并勇敢地挑战犬儒主义,尤其要在每天的谈话及思考过程中挑战犬儒主义。今天,组织成员首先要做的事情就是鼓起勇气,坚定信念,挑战犬儒主义。应了解如何识别各种形式的犬儒主义,并打击在任何地方出现的犬儒主义,尤其是在"City Year"内部出现的犬儒主义。

例行活动。"City Year"文化中有大量的例行活动。开展这些例行活动的目的是确保组织成员在每天的工作中能够受到理想主义的鼓舞,并为上文所述的故事和激励方法所影响。例如,组织成员会定期在他们的社区的公共场地上进行身体训练(跳爆竹、做体操等),为组织成员提供能够展示其精神、纪律、目的、自豪感等内心体验的机会。每次"City Year"召开会议,都以一个简短的仪式开始,即邀请会议的参加者们分享他们在提供服务的过程中创造的"涟漪"。这些例行活动为组织成员提供了时常反思的机会,反思他们的服务带来了怎样的积极改变。这样,组织成员们就会深刻理解"涟漪"故事中蕴含的道理。通常,团队的会议以"力量圆圈"作为开始,以"激励口号"作为结束。

一开始,组织成员通常不清楚开展例行活动的目的和价值,但是,通过连续开展这些例行活动,组织成员就会明白例行活动能够激励他们发扬理想主义精神,并有助于建立"City Year"组织,因而会称赞这些例行活动。通过在全年中实施这些例行活动,我们能够将组织成员培养成具有理想主义精神的领导者,他们将"City Year"的文化价值观融入其思想中,以此在具有包容性的团队中高效率地工作,进而取得卓越的成果。

我们清楚地阐述了"理想主义的火焰"模式。但是,这里阐述的文化仅是领导力综合教学的一部分。我们的文化为"理想主义的火焰"提供了"燃料"。我们创造了浸入式环境,在此环境中,我们努力开发每一个组织成员的公民身份(品格)、公民能力(知识)及公民行动(技能)。

◼ 实施"品格、知识、技能"和"理想主义的火焰"

正如前文中所阐述的,"City Year"借用了美国军队的训诫作为领导力开发模式的框架:"品格、知识、技能。"这三个词代表了"City Year"几十年来对如何有效开发领导力进行思考的精髓。"品格、知识、技能"同时强调了公民的"身份、认知、行动"三个方面,每个方面都非常重要,在领导力的开发过程中均起着关键作用。

"City Year"将"品格、知识、技能"作为领导力开发模式的框架,因为它概念清晰,充满力量。同时,军队领域与公民服务领域虽然彼此不同,但相互关联,我们希望将它们联系起来。为了让它能够更好地符合我们特别强调的理想主义、提供服务、个人改变等理念,我们在很多重要方面对它进行了改动。我们将在如下三个方面开发组织成员的领导力。

▓ 技能:我们通过在学校里为学生提供有影响力的服务,为组织成员提供实施"公民行动"的机会

> 每天,在第一声铃响前,我和其他组织成员就来到学校迎接学生们,然后留在学校,直到最后一名学生完成了我们的课后项目为止。我们是学生的教师、指导者和行为示范者。我们为学生提供服务,因为在波士顿的学生中,近40%的人放弃上中学。
>
> ——Paul,组织成员

正如前文中我们清晰阐述的,我们领导力开发模式的技能方面主要指让组织成员采取公民行动;我们要组织成员直接为民众提供十个月的服务,以此开发组织成员的领导力。作为"理想主义火焰"的最外层,即火焰与外部世界相接触的部分,我们将领导力开发模式的这个部分进行概念化。

在"City Year"近二十年的发展过程中,我们的组织成员参与了多种多样的服务活动。最近几年,"City Year"让所有的组织成员在所有工作地点提供标准化的服务,我们要在解决严重的公共问题方面发挥我们强大的影响力,尤其要想办法解决全国的中学生辍学的问题(见 City Year,2010)。

在美国的许多城市,每年只有不到50%的学生从中学毕业,有超过100万的学生从学校辍学。如此低的升学率将对放弃上学的年轻人及这些年轻人所在的社区造成灾难性的后果。辍学的年轻人比高中毕业生更难找到工作,身体状况更差,生活更加贫困,更需要社会的帮助。而且,他们的家庭更容易成为单亲家庭。平均来

看,辍学的年轻人一生要比大学毕业生少挣 100 万美元,而失业率及不参与公民生活的几率却是大学毕业生的 3 倍,进监狱服刑的几率是大学毕业生的 8 倍。

　　幸运的是,最近约翰·霍普金斯大学进行了相关研究,此研究对于解决中学生辍学的问题很有价值。超过 100 万的年轻人每年从学校辍学,全国的辍学率为 50%,其中 12% 的学生在中学时辍学。辍学的学生大多居住在城市中贫困的少数民族社区。研究也告诉我们,儿童在六岁的时候就会出现可能辍学的迹象。这些迹象被称作"早期警示信息",这些迹象包括参与能力差,行动力差,数学和英语考试成绩不佳。如果城市公立学校的学生在其六岁时出现上述迹象中的任何一个,那么这个学生的辍学几率将高达 75%(MacIver, Durham, Plank, Farley-Ripple, & Balfanz, 2008)。

　　因为中学生辍学问题的程度很严重、范围很广,于是我们就将他们作为"City Year"提供服务的对象。自"City Year"建立以来,我们的组织成员中有相当大比率的成员是在学校提供服务。我们早已知道组织成员与学生建立关系能够起到独特的效果。此关系为双方提供了"互相改变"的机会(Nakkwla & Ravitch, 1997):组织成员作为学生的行为示范者、指导者及学生的"亲近伙伴",在照顾及激励学生的过程中改变学生,同时他们也会在帮助儿童和年轻人的过程中改变自身。组织成员们多次提及"City Year"给予他们最重要和最持久的影响是,让他们有机会帮助需要帮助的学生,并以此积极地影响了学生的一生。

　　一项关于中学生辍学的研究表明:通过与学生建立合作关系能够最大限度地发挥"City Year"的影响力。考虑到有大量的学生面临辍学,我们认为要按照每个中学辍学学生的人数合理地安排组织成员,并且要尽量让组织成员帮助刚出现早期辍学迹象的学生,这样才能够最大限度地解决中学生的辍学危机。也就是说,只有在适当的学校为适当的学生提供适当的服务,我们的组织成员才能在最大限度上帮助解决社会所面临的严重的辍学学生犯罪问题。"City Year"已经建立了为学生提供服务的模式,我们称之为"完整的学校,完整的儿童"。

　　建立此模式的目的就是要实现"完整的学校,完整的儿童"。我们精心地帮学校安排为学生提供服务的组织成员,将多名组织成员安排在同一个学区工作,以最大限度地发挥他们的影响。在学校中,组织成员组成团队,与学校的管理人员和教师密切合作,通过让学生参加课后项目,帮助有辍学迹象的学生补习功课,并通过实施如清晨问候(组织成员组成团队,在学生刚到学校时对其表示欢迎)之类的行动营造积极的学校氛围,并组织面向全校学生的识字活动。重要的是,我们通过与学校合作,收集了学生学习水平的相关数据,以评估组织成员们帮助每位学生所取得的成果及"City Year"所产生的影响,并根据学生的学习水平报告对组织成员所提供的服务做出适当的调整。

"City Year"根据研究结果确定其应提供怎样的服务,这标志着"City Year"及全国的服务运动整体迈入了新的时代。我们的组织成员首次能够具体地了解公共问题的严重程度,然后再有针对性地提供服务,并能够定期得到其所帮助的每位学生的学习水平变化的相关反馈。组织成员通过运用策略性的服务模式,有效地为公民提供帮助,我们以此实施领导力开发模式的"技能"模块。

知识:开发我们组织成员的公民能力

> 在"City Year"的工作过程中,我学到的技巧、经验比我在任何工作中学到的都要多,在这里我掌握了领导力、时间管理能力、制订计划的能力、建立团队的技巧。现在这些技能对我很有用,对我的未来也是无价之宝。
>
> ——Jed,组织成员

我们认为组织成员所知道的事情影响着他们所做的每件事,所以我们将"知识"模块概念化,与"理想主义火焰"的技能模块结合在一起。我们以如下方式开发我们组织成员的公民能力:培训、教练、自学、绩效管理。每个方式的简介如下。

培训:培训是"City Year"经历的一部分。组织成员在为期一年的服务经历中,首先要接受三到四周的培训(包括基础培训的静思,即两到三天的离岗静思,此过程将为组织成员提供社区建设方面强有力的教育体验),我们称之为基础培训。组织成员将在年中离开服务岗位,接受一周的培训,我们称之为高级培训。一般情况下,我们将每周的周五作为领导力开发日,用于社区建设、制订服务计划等。

通过实施此模式,组织成员将接受关于"City Year"的历史、文化、规则、规定等方面的培训,也将接受关于如何为学生提供全年服务的全面培训,我们认为两类培训同等重要。通过培训,组织成员将掌握如何高效率地教学生识字和算术,如何运用行为管理系统,如何在课外项目中帮助学生,如何制订计划让家长帮助学生,如何设计在全校范围内营造积极氛围的活动,以及更多的诸如此类的技能。我们将继续努力改进和更新这些培训,以最大限度地发挥每名组织成员在其服务过程中的影响力。

教练:正如前文所述,我们的组织成员所组成的团队的人数为8—12人。每个团队由项目经理负责管理。项目经理是"City Year"的一线工作人员,在全年的服务过程中负责监督一到两个团队。另外,我们为每个团队安排一名团队负责人,此负责人是资深的组织成员,在完成了一年的服务项目以后,又返回"City Year",继续提供第二年的服务,并协助项目经理为团队提供帮助。这种管理结构是"City Year"领导力开发模式的关键组成部分。组织成员与团队负责人在日常工作中密切配合。项目经理在组织成员提供一年服务的挑战性过程中,负责领导全部的组织成员和团队,是主要领导者。

鉴于项目经理及团队负责人在组织成员行动过程中的重要作用,"City Year"的员工培训模式将"如何成为高效率的指导者"作为培训的重点内容之一。通过培训,我们的项目经理和团队负责人将了解在组织成员提供一年服务的过程中如何为他们提供适当的帮助,比如组织成员在全年服务过程中最初的两周所需要的帮助,与其在六个月之后所需要的帮助大不相同。

"City Year"拥有包容性的核心价值观,不仅对人采取包容性的态度,对概念性的框架也采取包容性的态度,并将二者结合起来,以向组织成员提供最佳的训练指导。"City Year"的员工会接受各种模式的领导力培训,如情境领导力培训(Blanchard, Zigarmi, & Zigarmi, 1999)及引导式领导力培训(Interaction Associates, 1997),我们还经常安排领导力培训方面的专家讲授他们在训练及管理方面的独特知识。通过为组织成员提供不同理论和不同模式的培训,我们希望他们在其全年的服务过程中,既在服务中学习领导力,又能获得领导力的各种相关训练,既迎接挑战,又能获得帮助,从而掌握优秀的领导力。

自学:"City Year"认为,如果为组织成员提供过多的框架和指导,组织成员就会在不知不觉中变得被动和墨守成规。因此,我们要努力培养具有自我激励能力、能够坦率交流的领导者。因而,我们既为组织成员提供培训,也为组织成员提供自学的机会。例如,我们在年中让组织成员为自己创造"自学挑战",即组织成员自主制定明确的目标。组织成员可以在一年的服务期结束前完成他们为自己制定的"挑战"。

我们让组织成员自己制定目标及方案。他们负责完成的方案实质上是一个小规模的社会企业方案,组织成员能够在完成此方案的过程中学习技能。我们以此让团队成员获得更多的从服务中学到的经验:既让组织成员以团队的方式向学校提供服务,又让他们获得有意义的自学体验。

学习成果的管理:我们围绕着公民领导力的六项相关能力建立了"City Year"的能力开发成效管理程序。我们在"City Year"的 20 年发展过程中确定了这些能力,以将优秀的年轻人培养成高效率的公民领导者。这六项能力如下:

(1) 团队协作能力及领导力;
(2) 沟通能力;
(3) 成功地建立合作关系的能力;
(4) 解决问题及做出决定的能力;
(5) 实现承诺的能力;
(6) 掌握知识的能力与对行业的洞察力。

每项能力包括一系列具体的学习目标及"一系列的技术挑战",即由易到难地分为五个不同层次("从基础/初学者"到"杰出能力掌握者"),组织成员需要完成难度逐一增大的任务以证明其掌握了每项能力的相关技能(附录 25.1 中给出了上述各项能力的例子)。组织成员在"技能回顾"会议上与项目经理共同回顾上述技能。此类会议分别在年初、年中、年末举行。

在年中及年末举行的此类会议中,我们会根据组织成员所掌握的每项能力的相关技能的水平,将组织成员的能力评为不同的等级;我们将根据技能挑战清单中五个难度不同的等级为组织成员评分,分数范围为 0—5 分,然后将六项能力的分数相加后除以 6,即得到每位组织成员的公民能力的平均分。此平均分是"City Year"对组织成员所掌握的六项公民能力的相关技能水平的评估结果。我们的目标是至少有 75% 的组织成员在从"City Year"毕业的时候能够取得 3.0 分("标准能力掌握者"或者更高等级)。

■ 品格:开发组织成员的内在身份

我认为"理想主义者之旅"是"City Year"开发组织成员领导力最有代表性的方法之一,运用此方法不仅能够将组织成员培养成积极参与公民生活的、具有包容性的世界改变者,而且能够将他们培养成坚定的、具有服务精神的、正直善良的、每一个举动都向其他人传递信息的领导者。对于我来说,"理想主义者之旅"表明"City Year"如何激励着每一名组织成员不断成长、不断进步，最终成为最理想的自己。

——Lindsey，资深组织成员

"City Year"的"启示故事"之一是甘地的著名论断："你若希望世界在某个方面发生改变，就必须首先在这个方面改变自己。""City Year"认为组织成员在其服务过程中的"知识"和"技能"两个方面受到其"品格"方面的影响。因而，我们将"品格"方面概念化，作为"理想主义火焰"的最内层，并与"知识"及"技能"两个方面结合在一起。"City Year"认为在领导力开发的过程中，"品格"对于每名组织成员都起着至关重要的作用。所以，在组织成员提供服务的过程中，我们让他们定期地深刻反思"他们希望成为怎样的人""他们怎样才能成为他们希望成为的人"，以开发他们的内在品格。

"City Year"通过让组织成员学习名为"理想主义者之旅"的领导力开发课程，帮助组织成员反思。受到约瑟夫·坎贝尔所写的著名的《英雄之旅》（2008）的影响，我们要求组织成员将自己一年的服务经历看作一次个人旅行，即"理想主义者之旅"。我们让组织成员将提供服务的经历看作带有神话色彩和英雄色彩的旅行，让他们评估经过一年的具有挑战性的服务经历后自身发生了怎样的改变。

通过直接借用约瑟夫·坎贝尔的"英雄之旅"，我们得出了"理想主义者之旅"。它要求我们的组织成员在回顾全年的服务经历时将服务经历分成三个阶段：

（1）**出发**。在此阶段，理想主义者离开熟悉的温馨舒服的家，踏上了向神秘的目的地进发的旅行。

（2）**挑战之旅**。在此阶段，理想主义者需要面对各种评判和挑战。在旅行的途中，这些评判和挑战将极大地考验他们的性格，也将深刻地改变他们，而他们当时很难发现自身的改变。

（3）**归程**。在此阶段，理想主义者回到家乡，分享在应对各种挑战的旅途中所获得的新的力量、知识和智慧。

我们明确了"旅行"的三个阶段，继而为"旅行"精心设计了一系列具有指导意义的、能够帮助组织成员反思的练习，这些练习能够让组织成员在"旅行"的整个过程中密切地观察自己的内心世界。例如，在"出发"阶段，我们要求组织成员进行关于个人领导力的目标陈述，阐述自己通过在"City Year"的学习最终想做何种

类型的领导者(关于目标陈述的介绍详见附录 25.2)。组织成员所写的目标陈述的两个例子如下:

> 作为一名领导者,我将致力于推动世界和平,让所有的生命都能够获得幸福。我坚信要实现此目标就要首先在自己的生命中创造和平。我自身的幸福和内心的安宁——更准确地说是内心的明灯——将通过让我的朋友、家庭、我所爱的人、学生、社区及整个世界获得幸福而闪耀光芒。

> 作为一名领导者,我将努力支持每个人具有不同的特征和个性的观点。通过传播及与别人分享我所支持的观点,我希望能够加强人与人之间的联系,而不是将人与人分开。

几个月以后,即在"挑战之旅"的中途,我们让组织成员重新审视他们的目标陈述,然后以自己正在努力成为领导者的角度反思该目标陈述。在"归程"阶段,我们在年底让组织成员最后一次反思他们通过在"City Year"的学习,在何种程度上实现了他们的目标。

我们在"理想主义者之旅"过程中安排了 20 个类似的反思练习,通过这些练习,在组织成员一年的服务过程中指导他们进行反思。其他的反思练习如让理想主义者们为他们一年的服务经历制定目标,确定他们"斩杀孽龙"的目标(组织成员自身存在的、限制其有效地发挥领导力的问题),组织成员要在"旅行"途中通过团队成员的互相帮助,对存在的问题进行反思。除了借用坎贝尔的"英雄之旅",我们的领导力开发课程也融合了其他概念。例如,我们采纳了由亚宾泽协会(2000,2006)所开发的"和平解析"模式中的若干思想;这些思想要求组织成员深刻地反思他们怎样与他们的同伴建立联系,怎样解决矛盾冲突,怎样赞赏其他同伴的人文精神。此课程也吸取了适合我们领导力开发课程的领导力开发理论的相关观点,如"纵览全局""将工作交还给团队""承认技术挑战和应用挑战的不同",等等(Heifetz,1994,2002)。

下面是组织成员学习此课程的综述:

在组织成员学习的过程中,我们会让他们召开一小时的"理想主义者之旅"会议,此会议隔周举行一次。在这个会议上,组织成员聚在一起组成小组,由资深的组织成员提供协助(有些地方由项目经理协助)。此会议由个人反思和小组反思两部分构成:会议开始时,首先,组织成员进行十分钟的个人反思,即让组织成员完成"理想主义者之旅"课程的各种反思练习中的一个；然后，小组就此练习进行十分钟的讨论。因为这是"City Year"的全部组织成员都在学习的课程，所以全部1750名成员几乎都在回答我们提出的一系列的问题，这样，全部组织成员都获得了标准的领导力开发学习经历。

  协助者们将明确表示：这些会议是"有选择性的挑战"，意思是如果他们更愿意将自己的经历作为个人隐私，没有人会强迫他们分享这些经历。我们让组织成员谈论"目标描述"或"斩杀孽龙"的相关概念，而不强迫每个成员分享其"目标"或"龙"，我们发现此种方法很有效，并以此为组织成员创造了一个安全的环境。在此环境中，组织成员们能够对在领导力开发的过程中自己内心存在的问题进行反思，并能够自如地将自己愿意分享的经历与其他组织成员共同分享。

  随后，我们让组织成员在"理想主义者之旅"会议中进行30分钟的反思练习，我们称之为"领导力学习会议"。在练习过程中，团队的一名成员向其他成员讲述一个与领导力相关的解决问题的经历，或提出一个与领导力相关的问题，团队的其他成员就如何更好地解决或理解此问题向此讲述者提问，以此为组织成员创造特定的环境，在此环境中组织成员们围绕个人的奋斗经历和团队提出的问题共同学习领导力，交流学习体会。为了让交流取得最好的效果，我们为组织成员提供"目标陈述程序"。此程序原本由名为"正确提问项目"*的机构创建，我们对此程序进行了改编。"正确提问项目"机构在20年的时间里一直努力帮助处于社会边缘的社区居民，让其明白怎样提出有力的、尖锐的问题，以支持自己的社区。同时，我们为会议提供协助者，还提供12个他们能够使用的工具和技能，这些工具和技能能够帮助协助者们更好地促进组织成员间的交流，让会议成为组织成员极具价值的学习经历。

  这些会议为组织成员提供了非常重要的学习经历，同时也创造了特定的学习环境，在此环境中每名组织成员都可以暂时不考虑通过服务改变外部世界的相关要求，而在一段时间内专注于自身在解决内心世界方面存在的问题，探究在领导力开发的过程中自身要面临的各种内心挑战。陈述者们将通过讲述对于自己有意义的奋斗经历或提出相关问题，掌握解决自己内心世界存在问题的技能。陈述者通过将内心世界存在的问题用简洁明了和引人入胜的语言讲述出来，还能得到其他

---

* www.rightquestion.org

组织成员的支持和深刻见解，这也就提高了陈述者的能力。参加会议的其他组织成员将学会如何有效地为陈述者提供经深思熟虑且对于陈述者有帮助的反馈，既帮助讲述者解决内心存在的问题，又向讲述者提出让其难以回答的问题。在召开此类会议的时候，团队中的组织成员们聚在一起，成为彼此有价值的学习伙伴。会议的参加者应努力分享彼此的奋斗经历或挑战，不应讲述过于纷繁的、让其他的会议参加者难以理解的情节，以避免阻碍小组成员间的沟通。而且小组的协助者也会获得有价值的领导力开发经历，因为协助者在帮助其他人成为更优秀的领导者的过程中必定会严格要求自己。

我们在一个小时会议的最后十分钟复习先前的陈述，并处理下次会议的相关管理问题（例如明确谁应在下次会议中做陈述），以便让小组的成员在会议期间能够有效地学习。每个小组都可以定期对其回顾，并通过组织小组讨论会不断积累小组的学习经历。

我们精心设计了"理想主义者之旅"会议的每个组成部分，使其能够有效地开发组织成员的"身份"。该课程提供了相关的概念和语言，让组织成员将他们的服务经历看作带有神话色彩和英雄色彩的旅行经历。该课程还为组织成员提供了一系列精心设计的反思练习，由此为组织成员提供领导力开发的内心指导。最后，"理想主义者之旅"会议为组织成员创造了特定的学习环境，在此环境中，每位组织成员都可以暂时不考虑通过提供服务改变世界的相关的能力要求，而与其他的组织成员一起探究开发领导力的内心世界的挑战。最内层的"品格"方面是"理想主义的火焰"的核心，"City Year"希望通过开发此方面的能力，让组织成员在一年的服务经历中取得领导力开发的最佳成果。

结果：评估我们领导力开发模式的影响力

因为我们的领导力开发模式具有多种作用，所以在评估我们工作的影响力时，我们采用不同的评估标准和评估手段。下面是这些结果评估标准和评估手段的概述。

 ### 评估"技能"模块：评估服务影响力的标准

"City Year"使用综合的评估标准评估我们的服务。因为我们的帮助对象是在出勤率、行为、数学及英语成绩上出现"早期警示信息"的学生，所以我们收集了每个出现"早期警示信息"的学生的学习水平的相关数据。我们重点追踪学生的出勤率、行为的评估方法（比如逃学的次数）、每位学生的数学及英语成绩。我们会定期对这些学生的学习水平的相关数据进行整理,以随时了解每个学校出现"早期警示信息"的全部学生的学习情况（2009年至2010年关于服务的影响力的评估标准的例子,见附录25.3）。

评估"知识"模块：开发技能并提高培训质量

正如前文所述,"City Year"围绕公民领导力的六项能力建立了能力开发成效管理程序。明确了全部组织成员的服务模式及工作成果的标准,我们就可以开发更为复杂的程序,通过让组织成员完成难度不断增大的任务,来评估我们开发组织成员各项技能的效果。我们对组织成员六项能力的等级（本质上也代表了技能的掌握程度）取平均数,从而产生了每位组织成员的能力平均分,我们运用此平均分评估组织成员在全年的服务过程中掌握上述六项能力相关技能的程度。

评估"品格"模块：评估"理想主义者之旅"的影响力

我们让组织成员接受一份调查,内容是让他们回答关于学习"理想主义者之旅"课程的目标的问题,以评估此课程的影响力。我们在年中及年末对组织成员进行调查,让组织成员评估自己对以下课程掌握的程度：

- 反思在"City Year"提供服务的经历；
- 提供更好的服务；
- 从其他组织成员身上学习到技能；
- 领导力开发；
- 明确行动目标。

根据这些数据,我们能够从总体上掌握各地所进行的"理想主义者之旅"课程的质量和对全部组织成员产生的影响力。因为"理想主义者之旅"课程的目的是对每个组织成员都产生有意义的影响,所以我们也采访团队中的成员、资深组织成员、参与"理想主义者之旅"课程的工作人员,从采访中收集大量的定性数据,并以此对上述调查数据进行补充,从而深刻地了解团队中的各成员、资深组织成员和工作人员通过学习此课程怎样重新理解了他们所提供的服务的意义。

评估文化方面的影响力:"City Year"及开发"大公民"

"City Year"独一无二的文化是我们领导力开发模式最重要的组成部分,我们精心地创造了"City Year"的文化,此文化能够为"理想主义的火焰"提供"燃料",并开发组织成员的社会资本,让组织成员掌握领导力(Khazei,2010)。政策研究协会是主要的研究机构,它近期开展的一项研究表明:评估参与能力的主要指标显示,"City Year"毕业生的参与能力更为优秀(Anderson & Fabiano,2007)。

投票:"City Year"的毕业生参与投票的比例比全国18—40岁的公民的投票比例高出45%。

自愿提供服务:近70%的"City Year"的毕业生自愿在每个月提供10个小时的服务,使得他们参与自愿服务活动的比例比全国公民参与自愿活动的比例高65%。

领导力:至少90%的"City Year"毕业生表示他们参加"City Year"的经历提升了他们的领导力。

与具有不同背景的人合作:超过90%的"City Year"毕业生表示参加"City Year"的经历提高了他们与团队中的其他人及与背景不同的人合作的能力。

参与公民生活:3/4的"City Year"毕业生表示参加"City Year"的经历提高了他们解决社区居民困难的能力。

参加各类组织:超过75%的"City Year"的毕业生参加了社区小组或公民组织,而全国只有29%的公民参加了此类组织。

教育:81%的"City Year"毕业生接受了"City Year"教育之外的学校教育,其中83%的毕业生在参加"City Year"的时候没有获得高中同等学历证书(GED)或中学毕业证书。

"City Year"的文化对相关领域的影响

我们将从独特的视角阐述组织成员通过参加"City Year"获得了最好的领导力教育。与更为完善的传统行业,如商业、政府部门、教育产业相比,为社会公民提供服务的组织的数量很有限。为了让读者了解我们的文化怎样对为国民提供服务的领域之外的领域产生影响,我们将阐述我们领导力开发模式最独特的组成部分,以及怎样在不同的领域中应用这一部分。

◼ 文化的力量

在本章中我们已经明确地阐述了,我们精心地创造并坚持着"City Year"独特的理想主义文化。在20年的进程中,"City Year"已经收集、开发、改编和提炼了一系列的行动、仪式、概念和故事,使得参加"City Year"的组织成员能够在每天的服务中坚守我们的价值观。虽然我们所特别强调的理想主义或许不适用于服务于其他领域的其他组织,但是我们经过深思熟虑所创造的文化也许会对其他组织有所帮助。

在很多组织中,组织文化处于次要的位置。这些组织中的文化没有经过精心设计和创造,既不具有思想性,也没有创造性。"City Year"的文化是"City Year"的组织基础,能够有效地将"City Year"领导力开发模式的所有组成部分融会贯通起来,但上述组织的文化与组织的模式毫不相关。而且,更糟糕的是无意义的文化会实际削弱领导力开发模式的作用。

因此,"City Year"的文化对于为国民提供服务的领域之外的其他领域具有普遍的参考意义。什么能够让你所在的机构在每次开会或组织活动时明显地体现出组织的文化?什么行动和仪式能够融入组织成员的日常生活,使得全部的组织成员都能在积极参与组织的活动和做有意义的事情的过程中专注于组织的核心价值观?讲述什么故事能够使组织的价值观变得生动形象,富有生命力?又应在什么时间讲这些故事呢?

Jim Collins及Jerry Porras(1994)对在竞争中胜出的公司进行了研究,他们发现这些公司都有强大的建立在价值观基础上的"类似邪教"的公司文化,该文化是那些能够持久生存的公司最显著的特征。"City Year"正努力地对上述关于组织文化的问题做出回答,并将答案付诸实践。很明显,"City Year"的回答和行动为其他组织提供了最好的参考。

◼ 开发"品格"

"City Year"模式另外的独特组成部分是我们在"知识,品格,技能"的领导力开发模式的"品格"模块上精心建立了有效的系统。许多组织,特别是非营利性组织和教育组织,都表示其不仅重视组织的这些领导者在做什么,也非常关注他们怎样做事。当你看到这些组织的系统、模式、活动时,你会发现他们经常用全部的注意力关注领导者的"知识"及"技能"方面。这是因为他们认为(未经验证)只要领导者掌握了全部技能或能力,并被迫证明其具备领导力的"知识"及"技能"等方面的能力,他们就会随之获得相应的"品格"。

当然,很多领导力开发方面的学者及实践者已经深刻地思考过关于领导力开发的"品格"方面的问题。很多领导力开发项目很有效,因为这些项目让学员离开其平时所处的环境,在会议中心或安静的环境中对上述问题进行反思。然而,当"品格"已经融入组织的文化中时,很难找到适合反思"品格"的环境,更难以让学员在这样的环境中在教师的指导下就探究领导力开发的内心世界的问题进行深刻反思。

因此,我们认为"City Year"在领导力开发的"品格"模块上的工作是独特的,并对其他各种组织具有参考意义。任何一个致力于解决严峻的公共问题的组织在遇到难以解决的问题时,都必须尽力要求其成员坚持理想主义信念和个人目标。我们努力创造特定的环境,在此环境中组织成员能够反思领导力开发过程中内心世界遇到的问题。我们的工作是充满光明前景的前沿领域,致力于为犹如陷入黑暗与绝望的泥沼中的组织点亮明灯。

总结

"City Year"给了我一个立足点,因而我能够改变世界。

——Aaron,组织成员

Michael Brown 和 Alan Khazei 在二十多年前就深信城市能够在开发公民的领导力方面起到独特的作用。他们相信年轻人通过提供一年的服务,能够运用自己的能量和理想主义有效地解决社区的重要问题,而提供服务的经历也会开发年轻人的领导力,这种领导力能够深远地改变他们自身和他们的命运。Brown 和 Khazei 致力于证明他们的此种想法是可行的,并建立了特定的文化及模式,使其能够最大限度地发挥组织成员通过提供一年的全职服务改变世界的能力。20 年以后,"City Year"已经证明这种构想是完全可行的。

任何长期的服务经历都很有可能对志愿者所服务的社区及提供服务的志愿者

产生影响。然而,"City Year"既专注于通过服务改变外部世界,又专注于通过领导力开发改变内部世界,以完全发挥组织成员改变世界的能力。通过确切地了解中学生辍学问题的范围和程度,"City Year"创造了有重点的、策略性的、影响深远的服务模式,该模式可以有效地解决社会所面临的严重的中学生辍学问题。通过对品格、知识、技能和组织文化之间相互联系、相关依存的复杂本质的认识,"City Year"所建立的领导力开发模式能够在组织成员提供服务的过程中最大限度地改变他们。通过既强调最大限度地发挥服务的影响力,又强调最大限度地开发组织成员的领导力,"City Year"培养出一代高效的、有能力的、富有理想主义精神的领导者,同时又能够在解决严重的社会问题方面发挥巨大的影响力。

最后,通过培养、发展并专注于我们每位组织成员的理想主义信念,"City Year"试图实现美国民主的全部承诺和潜力。威廉·詹姆斯在1910年所写的随笔《战争的道德等价物》中指出,为国民提供服务能够传递和激发美国公民的热情,称"只要对着火星吹风,火焰就会燃遍整个民族"。从罗纳德·里根的"山巅上的光辉城市"到乔治·H.W.布什的"千万点光芒"再到约翰·F.肯尼迪的"这支火炬已传递",美国的公民领袖反复表示我们的民主是这个受到黑暗威胁的世界的光源。

我们可以设想美国乃至全球的一代公民领袖共同努力,以解决21世纪各种最为严峻的问题,他们的"理想主义的火焰"燃烧时所发出的光芒照亮了其所在的社区。我们会努力让这个设想变成现实,约翰·F.肯尼迪的就职演说中的话将时刻激励着我们:

> 我们在奋斗中所拥有的力量、信仰、献身精神的火焰,将点亮我们的社会和所有为它服务的人们,也将照亮全世界。

附录 25.1

组织成员的能力开发成效管理程序示例

团队合作及领导力

<u>适用于 WSWC 组织成员</u>

团队合作是"City Year"的核心价值观之一,你在一年的服务过程中将很快明白团队合作的力量。作为团队中的一名成员,你在完成任务的过程中会直接了解你的现有能力和还需要掌握的能力。你需要高效率地工作,并需要有所贡献,这两种能力将有助于让你成为团队的高效率的领导者。作为社会的改变者,你需要在一生中不断完善上述两种能力。

1. 成为能够高效率地工作和有所贡献的团队成员

在一年的服务经历结束时,你将能够:

- 在由具有不同背景的成员所组成的团队中积极地与其他团队成员沟通,并在沟通时保持尊敬的、积极回应的态度;
- 以自己的态度和行动促进团队的融合,帮助团队成员建立良好的合作关系,包括积极地寻找并解决问题;
- 在实现团队共同目标的过程中尽一己之力,并尽自己最大的努力按时完成自己所承担的任务;
- 不断承担更多的作为团队的领导者应承担的任务,在团队的其他成员面临着凭借其自身能力难以应对的挑战的时候,给予这些团队成员帮助和鼓励。

2. 能够有效地领导由具有不同背景的成员组成的团队

在一年的服务经历结束时,你将能够:

- 有效地协助团队进行练习和组织活动,鼓励团队中具有不同背景的成员参与团队的练习和活动,并在练习和活动中做出贡献;

- 应用情境领导力领导团队,通过调整领导力在规定的时间内满足团队的需求;
- 让团队成员承担任务,证明自己有能力有效地领导团队成员成功地完成其所承担的任务;
- 证明自己有能力有效地回应并积极地化解团队成员间发生的矛盾冲突。

技术方面的挑战:
通过完成所承担的任务证明你的能力

第一层次: 基础初学者	通过阅读《理想主义者手册》了解"City Year"的理想主义文化。
	坚持参与"City Year"的活动并达到预期目标。
	在"理想主义者之旅"的讨论中有所贡献。
第二层次: 高级初学者	协助团队召开头脑风暴会议或听取活动汇报。
	连续一个月担任领导者(制订日程计划及日常工作计划)。
	连续一周领导课外活动。
第三层次: 标准能力掌握者	领导团队召开会议。
	在开展组织成员内部服务日活动或其他内部活动时担任项目的协调者。
	在现场服务项目中领导团队(例如为学校运送食品)。
第四层次: 高级能力掌握者	连续一年成为"年轻的英雄"或担任"城市英雄团队的领导者"。
	计划和组织WSWC的活动,从海星式组织毕业。
	申请成为资深组织成员。
第五层次: 杰出能力掌握者	成为"City Year"在各工作地点所组织的活动或项目的领导者/协调者(例如Servathon项目,全球年轻人服务日活动)。
	担任春季营的指导者。
	你自己的独创。

资料来源:Reprinted with permission © City Year。

附录 25.2

"理想主义者之旅"的目标陈述练习
领导力目标陈述练习

理想主义领导者应深刻地理解目标并热切地渴望成为自己希望成为的人。我们让你努力实现明确的、坚定的目标,并在此过程中将你培养成具有理想主义信念的领导者。简而言之,陈述应清晰地阐述你在世上最希望做的事情。领导力目标陈述的提纲如下:

- 陈述应以"作为一名领导者,我……"作为开头。
- 最终确定的陈述内容不应超过三句话。
- 应在陈述中设想一个你无法完成或实现的目标。你坚持为实现此目标而努力,但却永远无法实现此目标。
- 陈述不应包括具体的任务或能够量化的目标(例如"作为一名领导者,我要一天上三堂课")。未来你将实现每个具体的目标,但目标陈述中的目标应比任何一个具体的任务或目标都要大。
- 最后,你的领导力目标陈述中的目标应比你在"City Year"学习的目标大。因为你一生能做的事业比你承担的任何任务或负责的任何工作都要大,所以我们鼓励你设立更高层次的目标。你应阐述实现目标的目的。我们不仅希望你在一年的服务期内为实现你所设想的目标而奋斗,而且希望你在完成服务任务后仍为实现此目标而长期奋斗。

任务陈述的例子如下:

> 作为领导者,我将努力支持每个人具有不同的特征和个性的观点。通过传播及与别人分享我所支持的观点,我希望能够加强人与人之间的联系,而不是将人与人分开。
>
> ——Mollie,资深组织成员

作为一名领导者,我将致力于推动世界和平,让所有的生命都能够获得幸福。我坚信要实现此目标就要首先在自己的生命中创造和平。我自身的幸福和内心的安宁——更准确地说是内心的明灯——将通过让我的朋友、家庭、我所爱的人、学生、社区及最终的整个世界获得幸福而闪耀光芒。

——Erik,资深组织成员

　　你在随后的一年中将面临很多挑战,而你所写的真实的、诚实的、准确的目标陈述将指导你战胜这些挑战。

我的领导力任务陈述:

_____

_____

_____

_____

资料来源:Reprinted with permission ⓒ City Year。

附录25.3

评估服务影响力的数据示例

　　下文是关于各类数据的概述,"City Year"利用这些数据评估其服务的影响力。

服务伙伴影响力调查:

　　注:2009—2010年对教师和校长/联络人进行的调查(K-9级)的年终调查结果,等级为1—5级。

教师调查:

组织成员已经帮助我创造了积极的学习环境:92%的教师同意($n = 920$)

组织成员已经帮助我的学生们更加主动地学习:88%的教师同意($n = 277$)

校长/联络人调查：

组织成员成为积极的行为模范：95%的校长/联络人同意（$n=274$）

我对"City Year"的组织成员在学校的总体表现很满意：80%的校长/联络人同意（$n=277$）

学生调查：

注：3—9级的学生的百分比，此级别为经常/几乎经常（5个等级：1级为"几乎没有"，5级为"几乎经常"）；根据对2009—2010年项目进行的年终调查的结果。

"City Year"帮助我掌握了技能：80%的学生同意（$n=4438$）

"City Year"帮助我相信我能够获得成功：80%的学生同意（$n=4438$）

出勤率相关数据：

注：$n=331$；对在6个工作地点开展的试点项目，从项目开始到年末进行的调查所取得的数据，等级为6—9级（2009—2010）。

"City Year"通过采取出勤率支持行动，使出勤率不足90%的学生减少了55%。

识字水平的数据：

注：$n=1691$；依据在10个工作地点进行调查所取得的数据，等级为K-5级。通过10次评估并使用等级标准取得相关数据。

在"City Year"的指导下，全部学生中90%的学生提高了识字的原始分数。

各工作地点的学生的识字水平相关数据的例子：

芝加哥：

注：学生的等级为K-5级，运用STEP方法进行评估（$n=379$）。

使用标准识字水平评估方法对学生的识字水平进行评估，结果表明从项目开始到年中接受"City Year"指导的学生中81%的学生提高了识字水平。

华盛顿特区：

注：使用DIBELS（Dynamic Indicators of Basic Early Literacy Skills，早期基础读写技能动态指标考试，针对1—3年级学生——译者注）评估方法对学生的识字水平进行评估，结果表明学生的识字水平得到了提高。接受"City Year"指导的学生：$n=49$，未经过"City Year"指导的学生：$n=133$。

> 在阅读方面提高一个或更多的等级的学生所占的比率：
> "City Year"的学生：61%
> 非"City Year"的学生：39%

资料来源：Reprinted with permission ⓒ City Year。

 参考文献

Anderson, L., & Fabiano, L. (2007). *The City Year experience: Putting alumni on the path to lifelong civic engagement.* Washington, DC: Policy Study Associates.

Arbinger Institute. (2000). *Leadership and selfdeception: Getting out of the box.* San Francisco, CA: Berrett Koehler.

Arbinger Institute. (2006). *The anatomy of peace: Resolving the heart of conflict.* San Francisco, CA: Berrett Koehler.

Balfanz, R., Herzon, L., & Neild, R. C. (2007). An early warning system. *Educational Leadership*, 65(2), 28—33.

Blanchard, K., Zigarmi, D., & Zigarmi P. (1999). *Leadership and the one minute manager: Increasing effectiveness through situational leadership.* New York: William Morrow.

Campbell, J. (1993). *Myths to live by.* New York: Penguin.

Campbell, J. (2008). *The hero with a thousand faces.* Novato, CA: New World Library.

City Year (2004). *Founding stories.* Boston, MA: Author.

City Year (2010). *Scaling City Year's impact: Growth plans to reach 50% of the off-track students in City Year's 20 US locations.* Boston, MA: Author.

Collins, J., & Porras, J. (1994). *Built to last: Successful habits of visionary companies.* New York: HarperBusiness.

Greenleaf, R. (2002). *Servant leadership: A journey into the nature of legitimate power and greatness.* Mahwah, NJ: Paulist Press.

Heifetz, R. (1994). *Leadership without easy answers.* Cambridge, MA: Belknap Press of Harvard University Press.

Heifetz, R. (2002). *Leadership on the line: Staying alive through the dangers of leading.* Boston, MA: Harvard Business School Press.

Hesselbein, F., & Shinseki, E. (2004). *Be Know Do: Leadership the army way*. San Francisco, CA: Jossey-Bass.

Interaction Associates. (1997). *Facilitative leadership: Tapping the power of participation*. Boston, MA: Author.

Khazei, A. (2010). *Big citizenship: How pragmatic idealism can bring out the best in America*. Philadelphia, PA: Public Affairs.

MacIver, M., Durham, R., Plank, S., Farley-Ripple, E., & Balfanz, R. (2008). *The challenge of on-time arrival: The seven-year flight paths of Baltimore's sixth graders of 1999—2000*. Baltimore, MD: Johns Hopkins and Morgan State Universities.

Nakkula, M., & Ravitch, S. (1997). *Matters of interpretation: Reciprocal transformation in therapeutic and developmental relationships with youth*. San Francisco: Jossey-Bass.

Tzu, L. (2006). *Tao Te Ching*. (Steven Mitchel, Trans.). New York: Harper Perennial Modern Classics. (Original work published approximately 80 BC-10 AD.)

第二十六章

全球领导力和组织行为教育

Ariel Lelchook
美国韦恩州立大学
Mary Sully de Luqne
雷鸟国际管理学院
Paul J. Hanges
马里兰大学

　　本章的目标读者是即将教授跨文化领导力的教师,他们的学生有可能是管理、组织心理学及其他领域的 MBA、PhD 或 EMBA。我们简单地描述了全球领导力与组织行为教育(Global Leadership and Organizational Behavior Education,GLOBE)项目,这是迄今为止进行的最大的跨文化领导力研究项目。我们讨论的内容包括对 GLOBE 的批评,还包括对这些批评的公开回应。然后聚焦于我们认为的最大问题:领导力研究方法的普适性和文化权变性。我们也探讨了具体的文化价值观和领导风格偏好之间的关系。我们将分析并回答在教授该项目时学生提出的关于 GLOBE 的问题,为教学者描述用什么方法来应对这些问题,以便提高学生对领导力和文化交流的理解力。最后,我们讨论了源自项目的数据,并提供了使用 GLOBE 数据引导学生对领导力和文化的探索的建议。

　　作为多年从事 GLOBE 项目的研究者,我们会经常写文章描述项目中的研究发现和分析结果。本章的三位作者从事 GLOBE 研究都已经有十多年的时间,所以我们已经就这一项目写过很多的文章。

本章中,我们采用了一种不同的视角——探讨 GLOBE 作为一种教学工具的使用。虽然利用 GLOBE 研究方法问题和统计问题的方式有很多,特别是围绕多层次分析进行的研究。但是在本章,我们关注的是,如何在全球背景下用 GLOBE 来帮助教授领导力。正如 Bass(1990)和其他学者指出的,在过去 50 年里,有关领导力的大部分文章都是由北美学者所撰写的,而现在人们开始思考其他文化背景下的领导力有何不同。GLOBE 项目提出的文化差异性和普适性,以及文化特征与领导偏好之间的系统性联系,对于应对"领导力即领导力"或"全世界的人们想要的是一样的"这样的假设尤其有用。这些假设是我们在全球领导力教学中时常会遇到的。更重要的是,GLOBE 的结果为探讨文化差异和领导偏好的展现方式开启了一扇门,可以帮助领导者为对特定地区或特定团体的典型领导力风格进行深入探索做好准备。

本章的目标读者是即将从事跨文化领导力教学的人员,他们的学生有可能是管理、组织心理学及其他领域的 MBA、PhD 或 EMBA。我们假设读者已预先了解了测评文化的多维度方法(比如,Hofstede,1980 和 GLOBE)和一些领导力理论,至少对 GLOBE 项目有些前期了解,并读过 House 等(2004)的第一本 GLOBE 著作。

我们首先会充分地描述 GLOBE,以便教师向学生介绍这个项目。我们提出和探讨了对 GLOBE 的几种批评,然后聚焦于其中最大的问题,也是学生们在谈论跨文化领导力时提到的——具体的领导方式的普适性。其他有关 GLOBE 的几种潜在问题也经常出现在老师与学生的谈话中。一旦学生产生了某些问题,他们就很想通过自己的努力找出答案。如果一位教学人员由着学生迷失在 GLOBE 的数据库中,或是任由学生们自己思考问题的方方面面,结果会怎样?因此,我们最后将讨论来自项目的数据,告诉教师们如何利用 GLOBE 数据帮助学生进行探索。

关于本章的标题,我们无意否认 GLOBE 这个标题,但我们没有聚焦于"全球领导力和组织行为的有效性"(Global Leadership and Organizational Behavior Effectiveness),而是聚焦于"全球领导力和组织行为学教育"(Global Leadership and Organizational Behavior Education)——利用 GLOBE 教授文化、领导力以及两者之间的关联。为了达成这一目标,我们首先要对项目进行总体概述,以促进 GLOBE 项目的教学。与任何研究一样,最重要的是要了解该项目是如何执行的,从而了解其结果的合理性。因此，在本章，我们将不仅展示该项目的有关信息，还要就如何教授该项目给出建议。

什么是 GLOBE 项目，如何教授 GLOBE？

GLOBE 项目是在全世界范围内多阶段、多方法地研究领导力及文化的项目。GLOBE 的第一个阶段关注建立衡量领导力及社会和组织文化的研究工具（为了达到本章的宗旨，我们关注领导力量表的开发，而较少关注文化量表的开发）。GLOBE 的第二个阶段，需要经过庞大的、多行业的数据收集过程来完成领导力方面的心理测量特性统计。综合来看，这两个阶段奠定了 GLOBE 最初两本著作的基础（Chhokar, Brodbeck, & House, 2007；House, Hanges, Javidan, Dorfman, & Gupta, 2004）。第三个阶段，也是研究项目的现阶段，展示了在 24 种文化中，某些 CEO 的领导行为中战略领导力的有效性对高管团队态度和公司业绩的影响（参见 Sully de Luque, Washburn, Wallman, & House, 2008；Waldman, 2006, 以及 House, Sully de Luque, Dorfman, Javidan, & Hauges, 2011）。

GLOBE 项目是如何开始的？

GLOBE 项目的首次提出源自关于魅力型领导理论的全球适用性的讨论。1991 年的夏天，GLOBE 的主要研究者 Robert House 提出了围绕领导力和组织实践的文化权变方面开展全球研究项目的理念。House 最初组织 GLOBE 项目，包括一个小型协调小组（成员包括 Robert House、Paul Hanges、Mike Agar 和 Marcus Dickson）和一个大的国家合作调查组（CCIs），他们一起收集数据，并协助在本国文化背景下解释数据。接下来的几年里，两项跨国研究率先启动了，期间还召开了协调团队和 CCIs 的国际合作会议，对第一项研究的成果进行了诠释，对第二项研究的结果预测进行了修订。

协调小组和 CCIs 举行的国际会议最关键的成果在于，认识到需要把几个非西方的领导力条目加入调查问卷中。另外，GLOBE 研究者花费了大量时间来描绘领导力的结构，以反映他们不同的视角。由此，组织领导力的定义产生了：个体影响、激发和促使他人为其组织的有效性和成功做出贡献的能力(House & Javidan,2004)①。此外,会议之后,GLOBE协调团队成长为一支真正的国际团队。于是,在这两项初步研究和这次国际会议之后,明确了6个二级领导力因素、21个一级领导力分量表,以及9个GLOBE文化量表。② 文化维度和领导力维度的定义见表26.1和表26.2(Javidan et al.,2006)。

表26.1 GLOBE文化维度定义

绩效导向。绩效导向(performance orientation)是指组织鼓励和奖励员工不断提高绩效的程度。在非常注重这一点的国家,比如美国和新加坡,企业会比较注重培训和发展;在不太注重这一点的国家,比如俄罗斯和希腊,则更重视家庭和背景。

坚定自信。坚定自信(assertiveness)是指人们在与他人交往的过程中自信坚定(assertive)、敢于对抗(confrontational)和好斗(aggressive)的程度。在高度坚定自信的国家,比如美国和澳大利亚,人们往往无所畏惧,不怕困难,并且享受竞争;在不太果断自信的国家,比如瑞典和新西兰,人们更加注重人际关系的和谐,而且强调忠诚和团结。

未来导向。未来导向(future orientation)是指人们从事面向未来的行为的程度,比如延迟享乐,提前规划,投资于未来。在高度未来导向的国家,比如新加坡和瑞士,企业通常具备比较长期的规划和比较系统的规划流程,但是反对冒险和投机的决策;相反,在未来导向程度较低的国家,比如俄罗斯和阿根廷,企业一般缺乏系统性和更加相信机会主义。

以人为本。以人为本(humane orientation)是指组织鼓励和奖励员工做公正、无私、慷慨、关心他人、待人友善的人的程度。埃及和马来西亚非常注重这一点,而法国和德国不太注重这一点。

机构集体主义。机构集体主义(institutional collectivism)是指组织、社会机构鼓励及奖励集体分配资源和集体行动的程度。在注重机构集体主义的国家,比如新加坡和瑞士,公司更加注重团队业绩;在注重个人主义的国家,比如希腊和巴西,公司更加注重个人业绩。

团体集体主义。团体集体主义(in-group collectivism)是指个人在组织或家庭中表达自豪、忠诚和凝聚力的程度。比如在埃及和俄罗斯,人们以自己的家庭为傲,而且他们的工作关系和私人关系的界限并不明确。

性别平等主义。性别平等主义(gender egalitarianism)是指社会将性别不平等现象最小化的程度。不出所料的是,总的来说,欧洲国家最强调性别平等。埃及和韩国是世界上最严重的男权社会。性别平等的社会中的公司更加鼓励、包容观念和个人的多样性。

权力距离。权力距离(power distance)是指组织成员希望权力得到平等分配的程度(权力距离大意味着社会权力分配不平等)。权力距离越大的国家在经济、社会和政治上的等级

---

① 文化的定义同样有争议,文化最终被定义为"共同的动机、价值观、信念、身份,以及世代传承、源于集体成员共有经验的对重大事件的解释或意义赋予"(House & Javidan,2004)。

② 在本章中,我们主要关注6个二级领导力因素。21个一级因素以及9个GLOBE文化量表,请参见House等2004年的著作。

分化越明显;那些身居高位的人希望得到人们的服从。权力距离大的国家,比如泰国、巴西和法国,企业的决策过程往往是等级制的,局限于一方的参与和交流。

不确定性规避。不确定性规避(uncertainty avoidance)是指社会、组织或群体依靠社会规范、规则和程序来减少未来事件的不可预知性的程度。规避不确定性的愿望越强烈,人们在日常生活中就越注重秩序、一致性、结构、正规程序和法律。高不确定性规避的国家,比如新加坡和瑞士,企业倾向于制定详尽的规则和程序,更喜欢正式详细的策略。相反,低不确定性规避的国家,比如俄罗斯和希腊,企业更喜欢简单的过程和大致陈述的策略。他们也更加机会主义,并且更享受冒险。

资料来源:From Javidan, M., Dorfman, P. W., Sully de Luque, M. F., & House, R. J. (2006). In the eye of the beholder: Cross cultural lessons in leadership from Project GLOBE. *Academy of Management Perspectives*, February, 67—90。

表 26.2　GLOBE 领导力维度定义

魅力领导/基于价值观的领导:广义上说,这种领导力维度就是在坚守核心信念的基础上,鼓舞、激励、期望他人的高绩效的能力。魅力领导/基于价值观的领导力通常促进卓越领导力的形成。得分最高的是盎格鲁族群(6.05 分);得分最低的是中东族群(满分 7 分中得 5.35 分)。

团队导向:这种领导力维度强调团队成员之间有效的团队建设,以及共同目标的完成情况。团队导向的领导力通常属于卓越领导力[最高分在拉丁美洲族群(5.96 分);最低在中东族群(5.47 分)]。

参与式领导:这种领导力维度反映了领导者参与制定和完善决策的程度。参与式领导力通常促进卓越领导力的形成,尽管地区和族群之间存在着重要差别[最高分是欧洲日耳曼族群(5.86 分);最低分是中东族群(4.97 分)]。

人本导向:这种领导力维度不仅反映了支持和体贴的领导力,而且还包括怜悯和慷慨。人本导向在一些社会几乎是中立的,在有些社会可以适度地促进卓越领导力的水平[最高分是南亚族群(5.38 分);最低分是北欧族群(4.42 分)]。

独立自主:这是领导力维度的新含义,以前没有见诸论述。独立自主指的是独立和利己的领导力。独立自主可以阻碍卓越领导力,也可以轻微地促进卓越领导力[最高分是东欧族群(4.20 分);最低分是拉丁美洲族群(3.51 分)]。

自我保护:从西方的角度来看,这一领导力维度的新含义关注于个体的安全和保障。它是以自我为中心和保全面子的方法。自我保护主义通常阻碍卓越领导力[得分最高的是南亚族群(3.83 分);最低的是北欧族群(2.72 分)]。

资料来源:Adapted from Javidan, M., Dorfman, P. W., Sully de Luque, M. F., & House, R. J. (2006). In the eye of the beholder: Cross cultural lessons in leadership from Project GLOBE. *Academy of Management Perspectives*, February, 67—90。

第二阶段发生了什么？

在第二阶段，GLOBE 团队 145 名科学家组成了 CCIs。③ 这个团队从 62 个社群 951 个组织的 17 000 名管理人员中采集和分析数据。这些来自各种文化的样本是由中层管理者组成的，至少来自以下三个行业中的两个：电信业务、食品加工业和金融服务业。选取这三种行业是因为，不论经济发展状况如何，在大多数国家都普遍存在这三种行业，并且它们也展示了行业类型的多样性。

这一验证过程证实领导力和文化测量表现出了可接受的心理学特征，并在一个合理框架内的比较中，证实了有效性（Hanges & Dickson, 2004）。在经过社会层面的分析后，对 62 个社群的文化和领导力分数进行了排名，以便对各个社群的每一个维度进行比较研究。

第二阶段最主要的结论是不同的文化中，人们认为的促进或抑制有效领导力的特质和行为是不一样的，而根据各种文化量表的测试，这种区别是系统性的。换句话说，世界范围内的领导力偏好各不相同，文化可以预测领导力偏好。以社会信息加工理论看待领导力（比如，Lord & Maher, 1991; O'Connell, Lord, & O'Connell, 1990; Shaw, 1990），GLOBE 将每一种文化中的领导理念称为领导力文化差异理论（CLTs）。

最后，为了提供一种更简单的方法来思考广泛的数据，我们对 62 个社群的 GLOBE 数据进行了分析，建立了 10 个区域族群（Gupta & Hanges, 2004），在理论上类似于 Ronen 和 Shenkar（1985）的观点。Gupta 和 Hanges 注意到，这个划分区域族类的方法提供了一个"便捷的方法，来概括不同文化间的相似点和不同点"（p.178），为培训和研究提供了极大的便利（Javidan et al., 2006）。GLOBE 第二阶段的文化和它们各自的区域族群如表 26.3 所示。

---

③ 这些研究者大部分继续参与 GLOBE 项目后续的程序研究。

表 26.3 GLOBE 研究中的国家(地区)和族群

族群名	国家和地区
盎格鲁	澳大利亚、加拿大、英国、爱尔兰、新西兰、西非(白人)、美国
拉丁欧洲	法国、以色列、意大利、葡萄牙、西班牙、瑞士(法语区)
北欧	丹麦、芬兰、瑞典
欧洲日耳曼	奥地利、德国(民主德国)、德国(联邦德国)、荷兰、瑞士(德语区)
东欧	阿尔巴尼亚、格鲁吉亚、希腊、匈牙利、哈萨克斯坦、波兰、俄罗斯、斯洛文尼亚
拉丁美洲	阿根廷、玻利维亚、巴西、哥伦比亚、哥斯达黎加、厄瓜多尔、萨尔瓦多、危地马拉、墨西哥、委内瑞拉
撒哈拉以南非洲	纳米比亚、尼日利亚、南非(黑人)、赞比亚、津巴布韦
中东	埃及、科威特、摩洛哥、卡塔尔、土耳其
南亚	印度、印度尼西亚、伊朗、马来西亚、菲律宾、泰国
儒家文化圈	中国内地、中国香港、日本、新加坡、韩国、中国台湾

对 GLOBE 主要的批评观点有哪些?

人们在 GLOBE 文化维度上有激烈的争论(参见 Graen,2006;Hofstede,2006; House,Javidan,Dorfman,& Sully de Luque,2006;House,Javidan,Dorfman,Hanges,& Sully de Luque,2006;Tung & Verbeke,2010),却对 GLOBE 的领导力研究关注比较少。关注 GLOBE 领导力维度的大量文章一直对研究的过程和结果有明显的支持作用(Aycan,2008;Grisham & Walker,2008;Liddell,2005;Yan,2005)。

GLOBE 领导力研究并非从未受到批评——恰恰相反,批评得十分激烈。在教授 GLOBE 领导力时,我们鼓励教师让学生阅读 GLOBE 的书籍,比如可以从 Den Hartog 等(1999)的文章开始读起,然后阅读 House(2004)的一些章节,包括第二章(House 和 Javidan 编写)的"GLOBE 概况",第三章(Javidan、House 和 Dorfman 编写)"GLOBE 研究发现的非技术性总结",第六章(House 和 Hanges 编写)"研究的设计",第八章(Hanges 和 Dickson 编写)"GLOBE 文化和领导力量表的开发与验证",以及第二十一章(Dorman、Hanges 和 Brodbeck 编写)"领导力与文化的差异:不同文化中领导力的识别"。然后,允许学生对该项目有他们自己的评判,并且要求他们提出有关评判的具体细节——不只是"我认为量表不正确",而是"我对量表的正确性有疑问,是因为……"在提出评判之前,你的学生有可能分析出以下所列的大多数或全部观点,也有可能只能分析出一点点。在分析之后,你的学生会觉得阅读这些评论以及对 GLOBE 的反馈是很有助益的。

不同社群的抽样和推断

对 GLOBE 领导力研究的一些批评一直聚焦在所使用的样本和对社群的推断上(Graen,2006;Hofstede,2006)。尤其是,GLOBE 第二阶段的样本中,一些国家存在大量的亚文化(如中国、印度、美国),那么 GLOBE 项目中所使用的样本是否可以代表整个国家,便值得商榷。确实,国家的界线不能等同于文化的界线。对此,Graen(2006)指出"我们很难对可能由这些样本的国家差异导致的众多变量做出推论,一些国家样本之间的差异是非常小的"(p.97)。在 GLOBE 研究中,CCIs 在收集数据时会选择主流的业务部门进行抽样调查。对每个国家而言,会围绕影响文化的主要因素(如语言、宗教、历史、生态因素)对样本进行比较。针对这一问题,House 及他的同事(2006)解释道"GLOBE 使用'社会'和'社会文化'而不是'国家'或'民族'来表明文化概念的复杂性。并且,有些时候,我们会从一个国家选取两种亚文化的样本进行分析"(p.104)。比如对南非的黑人和白人、民主德国和联邦德国,以及瑞士的法语区和德语区分别进行人口抽样。

中层管理者样本的使用

另一种批评观点涉及对中层管理者的抽样。在评判 GLOBE 领导力研究方法时,Hofstede(2006)说"在我看来,以领导者的问卷结果来衡量领导力是一种有争议的方法。如果你想检测一件产品的质量,你是会询问生产者还是消费者?"(p.884)。然而,正是由于这种生产者和消费者的观点,中层管理者才被选取到此次研究中来。确实,中层管理者是领导,同时也是下属(Javidan et al.,2006)。尽管 Graen(2006)建议 GLOBE 使用一些方便的样本,但中层领导者样本确实是一个深思熟虑的选择。为了在文化层面测试隐性领导力,House 及他的同事(2006)指出"这种测试通常要求评估在每种文化中领导力是如何被察觉和评价的,而不是进行一次自我评估或向某位领导汇报"(p.104)。

■■ 结构和方法的效度

对 GLOBE 领导力研究的最后一项批评观点聚焦在结构和方法的效度方面 (Graen,2006;Hofstede,2006)。尽管以完整的关于统计的严谨性的观点来驳斥这些批评超出了本章讨论的范围(全面的观点请参见 Hanges & Dickson,2004,2006; Javidan et al. ,2006),但这里还是要指出一些方法问题。中层管理者样本的使用,使得在我们研究的三种行业中,都具有中层管理者的亚文化。由于所分析的单位是被精心选择且内在同质的,因此可以进行比较,这就增加了内部效度(Hanges & Dickson,2004)。设计这些程序的目的是避免常见的偏见,以帮助确保 GLOBE 量表的结构的合理性(House & Hanges,2004)。

此外,这些量表进行了外部效度评估。要使反应偏差最小化,方法之一就是采用多种方法来测量同一结构。GLOBE 研究者采用了无干扰测量来完成这一步骤。对 GLOBE 文化量表进行文本内容分析,获得了量化结果的有效支持(Gupta, Sully de Luque, & House,2004)。就所有量表而言,利用其他渠道收集到的信息,如媒体分析、个体和焦点小组访谈、档案资料及其他国家调查(如"世界价值观调查"),显示出来的区别效度和聚合效度为衡量结构效度提供了依据(Javidan & Hauser, 2004)。正如 House 和他的同事(2006)所说,"这是至关重要的,因为结构效度为 GLOBE 量表所衡量的结构的完整性提供了关键信息"(p. 103)。最后,GLOBE 领导力量表的功用既在于其强大的心理测量属性,也在于其所强调的跨文化隐性领导力理论。

领导力是普适性的还是具有文化权变性的:GLOBE 项目告诉了我们什么?

学生询问的关于 GLOBE 项目最常见且最广泛的问题之一是,它是否回答了这个问题——在全球范围内是否存在被公认为有效的领导力。他们想了解这个问题,是因为如果在所有文化中只有一种成功的领导力类型,那么相比于不同的文化需要不同的领导风格和行为的情况,外派培训和多样化团队的管理会简单得多(比如,Dickson et al. ,2001)。一些研究者试图解决这个问题,包括 Robie 和他的同事(2001)。他们评估了来自全球人员决策(Personal Decisions International's, PDI)分析器的数据——一种多渠道管理绩效反馈系统——试图判断管理技能维度是否在不同的文化中都被视为重要的。对七个欧洲国家和美国进行样本研究之后,Robie 等发现尽管这个分析器中的其他维度没有获得跨文化的认可,但其中两种管理技能维度——"结果导向"和"分析问题"——却获得了一致认可。在许多研究中,Robie 和他的同事对领导力风格在不同文化中的普适性,得出了不一致的结果。

这种评估更加复杂,然而,当我们意识到"普适"一词本身就有很多不同的含义时(Bass,1997;Lonner,1980),我们首先要弄清这个词在这里指什么。我们发现依赖 Lonner(1980)对不同类型的普适性的描述是有帮助的,包括:

● 单一普适性(the simple universal)——全世界恒定的一种现象,在数据方面,单一普适性发生于在不同的文化中采用相同的方式时。

● 多形态普适性(the variform universal)——在不同的文化中,总体原则保持不变,但具体的实施各不相同。用数据的术语来说,文化是一个调解器。

● 功能普适性(the functional universal)——在不同文化中,不同变量间的群内关系保持不变。用数据术语来说,在不同的文化中,一个国家内部不同变量之间的关系是保持不变的。

Bass(1997)在探讨跨文化领导力时,把这一点更加深化了,引入了另一个普适性的概念:

● 多形态功能性普适性(the variform functional universal)——每种文化中,两个变量之间的关系保持不变,但是关系的量级随着文化的不同而变化。

Bass(1997)试图用另外一种方法来研究普适性,因为他正在评估变革型领导力(Bass,1985)是否具有普遍有效性。他总结了以下三个标准:

(1)在不同的文化中,存在一致的关系等级,比如变革型领导力与重要成果的关联最紧密,与权变奖励型领导力的关联则不那么紧密,不同的例外管理领导方法与重要成果的关联也不紧密,放任型领导力与重要成果的关联程度最小。

(2)"单项增强效应"——换句话说,是层级分析。当你在交易型领导力(transactional leadership)之后进入变革型领导力(transformational leadership)时,变革型领导力更能预测重要成果的变化,但如果先进入变革型领导力,交易型领导力对重要成果的变化则不会有额外的预测作用。

(3)"无论在哪个国家,人们只要开始思考领导力,他们的原型和理想就是变

革型领导力。"(p.135)

有趣的是,GLOBE 对领导力研究的贡献在于,意识到"多形态和多形态功能性普适性能够以一种可预见的方式同时兼顾普适性及文化权变性,当同一种特征和同一种关系的力度是由可衡量的文化特征决定的时候"(Dickson, Den Hartog, & Mitchelson,2003,p.734)。对于 Bass(1997)对变革型领导力的主张,GLOBE 数据表明,变革型/魅力型领导类型的一些要素(愿景与激励)在不同的文化中都很受推崇,而其他要素(比如自我牺牲)则没有受到普遍推崇。而且,因为多形态功能性普适性中存在文化层面的可变性,GLOBE 也发现在变革型/魅力型领导风格的普适性和非普适性方面,是受到社会文化价值观的影响的(Dorfman, Hanges, & Brodbeck,2004),因此,数据表明贝斯(1997)所指出的变革型领导力是普适性的这一点是正确的,但是这只说中了一部分。

在 GLOBE 中,也检测了领导力其他方面的普适性与文化权变性。特别是,GLOBE 把对国家族群的分析进行了标准化打分,并检查了各个族群在领导力的 6 个二级因素上的分值是否差异迥然。这些发现的一部分来自 House 等(2004)的著作,如表 26.4 所示。

这表明,对于某些领导力维度,如团队导向和独立自主来说,不同的国家族群的重视程度并没有显著的差异。④ 然而,对领导力的其他 4 个二级因素的重视程度在 10 个国家族群之间出现了显著的差异,这意味着这些因素不应被看作领导力的普适性因素。可能看上去比较奇怪,比如,在盎格鲁族群(对魅力型/以价值观为基础的领导力最为认可的地区),并不是每个人都认可魅力型领导力,或者在欧洲日耳曼地区(参与式领导力最受认可的地区),并不是每个人都认可参与式领导力,但这些领导力风格在不同族群之间差异更为显著(尽管有时在高度认可和极高度认可之间存在差异)。

在教授对领导力风格的认可程度的差异时,House(2004)编写的第 21 章中的一系列图形可能很有用处。这些图形(图 21.0 至图 21.10)PPT 格式的幻灯片的下载地址可在该章附录中获取。他们在一个环形结构模型中显示了每个族群的领导力分值。我们设计这个文件,是为了便于教师将一个族群叠加在另一个族群之

---

④ 使用原始数据(而不是上面展示的族群标准数据),自治性领导力缺少显著差异——或普遍的认可,但团队导向的领导力并非如此。

表 26.4　各社会族群使用相对的(如标准化的)领导力要素的分值排名

魅力型/基于价值观的	团队导向	参与式	人本导向	独立自主	自我保护
最高	最高	最高	最高	最高	最高
盎格鲁 欧洲日耳曼 北欧 南亚 拉丁欧洲	南亚ª 东欧 儒家文化圈 拉丁美洲 撒哈拉以南非洲 拉丁欧洲 北欧 盎格鲁 中东 欧洲日耳曼	最高 欧洲日耳曼 盎格鲁 北欧	南亚 盎格鲁 撒哈拉以南非洲 儒家文化圈	欧洲日耳曼ᵇ 东欧 北欧 南亚 盎格鲁 中东 拉丁欧洲 撒哈拉以南非洲 拉丁美洲	中东 儒家文化圈 东欧 拉丁美洲
儒家文化圈 撒哈拉以南非洲 东欧		拉丁欧洲 拉丁美洲 撒哈拉以南非洲	欧洲日耳曼 中东 拉丁美洲 东欧		撒哈拉以南非洲 拉丁欧洲
中东		南亚 东欧 儒家文化圈 中东	北欧 拉丁欧洲		盎格鲁 欧洲日耳曼 北欧
最低	最低	最低	最低	最低	最低
魅力型/基于价值观的	团队倾向	参与性	人性倾向	独立自主	自我保护

注:各个领导力维度下的每一个社会族群的布局表明,与这个社会族群中的其他领导力维度相比,这个维度的相对重要性。例如,盎格鲁族群在魅力型/基于价值观的领导力上的排名最高,表明在盎格鲁族群中,与其他五个领导力维度相比较而言,这个领导力维度极其重要(相对衡量)。然后把每个社会族群的相对分值大小与其他社会族群的相对分值大小相比较。运用图凯HSD(Tukey HSD)分析法,在顶部的族群与在底部的族群有显著差异。位于中部的族群出于启发的目的放在两端的中间。每个方块内的社会族群之间并没有显著差异。

a,b　在各栏中,各社会族群按顺序排列;但每一栏中的社会族群并无显著差异。
资料来源:摘自 House et al. (2004)。

上,以强调不同族群间的巨大差异,以及族群内领导力分值的变化。这些幻灯片在探讨领导力的普适性和权变性方面也非常有用。学生们经常发现普适性领导力的细微差别往往很难理解,特别是在他们首次接触这些概念时。教授普适领导力和权变领导力的概念,能够挑战学生们对有效领导力概念的看法。一些学生可能仅了解他们自己文化中对领导力的看法,并假定所有文化中的领导力特性都是一样的。因此,在初期,教授文化权变领导力价值观的概念是很有帮助的。在向学生们教授文化权变领导力价值观之后,就可以教授"普适性"的含义的细微差别了。教授普适领导力的细微差别会进一步挑战学生们对有效领导力的假设,甚至可能改变他们对"普适性"一词的看法,并将其应用于领导力之外的其他方面。使用 PPT 幻灯片将为文化权变或"普适性"概念提供实际的例子。

学生对 GLOBE 项目的其他问题

本章的下一部分解决学生针对 GLOBE 项目的其他潜在问题,以及如何利用它来教授领导力。在为全球管理者设计的课程上,可以利用 GLOBE 信息教授他们如何适应其他文化。考察不同国家文化分值和不同文化族群的成员,有助于明确文化间的异同点。教授跨文化领导力的基本知识时,可以用 GLOBE 提供关于各个国家价值观的差异,以及这如何影响不同国家对有效的领导力特质和行为的看法。

我们如何利用结果?

GLOBE 项目的结果可以应用在很多方面。研究发现可以用于理解文化间或文化内对领导力风格和领导力的有效性的看法的异同点。然而,应当关注如何检查这些结果,以确保进行适当的类型比较(比如,分析的单元是社会层面回答的汇总还是 10 个地区族群的?)。结果可以用于帮助管理者和高管与来自其他文化的人一起工作,或建立跨文化的培训项目以促进知识的转移(Javidan, Stahl, Brodbeck, & Wilderom, 2005)。

领导者对自己的文化与其他文化进行比较的能力有助于其保持思维的开放(Javidan & Pastmalchian, 2009)。在全球经济持续增长的情况下,了解其他文化是必要的。开发领导力条目列表的重点在于根据几大领导力理论,建立基于领导行为、特质和个性的全面清单(Javidan & Dastmalchian, 2009)。因此,GLOBE 的结果提供了有关领导力特质和行为的大量信息,以便对被视为有魅力的、有效的领导者特质和行为进行大范围的跨文化比较。

从 GLOBE 项目中可以获得不同类型的信息。在教领导者如何将 GLOBE 项目中的数据用于帮助他们驾驭全球经济时,可以教他们使用 GLOBE 结果了解国家和族群的信息,比较两个或更多国家之间的文化概况,研究不同国家或族群对卓越领导力的看法,比较不同国家对卓越领导力看法的不同(Javidan & Dastmalchian, 2009)。例如,在比较俄罗斯和丹麦两个国家时,知道俄罗斯在权力距离这个文化维度方面的得分较高,而丹麦得分较低,就能帮助领导者意识到在俄罗斯要求服从上级;然而,在丹麦,个体之间则更为平等(Javidan & Pastmalchian,2009)。这一领导力概况提供了不同国家和族群对有效领导力的看法。

作为一名在另一个国家工作,或与来自其他文化的人一起工作的领导者,成功的关键在于重视其他文化的人们重视的领导力特征。GLOBE 的研究结果表明,文化价值观可以预测领导力状况。例如,在绩效导向、性别平等或人本导向得分较高的国家,更有可能渴望参与式领导者,而不确定性规避和权力距离得分较高的国家,很有可能厌恶参与式领导者(House et al.,2004,p.47)。

GLOBE 的 9 个文化维度正是一个国家与其他国家和社会的差异所在。6 个领导力维度是来自所有文化的人们都认可的领导者特质和行为。这些文化和领导力维度都很重要,因为不同文化之间的很多领导力差异都源于一些隐性领导力信念,而这些信念大多来源于文化价值观(Javidan et al.,2006)。了解一个社会在 9 个文化维度上的分值,有助于了解这个社会所重视的领导力特质和行为。然而,虽然在各文化维度上的分值为了解一个社会的领导力价值观提供了良好的开端,但也要提醒学生,一个社会在各文化维度上的分值并不直接揭示这个社会所重视的领导力风格,这是很重要的。每种文化在九个文化维度上都有一个独特的分值组合。

总之,GLOBE 项目的研究结果支持这样的观点:领导力价值观以及不同的领导力价值观与人们对有效领导力的看法之间的关系,可以从文化维度来判断。在这项研究的实际应用中,教学生如何使用从 GLOBE 项目中得到的数据,可以帮助他们了解本土文化之外的其他文化重视的领导力特质和行为。了解一个社会中受到强烈认可的文化价值观,有助于管理者明确哪些领导力实践是与有效领导力和抑制有效领导力密切相关的。

从 GLOBE 中可以获取关于领导力的哪些要点?

随着我们的环境变得越来越全球化,高管和管理者面对着日新月异的领导力挑战。随着来自不同文化的人的接触越来越多,人们就需要更加了解不同文化,成功地建立跨文化的商业关系。GLOBE 项目对于教授领导力的好处之一,是其来自 62 个社会的数据的可用性,这还不包括截至目前最新的跨文化领导力的综合调查。

不是所有的管理实践都是被普遍接受的(Javidan, Dorfman, Sully de Luque, & House,2006)。GLOBE帮助领导者或管理者明确,在其他文化中,来自他们自身文化的哪种实践可被接受,哪种不被接受,同时指明了那些将指导领导者在其他文化中取得成功的领导者特质。这个研究表明,有些领导者的行为、特质和个性是人们普遍推崇的(如积极、有活力、诚恳和果断),有些则是人们普遍不接受的(如孤僻、自私、急躁和粗暴;Dorfman & House,2006)。还有其他一些领导者行为具有文化权变性——在某些国家和文化中受到重视,而在另一些国家和文化中不受重视(如利己主义者、重视地位的人,或敢于冒险的人;Javidan et al.,2006)。

GLOBE项目的结果也表明,甚至某些人们普遍推崇或普遍不接受的特质,在不同文化中也可能有不同的表现。Javidan和他的同事(2006)提供了许多有价值的例子,包括美国人和巴西人都提倡尊重管理者,但是他们对构成尊重的行为有不同的期望。巴西人喜欢领导者和下属之间维持正式关系,而美国人喜欢一个开放的环境、互相尊重且为下属提供与其争论的机会。在美国文化中,对下属的建议持开放态度被看作一种礼节;而在巴西文化中,管理者以职位高低待人则被认为是一种礼节。在美国文化中,管理者和下属间的争辩被视为友好行为,而在巴西文化中可能被认为是对管理者的挑衅行为。因此,虽然两种文化都重视"尊重",但是尊重的行为方式可能会有所不同(Javidan et al.,2006)。

对人们普遍推崇和普遍不接受的领导力特征的识别表明,不同的社会之间存在着异同点。领导者和管理者在处理所推崇的领导行为的差异时,可以以他们自身文化与其他文化之间的相似性为基础。虽然我们一般的建议是,要意识到文化差异是存在的,尊重这种差异比起假设所有社会具有相同的价值观要好得多,但是,依然可以用GLOBE来教授领导者如何判断不同文化中哪些具体的行为和行动是可以被接受的。

GLOBE数据可以用来学习其他文化,也能用来教领导者学习自身的文化。教领导者如何在不同文化的异同点中进行交流,可以帮助他们明确建立未来关系的基础,消除他们自身文化与本土文化之间的误解(Javidan et al.,2006)。教授GLOBE项目中的9个文化维度和6个领导力维度,可以帮助领导者更好地了解自身文化。这可能帮助领导者意识到,他们所持有的关于有效领导力的标准,可能只适用于他们自己的文化,而并非普适性的。

虽然有时适应其他文化可能是有用的,但领导者没有必要不假思索地采用一套全新的方法,以便在另一种文化中保持有效性(Javidan et al.,2006)。然而,领导者应当做出明确的决定,什么时候需要适应,以及可以保留自身领导力风格的哪些方面。如果领导者偏好一种不同于本土文化中典型的方式,他就需要向本土雇员清楚地解释他这么做的理由。GLOBE 信息能在以下方面帮助领导者:

(a) 解释他们在其他文化中进行领导的方法;
(b) 明确他们的方法与在其他文化中被认为有效的领导方法的异同点;
(c) 了解他们偏好某种领导方法的原因。

有助于全球领导者的具体特质有哪些?

要想在全球取得成功,领导者必须要应对跨文化的挑战。虽然有一些人们普遍推崇或普遍不接受的领导力特质,但很多领导力特质都因文化而异。全球领导者需要能够适应其他文化,拥有全球心态,并能够忍受模糊性(Javidan et al.,2006)。要使一种领导力风格更有效地适应其他文化,需要考虑很多因素。保持全球心态是很重要的,因为它将有助于领导者记住领导力的差异与文化价值、社会系统和社会规范的差异。每种文化都有独特的文化价值观和期望,这些会影响到人们对有效领导力的看法。在教授全球领导力以及如何适应其他文化时,提醒领导者这个适应其他文化的过程是有压力的、困难的,可能会有帮助。忍受模糊性对领导者识别自身文化和其他文化的异同点十分重要。适应差异不一定容易,因此忍受误解和不确定性有助于领导者在另一种文化中取得成功。

GLOBE 数据于 20 世纪 90 年代中期收集,那么研究结果在当今仍能适用吗?

每当提起这个问题,我们就会想到 Hofstede 和 Peterson(2000)的子标题,它简明扼要地总结了那些作者对相同问题的回答。他们的标题是"古老的数据?文化更古老!"(p.412)。实际上,为了判断社会层面的价值观和偏好是否会在短时间内发生极大改变,研究人员进行了一系列的研究。一般的发现是,虽然改变确实会发生,但社会通常是以一个相对较慢的速度在发生变化(比如,KoLman, Noorderhave,Hofstede,& Dienes,2003;Merritt,2000;Søndergaard,1994）。这表明这些数据很可能在很长一段时间内仍然可以用来描述这些社会。

这些发现可以扩展到 GLOBE 项目中的领导力数据。大多数情况下，社会领导力偏好可能在一段时间内保持相对稳定，从 GLOBE 项目收集的数据能为与来自不同文化的客户或同事相处的管理者和高管提供有意义的信息。然而，即使有理由相信 GLOBE 项目的部分数据可能已经过时，但是 GLOBE 中展示的跨文化领导力框架（21 个领导力维度和 6 个二级领导力因素）很可能对明确不同文化对有效领导力的看法的异同仍然有效。

我如何利用 GLOBE 2004 数据帮助学生学习领导力？

如前所述，我们相信，通过将 GLOBE 数据库引入教室，学生对文化的理解，以及对文化如何影响领导力的理解将会得到提升。我们相信——也得到了教学数据的支持——中国人常说的一句话是，"告诉我的，我会忘记；演示给我的，我可能会记住；但让我参与其中，我才会理解"。为了这个目的，我们让教学者下载数据资料，以便学生探索 GLOBE 领导力数据。我们特别将数据资料加入附录所列的网址中。这个网页包含了各种 GLOBE 项目有用的信息，如 PDF 版本的原始 GLOBE 调查，可以下载并用于为学生提供数据资料的背景信息。

针对本章，我们已经在网址中增加了六个数据文件夹。特别是，我们增加了一个 Excel 列表，包含各国家的六大 GLOBE 高阶领导力量表，以及 21 个一级领导力量表平均分。以逗点隔开的文件源信息也可以在网站上获得。除了 GLOBE 领导力量表外，在网上我们也有关于每个单独的 GLOBE 条目平均分的 Excel 和逗点分隔文件，以及 GLOBE 文化量表文件夹，同样包含每个国家的平均分。

GLOBE 学习练习

关于不同国家之间，人们如何看待领导风格对有效领导力的影响，GLOBE 领导力量表的数据能用来为学生提供第一手的资料。比如，在美国，人们普遍相信参与式领导力在美国是有益的。因此，当学生们去探索领导力数据，了解到有的国家将参与式领导力评为无效的，甚至不利于有效领导力时，会感到很惊讶。然而学生们可能会产生一些假设,解释是哪些因素导致了人们对领导力特性的有效性的不同看法。在 2004 年的书中,GLOBE 展示了社会文化对这些领导力评价差异的影响。但是,学生们可能有其他的解释,所以一些新的变量可以加入数据中,供人们对这些变量的解释作用进行探讨(比如,国民生产总值,国家发展水平,宗教信仰等)。这种分析也适用于一级领导力量表。这些量表的社会差异性在 2004 年的书中没有指出,因此这种更详细的领导力探索将会成为在二级因素探索后的一项很好的后续练习。

针对学生的另一个练习是讨论如何对不同社会领导力的差异性进行概念化。换句话说,了解到在 GLOBE 量表之外的其他领导力特征也会因社会文化的不同而不同,是否是实用的?或者说,仅仅注重 GLOBE 量表中列出的社会族群差异导致的领导力差异,是否具有实际的作用?(Gupta & Hanges, 2004;Gupta, Hanges & Dorfman,2002)学生们可以探索在每个族群的国家中的领导力风格(而不是不同族群的社会中的领导力风格)有多少可变性。这种练习能引发对驻外管理者的讨论,以及文化的相似性对适应性的驻外工作的促进程度。其次,这种练习易引发对社会科学研究的边界条件的讨论,以及各种组织干预方式和做法(比如,合并和收购,技术转移,人力资源实践)能否在不同的社会文化中成功地实施。

最后,包含个体领导力条目的文件夹为教师提供了极大的灵活性。例如,学生们能确定哪些领导力条目是具有文化权变性而不是普适性的。同时,这个数据的设置不会禁止学生们复制 GLOBE 2004 中的发现。而且,学生们还可以从这些条目中确定自己的主题,并探讨这些领导力特质在不同文化中的差异程度。例如,Resick、Hanges、Dickson & Mitchelson(2006)考察了 GLOBE 调查中的条目,并建立了集中不同的道德领导力的方法,虽然这并不属于 GLOBE 研究的原有目的。Resick 和他的同事(2006)指出了不同的社会在不同的道德领导力标准上的差异性。这些研究者后来验证了这些道德领导力的方法,发现这些方法与联合国腐败指数相关(Resick, Mitchelson, Dickson, & Hanges, 2009)。

总之,GLOBE 数据可以开发出几种练习,帮助学生们提高对领导力以及文化对领导力的影响的理解力。让学生们"随意"摆弄这些数据,能加深他们的理解,让他们更加了解 GLOBE 项目的局限性,了解社会文化对组织领导力偏好的影响。

总结

1997年,关于美国人对跨文化领导力研究的偏见,Mark Peterson 和已故的Jerry Hunt 给出了警告。Mellahi(2000)进一步研究了这个问题,并展示了来自世界各地不同地方的管理者在西方国家学习MBA时,是如何学习领导力的。

Mellahi 特别关注英国的 MBA 项目中来自亚洲、阿拉伯和非洲的管理者。他发现,西方领导力价值观得到了强调,而各国的本土领导力价值观则被忽略了,这导致非英国MBA 学生将本国领导力价值观看得无关紧要。

我们同意这种深切的担忧,它使得跨文化领导力教学变得更具挑战性。那些在世界某些地方或在某些教育环境中教授领导力的人可能会发现,学生们对其他文化中的人以及他们的观点和领导力偏好十分缺乏经验,或者抱有刻板印象。而在另一些地区或教育环境中教授领导力的人会发现,那里的学生们经常旅行,对其他文化知之甚多。在这两种环境中,以我们的经验来看,一种数据驱动的讨论文化异同的方法,是提升理解和打破偏见的最好方法。GLOBE 项目为数据驱动方法在跨文化领导力的教学提供了机会。

因此在本章中,我们试图为那些想要通过数据驱动的方法,以文化上更完整的方式探讨跨文化领导力问题的教学者提供支持和想法。

参考文献

Aycan, Z. (2008). Cross-cultural approaches to leadership. In P. B. Smith, M. F. Peterson, & D. C. Thomas (Eds.), *The handbook of cross-cultural management research* (pp. 219—238). Thousand Oaks, CA: Sage.

Bass, B. (1990). *Bass and Stogdill's handbook of leadership: Theory, research, & managerial applications.* New York: Free Press.

Bass, B. M. (1997). Does the transactional-transformational leadership paradigm transcend organizational and national boundaries? *American Psychologist*, 52, 130—139.

Chhokar, J. S., Brodbeck, F. C., & House, R. J. (2007). *Culture and leadership across the World: The GLOBE book of in-depth studies of 25 societies.* Mahwah, NJ: Lawrence Erlbaum.

Den Hartog, D., House, R. J., Hanges, P. J., Ruiz-Quintanilla, S. A., Dorfman, P. W., & 170 co-authors. (1999). Culture-specific and cross-culturally generalizable implicit leadership theories: Are attributes of charismatic/transformational leadership universally endorsed? *The Leadership Quarterly*, 10, 219—256.

Dickson, M. W., Den Hartog, D. N., & Mitchelson, J. K. (2003). Research on leadership in a cross-cultural context: Making progress, and raising new questions. *The Leadership Quarterly*, 14, 729—768.

Dickson, M. W., Hanges, P. J., & Lord, R. M. (2001). Trends, developments, and gaps in cross-cultural research on leadership. In W. Mobley & M. McCall (Eds.), *Advances in global leadership*, vol. 2 (pp. 75—100). Stamford, CT: JAI Press.

Dorfman, P. W., Hanges, P. J., & Brodbeck, F. C. (2004). Leadership and cultural variation: The identification of culturally endorsed leadership profiles. In R. J. House, P. J. Hanges, M. Javidan, P. W. Dorfman, & V. Gupta (Eds.), *Culture, leadership, and organizations: The GLOBE study of sixtytwo societies* (pp. 669—713). Thousand Oaks, CA: Sage.

Dorfman, P. W., & House, R. J. (2004). Cultural influences on organizational leadership: Literature review, theoretical rationale, and GLOBE Project goals. In R. J. House, P. J. Hanges, M. Javidan, P. W. Dorfman, & V. Gupta (Eds.), *Culture, leadership, and organizations: The GLOBE study of sixtytwo societies* (pp. 51—73). Thousand Oaks, CA: Sage.

Graen, G. (2006). In the eye of the beholder: cross-cultural lesson in leadership from project GLOBE: A response viewed from the third culture bonding (TCB) model of cross-cultural leadership. *Academy of Management Perspectives*, 20(4), 95—101.

Grisham, T., & Walker, D. H. T. (2008). Cross-cultural leadership. *International Journal of Managing Projects in Business*, 1(3), 439—445.

Gupta, V., & Hanges, P. J. (2004). Regional and climate clustering of social cultures. In R. J. House, P. J. Hanges, M. Javidan, P. W. Dorfman, & V. Gupta (Eds.), *Culture, leadership, and organizations: The GLOBE study of sixty-two societies* (pp. 78—218). Thousand Oaks, CA: Sage.

Gupta, V., Hanges, P. J., & Dorfman, P. W. (2002). Cultural clusters: methodology and findings. *Journal of World Business*, 37, 11—15.

Gupta, V., Sully de Luque, M. F., & House, R. J. (2004). Multisource construct validity of GLOBE scales. In R. J. House, P. J. Hanges, M. Javidan, P. W. Dorfman, & V. Gupta (Eds.), *Culture, leadership, and organizations: The GLOBE study of sixty-two societies* (pp. 152—172).

Thousand Oaks, CA: Sage.

Hanges P., & Dickson, M. (2006). Agitation over aggregation: Clarifying the development of and the nature of the GLOBE scales. *The Leadership Quarterly*, 17, 522—536.

Hanges, P. J., & Dickson, M. W. (2004). The development and validation of the GLOBE culture and leadership scales. In R. J. House, P. J. Hanges, M. Javidan, P. W. Dorfman, & V. Gupta (Eds.), *Culture, leadership, and organizations: The GLOBE study of sixtytwo societies* (pp. 122—151). Thousand Oaks, CA: Sage.

Hofstede, G. (1980). *Culture's consequences: comparing values, behaviors, institutions, and organizations across nations.* Beverly Hills, CA: Sage.

Hofstede, G. (2006). What did GLOBE really measure? Researchers' minds versus respondents' minds. *Journal of International Business Studies*, 37, 882—896.

Hofstede, G., & Peterson, M. F. (2000). Culture: National values and organizational practices. In N. M. Ashkanasy, C. Wilderom, & M. F. Peterson (Eds.), *Handbook of organizational culture and climate* (pp. 401—416). Thousand Oaks, CA: Sage.

House, R. J., Hanges, P. J., Javidan, M., Dorfman, P. W., Gupta, V., & GLOBE Associates. (2004). *Leadership, culture and organizations: The Globe study of sixty-two societies.* Thousand Oaks, CA: Sage.

House, R., Javidan, M., & Dorfman, P. (2001). Project GLOBE: An introduction. *Applied Psychology: An International Review*, 50, 489—505.

House, R. J., & Hanges, P. J. (2004). Research design. In R. J. House, P. J. Hanges, M. Javidan, P. W. Dorfman, & V. Gupta (Eds.), *Culture, leadership, and organizations: The GLOBE study of sixty-two societies* (pp. 95—101). Thousand Oaks, CA: Sage.

House, R. J., Hanges, P. J., Javidan, M., Dorfman, P. W., & Gupta, V. (2004) *Culture, leadership, and organizations: The GLOBE study of sixty-two societies.* Thousand Oaks, CA: Sage.

House, R. J., & Javidan, M. (2004). Overview of GLOBE. In R. J. House, P. J. Hanges, M. Javidan, P. W. Dorfman, & V. Gupta (Eds.), *Culture, leadership, and organizations: The GLOBE study of sixty-two societies* (pp. 9—26). Thousand Oaks, CA: Sage.

House, R. J., Javidan, M., Dorfman, P., & Sully de Luque, M. (2006). A failure of scholarship: Response to George Graen's critique of GLOBE. *Academy of Management Perspectives*, 3, 37—42.

House, R. J., Quigley, N. R., & Sully de Luque, M. F. (2010). Insights from Project GLOBE: Extending Global Advertising Research through a Contemporary Framework. *International*

Journal of Advertising, 29, 111—139.

Javidan, M., & Dastmalchian, A. (2009). Managerial implications of the GLOBE project: A study of sixty-two societies. *Asia Pacific Journal of Human Resources*, 47, 41—58.

Javidan, M., Dorfman, P. W., Sully de Luque, M. F., & House, R. J. (2006). In the eye of the beholder: Cross-cultural lessons in leadership from Project GLOBE. *Academy of Management Perspectives*, 20(1), 67—90.

Javidan, M., & Hauser, M. (2004). The linkage between GLOBE findings and other cross cultural information. In R. J. House, P. J. Hanges, M. Javidan, P. W. Dorfman, & V. Gupta (Eds.), *Culture, leadership, and organizations: The GLOBE study of sixtytwo societies* (pp. 95—101). Thousand Oaks, CA: Sage.

Javidan, M., House, R. J., Dorfman, P., Hanges, P. M., & Sully de Luque, M. (2006). Conceptualizing and measuring cultures and their consequences: A comparative review of GLOBE's and Hofstede's approaches. *Journal of International Business Studies*, 37, 897—914.

Javidan, M., Stahl, G. K., Brodbeck, F., & Wilderom, C. P. M. (2005). Cross-border transfer of knowledge: Cultural lessons from Project GLOBE. *Academy of Management Executive*, 19, 59—76.

Kolman, L., Noorderhaven, N. G., Hofstede, G., & Dienes, E. (2003). Cross-cultural differences in Central Europe. *Journal of Managerial Psychology*, 18, 76—88.

Liddell, W. W. (2005). Project GLOBE: A large scale cross-cultural study of leadership. *Problems and Perspectives in Management*, 3, 5—9.

Lonner, W. J. (1980). The search for psychological universals. In H. C. Triandis & W. W. Lambert (Eds.), *Handbook of crosscultural psychology* (Vol. 1, pp. 143—204). Boston: Allyn and Bacon.

Lord, R., & Maher, K. J. (1991). *Leadership and information processing: linking perceptions and performance*. Boston, MA: Unwin-Everyman.

Mellahi, K. (2000). The teaching of leadership on UK MBA programmes: A critical analysis from an international perspective. *Journal of Management Development*, 19, 297—308.

Merritt, A. (2000). Culture in the cockpit: Do Hofstede's dimensions replicate? *Journal of Cross-Cultural Psychology*, 31, 283—301.

O'Connell, M. S., Lord, R. G., & O'Connell, M. K. (1990, August). *Differences in Japanese and American leadership prototypes: Implications for cross-cultural training*. Paper presented at the meeting of the Academy of Management, San Francisco.

Peterson, M. F., & Hunt, J. G. (1997). International perspectives on international leadership. *The Leadership Quarterly*, 8, 203—231.

Resick, C. J., Hanges, P. J., Dickson, M. W., & Mitchelson, J. K. (2006). A cross-cultural examination of the endorsement of ethical leadership. *Journal of Business Ethics*, 63, 345—359.

Resick, C. J., Mitchelson, J. K., Dickson, M. W., & Hanges, P. J. (2009). Culture, corruption, and the endorsement of ethical leadership. In W. H. Mobley, Y. Wang, & M. Li (Eds.), *Advances in global leadership*, vol. 5 (pp. 113—144). Bingley, UK: Emerald Books.

Robie, C., Johnson, K. M., Nilsen, D., & Hazucha, J. F. (2001). The right stuff: Understanding cultural differences in leadership performance. *Journal of Management Development*, 20, 639—650.

Ronen, S., & Shenkar, O. (1985). Clustering countries on attitudinal dimensions: A review and synthesis. *Academy of Management Review*, 10, 435—454.

Shaw, J. B. (1990). A cognitive categorization model for the study of intercultural management. *Academy of Management Review*, 15, 626—645.

Søndergaard, M. (1994). Hofstede's consequences: A study of reviews, citations, and replications, *Organizational Studies*, 15, 447—456.

Sully de Luque, M. F., Washburn, N., Waldman, D. A., & House, R. J. (2008). Unrequited profits: The relationship of economic and stakeholder values to leadership and performance. *Administrative Science Quarterly*, 53, 626—654.

Tung, R. L., & Verbeke, A. (2010). Beyond Hofstede and GLOBE: Improving the quality of crosscultural research. *Journal of International Business Studies*, 41, 1259—1274.

Waldman, D., Sully de Luque, M., Washburn, N., House, R., & colleagues. (2006). Cultural and leadership predictors of corporate social responsibility values of top management: A study of fifteen countries. *Journal of International Business Studies*, 37, 823—837.

Yan, J. (2005). A cross cultural perspective on perceived leadership effectiveness. *International Journal of Cross Cultural Management*, 5(1), 49—66.

附录 26.1

推荐阅读

我们推荐下列文章给指导教师，特别是在教授 GLOBE 时可以使用。

Den Hartog, D., House, R. J., Hanges, P. J., Ruiz-Quintanilla, S. A., Dorfman, P. W., & 170 co-authors. (1999). Culture specific and cross culturally generalizable implicit leadership theories: Are attributes of charismatic/transformational leadership universally endorsed? *The Leadership Quarterly*, 10, 219—256.

这是第一篇主要的文章,阐述如何描述 GLOBE 研究的成果,包括文化成果和领导力成果。大量的合著者围绕运营一个这么大规模的项目的必要条件是什么,以及怎样的合作者是受认可的等问题,向学生们提出了饶有趣味的讨论话题。

House, R., Javidan, M., & Dorfman, P. (2001). Project GLOBE: An introduction. *Applied Psychology: An International Review*, 50, 489—505.

这篇文章提供了其标题所表述的内容——项目介绍。

Javidan, M., Stahl, G. K., Brodbeck, F., & Wilderom, C. P. M. (2005). Cross-border transfer of knowledge: Cultural lessons from Project GLOBE. *Academy of Management Executive*, 19(2), 59—76.

这篇文章使用了 GLOBE 来讨论为什么在领导力中考虑跨文化的差异是重要的。文中提出了一个案例,讲述因不顾跨文化的差异而导致的领导力知识传授的无效。

Javidan, M., Dorfman, P. W., Sully de Luque, M. F., & House, R. J. (2006). In the eye of the beholder: Cross-cultural lessons in leader ship from Project GLOBE. *Academy of Management Perspectives*, 20(1), 67—90.

这篇文章提供了四个关于美国人在其他文化中的假设性案例,并以案例阐述了 GLOBE 的数据如何用于处理跨文化的差异,以及在适应其他文化时的一些方法。

Javidan, M., & Dastmalchian, A. (2009). Managerial implications of the GLOBE project: A study of sixty-two societies. *Asia Pacific Journal of Human Resources*, 47, 41—58. DOI: 10.1177/1038411108099289

这篇文章聚焦于从 GLOBE 数据中可以获得的有实用价值的信息。它概述了文化和领导力的维度,并阐述了管理者如何应用这些信息。

本章提到的文章请见:http://www.bsos.umd.edu/psyc/hanges。

第二十七章
高盛公司的领导力加速项目

Shoma Chatterjee
Cary Friedman
Keith Yardley
高盛公司

1999年,高盛公司成功上市。随之而来,公司就开始探索和讨论如何最有效地培养高潜力人才以使其能够更好地承担战略性的重要角色。面对个性化的创新需求和学员方面的限制——每周七天、每天24小时连轴转、埋头于客户业务中的高盛公司精英们,如何培养是一个巨大的挑战。本章讨论高盛的"领导力加速项目"(LAI),看看它的实际效果如何,有哪些不足。几年实践下来,"领导力加速项目"已经成为卓有成效的情境驱动型实践方案。在该方案下,领导者相互联结,致力于公司战略目标的实现,在提升领导力的同时,拓展自己的商业才能。高盛"领导力加速项目"的灵活结构,使得该项目能够协调公司战略重点和领导力的需求。

在高盛公司上市后的2000年,公司的管理团队推出了"松树街领导力发展小组"(Pine Street Leadership Development Group)计划。该计划有两重深意:第一,坚持贯彻公司一直以来在全球范围内赖以发展壮大的师带徒模式;第二,将领导经验、价值观及商业实践经验输送给继任的领导者们。

松树街领导力发展小组计划创立不久,公司就开始探索如何最有效地提升各层次的领导力,从而让公司制订的战略计划得到有效执行。更具体地说,什么类型的领导力计划在当前行业背景下最适合该公司的受众?面对每周七天、每天24小时埋头于客户业务中连轴转的高盛公司精英们,他们会有时间来接受领导力发展培训吗?这是个问题!

本章就来讨论一下高盛的"领导力加速项目",看看它的实际效果如何,有哪些不足。在过去的八年间,"领导力加速项目"已经成为卓有成效的情境驱动型实践方案。在该方案下,领导者相互联结,致力于公司战略目标的实现,在提升领导力的同时,拓展自己的商业才能。

高盛的领导力发展计划之源

> 在一个开放的市场环境中不要开设领导力培训课程。要知道,我们是一个全球性大公司,全球每个时刻都有市场在营业。

在高盛公司成立以来的130年间,在岗学习和高管辅导一直都是高盛公司领导力发展的主要模式。这种师带徒模式已经深深植入公司的企业文化中。然而,当公司在1999年上市以后,向新市场、新地域拓展就成了首要的战略选择。伴随而来的飞速发展使得全球范围内员工大幅增长,新领导职位的剧增成为必然。

当新地域市场的关键职位出现空缺时,对应的候选名单也就会呈递给公司的高层领导。如果你问这些高管们是什么让他们彻夜难眠,他们总会说:"我们有合适的人来负责相关业务了吗?"虽然大家相信人才就在公司的某个角落静待发掘,但公司需要一个更加系统的、可延展的方法来培养领导人才,而这也是实现可持续增长的前提条件。

"松树街领导力发展"小组——高盛集团内部负责发展公司的合伙人及管理人才的组织——坚信该小组可以成为撬动公司组织结构变化与发展的战略性杠杆。无论这个领导力计划采取什么形式都将有力地补充公司的师带徒模式,并使得公司从一个扁平状、无等级体系的非明星文化氛围转为一个根据个人潜力"选择"培养一部分领导人才的文化氛围。

公司当时已经形成了足够大的规模。如果是同等规模的其他公司,早就推出如何识别、发展人才的纲领性计划了。高盛则不然,它为自己"不为了纲领而实施纲领"的模式感到自豪。事实上,公司中的很多高级领导者都认为现有的师带徒模式已经很好了;如果有什么需要改变的话,那就是当时公司亟须发展1 000名董事总经理。而且,很多人确实也对专业培训很感兴趣,也希望能够学到更多的领导力技能,以让自己成长为合格的银行家、交易员或其他方面的专家。

虽然"松树街领导力发展"小组已经确立并积累了一些最佳实践模式,但很明显高盛还是需要制订一个全新的方案。研究表明在岗任务安排和经历是培养领导力最有效的办法。成功的领导力开发需遵循一个70/20/10定律,即:70%的领导力是在工作实践中发展出来的;20%是通过反馈及教练发展出来的;仅有10%是通过课堂学习和书本得来的。虽然这个定律在今天已经被广为接受,但在20世纪90年代,它还是相当新颖的,而且与当时公司领导者们在时间紧张的实际情况下重实践的原则是相符合的。

"松树街领导力发展"模型融合了70/20/10定律最关键的部分:在岗学习、反馈、教练、网络、培训。该模式可以最大限度地减少参与者的离岗时间。为了创造可以实现该计划目标的最佳效果,培训参与者需要深入投身到一个为期12个月的高强度、全方位培训体系中来。当"松树街领导力发展"小组的工作人员向公司高管提出审核这个培训计划的可行性时,一位合伙人面露疑色地说道,"在一个开放的市场环境中不要开设领导力培训课程。要知道,我们是一个全球性大公司,全球每个时刻都有市场在营业"。他的质疑不是个例。很多人都对培训参与者如何在他们紧绷的时间表中挤出足够的时间来参加课程表示怀疑。对于他们的领导来说,也很难想象他们会乐意让下属看着每天堆积如山的工作不做而去参加这样一个繁重的培训计划。

对于非金融服务领域的公司来说,它们可以有大把的时间,比如三到四周,甚或离岗几个月去参加领导力培训。这种情况对于高盛这样的企业来说简直是不可想象的。

摆在面前更大的困难是:选择谁去参加该培训。对于一个一直以来都鼓励团队合作并公开反对"明星式"人事体系的公司来说,指定课程参与者被很多人认为是有悖于企业文化的。对于以前一直相信领导力是软技能的高盛高管们来说,额外花费时间去搞所谓的领导力培训也是不合情理的。

"松树街领导力发展"小组聘请了两名资深顾问加入团队来领衔该计划,以应付该培训计划给公司带来的变化及认知挑战。这两名顾问是"领导力加速项目"

概念的坚定支持者。而且他们最终说服公司的一位副董事长加入,成为该方案的总发起人。这位副董事长与公司 CEO 及 COO 一起非常热心于发掘并提升那些懂得公司运作并可能担任重要职位的领导人才。而领导力开发的原则办法则掌握在"松树街领导力发展"小组的手中。

作为项目发起人的副董事长对于全公司能否认可这个"领导力加速项目"的提名程序是相当关键的。传统情况下,公司通过职位提升和各种补偿金来鼓励优秀员工。而这样一个非传统计划则需要公众认可其合理性。而且,各部门被要求挑选出优秀员工。这意味着他们将减少在业务处理上的时间。作为项目发起人,该副董事长向全球所有地方总部发出通知,要求大家支持"松树街领导力发展"小组首创的"领导力加速项目"。他强调说,这是"松树街最重要的举措,因此各部门要遴选出最具领导潜质的人才。虽然该计划要求参与者要付出额外的时间和精力,但他们同时必须不能耽误自己的日常工作"。

候选名单提交后,该副董事长对候选人进行了细致认真的审查。其中有这样一个例子:该副董事长批注道,"他诚然是这个世界上做这项工作最好的一个人,但我没有感觉到他可以在公司的其他领域有合适的空间发挥。如果这就是所谓的领导力加速项目,我希望他的部门领导可以打电话给我,并向我解释他可以提升到什么位置上去"。因此,那个人被从名单上划掉了。该计划并不是为了满足个人虚荣或颁发安慰奖以提升个人地位。正如一位参与提名过程的高层领导所说,"这并不是一个终身成就奖。但我们将通过它培养公司需要的最有潜力的领导者"。

当名单确定后,更多问题接踵而来了。令公司大多数高层领导头疼的是,其实还有很多同样优秀的有领导潜力的人没有进入名单。他们很快就会走进领导办公室去质询为何自己没能进入名单。举个例子来说,某个部门有两个联合负责人,其中一个入围了名单,而另一个却没能入选。未被选中的联合负责人就提出了质疑:是否另一个将有更好的上升空间,而自己是否应该到公司其他部门去寻求机会?在一个充满精英人才的公司文化下把"高潜能"这个词解释清楚不是一件容易的事情。然而,它为高层领导就如何管理员工期待并进行职业发展对话创造了可持续辅导和教育的机会。

当前的领导力加速项目结构

大多数金融服务公司都没有一个总经理层级。在一个专家云集的公司里,如果没有足够的自然流动性,你就需要用创新的办法来给予人们日常工作之外足够的经验广度及关系网络。

过去的八年间,该领导力加速项目为了更好地符合公司战略发展及满足受众需要而经历了数次改版。

最开始时,领导力加速项目的时间为 12 个月,但鉴于参与者认为时间紧凑些可以提升他们的感觉,并保持行动的激情与动力,现在已经缩短到 6 个月。这些年来,行动学习部分——公司领导批准的特别战略工作组——逐渐变得更务实,更侧重于实际经验。由此,"高潜能"这个定义也日臻完善。总经理领导力加速项目关注于培养一批高潜能的总经理,使得他们可以在关键位置任职,为高盛在全球范围的业务拓展抢关拔寨。"高潜能"这个定义的严格性对于参与者和组织者来说都是一种激励与经验。

领导力加速项目组成成分解析

每年春天,总经理领导力加速项目都会开始新一期的培训。从全球大约 1 800 名总经理中精选出的 60 名幸运学员与公司高层领导共同出席全球首发式。该培训内容包括七个部分,与 70/20/10 领导力开发定律的格局是基本一致的。

1. 入门调研

为了让培训计划有更强的反馈实效性及针对性,"松树街领导力发展"小组在每学期伊始就为所有学员把脉问诊,调查他们在领导力发展方面的首要挑战、需要提高的技能及他们在公司的发展目标。整个培训过程都将使用这些信息,以达到因材施教、因人治宜的效果。

2. 全球启动与深入体验

全球启动是一个一天半的活动,目的是为接下去的六个月培训定调。来自全球的公司精英们首次作为同学聚在一个教室里,并听取项目主管、地区领导、外部思维领袖及特别任务组客户的建议。这次活动很大一部分的内容就是了解他们各自的任务组项目,并与他们的特别任务组成员会面。全球体验活动的高潮是学员们到宾夕法尼亚州的葛底斯堡战场或法国的诺曼底战场去现场体验。领导力加速项目的学员们还去过美国西点军校,参加一个模拟谈判。他们在那里会被分成若干小组。他们的任务是,与当地领导(由部队军官扮演)进行谈判,以保证所需供给的安全通过。这些体验的目的是以一种难忘的方式让参加培训者感受到领导力的语言艺术。比如,在诺曼底,学员们对战略战术展开讨论:信息如何收集;决策如何制定、传播、修改;个人动机对于决策制定的效果;机会和幸运的成分。继而,通过事后研究总结,学员们立刻可以把学到的课程知识应用于商业场景中。第二点同时也是非常重要的一点就是,通过这样一种模拟的历史环境,学员们可以在远离办公室的环境中发展与这个团队的新的人际关系。

3. 360度反馈及教练

高盛公司本身就有一个全公司范围内实施的360度绩效评估体系。而领导力发展培训计划的360度反馈系统侧重于领导能力信息的收集及发展需要。因此,这个培训内部的反馈不会影响到学员在公司的绩效评价和奖惩。因此,反馈是公正、直接、可行的。这些反馈汇总后,学员与辅导老师会面,讨论并制订具体的领导力开发方案,并在培训的剩余时间内实施。学员们接着还会得到教练的扶持帮助。

4. 高层领导人圆桌会议

高盛有口传面授的历史传统,高层领导人圆桌会议为领导者们提供了一个与参加培训的员工分享职业心得、决策制定及确定业务重点的平台。一般情况下,高层领导人圆桌会议在培训期间每月举行一两次,每次大约90分钟。为了增加互动性及交流对话,高层领导们的讲话不能超过20—30分钟。他们的讲话需要针对三个话题:(1) 他们当前业务的概况及战略方向;(2) 职业生涯的亮点及轨迹;(3) 为参加培训的学员提供领导力及职业规划建议。最后两个话题是最适合教学相长的部分,因为这两部分经常会涉及参加者不愿面对的问题。比如,你如何对摆在面前的一个新的职业机会说"不"？当职业生涯遭遇挫折时他们该如何处理？如何从跌倒处重新爬起来？一位高层领导讲述了在一次重要的全公司范围会议上遭遇的窘事。因为随着一个人在公司的领导层级上越升越高,他能够收到的真实反馈就越来越少。因此,当时别人没有提醒她"她在会上显得过于敏感,并且可能已经伤及了一些同事关系"。后来,这位高层领导积极寻求同事间的反馈,澄清她所说的话的无目的性,并修复了与同事的关系。另外一位领导讲述了他在职业生涯中对公司战略业务造成损害的一件事。在事情发生的当周结束时,他去见经理商议如何弥补损失,经理分析了他的想法,并告诉他,他的想法是可行的。当他离开经理办公室的时候,他得到经理的最后一句建议:"去洗洗脸,因为现在你已经是领导了,大家都在看着你!如果你的团队看到你眼睛里的红血丝,他们会陷入惊慌状态的。"

5. 技能培训

这些年来,最盛行的培训需求一直是沟通能力。专家们就个人仪表、影响力及角色魅力对学员展开培训。除了沟通交流,个人生产力及时间管理也是培训内容的一部分。

6. 特别任务小组及行动学习

领导力发展培训方案中最重要也是最苛刻的部分——特别战略任务小组的指定项目——可以反映公司及个人的行动偏好。每个项目根据客户需要及参加者的职业发展需求配备组成人员。高盛公司的高级合伙人充当客户,而五到八名参与者来解决一些实时的商业挑战。项目筹备早在培训期之前数月就开始了。松树街小组提前会见地区及部门领导和管理委员会成员讨论相关项目事宜。

特别任务小组的项目主题通常有四类:(1)提高针对公司客户、股东、员工及投资者服务的机会;(2)新市场、产品/服务及并购等机会或价格模型;(3)提高公司风险处理及管理的机会;(4)提升企业文化的评估及建议。近年来的案例包括:评估新市场的机会或并购事宜;更好地服务不同客户的办法;接近公司外部股东并向他们解释公司工作。

每个项目必须由公司的合伙人或高层领导发起,并由他们负责任务推进或建议实施。如何选择公司的优先项目是绝对不容低估的一件事情。因为任何一家公司在下一年发展的优先项目都是有限的。然而,松树街小组明白,通常的标杆学习法或市场规模估算练习并不能作为最佳的攻坚任务,因为参与者只会"把本职工作看成项目",从而影响他们的工作。因此,特别任务小组发起者们对完成任务所需要的技术、背景及相关知识提供相关支持,从而帮助松树街更好地为相关项目匹配成员。

在项目的全球首发中,参与者会首先得到项目简介及发起人和股东的简历信息。松树街小组及外部辅导老师就项目管理及团队建设召开相关会议。虽然学员们被要求每周都花一些时间在他们的特别任务小组项目上,但工作的大头还是在期中报告及期末报告提交之前。小组成员们就任务范围、责任分工及时间框架展开讨论。

在任务结束期,特别任务小组的客户及其他同事检查学员们的作业成果。特别任务小组的客户根据学术严谨度、商业敏感度及实施可行性等对各小组的建议进行评估。他们将考察每个学员的领导力表现。而学员之间则被要求就以下标准评价彼此:提供指导、展示创新力、结果导向、合作精神、实力及发展机会。不可避免地,会有一两个学员不能像同事们期待的那样完成任务,但此种情况的发生概率会因为项目发起人的关注及同组同事的"压力"而降到最低。

我们不能过高估计这些行动学习的重要性。正如一个毕业学员说的,"大多数金融服务公司缺乏一批总经理岗位。在一个专家云集的公司里如果没有足够的自然流动性,你就需要用创新的办法来给予人们日常工作之外足够的经验广度及关系网络"。

7. 全球培训落幕

六个月的培训将以一个庆祝性的简短仪式落幕。闭幕活动的重头戏是学员们有机会与公司高层领导及高盛董事会成员沟通,并展示他们的作业成果。正如一个学员所写的,"我很欣赏董事会提出的那些有深度的问题。他们愿意花时间来聆听我们面临的困难和挑战"。

而董事会成员也有机会目睹一下公司的高潜能人才,并和他们一起开展富有成效的讨论。

虽然每年的培训主题及任务都会根据公司的战略及行业动态而发生变化,但该领导力发展培训方案始终都有三个同等重要的目的:

- 让学员学到更多其职责范围之外的公司相关事务知识。
- 深入评估学员的领导力及技巧,并为其提供指导,以最大化地提升其领导能力。
- 帮学员拓宽与同事及高层领导的关系。

这些目的强调了高盛公司在商业成果和企业文化、价值标杆领导力方面的关键成功因素,以及在一个相对扁平的企业组织和文化氛围中不可或缺的同事关系网络。

领导力发展培训的理论基础

本章前面的部分阐述了该项目的构成要素及高层领导在其中起到的重要作用。这些要素的选择及其结果建立在三个基本假设之上：对于行动的偏好；领导力开发是一项交际活动；领导者之间是互动融合的。

假设1：对行动的偏好。此设想的一个重要理论支撑是 Lombardo 和 Eichinger 在《领导力创新中心》(*The Center for Creative Leadership*)一书中提到的70/20/10原则。

这其中70%的推动力是由深受"行动反思学习"(Action Reflection Learning)方法论影响的特别任务小组的项目组成的。在"松树街"小组看来，"行动反思学习"就是在真正面对公司业务挑战中学到新的领导技巧。该学习理论的核心就是学员们在有强烈求知欲的小组中积极提问（对比课堂灌输式学习），并开展反思性学习。"行动学习法"被 Reg Revans(1982)创立以来就一直为大家津津乐道。他的学习法有无数追随者。他曾说，没有不行动的学习，也没有不学习的行动。具体来说，行动反思学习法鼓励参加领导力发展培训课程的学员们在五个方面开展学习活动(Rimanoczy & Turner, 2008)。

（1）在业务开展中边用边学：学员们需要对现实业务挑战或机会提出真知灼见，从而培养战略思维能力和解决问题的技巧。

（2）在组织关系中发展能力：学员们学习如何在公司范围内审视关系网络，从而能够在实际环境中抓住机会、应对挑战。

（3）在团队合作中发展领导力：学员们学会与跨职能部门合作共事。此时，没有谁具有确定的领导角色。

（4）提升专业能力：学员们学到新的技巧和技术知识。

（5）头脑风暴：学员们学会用不同视角审视大千世界。

假设2：领导力开发是一项交际活动。这期间学员会反复接触到一些核心股东。Goldsmith 和 Morgan 在2004年指出，领导力开发课程中实现长期好成绩的最重要的变量就是参与者与同事的即时亲密互动。与同事的互动才是最重要的，而不是与辅导老师、教练、顾问或是学术权威。这两位作者写道："与同事分享自身提升重点并经常跟随那些同事做业务的领导者，通常会有明显的领导力提高。"此假设的前提是，学员们得到以下绝对保证：从同事那里及他们直接与导师或管理者讨论而形成的发展计划中收集来的个人反馈信息只用于该项目的领导力开发这一个用途。这保证了学员们可以放心大胆地去讨论个人弱点以提高自己的领导力才能。

假设3：领导之间是互动融合的。这一假设一直存在于高盛公司成立一百多年来的企业文化中，只不过是最近才通过学术研究形成文字表达。该理论的研究领域即社交网络。研究表明，公司内部的各种联系是信息分享与创新的重要途径，虽然更多的联系未必更好。因此，各个公司最好能够把公司内部的社交网络建立在核心价值观之上。我们的培训课程加强了Cross、Liedtka和Weiss标榜的"个性化反馈网络"。个性化反馈网络的特点包括：个体们被迅速聚集到一起，共同确定客户的问题所在或发展机会。为了建成这些网络关系，学员们需要实现跨业务、跨地界的联系，并信任彼此的专业技能，创建一种互惠互利的文化氛围。正是基于对个性化人际关系重要性的认识，该培训项目才设计了交互性极强的跨功能部门、跨地区、全公司范围内的人际网络体系。

评估、效果及局限

> 通过该培训课程的学习，我悟到：也许领导力不是教出来的，但它一定是可以学到的。我的思维已经从"我如何才能成为最好的研究分析师"转为"我怎样为公司创造价值？未来业务将如何拓展？我需要和谁讨论这个问题？"

与其他地方的领导力课程相比，"松树街"致力于考察其领导力发展培训课程的反馈。主要考察指标包括以下几种。

- 超过350名总经理已经从领导力发展项目毕业了。
- 柯氏四级培训评估模式如下：(1) 反应评估——主要是在培训项目结束时，通过调查收集受训人员对于培训项目的效果和有用性的反应；(2) 学习评估——测定被培训者的知识及技能获得程度；(3) 行为评估——考察被培训者的知识运用程度；(4) 成果评估——评测学员在培训后关于储蓄、收入、效率、士气等的结果。从柯氏培训评估模式第一级最简单的形式来看，学员在培训后的正面反馈自培训创立开始一直在持续上升。近年来，总经理领导力发展培训课程的平均得分为4.7分（满分为5）。得分即满意度的上升主要是特殊任务小组项目的质量、赞助及实践方向得到提升的结果。
- 在第二、三级，学员们普遍认为主要是学到了以下三个领域的技能：

(1) 公司的战略及技术技能。更重要的是，他们可以利用这些技能提升自己的业务表现,并更好地服务于客户。在一家专业的服务公司,了解谁拥有特殊领域的知识是一个明显的优势。一个参加了领导力发展培训的学员有一次和一位重要客户谈起消费品市场的业务。在交谈中,话题转到如何让该客户的长期战略受益于拉美地区中产阶层的增长上。这个学员回忆起在培训期间同一个特殊任务小组的一个成员正好关注该地区的新兴市场。于是,她就给这个前小组同事打了电话。由此,她很轻松地为客户提出了相关领域的独到见解。用她自己的话来说,"领导力发展培训课程的经历把这样一家大公司变成了一个小社区。因为在那段紧张学习并实践的日子里我们结下了深厚的友谊。如果不是这个经历,我们很难有见面的机会"。

(2) 学员业务能力提高了,也愿意管理一个成员复杂的团队,在一些不熟悉甚或不适合的领域开展针对棘手问题的工作,并取得好成绩。正如一名学员描述的,"通过培训,我提高了自己处理新挑战的能力。这对于我们如何面对一个无限不确定性的时代来说是极其重要的。我们的任务范围是开放而模糊的。当我们感到紧张、失落时,我们延伸到功能部门之外的视野就开始起作用了。我认为大多数学员随着职位的升高,都会越发感激这个培训课程的广度和深度。诸多挑战其实越来越不关乎技术问题,而是能否适应的问题"。

(3) 行使领导话语权、展现领导风范与影响力。虽然参加培训的学员很多都是演讲高手或沟通高手,但随着培训的进展,他们很快懂得了普通沟通能力与领导沟通力的区别。"领导沟通力的特点在于它会激励他人去做得更好,或产生新的变化,赋予下属新的正能量。通常,不依靠行政力量去施加影响。尤其是在特别任务小组中与同事共同面对挑战时,领导沟通力更显出它的重要性。"

- 阶段四:行为改变和投资报酬率评估(ROI)很难在短期内被精确地衡量。然而,项目特别任务小组的建议产生的正面业务反馈、对参加培训的热切要求及高层领导们乐意担当教员的情况都表明公司认可该培训产生的投资报酬率。
- 超过50个特别任务小组的项目已经完成了。
- 单单2010年总经理领导力发展项目就吸引了180名高层领导参与作为教员、导师或特别任务小组发起人。这个数字还不包括举行社交活动的公司内部大腕们。
- 参加领导力发展项目的员工留职率高于那些没有参加该项目的同事。由于项目学员有限,"松树街"可以追踪每个学员在公司的升迁进展。参加项目的人比他们的同事在职位提升上更快。虽然二者有一些联系,但是把学员的成功归功于这六个月的培训是不准确的。因为这些学员本来就是以高潜能员工的资格入选项目的。

- 要求参加培训的人数至少是可接收量的4—5倍。

项目效果

项目的第一个作用是它的商业性和实用性。项目各个环节的目的都是让学员在本公司和在本行业做得更成功。鉴于在一个国际化的大公司中建立人际网络，在特别任务小组中解决关键问题，以及向一线领导学习的相关性是不言而喻的，项目的投资报酬率已经不再是什么问题了。事实上，考虑到是公司的顶级人才参与了咨询服务，特殊任务小组提供的建议产生的价值是无法估量的。而且，由于是在岗培训，其对正常工作的干扰被降到了最低。

项目的学员组成、培训核心主题及特别任务小组的项目与公司当前的战略重点及行业背景是紧密相关的，从而增加了它的商业拓展度。例如，2010年时公司的重点是在增长及发展中的市场，因此当年的项目成员主要是在地方市场及重点地区拓展业务的人员。因此，2010年的特别任务小组也侧重于评估增长机会或公司如何在业务活动中创立最高的道德规范、透明度及客户关注度。

第二，通过论坛讨论及特别任务小组的项目执行，公司领导及这些核心人才形成了一致的战略要点判断。而且，公司的文化信仰和成功因素以理论形式输送到每个学员心中。这种组织凝聚力的价值是无法用金钱来衡量的！

第三，该项目的组织结构为"领导者培养"和"领导力发展"的传统辩证法搭建了一个沟通的桥梁，因为这些元素对于公司的人力资本和社会文化资本都可以起到很大的促进作用(Day, 2001)。

第四，领导力发展项目的每期学员都是在全公司范围内认真筛选出来的。因此公司高层可以把全部人才储备审查一遍。每个人的才能与发展轨迹清楚地展现出来。"松树街"根据当前的公司战略及每个部门或地区的领导人才需求量为各个部门和地区分配名额。然后，高盛公司的八大部门及三大地区深入到各个职能部门去发掘、锁定高潜能人才。第一份候选人的长名单先送到部门领导手中。然后，部门领导会在候选人个人表现及与同事对比的基础上再经严格过滤审核。最后，行政办公室从全公司角度从各个部门报上来的候选名单中确定最终名额。

第五，或许也是最重要的，CEO和总裁在行政办公室作为发起人参与进来。这已经是数年来即使领导更迭也雷打不动的惯例了。他们的任务可不止于召开会议和分享个人经验,还包括审查候选人名单,制定特别任务小组的项目,为学员提供一对一的辅导,邀请高盛公司董事会成员来会见学员并聆听他们最终的项目结果分析。

该项目的局限性

如何扩展升级是这个以高度定制化和能够与高层零距离接触为特色的领导力发展项目发展的第一个局限。虽然公司希望继续保持这个项目的优中选优原则,但鉴于全球市场的不断扩大,已经有越来越多的声音要求扩大这个项目的规模。然而规模的扩大将会削弱特别任务小组项目的有效性。一个领导者将不得不分心指导更多的学员,从而降低该项目集体的亲密度。

第二,该项目的360度反馈体系确实比公司自身的绩效审察得到更多真实而有指导意义的反馈,而且我们从项目同事的同级反馈中得到更多有关学员的信息。这些学员在特殊任务小组的项目进展中自然而然地成长为领导者。但这些信息不会泄漏到项目之外的地方。虽然这些信息对于公司的业务进展和其他人才管理程序是极有帮助的内容,但我们相信,如果我们改变这些反馈信息仅作为培训项目专用的目的,学员们将不愿意如此诚恳地分享反馈信息。

第三,紧凑的时间安排及该项目的商业推力使得学员和团队几乎没有时间去就领导力发展进行更广、更深层次的思索。同样,领导力发展项目的战略特别任务小组和领导力讨论议程仅为我们提供了一个12—18个月的视野空间,反映出华尔街只关注短期效果的文化传统。而对未来一两年之后的趋势则基本没有探索。

或许从高盛公司的领导力发展项目学到的最重要的一课就是这些培训既是应对变革管理的行动,也是针对具体项目的实战练习。公司高层领导对于每年获得发起资格、得到认可并努力适应学员要求的热情是这个项目持续受到欢迎并形成制度化的重要原因。当前金融服务市场的后危机环境为领导力发展项目如何更好地培养适应"新常态"的领导者引发了新一轮讨论——领导者可以将更多的严格条件应用于决策制定中,让公司不论市场如何风云变幻依旧保持繁荣发展,并让更多的外部股东为公司服务。最后,对于一个如此重视培养自己领导者的公司来说,领导力发展项目的经验和平台是公司的宝贵财产。

参考文献

Cross, R., Liedtka, J., & Weiss, L. (2005). A practical guide to social networks. *Harvard*

Business Review, 83(3), 124—132.

Day, D. V. (2001). Leadership development: A review in context. *Leadership Quarterly*, 11, 581—613.

Eichinger, M. M., & Lombardo, R. W. (2007). *Career architect development planner*, (4th ed.). Minneapolis, MN: Lominger International.

Goldsmith, M., & Morgan, H. (2004). Leadership is a contact sport: The follow-up factor in management development. *Strategy & Business*, 36, 70—79.

Revans, R. W. (1982). *The origin and growth of action learning*. Brickley, UK: Chartwell-Bratt.

Rimanoczy, I., & Turner, E. (2008). *Actionreflection-learning: Solving real business problems by connecting learning and earning*. Mountain View, CA: Davies-Black Publishing.

附录27.1 特别任务小组工作索引

时间	团队角色	成功因素
六月新班开始（60—90分钟）	面见项目发起人/客户，启动项目；了解该项目的战略背景；获取相关启动信息，并开展小组尽职调查；咨询客户在项目进展过程中与他们联系沟通的最好方法；"松树街"在整个项目中始终都会与你及客户保持联系	了解项目范围——特别是确定保留什么，去掉什么；小组要根据个人能力确定人员职责分工；选择1—2个人担任项目主管；小组要确定会议日程及沟通方式
六月中旬（每周例会/每天与客户通过电话联系）	开展尽职调查；分析初始信息；平均每周需要花费数个小时	继续关注小组的工作范围；联系"松树街"，看看有无新问题出现；尽可能加快工作进度，以免后期有延误
七月/八月（期中报告）	制定一个期中进度表；与客户沟通进展情况；与客户一起审查初始研究及初步结论	进度报告要诚实无误；问问他们你应该启动什么、停止什么或重点做什么
九月中旬/十月中旬（60—90分钟的期末报告）	小组要提交最终报告；如果不能保证小组所有人到场，也要保证大部分人到场（本人到场或电视电话会议）	把研究结果做一份简短报告，要有个人观点（这并非正式的学术研究项目）；提出尽可能可以付诸实施的建议；一人以上交出最终报告
十月底（30分钟）	"松树街"从小组的每个成员那里收集反馈；"松树街"根据小组其他成员及客户的意见对你做出反馈	对小组其他成员做出真实的反馈

第二十八章

相互依存型领导力开发

Charles J. Palus
John B. McGuire
Chris Ernst
创新领导力中心(CCL)

在当今时代,我们面临的诸多重大挑战都是相互影响的。人们只能通过开展跨界的团体合作才能够应对挑战。在本章中,我们将讨论传授及开发相互依存型领导力需要的四项技能。支持这四项技能发展的理论基础是领导力的本体论,也就是我们通常所指的以三个基本领导力绩效为基础的框架结构:方向、协调与承诺。领导力框架结构是通过三个渐进的认识过程创造出来的:依赖型领导力、独立型领导力和相互依存型领导力。这四项技能代表人们创造共享框架结构的四种社会层次:社会、组织、团体、个人(SOGI模型)。这四个层次都致力于开发相互依存型领导力。在个人层次,从内至外地开发领导力,与主观自我(核心价值、信念、身份、情感、直觉、想象力、领导力逻辑)和谐统一。在团体层次,该技能指的是在横向、纵向、人口、地理及股东权限之间的跨界能力。组织层次则是创造高度空间,指在规定的时间、地点、风险、知识及模型下把整体的领导力在思与行两方面都提升到一个新的高度。最后,社会层次的对话技能和所有四个层次之间的对话技能可以帮我们利用协作性探究及创新型对话实现明智有效的方向、协调及承诺,以应对关键挑战。

❖❖❖

介绍:相互依存的宣言

我们认为这是一个颠扑不破、放之四海而皆准的真理:无论是在自然界还是在我们的工作生活、组织结构中,万事万物都是互相依赖、普遍联系的。所有的一切都正在或将要发生相互联系。

1998年,普利策奖得主——哈佛生物学家 E. O. 威尔逊(E. O. Wilson)将"融通"(consilience)这个概念重新发扬光大。他指出:**所有的知识在本质上都是相互联系的**。启蒙思想家就是靠这一点发掘了世间万物的很多知识。今天的专家们知道很多,但对什么都是知道一点点,这对于同根、同源、同归宿的科学与艺术创作来说是只能起反作用的。我们只能通过多学科的知识融会贯通才能解决这些困扰人性的问题。

> 只有对不同领域的知识体系实现融会贯通才能为大家清晰地展示这个世界的本真面目,而不是通过带有某种偏见或宗教执迷的有色眼镜去窥视,或是对于应急需要的短视反应。(Willson,1998)

因特网及合作技术的进步已经成功拆除了很多原先阻碍人们交流的物质性屏障。然而,物质性障碍诚然解除了,但人际关系之间还是存在尖锐的、参差不齐的思想障碍。在这种领导力内容转变的背景下,我们面临的重大挑战——天气、战争、疾病、繁荣、正义——只能通过团体合作的方式才能解决(Johanson,2010)。

我们需要一种全新的领导力技能。这种新的领导力可以带领我们集中精力解决面向未来的诸多重大挑战,而不是在政治运动中拼得你输我赢。我们需要一个相互依赖的宣言(McGuire,2010)。

变化其实已在发生。在今天的世界,人们对于领导力的认识正在发生革命性的转变。领导力正日益成为一个组织乃至整个社会成员共同分享的过程,而不是仅为一小部分上层人物所独享。

在适合的环境下,有意识地去创造相互依赖型领导力的文化氛围是可行的。美国最开始是以一种依赖性文化起步的——在英王授权下的殖民地联合体。随着这些殖民地蜂拥而起反抗这种压迫,殖民者们逐渐形成了独立意识。《美国宪法》通过树立权威与适度妥协在更广的合作框架、前沿领域及转型空间中表达了一种共生精神。

协作性工作使用对话而不是争论去更好地理解我们面临的挑战。协作会产生多种选择,并把最好的选择融入可持续性方案。而妥协则给了我们更多进步的空间。协作是融合更多视角进入新领域的创新过程。

那么,我们将怎样"传道"呢?相互依存型领导力该如何开发呢?

本章将要探讨高效领导力教育及开发相关的理论及实践。这是在这个日益共生互存的社会中所需要的。

首先,我们需要重新考虑领导力的源泉。在我们眼中,领导能力不仅仅存在于个别人当中,还应当在更大的领域存在。人们会以各种有意思的创新型方式实现领导力的方向共享、协调及承诺。在我们过去20年间的研究和实践中,这一直是一个开放性的话题。我们不断寻求开发更具协作性、互联性、适应性和有活力的相互依存型领导力形式。

我们可以从连续性的四个层次来观察人们实践共同的方向、协调及承诺的过程,也就是探讨SOGI模型——社会S(society)、组织O(organization)、团体G(group)、个人I(individual)。SOGI模型指明了领导力的源泉——建立在共同的方向、协调及承诺基础上的信仰和实践,以及可以用来衡量领导力开发结果的四个层次。

本章的目的是通过领导力开发支持现实世界的变化。我们努力探索更多开发先进领导力的可能性。我们将阐述领导力开发的四种实践技能,也就是SOGI模型的关键环节,以及如何利用它们更好地迈向(并非总是)相互依存型领导力开发。

第一项技术是社会对话:利用协作性探询和创新型对话实现明智有效的方向、协调及承诺,以应对关键挑战。第二项技术则是在组织层次创造净空高度,在规定的时间、地点、风险、知识及模型下把整体领导力文化在思与行两方面都提升到一个新的高度。在团体层次,该技能指的是在水平、纵深、人口、地理及股东权限之间跨越的能力。最后是从内至外地开发领导力,与主观自我(核心价值、信念、身份、情感、直觉、想象力、领导力逻辑)和谐统一。

领导力的新本体论

一个人如何教授或发展领导力取决于他的本体论认识。也就是说,一个人心中的领导力基础到底是什么。传统上的领导力领域正如沃伦·本尼斯所说的三角关系:**领导者(一个或多个)、追随者及他们要达到的共同目标**(Bennis,2007,p.3)。这一承诺通常会导致对发展领导角色的个性、能力及个人技术的关注。这一认识带来的好处多多,但它对于寻求更多开发相互依存型领导力的目的来说是有局限性的。

从领导力本体论来看,主要有三个实体结果:(1)方向:在一个团体内广泛接受的目的、目标及使命。(2)协调:集体对于信息与工作的组织和协调。(3)承诺:集体中的成员对于个人利益服从集体利益的意愿。

在三点本体论下,领导者与跟随者围绕共同目标的互动彰显领导能力。而在结果本体论下,是方向、协调及承诺形成领导力。从本体论上我们获得两个有用的概念:领导力是方向、协调及承诺的共同产物。领导力开发是一个集体对于方向、协调及承诺的扩展能力。

SOGI 模型

塑造方向、协调及承诺的能力存在于 SOGI 模型的四种社交类型中:社会、组织、团体、个人。社会层次包括组织及它们的价值网、全部领域及行业、地方文化、全球社会的关系(Ospina & Foldy, 2010 Quinnl;& Van Velsor, 2010)。组织层次包括多部分组织和社区。团体层次包括更小型的集体(分支、部门、小组、工作组及任务组)。个人层次处理个人领域的问题,包括领导个人、追随者及成员的素质及主观想法。

这四个层次代表一个连续性的人类活动过程。一个层次逐渐变成另外一个层次。所有层次在领导力方向、协调及承诺框架的场景中都是必要的。SOGI 框架帮助我们理解领导力的全过程及其影响力。我们的研究及经验表明,关注所有四个层次的过程和结果对于开发相互依存型领导力开发是绝对必要的。

三个领导力逻辑

把一大群不同类型的人集合到一个屋子里,并让他们描述什么是有效领导力。你将得到三个类型的回答,分别代表三种潜在领导力逻辑(McGuire, Palus, & Torbert, 2007)。每一类型都是认识领导力的一个全面的方法——了解领导力三因素(方向、协调及承诺)是什么以及如何产生(Drath, 2001;McCauley et al., 2006)。

我们把这三个领导力逻辑称为依赖型、独立型及相互依存型(见图28.1)。

相互依存型　　领导力是一种**集体性的**活动

独立型　　领导力产生于**个人知识及经历**

依赖型　　**掌握权力的**人对领导力负责

图 28.1　三种领导力逻辑

　　建设性发展心理学表明人们需要用一生的时间去领悟这些逻辑。每一个阶段都代表认识论上的转变。越是后面的逻辑就越复杂。鉴于他们有高度及后见之明的优势,他们可以部分地成功处理更多环境复杂性。后面的部分总是超越并包括前面的部分。前面的部分会作为"物体"或工具在新的更广逻辑内存在(Cook-Greuter,1999;Kegan,1994,Torbert,2004;Wilber,2001)。在没有吸收依赖型及独立型领导力的基本内容前,一个人是无法刻意地实现相互依存型领导力开发的。

　　这三个领导力逻辑可以被认为在 SOGI 模型中运作并形成该模型的每一层次。对于个人来讲,该逻辑是表达一个人是如何与他人联系并把工作做好的。对于团体来说,它展现的是关于权力、控制及包容的行为准则。在组织层次,该逻辑形成领导力文化,即共享信仰及实践的持久模式。在社会层次,文明的进步取决于首先获取然后超越依赖型领导力的实践(Fukayama,2011;Yurchin,2007)。

　　我们相信,团体及组织层次的领导力文化占的分量很大,作为 SOGI 模型的运行中枢,它对于向相互依存型领导力转变是极其关键的。下面我们就来谈一下领导力文化。

理解并变革领导力文化

　　这是你可以发现的最传统的文化之一。在过去的几年里,我们已经促使文化从舒适和遵从升级到责任、承诺及共生。尽管经济总体形势严峻，我们的结论还是变得越来越有说服力。

——通力电梯集团 CEO Vance Tang

文化事大。文化为一个组织的一切订立标准：如何分享坏消息？是否该冒险？人员如何发展、提升？人们如何互动？问题如何解决？当人们说"这里的情况就是这样的"时，他们说的就是文化（McGuire & Rhodes, 2009）。

当战略遇到文化时，胜出的总是文化（见图 28.2）。面对此动荡时代的复杂挑战，寻求发展与适应的组织要想通过单纯的改组再设计之技术手段是不可能达到目的的。缺少文化发展是 66%—75% 的组织变革失败的原因。

图 28.2　文化把战略当早餐吃掉

领导力文化是在集体（团体、组织、社区等）中个人与集体信仰及实践的自我强化网络，目的是实现共同的方向、协调及承诺。

信仰会无意识地驱动决策及行为，而重复的行为会造就领导力实践。领导力文化可以通过三个基本的领导力逻辑（见图 28.3）予以理解，因为这些逻辑引领人们创造方向、协调及承诺（Drath, Palus, & McGuire, 2010）。

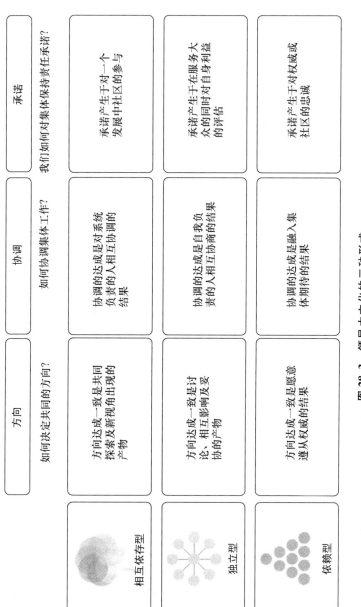

图 28.3 领导力文化的三种形式

依赖型领导力文化的特征是：行动是建立在只有在领导岗位的人才能发号施令的基础之上。在此文化下，组织强调的是从上至下的控制及对权威的遵从。通常情况下，依赖型领导力文化是集体利益遵奉者的文化。

独立型领导力文化的特征是：领导力是建立在以知识和技能为基础的许多个人身上，行动从而产生。这种判断会导致非集中化决策模式、个人责任的高度依赖，以及不同类型专家间的竞争。总体而言，独立型文化可以被认为是"成功者"文化。

和依赖型领导力文化一样，独立型领导力文化对于创造领导力的三个基本因素是有能力局限的。当这样一个集体的客户或顾客要求得到更多领域专家知识的综合服务时，保持独立型的价值就成问题了。当这个集体行动的环境之复杂性超过既定范围的技术能力时，谈判及妥协或许就不能产生所需要的整合行动了。更深一层的凝聚力——相互依存型领导力在此时就变得十分必要了。

相互依存型领导力文化的特征是，领导力表现为需要共同探究及学习的集体活动（McCauley et al.，2008）。这一诉求将导致广泛的对话、合作、水平联络、对分歧的重视及对学习的关注。通常情况下，相互依存型文化可以被理解为协作性文化。相互依存型文化的其他特征包括跨组织的高效工作能力、开放及直率、成功的多面标准、整个企业对于协作性的追求。相互依存型文化对于适应内部系统以及价值链上的外部合作方的快速变化是得心应手的。

就个人来说，领导力文化会随着领导力模式从依赖型逐步升级到独立型，再到相互依存型而不断提升能力。每一级都比上一级更好地处理更多不确定性及复杂性问题。超越和包涵法则是指：前一个阶段包括在新阶段的能力中。就像爬楼梯一样，每一步都是新一步的基础。

大家很容易陷入相互依存型文化适合每个案例的误区。但事实并非如此。在商业、政府及非政府组织中都有高度成功的依赖型、独立型及相互依存型组织。依赖型、独立型及相互依存型环境能够，并且事实上也存在于所有组织中。即使是在一个绝对相互依存型文化中，除非它是一个由志同道合的个人形成的小团体，否则都有可能展现所有三种领导力逻辑。例如，一个提供心理健康服务的组织会在后勤支持人员中展现依赖型文化，在承担项目的员工中展现独立型文化，而在这些员工之间及与外部股东的关系中产生相互依存型文化。

在相互依存型领导发展阶段，只有一小部分个人及社会系统可供测量，领导力开发需要与人面对面地接触。这个过程往往从对"依赖"的认识开始,在第一阶段向"独立型"转变。

开发相互依存型领导力的四项技能

SOGI 模型的每一阶段都为发展提供平衡点。每一阶段都有特殊的技能或实践让工作更顺利。我们为每一阶段确定一种技能。因此我们确定了四种技能来讲授并开发相互依存型领导力。

SOGI 模型就像"俄罗斯套娃"一样:社会在最外层,包裹着一切,最里面的是个人(见图28.4)。西方传统的领导力开发(建立在三点本体论基础上),以个人及外在的工作为起始点。东方传统则认为社会决定个人。利用这四种技能的统一方法同时在各个层次起作用。现在,我们会以 SOGI 模式按顺序讨论这些技能,从社会开始,与西方光荣而有限制的"从个人开始"的习惯略有不同。俄罗斯套娃的类比告诉我们:人们居住在每一层次。人们创立了领导力的三种表现:方向、协调及承诺。人们让它运作起来。

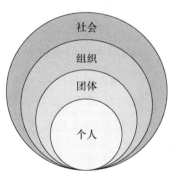

社会:对话的艺术
组织:高度空间的艺术
团体:跨界活动的艺术
个人:从内至外发展的艺术

图 28.4　发展相互依存型领导力的四种艺术

对话的艺术

在各个层次的社会对话中(方向、协调和承诺产生的过程),冲突与误解是不可避免的。对话实践提供很多种无争议的设想及有难度的话题,以及在貌似有很大分歧的基础上寻找共同空间及新前沿。在对话中,人们学会问更多、更好的问题,更加注意并探索别人的视角。对话帮助探索热点(冲突或两极分化的观点)而不是文过饰非,并建立起共同的思维(Beer & Eisenstat, 2004; Bohm, 1990; Dixon, 1998; Isaacs, 1999; McGuire & Palus, 2003)。

这是一个难以完成的任务。对话很难在教学中被实践或推进。但我们已经发现了一种运行良好的办法,至少在开始阶段是这样。我们把这种方法称为"调解对话"或"干涉对话"(Palus & Drath, 2001)。最开始放入对话中的是两种东西:第一种是有相关问题的共同挑战。接着是探索这些问题的切实物体。这些物体起到比喻或符号的作用。它们可以是手工艺品、纪念品、留念品、样品等。这些物品也是设计、探索情感、观点及对问题进行反映的标的。每件物品都会激发你的右脑的注意力和想象力,从而引导你进行故事描绘、视角选取和共同探究。情感热点被影射到这些物品上,通过比喻反映出来,而不是直接指向他人。它帮助人们面对当下正在处理的假象。当人们经历了这样的对话时,他们就可以在被辅导的情况下在其中的问题或挑战解决的过程中把可形物体转化成抽象概念。

照片图像是开展调解对话的理想客体。为此我们发明了一种叫视觉探测器的工具,但几乎任何不同的、有意思的照片集都能应用(Palus & Horth, 2002, 2007, 2010)。中间的影像帮助人们联通各种不同的边界,包括语言和文化的分歧。我们愿意举一个盲人的例子:他参加了这样一个对话,并且通过聆听图像的描述、问问题、做选择、口头上应用比喻及"内心之眼"成为那个时期的领导者。

对话的艺术成了我们在勒努瓦纪念医院项目的基石。这是一个面临巨大挑战的地区医院:新的利益竞争者,快速发展的科技,病人结构的巨大转变,等等。该医院管理体系过于等级分明,并深受墨守成规的依赖型文化影响。一些亚文化群已经形成了较自立的意识形态:那里的医生、护士及各层管理人员都有不同的想法,不相互了解,各自为政的现象较为严重。

我们在勒努瓦纪念医院的工作主要是帮助它建立起面向合作并且灵活的企业文化。我们从做事情不受制约的高级领导团体开始。在一个环节中,我们进行了丹尼森组织文化测评(Denison Organizational Culture Survey)。这是一个针对团体的、定制的调查。为了帮助他们处理资料并克服对权威的迷信及逃避风险的意识,我们使用了可视化浏览方案。这可以对他们的困境进行抽丝剥茧式的分析,使他们把不愿意说的强烈感想吐露出来。

现在就讲一下我们是如何做到的。

首先,我们让小组的每个成员记录两个问题:这些文件中什么最引起我的注意？面对共同的挑战,我能贡献什么特殊能力？接下来,我们让每人选择房间内的两个可见形象。每一个形象代表他们对每个问题的答案。然后,我们让他们仔细观察每个形象并写下他们的答案及见解。整个过程中,我们演奏爵士乐,不让他们有任何交流。此种情况下,右脑思维开始生效了。他们放松了下来。最后,整个团体坐成一圈,没有桌子。每个人首先描述一个形象,然后解释为什么选择这个形象,这个形象对他意味着什么。对于每一个形象,其他人会用他们自己的观察和形象给予反馈,并对问题的答案做出解释。通常情况下,每个人所看到的和别人都不一样。很明显,每个形象和问题总会有不止一个合理的视角及正确答案。这个小组展现给我们的是:可能性……核心价值……正能量……不连续性……高管之间的不协调……对话中带有一丝不安与责备。

使用完这些形象后,他们继续开展深层次对话。他们就具体行为给出并接收别人的反馈。门诊部的一位高级职员直面一个强势的业务经理;一位人事部员工勇敢而战战兢兢地挑战了 CEO 的判断。在此过程中,这些形象让这个场地变得和谐,并让大家有了协作性对话。大家酣畅淋漓地表达了原来各种"神圣而不可讨论"的困扰大家的问题。这一经历让大家有了团结协作、客户至上的共同追求。

我们提出并讨论的另外一个问题——面对共同的挑战,我能贡献什么特殊能力？——促进了赏识的、乐观的对话氛围,并直接指向从内至外的领导力艺术。这个我们很快就会谈到。

随后,我们放映幻灯片来展现用他们自己的话描述的主要形象。我们在第二天播放片子来提醒他们当初的过程及想法(见图 28.5)。因为这是个长期客户,所以他们已经在多个场合回放这些图片并反思当时的历程。

最直接的结果就是更大的互信和坦诚。对话的实践扩展到包括医院中的每一个人,并最终扩展到病人及家属、合伙人、供应商、邻居及整个社区及周边社会环境。比如,一个主管说,病人安全委员会"曾经形同虚设,谁当权就听谁的。后来,我们就尝试协作机制。现在,各个部门的人都担负着领导的责任。每个人都要面对所有的问题。没有谁拥有特权。现在冲突不是大问题了。我们经常问自己:'正确答案是不是不止一个？'这确定是有效的"。

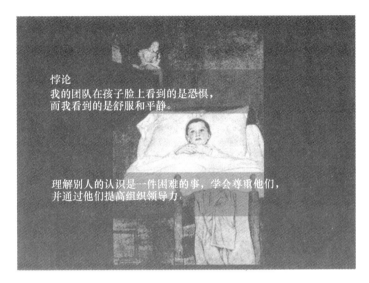

图 28.5 利用视觉探测器的调解对话之典型产物

■ 净空高度艺术

净空高度(headroom)指的是以发展领导力文化为目的创造出让人们的思想与行动开始发生改变的时间和空间。净空高度让人们在团体合作中开阔胸襟,拥抱更大、更复杂的相互依存型领导力逻辑。净空高度意味着提高潜能的天花板,为新行动、想法及信仰制造新的空间。

发展阶段是倾向于自我强化的,因而是稳定的。例如,权力主义信仰倾向于产生相同的结果,而依赖型的领导力文化也有同样的倾向。因此,需要一些类型的实践领域来让人们脱离旧的习惯及问题假设。制造净空高度是创造在职体验。它是有意识地去让理想的文化在此时此地发生效应。

一个关键的技巧就是公开学习。领导者们可以打破当前文化的束缚,在团体及公共论坛中进行实践冒险。他们可以讨论错误、志向、缺点及障碍等。本不能讨论的东西也摆到台面上进行讨论。

当路易斯·格斯特纳(Louis Gerstner)试图改变 IBM 的封地式结构时,他采取了大刀阔斧式的方法。他创造了整合客户需求的净空高度。例如,他让公司的 200 名上层领导每人至少要去面对面地走访五个客户,现场帮他们解决问题。这让大家感到不适应,个人短处无处藏身,但这反映了服务导向、以客户为中心的文化转变。正如他后来所说的,"我当时在 IBM 意识到文化并非只是公司的一部分。它就是全部"。

面向相互依存型文化的可持续发展需要有相互依存型素质的个人或想要成为相互依存型人才的人作为开路先锋。转变及净空高度需要在关键位置上有合适的人。最高管理层必须要做出表率,实施需要的领导力文化。文化的改变需要这个群体尽早地掌政,首先要提高自身的发展水平,总结经验教训。他们首先要在自己所在层次的团体中进行实践,然后将其拓展到公司中层,最后到整个公司。

我们的客户——美国通力电梯公司就提供了一个很好的榜样。

近一百年来,通力电梯公司一直是全球电梯和扶梯领域的翘楚。2007 年,美国通力电梯公司行业排名第四,机会无限。当时公司更侧重于内部发展而不是客户需要。最让当时的新任 CEO Vance Tang 不安的是公司上上下下都把公司当作是市场的追随者。他期待更多改变,并认为领导力开发及文化的改变和最终对客户的关注是最好的解决办法。

美国通力电梯现正在向相互依存型领导力方向转变。

通力电梯公司的 CEO 及人力资源副总裁就过程及一系列计划对比发表了自己的观点。

人力资源高级副总裁 Chuck Moore 说:"我被任命为人力资源部领导来负责这个所谓的计划——路线图。我当时很自信自己明白有关领导力开发的培训计划和方案。但当我听到创意领导中心关于领导力战略及转型的谈话后,我有了一种醍醐灌顶的感觉。我意识到我们并不是在讨论一项计划,或者是有关发展的人力资源问题。我们的高级领导力必须具备这样的特征。我们的行政团体必须要设计、发展和向员工传递这种经验及发展机会。这是完全不同的感觉,是一个文化转型过程。"

CEO Vance Tang:"我很庆幸我们并没有设定一个清晰的发展路径,因为我知道团体必须要拥有这些想法和途径。我们认识到改变自己要先于改变文化。我们得慢下来补充能量。我们不得不在团体内部一起体验改变。所以我们对一起工作的形式进行了改变。那对我们来说是巨大的进步,因为我们之前主要关注操作层面。我们知道如何把事情做好,但我们需要更有战略性。这是不同的。我们必须要以集体为纽带进行共生性发掘。我们不得不成为一个真正高效能的团体。"

在我们最开始与美国通力电梯高管合作的几天里,我们推进了一项探索计划。我们在和他们并肩工作的同时评估他们的战略需要及联盟,评测公司文化,引进对话艺术，检测他们参与制造净空高度的能力及意愿。在最后一天进行的第四次对话中，他们终于不再矜持，把之前没有谈论的重要事情都合盘摆上桌面了。他们放开手脚，建立互信，重新协调团体战略，为新的工作合作计划做出承诺。

几个月后，创新领导力中心召开了针对100名高层领导的年度会议。在一场会议上，我们采用了"鱼缸"模式。一些高管们围成一小圈，坐在会议室中间，彼此讨论到当时为止开展实验对话的经历。这100名高管中的其他人则在边上观察此次会谈，并讨论他们所听到的内容。鱼缸模式是一种小型的、集中展示指挥室情景的例子。鱼缸模式的好处就是它可以将一小部分高管作为例子供更多人观察学习。有些人会受到启发，有些人会感到困惑。高管们在最开始的时候引进这种模式，会让人们产生更多期待。

等到了下一年度的前100名高管会议，每个人都有了明显的进步，不再感到混乱尴尬了。通力电梯公司的领导者们已经接受了这些新的学习工具，并懂得了新的信仰及实践如何推进文化发展。

在那一年里，创新领导力中心成为公司高管团体实实在在的伙伴。在月度行政会议中，我们的角色是观察、反映并在商业内容框架下推进领导力开发。

在年中的时候，该团体已经培养了娴熟的协作思维。他们践行双赢思维，并超越以前的竞争和成就取向。他们从仅仅关注一些运营方面的计划转变到更加关注公司整体战略的进展。他们让更多非行政人员参与到战略规划中来。值得一提的是 CEO 亲自主持关注领导力文化及能力的战略小组会议。

他们把核心信仰构建成全公司范围净空高度的平台。例如，他们的消费者导向信仰如下：

> 我们以客户至上的信仰贯穿于我们所想所做的一切。我们积极工作来理解客户的需求。我们按客户期待的目标去为他们提供完美无瑕的服务。我们以100%的责任态度为客户提供超值服务。我们协作努力，为每一位客户提供最好的服务和解决方案。

经过一年的努力，通力电梯公司已准备好把净空高度理念贯彻到公司中层去。意识到公司的技师们负责70%的客户关系时，这些高层领导们与各部门开展合作。比如在一次会议中，一个地区高级副总裁利用对话和讲故事的方式创造公共学习的净空高度。几个老练的技师讲述了安全故事："他们过去仅仅是给予我们一大堆所谓安全工具,但现在他们开始告诉我们这是什么,如何使用。他们还会跟进,在工作中随时做指导。看得出他们真正关注这些事情。他们坚信这些东西。"

这个高级副总裁参与了技师们的讨论。他说:"你们在屋子中的所有人都拥有权威。工作进程在你们手中。你们的处境是不确定的……明白这一点吗?你们可以随时停止工作!(全神贯注地看着大家,点头、语气肯定)……正如大家现在负责的这些行动一样——我也一样。如果你们看到我或者任何高层没有遵从此信仰,可以随时找我。咱们可以随时讨论。"

领导力开发经常注重最有权威、最有力量的个人。共生性开发需要更多,因为从定义来说,相互依存型领导力文化潜在地需要一个组织中的所有人加入进来。随着文化改变的不断推进,那些最有权威和力量的个人逐渐成为集体信仰与实践综合转型的中坚分子。

在通力电梯公司创造净空高度时,行政部只花了几天时间来放慢脚步以强化思维能力,并花了另外几天的时间对核心信仰达成一致看法。然后又花了一年的时间学习、练习并转化为一个战略性、合作性组织,而且让100名高管加入进来。现在,在公司顶层的净空高度已经深入扩展到整个组织内部。结果,尽管面临史上最严峻的经济环境,客户满意度却翻了三倍,员工参与度提升了30%,财务业绩显著提升了。通力电梯公司首要关注的员工安全已经达到了顶级行业领导力水平。

◆ 跨界艺术

在SOGI模型的广大区域内有很多社交边界。边界把人们区分成"我们"和"他们",产生冲突以及方向、协调及承诺的断裂。边界也可能会成为拥有肥沃土壤断层的前沿阵地,为人们提供新的可能。

跨界艺术是可以传授的。最新的研究表明,有效的跨界领导力艺术是可以在正确的框架空间、战略战术及实践中产生的(Cross & Thomas, 2009; Ernst & Chrobot mason, 2010; ERNST & Yip, 2009)。人们可以考虑五种社交边界。

垂直型:等级、级别、资格、权威、能量

水平型:技能、功能、同行、竞争者

股东:合伙人、支持者、价值链、社区

人口统计学:性别、宗教、年龄、国籍、文化

地理学:地点、地区、市场、距离

有效的跨界是通过连续三个战略的六个实践形式完成的(见表28.1)。关于领导力的这个目标是着眼于更大视野或计划而跨界完成的方向、协调及承诺。

表 28.1 跨界战略和实践

战略	实践	定义(结果用楷体表示)
1. 管理边界 探究差异化力量以及团体内的特殊性、分歧和独特性	缓冲	检测并保护不同团体间的信息及资源流动以定义边界和保障安全
	反映	代表不同团体间的不同视角并促进其知识交流以理解边界和加强尊重
2. 打造共同空间 发挥整合的力量以及跨团体的团结、集合及所属的需要	连接	联结人们及沟通分歧团体以暂停边界分歧,建立互信
	动员	在各团体打造共同目标及认同以重建边界和发展社区
3. 发现新前沿 探究同时分化的力量及适应和改变的力量	编织	在一个更大的整体内勾画、整合群体分歧,以点描出边界,促进共生性
	转变	把多个团体集中在一起,面对新方向的挑战,以切割出边界,实现重新创造

我们的创新领导力中心小组在两个非常不同的政府部门的高级领导团体中开

展了一系列旨在实现跨界技艺提升的领导力开发实践。我们就称之为蓝队和绿队。这两个小组拥有完全不同的领导力文化,开始了一项重要而紧急的联合使命计划。

对于参与者来说主要有三个目标:

(1) 了解相互依存型文化及跨界概念。

(2) 利用这些概念发展共同的愿景、相同的语言,以及统一的目标及衡量标准。

(3) 加速蓝绿两队的相互依存型环境建设。

这个为期一天的会议安排遵循三大战略六种实践的跨界顺序:上午是边界管理,下午是打造共同场地,晚上是发现新前沿。

会议的前一天,举行了一个包括个人及团体参与的访谈及对话,以弄明白领导力文化的历史、现状及将来的状态。在早晨的会议中,设计主要集中于通过缓冲的实践以区分边界。这两个队(绿队和蓝队)分别在两个不同的屋子当中。针对两队的指导过程是相似的:"今天,我们与你们每个组织单独会面,目的是明确和发现你们不同的需要、文化及环境。"花一小点时间把跨界领导力的想法放在一个更广泛的概念当中去,包括组织转型、战略领导力、变化管理以及三个类型的领导力文化。

第一个活动主要是在每一个小组内创造共同愿景。每个参与者都写下一篇文章的内容提要,描绘自己未来16个月想要看到的团体合作的正面结果。这些文章可以出现在他们想要的任何出版物上。大家分享并讨论这些标题和主题。然后,当蓝队和绿队在下午会面时,所有主题概要都被张贴出来供大家评析。

下一项活动进一步定义每个组织。我们使用领导力比喻探测器来考察每个小组当前的文化和为了达到目标使命而需要的未来文化。领导力比喻探测器是一叠卡片,有83张,每一张上都有一幅画和一个标签,表达一个独特的比喻(图28.6为其中几张有代表性的卡片)。这些卡片被放在屋子后面的桌子上。每个人被要求浏览最代表他们想法的两张卡片,并回答两个问题:

第一张卡片:在当前环境下面对贯彻政策的挑战,蓝队(绿队)目前的领导力文化是什么样子的?

第二张卡片:如果想要在未来16个月取得成功,相应的领导力文化应该是什么样子的？

  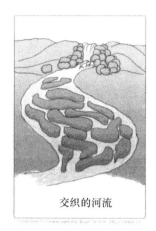

开悟的导师　　　　　　世界级运动员　　　　　　交织的河流

图28.6　领导力隐喻探索器的卡片样品

小组成员们分享讨论了他们"现在的"卡片，然后是"将来的"卡片。随后，协调员们把这些主题卡片的形象组成了一个幻灯片拼图。无论对于蓝队还是绿队来说，卡片的选择都反映了面向共生性、合作性领导力文化的转变。最后一个上午的活动展现了成功跨越组织边界的概念、战略及实践。通过使用边界探索工具（一叠21张的卡片），我们展示了跨界领导力模型。每个小组评估他们自己成功跨越不同边界的可行性。更具体地来说，他们要确定自己最适合通过哪些边界——垂直的、水平的、股东的、人口统计学的，抑或是地理的，以及他们通过的最坏边界。

这些"最好和最坏的"自我评价很具有启示意义。这两个小组其实就是彼此的镜子。蓝队看到最坏的自己，绿队看到最好的自己；反之亦然。这个发现的一个重要启示就是：当彼此合作时，一方的力量并不能抵消另一方的弱点。

接下去，蓝、绿两队开始进行现实的反思——通过分享跨组织视角来理解小组内部的边界。为此，我们采用了鱼缸对话技巧。在此种情况下，每组的最高领导连同协调员及采访员坐在屋子的正中间。他们对话的主题主要是上午会议的关键见解：每个小组如何看待他们自己及领导力挑战？两组的其他所有人，坐在外圈，认真聆听。20分钟后，两组的最高领导者完成对话后，变成听众。刚才的听众现在成了对话者。该小组讨论他们刚才从最高领导者那里听到的东西、他们如何看待自己及每个小组如何评价对方。听取它自己的鱼缸式体验是具有远见卓识的：下属在老板面前讨论他们听到老板谈论的话题会是怎样一番场景？在其他小组面前讨论你自己所在的小组是怎样一番场景？

下一个活动是通过建立跨组织关系引进联结——暂停边界的实践。以共享领导力承诺和建立关系为目标，每个参与者被要求拿出他们已经选定的"未来"领导力比喻卡片，并且确定最代表未来领导力文化个人承诺的领导力目标。你将为别人树立的领导力模范是什么？接下去开展一个名为"加速联网"的活动。参与者们用他们的卡片及特征向对方小组中的大约十个人在十分钟内介绍自己。

然后，蓝、绿两队被指导通过推进共同愿景进行动员——重新构造边界的练习。蓝、绿两队的成员被要求混坐在桌子旁。每张桌子旁的人被要求就合作事宜包括上午会议的主题及目标做出愿景陈述。作为参考，上午的新闻标题被贴在屋子里。每张桌子的成员组成一个小组，写下一个标题，写明他们的愿景及如何衡量实现标题愿景的三项标准。然后，每桌的代表向其他桌子的成员陈述他们的标题及标准。

打造共同空间的会议活动是这样结束的："面对共同主题，你所面临的最大障碍是什么？在打造高效团体集合的过程中你面临的困难有哪些？在空白纸上（贴在墙上）写下你面临的所有挑战——所有可能对你实现标题目标造成威胁的事情。利用方向、协调和承诺作为挑战的框架。"一旦所有挑战都被公布，每个参与者都要选出自己认为的前三项最重要的挑战。获得最多投票的前六项挑战将会成为下次会议的中心议题。

最后一次会议主要是关于发现新前沿战线的跨界战略。参与者通过两项活动充分展示自己的经验和技能来发展应对挑战的创新方案。

首先，这些小组实行结合各自经验及技能且注重于编织叠加边界的实践，以期解决共同的挑战。在这项活动中，他们刚刚确定的六项首要挑战被张贴在六张桌子旁。参与者选择到他们最感兴趣的桌子前面去，而同时也要关注其他桌子旁的问题。他们被要求写下关于此项挑战的想法及创新办法。大家在不同的桌子间轮换来解决张贴的问题，而每张桌子保留一位主持人。时间到了，大家投票选出针对每项挑战的最佳短期和长期解决方案。各小组汇报结果。

蓝、绿两队使用同样的过程来探索如何通过再次投资外部股东关系（转型的最后一步实践）来跨越边界。外部股东或许包括特定客户、供应商、政府机构、非政府组织或价值链上的合伙人。蓝、绿两队高层领导确定了六个特定外部股东。他们期望更大的组织层面关注这些股东。重复前面的换桌方法,参与者转到关注其特定外部股东(他们通常不在屋子中,但根据需要他们可以进来)的一张桌子旁。他们被告知:"作为小组集合,与这些外部股东开展跨界交流有哪些挑战?这些挑战如何被解决?转到有你最感兴趣的股东的那张桌子旁去。"每张桌子都是一个混合的小组,参与者们确定针对那个股东小组的尽可能多的挑战。他们也得确定尽可能多的解决方案。每个小组的代表向所有其他人就最认同的解决方案提供一份简短报告。

从内至外的发展艺术

SOGI模型中的核心俄罗斯套娃是针对单独个人的。有两个必要和补充的办法来帮助人们在个人层面开发领导力。其中一种方法是把人们看成是特定能力和特点的资源。这是一个客观的"从外至内"的角度。自从工业时代开始,很多组织就在科学管理的旗帜下聚焦于从外至内的角度。另一种办法是根据他们的核心价值来进行能者多劳的分配。这是一个主观的从内至外的角度。随着人们分享经验、信仰及价值,从内至外的角度变得富有多重性及具有文化内涵。

从外至内的角度充满客观事物。它们都是你能指明的事物,包括人。这是科学的、经验主义的。这对于我们大部分人来说是很舒服的角度,可操作,可变换。

从内至外是一个不同的领域。是一个主观经历过程。这个内部领域是私密性质的。我们不确信、无意识或令自己潜在难堪的程度在于它暴露的风险及可攻击性。你不得不在不了解内部风险的情况下潜进去,以身试验。这个内在的自我是在一个复杂、善变和不确定的环境中人类创造力和进步的发动机。

开发从内至外的领导力最有效的办法之一就是通过反馈式强化方案及过程(King & Santana, 2010)。通过360度反馈、个人评估、实验练习及辅导,个人获得自己信仰及行为的自知。从内至外的开发只有在开展评价及推进的从外至内的压力被移除时才会发生。

当个人学会从个人经验中学习并开始把那些经验内化为个人身份组成时,从内至外地发展才会发生(Yip & Wilson, 2010)。

我们发现的最普遍、最有效的学习经验教训及练习从内至外发展艺术的办法之一就是讲故事。故事从内至外地构建人际联系。讲故事是一个简便有效的随时随地可以采取的办法。

讲故事具有联系各个层次领导力逻辑的优势。故事可以传递标准、加强统一。故事是个人身份认同的强有力元素,并且能够促进自立。故事揭示联结、复杂关系、转变,并促进共生性。故事可以揭示一个组织内部隐藏的方方面面,对于管理及领导变化是必需的(Denning,2000)。就像一个部落、村庄或国家使用神话及传说来描绘转变如何发生、为什么发生一样,领导者们可以同样的目的来构造故事(Nissley,2003;Sewerin,2009)。

密歇根大学商学院教授 Noel Tickey 说,针对领导力开发的有效故事可以解决三个问题:"我是谁?""我们是谁?""我们将去哪里?"关于"我是谁"的故事是其他类型故事的基础,给予它们核心价值和信仰。"我们是谁"类的故事对于有计划地反思、重新定位、重新加强共同认同是极为重要的。对于有浓重领导力文化的组织来说,"我们将去哪里"类的故事每天都在上演(Tichey,1997)。

在我们的工作室中,我们使用不同种类的开发型讲故事模式(Lipman,1999;McAdams,1997;Whyte,2002)。开发型故事关注个人生活中的变化或重大时刻的事件——我是谁?

这里有一个适合一个小组的版本。这个小组中的每个人都已经彼此信任。在一个工作计划开始不久就实施的情况下,它帮助人们现身说法,并在人们的本能及从内至外经验转变的层次磨砺他们。8—10人参加每个小组。可能有若干个小组。建立过程就像下面这样:

> 这是一种了解你所在小组成员的办法。
> 这是一种从内至外地把你自己发展成为改革型领导者的办法。
> 我们每个人都有很多让自己进行身份确认的经验及记忆。
> 我将让你们每个人想一下一个特殊的故事——你用某种重要的办法实现了改变。
> 你自由选择整个故事或部分进行讲述。这个屋子中说的东西绝不会传出去。
> 在第一轮,与大家分享你的故事。每人两分钟。
> 在第二轮,对你听到的一个或两个故事进行反馈。
> 现在咱们来找寻一下这些故事。你想讲的故事自然而然地会涌入你的脑海。放松、调息,让坐姿舒服。回顾一下过去十年。是否有这么一个时刻,让你的眼界大开,你的观念随之发生重大转变?(停顿)现在,再往前推十年,又

有什么事情进入脑海了吗?(停顿)再往前推十年,发生了什么?(停顿)如果可以的话,你可以接着向前推演,直至孩提时代。现在你是年轻的,有你的家人和朋友。一些事情发生了改变,又有什么记忆出现了?(停顿)现在故事的内容是一片空白。回想当时的具体情节。当时还有什么人?发生了什么事?你发现了什么?

每个参与者都被要求讲述自己的故事。听众也被引导其中。他们被要求静静地倾听什么故事正在上演,要全神贯注地听。如果他们被自己的思路干扰了,他们将被提醒继续认真倾听。

在一次有40名管理者参与的讲习班中,这一过程产生了很多故事,包括:

- 在我12岁的时候,我在一个足球联赛中踢球。我所有的关注点就是去赢,做到最好。我们得了第二名。这时我看到那里一个得了癌症的孩子。他真的吸引了我的注意。我的父亲当时很动容——这是我唯一一次看到父亲那个样子。从而我获得了生命的一个新的视角。它告诉了我生命中什么才是最重要的。

- 我是一个北方女孩。但我和爷爷奶奶在与世隔绝的南方过夏天。他们带我去游泳池。当时我想,我们要是拥有自己的游泳池是多么幸运的事啊。但这种自以为是的心理在那年夏天结束时化为泡影,因为我得知了我们不能去公共游泳池的真正原因。

- 在三个小时的时间内,我同时懂得了什么叫怕,什么叫爱。时值春天,地点是在湖上。我们当时还是孩子。在没有得到大人允许的情况下,我们擅自泛舟湖上。暴风雨不期而至,我们完全乱了阵脚。我们在湖面上挣扎了很长时间,害怕极了,不知道将要发生什么。当爸爸赶来时,他什么也没说,只是用双手抓住了我。我感受到的是放松与爱。现在我有了自己的儿子。我还是时常想起此情此景。

然后我们让每个组中的成员相互点评别人的故事——情感核心、形象、语言运用、凸显的价值或信仰。这个小组发现了一些常见的主题:

- 产生的或推动的基本人际联系;对我们自我感觉的影响。
- 失败和成功,更大人生主题的相对成功性。
- 判断和宽恕,随着经验改变我们的视野,信仰和价值观也随之转变。
- 同情心源于磨炼,领悟生于苦难。

从别人的故事中得到启迪与鼓舞。这让工作关系更丰富,建立更多共同点。

你的故事是什么?你是谁?

◼ 警示

快速采用相互依存型领导力的可行性有很大的变动性。大多数领导者会说先进文化是大家想要的——但说得容易做起来难。我们有必要去公允地判断向相互依存型转变的可行性。例如,管理任务重、分割化等级通常被赋予高度的依赖型领导力文化。这些建立在一致性基础上的组织继续依靠规模或强有力的准入门槛,或成为整合的目标而继续统治市场。高级行政人员对组织的保守心态进行反思,并且开发过程是一个长期的过程。从内至外的实践是不能接受的。界限是严格的。新领导的净空高度并不存在。对话是严格保密的;对于更大社会组织的关系是可交易的。相互依存型领导力不会很快在这样的组织中发展起来。

在这样的文化中,最可行的方法是在进行以更高成绩为目的的独立型逻辑练习中协助亚文化发展。把变化联结到特定的结果上将保护净空高度正在发生改变的"温室"效应。

◼ 全力以赴

文化等级是存在的。每一个继发的文化都将更好地处理复杂性、速度及不确定性。每一个继发文化都在文化领域支持"更大的观念"。全力以赴的第一步是分析当前文化与商业战略需要的文化之间的差距。该分析调查商业战略、领导力战略、少部分基本组织及领导力能力之间的相互联系。它还分析从内至外领导力变化与从外至内变化管理的平衡关系。

例如,关于领导力战略的问题会引发关于商业战略实施能力的问题——而这会反过来引发更深层的关于领导力及组织能力的疑问。我们声称的我们将做的事与我们做它需要的现实能力之间有何关系?我们可以用今天的集体领导力思维去实施这个精彩战略吗?鉴于我们的领导力文化,我们该期待现实中怎样的方向、协调和承诺框架呢?我们注定要失败吗?我们应该对现实期待的战略进行再思考吗?在当前战略之外,还要建立起适应当前快速变化的环境和实现未来战略的领导力。

通过实施这种发现自我及组织的战略,高层领导们开始测试他们的净空高度制造能力。他们让自己面对所有权问题及成功应对挑战需要的互信(Marshall,1995,1999)。他们开始学习比较集体领导力能力及关键商业需求之间的关系。这给人一种在某种程度上要推翻统治阶级的感觉。对于其他人,这意味着故意引领企业变革。没有万能模式,没有一成不变的方法。有争议的"变革"可能会延续数年,但那些自发的、有准备的改革者经常会更快地成功。在一开始进行彻底的调查可以在长期内节约大量时间及投资成本。发现之旅开始于对变化管理及改变领导力的关联因素的学习过程(见图28.7):随着领导力由内至外地发展——从高层领导力到公司组织的中层或更外层次,动能逐渐增加。

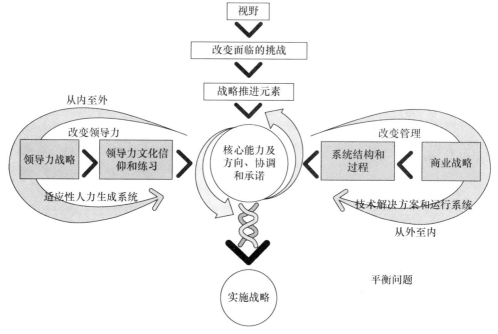

图28.7 改变领导力和改变管理

一旦发现之旅这个艰苦工作发生,这四项技能将经过改造适应所有的环境,而此时向相互依存型领导力发展也成了众望所归。作为实践,我们花了大量的时间在大中型企业辅导客户改变领导力作风。

我们的目的是发展企业战略中需要的这种领导力文化,并加大其战略执行成功的可能性。我们和我们的客户越来越发现,如果一个企业想要获得成功,它们就必须发展相互依存型的领导力发展战略。这是需要较强协作能力的实践行动。现在我们看一下如何让它发生吧。

某个客户在领导力开发方面的困境可以参照一个复杂的游戏。该游戏的玩法就是每一点都着眼于正确的移动。在这个类比中,有玩家、游戏板及游戏本身等要素（见图28.8）。

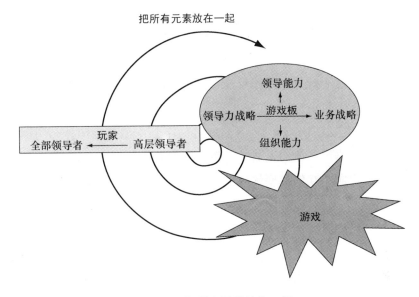

图28.8　把所有元素放在一起

玩家就是领导力文化中的每个人，还包括外部网络及更大社会层次的支持者。

游戏板就是让你明白你在哪里、你将往哪里去的战略地形图。你要考虑如何拓展你的领导力智商来达到既定目标。

该游戏贯穿于整个企业，利用简单、实用的工具，掌控四种技能，在推进企业运营的同时发展领导力。

◼ 玩家

相互依存型组织中的每一个人都是潜在领导力文化的一分子。每个人都是参与者，是玩家。但事实是在缺乏共生性的情况下，高级领导者们发起了这个游戏。所在，我们在开始时就要在上层决定这些玩家参与者将接受该项挑战。

我们正式或主观地评估行政组内的领导力逻辑。行政小组需要两到三位重要成员，他们至少在独立性之外开始开发个人领导力逻辑。很多行政组并非如此。在此情况下，我们建议加强而不是试图改变现有文化。

这需要判断和经验。即使小实验也能显示追求进步与否的意愿。

为了说明这一点，我们举两个例子。

亚洲电子公司(详情不明)的管理人员面临着让收入和市场份额在两年内实现双翻番的目标。他们的战略包括重树品牌,改革供应链,创造新型领导力结构。这个战略需要再塑造相互依存型领导力逻辑的重心。然而这个小组的重心——CEO、CTO,以及业务部的很多副总裁,都是依赖型领导:对下面发号施令,然后人们跟随他们办事。这个管理团体不可能在短期内有很大的发展。我们认为他们的领导力转型基本上不可能。

另一家公司(详情不明)的管理者们拥有一个独立型管理团体,并且相互依存型逻辑已经在发挥作用。他们正通过平衡计分卡系统努力成为行业领袖。他们相信全公司范围实现向相互依存型领导力文化转变是实现这个愿景的必要条件。这个团体的优势在于,关键管理者已经做好领导力升级的准备,有先在自己身上进行实践的意愿,然后将变化带入中层组织及更大范围。

如果领导期待文化改变出现在别人身上,他们必须要身先士卒,做出表率。仅仅做做样子是断无成功可能的。文化不是孤零零地飘荡在某处的物体或系统,而是一种内在的东西,就在我们身边。我们经常告诉我们的客户:"你就在文化中,文化就在你的血液中。事实上,你本身就是文化。你不可能在不改变自己的前提下改变文化。"

关于一个组织的高级领导者已经做好进行相互依存型领导力转型的准备有几项指标:

时间性——时间被视为一种资源还是限制?他们能够慢下来补充能量吗?

控制性——他们愿意并有能力分享控制吗?

净空高度——他们能够为自己和其他人创造净空高度吗?

◆ 游戏板

与玩家在上层运作时,我们同时关注包括商业战略、领导力战略和练习、实施这些战略的关键工作领域的游戏板。领导力战略是所需文化、战略推进元素及关键领导能力的具体表现。而这些则是通过走出个人领导能力的SOGI模型实现的。它定义了业务战略执行所需的发展重点(Beatty & Byington, 2010; Hughes & Beutty, 2005; Pasmore & Lafferty, 2009)。

我们通过公开、诚实地让这些高层玩家面对这些关键游戏板问题来认识他们:商业战略是什么?现有的领导能力是什么?为了支持商业战略需要什么样的领导力战略来构建创建方向、协调及承诺所需要的能力？

针对这些问题的诚信评估及讨论将推进商业战略实施、管理者的发展,并最终促进该组织的领导力文化。这个游戏板实际上就这样被规划构建了,然后通过集体学习过程不断被再造升级。

游戏

游戏包括发展执行当前战略所需的核心组织能力及处理复杂挑战,并生成下一个新战略。

我们首先引进协作领导力工具及技巧,使得高级领导者能够了解、掌控它们。然后我们把它们应用到现实的战略性工作中,并发展全组织范围内的领导能力。不同于能力训练,这种方法注重于领导力如何练习及集体性开发。我们把它叫做行动发展。人们通过一起工作,在公共学习论坛中练习净空高度的技能。他们通过在不同级别间合作而跨越不同边界。他们通过实践从内至外地参与而实现更大的价值和热情,并用于实际工作。这是一个非常动态的游戏。

结论

我们到处都可以看到人们热切地期待参与相互依存型领导力这个游戏。他们已经意识到这种新方法的价值,但常常不知如何开始或获得动力。这个过程并不简单,也没有一个一成不变的万能办法。尽管如此,我们还是确定了铸就组织层次相互依存型领导力的五个关键步骤。

(1) 发现:通过评估商业战略需要的领导力文化及能力来设计学习过程。

(2) 发展战略:理解这个过程的性质及其关键元素。关注领导力战略、业务战略及构建组织能力的领导力角色之间的关系。

(3) 发展参与者:首先在高层领导参与者中实践四项基本技能。

(4) 建立起游戏环境:协调领导力与业务战略的一致性,并让人员能力需要与组织的关键工作结合在一起。随着高层玩家参与者学习并获得新技巧及视野,重新安排、再造及重新评估这个游戏板。

(5) 玩游戏:把四种技能带到组织中层,然后到组织的所有地方。现在,在组织的现实工作有序进行的同时,领导力也得到了发展。

在社会、组织、团体及个人内部及它们之间发展相互依存型领导力是一个复杂的过程。这是一个类似于四维国际象棋的领导力版本——同时在不同的游戏板上进行。这是一个不容忽视的挑战。我们这个相互依存型世界恰恰就需要相互依存型领导力来掌舵,才能运行平稳。

参考文献

Argyris, C., Putnam, R., & Smith, D. (1985). *Action science: Concepts, methods, and skills for research and intervention.* San Francisco, CA: Jossey-Bass.

Beatty, K. C., & Byington, B. (2010). Developing strategic leadership. In C. D. McCauley, E. Van Velsor, & M. N. Ruderman (Eds.), *The Center for Creative Leadership Handbook of Leadership Development,* (3rd ed.). San Francisco: Jossey-Bass.

Bennis, W. G. (2007). The challenges of leadership in the modern world: An introduction to the special issue. *American Psychologist,* 62(1), 2—5.

Bohm, D. (1990). *On dialogue.* Ojai, CA: David Bohm Seminars.

Cook-Greuter, S. (1999). Postauronomous ego development: A study of its nature and measurement. Doctoral Dissertation. Cambridge, MA: Harvard Graduate School of Education.

Cross, R. L., & Thomas, R. J. (2009). *Driving results through social networks: How top organizations leverage networks for performance and growth.* San Francisco: Jossey-Bass.

Denison, D. R. (1997). *Corporate culture and organizational effectiveness, 2nd Edition.* Ann Arbor, MI: Denison Consulting.

Denning, S. (2000). *The springboard story: How storytelling ignites action in knowledge-era organizations.* Burlington, MA: Butterworth Heinemann.

Dixon, N. M. (1998). *Dialogue at work: Making talk developmental for people and organizations.* London: Lemos & Crane.

Drath, W. H. (2001). *The deep blue sea: Rethinking the source of leadership.* San Francisco, CA: Jossey-Bass.

Drath, W. H., McCauley, C. D., Palus, C. J., Van Velsor, E., O'Connor, P. M. G., & McGuire, J. B. (2008). Direction, alignment, commitment: Toward a more integrative ontology of leadership. *Leadership Quarterly,* 19, 635—653.

Drath, W. H., & Palus, C. J. (1994). *Making common sense: Leadership as meaning-making in a community of practice.* Greensboro NC: Center for Creative Leadership.

Drath, W. H., Palus, C. J., & McGuire, J. B. (2010). Developing interdependent leadership. In C. D. McCauley, E. Van Velsor, & M. N. Ruderman (Eds.), *The Center for Creative Leadership Handbook of Leadership Development*, (3rd ed.). San Francisco: Jossey-Bass.

Ernst, C., & Chrobot-Mason, D. (2010). *Boundary spanning leadership: six practices for solving problems, driving innovation, and transforming organizations.* New York: McGraw-Hill Professional.

Ernst, C., & Yip, J. (2009). Boundary spanning leadership: Tactics to bridge social identity groups in organizations. In T. L. Pittinsky (Ed.), *Crossing the divide: Intergroup leadership in a world of difference* (pp. 89—99). Boston: Harvard Business School Press.

Fukayama, F. (2011). *The origins of political order: From prehuman times to the French revolution.* New York: Farrar, Straus and Giroux.

Hannum, K. M., Martineau, J. W., & Reinelt, C. (Eds.). (2007). *The handbook of leadership development evaluation.* San Francisco, CA: Jossey-Bass & CCL.

Hughes, R. L., & Beatty, K. C. (2005). *Becoming a strategic leader: Your role in your organization's enduring success.* San Francisco: Jossey-Bass.

Isaacs, W. (1999). *Dialogue and the art of thinking together.* New York: Random House.

Johansen, B. (2009). *Leaders make the future: Ten new leadership skills for an uncertain world.* San Francisco, CA: Berrett-Koehler Publishers.

Kegan, R. (1994). *In over our heads: The demands of modern life.* Cambridge, MA: Harvard University Press.

King, S. N., & Santana, L. C. (2010). Feedbackintensive programs. In C. D. McCauley, E. Van Velsor, & M. N. Ruderman (Eds.), *The Center for Creative Leadership Handbook of Leadership Development*, (3rd ed.). San Francisco: Jossey-Bass.

Lipman, D. (1999). *Improving your storytelling: Beyond the basics for all who tell stories in work or play.* Atlanta, GA: August House Publishers, Inc.

Marshall, E. M. (1995). *Transforming the way we work.* AMACOM, New York.

Marshall, E. M. (1999). *Building trust at the speed of change.* New York: AMACOM, American Management Association.

Martineau, J. M., & Hoole, E. (in press). Evaluation methods. In D. V. Day, (Ed.), *The Oxford Handbook of Leadership and Organizations.* Oxford: Oxford University Press.

McAdams, D. P. (1997). *The stories we live by: Personal myths and the making of the self.* New York: Guilford Press.

McCauley, C. D., Drath, W. H., Palus, C. J., O'Connor, P. M. G., & Baker, B. A. (2006). The use of constructive-developmental theory to advance the understanding of leadership. *Leadership Quarterly*, 17, 634—653.

McCauley, C. D., Palus, C. J., Drath W. H., Hughes, R. L., McGuire, J. B, O'Connor, P. M. G., & Van Velsor, E. (2008). *Interdependent leadership in organizations: Evidence from six case studies*. CCL Research Report no. 190. Greensboro, NC: Center for Creative Leadership.

McGuire, J. B. (January 28, 2010). *Leaders we need with mind's afire*. Editorial, The Washington Post.

McGuire, J. B., & Palus, C. J. (2003). Conversation piece: Using dialogue as a tool for better leadership. *Leadership in Action*. 23(1), 8—11.

McGuire, J. B., Palus, C. J., & Torbert, W. R. (2007). Toward interdependent organizing and researching. In A. B., Shani, et al. (Eds.), *Handbook of Collaborative Management Research* (pp. 123—142). Sage Publications.

McGuire, J. B., & Rhodes, G. (2009). *Transforming your leadership culture*. San Francisco, CA: Jossey-Bass.

McGuire, J. B., & Tang, V. (February, 2011). *Fighting the complexity conspiracy*. Forbes.com

Nissley, N. (2003). Fictionalization and imaginative "restoryation": In A. B. VanGundy & L. Naiman (Eds.), *Orchestrating collaboration at work: Using music, improv, storytelling, and other arts to improve teamwork* (pp. 199—202). San Francisco: Jossey-Bass.

Ospina, S., & Foldy, E. (2010). Building bridges from the margins: The work of leadership in social change organizations. *Leadership Quarterly*, 21 (2), 292—307.

Palus, C. J., & Drath, W. H. (2001). Putting something in the middle: An approach to dialogue. *Reflections*, 3(2), 28—39.

Palus, C. J., & Horth, D. M. (2002). *The leader's edge: Six creative competencies for navigating complex challenges*. San Francisco, CA: Jossey-Bass.

Palus, C. J., & Horth, D. M. (2007). Visual explorer. In P., Holman, T., Devane, & S. Cady, (Eds.), *The change handbook: The definitive resource on today's best methods for engaging whole systems* (pp. 603—608). San Francisco, CA: Berrett-Koehler Publishers.

Palus, C. J., & Horth, D. M. (2010). *Visual explorer facilitator's guide*. Greensboro, NC: The Center for Creative Leadership.

Pasmore, B., & Lafferty, K., (2009). Developing a leadership strategy. Center for Creative

Leadership white paper series.

Quinn, L., & Van Velsor, E. (2010). Developing globally responsible leadership. In C. D. McCauley, E. Van Velsor, & M. N. Ruderman (Eds.), *The Center for Creative Leadership Handbook of Leadership Development* (3rd Ed.). San Francisco: Jossey-Bass.

Sewerin, T. (2009). *Leadership*, teams and coaching. Malmo, Sweden: Tertulia Books.

Tichey, N. M. (1997). *The leadership engine: How winning companies build leaders at every level*. New York: Harper Business.

Torbert, B., & Associates. (2004). *Action inquiry: The secret of timely and transforming leadership*. San Francisco, CA: Berrett-Koehler.

Turchin, P. (2007). *War and peace and war: The rise and fall of empires*. New York: Plume.

Whyte, D. (2002). *Crossing the unknown sea: Work as a pilgrimage of identity*. New York: Riverhead Trade.

Wilber, K. (2000). *Integral psychology*. Boston, MA: Shambala.

Wilson, E. O. (1998). *Back from chaos*. Atlantic Monthly, 281(3). Retrieved August 30, 2010, from http://www.theatlantic.com/past/docs/issues/98mar/eowilson.htm

Yammarino, F. J., & Dansereau, F. (2008). Multilevel approaches to leadership. *The Leadership Quarterly*, 19(2), 135—141.

Yip, J., & Wilson, M. S. (2010). Learning from experience. In C. D. McCauley, E. Van Velsor, & M. N. Ruderman (Eds.), *The Center for Creative Leadership Handbook of Leadership Development* (3rd Ed.). San Francisco: Jossey-Bass.

第二十九章

培养兼具盈利能力和社会价值观的商业创新者

Nancy McGaw

阿斯彭研究所商业社会项目组

人们对企业在社会中扮演的角色的期待在不断改变,这对那些专注于企业成功、社会进步和环境改善的企业领导人提出了更高的要求。本章概述了一种新型的领导力开发项目。它由阿斯彭研究所商业社会项目组在2009年首次提出,也正是为满足这种更高的要求而特别设计的。"先行者项目"集合了一批精心挑选的、高潜力的、正处于职业生涯中期的商务专业人士。我们相信这些人已经是其公司的社会企业家,他们创造出的新产品、新服务或者是管理创新模式帮助企业获取了更大的利润,并创造了积极的社会环境影响。该项目的目标是提升企业开拓者的创新能力并为其所在公司带来改变。反之,我们相信通过将社会环境价值更有效地整合到公司的中心战略重点中,也能提升公司的竞争力。

本章讨论了该项目的来源、设计理念和教学法的基本原理,以及目标受众和团体经验的关键组成部分。也介绍了早期的一个独立项目的一些积极发现,并强调了前方的挑战。

"混乱中的静思——以重新审视和观察自身",这是一个学员对阿斯彭研究所商业社会项目在2009年启动的先行者项目的评价。"它是一扇窗户和一面镜子"

是对该项目的又一描述。"它是发展加速器"是第三种评论。这些评论都是来自初始班的学员。

团体项目是为以下这种特定类型的商务专业人士而设计的：营利性公司的杰出创新者——先行者——帮助公司不断实现盈利并提升集体福祉。他们以此指导自身行为，相信企业可以拥抱创新，实现财政成功和创造社会环境价值。就像彼得·德鲁克一样，他们敢于想象"每一个社会和全球问题都是一个伪装的商业机遇"（Cooperrider，2008）。

当今发展具备这些能力的企业领导人是很有必要的。为了应对全球竞争的压力和不断变化的公众期望，企业越来越需要提升其适应和创新能力，并关注其对不同的社区和这个星球的影响。先行者在企业发展的中期已经出现，他们致力于帮助公司去应对这些压力和满足相应的需求。但是，我们相信他们是有待被发掘和被承认的人才。先行者团体致力于去改变现有的模式。

团体经验为被挑中的人提供了成为商业人士团体中的一员的机会，这个团体中的商业人士对工作充满热情和对新的商业可能性有一种执着的信念。同样，它也可以作为一个创新实验室，人们可以从中发展技能，实现愿景，即使在不得不去应对组织障碍而必须做出改变的时候，依然能取得成功。通过给他们灌输先行者的概念并为其提供独有的发展经验，鼓励他们，使其更大胆、更具独创性，从而成为在其公司和相应领域能更有效地去应对变化的领导者和常胜将军。这个项目的终极目标是：去培养那些能够改善全球商业模式的领导者，使商业充分发挥对建立可持续发展的社会的贡献作用。

该项目的设计反映了阿斯彭研究所一个比较普遍的理念：如果开放式对话是以传播、分享学员的知识和经验为组织架构的，那它可以是一次很有效的学习经历。因此，陈述在研讨会中占的比例较小，大部分时间都分配给了学员，让他们互相帮助彼此认清挑战，战胜困难。在研讨会召开之前会给学员布置多方面的阅读任务，作为讨论的内容。学员需要设计并实施团体项目，这是学习的重点。

第一期课程在2009年4月宣布开办，有16个学员参与，所有人在接下来的一年里都成功完成了课程。在撰写本章的时候，第二批课程的学员正在积极参与团体经验的分享，第三批学员的招募正在进行中。前两批的学员背景多样，他们来自不同行业、不同公司，有百思买、高露洁、陶氏化学公司、IBM、IDEO、麦思德管理咨询公司、微软、美国大都会保险公司、南非零售商Pick nPay、道富全球顾问公司和沃尔玛。他们的种族不同,有几年相关经验,年龄各异,但大部分人的年龄都在三四十岁左右。这些人来自九个不同的国家,职责范围广泛,有采购部、领导力开发部、设计部、品牌部、风险部、综合高级管理部、可持续发展部。他们的共同点是:对探索将财政成果跟社会环境价值整合在一起的可能性拥有极高的热情,并确信其要学的东西还有很多;对所取得的成就保持谦卑;对跟学员共同协作、分享对商业创新的热情拥有无限渴望。

本章将讨论团体学习如何改变人们对商业在社会中所扮演角色的期待,并总结我们从先行者身上学到的东西。它同样会讲述我们发展这个研究项目的原因和方法,并对项目设计和教学法的基本原理进行概述。贯穿其中的还有独立评估员对项目第一期的重点评论。①

改变人们对商业的期许

多年来,商业和学术界的领导者呼吁商业思维的根本改变,鼓励各部门对企业成功和社会发展的相互依存方面给予更多、更大的关注。一些引用可以证明。早在 1984 年,R. Edward Freeman 就创作了《战略管理——针对利益相关者的管理方法》一书,它是一部有重大影响的著作(由剑桥大学出版社在 2010 年出版发行),它使我们理解利益相关者之间的关系对实现商业成功的重要性。② 在过去的十年中,更多相关观点被提出。例如,在 2002 年,三个开拓型的企业领导人(Holliday,Schmidheiny,& Watts,2002)合著了《言行一致——可持续发展的商业案例》一书。三年后,来自麦肯锡的执行合伙人(Davis,2005)提倡一种新型隐性社会契约,该契约能辨明义务、机遇以及对商业和社会都有利的条件。在随后的一年,《哈佛商业评论》报道说,公司需要重新评估其战略跟社会的关系,摒弃企业成功和社会福利是一种零和博弈的思想(Porter & Kramer,2006)。在这十年的最后阶段,该出版物

---

① 评估的目的是跟踪该项目在实现预期的个人和组织影响力方面的有效性;提供实时反馈;评估该项目在时间上的可持续性。评估人在这三次研讨会中以观察者的身份出现并参与到项目设计团队中去。评估报告的依据是对学员的三次调查,三轮学员面试,对思想伙伴的调查;项目结束后对思想伙伴的采访;项目结束后对设计团队成员的采访;项目作业和其他文件。评估工作由交叉资源部的 Shari Cohen 博士指导。

② 通过一个对先驱教员进行奖励的项目,这几年来,阿斯彭研究所已经授予好几位教员以"终身成就奖"。R. Edward Freeman 就是其中的一位,他已经教过数千名商学院的学生,并为反思这种商业思维模式提供了理论基础(有关获奖者的信息,详见 www.facultypioneers.org)。

收录了领先战略分析师 Garg Hamel 的一个呼吁,该呼吁不主张全盘革新管理模式,而是告诫管理者保证管理工作是为了追求更高的目标(Hamel,2009)。就在近期,Porter 和 Kramer 在一篇有关如何完善资本主义的封面文章中,对为实现商业成功,创造共享价值的必要性进行了展望(Porter & Kramer,2011)。

自 1999 年以来,阿斯彭研究所一直在验证这种思维转变到底有什么实际意义。那年我们召集了来自企业界和学术界的领导力开发的专家举行首次会议,会议围绕两个基本问题:在考虑到经济、社会和环境影响的前提下,要取得商业成果,什么样的领导者是我们所需要的?个人怎样发展,才能使自身具备这些能力?

在接下来的十年,我们继续将专家们组织到一起,来考察这些来自公司内不同层级的模范领袖,是如何处理复杂且相互依赖的社会、经济、环境动态,以为公司的支持者创造长期价值的。从这些交流中我们学会了很多,了解到各种各样的领导力发展经验都可以有效地满足这些领导者的需求(McGaw,2005)。尽管受到此领域很多艰苦创业的例子的鼓舞,我们依然相信领导力项目对那些没有明确其需求的商业人士也很适合。由此我们也意识到公司并没有好好利用其中已存在的有用资源。

社会企业家:新型商业资源的出现

上面提到的各种企业领导人都符合企业家的特点。他们之所以能看到别人看不到的机会,是因为他们通常将灵感、创造力、执行力、勇气和坚韧等品质融入到他们的企业家身份中(Martin & Osberg,2007)。对他们来说,关键的驱动力是其想通过努力工作实现其与众不同的个人愿望的渴望。学员们通常会叙述其早期所做出的要消除社会不公平现象或战胜环境挑战的个人承诺,这些承诺的形成通常来源于国外学习经历或者团队工作经验。但是,不像有些同行选择逃离商界转而加入非营利性组织或使命感较强的社会企业,他们做出的战略选择是继续留在主流行业——通常是一些大公司——作为取得最大影响力的最佳方式。

他们才真正是社会企业家。就像优秀的员工在《如何成为明星员工》一书中所说的,这些人是"组织平台上闪耀的明星"(Kelly,1998)。但是他们想要的平台是在此可以创造能获取更大利益和积极的社会环境影响的新型产品、服务、商业模式或者流程。这样也使其公司在错综复杂的商界中处于领先地位。

也就是在最近，人们才开始关注、理解该团体的特点（Grayson, McLaren, & Spitzeck, 2011）。③ 虽然已有一些社会企业家走进公众的视野（Sustainability, 2008），但是大部分人的工作都不是那么引人注目，因此在他们的名片上也就没有"社会企业家"或"先行者"一类的头衔。那些最高效的企业家非常了解他们的公司。上级和同行因其工作出色而敬重他，甚至连怀疑者也会因其良好的业绩而拥护他。但是，他们却经常要逆流而上，战胜困难。很多人说他们被公司倾向于维持现状或害怕失败的风险规避文化所限制。而且，因为大部分社会企业家都推荐那些非短期财政成果度量标准，所以有人对他们支持的商业革新持怀疑态度，这也使他们受到限制。

为了发掘候选人，我们联系了上百个很了解我们并且知道我们所要寻找的商业人士类型的人。该项目的招聘和筛选过程会持续5个月的时间（详见表29.1）。着重强调一下，我们要寻找的是那些处于事业中期，被认为有很大的潜力的商业人士，他们有能力和热情去平衡企业发展以及积极的社会环境影响之间的关系。我们也清楚地声明：理想的候选人要来自公司的核心业务部门，像财政部、市场部、设计部、领导力和组织发展部，等等。此外还要强调的是，成功的候选人需要有一个急切想得以实施的新想法或商业机会，它可以使公司发展和社会福利相辅相成。这些想法是下阶段他们要在团体学习中展开的创新项目的基础。

表29.1 先行者筛选流程

提名	候选人必须由一个熟悉其工作的人提名（不允许自我推荐）
初选	除去在政府部门、非营利性组织或社会企业中工作的个人
工作人员电话面试	阿斯彭研究所的工作人员面试有希望的候选人并决定是否给其申请表
申请	进入第二轮的候选人需表明他们项目的可行性范围、潜在的思想伙伴和是否愿意遵守团体规定
同伴电话面试	安排同期或前期课程的学员跟候选人进行一场对话，来评估其是否适合
设计团队进行总结并最终选定	综合申请表和面试反馈，项目工作人员将经过挑选的候选人的档案递交给设计团队以进行最终筛选。在此过程中我们会根据候选人的性别、种族、所在地理位置、行业、公司和项目类型来建立不同的团体

---

③ Debra Meyerson，基于其在"温和激进派"方面的研究，她是最早的有助于我们理解商界中此类革新者的人（Meyerson, 2001）。

以下是我们在评估候选人时需要考虑的因素：
- 追求创新，以及对自身所取得成就的谦逊度；
- 向他人学习的热情度和能否做出承诺帮助他人；
- 是否愿意真诚、坦率地反映个人目标和抱负；
- 能胜任大型的自我指导的项目；
- 是否遵守团体规定（参加研讨会，同思想伙伴共同工作，支付团体费用）；
- 能否接近其公司的决策执行者。

随着筛选过程的进行，我们会深入观察学员打算在团体中开展的项目。我们期待那些深具独创性的、可实施的，且跟其公司策略重点紧密相连或可能给公司和行业带来改变的项目。

先行者团体经验：满足社会企业家的需求

在意识到没有几个领导力项目适合那些很有潜力成为社会企业家的专业人士的时候，我们就有了试图为此类商业人士开发一个与众不同项目的想法。为了实行该项目，我们跟领导力发展专家进行对话，商讨如何以最有效的方式开发领导者，使其具备将商业成功跟盈利和社会价值整合起来的能力，并将从商讨中学到的东西作为学员的学习课程。为实施该团体项目，我们成立了一个小型设计团队，这个团队在创新和领导力发展方面具有深厚的专业知识。④

该项目包含以下几个基本成分：首先，它使学员有机会进入到一个由一些精挑细选的、很有才华的、各行业的同僚组成的强大关系网中。这些人会义务性地来参加这三次研讨会，研讨会在阿斯彭研究所会议中心或者是其他闲置的会议室举办，总共持续 12 天。对学员的一个要求是设计并实施一个"下阶段革新项目"。该项目必须基于一个有关新产品、服务、方式或者商业模式的引人注意的想法，它可使一些重要的社会和环境目标在公司的战略上具有更高的地位。对学员的挑选在一定程度上是根据其早期在项目提议上的表现。我们期待那些有可能改变规则的，

---

④ 设计团队成员包括来自费茨研究院的 Robert Adams 和 David Sluyter；Black-Rock 的 Matthew Breit-felder；交叉资源部的 Shari Cohen；IDEO 的 Fred Dust；巴布森学院的 Mary Gentile；阿斯彭研究院商业社会项目的 Nancy McGaw、Sarah Rienhoff 和 Judith Samuelson。

并且与企业中心策略重点紧密相连的项目。

表 29.2　团体项目样例

作为团体经验学习的一部分,学员被要求开展一个"下阶段革新项目"。以下是一些改变规则的创新项目的例子:
对南非的小规模农民或企业家进行指导,使他们进入市场,成为 Pick'n Pay 或者其他零售商的供应商
促进乳制品行业供应链之间的协同合作,以创造系统、持久的价值;跟所有学员(从农民到零售商)共同工作以促使转变
扩大沃尔玛新型终身学习计划的招生,使公司员工更容易上得起大学或者拿到学位
衡量企业服务团队,比如说 IBM 的领导力和企业发展项目旨在教授表现优秀的员工如何在这个全球化的智能星球上更有效地发挥作用
发展麦思德管理咨询公司供应商链伙伴的可持续发展能力,在清洁用品供应方面,将零浪费制造作为根本目标
在百思买建立可持续性商业模式,改善人们的生活,使服务水平低下的社区有机会得到来自数字世界的好处
将欧特克打造成一个"生活实验室",以建立、巩固那些能加速建筑物和公共设施的绿化的新的软件解决方案

学员可以选择至少两位来自其公司的思想伙伴,在团体中跟他一起工作。⑤思想伙伴可以在多方面起作用:他们可以帮助学员在革新方面争取支持;作为顾问和怀疑者;以富有成效的——通常是破坏性的方式挑战学员的想法。他们的加入使学员学到的课程更有可能在其公司中发挥杠杆作用,这样也使团体项目产生更深刻的组织影响。学员与思想伙伴共同工作,相互融合。有许多报道称,即使只是跟思想伙伴接触了一小段时间,也能产生"少量营养",从而引起大突破。学员们明白即使执行者拒绝参与,请求本身也很有力量。其中一个学员说为了找到思想伙伴,他不断跟那些高级执行官联系。最初,很多执行官会说他们不能参与,但是他们都会说"随时告诉我你们的进展"。这样的回应会产生很大的影响。这样一来,在学员还没有开始团体学习之前,他已经得到了很多的支持,这终会给他带来显著的回报。

上面提到的每一个项目成分都很重要。但是,真正让这个项目不同于其他的

---

⑤　学员邀请的思想伙伴需在其公司承担一定的职能责任,比如说他们的头衔可以是:主管战略执行沟通的副总裁、市场总监,美国产品设计主管,技术协调总监,战略洞察分析部的执行副总裁。

领导力发展项目的地方是,它不仅专注于社会企业家,同时还有四个主题贯穿于整个项目:创新力、领导力、反思力、团体精神。下文中将会详细论述这四个主题。

创新力。我们试图创立一个项目,它可作为一个革新实验室,学员可以从该项目中学到能应用于其团队中的一些技能,从而使下一阶段的革新实际有效。着重强调这个主题的原因是基于这样一个简单的前提:创新是习得新的管理心态最有效的方式。每个公司都知道创新的必要性。但是,仍然有很多公司会忽略有些员工提出来的有效创新之举,这些员工通常不断地在寻找一些能将财务成果与社会环境影响整合起来的方法。

作为本次项目焦点的先行者并不会被其同事认做创新者。有时,甚至先驱者自己也看不到其在这方面的潜力。在被指定成为阿斯彭先驱者成员后,他们会从新的角度看待自身的工作,并使其公司注意到自己的努力。学员说仅仅这个身份就使他们像搭了顺风车一样。这证实了他们为公司做的贡献,促使他们更想去创新。

团体研讨会可帮助学员学到一系列的创新途径和方法,这样他们就可以更好地在其公司概念化并实施那些改变规则的创新。"设计思考"可以开发学员们的创新能力。IDEO 的首席执行官 Tim Brown 将"设计思考"定义为"一种定律,它利用设计者的识别力和方法来满足人们以下的需求:怎样通过科技来实现目标,什么样的可行性商业策略可转变为客户价值和市场机遇"(Brown,2008)。"设计思考"坚持以人为本,专注于什么是可行的,并认识到在这个紧密联系的世界里,公司要繁荣发展,必须建立一种新型的社会联系。"设计思考"对于那些想创造一些商业模式、产品和服务来获得积极的商业成果和社会环境价值的人来说,是一种非常实用的方式(Brown,2009)。

"设计思考"能帮助学员从本质上看清什么时候该专注,什么时候该撤回。研究公司制度,可以使学员更好地去理解和定位自身的努力,并去检验这些努力是否有效。我们涵盖了一系列的"设计思考"主题,比如说,在研讨会中,有一期是帮助学员认清其公司组织系统。他们需要思考那些鼓励或抑制创新的秘密。为了促成创新,他们绘制出官方的或非官方的路线,有目的地去寻找做成事情的方式。这种观察公司制度的方式令学员大开眼界。就如一个学员所说的,他现在看清了通往创新的各条道路,以及其中的推动者、障碍物、看门人等,这都是与既定规则相违背的。

我们同样鼓励学员回过头来检查他们正努力去解决的问题和想要摆脱的处境。使其明白,对一个问题的正确定义是找出解决办法的关键。学会去重新审视问题并探索所采取途径背后的各种假设。例如,他们会问,别人会怎么看待他们要解决的问题?他们会怎么简化这个问题,从而使结果更清楚?希望在哪里?通过问这些问题,学员会重新审视和思考他们要应对的处境。通过这样的锻炼,许多学员对其项目进行了大幅度的修改,从而使成功的几率大大提高。其中一个学员说"我会重新审视问题和挑战,并帮助其他人这样做,这使我工作起来更加高效"。

领航和原型设计学习,作为"设计思考"的中心思想,也是其他期研讨会的重点,学员发现这些讨论可使他们更有效地去定位自己的工作,因为对公司来说,领航和原型设计可以降低风险。它同样可以提供一种能准确预估快速适应期和学习期的框架。首期课程中的一名学员表示,作为领航者,在描述完她那雄心勃勃的计划后,一个相当有实力的伙伴给予了她财力支持。学员同样要思考用于评估其项目影响力的度量方法,从而使新想法更易被采纳。

领导力。社会企业家通常会违背公司的既定标准和已被接受的实践习惯。即使他们在这样的一个氛围里工作:愿意跟不屑一顾的上司、公司惰性、短期规划周期等障碍进行抗争,欢迎新想法。研讨会可帮助学员探索改善其团队运作的方式,并建立成功所需要的社会政治资本。学员和其思想伙伴需要去证实该项目在这个方面的有效性。在团体训练的末期,学员会更有自信并且想去做一个领导者,对此他们的上级也会批准。就像一个思想伙伴说的,跟他共事过的那个学员现在可以独立地为公司的发展做出持续不断的努力。

我们鼓励学员将"故事讲述"看作一种学习领导力的有效方式。讲故事比单纯地去陈述事实和数据更能吸引学员。讲故事也给予讲述者一个机会去描绘那个可能的未来,他人要想在改革创新中发挥作用,就需要去想象那个画面。学员有多重机会去参与该活动。在团体学习的过程中,他们互相分享可以让其他人也参与到项目中去的策略。通过讲述过去的成功事例和为实现目标所依赖的力量,他们能更清楚地意识到为应对当前的挑战所必须具备的品质。学会思考"编码和解码":怎样应对不同的客户,怎样更积极地去倾听。这样产生的影响也很有意义。就像一个学员说的,"我意识到我必须在谈话中与他人互动,而不是单纯地去提出一个解决方案"。这使他得到公司同事的认可,职位也得到相应的提升。另一个学员说她从未意识到讲述故事是一种如此有效的工作手段。现在她经常用此方式跟其他同事互动。

学员还需要检验创新项目中的试验成分和失败的可能性。一个学员说成功和失败就像一对双胞胎。上一刻，你的努力使项目取得了很大的进步，每个人都很乐观并参与到了创新想法实施过程的下一阶段。而下一刻，因为一些很有势力的诽谤者或仅仅是组织惰性等新挑战，形势开始不妙。因此，要成为一个领导者，他们必须学会为这些双重可能性做准备，从失败中学到决定成败的关键教训。具有讽刺意味的是，他们可能还要考虑怎么去应对成功。Robert Redford 告诫说，每次成功之后都要"归零"，我们将此作为学员的一个接触点。Redford 在电影产业是一个破坏型创新者，他强调每一次成功之后都要开始新的冒险，做出新的牺牲，以免陷入自鸣得意之中（Meyerson & Fryer, 2002）。

反思。通过在这几年中跟领导力开发专家和社会企业家进行交流，我们经常会听到说，如果个人能将其价值观与工作联系起来，即使遇到困难，他们也更有可能坚持到底。因此，我们坦率地表示，研讨会的题目会策划包含一些生活中的大问题。学员要去斟酌这些问题，思考生活和工作的意义，并强烈地意识到要做的项目跟其内心的目标是互相关联的。

同样，我们还会推荐"价值观评判"法，以解决学员在工作中遇到的价值观冲突。⑥ "价值观评判"是一门提升技能、扩展知识和建立承诺的创新课程，这些都是领导力发展所必备的。"价值观评判"课程不做道德分析，而更注重道德的实用性，它提出如下问题："如果我按照价值标准行事将会怎样？我应该说点或做点什么？怎样才能做到最高效？"尽管在谈到道德问题时，人们通常会想到怎样学会说"不"，以应对价值观被侵犯的压力，但"价值观评判"对学员来说，可以作为一种工具，来帮助他们运用积极的语言肯定自身的首创精神。我们鼓励学员去思考如何理清和描述在工作中可能发生的问题，并使其意识到这样对声明和制定价值观相当有用（Gentile, 2010）。作为反思力的中心部分，"价值观评判"的七项原则最终还是回归到领导力、创新力和团体精神上面。例如，有关价值观来源和发展的故事可作为率先应用于实施并推进创新的例子来被分享。对同伴指导和建立、实施影

---

⑥ 价值观评判（www.GivingVoiceToValues.Org）是由 Mary Gentile 博士跟阿斯彭研究院和耶鲁大学管理学院的创始合伙人共同提出来的。现在这个项目以巴步森学院为基地并由其提供支持。传统的道德培训通常以帮助学员弄清什么是正确的为中心。"价值观评判"则采用了不同的方式。它的目的在于传授一些方法，让人们自信地去做自认为对的事情。

响力的技能的强调,直接、分别地跟团队精神和领导力联系起来。

在第一次研讨会之前,学员们都没有预料到这些反思活动将会对他们产生的影响。一个学员的反应证明了这一点。在第一次团体研讨会中,我们离开阿斯彭会议中心,去了落基山脉的一个壮丽景点,在营火旁野餐,讲故事。晚上布置的作业的内容是,分享你是在什么时候明确了生活的目标并且想通了在下半生要做的事情。最近一次在阿斯彭的周研讨会将要结束的时候,一个学员坦白说,在她准备收拾东西来参加这次研讨会时,还要对年幼的孩子做出安排,这样她才可以离开一星期。她向她老公抱怨说这个项目的这一部分太奇怪了,她很奇怪自己为什么还是参加了,因为她从来没有这样做过。在研讨会快要结束时,她对大家说这次的野营经历和那些发自内心的真诚故事给她带来了很大的改变,将极大地影响她回去之后的工作方式。

只有那些更有自知之明、能更加清醒地认识周围世界的领导者才能成为更优秀的领导者(Mirvis,2008)。很多发现都支持该见解,它与反思力的中心也是一致的。在大部分学员的公司,反思力很少作为工作的一部分,这也难怪他们会对这些练习能够提升工作效率和参与度持怀疑态度。

为了促进反思,诗歌和散文将被作为学员阅读材料的重要部分。⑦《隐藏的一切:迈向完整生命之旅》的节选对于那些想全身心投入工作的学员具有特别的现实意义(Palmer,2004)。让学员去了解和发现他们经常感受到的职业角色与个人角色之间的分歧,可使其发挥想象并将二者整合起来,形成一个强大的综合体,这样做很有意义。学员反映说感觉像新生了一样,身上充满了力量,也更大胆、更有信心了。参与度和忠诚度的提高不但为他们注入了活力,同时也激励了他们的同事。

团体精神。社会企业家的职业生活或许很孤单。他们经常独自工作,想法得不到支持,跟上级和同事步调不一致。因此,在学员之间建立一种紧密的联结必须作为本项目的重心。我们非常谨慎地去组建班级,努力去营造一种有助于建立关系的氛围。我们的目的是帮助学员跟团体中的其他创新者建立联系,相互学习,使

---

⑦ 项目中引用的诗歌包括玛丽·奥利弗的《夏日》、泉子(Chuan Tzu)的《木匠》和丹妮斯·莱维托芙的《证人》。

其之间建立一种终生鼓舞、激励、合作和支持的关系。⑧

在对一个候选人进行评估时,我们会看他是否慷慨大度和具有合作精神。被选中的学员不但会努力实现自身的目标,还会帮助其他人实现目标。我们希望学员能在这样一个由杰出的商业人士组成的多样化团体中发现自我。这些有胆量又很谦逊的商业人士都取得过一定的成就。班级一旦被确立下来,团体精神也会逐渐形成。联合新闻发布会做出的报道主要针对学员的支持者们,这样公众,特别是公司的同事就可以看到班级学员的表现。阿斯彭研究院的网站上提供了每位学员的完整个人档案,还有学员在学期内需要承担的部分工作。

很快就进入了第一次研讨会,学员们反映说,在意识到自己不再孤单时,放松了许多,并且与其他人的关系也越来越紧密。在看到团体精神有助于互相支持和理解后,学员们开始积极地去跟他人建立私人和职业上的联系。学员们由此得到鼓励,从而变得更有胆量。就像其中一个学员说的,受到鼓舞后,他变得更加努力,因为他不想让团队成员失望。

在为期12天的项目中,团队成员都会在一起。所以,对他们来说,有足够的时间去相互交流,对挑战进行反馈,互相学习创新思维。会议的基本形式是对话而不是单方面的陈述,每一期研讨会的前两个小时主要用于讲述事例。然后将从这些事例中提炼出来的主题扩展到以后的研讨会中去。例如,在第一期研讨会中,我们特别要求每一个学员就以下问题做一段陈述:

> 回顾过去的经历,讲述一个有关创新的独特事例,为了该创新你付出了很大的努力,最终,在实现业务增长的同时,又创造了积极的社会环境影响(比如:促进和平,创造绿色价值,消除贫困,增加社会福利),由此,你将会讲述一个怎样的真实事例?请确保告诉我们,是哪种个人力量在实现成功的过程中起了相当关键的作用。⑨

在随后的研讨会议和电话会议中,学员们要及时更新项目进展,和他人团结起

---

⑧ 在项目开始的初期,我们不知道可在多大程度上实现目标。我们付出了很多的努力来使老学员都参与进来。通过提名和面试候选人,使他们参与到新学员的选拔过程中来。请他们参加电话会议。如果有机会,还会请他们向不同的人展示其工作。项目工作人员会收集最新的信息并发给学员。独立评估员负责随后的采访工作。来自同一城市的学员还可以重聚。我们计划在2012年为第一期的两个班级安排一次重聚。

⑨ 这个问题以及议程的其他方面充分利用了有关"欣赏式探询"的学术知识,"欣赏式探询"是促进组织改革的一种方式(Cooperrider, Whitney, & Staryos, 2008)。

来战胜挑战,一起庆祝大大小小的胜利。随着时间的推移,他们会在分享和挑战中结下友谊,这种友谊,将如我们期待的那样,超越现阶段团体学习的成果。

 展望未来

在第二期课程进行到一半时,我们知道学习的旅程才刚刚开始。在社会型企业家现象方面,以及那些可以帮助创新者在商业领域获得成功的各种经验方面,还有太多的东西需要我们去挖掘。我们相信,目前我们是走在正确的道路上。就如该项目的一个独立评估员对第一期课程的评价:"太好了,第一期学员在该团体项目的帮助和指引下,变得更大胆,思维也更广阔了,同时也跟其他公司的同僚建立了积极的联系。"[10]

前面还有很多的挑战。举例来说吧:建立一个有用的数据库——跟踪该项目对学员的长期影响;加强与思想伙伴的联系;提升项目计划的严谨性,特别是在每期会议之间;与项目的老成员保持联系;促进团体或个人项目教学案例的发展,使那些渴望成为先行者的学员也能分享到他们的经验课程。

为使本项目做得更好,学员们也给予了我们一些建议。其中的很多建议都被我们采纳。例如,我们要求思想伙伴在第一期研讨会结束后完成一个在线问卷调查,而在第一期课程中,我们是要求思想伙伴在研讨会开始前做问卷调查。调查结果可以帮助学员更有效地跟思想伙伴沟通。在每一期研讨会之间,我们安排了更频繁的电话会议。我们会更多地去采纳学员们在研讨会中提出的专业意见,并努力地使不同班级的学员之间建立关系。这些关系对项目的长期成功很关键,这单靠专属的员工时间是不可能实现的,虽然资源也很有必要。学员需要发挥带头作用。早期的证据表明学员都愿意下决心这样去做,但只有时间能证明团体课程的作用能否充分地被挖掘利用。

在学员的领导力和影响力不断提升的同时,我们的目标也得到了实现。该项目也为进一步将公司的财务业绩和社会环境价值整合起来铺平了道路。学员们的关系网络被建立起来,通过建立一个学员之间的关系网络,创造一大批企业中的关键领导者,使其开始有选择地去改变现有的商业运作模式。我们也会观察大量相

---

[10] 最终的未被公布的评估报告由 Shari Cohen 博士撰写。

关指标,确保路线的正确。这些指标有:应聘者的数量和层次;来自合作公司或者学员们的额外提名;满意度,通过评估专访和调查结果得到;学员们日后的事业发展状况;学员们提出了多少可行的跨公司创新合作的方法。

我们有极大的动力在上述方面取得进展。使人们关注到社会企业家的贡献并帮助他们实施改变规则的创新,这具有巨大的、积极的实践意义。使财务业绩和社会环境价值在商业领域更快、更有效、更进一步地整合起来。

通过学员们必须要完成的小型练习,本项目的承诺也得到了证明。结合已有项目,请他们在表上相对应的位置放上一个大头针(见图29.1)。[11]大头针所在的位置代表了学员们对公司在社会和环境创新的实施度这两个方面最乐观的估计。纵轴表示企业思维模式,由此可以看出企业对这些创新的重视程度和是否考虑将其作为战略思想的重心。横轴表示能力,即企业实施创新的能力。两个班的测试结果显示,绝大多数的学员都将大头针钉在了图中的象限②:企业对价值的重视程度普遍较高,而其实施能力却较低。

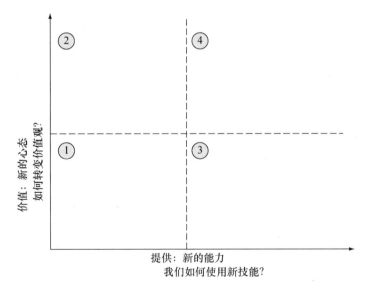

图 29.1

学员们的看法证明了我们的预测:许多公司都明白将社会环境价值整合到其

---

[11] 练习和图表都是由IDEO的Fred Dust开发的。

中心战略重点中很有必要,但是他们不知道如何去实施。先行者团体的目标就是帮助那些相当专业的并且愿意承担这些的商业人士,使其公司能更快地具备相应的能力。这样他们就会在商业成功之路上踏上一个新的台阶。

参考文献

Boston College Center for Corporate Citizenship. (2009). *How virtue creates value for business and society.* Chestnut Hill, MA.

Brown, T. (2008). Design thinking. *Harvard Business Review*, 86(6), 84—92.

Brown, T. (2009). *Change by design: How design thinking transforms organizations and inspires innovation.* New York: HarperCollins.

Cooperrider, D. (2008). Sustainable innovation. *BizEd*, 7(4), 32—38

Cooperrider, D., Whitney, D., & Stavros, J. M. (2008). *Appreciative inquiry handbook for leaders of change* (2nd ed.). Brunswick, OH: Crown Custom Publishing Inc. and San Francisco, CA: Berrett-Koehler Publishers, Inc.

Davis, I. (2005). What is the business of business? *McKinsey Quarterly*, 3, 104—113.

Freeman, R. E. (1984). *Strategic management: A stakeholder approach.* Boston, MA: Pitman.

Gentile, M. (2010). *Giving voice to values: How to speak your mind when you know what's right.* New Haven and London: Yale University Press.

Grayson, D., McLaren, M., & Spitzeck, H. (2011). Social intrapreneurship: An extra force for sustainability. Doughty Center for Corporate Responsibility, Occasional Paper. Cranfield University School of Management.

Hamel, G. (2009). Moon shots for management. *Harvard Business Review*, 87(2), 91—98.

Holliday C., Jr., Schnidheiny, S., & Watts, P. (2002). *Walking the talk: The business case for sustainable development.* San Francisco, CA: Berrett-Koehler.

Kelley, R. E. (1998). *How to be a star at work: Nine breakthrough strategies you need to succeed.* New York: Three Rivers Press.

Martin, R., & Osberg, S. (2007). Social entrepreneurship: The case for definition. *Stanford Social Innovation Review*, Spring.

McGaw, N. (2005). Developing leaders for a sustainable global society. *Strategic HR Review*, 4(6), 32—35.

Meyerson, D. E. (2001). *Tempered radicals: How people use difference to inspire change at work.* Boston, MA: Harvard Business School Publishing.

Meyerson, D. E., & Fryer, B. (2002). Turning an industry inside out: A conversation with Robert Redford. *Harvard Business Review*, 80(5), 57—61.

Mirvis, P. (2008). Executive development through consciousness-raising experiences. *Academy of Management Learning & Education*, 7(2), 173—188.

Palmer, P. J. (2004). *A hidden wholeness: The journey toward an undivided life*. San Francisco, CA: Jossey-Bass.

Porter, M. E., & Kramer, M. R. (2011). Creating shared value. *Harvard Business Review*, 89(1/2), 62—77.

Porter, M. E., & Kramer, M. R. (2006). Strategy & society: The link between competitive advantage and corporate social responsibility. *Harvard Business Review*, 84(12), 78—92.

Sustainability Ltd. (2008). *The social intrapreneur: A field guide for corporate changemakers.*

第三十章

再造领导者
——高等教育中的哈佛高级领导者实验课程

Rosabeth Moss Kanter

哈佛商学院

领导力发展是一个持续终身、与时俱进的过程，它是一个对社会和全球环境（健康、教育、环境、经济等）需求变化做出回应的过程。2006 年，哈佛商学院的三名教授与哈佛大学其他学院联手推出了一个全新的课程——目的是培养新时代的领导者，让他们成为应对社会变革的中流砥柱。

高级领导者发展项目（The Advanced Leadership Fellowship Program）是哈佛大学在全校范围内首创的、利用跨学科优势培养不同背景的高级领导者，以促进变革、改善公众福祉为目标的课程。本章讨论了高级领导者发展项目的历史、目的、设计，以及如何通过培养卓越的、高瞻远瞩的领导者来解决全球问题。

哈佛高级领导者发展项目虽然当前还在实验当中，但它的目的却是创造一项影响全球的领导力发展运动。我们坚信，**领导力与领导力发展将会是一个持续一生的过程**。我们在创建课程之初就曾设想：一些领导者在经过 20—25 年的努力工作后，将把注意力重心从工作挣钱转移到学习再深造，从仅仅成为优秀的领导者转型成为真正的高级领导者。我们也深深感受到世界需要更多的领导者来缩小差距、增进合作以及利用新技术来改善教育、健康、社区福利及环境。由于既有的学校教育不能满足需要,因此领导人才市场面临青黄不接的窘境,尤其是有经验、有使命感的领导者更是凤毛麟角。

我们把很多理念融入这个愿景:高等教育的新阶段;建立并组织有丰富阅历的领导团队,以应对需要制度能力而不只是组织或个人能力做保障的社会问题;大学不同院系的交叉学科合作(或至少找到它们之间的交叉点);人口结构急剧转变引起的领导力视角变化的反应。

尽管该目标从长远来看是极其宏大的,但从短期来看是谨慎有度的。本章中阐述的哈佛商学院实验还处在早期的概念论证阶段。到目前为止参加的领导者屈指可数,这项实验工程刚刚起步。经过几年的筹划和组织,由来自五个学院的 20 名教职人员开展了一个为期三年(2009,2010,2011)的哈佛高级领导者发展项目计划。55 名有经验的领导者连同 13 名正式注册的学员(其中有一些也是颇有成绩的领导人才)参与了该培训。鉴于这些领导者学员拥有长期的领导经验,该培训因此就不能被称为"领导力发展"了,而应该称为"领导力再造"。

虽然实验还在进展中,参与的领导者在数量上也还有限,但我们还是积累了一些对于领导力学者、实践者有用的观点和知识。当然他们是否马上选择我们的模式现在并不重要。这些观点和知识如下:

- 优秀领导者与高级领导者的区别。
- 领导力发展的中心环节:为什么是研究型大学才有能力承担此使命?
- 教育背景:人生阶段和恰当情境的重要性。
- 确定领导力的再造阶段,哪些因素是促进因素,哪些是阻止因素。
- 一所大学的创新设计和创造能力反映了其领导模式。

本章将对高级领导者发展项目进行概述性介绍。我们将介绍它的历史、基本原理及设计方案,并针对已经功成身就的领导者们的领导力再造进行观察与探索。

历史及广泛的指导原则

如果有朝一日,这个新实验终获成功,这个曲折的故事可能会被称为"查尔斯河上的奇迹"。这个想法的诞生及原型的创立是在该大学最困难的时期:校长的提前退休导致新校长上任还有一年的空隙。严重的财政危机要求学校大幅削减开支,并冻结新雇员的招聘。而且,该组织也以"每个桶都靠自己的底来盛水"的原则自居。这比后来的竖井管理理论更早出现。尽管遇到了现实危机,但这个新理念必须要独立地实践下去,以促进大学的发展及领导力再造计划的实施。故事始于 2005 年,虽然在这之前的稍早的时候也有相关理论探讨的先驱。

2005 年,哈佛商学院的教授 Rosabeth Moss Kanter、Rakesh Khurana 及 Nitin Nohria(现在已升为哈佛商学院院长)开始讨论由三个交叉现象导致的机会:

(1)一个关注社会使命的发展中的大学。当社会变化暴露出知识的代沟,产生新的领域、新的行业的教育需求时,大学会开设新的院系来适应变化。20 世纪 80 年代以来,虽然全球范围内新技术日新月异,针对大学的质疑也是接连不断,但大学能够提供的课程形式与内容却鲜有变化。很多研究型大学面临着为周边社区做贡献、为学生提供更多知识,并把理论转化为现实生产力的压力。

(2)发展新型的跨学科领导能力成为全球性亟须解决的问题。当今时代已步入 21 世纪,一系列全球性的社会挑战日渐清晰,而解决问题的办法却常常滞后。诸如贫困、健康、基础教育或环境质量等问题在本质上是系统性的,与政治和技术层面息息相通。因此它们的解决需要跨行业、跨部门地合作。但是对于如何发展、如何实施这些方案是有知识空白点的,这就需要综合性的研究与技术革新。

(3)人口结构的变化。更长的寿命及更健康的衰老过程在发达地区已经产生了一个人口学革命,尤其是在北美、西欧、日本、新加坡和中国等地。人口结构的变化造成了新的挑战,比如养老金问题,但也带来富有潜力的解决方案。研究表明,功成名就的领导者们在其年富力强的阶段日益关注服务问题,尤其是解决上述问题的方方面面。这些事情如果在他们还是以挣钱养家为目标的那个阶段是不可想象的。这是一个日益庞大的群体,他们中的很多人正在为这些社会问题寻求更好的解决方案,而不是为了挣工资。但是目前为止,还缺少一些统一的路径。这个群体呈献的机会还没有被高等教育解决。

每个事项代表一个问题,但它们的交叉错杂代表着机会。大学可以开设新的研究生院或专业学院来为阅历丰富的领导者提供再发展的机会:他们将在人生下一阶段致力于解决社会及全球问题。诸如此类的第三级学校(本科、研究生/职业学校之后)能够为学员在向新事业转型之外提供更多的培训。事实上,第三级学校可以设立一个独特的文化课程体系,侧重于教授学员们解决社会体制及全球挑战等重大问题。

这就是最开始的大前提。但为了支持任何新观点,有必要利用该机构的"硬通货"(这里指的是经过严谨研究并加以注解的书面作品)。这个介绍高级领导者发展项目的白皮书为《把高等教育推进到下一阶段》。该书在大学校园内广泛传播,并得到讨论、反馈,重要院系的领导人手一本,并于 2005 年 10 月公开发表了论文。收到的反馈有助于概念提炼,并确定那些可能参与该方案的教职人员。

概念提炼及开发该方案的初始阶段是在理论、框架和组织、自我改变及社会运动的创新发现指导下进行的。那些元老级的教授会有意无意地加强以后在高级领导力培训中需要的制度变迁观点及工具,用硅谷的话来说就是"自食其力"。

开始时,有两个关于指导原则的重要决定,其中一个减缓了该方案创立的过程,但事实证明对于方案的成功是一项非常重要的决定。第二个决定出现得晚一些。

第一个原则是跨学科、跨领域的合作及共享所有权。这个创新机制必须要由不同的、相对独立的专业学院集体拥有。没有所有关键专业学院教授的共同所有权,它将永远不能实现其对目标客户(有经验的领导者)进行高级教育及领导力再造的潜能。这个当然是有挑战的。在已有的渠道中开展工作当然是容易的,但创新怎么会自己在存在的组织系统中从天而降呢?在一个有强大专业院系的非集中型大学中,在一个竖井结构下开展工作比在跨院系中推进程序当然会简单些。但通过个人及小组会议,来自五个专业学院(第六个学院正在联络当中)的教授聚在一起分享、测试高等教育的这个新阶段的内容与形式。

第一个被邀请来参加讨论的小组是有信誉、有能力说服自己的系主任的资深教授。那些感兴趣的人们贡献他们的时间,随时准备用脚投票。每几个星期,大家就会在一个嘈杂但位于中心位置的餐厅进行早餐会议。在一次次气氛融洽的会议上,众多有名望的人士包括前财政部长保罗·奥尼尔、前 CEO、健康改革顾问等频频亮相,他们激励更多教职员工加入该计划。在由商学院的社会企业组织的一个面向更多邀请范围的教授研讨会上,该计划得到了更多支持。来自监督小组的一个公益团队做出了一个市场调研报告,吸引了很多教职员工。虽然面临逆境,但团队联系还是加强了。鉴于财政问题,电话会议的召开也增强了大家的信心,让大家有信心把计划推进下去。

从一开始就给兼职人员支付内部报酬，这体现了合作。一些启动资金来自哈佛商学院院长办公室、哈佛大学肯尼迪政府学院公共领导力中心，还有一些来自哈佛大学法学院。

第二个原则是创立小组把尽可能多的内容加入第一个模型。那是棘手的，并且有时是矛盾的，但也是重要的。这样做可以避免使计划投入运行后，丧失更广的视野而沉溺于细枝末节中这个传统问题。为了赢得更多支持，有必要指出相同的元素，让观众理解它，同时在交流中要清楚地表明这个观点是与众不同的。教授团队学会了重复说明这个愿景，而不对第一次阐述做任何折中——每个学院的再现；所有行业的综合；处理每个核心社会挑战或机制，根据地理、性别、种族和兴趣不同而产生的最终同事分类；资金来源——个人、公司、基金馈赠、成员开销支付等。

随着教授小组会议在2006年热情洋溢地召开，当时的想法就是开展联合研究、发表论文，然后推出一个教学项目。教授们对于这些跨领域、跨专业的实质性讨论非常感兴趣，比如儿童肥胖症或干净水源问题。许多关于案例研究的想法纷纷浮出水面。其中一个开花结果的案例研究是关于Benjamin Hooks的。他曾是一名法官，也是民权运动的领导者。他在人生的后半期成立了儿童健康论坛。该论坛由来自哈佛法学院、哈佛商学院和哈佛公共健康学院的三名终身教授领衔，并从每个学院雇用了一些学生。但很快大家就意识到什么叫时不我待，教学也是这样。教授小组得出结论：有必要建立组织，形成实体，然后启动这个拥有相当市场规模的教学计划。同时，教授们在他们各自的学院继续履行自己的正式职责。

自下而上、自我组织、志愿者联盟，没有一个统一的管理机构——那种模式在这里是不成立的。而同一时期，哈佛大学校长辞职了，过渡期代理校长并不准备授权新的动议。教授们探索了一些新的方案，希望把计划付诸实施。一个副教务长对这个想法很感兴趣，并支持其推进下去。由此，一个建议和实施方案被推出了，使得该团队成为一个在该教务长领导下的正式的"跨学科行动组"。这个教授团队创造性地开发出一些富有生机的完整的教育方案。该方案并不要求教授去开设完全不同的新课程，因为那样是不现实的。

2007年7月，在教务长办公室的授权下，高级领导者发展项目开始准备规划运行模式了。这个非正式的联盟成了一个正式的管理委员会。哈佛商学院和哈佛法学院在2007年秋天的校友聚会上展示了这个高级领导者发展项目，并确定了一些感兴趣的学员。

作为"跨学科"的试点工程,所有一切都从零开始:组织标志、信笺抬头、办公场所、信息传送、政策规章、员工、支持系统、信息技术、与专业学院的联络、选拔与邀请程序、财政系统,等等。虽说是一个小规模的试点工程,但整个过程就像创立一所全新的学院似的。工作文件制订了一个为期两年的课程计划,但市场反馈显示时间短些会更好,至少开始时是这样。计划是一个为期一年的培训方案。经过周密讨论后决定,一年的课程设置应以月历年度计算,而不是以学年计算,这样才能更好地满足目标人群的需要。

2008年1月,第一个全职员工入职了,这个全新的高级领导者发展项目团队设计了宣传册(成为一个统计的文件),并开始招收学员,目标是让他们得到领导力再造。起草宣传册需要有课程的具体信息及具体的培养目标及时间设定。

学员要符合三个主要标准:
- 至少20—25年的领导成绩,有良好的创新记录。
- 针对社会最具挑战性的问题有做出改变的想法。
- 要有对该培训价值的了解:学员们将从以薪水为目的转向以为社会公益事业服务为己任。

鉴于上面讨论的指导性原则,最初的培训模型必须要传递出正确的信号。因此,这些最开始接受培训的高级领导者们作为这项培训计划的"长子",有义务为高级领导者发展项目树立标杆。当然,这项培训需要的这些人其实往往是认为自己没必要"返校再学"的高级领导者。我们很清楚,在一个激励型社会中,"上层榜样示范是关键",从顶端的"上士"做起,中间阶层自然就随波而动了。最不好的策略就是从下层开始,逆流而上。因此,最开始的学员录取相当具有挑战性。第一学年的学员录取是通过非正规网络进行的。前两名学员分别于2008年3月底和4月初被招录进来。第一个是由一个教授推荐的受人尊重的医生,也是企业家。第二个是由IBM委培的一个学员,是另一名教授介绍来的。

2009年课程开始时,共有14名学员,还有4个正式注册的陪同人员,外加1位赞助者和捐赠者。2010年则有22名学员及5名陪同人员,还有2009级的5名高级领导力项目学员为了完成项目而继续参加培训(这也是为了验证两年课程是否可行)。而2011年的培训还在进行当中,包括19名学员、4名陪同人员、9名高级领导力项目成员。

创建适合人生阶段的领导力发展项目

整个大学拥有丰富的领域、学科、研究力量及项目,因此被视为发展高级领导力的最佳场合——不是通过单独的团体或课程,而是充分利用它的大环境,学员们可以沟通思想、加强联络,这样不仅能够提高他们的技能,还能让他们承担有更大影响力的工程。我们乐意帮他们提升自我,让他们的目标更大,处理重大问题上更加得心应手,增强其影响力。我们意识到个人努力可以加入进来,随着时间的推移,现期学员及前期学员们将不断扩充其影响力。

对于这个人生阶段的教育设计鲜有现成的先例指导,因为在这个阶段人们不再关注于找一份新工作,而是想着如何为后人留下一份遗产。"返校再学"这个口号是有一定蛊惑力的,但也会产生新的问题及紧张感。毕竟,目标人群包括一些已经学有所成的人。很多人已经获得了硕士学位乃至博士学位或其他高级学位。他们已经在各自的岗位上成为精英人士。他们有家庭及工作之外的广泛责任义务。他们站出来都可以为人师表。

因此,高级领导力会社的目标很明确:就是针对学员们的后职场规划而成立的。这也是激励他们再次积极学习,而不是在已有成绩上睡大觉,坐吃山空。教授作为志愿者的身份免去了一些行政上的烦琐事宜,产生的一些新要素被证实对于教学规划是有益的。教授们可以总是把重心放在教学和项目上,而不是为了适应大学中的某些行政结构和程序而分散精力。因此,项目设置有以下几点考虑:

自然年份。大学通常是以学期制开展工作的,这在学员们早期的生活阅历中是很熟悉的,包括从小学到专业学校。但这对于大部分成年人来说是不适合他们的生活和事业的。即使是在以财政年度为运营基础的组织中,虽然每一财政年度起始于公历年度的年中,很多人还是以月历年度计算他们的行动起止,即:12月31日。因此,该项目以公历年度为单位:1月至12月为一学年。迎新介绍即哈佛课程入学指导在12月中旬的某周四至周六举行,让学员们在开始学习前对大学有一个了解,然后他们就可以在公历年度学期(冬季)开始时即时融入校园生活。学期末是在12月底。学员做公开论文陈述的答辩会则是在11月底举行。

负担前置。这是一个与时间赛跑的时代。大家有很多机会,新信息快速产生、快速传递。大家倾向于向一切事情要速度。第一批学生问得最多的关于这个高级领导力发展项目的问题就是该课程最短可以花多长时间完成。因此,针对第一批学员,我们决定把主要培训内容"前置"到前 4—5 个月,这样学员们由于很快地就学到很多东西而很有成就感。这也有很好的教学意义,因为学员们能够在立项之前就发展一个共享的知识平台,并让个人思维得到激励和磨炼。项目本身要求自立的研究及与学生和教授建立起个性化关系(有意思的是,随着课程的展开,很多学员反而问为什么这个培训的时间没有定得更长些,并表达出愿意拿出更多时间在哈佛学习及完成他们项目的愿望。鉴于此,学员们能够以一种更简单的方式以二年级学员的身份参加第二年的学习)。

同伴。对于入学前职业生涯很严谨的学员来说,他们经常愿意在接下去的社区服务中与配偶或同伴保持紧密联系。因此,这个课程是有助于家庭和谐的一个创举。配偶,有时也可能是其他家庭成员也可以经常一起参加一些活动。这个培训课程也允许学员由一个正式注册的同伴陪同学习,他们可以同学员一起做任何学习活动(除了单独开展的项目)。这个同伴可以与学员一起并行做很多事情。而且这个同伴可以在大学里单独推进自己的课程计划。偶尔,这些同伴可以与自己配偶之外的其他学员在共同感兴趣的领域开展合作。

外部责任。对于这些有经验的领导者来说,在他们这个生命阶段,哪怕是不处于全职工作时,他们还有很多其他责任。这些责任包括与他们身份相对称的职责,比如作为董事会成员的责任。而某些处于特殊行业的学员还需要对原来的长期客户继续负责,虽然这个责任可能会降到一个较低的水平。因此,该课程要有足够的灵活性,让活动的参加更有效率,同时期待学员尽可能地待在校园里学习课程,并与其他同学互动。

辅导。该课程与人生阶段相适应的另一个要素就是认可学员的经验和成绩。有些学员已经拥有相当高的学历了。他们是所在领域的专家。因此,该课程要展现他们能够为其他学员和教授提供的知识以及他们可能需要学到的东西。学员们不仅是学生还是老师。该课程强调学员对同学们的贡献能力,并且组织、引领同学小组——不仅是为了自己所在项目的利益,还可以为同学们做角色模型和辅导老师。

平衡结构和灵活性。经理人教育倾向于把学员的所有时间都纳入教学结构和计划安排。但这种模式对于这个以开发个人资源和机会而不是以固定的教程赶着人们学习的项目来说是不合适的。这个培训项目的学员拥有广泛的兴趣爱好,即使他们有重点关注的领域,他们也能从没有考虑过的知识范围内收获意外的发现。而且,各个行业处于高层的领导者们虽然习惯于在日程上安排紧密有序的行动,但他们还是不愿意被人要求必须做什么事情,他们想自己控制自己的节奏。因此,这项计划让大家来共同参加课程,但每个人都拥有广泛的选择权。根据每个学员的日程安排,活动结构和学习形式可以多种多样。学员们根据个人喜好,可以组织自己的活动。他们可以以个人身份或小组讨论决定他们希望接触的教授或其他沟通方式。而同时,他们也被鼓励避免把所有时间都塞满的"活动陷阱",目的是留出时间来读书和反思。平衡结构和灵活性是一个持续的挑战,因为有些人总是希望别人帮他们做更多的事情,而有的人则反感别人为他们做更多的事。

教育目标:高级领导力

什么是所谓的"高级"领导力?这个词显然是个文字游戏,部分是为了强调招收目标学员的那个高级事业阶段。但"高级"也反映在处理复杂、无底限的社会、制度背景下需要的高阶能力。在这种情况下没有清楚的目标,同时却有多方面的利益相关者,并且没有绝对的权威。

我们的教学目标是获得组合经验,大部分是在课堂上得到的,但同时也包括思考和其他实验模型,以提高一系列的领导能力。这些能力在第一期培训班之前就由一组核心教授确定,并以自我反省和讨论为基础阶段性地向每个学习班介绍。具体的概念和伴随框架或工具都包含在高级领导力研讨班中(或在某些情况下通过素材课程实现),因此学员们可以充分接触到这些概念。与广泛背景的同学的交往互动、实地访问、暑期实践等为课程增加了多维内涵。这些能力包括:

- 理解目的、价值和原则;富有成效的社会变革、好工作、好成果;公认的对于成功的定义;什么值得做,从什么角度做;以最终受益者的视角看问题。
- 在恰当、可行的范围内掌握相关专业知识,让行动与现实及相关具体领域的元素相一致;从生命科学、物理学、社会科学、工程、经济等领域的知识视角发现并解决问题;知道该问什么问题、何时及如何依靠专家。
- 诊断根源、分析多层问题及系统动态;审视更广的前后背景,勾画出系统或生态系统图来找出联系;行为线索和系统轨迹,比如:自我实现的预言、自我加速的循环、成功动力("连胜")、下降周期("连败");指导可持续转变的系统变化元素。

- 理解相关法律框架、立法程序、规章推进过程、选举动态、公共资源及分配、利益团体及其影响；断定何时使用法律工具来干涉、支持变化或阻止负面影响；如何接近并利用法律工具。
- 理解公共行为及公众舆论的推动力，包括价值观、历史、文化及语言；在同一国家内及跨边界的全球环境下的相关行为。
- 选择行动目标：是公共政策、显示计划、基层组织还是意识提升？在有了起点、目标、战术及资源的情况下，什么样的行动有意义；所有可能的干预领域。
- 决定组织或行动的媒介：是在一个存在的组织中开展工作还是创立新的组织？是各自为政还是选择联合？是强调一次性或离散事件还是建立一个连续的组织——意识到这些挑战及每次选择的权衡。
- 理解不同部门（商业企业、政府、民间团体；不论是为了利益，还是公益的、非营利的部门）间的区别（和相同点），理解资本的来源及角色，即：资源组织及从哪些团体获得、怎样进行；资源分配、补偿，以及管理和动力的内涵。
- 确定是否、如何、何时以个人身份（包括网络模式）召集他人，或通过组织（包括会员模式），对他们施加影响，使其行动相互加强而不是相互抵消，比如，建立联合目标或按照特定的日程定义不同个体或组织间的变化。
- 确定利益相关者、利益集团、意见领袖、资源拥有者、受益人、竞争者、角色和关系的政治地图；何时及怎样和对手合作。
- 为了共同目标建立跨越不同组织的联盟，尤其是有自己支持者的独立组织大联盟；如何通过恰当的战术进行组织；困难及如何克服它们；有时间限定的目标（活动）或者持续努力推动团结协作。
- 开发针对复杂多层合作关系及复杂事情进展相关的标准、管理、责任及行动的衡量标准。
- 理解并精心协调变化节奏和变化周期：参考上下文，发现需求/机会；创新型新途径；视野及主题；最开始的支持者；工作团队；中间分子的问题；庆祝早期成功并在此基础上继续努力；诊断对变革的抵制，制定转变因素（变革推动者的三分法）。
- 促进模式识别及系统诊断中的个人技术；在没有单独绝对权威的情况下；在同一国家内的跨文化交流中；在跨境的国际环境中；包括召开高效会议及开展有利于关系或团队发展的微观人际交往。

- 培养综合思维及情境智力;能够阐述包括多种力量和变量的"系统理论",把不同视角和多种利益相关者结合起来,显示联系和共同利益,指向强有力的但不明显的干预可能性;利用故事和叙述。

- 培养共感和"情商":主观认知,从不同角度分析系统的能力;赞同之前的权威询问;发现、理解、暂停自我臆断或偏见的能力;尊重差异并通过共同的框架、目标及情境和成功的共同定义超越差异。

该名单既包括大而复杂、无边界限制的方针制定的宏观理解,也包括单独或在小组中领导者们的微观理解。我们的设想是成功的领导者已经通过职业生涯掌握了大部分这些能力,因此,我们的高级领导者会社将侧重于新知识的认知方面。但一些进修课程及自我意识提高型课程对于一些人来说是很关键的。学员间的差距是存在的。系统思考、利益相关者意识、情境智商及情商在不同学员间是存在差别的。正如斯科特·斯努克教授用西点军校的语言所说:领导者要培养"品格、知识、技能"三个方面,"知识"增强能力,"品格"增强激励,"技能"带来方法论。

课程设置及流程

该课程可以被认为包含两项主要空间维度:直接深入主题的"垂直"维度;项目规划中关于高级领导力发展的"水平"核心教育。项目的各组成部分根据话题介绍的顺序及节奏理论而逐步展开。因此,把项目看作一个整体是极其重要的,因为它的有效性取决于在这一年中以不同形式融入的知识和技能的提升。

哈佛大学日常课程旁听。参加该培训的学员们在课程期间得到导师的允许后几乎可以旁听哈佛大学的任何课程。虽然学员们分散到很多学院去找寻学习领域,但课程仍被认为是一项主要的项目元素。学员们自己选择感兴趣的课程,并根据个人的时间安排听课。

核心课程:高级领导力研讨会。核心课程是一个横向联合的活动。它包括每周一次的3个小时的课堂讨论以及4—15个小时的为大家提供有关高级领导力的知识和经验的讲习班。核心课程从4月延续到5月,还有9月的两天。主要有三种模式:系统、部门和干预模型;战略和战术,包括个人领导力和社会企业家精神;开展行动,包括项目确认、利益相关者分析、设立变化管理框架。该课程包括一个完整的课程规划,包含读书计划和案例学习;研讨班主席通常会从全校范围遴选教授,以最大限度地让学员接触更多不同思想的教师资源。在5月中旬,学员们会被要求对他们所在项目的领域做一个简短陈述,并且由于正赶上高一级的学员返校,因此,还有一个跨学级的观点交流。在9月的课程安排中,学员们的项目观点应该更有深度,并且为他们在11月底举行的毕业研讨会的项目陈述做准备。

智囊团。该课程通过2—3天的智囊团研讨会在三个方面深入到有关社会挑战的主题中去,该智囊团研讨主要关注教育、健康、社区或环境。这些研讨会在冬季学期举行,从3月到4月底5月初,为期2—5个星期。每一次都相当于一门课程的长度与内容,但只是以小型会议讨论的形式举行,目的在于确认当前的实践、领导力差距、高级领导者的机会和新的学习方式。智囊团研讨会为学员们提供教授、学员、外部专家、访客之外的学习机会(如果他们已经是专家,则是演讲展示的机会)。虽然环节和事项不一样,但每个智囊团研讨会都会讨论出重要的内容,很明显社会及机制改变的相关事宜贯穿在所有智囊团研讨会中。高级领导力能力也被引进这些讨论。智囊团研讨会把理论转向实际问题的解决,并帮助学员与专家对接,通过这些关系也给学员们以及他们的项目带来了额外的机会。

现场经验。学员们一般在5月份开始考虑他们的项目。该计划尽力为学员们提供现场实践的机会,让他们进一步联系理论、框架及问题认定。通过实际工作练习,他们努力抓住这些问题的中心环节,并获得这些问题的一手信息。这些都是面向全球不同地区的组织与社区的短期访问。

独立研究。在学员们确定了项目领域,并与教授和学生们建立了关系基础以后,他们需要自己安排时间在下半年开展独立的(或小组的)工作,并从夏天到秋天推动项目进展。这是他们在图书馆或实地进行研究的机会。一些学员在夏天雇用学生来帮助他们,或者为秋天的项目团队做准备。学员们被鼓励单独完成项目,因为这将是他们在哈佛学完课程后可以彰显学习效果的第一个成果。独立学习过程在11月底的期末研讨会上做实施报告时达到高潮。他们还被要求写一篇分析论文。

参与培训项目:学员们的行为和经验

当2009级和2010级的学员们开始旁听课程,参加每周的研讨会,加入智囊团讨论会,为项目献计献策,创造他们自己非正式的学习机会,与教授和同学合作时,这个培训项目就正式落地生根了。学员们与大学学生一起住在哈佛的学生宿舍中。

参与的程度区别很大,有的可能是两学期四门课,外加核心研讨会和智囊团讨论。有的可能只是这个核心课程。教授们鼓励学员们充分利用所在元素,包括课程论文。然而,学员们在校园中花费的时间与收获的知识或项目质量并没有必然联系。

我们必须要谨慎从事每一步。首先,教授的权威是不能像在早期职业阶段对待学生那样建立起来的。要想让有强烈成就感、权利感的领导者们在一年这么长的时间内严格遵守一个新计划的要求是十分困难的。教授团队设立了很高的标准,并期待学员们遵守它们,但最早的两期学员中并不是所有人都能够或者愿意达到这些要求。不管教授们多么频繁地强调这些要求,总是偶尔有学员们产生误会或抵触情绪,或挑战大学规章。就像一个新企业一样,快速地树立规范是最开始的标准,而不是一个完全成熟的大家都能遵从的脚本。

总而言之,学员们是乐意学习的,他们对大学而言也是高尚、慷慨的捐助者。在开始时,教授会向他们介绍主要的参与方式,然后他们中的一些人会提出疑问。这些会使得教授进一步完善方案。

◆ 积极参与:经验的价值

教授们会发现教这些学员们是很有乐趣、很有激情的一件事情,因为当这些有经验的领导者决定来大学学习时,他们会为这个教学平台带来一些很特别的东西。

(1)模式识别。他们能够快速地吸收大量知识。他们有时可以比在校研究生更快地将一些框架概念化,并加以应用。

(2)高标准及工作的意愿。对于大部分人来说,他们想知道需要做什么,并且期待完美地完成任务。他们寻求教授的反馈。他们珍惜所教授的内容,并发现他们可以学习的东西(当然也有例外,一些学员们想要自己掌控一切,并不想满足他人期待,并且认为没有必要这样做)。

(3)愿意接受挑战,甚至意愿极其坚定。该课程的长度及研讨会中对话的深度和智囊团会议为大多数信仰坚定的学员提供了很好的平台。对于熟悉某些业务流程的学员来说,他们可以放大该业务能力,从上而下的做法可能在其他环境中并不适用,因此他们更愿意自下而上地开展组织行动。

(4) 愿意向年轻人学习。由于已经功成名就,他们没有什么值得再去证明自己的事了,因此他们愿意与年轻人在一起,听听他们有哪些新思潮。

(5) 深刻的经验。他们的经验为他们的新行动提供参考,而同时也影响他们为一件复杂的社会挑战寻找途径的能力。例如,一个在过去 25 年间已经成为零售物流大师的学员会发现他在那个领域的经验可以用来解决食品浪费和饥饿问题。

(6) 广泛的联结。很多学员是很富有的,或不富有但很受尊重。他们可以将其广泛的人脉用来为这个课程、教授、同学及他们的项目创造效益。一些人很有号召力。

这些多年来的经验积累可以用三个"C"来总结:能力(capabilities)、联系(connection)及威望[cachet,有时也被理解成"现金"(cash)——在威望与金钱可以等值互用的情况下]。

■ 认同与行为改变

虽然这个课程设立的目的并不是提供个人教练、职业咨询或行为改变,但事实上,该课程所引起的时间花费及多种经历确实使学员的身份认同及行为发生了改变。有的人吸收了课程信息,在社会企业家群中找到了新的兴趣圈子,或者敏锐地发现他们自己给同学和教授造成的反馈、改变。例如,一个学员写给一位教授说,这一年的课程对他个人起了很大的改变作用。他意识到原来在他所在的行业和工作中运作良好的等级、管控风格在大学环境中根本不适用,因此在他希望服务的社区外部环境中也不可能适用。另外一个在一家大公司做顶级主管的学员开始把自己想象成一个"社会企业家"了。一些学员很快就认同了自己的新身份,一段时间后,甚至那些保持疏远距离的学员也开始真正融入这个学习与反思的环境中去。这个学习团队变成了一个让大家觉得非常值得依赖的平台,有时甚至是非常需要。学员们开始觉得每个人都应该相互沟通交流并开展社交活动。因此形成了一种集体思维,持个人己见的人变得沉默,而集体意见占了上风。

■ 参与的困难

一些学员觉得大学是个富有挑战性的环境,他们不能更好地面对不确定性、歧义性及复杂性。第一期学习班中的一个学员曾到过一些学院的注册办公室以命令而不是请求的形式要求学习,并且不能很好地提出问题。有个学员对学习模式感到很沮丧,他努力去适应,但还是不能很好地接受,他忙忙碌碌而看不到学习成绩上的提高。有的学员要求的一些服务在教学大纲中并没有计划或不现实,而有些学员也不愿意做出改变,这与课程期待中的好的领导者是有差距的。因此,教授委员会讨论了课程结构,重新设定了学员的招收选择途径,以筛除那些很难融入大学环境的学员。

"去能力培训"的意思是人们放弃过去曾经适合他们并对他们的成功起到过重要作用的风格的做法。一个假设前提来自学员过去的职业。比如,在教室讨论等环节最爱挑剔的、最有争议的学员就是律师,虽然并不是所有的律师都是这个样子,但因为样本太小,很难正式论证。课程的运行模式通常是一个案例一个案例地以对抗形式进行下去(而不是上下贯通的)。律师通常会坚定地支持一个论点而反对另一个论点。因为法律文书的本性强调注重细节的确切的文字,而不是目的。由于律师经常作为法律顾问,他们会树立一种立场坚定的自我形象,而且他们往往很自信地指出别人论点中的漏洞。

另外一组对于融入大学有困难或对大学有误解的学员,在事业特性上也有共同点。一些人对于团队缺乏结构性感到忧虑,他们想组织同学团体,并作为促动者,使这个团队拥有更多课程之外的机会及广泛的参与。这部分人主要是原来从公司人事部过来的,他们的工作重点就是代表其他人促进工作,他们购买股票通常不是自己的主意,而是对其他人的支持。他们倾向于注意他们所在的团队,而不是大环境,因此他们会有可能代表这个团队来挑战大学的政策规定。

◆ 参与的成功

在前两个学期中,在适应大学环境转变方面做得最好的,而且立即看到价值的最无争议的就是医生。即使是最不积极的医生也是高度正面形象的。一个可能的解释就是这个职业是建立在证据基础上而不是辩论基础上的。虽然医疗制度并不一定鼓励团队合作,但那些想要成为改变健康系统领导者的医生,在医学院还没有学到过领导力概念或受到培训,就很好地吸收了这些内容。高级领导力概念给予了他们工具和框架。而且,他们潜在的人文主义的情怀激励他们去吸收这些观点,并产生结果。所以他们希望从别的部门得到新的模式。

另外一些较好地适应大学生活的学员是已经做到 CEO 的人。在首届培训班中 CEO 们最开始时相比律师并没有表现得过分权威。也许是因为他们更倾向于接受新信息,并随时消化应用。实用主义,而不是教条主义与他们所在公司的成功是紧密相连的;他们需要得到最新的信息。他们可能会得到结果,也可能得不到。而且,他们已经有了领导大团队的经验,并学会了在有不同意见、不同解释时可以正确地带领大家继续平衡前行。他们可能会把任何人都作为获得信息来源的好途径。他们学会了做多功能、多专业的领导者。他们一直都在激励、鼓舞别人,他们或许有自己的理论,但他们的个人形象并没有封闭起来,所以他们愿意问问题、倾听和学习。

当然,由于分析标本数量有限,该分析结果不仅是偶然的,还是老套的。而且,此项分析还有待进一步研究。有经验的领导者在现阶段与早期的领导力发展方向是有区别的。他们原来以所在位置为基础、所在行业中心走向的发展模式已经有了长时间的强化。领导力再造则要求鼓励去除繁杂过时的能力,并进行身份改变。

输出:项目计划

这个培训项目的目的不止是为潜在的高级领导者提供令人满意的学习经验。他们还被期待参与大学智力资源的利用,推出有重大意义的工程项目,并且成为他们未来的中心发展领域。这意味着一项行动计划将在未来几年逐步展开,而不是一个像博士论文之类的东西在学习结束时就随之终结了。当然,有的学员的项目是以一本书或电影的形式出现的。因此,当课程结束的时候,学员们应该有一个项目计划,继续独立开展下去。那些被邀请成为资深高级领导力学员的人必须有一项计划进行推进,而一名或更多教授也对这个项目的影响力感兴趣。这个项目将对大学、学院或行业贡献力量与效益。

教授们审察这些内容就像风投审视投资项目一样:作为一个投资组合。或许 20% 的学员工程将有显著的影响力;40% 的学员工程有中等程度的贡献;20% 的工程影响力很小,但是正面积极的。其余 20% 的项目可能根本就无法进入到实施环节。鉴于此,高级领导者发展项目是一项很好的投资并且硕果累累:相当一部分发展良好的项目生产出了切实的产品或服务,并产生了切实的影响力。

在 2009 年的学习班中:

- 一个有关病人安全的大众电影——*Chasing Zero*，在探索频道播放了。它当时被医院董事会用来作为提高质量、降低医疗风险的基础工具箱。这个工具箱现在已经准备进行大众传播了。
- 一本有关水问题和行动方案的书——《没水了》，是由一名学员连同哈佛工程系的教授共同完成的。这个学员邀请教授加盟就是为了让该书的内容转化为政策和实践。这名学员利用这个平台来寻求支持，而且有可能成立一个组织来持续改变水政策。
- 一个针对来自贫困社区学生的大学财政支持模型以及一个非营利性组织正在运营其首个测试项目。
- 一系列针对中学生及其家庭道德教育的产品，使用了包括视频游戏在内的新媒介。
- 一个关注于吸引美国投资到非洲的非营利性组织，作为帮助非洲提高其领导力能力的手段。
- 在发展中国家培训基础医生的工作。这项工作仍在进行中。

2010年的学习班包括：

- 一个开发与营养有关的智能手机应用，提高大家的食品选择能力和健康水平的公司。同时还有一个非营利项目，为公共学校和社区提供服务。
- 一个通过太阳能电池把低成本替代能源带到非洲的营利性企业，从利比亚开始做起。
- 一个课外"学习大厅"模式，鼓励读书和促进识字，将逐步向更多社区推广。
- 一个宗教组织，目的是成为社区的召集机构，将社会创新与改变进行跨越工资收入差距的城市传播，以美国南部的一个城市作为试点。
- 在城市的"食品荒漠"建立一个非营利性连锁组织，以解决社区普遍存在的食品浪费、饥饿和健康问题。
- 利用信息技术为传统中医提供基础依据，从而改善医疗实践和居民健康。
- 通过开发有关权利和正义的儿童读物，与一个已存在的扫盲计划合作，把该计划带到更多地方，同时增强法律保护意识。
- 关于医药和领导力技巧的团队合作相关的书籍，为医生和医科学生提供指导，还包括针对医科学生的课程合作。

有老学员参加的跨学级交流（前面讨论过）和智囊团活动是为了确定协作能

力及学生间的项目联系。几个学员作为顾问团队或互相对接,同时支持着彼此的项目。

附带效应:丰富了学习生活

通过采访培训班学员及从教授(广义上的教授,而不只是管理委员会)那里得到的信息表明:培训班学员在大学的出现及旁听课程为教授带来了更多价值,虽然这也是由于高级领导者发展项目框架下教授们进行跨系、跨院交流以提高领导力能力及社会企业家精神的产物。由于这些相互作用,教授们也因此努力推出新的教学材料,甚至是全新的课程。学员们也参加了旁听课程的讨论,虽然那些最开始要求旁听生保持沉默的教授们也开始欢迎学员们为全日制学生的课堂讨论贡献智慧与力量。学员们提供更多想法并加强联系。在某些情况下,这种跨界关系得到进一步的发展,学员们与大学有了更多相互影响的深层影响,并且扩展到学年结束之后。

对于大学里的学生来说,这些培训班学员不仅可以作为角色模型,还是更加积极的导师。学员们说,辅导学生是他们的职责之一,虽然并没有一个绝对的约束机制。因此完全是自愿的。然而,有学员们积极参与的课程,都运转得很好。培训班学员们辅导学生们参加商业计划竞赛,雇用他们作为研究助理并发给其薪水,提供夏季实习机会,帮他们找工作或为其初创企业寻求资金支持。甚至有时还提供专业服务,比如一名律师帮助一名学生建立了一个非营利性质的创业公司。

培训班学员们还能通过其他途径丰富校园生活。包括通过他们的项目可能会为不同学院带来新的能力或财务支持。例如,一名学员为教育学研究生院提供了奖学金,召开了关于个性化学习的会议。另一名学员,正如前面提到的,和哈佛商学院及哈佛医学院的教授正联合开发针对医学生的在医药领域的领导力发展及团队合作课程。

评估:迈向成功的进展

高级领导者发展项目只是一个新生事物,到本章写作时只进行了两个学年。参加人数还不多,不足以进行全方位的评估,时间还太短,不足以判断学员及他们项目的后续影响力。而且,就像很多教育和发展计划一样,学员选择的偏见使得它很难对计划本身贡献成果。如果没有哈佛大学提供的机会,这些学习班的学员可以做出同样的事情来吗?价值是否及时反馈了身份转变、同龄人影响及该计划的正式组成部分?

哈佛高级领导力培训还在理论测试阶段,初始模式仅仅复制了一次。但作为一种证明概念,一些事情已经被证明了。

- 市场是存在的。有经验的领导者也会报名参加在大学中的为期一年的培训。很多人会自掏腰包负担培训期间的学费及生活费用。一小部分学员还会把学习拓展到第二年。这些领导者来自全球不同地区的多个行业。他们对教育是严肃认真的。他们进行课程学习,读书,并与大学里的其他学生进行高效的互动交流。

- 这项创新型计划可以在一所大型、复杂的传统大学中开展。创始教授团队曾饱受质疑,但终究——克服了困难。他们设立了与大学相一致的高标准,并成功地达到了这些标准。

- 教授们可以有效地管理一群有相当高要求的领导者们。针对学员们的采访显示,100%的学员表示对课程满意,并愿意再次参加,而且他们还要把这个培训介绍给其他人。即使一小部分有些怨言并为未来课程提出建议的人也是如此。

- 教授们可以开展跨学院、跨专业、跨行业的合作。这个奇迹式的培训课程花费了那些志愿者教授大量的时间、精力和努力,很大程度上是没有报酬的,但是他们赢得了高度的赞扬。一个令人鼓舞的愿景和开发新智力资本的潜力证明是强大的动力因素。

- 教授可以为其他领导者充当模型。这项创新计划的开展需要我们以一种权威的方式把理论融入工作。我们所教的就是我们所做的。

哈佛的机会就是世界的机会。这项创举的下一步包括在2011年春天在哈佛进行的回顾总结,并确定下一步的发展目标。同时,教授领导力团队正在积极宣传这些想法和这项创新本身。2011年6月,高级领导者发展项目将在迈阿密的国际十字路社区举行路演:举办一个全球会议来鼓励更大规模的高级领导者们认同这个课程理念。通过对高级领导力核心研讨会的试听来更好地传播这些思想和工具,并举办一个研讨会,让高等教育领导者们讨论在他们所在机构创立类似课程的可行性。

我们相信在高等教育体制里通过专业学院创造专业精英的独特魔力。律师最开始可能只是在小办公室里读法律的学徒;医生最开始可能只是理发师。100 年前,全世界第二家商学院和第一家 MBA 在哈佛大学经济系的地下室里被 5 个人创造出来了。以史为镜,可以正衣冠,可以放眼未来！我们希望终有一天高级领导者们可以在全球很多大学和学院里成为社会及环境问题等公益事业的专业人士。他们的信心和承诺就像他们拥有的教育资历一样让人信服。他们的业绩表现会说明一切。